Uwe Bahnsen
James P. O'Donnell

Die Kata-
kombe

Das Ende in der Reichskanzlei

BASTEI-LÜBBE-TASCHENBUCH
Band 65 037

© 1975 – Deutsche Verlags-Anstalt GmbH, Stuttgart
Lizenzausgabe: Gustav Lübbe Verlag GmbH, Bergisch Gladbach
Printed in Western Germany 1981
Einbandgestaltung: Roberto Patelli
Titelphoto: Bavaria
Gesamtherstellung: Ebner, Ulm
ISBN 3-404-65037-9

Der Preis dieses Bandes versteht sich einschließlich
der gesetzlichen Mehrwertsteuer

Und Totenhügel werden bis ins dritte Glied
Den Enkeln spät noch stumm beredte Mahner sein
Daß nicht zu hoch sich heben soll
Des Menschen Stolz.

Aischylos, Die Perser

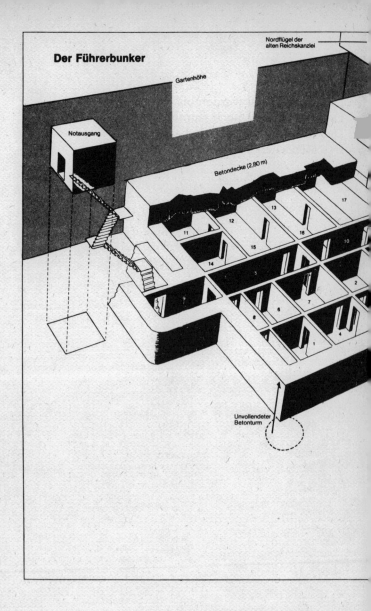

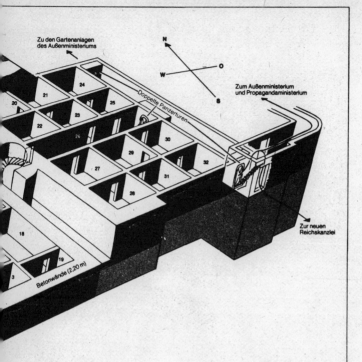

Die Privaträume Hitlers und Eva Brauns

1 Hitlers Schlafzimmer
2 Eva Brauns Wohn- und Schlafzimmer
3 Bad und Ankleideraum
4 Hitlers Wohnraum

Arbeitsräume

5 Korridor und Konferenzraum
6 Kleines Besprechungszimmer
7 Hitlers Arbeitsraum
8 Garderobe
9 Vorraum
10 Korridor
11, 12 Zimmer Dr. Stumpfegger mit Behandlungsraum
13 Notzentrale
14 Wohn- und Schlafzimmer von Goebbels (früher Raum des Leibarztes Morell)
15 Ankleide
16 Telefonzentrale und Wachraum
17 Maschinenraum für Heizung, Ventilation und Beleuchtung
18 Toiletten
19 Schalttafel für Stromversorgung
20, 21, 22, 23 Räume der Familie Goebbels
24, 25 Personal
26 Gemeinschaftlicher Speiseraum
27, 28 Vorratsräume und Weinkeller
29, 30, 31, 32 Küchenräume (mit Diätküche)

Inhalt

Prolog 10
Die Höhle 19
Der Abschied 88
Der Chefpilot 159
Die Festung 201
Das Bresthaus 235
Der Schuß 271
Der Prophet 312
Der Ausbruch 352
Der Fluchtversuch 383
Im Bann 412
Das Gastmahl 464
Finale 487
Anhang 547
Zeittafel 549
Die Verteidigung Berlins im April 1945 553
Nachwort 597
Erklärung der Abkürzungen und SS-Dienstgrade 600
Register 601

Prolog

»Man müßte das Ende des Lebenslaufes abwarten und könnte in der Todesstunde erst das Ganze überschauen, von dem aus die Beziehung seiner Teile feststellbar wäre.«

Wilhelm Dilthey, Der Aufbau der geschichtlichen Welt in den Geisteswissenschaften, Berlin 1910

»Mit Taschenlampen suchten wir den Weg hinunter in den Führerbunker. Dumpf hallten unsere Schritte auf den wohl fünfzig Stufen der vier Betontreppen. Unten stand der Fußboden zum Teil unter Wasser; Ratten huschten umher. An den Wänden und Decken sah man Brandspuren. In den engen Zimmern und Gängen lagen überall noch Akten, Dokumente, Formulare und andere Schriftstücke herum; dazwischen rostige Pistolen, Bücher, Schallplatten, Flaschen, Gläser.

Ich hob eine große Zeichnung auf, eine Blaupause. Es war ein Plan für die Umgestaltung der Stadt Linz. Als ich 25 Jahre danach Albert Speer in Heidelberg besuchte, erzählte er mir, daß die korrigierenden Einzeichnungen von Hitler stammten. Er hatte sie eine Woche vor seinem

Selbstmord eingetragen, als Speer zu einem Abschiedsbesuch gekommen war. Die Russen hatten die Außenbezirke der Reichshauptstadt schon erobert.«

Schwüle Hitze lastete am 4. Juli 1945 über dem Ruinenmeer Berlins, als einer der Verfasser dieses Buches, »Newsweek«-Reporter James P. O'Donnell, jene Räume unter dem verwüsteten Park der Reichskanzlei besichtigte, in denen Leben und Macht Adolf Hitlers einen infernalischen Abschluß gefunden hatten.

In den Wochen zuvor, als die Russen noch die unumschränkten Herren ganz Berlins gewesen waren – die Besatzungstruppen der drei Westmächte rückten erst am 4. Juli 1945 in ihre Sektoren ein – hatten Sonderkommandos des militärischen Abwehrdienstes »SMERSH« der Roten Armee und der Geheimpolizei NKWD den im Sowjetsektor liegenden Führerbunker, die Keller der Ministerien, der militärischen Kommando- und der zivilen Zentralbehörden längst systematisch durchsucht, umfangreiches Beweismaterial für den Verlauf der dramatischen letzten Wochen vor dem Ende sichergestellt und dennoch erstaunlich viele Unterlagen zurückgelassen. Die Mitglieder der in sowjetische Gefangenschaft geratenen Reichskanzlei-Gruppe, die mit wenigen Ausnahmen zum engsten Kreis um Hitler und Eva Braun gehört hatten, befanden sich in Moskau und wurden dort verhört. Die Leichen der durch Selbstmord geendeten Bunkerinsassen, vor allem des Ehepaares Goebbels, der sechs Kinder, des Generals Krebs, waren nach der Identifizierung durch deutsche Gefangene von russischen Militärärzten obduziert und dann konserviert worden.

Ein Jahr später, im Sommer 1946, fuhr James O'Donnell, nun ständiger »Newsweek«-Korrespondent in Berlin, erneut zum Führerbunker an der Sektorengrenze. Er traf dort eine Kollegin, die bald eine der bekanntesten amerikanischen Journalistinnen werden sollte – Marguerite Higgins: »Es war am frühen Abend. Wir liefen uns auf dem Gelände der Reichskanzlei über den Weg. Das war kein Zufall, denn jeder von uns hatte einen Tip bekommen, daß die Russen im Bunker etwas Besonderes vorhätten; offenbar sollte dort gefilmt werden. (Bei dieser Gelegenheit entdeckten wir übrigens, daß wir denselben Informanten in Ostberlin bezahlten.) In der langsam einsetzenden Dämmerung sahen wir, daß tatsächlich vor dem Notausgang des Führerbunkers Filmkameras standen; Offiziere der Roten Armee liefen geschäftig herum. Uns fiel eine Gruppe von Männern in undefinierbar gefärbten Drillichanzügen auf. Wir hielten sie für deutsche Komparsen. Als wir uns dem Schauplatz des Geschehens näherten, wurden wir von russischen Posten abgefangen. Sie bedeuteten uns, zu verschwinden, und unterstrichen diese Aufforderung durch eindeutige Gesten mit ihren Maschinenpistolen.

An jenem Abend wußten wir nicht, daß wir Augenzeugen eines Vorgangs geworden waren, der zumindest damals eine ›heiße‹ Geschichte abgegeben hätte. Denn die Männer, die wir für Statisten gehalten hatten, waren in Wahrheit Akteure. Sie gehörten zu den Überlebenden des Bunkers. Die Russen betrachteten und behandelten sie nicht mehr als Kriegsgefangene, sondern als politische Häftlinge. Unter scharfer Bewachung mußten sie noch einmal die Verbrennung und das Begräbnis Adolf und Eva Hitlers demonstrieren. Das waren nun wirklich diejenigen, die wußten, wie das Drama dort unten geendet hatte. Nach dem Abschluß der Filmaufnahmen wurden sie wieder in die Sowjetunion transportiert. Einige zählten ein Vierteljahrhundert später zu den Informanten dieses Buches.«

Als die Russen das Bunkerdrama im Sommer 1946 minutiös rekonstruierten, war die Kulisse noch dieselbe wie im April 1945 – das Betongewölbe unter, der Notausgang und der Beobachtungsturm über der Erde, die halbzerstörten Flügel der Reichskanzlei an der Wilhelm- und der Voßstraße, die schwer beschädigten Kasernen an der einstigen Hermann-Göring-, nun Ebertstraße. Fast 30 Jahre danach, an einem klaren Tag im August 1974, standen wir auf einem Holzpodest an der Mauer vor dem Potsdamer Platz und betrachteten mit Feldstechern den an ein großes Hünengrab erinnernden Hügel am Rande der weiten Freifläche zwischen der Wilhelmstraße und der Grenze, der die Überreste des – unbetretbaren – Führerbunkers bedeckt.

Als die Russen 1946 den Abriß der Reichskanzlei-Ruinen befahlen, ließen sie auch den Bunker sprengen, soweit das technisch möglich war. Das Gelände wurde planiert. 146 vor Christi Geburt eroberten die Römer unter Führung des Feldherrn Cornelius Scipio Aemilianus Karthago. Seine Legionäre schütteten Salz auf den verwüsteten Erdboden, damit dort nie wieder etwas Grünes oder Blühendes gedeiht. Zwei Jahrtausende später säten die Eroberer Berlins dort, wo der Amtssitz Hitlers gestanden hatte, einfach Gras. So entstand jenes unheimliche Ödland im Zentrum einer Weltstadt, das seit dem August 1961 zum Sperrgebiet an der Sektorengrenze gehört: Stacheldraht, Panzerhindernisse, motorisierte NVA-Streifen; nachts hin und wieder Leuchtkugeln, ein Feuerstoß, Schreie, wenn ein Fluchtversuch gescheitert ist. Hier, im Herzen Berlins, läßt sich die Wahrheit des Bismarck-Wortes, die geschichtliche Logik sei genauer in ihren Revisionen als die preußische Oberrechnungskammer, mit dem Zollstock nachmessen.

Wenige Meter neben dem Bunkerhügel befand sich die Stätte, an der der preußische Ministerpräsident und Reichskanzler Otto von Bismarck drei Jahrzehnte hindurch Weltgeschichte gemacht hat. Er war alles andere als der »Eiserne Kanzler«, für den die deutschen Nationalisten schwärmten, oder der blutrünstige Gewaltmensch, für den ihn seine Feinde hielten: Ein Staasmann von größter Sensibilität und seltenem Augenmaß, der Deutschlands Einigung, wenn nur irgend möglich, ohne Blutvergießen erreichen wollte – fast wäre es ihm gelungen – und dann im zweiten und dritten Jahrzehnt seiner Regierungszeit die äußerste diplomatische Geschicklichkeit, Behutsamkeit und politische Mäßigung an den Tag legte, um den Völkern des Kontinents den Frieden zu erhalten. In jenen Jahren, da Bismarck als der »Minister Europas« galt, wurde die Wilhelmstraße – Friedrich Wilhelm I. hatte diese einstige Begrenzung der alten Friedrichstadt zur Palaststraße bestimmt und nachdrücklich für eine entsprechende Bebauung gesorgt – für die Welt zu einem Begriff wie der Quai d'Orsay in Paris und die Downing Street in London, denn hier befand sich, der Reichskanzlei benachbart, das Auswärtige Amt.

Zu den deprimierenden Assoziationen, deren sich der historisch interessierte Betrachter der Wüstenei an der Wilhelmstraße heute kaum zu erwehren vermag, gehört die Überlegung, wie Bismarck wohl diesen trostlosen Anblick kommentieren würde. Er hatte schon bittere Worte gefunden, als sein Amtsnachfolger, der General Leo von Caprivi, nur einige Bäume hinter der Reichskanzlei fällen ließ. In seinen »Gedanken und Erinnerungen«, wertete Bismarck es als charakterliches Manko Caprivis, »daß er die uralten Bäume vor der Gartenseite seiner, früher meiner, Wohnung hat abhauen lassen, welche eine erst in Jahrhunderten zu regenerierende, also unersetzbare Zierde der amtlichen Reichsgrundstücke in der Residenz bildeten. Kaiser Wilhelm I., der in dem Reichskanzlergarten glückliche Jugendtage verlebt hatte, wird im Grabe keine Ruhe haben, wenn er weiß, daß sein früherer Gardeoffizier alte Lieblingsbäume, die ihresgleichen in Berlin und der Umgegend nicht hatten, hat niederhauen lassen, um un poco più di luce zu gewinnen . . .« (Es waren fünf Rüstern, Reste einer vierreihigen, unter König Friedrich I. angelegten Allee, und eine Buche, in deren Rinde Zar Nikolaus I. als Bräutigam der Prinzessin Charlotte von Preußen in kyrillischen Buchstaben seinen Namen eingeschnitzt hatte. Die sechs Bäume standen dort, wo später die Baugrube für den Führerbunker ausgehoben wurde.)

Das »Palais Radziwill«, die Alte Reichskanzlei, hat Otto von Bismarck wie Adolf Hitler beherbergt. Aber in dieser räumlichen liegt keinerlei historische Kontinuität. Bismarck war nicht der Vorläufer Hitlers, und wenn der Führer sich immer wieder als den Vollender des Bismarckschen Werkes bezeichnete, so ohne jede Berechtigung – selbst und gerade in den Jahren der außenpolitischen Erfolge vor dem Zweiten Weltkrieg. Der erste Kanzler sah das von ihm geschaffene Deutsche Reich als einen saturierten Nationalstaat, eine Großmacht neben anderen. Die Deutschen hielt er für ein Mischvolk mit guten und schlechten Eigenschaften, wie andere Völker auch. Imperialistisches Denken war ihm fremd; und der Plan, Europa in Eroberungskriegen zu unterjochen und dann auf der Grundlage einer wirren Rassenlehre zu beherrschen und auszubeuten, hätte ihn entsetzt und zu psychiatrischen Fragestellungen veranlaßt. Er war völlig frei von jener Maßlosigkeit und Hybris, die Hitlers Politik kennzeichnete. Profunder Geschichtskenner, war Bismarck sich der Vergänglichkeit staatlicher Gebilde stets bewußt – »Gott wird wissen, wie lange Preußen bestehen soll«, schrieb er einmal. Hitlers Anspruch, ein »Tausendjähriges Reich« schaffen zu wollen, wäre diesem vollendeten Realisten vermessen und lächerlich zugleich erschienen. Zwischen dem Begründer und dem Zerstörer des Deutschen Reiches lagen Welten.

Als wir die Arbeit an diesem Buch begannen, wollten wir Hitler mit den Augen des Überlebenden des Führerbunkers sehen, sein grausiges Ende mit ihren Worten beschreiben. Es mag sein, daß wir in diesem Bericht den politischen und militärischen Todeskampf des größten

Demagogen aufgezeichnet haben, den die Welt bislang gesehen hat. Und ganz gewiß ist Hitler eine furchtbare, geschichtsmächtige Figur, einer der dämonischen Beweger unseres turbulenten Jahrhunderts.

Dieser despotische Herrscher, ein Mann von wahrlich titanischer Willenskraft, hat ungeheuerliche Untaten befohlen. Und doch – ihn nur als ein Ungeheuer zu porträtieren, muß die Skepsis, wenn nicht den Unglauben vor allem der jungen Generation wecken, die eine differenzierte Analyse verlangt, und das zu Recht. Wir haben versucht, dieser Forderung zu entsprechen.

Die meisten der historischen Parallelen, die zur Person Hitlers gezogen werden, stimmen nicht. Er war weder ein Caligula, noch ein Nero, noch ein Dschingis-Khan. Hitler selbst glaubte, er könne noch am ehesten mit Perikles und Kaiser Friedrich Barbarossa verglichen werden. Vielleicht ist eine literarische Parallele angemessener – Shakespeares Richard III., eine Figur von wahrhaft mächtiger Bösartigkeit. Am Ende seines Lebens war Adolf Hitler der einzige Nationalsozialist, der mit Recht von sich sagen konnte, er sei nie Anhänger, Schüler, oder Jünger gewesen. Sein beispielloser Lebensweg hat gezeigt, wie sehr Ideen zu Waffen, und pervertierte, dazu missionarisch vorgetragene Ideen zu wahnwitzigen politischen Programmen werden können. Noch jeder große Despot hat es fertiggebracht, seinen Untertanen die Überzeugung zu vermitteln, er sei die Inkarnation einer Idee, deren Zeit nun gekommen sei. Das war der eigentliche Quell für das Charisma Hitlers.

Die Männer der Reichskanzlei-Gruppe, die bis zum Ende im Bunker um ihn waren, haben den »Chef«, wie sie Hitler nannten, lange Jahre gekannt, ihm ihre Arbeitskraft gewidmet, als Idealisten an ihn geglaubt; und sie waren überzeugt, ihn zu kennen. Wie wir sehen werden, waren nicht alle Lakaien und Schmeichler. Aber sie waren Gefolgsleute und standen in seinem Bann. Hitler benutzte, ja mißbrauchte sie alle, Eva Braun eingeschlossen. Und wenn jeder einzelne von ihnen einen anderen Hitler zu sehen glaubte, dann war das jeweils nur eine der vielen Facetten dieser rätselhaften und unergründlichen Persönlichkeit – *Individuum est incommunicabile*, sagt Thomas von Aquin: Das Wesen des Menschen ist letztlich nicht mitteilbar, von unauslotbaren Tiefen.

Eine frühere, gläubigere Generation der Christenheit würde den Führerbunker vielleicht Hitlers Limbus, die Vorhölle auf dem schwefligen Pfad zum Orkus, genannt haben. Er fand dort sein Ende in seinen Anfängen – das Rad seines Lebens hatte sich einmal voll gedreht. Aber zugleich war der Bunker nicht nur ein Schauplatz des Sterbens, sondern auch des Überlebens. In der Tat sind weitaus die meisten Männer und Frauen aus der Umgebung Hitlers ihm damals nicht in den freiwilligen Tod gefolgt, sondern davongekommen – und wir waren überrascht, wie viele überlebten. Auch in diesem innersten Kreis um den Diktator lautete die Parole in den letzten Tagen nicht so sehr »Treu bis in den Tod«, sondern, sehr verständlicherweise, »Rette sich, wer kann«. Die Erlebnisse der Reichskanzlei-Gruppe zeigen exemplarisch das ganze Spektrum menschlicher Reaktionen am Rande des Abgrunds: Die Verzweiflung betrogener Idealisten, ihre hoffnungslose Frage nach dem Warum; seltsame Euphorie, als die Aussicht, zu überleben, von Stunde zu Stunde schwand; schwärendes und jäh aufbrechendes Mißtrauen gegenüber den Vertrauten langer Jahre; makabre Intrigen und hastige Bündnisse, aber auch Humanität, Kameradschaft und Opfermut. Wir haben länger als zwei Jahre an diesem Buch gearbeitet. Die Recherchen über das Ende im Bunker waren häufig delikat und kompliziert. Mancher Augenzeuge konnte, mancher wollte sich nicht mehr erinnern; einige unserer Gesprächspartner versuchten, bestimmte Versionen zu lancieren, doch das waren Ausnahmen. Wir haben jeden Überlebenden befragt, von dem wir wirklich neue und den historischen Tatsachen entsprechende Aufschlüsse über das dramatische und verwirrende Geschehen erwarten konnten – Generale und Minister, Ärzte und Adjutanten, Ordonnanzen und Leibwächter, Krankenschwestern, Telefonisten und Kraftfahrer. Die übergroße Mehrzahl dieser Männer und Frauen hat uns bei dem schwierigen Versuch, nach fast 30 Jahren die Wahrheit zu ergründen, nach Kräften unterstützt. Noch im letzten Stadium unserer Recherchen erfuhren wir von Überlebenden des Bunkers, mit denen wir schon viele Gespräche geführt hatten, bislang völlig unbekannte Vorgänge, die ungeklärte Fragen beantworten und neue aufwerfen – Magda Goebbels' Fluchtversuch während des Krieges, der Informant des britischen Geheimdienstes im Führerhauptquartier, die Umstände, unter denen Bormann starb. Widersprüche freilich – das versteht sich von selbst – sind stehengeblieben. Dieses Buch ist vor allem eine historische Reportage über das Ende Hitlers und seines Regimes, und erst in zweiter Linie eine Analyse seiner Persönlichkeit. Wir wollten vor allem schildern, was geschah; und an dramatischen, gespenstischen, makabren und entlarvenden Szenen waren jene letzten Tage im Todesgewölbe des Diktators wahrlich reich.

Die Höhle

»Hitler im Bunker – das ist der wahre Hitler.«

Claus Graf Schenk von Stauffenberg in einem Gespräch Anfang Juli 1944.

Die Szene war symbolisch: Der Anfang vom Ende.

In dem von Bomben verwüsteten Garten hinter der schwer beschädigten Reichskanzlei stand der besiegte, zur menschlichen Ruine gewordene Diktator, die Hände in den Taschen des dunkelgrauen Uniformmantels vergraben, den Kragen hochgeschlagen, die Mütze mit dem übergroßen Schirm zum Schutz gegen die Frühlingshelle dieses 23. April 1945 tief in die Stirn gedrückt, schweigend vor der langgestreckten Terrasse des Mitteltraktes.

Die Schäferhündin »Blondi« neben sich, ließ Hitler den Blick minutenlang über die wuchtige Säulenfront schweifen, hinter der sich sein riesiges, nun verlassenes Arbeitszimmer befand. Das dumpfe Grollen der sowjetischen Artillerie schien er nicht zu hören; das aufgedunsene Gesicht wirkte starr, maskenhaft. Dann wandte er sich brüsk um und ging mit gebeugtem Rumpf und kurzen, schleifenden Schritten gefolgt von einem Diener, einem Adjutanten und drei Offizieren des Begleitkommandos, zum 120 Meter entfernten Nordflügel der Alten Reichskanzlei. Die kleine Gruppe verschwand in der Türöffnung eines Betonquaders – dem Notausgang des Führerbunkers.

Vorsichtig, mit der rechten Hand an der grauen, nicht verputzten Wand Halt suchend, doch ohne fremde Hilfe, ging Hitler die schwach beleuchteten vier Treppen mit den zusammen wohl 50 Stufen hinunter. Die Offiziere ließen ihn nicht aus den Augen. Unten salutierten die SS-Wachen. Es war gegen 17 Uhr.

Wie kein anderer der Mächtigen seiner Zeit, war Adolf Hitler, der Führer und Reichskanzler, in den Jahren des Glanzes und der Erfolge vor dem Krieg als nationaler Heilsbringer vergöttert worden und Mittelpunkt frenetischer Jubelstürme gewesen – in Nürnberg, in Berlin, in Wien. Sein Charisma, seine Gewalt über die Seelen der Deutschen, hatte er vor allem in den großen, sorgfältig inszenierten Massenkundgebungen unter freiem Himmel gewonnen – ein Machthaber auf dem Zenit seiner geistigen und physischen Kraft. So sah ihn das Volk.

Sein letzter Auftritt unter freiem Himmel am 23. April – danach hat Hitler die labyrinthische Katakombe unter der Reichskanzlei nicht mehr lebend verlasssen » manifestierte wie keine andere Szene aus den Tagen vor dem Ende des Diktators den vollkommenen, den absoluten Bankrott dieses noch vor wenigen Jahren über Europa herrschenden Eroberers. Verloren, erschöpft und ausgebrannt, von Gleichgewichtsstörungen geplagt, schleppte sich der 56jährige, physisch schon ein Greis, unter dem Lärm der Stalinorgeln, der schon in die Außenbezirke der Hauptstadt eingedrungen war, in seine Todeskammer zurück – nicht einmal mehr ein Schatten des Mannes, der einst die Welt in Erstaunen, dann in Aufruhr versetzt hatte.

Der Führerbunker, diese letzte Station der Laufbahn Hitlers und das letzte von 15 Führungshauptquartieren

(FHQ), ähnelte seinem ersten Parteiquartier in verblüffender Weise. Schon damals, im Oktober 1919, war es ein Gewölbe von bedrückender Enge und Stille ohne Tageslicht gewesen, in dem der 30jährige Agitator die erste Geschäftsstelle der »Deutschen Arbeiterpartei« eingerichtet hatte. Erst kurz zuvor war er der DAP unter der Mitgliedsnummer 555 beigetreten. Ein Tisch, ein paar geliehene Stühle, eine »Adler«-Schreibmaschine, Telefon und ein Safe für die Parteikasse – das war alles, 1919 im Keller des Münchner Sterneckerbräu. Die winzigen Kammern des Berliner Führerbunkers, in denen Hitler im April 1945 seine Tage beschloß, enthielten nur wenig mehr Mobiliar.

Am 16. Oktober 1919 waren es genau 111 Zuhörer, die den Redner Hitler, damals schon ein Demagoge par excellence, auf der ersten öffentlichen Versammlung der DAP in München erlebten – erfüllt von einem unbestimmten Sehnen nach dem starken Mann, dem Retter, dem Erlöser. Ein Vierteljahrhundert danach war der Kreis derer, die dem Führer, Idol ihrer jungen Jahre, als Generalstabs- und Verbindungsoffiziere, als Adjutanten, Ärzte, Piloten, Diener, Leibwächter und Kraftfahrer in den Bunker gefolgt waren, etwa gleich groß – verzweifelte Prätorianer, demoralisiert und ohne Hoffnung, noch mit dem Leben davonzukommen.

Einer dieser Männer war der Hauptsturmführer Helmut Beermann. Er gehörte zum Führerbegleitkommando (FBK), nahm in der Nacht zum 2. Mai 1945 am Ausbruch aus der Reichskanzlei teil und war einer der Bunkerinsassen, denen es gelang, den Russen zu entkommen. Seine Schilderung der Katakombe empfanden wir als besonders eindrucksvoll, weil sehr unmittelbar und doch distanziert: »Wissen Sie, der Hitler-Film mit Alec Guiness, der vor einiger Zeit gezeigt wurde, enthielt eigentlich nur eine Szene, die mich wirklich an die Realität, wie ich sie im Bunker erlebte, erinnerte: Hitler, wie er sich allein die vier Betontreppen zum Notausgang hinaufquälte. So war es . . . Die meisten meiner Kameraden aus dem Führerbegleitkommando, die dort unten den zum Wrack gewordenen ›Chef‹ beobachten konnten, waren wie ich robuste junge Draufgänger, die unter anderem wegen ihrer Größe und stabilen Gesundheit für diesen Dienst ausgewählt worden waren. Wir hatten fast alle Fronterfahrung und genug vom Grauen des Krieges gesehen. Aber an manchen Tagen sehnte ich mich nach der Front zurück – so belastete mich die Atmosphäre im Bunker.

Das Rauchen war unten verboten; doch wir konnten von Zeit zu Zeit für eine Zigarettenpause nach oben gehen. Aber wenn wir unseren normalen zwölfstündigen Schichtdienst hinter uns hatten und erschöpft wieder im Freien waren, schnappten wir nach Luft wie die Fische nach Sauerstoff. Man kam sich in diesem unterirdischen Betonklotz vor wie in einem auf Grund gelaufenen Unterseeboot, oder lebendig eingesargt in einem verlassenen Leichenschauhaus. Menschen, die in einer Taucherglocke arbeiten müssen, fühlen sich wahrscheinlich weniger eingeengt als wir damals im Bunker.

Natürlich haben wir untereinander über das fledermausartige Leben gestöhnt, das wir dort unten als Höhlenbewohner führten. Das ist einer der Gründe, weshalb wir bis in die letzten Tage immer wieder von dem Dienst auf dem Obersalzberg schwärmten. Insgeheim hofften wir alle, Hitler werde doch noch nach Bayern fliegen. Es sei besser, so dachten wir, mit der Sonne von vorn in den Alpen zu sterben, als in diesem modrigen Keller in Berlin zugrunde zu gehen. Niemand von uns hatte wirklich damit gerechnet, das Ende in der Reichshauptstadt zu überleben.

Ich sagte ›modriger Keller‹ – an einigen Stellen im Bunker war es feucht, ja sogar naß, an anderen dagegen staubtrocken, denn der Beton war teils frisch, teils alt. In den langen Nachtstunden herrschte tiefe Stille; nur der Dieselgenerator im Maschinenraum tuckerte. Wenn er umgeschaltet wurde, begann er zu stottern. Das künstliche Licht ließ die Gesichter bleich erscheinen und die Insassen wie Lemuren, Totengespenster, aussehen. Und dann dieser abgestandene Geruch – nach Stiefeln, durchgeschwitzten Uniformen, beißend scharfen Desinfektionsmitteln . . . Als in den letzten Tagen immer wieder die Abflußrohre verstopft waren, roch es dort unten wie in einer Bedürfnisanstalt.

Hitler schlurfte taprig durch die Räume und trug selbst am meisten dazu bei, daß die Szenerie so unheimlich und gespenstisch wirkte. Er war nun wirklich ein geisterhaftes Wesen geworden, ein zitternder Mensch, der sich nur noch durch pure Willenskraft und mit dubiosen Stimulantien aufrecht halten konnte. Wir jungen Männer erkannten den Führer, den wir als unser Vorbild verehrt hatten, nur noch wieder, wenn er sprach. Sein Geist und seine Rede waren völlig klar. In den letzten Wochen wurde seine Stimme häufig ungewohnt milde, ja sanft. Alles an seiner Erscheinung und seinem Körper schien sich nach dem Ende, dem Grab, dem Nirwana zu sehnen.

Dieser Mann, der so viel Not und Tod über die Welt gebracht hatte, verließ sie nicht, ohne am eigenen Leib Elend und Hinfälligkeit zu erfahren. Diejenigen, die gute Gründe hatten, ihn zu hassen – ich hatte sie nicht – mögen eine tiefe Genugtuung über das jammervolle Schauspiel seines physischen Verfalls gespürt haben; aber wir sahen diese körperliche Auflösung mit Entsetzen. Wir waren zu jung, um Hitler aus der Distanz sehen zu können. Wir wußten nicht genug und wurden nur langsam ernüchtert. Als wir am Abend des 1. Mai 1945 aus der Reichskanzlei herauskrochen, um uns durch die russischen Linien zu schlagen, empfanden nur wenige von uns sich noch als gläubige Anhänger des Führers.

Ich war damals der Überzeugung und bin es auch heute noch, daß der Tod für ihn eine Erlösung war. Wenn er mir befohlen hätte, ihn zu erschießen – ich glaube, ich hätte es getan.«

Doch obwohl ein menschliches Wrack und militärisch wie politisch vollkommen am Ende, blieb Hitler auch in der Abgeschiedenheit der Katakombe der Hitler des totalen und nun freilich vollkommen irrealen Machtanspruchs, den er bis zum letzten Tag mit mißtrauischem Starrsinn und immer wieder auch mit missionarischem Pathos durchzusetzen suchte. Das verlieh dem Geschehen im Bunker einen theaterhaften, einen Brechtschen Verfremdungseffekt. Auf seine Wunschvorstellungen und Wahngespinste fixiert, hatte der Hauptdarsteller sich weit von den Tatsachen entfernt. Die Schatten wurden zur Realität: Als wir das Drama im Bunker recherchierten, kam uns das berühmte Höhlengleichnis Platons aus dem siebenten Buch seiner »Politeia« in den Sinn. Die Insassen des Bunkers waren wie die Gefangenen in Platons metaphysischer Höhle seltsame Wesen. Und es ist bemerkenswert genug, daß sie Hitler bis zum letzten Augenblick widerspruchslos folgten, obwohl von einer Lagebesprechung zur anderen evidenter wurde, wie wenig seine Befehle, seine Beurteilungen und Erwartungen noch mit der Wirklichkeit gemein hatten.

Wir werden in diesem Buch mehr als hundert Akteuren begegnen, die den Bunker aus sehr unterschiedlichen Gründen betraten und verließen. Einige waren Frontgenerale, die wußten, wie hoffnungslos die Lage jedenfalls in ihrem Bereich war. Realistischerweise empfanden sie die Katakombe als ein Irrenhaus in der Hand der Insassen. So erschien am 23. April der Kommandierende General des LVI. Panzerkorps, Helmut Weidling, zum Rapport bei Hitler, der die Absicht geäußert hatte, ihn erschießen zu lassen. Der General sollte seinen Gefechtsstand in Döberitz, westlich Berlins, aufgeschlagen und damit vor den Russen Reißaus genommen haben. Weidling, der von dieser unsinnigen Beschuldigung erfahren hatte, war empört; er konnte sie widerlegen und verließ den Bunker als neuer Befehlshaber des Verteidigungsbereiches Berlin.

Andere Besucher waren in absurde Intrigen um ein schon längst zerronnenes Machterbe verwickelt. Und einige trieb das magische Verlangen, Hitler noch einmal zu sehen, in das Betongewölbe. Sie blieben Tage oder auch nur Stunden – sehr wichtige Stunden im Falle Albert Speers, sehr unwichtige im Falle Joachim von Ribbentrops. Selbst wenn sie – wie der distanzierte Rüstungstechnokrat Speer – längst desillusioniert und auf den militärischen Zusammenbruch des Großdeutschen Reiches gefaßt gewesen waren, unterlagen sie doch in dem Augenblick, in dem sie die unwirkliche Szenerie des Bunkers betraten und sich dem noch immer suggestiven Einfluß Hitlers aussetzen, einer eigenartigen Metamorphose.

Es war jene seltsame Realitätsflucht, die Mitte März 1945 den noch kurz zuvor mit Vorbereitungen für ein Gasattentat auf Hitler beschäftigten Speer zu dem Treuebekenntnis veranlaßte: »Mein Führer, ich stehe bedingungslos hinter Ihnen!« Schweigend studierten beide in der Trostlosigkeit der Katakombe die einstigen Pläne für die Neugestaltung der Stadt Linz – Groß-Linz, Reißbrett-Traum vergangener Jahre. Etwa um dieselbe Zeit erschien im Bunker der verzweifelte Danziger Gauleiter Albert Forster mit der Nachricht, seine Stadt werde von 1100 Sowjetpanzern bedroht, denen nur vier deutsche Tigerpanzer gegenüberstünden; er werde nun unverzüglich klare Entscheidungen verlangen. Nach einem kurzen Gespräch mit Hitler war er wie verwandelt. Vollkommen beruhigt berichtete er den Militärs, der Führer habe ihm versprochen, Danzig mit neuen Divisionen zu retten, und Zweifel daran seien nicht erlaubt.

Noch am 26. April suchte der während eines abenteuerlichen Fluges nach Berlin verwundete Generalfeldmarschall Robert Ritter von Greim, von Hitler soeben im Bunker zum Nachfolger Görings als Oberbefehlshaber der schon nicht mehr existierenden Luftwaffe ernannt, in einem Telefongespräch seinen deprimierten Stabschef General Karl Koller mit den Worten aufzumuntern, es werde sich alles zum Guten wenden; er empfinde den Aufenthalt »hier unten« wie einen »Jungbrunnen«. Greim artikulierte damit eine zu diesem Zeitpunkt offenkundig in Hitlers engster Umgebung vorherrschende Stimmung. Vier Tage zuvor, Sonntag 22. April, war der Sturmbannführer Fritz Beutler – wir werden noch sehen, welche bemerkenswerte Mission ihn in den Bunker geführt hatte – im Gespräch mit ihm gut bekannten SS-Offizieren des Führerbegleitkommandos Zeuge ähnlich absurder Euphorien geworden. Auf seine, des Frontoffiziers, besorgte Frage, wie es denn nun weitergehen solle, erhielt er die völlig ernstgemeinte Antwort: »Warte nur noch dreimal vierundzwanzig Stunden, dann wird es einen großen Knall geben, und der Krieg ist gewonnen.«

Viele durchaus rational denkende Männer und Frauen, die den Führerbunker und seine Atmosphäre erlebten, vermögen heute, drei Jahrzehnte danach ihr zuweilen bizarres Verhalten in jenen chaotischen Tagen und Nächten nicht oder nur schwer zu erklären. Es geht ihnen wie den Überlebenden eines Eisenbahnunglücks oder einer Feuersbrunst, die kaum noch rekonstruieren können, was sich in den wahnwitzigen Augenblicken des Schocks, der Hysterie und Panik ereignet hat, wann genau es geschah, und was sie so gänzlich irrational empfinden und handeln ließ. Überdies brachte das Leben im Führerbunker, wo Tag und Nacht ineinander übergingen, jedes Zeitgefühl durcheinander. Das erschwerte es den Augenzeugen, den Ablauf der Ereignisse chronologisch richtig wiederzugeben.

Doch von Joseph Goebbels, dem Regisseur der Götterdämmerung in Berlin, abgesehen, waren diese Akteure – ob General oder Kammerdiener – sämtlich Randfiguren. Es war der Hauptdarsteller Adolf Hitler, der dem wochenlangen Drama im Bunker eine Art von aristotelischer Einheit von Ort, Zeit und Handlung gab.

Die unterirdische Bühne, auf der dieser seit langem von Menschenverachtung erfüllte Diktator zuletzt agierte, befand sich vierzehn Meter unter dem Keller der Alten Reichskanzlei und dem Garten und war wohl der sicherste Aufenthaltsort in Berlin. Es ließ sich kaum ein größerer Gegensatz denken als zwischen diesen elenden Betonkammern und den riesigen Sälen der Neuen Reichskanzlei, in der die Megalomanie der nationalsozialistischen Architektur einen vollendeten Ausdruck gefunden hatte.

Wer in den letzten Wochen des Krieges zu Hitler befohlen wurde, mußte durch das Kellergeschoß der Alten Reichskanzlei mehrere Treppen hinuntergehen, kam an der Aufwaschküche vorbei, passierte die Mannschaftskantine, dann den Durchgang zur Speisekammer (die »Kannenberg-Allee«, nach dem Hausintendanten Hitlers, Artur Kannenberg) und gelangte schließlich in einen schmalen Raum, der durch drei doppelte Panzertüren luft- und wasserdicht abgeschottet war. Eine führte zum Reichskanzleikeller, die zweite zu einer in den Garten des Auswärtigen Amtes mündenden Außentreppe, durch die dritte betrat man den als Speiseraum dienenden Korridor des sogenannten Vorbunkers. Auf beiden Seiten des Mittelganges befanden sich jeweils sechs kabinenartige Zimmer; rechter Hand bewohnte die Familie Goebbels vier Räume, zwei weitere dienten als Unterkunft für das Personal. Auf der linken Seite lagen Vorratskammern, der Weinkeller und die Küche für Hitlers Diätköchin Constanze Manzialy, eine Wienerin. (Lagepläne siehe Seiten 6/7 und 32/33).

Auf der anderen Seite des Korridors führte eine Wendeltreppe aus Beton etwa zweieinhalb Meter zum eigentlichen Führerbunker hinunter, Hitlers letzter Station. Dieser tiefste Teil der Anlage umfaßte zu beiden Seiten des durch eine Querwand unterteilten Mittelganges achtzehn Räume, einer so eng und unbequem wie der andere. Der vordere Teil des Korridors diente als Wartezimmer. Von dort führten rechts Türen in den Maschinenraum mit dem Diesel-Notstromaggregat, die Wachstube und die Telefonzentrale, links in einen Vorraum für die Hunde der Bunkerprominenz und den Waschraum mit den Toiletten. Der hintere Teil des Korridors wurde als »großes« Konferenzzimmer und als Warteraum benutzt. Die »Führerwohnung«, auf der linken Seite, bestand aus sechs Zimmerchen. Hitlers Schlafzimmer war mit einem Einzelbett, einem Nachttisch und einer Ankleidekommode möbliert. Im Wohnzimmer standen ein Sofa, ein niedriger Couchtisch, zwei Sessel und ein kleiner Sekretär. An der Wand hing ein wertvolles Ölporträt Friedrichs des Großen.

Eva Braun hatte sich ein kombiniertes Wohn- und Schlafzimmer einrichten lassen; daneben befand sich ein Badezimmer und ein Ankleideraum. In sein Wohnzimmer gelangte Hitler vom Korridor aus durch einen Vorraum, den sein Kammerdiener, Sturmbannführer Heinz Linge, als Schreibstube benutzte. Der sechste dieser Privaträume war das »Kartenzimmer«, in dem zweimal täglich die Lagebesprechungen stattfanden. Auf der anderen Seite des Mittelganges lagen das Schlafzimmer von Goebbels, das Hitlers Leibarzt Morell bis zu seiner Abreise am 22. April bewohnt hatte, ferner das Sekretariat, der Schlaf- und Behandlungsraum des letzten Führerbegleitarztes Dr. Ludwig Stumpfegger, und eine Unterkunft für die Ordonnanzen. Die Tür an der Stirnseite des Korridors führte in den »Hundebunker« genannten Ruheraum für die Wachmannschaften. Von dort betrat man links den Aufgang zu einem Beobachtungsturm aus Beton, der nicht mehr fertiggestellt werden konnte. Auf der anderen Seite des »Hundebunkers« befand sich die Tür zu den vier Treppen des Notausgangs, einem etwa drei Meter hohen Betonblock, im Garten. Vor- und Führerbunker hatten zusammen eine Nutzfläche von etwa 300 Quadratmetern. Das war Hitlers letzter »Lebensraum«.

Der weite Innenhof der Reichskanzlei, 1938 gärtnerisch sorgfältig gestaltet und nun durch Bombentreffer verwüstet, wurde von den Gebäudetrakten an der Wilhelm- und der Voßstraße, den SS-Kasernen an der Hermann-Göring-Straße und dem Gewächshaus mit der Mauer zum Garten des Auswärtigen Amtes begrenzt, war also von den Straßen aus nicht einsehbar. Außer dem Notausgang und dem Beobachtungsturm – beide waren durch einen etwa metertiefen Graben – es war ein nicht mehr fertiggewordener Laufgraben – verbunden –, gehörten ein Betonmischer und ein Haufen Schalbretter zur oberirdischen Kulisse der Bunkerbühne. In der chaotischen Hektik der letzten zwei Wochen hatte sich niemand mehr die Mühe gemacht, die Maschine und das Baumaterial noch wegzuräumen. Die Bauarbeiter waren stillschweigend verschwunden.

Die gesamte Katakombe unter dem Reichskanzlei-Areal umfaßte sechs größere und mehrere kleinere Bunker, die sämtlich untereinander verbunden waren – ein Labyrinth, das Deadalos für Minos hätte ersonnen haben können. Die meisten der Männer und Frauen aus der Umgebung Hitlers, die uns in diesem Buch als Insassen des Führerbunkers begegnen werden, waren nicht dort, sondern in den zwar nicht tief gelegenen, aber doch recht massiven Kellerräumen unter der Neuen Reichskanzlei und den SS-Kasernen untergebracht. »Insassen des Führerbunkers« waren sie, weil jeder einzelne von ihnen auf dieser letzten Bühne eine aktive Rolle spielte – es gab keine Statisten in diesem Drama.

Im östlichen Kellerflügel der Neuen Reichskanzlei, befanden sich die Räume für die Adjutantur und den Persönlichen Stab Hitlers. Hier wohnten Martin Bormann, sein Berater, SS-Standartenführer Wilhelm Zander, und dessen Halbbruder, Kapitän zur See Albrecht, der Hitler als Persönlicher Adjutant diente (und sich immer wieder den Unwillen des »Chefs« zugezogen hatte, weil er ihm häufig Beschwerden vortrug). In diesem Kellertrakt lagen die Quartiere der Sekretärinnen Hitlers und Bormanns, Gertrud Junge, Gerda Christian und Else Krüger; hier wohnten Eva Brauns Schwager, SS-Gruppenführer Hermann Fegelein, Himmlers Vertreter im Führerhauptquartier; der letzte Generalstabschef, General Hans Krebs, mit seinem Adjutanten, Major Bernd von Freytag-Loringhoven, und dem Ersten Ordonnanzoffizier, Rittmeister Gerhard Boldt; Hitlers Chefadjutant, General Wilhelm Burgdorf, mit seinem Gehilfen, Oberstleutnant Weiß; des Führers SS-Adjutant, Sturmbannführer Otto Günsche; der Luftwaffenadjutant, Oberst Nikolaus von Below; Vizeadmiral Hans-Erich Voß, der den Großadmiral Dönitz bei Hitler vertrat; Botschafter Walter Hewel, der Ständige Beauftragte Ribbentrops im Führerhauptquartier; der Heeresadjutant Major Willi Johannmeier; der Chefpilot der Führerflugstaffel, Generalleutnant Hans Bauer, und der zweite Flugzeugführer Hitlers, Oberst Beetz. Ebenfalls in diesem Kellertrakt befanden sich die Wehrmachts-Nachrichtenstelle der Reichskanzlei und Quartiere für die Funker, Nachrichtenhelferinnen und sonstiges Personal, von Ordonnanzen und Schreibern bis zu Kartenzeichnern und Küchenhilfen. In den benachbarten Kellerräumen, etwa unterhalb des »Runden Saals«, hatte der Generalmajor Wilhelm Mohnke, als Befehlshaber der »Zitadelle« Berlins zugleich Kommandeur der rund tausend Mann starken Reichskanzlei-Besatzung, seinen Gefechtsstand aufgeschlagen. Daneben befand sich das schon mit dem Beginn der Luftangriffe eingerichtete Notlazarett, in dem während der letzten zehn Tage der Chirurg Professor Werner Haase und der Internist Professor Ernst-Günther Schenck operierten – auch sie gehörten zu den *dramatis personae* der Tragödie.

Sämtliche Zugänge zum Führerbunker wurden von SS-Posten scharf bewacht. Sie standen im Treppenhaus des Notausgangs, in den Kellergängen, im Vorraum des Führerbunkers. Dort hatten selbst Generale, wenn sie nicht zum innersten Kreis um Hitler gehörten, nur Zutritt, nachdem sie ihre Handwaffen und Aktentaschen abgelegt und mehrfach ihre Pässe vorgezeigt hatten. Über die persönliche Sicherheit Hitlers und der anderen hohen NS-Führer wachten zwei getrennte Organisationen: Der von SS-Brigadeführer Johann Rattenhuber geleitete Reichssicherheitsdienst RSD (nicht zu verwechseln mit dem Sicherheitsdienst SD des Reichssicherheitshauptamtes), der aus Kriminalbeamten mit SS-Diensträngen bestand, und das Führerbegleitkommando FBK unter SS-Obersturmbannführer Franz Schädle, das sich aus Soldaten zusammensetzte. Die von SS-Standartenführer Högl geleitete RSD-Dienststelle I war für den Schutz Hitlers zuständig. Ihre Beamten befanden sich teils im Führerbunker, teils auf dem Obersalzberg.

Vielleicht symbolisierte nichts die vollständige Isolierung Hitlers von seiner Hauptstadt besser als die Tatsache, daß der Bunker von den öffentlichen Versorgungseinrichtungen völlig unabhängig war. Ein gesonderter Brunnen lieferte Wasser, der Dieselmotor erzeugte Strom für Beleuchtung, Heizung, die Wasserpumpe, die Ventilatoren und die Telefonzentrale. Lebensmittel, Tabakwaren, Getränke waren in reichlichen Mengen in den Vorratskammern vorhanden. Und selbst die Berliner Luft wurde auf Hitlers Anweisung noch durch ein besonderes Filtersystem geleitet – bis zum letzten Tag äußerte er die

Karten und Lagepläne

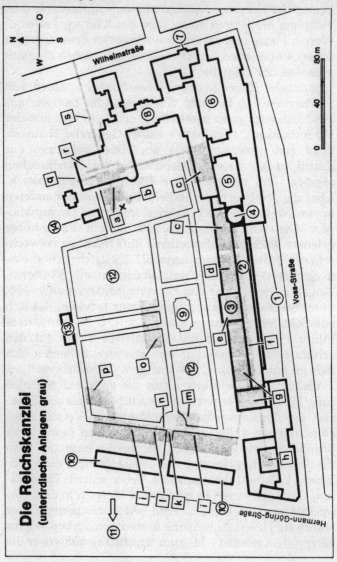

① Hitlers Reichskanzlei
② Marmorgalerie
③ Hitlers Arbeitszimmer
④ Rundzimmer
⑤ Mosaikzimmer
⑥ Ehrenhof
⑦ Balkon
⑧ Alte Reichskanzlei
⑨ Brunnen
⑩ Unterkunft für Wachmannschaften
⑪ Zum Tiergarten (Geheimes Treibstofflager, Garagen für 12 Fahrzeuge)
⑫ Garten
⑬ Gewächshaus
⑭ Offiziersunterkunft und Wohnung Kempka

✗ Verbrennungsstelle der Leichen Adolf Hitlers und Eva Brauns

a Führerbunker
b Unvollendeter Betonturm
c Schlaf- und Diensträume von Adjutantur und Stab
d Bunker für ziviles Personal
e Krankenstation, OP, Zahnärztlicher Behandlungsraum
f Arbeitspersonal
g Wachräume und Kantine
h 2 Pkw und 2 Schützenpanzerwagen
i Unterirdische Garagen
k Fahrbereitschaft
l Hitlers Mercedes
m Bunker für 80 Fahrer
n Büro Kempka
o Unterstand für 10 Fahrzeuge
p Werkstatt
q Zu den Gartenanlagen des Außenministeriums
r Gang zum Außenministerium
s Gang zum Propagandaministerium

Sorge, die Russen könnten durch den Einsatz von Gas versuchen, die Bunkerinsassen zu lähmen, und ihn so lebend in die Hand bekommen.

In der Nacht zum 16. Januar 1945 war Hitler in seinem Sonderzug aus dem Führerhauptquartier –Adlerhorst« bei Bad Nauheim im Taunus nach Berlin zurückgekehrt und am frühen Morgen vom Schlesischen Bahnhof zur Reichskanzlei gefahren. Vom »Adlerhorst« aus hatte er die »Operation Herbstnebel«, die letzte Offensive der deutschen Wehrmacht an der Westfront, geleitet. Panzer-Elitedivisionen, die aus dem Osten abgezogen worden waren, sollten auf einer Breite von 120 Kilometern über die verschneiten Ardennen zur Maas und von dort nach Antwerpen durchbrechen, um den wichtigsten Nachschubhafen der Alliierten zu erobern und dann die feindlichen Verbände nördlich Aachen zu vernichten.

In den gegnerischen Armeestäben wurde die Planung dieser Offensive damals dem deutschen Oberbefehlshaber im Westen, Feldmarschall von Rundstedt, zugeschrieben. Doch in Wahrheit war es der Feldherr Adolf Hitler, der diesen verzweifelten Versuch, wenigstens auf dem westlichen Kriegsschauplatz das Blatt noch einmal zu wenden und das Geschehen zu diktieren, ersonnen und die Operation geführt hatte. Sie ließ alle jene Merkmale der von Hitler befohlenen Feldzüge erkennen, die einst die Welt verblüfft und Europa in Furcht versetzt hatten: Die Ausnutzung des Überraschungsmoments war brillant, die Anfangserfolge waren atemraubend, doch die strategischen Konsequenzen erwiesen sich bald als verheerend.

In der Hoffnung, ein Gelingen der Ardennen-Offensive werde die westlichen Alliierten entmutigen und ihre »künstlich aufrechterhaltene gemeinsame Front« zusammenbrechen lassen, hatte Hitler, der geborene Spieler, noch einmal alles auf eine Karte gesetzt. Mehrfach, doch immer wieder vergeblich, war der damalige Generalstabschef des Heeres, Generaloberst Heinz Guderian, bei ihm vorstellig geworden und hatte ihn davor gewarnt, seine besten Panzerdivisionen im Westen zu verheizen, statt sie im Osten einzusetzen, wo der Aufmarsch der Russen für eine großangelegte Offensive aus dem Baranow-Brückenkopf zu größten Besorgnissen Anlaß gab.

Schon Anfang Januar 1945 zeigte sich, daß die »Operation Herbstnebel« gescheitert war; die deutschen Reserven waren viel zu gering, und die Nachschublinien wurden von den alliierten Luftflotten in pausenlosen Einsätzen zerschlagen. Am 12. Januar begann der Großangriff der von Marschall Konjew geführten 1. Ukrainischen Front aus dem Baranow-Brückenkopf; am nächsten Tag eröffneten die Armeen der 1. Weißrussischen Front Marschall Schukows die Offensive an der mittleren Weichsel, nördlich und südlich von Warschau, und am 15. Januar folgte die 2. Weißrussische Front unter Marchall Rokossowskij am Narew. Unter den mächtigen Schlägen dieser Heeresgruppen zerbrachen die deutschen Verteidigungslinien zwischen der Danziger Bucht und den Karpaten schon am zweiten Angriffstag; chaotische Flüchtlingswellen brandeten nach Westen. Den Rest der ohnehin geringen Chance, die Russen zwischen Oder und Weichsel aufzuhalten, hatte Hitler verspielt, als er die noch einsatzfähigen Panzerverbände in die Ardennen stürmen ließ – Mitte Januar waren sie vom Gegner schon hinter ihre vorherigen Bereitstellungsräume zurückgeworfen worden –, statt sie an der Ostfront einzusetzen. Ende Januar war es soweit, das Menetekel stand an der Wand: Die Rote Armee hatte den Oderbruch erreicht; ihre Vorhuten waren nur noch 80 Kilometer von Berlin entfernt.

Am Vormittag des 16. Januar war Hitler in der Reichskanzlei mit dem Studium der alarmierenden Lageberichte vom östlichen Kriegsschauplatz beschäftigt, als ihm gemeldet wurde, alliierte Bomberverbände seien im Anflug auf Berlin. Es waren mehr als 800 Maschinen der 8. US-Luftflotte; sie flogen einen der schwersten Angriffe der letzten Kriegsmonate. Noch am späten Nachmittag hing eine riesige Rauchwolke über der geschlagenen Stadt. Die Berliner hasteten nach Hause – wenn sie so glücklich waren, überhaupt noch ein Dach über dem Kopf zu haben. Irgendwann am Abend, das wußten sie, würden die Geschwader der britischen Royal Air Force das Zerstörungswerk fortsetzen.

In diesem Winter 1944/45 hatte der totale Krieg endgültig das Unterste zuoberst gekehrt; inständig hofften die Menschen auf schlechtes Wetter. Klare, sonnige Tage und wolkenlose, mondhelle Nächte waren gleichbedeutend mit neuen Luftangriffen. Die Großstädte im Westen – Hamburg, Frankfurt, Köln – waren längst Ruinenfelder. Nun war Berlin das Hauptziel der alliierten Bomberflotten. Zwei Drittel der während des Zweiten Weltkrieges auf die Reichshauptstadt abgeworfenen Bombenmenge – dem ersten großen Angriff am 1. März 1943 waren drei Monate später die ersten »Bombenteppiche« gefolgt – entfielen auf die Monate Februar, März und April 1945. Das schwerste Flächenbombardement traf Berlin am 3. Februar 1945: Innerhalb einer Stunde entstand in den Bezirken Mitte und Kreuzberg eine Trümmerwüste von 400 Hektar. (Das letzte Entwarnungszeichen gaben die Sirenen am 21. April um 2.43 Uhr; die Stadt lag bereits unter sowjetischem Artilleriebeschuß.) 62 Prozent aller Häuser wurden durch Bomben zerstört oder schwer beschädigt. Im Regierungsviertel erreichte der Zerstörungsgrad fast 85 Prozent.

Luftangriffe »rund um die Uhr« waren für die Bevölkerung zur schrecklichen Routine geworden. Im Morgengrauen starteten die amerikanischen Tagesbomber, die »Fliegenden Festungen« und »Liberators«, von ihren

Stützpunkten in Großbritannien. Am frühen Vormittag erreichten sie in der Regel den Berliner Luftraum, ohne von der deutschen Flak und den Jägern noch sonderlich behelligt zu werden. In den Nachmittagsstunden landeten sie wieder in England. Die Maschinen der Royal Air Force dagegen starteten in der Abenddämmerung und waren um Mitternacht über Berlin.

Die Menschen in der schwergeprüften Stadt – von den rund 4,5 Millionen Einwohnern (1939) waren 1,5 Millionen inzwischen evakuiert, jedoch kamen täglich mehr Flüchtlinge – hatten längst gelernt, bei jeder Gelegenheit ein wenig Schlaf nachzuholen, in ungeheizten und häufig fensterlosen Wohnungen, am Nachmittag und am frühen Abend. Von Mitternacht bis zum nächsten Mittag suchten die Berliner, wenn irgend möglich, in ihren Kellern oder in den Luftschutzbunkern der Umgegend Zuflucht. Sie wußten nicht, daß der Führer in die Hauptstadt zurückgekehrt war. Anders als Churchill, der auf dem Höhepunkt des deutschen Luftkrieges gegen die britische Insel demonstrativ die Zerstörungen in London besichtigt hatte, um den Widerstandswillen der Bevölkerung zu stärken, vermied Hitler es, sich in der Öffentlichkeit zu zeigen. Die Verwüstungen in Berlin und den anderen Großstädten des Reiches interessierten ihn nicht.

Mitte März 1945 – das genaue Datum vermag selbst Hitlers früherer Kammerdiener Heinz Linge, SS-Sturmbannführer und Chef des »Persönlichen Dienstes«, nicht genau anzugeben – zog der »Chef« endgültig aus seiner Privatwohnung in der Alten Reichskanzlei in den Führerbunker um – nicht zuletzt auf Drängen des für seine persönliche Sicherheit verantwortlichen RSD-Chefs General Rattenhuber. Denn die alliierten Luftangriffe wurden heftiger, die Vorwarnzeiten kürzer. Offenkundig wäre Hitlers Leben gefährdet gewesen, wenn er starrsinnig darauf beharrt hätte, weiter in seinen bisherigen Räumen zu wohnen. Wie die meisten Fanatiker war er sicher kein Feigling, jedenfalls nicht gegenüber physischen Gefahren, und er hatte gewiß keine Angst vor dem Tod. Wohl aber fürchtete er die Möglichkeit, das Schicksal könne ihm die Chance nehmen, sein Ende sorgfältig zu inszenieren. Als er sein Quartier endgültig in der Katakombe aufschlug und sich damit aus der grausigen Realität des totalen Krieges zu Lande und in der Luft zurückzog, war das eine Übersiedlung in die eigene Unterwelt. Die unheimliche Symbolik dieses Vorgangs kann der Aufmerksamkeit eines Mannes, der sich Symbole stets mit äußerster Geschicklichkeit zunutze gemacht hatte und eine ausgeprägte Begabung für architektonische Selbstdarstellung besaß, nicht entgangen sein. Aus einem der größten und aufwendigsten Gebäude Europas war Hitler in ein vergleichsweise winziges, schlecht konstruiertes und mangelhaft ausgestattetes, in aller Hast hergerichtetes Betonverlies umgezogen. Und doch – wie die riesige Reichskanzlei versinnbildlichte und war der Bunker das Dritte Reich, *en miniature*.

Nach der Rückkehr aus dem Hauptquartier »Adlerhorst« hat Adolf Hitler noch fünfzehn Wochen gelebt; sie endeten mit einem ebenso schaurigen wie kümmerlichen Abgang von der welthistorischen Bühne. Die letzten zehn dieser 105 Tage waren von einem wilden, mörderischen Geschehen innerhalb und außerhalb des Bunkers erfüllt. Seit dem Umzugstag im März war des Führers Höhlenexistenz permanent; er arbeitete, schlief, aß, heiratete und starb unterirdisch. Die Tage waren zur Nacht, die Nacht war zum fahlen, künstlichen Tageslicht geworden. Jede Woche hatte den Abschied von der Realität deutlicher werden lassen.

Immerhin erfuhr dieses Katakombenleben jedoch von Zeit zu Zeit stundenweise Unterbrechungen. Wie ein U-Boot-Kommandant, der frische Luft schöpfen möchte, tauchte Hitler dann und wann aus dem Bunker auf und streifte durch die vertrauten, nur noch zum kleineren Teil unversehrten Räume der Reichskanzlei. Wenn nicht mit Fliegeralarm zu rechnen war, verlegte er die Lagekonferenz noch einmal in sein riesiges Arbeitszimmer im Erdgeschoß; und in einer Ecke des Speisesaals, in dem er einst zwei Dutzend regelmäßige Tischgäste, alte Vertraute aus der »Kampfzeit«, als zwanglos plaudernder Gastgeber zu bewirten pflegte, nahm er nun zuweilen schweigend einen kleinen Imbiß zu sich – allein, mit der Diätköchin Constanze Manzialy oder seinen Sekretärinnen. Männer waren dabei nicht mehr erwünscht; zu den Mahlzeiten, ob im Bunker oder gelegentlich in der Reichskanzlei, suchte Hitler nur noch weibliche Gesellschaft. Die Frauen seiner Umgebung entsprachen, so schien es, seiner Vorstellung von »Treue auch in Tagen des Unglücks« offenbar mehr als die Parteiführer, Generale und Minister, in deren Mienen und Handlungen, Goebbels ausgenommen, er kaum noch etwas anderes als Verräterei und auf die Rettung der eigenen Haut bedachtes Kalkül zu erkennen vermochte.

Am 30. Januar 1945, dem zwölften Jahrestag der Machtergreifung, hielt Hilter über den Rundfunk seine letzte öffentliche Rede. Noch einmal beschwor er den Widerstandswillen jedes Deutschen gegen die »innerasiatische Sturmflut«; doch seine Verheißung, »wir werden auch diese Not überstehen«, wirkte kaum noch überzeugend. In seinen Worten schwang ein melancholischer und resignierender Unterton mit, der seinen Zuhörern nicht verborgen blieb. Auch der Redner Hitler hatte seine Faszination längst verloren.

Zum 25. Jahrestag der Verkündung des Parteiprogrammes, am 24. Februar 1945, empfing Hitler in seinem Amtssitz die Reichs- und Gauleiter und die höchsten Funktionäre der NS-Verbände. Es war sein letzter politischer Auftritt. Über den offenkundigen körperlichen Verfall des Führers sichtlich besorgt, vernahm die Runde einen Durchhalte-Appell, der die »Alte Garde« der Bewegung auf germanische Gefolgschaftstreue bis in den Tod festzulegen suchte.

Drei Wochen später verließ der »Oberste Befehlshaber« die Hauptstadt noch einmal, um die nur noch knapp hundert Kilometer entfernte Front an der Oder zu inspizieren. Im Oberkommando der 9. Armee bei Bad Freienwalde saß der gebeugte Mann am Kartentisch und beschwor die Generale und Stabsoffiziere, die ihn mit dienstlichen Mienen fixierten, unter allen Umständen müsse der bevorstehende Sturm der Russen auf Berlin zurückgeschlagen werden, damit die deutsche Führung noch jene furchtbaren neuen Waffen einsetzen könne, die in kürzester Frist zur Verfügung stehen würden. Doch die Skepsis der Militärs blieb.

Da gelang es Hitler schon eher, bei den einfachen Soldaten Zuversicht zu erzeugen, als er am selben Nachmittag einen Divisionsgefechtsstand besuchte. Die linke Hand zusammengekrallt, um ihr Zittern zu verbergen, die Rechte halb erhoben, krampfhaft um ein optimistisches Lächeln bemüht, schritt er im Ledermantel und blankgewienerten Langschäftern die Reihe der angetretenen Panzergrenadiere ab; und einige dieser abgezehrten Männer waren tatsächlich noch einmal fasziniert.

Die Frontfahrt in einem Volkswagen dauerte fünf Stunden. Danach hat Hitler die Reichskanzlei, sein letztes Hauptquartier, nicht mehr verlassen.

Am 20. April 1945 vollendete Adolf Hitler das 56. Lebensjahr. Berlin war schon fast umzingelt; die Rote Armee hatte das Vorfeld der Reichshauptstadt erreicht – nördlich in Bernau, südlich in Baruth. Noch einmal erschienen die Paladine des Regimes in der Reichskanzlei, um dem Führer ihre Aufwartung zu machen; doch er nahm ihre Glückwünsche und die seiner engsten Umgebung nur beiläufig, eher unwillig entgegen. Es war ein sozusagen halböffentlicher Geburtstag, denn Kameraleute der Wochenschau waren dabei. Hitler hatte sich aus dem Bunker in die nun schon verwahrlosten Räume seines Amtssitzes begeben. Die Gratulantionscour am späten Mittag dauerte nicht einmal eine Stunde; Sekt wurde nicht mehr gereicht. Das Treffen war gespenstisch: Die Gäste versuchten krampfhaft so zu tun, als seien die Jahre der Macht nicht vorüber.

An diesem Nachmittag – um 16 Uhr begann die übliche Lagebesprechung – war Hitler zum letztenmal mit Hermann Göring, Heinrich Himmler und den meisten seiner Minister zusammen. Himmler verschwand danach schleunigst nach Hohenlychen in Mecklenburg, Göring retirierte nach Berchtesgaden, wo, wie er dem Führer versicherte, »dringendste Aufgaben« seiner harrten, und die Minister begaben sich zu ihren überwiegend bereits evakuierten Ministerien – mit einer Ausnahme: Joachim von Ribbentrop. Er fuhr drei Tage später nach Hamburg.

Das schnelle Vordringen der Russen zwang Hitler, an seinem letzten Geburtstag für die Reichshauptstadt den »Fall Clausewitz«, den Alarmfall mit dem Eintritt des Belagerungszustandes, verkünden zu lassen. Am Nachmittag filmten die Kameramänner im Garten der Reichskanzlei eine melancholische Szene: Der Führer begrüßte zwanzig Hitlerjungen, elternlos aus Breslau geflüchtet, denen für ihren Einsatz im Kampf gegen die Sowjets das Eiserne Kreuz verliehen worden war. Er schüttelte ihnen die Hand, einigen tätschelte er die Wange – eine verlorene Geste.

In den letzten Monaten seines Lebens wurde Hitler nur selten fotografiert und gefilmt. Die letzte Aufnahme zeigte ihn, wie er mit seinem Adjutanten, SS-Gruppenführer Julius Schaub, zerstörte Räume in der Reichskanzlei besichtigte. Im Bunker wurde bis zur Besetzung der Anlage durch die Russen überhaupt nicht fotografiert; es war verboten.

Bis zum 23. April hat Adolf Hitler das unterirdische

Betongewölbe in unregelmäßigen Abständen zu kurzen Spaziergängen verlassen, um seine Schäferhündin »Blondi« auszuführen. Seit vielen Wochen war dies für ihn der einzige Anlaß, sich zu bewegen und frische Luft zu schöpfen. Doch auch dann mied er nach Möglichkeit volles Tageslicht und strahlenden Sonnenschein. Das mag die von vielen Zeugen geäußerte Vermutung bestätigen, daß seine Augen helles Sonnenlicht nicht mehr vertrugen. (Möglicherweise beruhte diese Empfindlichkeit gegen übermäßigen Lichteinfall auf einer Pupillenschwäche, die aus der jahrelangen Einnahme von Strychnin-Atropin-Pillen resultierte.)

Wie in seinen früheren Hauptquartieren verzichtete Hitler auch im Garten der Reichskanzlei auf unmittelbare Begleitung, wenn er mit dem Hund umherschlenderte. Natürlich war er dabei nicht wirklich allein, denn in der Regel folgten ihm in respektvoller Entfernung ein Diener und ein Adjutant; Beamte des Reichssicherheitsdienstes und Offiziere des Führerbegleitkommandos beobachteten zudem jeden seiner Schritte. Die Sorge, Hitler könne stürzen, wenn er die vier Treppen zum Garten hinauf- oder hinunterging, war nicht ganz unbegründet, denn schon Monate zuvor hatte er darüber geklagt, daß sein Gleichgewichtsgefühl gestört sei.

Der zerrüttete Gesundheitszustand des Führers – freilich war sein Befinden beträchtlichen täglichen Schwankungen unterworfen – hatte den Leibarzt Dr. Theodor Morell schon lange mit großer Sorge erfüllt und auch ihn für einen Umzug in die Katakombe plädieren lassen. Obwohl Hitler Schlafmittel nahm, litt er unter Schlaflosigkeit. Im Bunker konnte er auch während der ständigen Luftangriffe wenigstens etwas schlafen, denn dort unten waren die Bombendetonationen nur gedämpft zu hören – »wie ein weit entferntes Artilleriegefecht an der Front während des Ersten Weltkrieges«, meinte Hitler zu einem seiner Adjutanten. Wenn allerdings eine großkalibrige Bombe in nächster Nähe einschlug, schwankte die gesamte Bunkeranlage; die Lampen pendelten hin und her. Der sandige Untergrund gab die Druckwellen weiter.

Doch letztlich fand Hitler auch im Bunker sehr wenig Schlaf; der meterdicke Beton bewahrte ihn nur vor dem wenig inspirierenden Tod durch eine Bombe oder Luftmiene. Wie für Macbeth und aus ziemlich den gleichen Gründen war der Schlaf für Hitler ein albdruckhaftes Problem. Im besten Fall hat er offenbar innerhalb von 24 Stunden nur vier Stunden Schlaf gefunden, und auch das war häufig genug von Zufällen abhängig. Selten zog er sich vor 5 oder 6 Uhr morgens zurück, um sich erst um 10 oder 11 Uhr vormittags wieder zu erheben. (Das war wirklich die einzige Gemeinsamkeit zwischen ihm und Otto von Bismarck, der ebenfalls sehr spät aufzustehen pflegte; übrigens auch eine Gemeinsamkeit mit Churchill.)

Eine der Begründungen, die Hitler zuweilen für das von ihm bevorzugte Bunkerleben in seinen Hauptquartieren gegeben hatte, lautete, er könne dort besser und in Ruhe arbeiten, »ohne Vergiftung durch frische Luft« (womit er vor allem eine eventuelle Erkältungsgefahr meinte). Inwieweit diese unnatürliche Lebensweise, die dem mißtrauischen, die Separierung suchenden Naturell Hitlers entsprach, seinen physischen Verfall beeinflußt und beschleunigt hat, ist nicht sicher, doch wahrscheinlich gab es einen Kausalzusammenhang.

Viele Zeugen haben nach dem Krieg ausführlich die organischen Beschwerden Hitlers und seine psychischen Veränderungen in den letzten Monaten geschildert – er wirkte häufig geistesabwesend, unkonzentriert, sein Gedächtnis ließ nach. Überwiegend beschuldigten sie seinen Leibarzt der Quacksalberei, ja sogar wissentlich falscher Behandlungsmethoden, und des Drogenmißbrauchs. Hitler hingegen hielt Morell nahezu für einen

Wunderarzt und duldete keinerlei offen geäußerte Kritik an ihm.

Von großer Bedeutung für unseren Bericht über das Ende des Diktators ist die Tatsache, daß er nach der Abreise Morells am 22. April bis zum Selbstmord mit Eva Braun von zwei weiteren Ärzten umgeben war – den Chirurgen Professor Dr. Werner Haase und Dr. Ludwig Stumpfegger. Im Notlazarett unter der neuen Reichskanzlei hielt sich ferner der Internist Professor Dr. Ernst-Günther Schenck auf. Professor Haase, Hitlers erster Begleitarzt im Jahre 1933, war schwerkrank, als er sich am 20. April 1945 in die Reichskanzlei begab, um Hitler zu gratulieren. Er blieb, übernahm das Notlazarett und operierte dort mit der letzten ihm noch verbliebenen Kraft, bis der Internist Schenck an seine Stelle trat; Haase assistierte mit chirurgischen Ratschlägen. (Der Chirurg Stumpfegger verbrachte unterdessen die meiste Zeit damit, zusammen mit Martin Bormann zu zechen.)

Haase, der Hitler vom 20. bis zum 30. April täglich sah und ihm in der letzten Nacht Ratschläge für einen sicheren Selbstmord gab, war überzeugt, daß Hitler an der Parkinsonschen Krankheit *(Paralysis agitans)* litt – einer Schüttellähmung, die bestimmte Teile des Stammhirns, die Stammganglien, befällt. Und Schenck, der den Führer freilich erst in der Nacht zum 30. April 1945 aus unmittelbarer Nähe erlebte, stellte dabei dieselbe Diagnose (allerdings ohne Untersuchung). Morell hingegen hat offenbar, wie aus seinen nachgelassenen Papieren hervorgeht, bei seinem »Patienten A« die Parkinsonsche Krankheit ausgeschlossen und eher ein psychogenes Leiden angenommen. Auch Stumpfegger stimmte mit Haases Diagnose überein. Bis heute ist nicht einwandfrei geklärt, woran Hitler im letzten Lebensjahrzehnt wirklich litt. Sicher scheint nur zu sein, daß er die typischen Parkinson-Symptome erkennen ließ. Das heißt jedoch nicht, daß wirklich *Paralysis agitans* vorlag.

Professor Schenck sagte uns zum Gesundheitszustand Hitlers: (Als ich ihn in jener Nacht vor mir stehen sah, war ich sehr schockiert. Nun wußte ich, selbst wenn er seinem Schicksal in Berlin hätte entrinnen können, hätte dieser Mann niemals ein St. Helena und im besten Fall nur ein kurzes Elba erlebt. Ihm wären höchstens noch zwei, drei Jahre beschieden gewesen. Ich nehme an, er hat das gespürt. Seine Entscheidung, in Berlin Selbstmord zu begehen, stand schon seit Tagen fest; Professor Haase erzählte mir, daß Hitler diesen Entschluß bereits zehn Tage vorher, um den 20. April, definitiv gefaßt hatte und sich zunächst am 22. April umbringen wollte. Ich schätzte Haase sehr, aber nach meiner Auffassung war die Tatsache, daß er Hitler Ratschläge für den Selbstmord gab, mit dem hippokratischen Eid nicht vereinbar.«

Nur wenige Schilderungen, die Augenzeugen uns vom körperlichen Ruin Hitlers gegeben haben, sind so anschaulich wie der Bericht Professor Schencks (auf Seite 260); denn er sah ihn in der letzten Nacht zum erstenmal aus unmittelbarer Nähe und mit den geschulten Augen des Arztes. Diejenigen, die Hitler in den letzten Wochen jeden Tag erlebten, waren naturgemäß längst nicht so entsetzt über den Anblick, den er bot, wie die anderen, die Monate hindurch abwesend waren und nun bei ihrer Rückkehr konstatierten, wie sehr sich der physische Verfall beschleunigt hatte. Allerdings haben uns andere Zeugen darauf hingewiesen, daß Hitler offenkundig sehr schlechte gesundheitliche Perioden erlebte, denen günstigere Phasen folgten. Tatsächlich sah er im Januar 1945 besser aus als im September 1944 während einer Gelbsucht. Das Gesamtbild war jedoch eindeutig: Die einst so suggestiv wirkenden, eisbergblau leuchtenden Augen, waren nun häufig glasig und verschleiert, die Augäpfel blutunterlaufen. Das Haar war längst grau. Sein Gang war mehr ein Schlurfen, bei dem er ein Bein nachzog. Der Kopf war geneigt, der Körper gebeugt. Beide Hände zitterten; er benutzte die Rechte, um die Linke an seinen Körper zu pressen. Häufig suchte er mit dem linken Bein an einem Tisch Halt. Wenn er sich auf der Couch im Wohnzimmer niederließ, hob Kammerdiener Linge ihm die Füße hoch. In den letzten Tagen hatte er häufig Speichel auf den rissigen Lippen. Seine Hautfarbe war fahl, sein Geruchssinn offenbar stark gemindert. Die früher peinlich saubere und gepflegte Uniformjacke war nun häufig unansehnlich und wies Suppenflecken auf.

Zwar blieb Hitlers Autorität bis zum letzten Tag ungeschmälert, doch nun hielt seine Anwesenheit manche der engeren Mitarbeiter nicht mehr davon ab, sich gehen zu lassen. Es kam vor, daß alkoholisierte Generale wie Krebs und Burgdorf in seiner Gegenwart einschliefen.

Hitler im Bunker – ein Bild des Jammers und des Grauens. Wenige Jahre zuvor noch Herr über den Kontinent, nun in eine Betonhöhle verbannt, die zugleich das letzte Führerhauptquartier war; das alles armselig, klein – Hitler im Bunker wirkte als eine grausame Parodie des früheren Machthabers und Eroberers. Nur seine unglaubliche Willenskraft hatte ihn erstaunlicherweise trotz aller körperlichen Hinfälligkeit nicht verlassen.

Doch zugleich hat Hitler im Bunker uns, die Autoren dieses Berichts über sein Ende, auch fasziniert, weil er sich in diesen letzten Monaten seines Lebens mehr als je zuvor als der wahre Hitler gezeigt hat – der große Schauspieler, der eine Maske nach der anderen ablegte; eine bei aller äußeren Dynamik seines Lebens bemerkenswert statische Persönlichkeit.

Das Hitler-Bild der alliierten Kriegspropaganda – der blutrünstige Nazi-Diktator in der Reichskanzlei, ständig Pläne für neue Ungeheuerlichkeiten ausbrütend – hat sich als entsetzlich realistisch erwiesen. Und doch war es zugleich eine Klischeevorstellung. Denn Hitler hat den Zweiten Weltkrieg keinesfalls von seinem Berliner Amtssitz aus geführt. Während der sechs Jahre hielt er sich insgesamt nur wenige Monate in der Reichskanzlei auf, und nach dem Beginn des Rußlandfeldzuges kam er nur selten nach Berlin.

Die zweite Hälfte des Jahres 1941 und die ersten sechs Monate des folgenden Jahres verbrachte der Führer im Hauptquartier »Wolfsschanze« bei Rastenburg in Ostpreußen, von München so weit entfernt wie von Leningrad. Es folgten drei Monate im Hauptquartier »Werwolf« nahe Winniza, tief in der Ukraine, dann wieder fünf Monate Rastenburg, zwei Monate Winniza, drei Monate Arbeitsurlaub auf dem Obersalzberg, neun Monate Rastenburg, nach totaler Erschöpfung ab 16. März 1944 vier Monate Obersalzberg, vier Monate in Rastenburg . . .

In der Reichskanzlei erschien Hitler stets nur für wenige Tage. Er hatte schon lange in einer katakombenhaften Abgeschiedenheit gelebt, als er Mitte März 1945 endgültig in den Führerbunker übergesiedelt war – das letzte der mehr als ein Dutzend Hauptquartiere, die im Reich, im besetzten Ost- und Westeuropa für ihn gebaut worden waren: überwiegend Stahlbetonbunker, die meisten unterirdisch.

Hitler war die bizarre Existenz hinter meterdicken Mauern, in fahlem, künstlichem Licht und bedrückender Stille, im Zentrum hermetisch abgeriegelter Sperrkreise, gewohnt – ein Troglodytendasein, auch für die Mitglieder seines Stabes. Sie hatten sich damit abgefunden, beklagten sich allenfalls untereinander und hinter vorgehaltener Hand. Schon im ersten Kriegsjahr fand Christa Schroeder, eine der Sekretärinnen des Führers, das Hauptquartier »Felsennest« bei Münstereifel, wo Hitler im Mai 1940 die ersten Phasen des Westfeldzugs verfolgte, sei »gräßlich kalt und feucht.«

Wo immer der Diktator sich während des Krieges aufhielt, konnte er sich in kürzester Zeit mit dem jeweiligen Hauptquartier und den anderen Bastionen seiner

Macht in Berlin, München, Berchtesgaden, mit dem Regierungs- und Parteiapparat, mit den obersten Wehrmachtsbehörden im Reich und in den besetzten Gebieten, verbinden lassen. Auf dem Zenit seiner Herrschaft war das den ganzen Kontinent umspannende Nachrichten- und Fernmeldesystem, das ihm zu Diensten stand, gigantisch.

Das Zentrum lag in der Nähe von Zossen, fast vierzig Kilometer südlich Berlins, in dem rund sechs Quadratkilometer umfassenden Bunkerkomplex, der von 1936 bis 1939 für die streng voneinander getrennten Oberkommandos des Heeres (»Maybach I«) und der Wehrmacht (»Maybach II«) gebaut worden war. Es war das mit der Reichskanzlei und dem Führerhauptquartier direkt verbundene »Amt 500«, Codename »Zeppelin« – damals das wohl größte und technisch modernste Fernmeldeamt Europas, mehr als zwanzig Meter unter der Erde gelegen und damit absolut bombensicher, mit eigenen Versorgungseinrichtungen. Es diente auch dem zivilen Fernmeldewesen. Daneben verfügten die Oberkommandos der Luftwaffe, der Kriegsmarine, die wichtigsten Ministerien und Behörden, insbesondere die SS, über eigene Nachrichtennetze und Fernmeldezentralen in Berlin und Umgebung.

Kurz nach der Rückkehr Hitlers aus dem Hauptquartier »Adlerhorst« hatten seine beiden wichtigsten militärischen Berater, Feldmarschall Keitel und Generaloberst Jodl, vergeblich versucht, ihn zur Übersiedlung nach Zossen zu bewegen. Er werde dort, so hatten sie zu bedenken gegeben, mehr Schutz vor den ständigen Luftangriffen der alliierten Bomberflotten finden und in einem riesigen militärischen Lagezentrum – anders als im Provisorium des Reichskanzlei-Bunkers – jederzeit über die neueste Entwicklung an den Fronten informiert werden können.

Doch Hitler lehnte diesen Vorschlag kategorisch ab. Er

plante seinen Tod bereits als symbolischen Akt, als wagnerianisches Ende auf brennender Bühne. Zossen, das brandenburgische Provinzstädtchen, galt ihm als unangemessener Schauplatz für seinen Untergang, den er als Höhepunkt eines welthistorischen Dramas sah.

Überdies: In Zossen residierte noch immer der Generalstab, Hort jener konservativ geprägten Militärs, für die er, vor allem nach der Verschwörung des 20. Juli 1944, nur noch Haß und Verachtung empfand. Männer wie Ludwig Beck, Franz Halder, Kurt Zeidler, Heinz Guderian, waren für ihn Verräter, Versager, Besserwisser. Wie häufig hatte er sich in den letzten Jahren über den »Geist von Zossen« erregt, über das nüchterne militärische Kalkül derjenigen Generale, die sich – häufig freilich erst in letzter Stunde – ihrer Verantwortung bewußt geworden waren und mit Entsetzen erkannt hatten, daß er die Nation in die Katastrophe führte. Zossen – das war für ihn eine andere Welt, die er verabscheute. Hitler hatte stets monumental gedacht; und das monumentale Ruinenfeld Berlin mag ihn mit ähnlichen Empfindungen nihilistischer Befriedigung erfüllt haben wie der Anblick des brennenden Warschau im September 1939.

Der Führerbunker der Reichskanzlei war gewiß der sicherste Luftschutzraum der Hauptstadt. Doch selbst als das letzte militärische Hauptquartier eines schon besiegten Diktators war die Katakombe denkbar ungeeignet. In einem der unteren Räume hatten Spezialisten der Reichspost eine Telefonzentrale installiert, die vielleicht für ein Divisions-Hauptquartier oder für ein mittleres Hotel ausreichend gewesen wäre. Die beiden Vermittlungsschränke, Erzeugnisse der Firma Siemens, hatten nur zwei Plätze.

Immerhin war die Anlage jedoch mit einem Verwürfelungsgerät ausgestattet, das geheime Gespräche vor dem Abhören schützen sollte. Das war – im Führerbunker – alles. Niemand hatte damit gerechnet, daß man dort einmal mehr Fernmeldetechnik benötigen könnte, denn Hitler stand ja der gesamte militärische Nachrichtenapparat mit dem »Amt 500« zur Verfügung – bis zum 21. April 1945. An diesem Tag erreichten Panzer- und Schützenverbände der von Marschall Iwan Stepanowitsch Konjew geführten Heeresgruppe »1. Ukrainische Front«, in nördlicher Richtung vorstoßend, Zossen und besetzten das kurz zuvor von den deutschen Stäben hastig geräumte Bunkersystem. Damit fiel das »Amt 500« aus. Es wurde den sowjetischen Offizieren von dem Chefingenieur Hans Beltow unversehrt übergeben.

Nun blieb nur noch der Nachrichtenbunker des OKW in der Bendlerstraße und die kleinere militärische Fernmeldezentrale in dem Flakleitturm am Zoo, etwa zwei Kilometer vom Führerbunker entfernt. Kümmerlich war, was dem Obersten Befehlshaber Adolf Hitler in den letzten Tagen seiner Herrschaft an Nachrichtenmitteln zur Verfügung stand:

- die kleine Telefonzentrale im Bunker;
- die Wehrmachtsnachrichtenstelle unter der Alten Reichskanzlei, ausgerüstet mit einem 100-Watt-Sender für Mittel- und Langwelle, dessen Antenne jedoch immer wieder durch Artilleriebeschuß zerstört wurde. Von dort riefen in der chaotischen Woche vor dem Ende Ordonnanz- und Stabsoffiziere ihre Freunde und Bekannten in der Stadt an, um sich zu erkundigen, ob die Russen den betreffenden Stadtteil schon erreicht hatten, und wenn ja, mit wieviel Panzern. Bezeichnenderweise waren die Ergebnisse dieser Art von »Aufklärung« häufig zuverlässiger als die militärischen Lagemeldungen, die in der Reichskanzlei von den Befehlshabern der Verteidigungsabschnitte und – für den Gauleiter Goebbels bestimmt – von den Dienststellen der NSDAP einliefen;
- eine ähnliche Sende- und Empfangsanlage im Keller des Propagandaministeriums, wo Heinz Lorenz, der

als Vertreter des Reichspressechefs Dr. Otto Dietrich jahrelang an den Lagebesprechungen im Führerhauptquartier teilgenommen hatte, auch die Rundfunksendungen feindlicher und neutraler Stationen abhören und aus den aufgefangenen Meldungen Nachrichtenübersichten zusammenstellen konnte.

Während der heftigen Kämpfe um die Berliner Innenstadt war der Bunker in entscheidenden Stunden praktisch von der Außenwelt abgeschnitten, da die Leitungen ständig zusammenbrachen. Die Kuriere mußten im Artilleriefeuer immer wieder Deckung suchen, von einer noch etwas Schutz bietenden Ruine zur anderen hasten, und allzu häufig überbrachten sie schließlich Meldungen, die schon überholt waren.

Einer der Telefonisten, die bis zum letzten Tag in der Katakombe auf ihrem Platz blieben, war der SS-Oberscharführer Rochus Misch, damals ein drahtiger Mittzwanziger. Im Polenfeldzug schwer verwundet, war er nach seiner Genesung in das Führerbegleitkommando aufgenommen worden, jedoch nicht, weil er ein glühender Nationalsozialist gewesen wäre. Der geborene Oberschlesier gehörte noch immer der katholischen Kirche an, nicht aber der NSDAP. Er ist einer der wichtigsten Augenzeugen unter den »Kleinen Leuten« in der Umgebung Hitlers, der letzte Soldat, der den Bunker in der Frühe des 2. Mai 1945 verließ.

Bis zum »Fall Clausewitz« am 20. April, der Verkündung des Alarmzustandes, war Misch nach Dienstschluß zu Frau und Kind nach Karlshorst gefahren, einem der östlichen Stadtteile, den die Russen schon am 23. April besetzten. Die Familie bewohnte dort ein gemietetes Häuschen. (Im Garten hatte Misch in den ersten Apriltagen 50 Flaschen Rheinwein vergraben – das Hochzeitsgeschenk Hitlers aus dem Jahre 1943.) Im Führerbunker zum Ausharren verurteilt, grübelte er nun unablässig darüber nach, wie er Frau und Tochter vor den Rotarmisten schützen könne. Schließlich riet er seiner Frau, sie möge doch mit dem Kind zu ihren Eltern übersiedeln, die in dem südlichen Vorort Rudow ein Haus besaßen. Misch:

»Am späten Abend des 21. April versuchte ich, dort anzurufen; von der Stadtmitte bis nach Rudow sind es etwa 15 Kilometer. Ich bekam keine Verbindung. Äußerst besorgt, wählte ich immer wieder – umsonst. Mitternacht war längst vorüber. Im Führerbunker herrschte Stille; im Nebenraum lagen die abgelösten Wachtposten schnarchend auf ihren Feldbetten. Nervös spielte ich an den Knöpfen des Vermittlungsschrankes herum. Zu meiner Überraschung zeigte sich, daß ich noch immer ohne Schwierigkeiten München und Berchtesgaden erreichen konnte ... Während ich einem Kameraden in München mein Problem auseinandersetzte, schaltete sich dort unten eine Telefonistin des Fernamtes in unser Gespräch ein und bot mir sehr freundlich an, eine Verbindung nach Berlin-Rudow herzustellen. Ich nahm das zunächst nicht ernst, weil ich mir nicht vorstellen konnte, daß von München aus gelingen könne, was ich stundenlang vergeblich versucht hatte. Ob sie wußte, daß ich aus dem Führerbunker sprach, kann ich nicht sagen. Eine Minute später war ich tatsächlich mit meiner Frau verbunden. Sie hatte sich noch nicht schlafen gelegt und weinte. Ich werde diese Nacht nicht vergessen. Wenige Stunden zuvor war mein Schwiegervater durch Bombensplitter getötet worden, als er zum Luftschutzkeller laufen wollte. Um meine Frau etwas zu trösten, machte ich ihr Hoffnung, in ein paar Tagen bei ihr sein zu können. Aus ein paar Tagen wurden zehn Jahre.« (Misch geriet am 2. Mai 1945 in sowjetische Gefangenschaft und kehrte erst im Dezember 1953 zurück.)

Wann immer Hitler in den sechs langen Kriegsjahren das Hauptquartier wechselte, nahm er sein Lieblingsgemälde mit: Das Ölbildnis Friedrichs des Großen von Anton Graff*. Er hatte es 1934 in München für 34 000 Reichsmark gekauft. Vor jeder längeren Reise mußten seine Diener, junge SS-Männer aus dem Führerbegleitkommando, das Bild sorgfältig in einer sperrigen Kiste verpacken. Sie durfte nicht in der Gepäckmaschine, sondern nur in Hitlers »Condor« befördert werden. Chefpilot Hans Baur, ein Bayer mit ziemlich cholerischem Temperament, fluchte ebenso wie die anderen Insassen der Führermaschine, wenn sie sich an der im Mittelgang stehenden Kiste vorbeizwängen mußten. Überdies, so beklagte sich Baur, zerkratze »das Ding« das feine Leder der Sitze. Hitler sah seinem Chefpiloten die Flüche nach.

Nach einer Odyssee kreuz und quer durch Europa hing das Graff-Gemälde nun im Führerbunker – der einzige Wandschmuck in dem kleinen Wohnzimmer Hitlers. In den letzten Wochen seines Lebens saß der »Chef« häufig vor dem Porträt des großen Preußenkönigs, um sich »inspirieren« zu lassen, wie er einmal im Gespräch bemerkte. Misch, der Telefonist, wurde zum zufälligen Zeugen einer dieser Séancen: »Es war tief in der Nacht. In dem Glauben, Hitler habe sich schon schlafen gelegt öffnete ich die Tür seines Wohnzimmers, um irgend etwas zu holen. Da saß er, das Kinn in den Händen vergraben, regungslos wie in einem Trancezustand, und starrte bei flackerndem Kerzenlicht auf das Bild. Und der König schien *ihn* anzustarren. Hitler hat mich entweder nicht bemerkt, oder er nahm keine Notiz von mir. Ich zog mich schnell zurück und schloß leise die Tür. Fast kam ich mir vor wie ein Eindringling, der einen Menschen beim Beten stört.«

Der Tyrann, betend – eine an Blasphemie grenzende

---

* Schweizer Maler, 1736–1813. Seit 1766 Lehrer an der Dresdner Akademie. Graff wurde vor allem durch seine Porträts großer Zeitgenossen berühmt (Schiller, Lessing, Herder).

Vorstellung. Wir fragten Rochus Misch: »Glauben Sie, daß Hitler in den letzten Monaten seines Lebens gebetet hat?«

»Nein, natürlich nicht. Aber ich kann Ihnen versichern, viele von uns haben im Bunker das Beten wieder gelernt, als das apokalyptische Ende kam.«

Hitler und Friedrich der Große – vor dem Bildnis des Preußenkönigs sitzend, mag der Führer von der Vorsehung eine ähnliche Wende erfleht haben wie jene, die Friedrich 1762, nach dem Tod der Zarin Elisabeth Petrona, vor der russisch-österreichischen Koalition rettete.

Thomas Carlyle hat die schicksalhaften Ereignisse, die 1763 schließlich zum Frieden von Hubertusburg führten, in seiner »Geschichte Friedrichs des Großen« bewegend beschrieben – eines der Bücher, die Hitler besonders schätzte. In den düsteren Tagen vor dem 16. April 1945, dem Beginn der sowjetischen Großoffensive an der Oder, hatte Goebbels dem Führer immer wieder daraus vorgelesen, hatte ihm den Glauben an eine historische Parallele zu suggerieren versucht und ihn zeitweilig mit neuer Hoffnung erfüllt.

Am Abend des 13. April war Goebbels von einem Frontbesuch in Küstrin zurückgekehrt. Am Eingang des Propagandaministeriums erwarteten ihn seine engsten Mitarbeiter mit einer Nachricht, die ihn von einer Minute zur anderen in Ekstase versetze; der »kleine Doktor« rief nach Sekt und stürzte humpelnd zum Telefon, um Hitler im Bunker anzurufen: »Mein Führer, Roosevelt ist tot!« Der amerikanische Präsident war zwanzig Stunden zuvor in seinem Urlaubsort Warm Springs an einer Gehirnblutung gestorben. *Le miracle de la maison de Brandenbourg* . . .

An jenem Abend klammerten Hitler und Goebbels sich noch einmal an diesen Strohhalm, an die absurde Hoffnung, die Kriegskoalition gegen das nationalsozialistische Deutschland werde nun zerbrechen und zu einem neuen »Wunder des Hauses Brandenburg« führen wie 1759. Die Einsicht, daß die Vernichtung des NS-Regimes zwar das einzige, aber auch das fundamentale Ziel war, in dem die Führer des Westens, auch der neue US-Präsident Harry S. Truman, mit Stalin übereinstimmten – diese Erkenntnis verdrängten Hitler und Goebbels in jenen Stunden schriller Euphorie. Während sie am Abend des 13. April miteinander telefonierten, erbebte der Boden Berlins wieder unter den Detonationen britischer Bombenteppiche, In der Neuen Reichskanzlei brachen mehrere Brände aus. Sie konnten nicht mehr gelöscht werden.

Wozu hätten Carlyles Buch und Graffs Gemälde den Diktator im letzten Monat noch inspirieren können? Im April 1945, *Stalin ad portas*, konnte die Antwort auf diese Frage nur lauten: Zu menschlicher Würde und seelischer Größe im Untergang.

Im Dezember 1761 saß Friedrich der Große in einem demolierten Palast zu Breslau und schrieb in exzellentem Französisch einen melancholisch-ironischen Brief an seinen Freund und Minister, den Marquis d'Argens. Preußen schien am Ende zu sein: Die Hauptstadt Berlin eingeschlossen, die Truppen des Königs erschöpft, ausgeblutet, den Armeen der russisch-österreichischen Koalition und ihrer Bundesgenossen hoffnungslos unterlegen. Friedrich sah die Lage, wie sie war:

»Sie urteilen völlig richtig über die Situation, in der ich mich befinde, über die Abgründe, die mich umgeben, und – wie ich aus dem ersehe, was Sie schreiben – auch über die Hoffnung, die mir noch bleibt. Wir werden davon freilich nicht vor dem Monat Februar sprechen können, und das ist die Frist, in der ich über die Entscheidung nachdenke, ob ich es mit Cato halten will – mit Cato und dem Fläschchen, das ich mit mir führe – oder mit den Schriften des Cäsar und dem besten Kampf, zu dem man fähig ist.

Die Schule der Geduld, die ich derzeit absolviere, ist hart, sie zieht sich lange hin, ist unbarmherzig und barbarisch. Ich habe meinem Geschick nicht entrinnen können; was menschliche Voraussicht nahelegen konnte, ist geschehen, und nichts gelang. Wenn mich das Schicksal weiterhin verfolgt, so werde ich ohne Zweifel untergehen; nur Fortuna kann mich noch aus der üblen Lage befreien, in der ich mich befinde. Ich entrinne ihr, indem ich mich in Gedanken in das Universum versetze, wie ein Beobachter auf einem weit entfernten Planeten. Alles scheint mir dann so unendlich klein zu sein, und fast könnte ich meine Feinde bedauern, daß sie so viele Mühe an so geringe Dinge wenden.

Was würde aus uns ohne die Philosophie? Ich lese sehr viel. Ich verschlinge meine Bücher, und das verschafft mir nutzbringende Erleichterung. Ohne meine Bücher würde die Hypochondrie mich schon ins Tollhaus gebracht haben. Kurzum, lieber Marquis, wir leben in beschwerlichen Zeiten und verzweifelten Situationen. Ich habe alle Merkmale eines Bühnenhelden: stets in Gefahr, stets kurz vor dem Untergang!«

Voilà un homme! Das war der Brief eines wahrhaften Königs an einen wahrhaften Aristokraten – ein Brief, der die geistige Blüte des 18. Jahrhunderts widerspiegelt. Der fast scherzende und doch männliche Ton, in dem Friedrich über seine Lage meditierte, mußte Adolf Hitler, dem demagogischen Fanatiker ohne die mindeste Fähigkeit zur Selbstdistanz und Selbstironie, vollkommen fremd bleiben. Er war, wie Friedrich, ein Herrscher von unbeugsamer Willenskraft. Er stand am Ende seines Lebens, wie Friedrich 1761, als Oberster Befehlshaber vor einer ausweglosen Situation. Er hatte, wie Friedrich, eine Giftampulle in der Tasche. Doch hier endet die historische Parallele abrupt. Den Untergang vor Augen, beschrieb der hochkultivierte König das Absurde seiner Situation in einer funkelnden Betrachtung, deren literarischer Charme den Marquis bezaubert haben muß. Friedrich kokettierte fast mit dem eigenen Schicksal, statt – wie Adolf Hitler – seine Generale zu schmähen und abwechselnd in Haßtiraden und dann wieder in Selbstmitleid zu verfallen.

Im April 1945 vermochte der Diktator im Führerbunker weder aus der schweigenden Betrachtung seines Fridericus-Gemäldes noch unter der Einwirkung der pathetischen und zugleich skrupellosen Beredsamkeit seines Ministers Joseph Goebbels jene gelassene Würde zu gewinnen, die Friedrich sich, »stets kurz vor dem Untergang«, bewahrt hatte. Die gleiche erhebende Haltung zeigten die meisten Verschwörer des 20. Juli 1944, so zum Beispiel der Chef des Wehrmachtsnachrichtenwesens, General Erich Fellgiebel, ein kompromißloser Gegner Hitlers. Schon am Nachmittag des 20. Juli erkannte er im Rastenburger Hauptquartier, daß die Erhebung scheitern und seine Beteiligung innerhalb der nächsten Stunden offenbar werden würde. Den Abend verbrachte er mit seinem Ordonnanzoffizier. Oberleutnant Helmuth Arntz, im Gespräch über die Unsterblichkeit der Seele aus Platons *Phaidon*. Um Mitternacht wurde er verhaftet. Hitler hatte Fellgiebel schon vor dem 20. Juli 1944 gehaßt. Instinktiv mag er gespürt haben, daß dieser General eine geistige Freiheit besaß, die seinem diktatorischen Machtanspruch klare Grenzen setzte.

Hatte Hitler, von seiner Genialität als Feldherr vollkommen überzeugt, die Kriegsjahre fast ausschließlich in militärischen Hauptquartieren verbracht, so waren seine Gegner, die »Großen Drei« der Alliierten – von gelegentlichen politischen Reisen abgesehen – in ihren Hauptstädten geblieben. Franklin Delano Roosevelt amtierte wie in den Jahren zuvor im Weißen Haus und erholte sich im Präsidenten-Landsitz Camp David, Maryland, und in Warm Springs, Georgia, *seinem* Berchtesgaden. Winston Churchill residierte auch während der deutschen Luftangriffe auf London in seinem Amtssitz Nr. 10 Downing Street; Entspannung fand er auf dem offiziellen Landsitz des Premierministers in Chequers. Und Stalin ließ zwar am 16. Oktober 1941 die sowjetische Regierung nach Kuibyschew verlagern, nachdem die deutschen Angriffsspitzen sich Moskau bedrohlich genähert hatten; in der Hauptstadt wurde der Belagerungszustand verkündet. Doch er selbst blieb im Kreml. Außerhalb Moskaus stand ihm seine Staatsdatscha zur Verfügung. Dort nahm er in der Nacht zum 1. Mai 1945 die Telefonmeldung Marschall Schukows vom Selbstmord Hitlers entgegen.

Bis zum Kriegsausbruch 1939 hatte der Führer, die charismatische Heilsfigur der Nürnberger Parteitage, das Instrumentarium der Massenpsychologie immer wieder virtuos eingesetzt, um die Nation hinter seine Fahnen zu scharen und seine Macht zu untermauern. Es war ihm stets von neuem gelungen, hysterische Beifallsstürme zu erzeugen, und die Begeisterung seiner Zuhörer stimulierte wiederum ihn. Nach seinen langen Reden, diesen rhetorischen Eruptionen, war er erschöpft, doch zugleich wirkte er auch erleichtert, befreit. Für ihn war vor allem das gesprochene, weniger das geschriebene Wort zum Quell demagogischer Macht geworden.

Doch während des Kriegs, vor allem nach 1941, trat Hitler als Redner nur selten auf. Es war Goebbels, der – als Gauleiter Berlins in der Reichshauptstadt stets auf dem Posten – allmählich in die Rolle des Obersten Volkstribunen im Dritten Reich hineinwuchs; Höhepunkt dieser Entwicklung war seine berüchtigte Sportpalastrede vom 18. Februar 1943 (»Wollt ihr den totalen Krieg?«). Hitler hingegen hatte sehr bewußt die Rolle des Ersten Soldaten der Nation, des Führers im unmittelbaren Sinne, gewählt und dies durch seine äußere Erscheinung unterstrichen: feldgrauer Rock, schwarze Hosen, Schirmmütze, das Eiserne Kreuz. Am 19. Dezember 1941 entmachtete er die militärische Führung vollends, als er auch formal den Oberbefehl über das Heer übernahm.

Manche Historiker haben für Hitlers Entscheidung, sich während des Krieges fast nur noch in den hermetisch abgeriegelten, von Spezialeinheiten der SS geschützten Führerhauptquartieren aufzuhalten, auch andere Gründe als die Rolle des Obersten Befehlshabers vermutet – so die im Krieg zwangsläufig schärferen Sicherheitsvorkehrungen, auch Hitlers hypochondrische Furcht vor Infektionen aller Art, vor der »gefährlichen Frischluft«, vor allem aber die Faszination, die das spartanische »Leben im Felde« mit zwei Lagebesprechungen am Tag, umgeben von Generalen und jungen, forschen Adjutanten, auf ihn ausgeübt haben mag. Hitler hatte den Ersten Weltkrieg als Gefreiter erlebt. Zweifellos hat er eine innere Genugtuung darüber empfunden, daß er im Zweiten, in *seinem* Weltkrieg, Feldmarschälle und Generale herumkommandieren konnte, als ob *sie* Gefreite wären.

Eine weitere Erklärung für Hitlers Katakombenleben mag in dem Nachlassen seines Augenlichtes gesehen werden, das schon 1937 schwächer zu werden begann. Instinktiv mied er das Sonnenlicht. Christa Schroeder, eine genaue Beobachterin unter den vier Sekretärinnen Hitlers, hat diesen Aspekt hervorgehoben, als sie darauf hinwies, daß sogar der *Berghof* auf dem Obersalzberg mit der Fensterfront nach Norden erbaut wurde, was den direkten Lichteinfall erheblich beschränkte. Und Hitlers Abneigung gegen den Schnee galt wahrscheinlich weniger der Kälte als der blendenden Helle verschneiter Flächen; das könnte seine seltsamen Tiraden gegen den Skisport erklären, den er als junger Mann selbst betrieben, dann jedoch bald aufgegeben hatte. Auch aus anderen Eigentümlichkeiten seines Lebensstils schließt man, daß er das direkte Sonnenlicht gern mied – für Spaziergänge wählte er mit Vorliebe schattige Waldpfade.

Mögen dies alles Mutmaßungen mit mehr oder minder großem Wahrscheinlichkeitsgehalt sein, so steht doch eines mit Sicherheit fest: Adolf Hitler, der geborene instinktsichere Machtmensch, wußte sehr genau, daß in Kriegszeiten, und vor allem in einer Diktatur, die Macht dort konzentriert ist, wo über den Einsatz der Kanonen entschieden wird. Sein Entschluß, die militärischen Operationen der deutschen Streitkräfte bis in die Details persönlich zu leiten, entsprang gewiß auch dem offenkundigen Wunsch, sich in der Geschichte als einer der großen Eroberer, als Nachfahre Alexanders, Cäsars, Napoleons zu manifestieren – eine Projektion seiner Vorstellung von historischer »Größe«. Doch die tiefere Wurzel dieser Entscheidung war zweifellos eine intuitive Überzeugung: Wenn er, Adolf Hitler, den Militärs in diesem Krieg nicht jeden Tag und jede Nacht auf die Finger sehe, so würden sie am Ende versuchen, ihm ihren Willen aufzuzwingen. Wie sich gezeigt hat, war diese Überlegung, vom Standpunkt Hitlers aus gesehen, so falsch nicht.

Ein Aufbegehren des Volkes gegen seine Politik hat Hitler während des Krieges niemals ernstlich befürchtet. Ein nicht unerheblicher Teil der Nation vertraute ihm noch immer, ein anderer Teil war demoralisiert, lethargisch, jedenfalls politisch passiv. Es gab keine Streiks – weder bei den sehr disziplinierten deutschen Arbeitern, noch bei den ausländischen Zwangsarbeitern. Die für Hitler allein relevante »öffentliche Meinung« bildete sich nicht in der Heimat, sondern an der Front unter den Millionen der Soldaten und Offiziere. Welche skrupellosen Konsequenzen er aus dieser Tatsache zog, zeigte sich, als die Geheime Staatspolizei nach dem mißlungenen Attentat des 20. Juli herausgefunden hatte, daß der in der Wehrmacht und sogar im westlichen Ausland populäre Feldmarschall Erwin Rommel zu den Verschwörern gehörte – Hitler ließ ihn zum Selbstmord zwingen und dann in einem Staatsbegräbnis als Opfer eines »Unglücksfalles« beisetzen. Wie die meisten politischen Pyromanen hatte der Diktator eine feine Witterung für den Rauch aus oppositionellen Brandherden, die er vor allem im Generalstab vermutete.

Je länger der Krieg dauerte, desto klarer erkannten viele hohe Offiziere der Wehrmacht, daß Hitlers Politik nur mit einer beispiellosen nationalen Katastrophe enden könne; ihr anfänglicher Groll wurde zum Haß. Im Deutschen Reich herrschte 1944 gewiß keine revolutionäre Situation wie 1918/19, oder wie 1917 in Rußland. Aber die Lage war doch schon so verzweifelt und die allgemeine Stimmung derartig besorgt, daß ein gut vorbereiteter und von allen Teilnehmern mit äußerster Entschlossenheit ins Werk gesetzter Staatsstreich auch unter den Bedingungen des nationalsozialistischen Regimes durchaus Erfolgschancen hatte. Hitler, der politische Hasardeur, sah das sehr viel klarer als die meisten Generale, die sich in dem Konflikt zwischen dem Treueid auf den Führer und der Einsicht, das Reich werde in wenigen Monaten zusammenbrechen, wenn man dem Diktator nicht in den Arm falle, zum Handeln nicht oder erst in letzter Minute durchringen konnten.

Es wird heute leicht übersehen, unter welchen Zeitdruck die Verschwörer sich gestellt sahen. Anfang Juli 1944 hatten die Sowjets die deusche Heeresgruppe Mitte zerschlagen; 27 Divisionen waren verlorengegangen. Mitte Juli standen die Panzerverbände der Roten Armee nur noch knapp 100 Kilometer vom Hauptquartier »Wolfsschanze« entfernt. Der Generalstab in Zossen rechnete mit einem großen Durchbruch der Russen innerhalb der nächsten zehn Tage und befürchtete, Anfang August könnten sowjetische Truppen bereits Berlin erreicht haben. Immerhin hatte jedoch Mitte Juli noch kein feindlicher Soldat Reichsgebiet betreten.

Ein *coup d'état*, dessen war Hitler sich bewußt, konnte

nur noch von den Militärs ausgehen oder jedenfalls nur mit ihrer Zustimmung und Unterstützung unternommen werden. Der *spiritus rector* der Erhebung, Oberst Claus Graf Schenk von Stauffenberg, Denker, Träumer und drängender Tatmensch zugleich, hatte wie wohl kein anderer der Verschwörer erkannt, daß der Verderber des Reiches aus politischen und militärischen Gründen, wenn irgend möglich, im Rastenburger Bunker und nicht etwa in seiner »Condor«-Maschine oder im Sonderzug beseitigt werden sollte. Stauffenbergs Attentatsplan basierte auf der Einsicht, daß Hitlers Machtzentrum im ostpreußischen Hauptquartier lag. Es kam entscheidend darauf an, die Fernmeldeverbindungen vor allem zwischen Rastenburg und Berlin und darüber hinaus die etwa zwanzig wichtigsten Nachrichtenzentren in der Reichshauptstadt in die Hand zu bekommen.

Die Tatsache, daß es Stauffenbergs Mitverschwörern in Berlin nicht gelang, die Großvermittlungen in Zossen (»Amt 500«) und im OKW-Bunker an der Bendlerstraße (»Amt 200«), die Nachrichtenzentrale im Polizeipräsidium, im Reichssicherheitshauptamt, die Fern- und Telegrafenämter der Reichspost und vor allem die Rundfunksender unter ihre Kontrolle zu bringen, war für den Zusammenbruch der Erhebung schwerwiegender als das Scheitern des Attentats im Hauptquartier.

Es liegt eine bittere historische Ironie in dem Umstand, daß Hitler am 20. Juli 1944 mit dem Leben davonkam, gerade *weil* Stauffenberg erkannt hatte, daß der Diktator dort getötet werden mußte, wo er der »wahre Hitler« war – im Bunker der »Wolfsschanze«. In jener schwülen Mittagsstunde gegen 12.30 Uhr begann die Lagebesprechung in einer Baracke, in der sonst der Rüstungsminister Albert Speer die Arbeiten zum Ausbau des Hauptquartiers leitete (Hitlers Bunker wurde im Sommer 1944 erheblich verstärkt). Speer hielt sich an diesem Tag in

Berlin auf. In der nur notdürftig durch schwache Betonplatten gegen Splittereinwirkung geschützten Baracke war der Explosionsdurck sehr viel geringer als in einem Betonbunker.

Viele Kritiker Stauffenbergs in Deutschland wie im Ausland haben nie wirklich erkannt, wie kompliziert die Aufgabe war, der er sich verschrieben hatte. Hitler zu töten, war angesichts der scharfen, dem Reichssicherheitsdienst obliegenden Überwachung des »Sondersperrkreises«, in dem er in Rastenburg lebte, schon schwierig genug. Und obwohl General Fellgiebel zu den Verschwörern zählte, war die wirksame Blockierung der Nachrichtenmittel, die wegen der äußerst kritischen Lage an den Fronten nur vorübergehend sein durfte, angesichts der getrennten Nachrichtenstränge der Wehrmachtsteile und der SS kompliziert.

Stauffenberg hätte Hitler nicht kurzerhand erschießen können. Er hatte bei einer schweren Verwundung in Afrika das linke Auge, die rechte Hand und zwei Finger der Linken verloren. Die Waffe zu ziehen, zu zielen und abzudrücken, wäre für ihn sehr schwierig gewesen. Hitler hätte selbst schneller sein, oder einer der jungen Adjutanten hätte den Attentäter niederschießen können. Zudem waren die Handwaffen am Eingang des Besprechungsraumes abzulegen. Unter allen Umständen mußte Stauffenberg, der führende Kopf der Verschwörung, lebend wieder aus dem Rastenburger Hauptquartier herauskommen und sofort nach Berlin zurückkehren, um dort zusammen mit seinen Gesinnungsfreunden unverzüglich die Zügel in die Hand zu nehmen und ein Chaos zu verhüten.

Nach einem gelungenen Anschlag hätte der Oberst überdies zweifellos noch am selben Abend über den Rundfunk zum deutschen Volk sprechen und die moralische, politische und militärische Rechtfertigung für sein Handeln geben müssen. Die Ermordung des Staatschefs mitten im Kriege wäre ein unerhörter Vorgang gewesen – zumal in einer Nation, die so sehr obrigkeitlichem Denken verhaftet war wie die deutsche. Brutus stand einst vor dem gleichen Problem, als er Caesar getötet hatte – nicht dem toten Diktator, sondern dem lebenden Marc Anton und anderen murrenden Römern mußte nun seine ganze Aufmerksamkeit gelten.

Als die Bombe in der Speer-Baracke detonierte, stand Stauffenberg mit General Erich Fellgiebel im Rastenburger Hauptquartier vor dem »Bunker 88«, der die Wehrmachtsadjutanten beherbergte. Es gelang Fellgiebel tatsächlich unter Vorwänden, für mindestens eine Stunde die Nachrichtenverbindungen des Hauptquartiers zur Außenwelt zu unterbrechen, bis in dem Durcheinander der Mittagsstunden Hitler persönlich den Befehl gab, die Sperrung aufzuheben. Fellgiebel mußte ihn ausführen.

An jenem schicksalhaften Tag wurde der Diktator durch einen Zufall oder, wie er selbst meinte, durch die »Vorsehung« gerettet. Doch war ihm auch wieder einmal zur rechten Zeit Goebbels zu Hilfe gekommen, der wie immer in Berlin auf dem Posten war. Darin steckte eine grimmige Folgerichtigkeit; denn Goebbels, der die Atmosphäre und die Entscheidungsvorgänge in der Abgeschlossenheit des Führerhauptquartiers schon lange mit großer Skepsis verfolgte, hatte Hitler immer wieder beschworen, in Berlin zu bleiben oder häufiger nach Berlin zu kommen.

In den entscheidenden Nachmittagsstunden des 20. Juli hing zunächst die gesamte Führung des Reiches in der Luft; das Schicksal des Regimes stand auf des Messers Schneide. Albert Speer, der ebenso wie Goebbels den Vormittag in seinem Berliner Amtssitz verbracht hatte, schilderte den Autoren die damaligen Ereignisse, wie er sie erlebte: »Es war etwa fünf Uhr nachmittags. Nach einem Telefongespräch mit Goebbels ging ich von meinem Büro am Pariser Platz, in der Nähe des Brandenburger Tores, zur Stadtresidenz des Propagandaministers. Sie lag sozusagen um die Ecke, südlich des Tores. Von seinem Arbeitszimmer im zweiten Stock sah ich auf die Straße hinunter und erblickte dort Soldaten des Wachregiments Berlin in Stahlhelmen. Sie waren feldmarschmäßig ausgerüstet, führten Karabiner mit aufgepflanzten Bajonetten und leichte Maschinengewehre mit sich.

Einige der Männer postierten sich am Eingang des Grundstücks. Goebbels vermutete sofort, diese Leute sollten ihn sistieren, und verschwand für zwei Minuten. Dann kam er zurück, eine Schachtel mit offenbar giftigen Tabletten in der Hand – für den Fall, daß er das Spiel bereits verloren hatte. Major Remer, der Bataillonskommandeur der Soldaten, kam wie der Schicksalsgott persönlich in Goebbels' Büro. In der Tasche hatte er Befehle des Generalleutnants von Hase – der als Stadtkommandant von Berlin zu den Teilnehmern der Erhebung gehörte –, Goebbels auf der Stelle zu verhaften. Als der Propagandaminister dies hörte, wußte er, daß es nun ums Ganze ging. Sehr beherrscht sprach er mit dem Major. Schnell fand er heraus, daß Remer glaubte, Hitler sei tot, und nun meinte, zur Tat schreiten zu müssen. Goebbels wußte natürlich schon, daß der Anschlag mißlungen war. Er hatte über eine direkte Telefonleitung mit Hitler gesprochen. Innerhalb von zwei Minuten wurde er nun erneut mit Hitler verbunden und reichte Remer den Hörer.

Als der Major die wohlbekannte und unverwechselbare Stimme vernahm, sah man förmlich, wie er innerlich in Habacht-Stellung ging. Hitler hob in diesem Gespräch die Befehle von Hases auf und erklärte Remer, er habe nur noch von Goebbels Befehle entgegenzunehmen. Der Propagandaminister, der die Partie erst jetzt wirklich gewonnen hatte, rief sofort den Berliner Rundfunk an und ließ ein Kommuniqué verlesen. Noch in der gleichen Stunde wurde so bekannt, daß Hitler am Leben war, am selben Abend zur Nation sprechen würde, und daß der Putsch gescheitert sei. Tatsächlich war die Erhebung aber zu diesem Zeitpunkt durchaus noch nicht beendet. Stauffenberg war in Rangsdorf gelandet und sofort zum OKW-Gebäude in der Bendlerstraße gefahren, wo er erst in den Abendstunden verhaftet wurde. Die unerklärliche Tatsache, daß seine Mitverschwörer in Berlin es nicht schafften, die Nachrichtenzentren in die Hand zu bekommen, war der Faktor, der den Aufstand schließlich hat zusammenbrechen lassen. Stauffenberg hätte mehr Stauffenbergs an seiner Seite haben müssen.«

Eine einzige Telefonleitung – diejenige, die Goebbels zur Verfügung stand – erwies sich als entscheidend. Sie hätte leicht unterbrochen werden können. Hitler konnte noch immer das entscheidende Wort sprechen. Um Mitternacht wurde seine in Rastenburg aufgenommene Rede ausgestrahlt.

Im Rückblick auf seine Erfahrungen im Dritten Reich hat Albert Speer stets hervorgehoben, wie überragend wichtig die Massenmedien und die Nachrichtenverbindungen für das Regime waren. In einem Interview, das er einem der beiden Autoren vor dem Erscheinen seiner Memoiren, für die *New York Times* gab, sagte der frühere Rüstungsminister:

»Angesichts der von Mißtrauen erfüllten, einerseits schwülstigen und bombastischen, andererseits elenden Atmosphäre des Dritten Reiches, so wie ich sie in meinen Erinnerungen beschreibe, glaube ich, daß man Hitlers Diktatur nicht mit einer der bekannten Despotien der Antike vergleichen kann. Im allgemeinen halte ich im Hinblick auf den nationalsozialistischen Staat nicht viel von dem Begriff ›Totalitarismus‹, weil er sehr viel mehr Ordnung und effektive Planung beinhaltet, als es je in der wahrlich chaotischen Bürokratie des Dritten Reiches gegeben hat. Aber im Hinblick auf die Medien zur Massenbeeinflussung ist er vielleicht angemessen. Hitler hatte dank der modernen Technik tatsächlich ein totales Kommunikationssystem zur Verfügung.«

Zwei Jahre nach diesem Gespräch besuchten wir Speer zu Hause in Heidelberg, um die Hauptquartiere Hitlers mit ihm durchzusprechen. Er hatte nur eines gebaut, aber er wußte, wo die anderen lagen, und fügte zu unserer Liste drei weitere hinzu. Speer: »Bei meiner Bemerkung über Hitlers perfekte Beherrschung aller modernen Kommunikationsmittel – denken Sie auch an seine frühe und häufige Benutzung des Flugzeugs (obwohl er niemals wirklich gern flog) – dachte ich vor allem an die Vorkriegszeit. Während des Krieges wurden die Dinge sehr viel komplizierter. Das Drama, das in jenem unfertigen und elenden Bunker in Berlin endete, begann wirklich mit Hitlers Entschluß, den Krieg von den Betonkatakomben aus zu führen, die er sich erbauen ließ – eine seiner vielen Donquichotterien und dazu eine Entscheidung, die sachlich so offenkundig falsch war. Er hätte in Berlin bleiben und die militärischen Hauptquartiere nur besuchen sollen. Doch er tat genau das Gegenteil. Aber man konnte mit ihm einfach nicht über solche Dinge reden, oder wenn, dann reagierte er nicht auf entsprechende Ratschläge. Hitler verkörperte einen in Deutschland sehr häufigen Typ: den Besserwisser.

Das einzige Hauptquartier, das ich als sein Architekt für ihn erbaute, war der ›Adlerhorst‹. Kurz vor dem Ausbruch des Krieges, im Sommer 1939, beauftragte Hitler mich, ein geeignetes Gelände für ein Führerhauptquartier irgendwo in der Nähe von Frankfurt am Main ausfindig zu machen. Seit meiner Jugendzeit kannte ich den Taunus sehr gut und auch die Gegend um Ziegenberg, einige Kilometer von Bad Nauheim entfernt. Der junge Goethe hatte dort viele idyllische Stunden verbracht. Bald fanden meine Mitarbeiter und ich ein großes Gut mit einer Art Herrenhaus auf einem Hügel, fast zwei

Kilometer nördlich des Städtchens Ziegenberg, am Ende einer weiten Wiesenfläche. Wir beschlagnahmten es. Das weitläufige Anwesen war für Tarnungszwecke ideal – das große Haus, Ställe, Scheunen, ein geräumiger Hof. Der Komplex wurde umgebaut. Nachdem ich Hitlers Lebensgewohnheiten nun hinreichend zu kennen glaubte, plante ich alles so, daß er im ›Adlerhorst‹ durchaus so angenehm wie auf dem Berghof leben konnte, während sein Stab unauffällig in Ziegenberg, in den umliegenden Dörfern und in dem Kurort Bad Nauheim untergebracht werden konnte. Ich war wirklich etwas stolz darauf, daß es uns gelungen war, ein großes Hauptquartier so in die Landschaft hineinzubauen, daß es selbst aus der Luft nicht auffiel. Alle militärischen Anlagen, die irgendwie hätten Verdacht erregen können, waren natürlich in unterirdischen Bunkern untergebracht, und über der großen Garage grasten die Kühe.

Nach dem siegreichen Ende des Polenfeldzuges kam Hitler im September 1939 als Triumphator nach Berlin zurück. Doch schon Fotografien des neuen Hauptquartiers genügten für Hitler, sich zu weigern, in dieser Anlage auch nur die Nacht zu verbringen. Wütend knurrte er, das sei nicht sein Stil, sei zu luxuriös, zu prächtig, und eigne sich vorzüglich für einen ›pferdeliebenden Adligen‹. Im Kriege müsse er als Führer den Soldaten an der Front durch einen spartanisch einfachen Lebensstil ein Beispiel geben. Mit einer hochmütigen Geste der Geringschätzung stellte er den ›Adlerhorst‹ Feldmarschall Gerd von Rundstedt, dem Oberbefehlshaber im Westen, zur Verfügung. Ich war sprachlos. Dann ordnete er den Bau eines neuen, fast primitiv eingerichteten Hauptquartiers an.«

Es entstand in der Eifel in einer Höhle bei Münstereifel.

Offenkundig hatte Speer die tiefe Aversion Hitlers gegen »aristokratische« Lebensformen nicht in Betracht gezogen. Anders als so viele seiner prominenten Gefolgsleute – Göring, Ribbentrop, Bormann – hat Hitler sich in Schlössern und Palästen nie wohl gefühlt, und er hielt sich nur selten in derartigen Bauwerken auf. Speer fuhr fort:

»Er empfand sich ja als modernen Menschen, als Künstlernatur, als Bohemien. Die Entscheidung, ›Adlerhorst‹ dem Feldmarschall von Rundstedt zu überlassen, hatte nichts mit Großmut zu tun. Sie bedeutete nur, daß er seinen Oberbefehlshaber im Westen für einen ›pferdeliebenden Aristokraten‹ hielt. Die spartanische Pose, die Hitler damals an den Tag legte, ist gewiß nicht völlig unaufrichtig gewesen; wir jedoch hatten nun die beunruhigend hohen Kosten für ein zweites Hauptquartier im Westen zu überschlagen und waren sehr bestürzt. Für die technische Ausrüstung im ›Adlerhorst‹ waren fünf Millionen Reichsmark ausgegeben worden. Nun mußten viele hundert Kilometer Leitungen neu verlegt, die teuren elektronischen Anlagen mußten verdoppelt werden – das alles in äußerster Eile. Denn Hitler hoffte zu diesem Zeitpunkt, die große Offensive im Westen noch im Oktober oder November 1939 beginnen zu können.«

In dieser Zeit des sogenannten »Sitzkrieges« im Westen – des *drôle de guerre* im Herbst 1939 – wurden zwei neue Führerhauptquartiere errichtet; das erste war das von Speer erwähnte in der Eifel. Es lag in Rodert bei Münstereifel, nahe der deutsch-belgischen Grenze, und erhielt den (passenden) Decknamen »Felsennest«, Hier bekam Hitlers persönlicher Stab einen ersten Vorgeschmack jenes »spartanischen« Lebens, mit dem der Führer nun seinen Soldaten zu imponieren gedachte. In eine Naturhöhle hineingebaut, war das »Felsennest« feucht und kalt. Hitler hielt sich dort zunächst nur einige Tage auf. Da die Offensive auf das Frühjahr verschoben werden mußte, kehrte er nach Berlin zurück und verbrachte die nächsten Monate in der Reichshauptstadt und auf dem Obersalzberg. Am 10. Mai 1940 traf er wieder in Rodert ein – der »Fall Gelb«, der Westfeldzug begann.

Das zweite Hauptquartier an der westlichen Reichsgrenze, »Tannenberg«[*], entstand 1939 auf dem Kniebis, westlich von Freudenstadt im Schwarzwald: Einige feuchte Bunker, die in Hitlers Umgebung für »fast unbewohnbar« gehalten wurden. Der siegreiche Führer hielt sich dort nach dem deutsch-französischen Waffenstillstand einige Tage auf. Am 7. Juli kehrte er nach Berlin zurück.

Ebenfalls im Bau war um diese Zeit eines der größten unterirdischen Hauptquartiere Hitlers – im Obersalzberg bei Berchtesgaden. Unter dem *Berghof* wurde ebenso wie unter den Villen Görings, Bormanns und Himmlers eine ausgedehnte Bunkeranlage mit MG-Stellungen und Notausgängen errichtet. Bormann leitete diese Arbeiten. (Als 318 britische Lancasterbomber den Obersalzberg in den letzten Kriegstagen in eine Trümmerwüste verwandelten, hielten sich in diesem Bunkersystem mindestens 2500 Mann SS-Truppen auf. Heute ist das Gelände eine Touristenattraktion.)

Der unerwartet günstige Verlauf der deutschen Operationen im Westfeldzug führte noch im Juni 1940 zum ersten FHQ außerhalb der Reichsgrenzen. Am 4. Juni zog Hitler nach dem erfolgreichen Abschluß des »Sichelschnitts«, der ersten Phase des Feldzugs, aus dem »Felsennest« in das FHQ »Wolfsschlucht« in dem kleinen

---

[*] Beim Bau dieses FHQ war noch nicht entschieden, wo die deutsche Offensive gegen Frankreich angesetzt werden sollte, bei Sedan oder bei Straßburg. Die Tarnnamen für seine Hauptquartiere hat Hitler persönlich festgelegt – zunächst unter Verwendung seines einstigen Decknamens als Geheiminformant der Reichswehr 1919/20 in München. Damals hatte er sich »Wolf« genannt. So finden wir also die »*Wolfs*schanze«, das FHQ »Werwolf«, die »*Wolfs*schlucht«. Wie jedoch die Bezeichnung »Wolfsschlucht II« zeigt, waren die Möglichkeiten für derartige Komposita offenbar bald erschöpft. Das Hauptquartier in Ziegenberg wurde, wie ein Mitglied der Reichskanzler-Gruppe uns erläuterte, 1939 »Adlerhorst« genannt, damit auch im Tarnnamen die Tatsache zum Ausdruck kam, daß es sich nicht um ein *Führer*hauptquartier handelte. Ob ähnliche Motive auch bei dem FHQ »Tannenberg« maßgebend waren, ist zweifelhaft. Im Laufe des Krieges hat Hitler diese Namensspielerei aufgegeben.

belgischen Dorf Bruly-de-Peche, unmittelbar an der französischen Grenze, das für ihn und seinen Stab geräumt worden war. Er wohnte dort in einer Baracke, seine Begleitung in der Schule, dem Pfarrhaus und anderen unscheinbaren Gebäuden. Ein drei Meter tiefer Betonunterstand diente Hitler als »Lagebunker«. Als er in Bruly-de-Peche die Meldung erhielt, das französische Oberkommando habe um den Waffenstillstand nachgesucht, verfiel er in jenen veitstanzartigen Freudenausbruch, der in einer Filmaufnahme erhalten geblieben ist. Von einem nahegelegenen Feldflughafen im französischen Rocroi aus flog er in den frühen Morgenstunden des 26. Juni zu seiner dreistündigen »Kunstreise« nach Paris (Seite 188).

Ein weiteres unterirdisches Führerhauptquartier baute die »Organisation Todt« im Sommer 1940 in Margival nahe Soissons. Es wurde »Wolfsschlucht II«, kurz »W II«, genannt. Dort gedachte Hitler die »Operation Seelöwe«, die Landung in England, zu leiten. Er hat dieses Hauptquartier inspiziert und wollte 1944 von dort aus die Abwehr der erwarteten angloamerikanischen Invasion in der Normandie führen. Dazu kam es jedoch nicht. Hitler hielt »W II« angesichts der immer stärker werdenden französischen Widerstandsbewegung für zu unsicher. Er kam in dieser Zeit nur einmal nach Margival. Am 17. Juni 1944 fand dort jenes schicksalschwere Gespräch statt, zu dem die beiden Feldmarschälle von Rundstedt und Rommel ihn wegen der bedrohlichen Lage an der Invasionsfront aufgefordert hatten. Das Treffen muß gespenstisch verlaufen sein: SS-Einheiten hatten kurz vor der Ankunft Hitlers aus Berchtesgaden das gesamte Gelände hermetisch abgeriegelt, und SS-Posten standen hinter Hitlers Stuhl, als er mit den beiden Marschällen das Mittagessen einnahm. Aus Sorge vor einem Giftanschlag ließ er – wie schon bei früheren Gelegenheiten – das Eintopfgericht vorkosten. Für von Rundstedt und Rommel verlief die Begegnung äußerst deprimierend. Hitler beschuldigte die deutschen Kommandeure, bei der Abwehr der alliierten Invasion versagt zu haben, und verbat sich Rommels Forderung, angesichts der drückenden gegnerischen Überlegenheit den Krieg zu beenden. Hitler hatte Margival noch nicht verlassen, als im Gelände des Hauptquartiers eine vom Kurs abgekommene V-1-Rakete einschlug, ohne jedoch Schaden anzurichten. Er reiste sofort ab und kehrte nach Berchtesgaden zurück. Wären deutsche Truppen, wie geplant, 1940 oder 1941 in der Nähe von Dover gelandet, um nach London vorzustoßen, so hätte Hitler wahrscheinlich einen weiteren Bunker bezogen, der in die Klippen oberhalb von Calais hineingebaut worden war. Die Franzosen züchten dort heute Pilze.

Wie schon im September 1939 in Polzin, Groß-Born und Illnau bei Oppeln, leitete Hitler auch im April 1941 einen weiteren Feldzug vom »Führersonderzug« aus: die »Operation Marita«, die Besetzung Jugoslawiens und Griechenlands. Der Zug – Hitlers Arbeits- und Wohnwagen, ferner Nachrichten-, Arbeits- und Schlafwagen für Stab und Presse, sowie Flakwagen – stand in Mönichkirchen (Österreich), ein zweiter Sonderzug in der Nähe von Wiener Neustadt. Die beiden Züge hatten die Tarnnamen »Brandenburg« und – merkwürdigerweise – »Amerika«.

In den bisher aufgeführten Hauptquartieren hat Hitler jeweils höchstens einige Wochen verbracht. In der »Wolfsschanze« jedoch, dem größten und wichtigsten FHQ bei Rastenburg in Ostpreußen, hielt er sich insgesamt rund drei Jahre auf. Er bezog es am 24. Juni 1941, zwei Tage nach dem Beginn des deutschen Angriffs auf die Sowjetunion.

Das gesamte Gelände der »Wolfsschanze«, zehn Autominuten von Rastenburg in einem lichten Waldgebiet gelegen, war gegen Luftangriffe durch Betonbunker, Flak- und MG-Stände, Drahthindernisse und andere Sperren gesichert und gliederte sich in mehrere Verteidigungsringe, die mit Einheiten der Division »Großdeutschland« und SS-Truppen belegt waren. Zwischen dem ersten Tor am äußeren Rand des weiträumig angelegten Minen- und Befestigungsgürtels und der Mitte, dem Bunker Hitlers, lagen rund drei Kilometer. Vom zweiten Tor, das Einlaß in einen weiteren Sperrkreis mit elektrisch geladenem Stacheldraht gab, fuhr man 800 Meter bis zur sogenannten Offizierswache am Sperrkreis I, und gelangte nach weiteren 100 Metern zum Eingang des Sondersperrkreises, in dem Hitler wohnte. Die »Wolfsschanze« hatte auch nach der Erweiterung der gesamten Anlage den Charakter eines Barackenlagers in lockerer Bauweise behalten. Die Zahl der fensterlosen Betonbunker mit wolkigem Tarnanstrich war erhöht, die schon vorhandenen waren verstärkt worden. Die meisten Holzbaracken hatten zum Schutz gegen Brand- und kleinere Splitterbomben einen Betonmantel erhalten, in dem die Türen und Fenster ausgespart waren. Von dieser Art war auch die Lagebaracke, in der Stauffenbergs Bombe explodierte. Sie stand ebenso wie der etwa 40 Meter entfernte Wohnbunker Hitlers (der frühere Gästebunker) und der Zwinger für Hitlers Schäferhündin »Blondi« im Sondersperrkeis, der durch einen 250 Meter hohen Maschendrahtzaun abgeschlossen und dauernd von SS-Posten und Beamten des Reichssicherheitsdienstes (RSD) bewacht wurde. Zutritt auch für die höchsten Offiziere gewährte nur ein von dem damaligen SS-Oberführer Johann Rattenhuber, dem RSD-Chef, ausgestellter Ausweis. Vor diesem Hintergrund wird verständlich, daß Generaloberst Alfred Jodl, ein ziemlich nüchterner Militär ohne Neigung zu besonders bildkräftigen Formulierungen, das Hauptquartier »Wolfsschanze« als eine »Kreuzung zwischen Kloster und Konzentrationslager« charakterisierte – natürlich erst in seinen Vernehmungen während des Nürnberger Prozesses 1946. Im Führerhauptquartier oder in Gegenwart des »Chefs« hütete man sich, das Wort »Konzentrationslager« zu gebrauchen.

Die Privatbunker Hitlers, Görings und Bormanns, 1941 errichtet, wurden im Juli 1944 verstärkt und waren einige Tage nach dem Attentat fertiggestellt – große Betonklötze ohne Fenster, ohne direkten Lufteintritt, mit fünf Meter starken Wänden, die zusammen mit den Decken erheblich mehr Kubikmeter umfaßten als der nutzbare Innenraum – jedes Architekten Alptraum.

Obwohl die »Wolfsschanze« in einer Landschaft von herber Schönheit lag, umgeben von Wäldern und Seen, die begeisterten Anglern wie dem Chefpiloten Hans Baur mancherlei Möglichkeiten boten, war das Leben im Hauptquartier für die meisten Mitgleider des Hitlerschen Stabes doch bedrückend. Der Winter war in Rastenburg von eisiger Kälte, der Sommer stechend heiß, und dichte Mückenschwärme aus nahegelegenen Tümpeln – voll dicker Frösche, die in den schwülen Nächten unaufhörlich quakten – taten ein übriges. Um die Mücken zu vertreiben, verfiel man auf die Idee, in den Tümpeln Petroleum auszugießen. Dabei verendeten jedoch die Frösche, ohne daß die Mückenplage geringer wurde. Hitler nahm diese Operation mit Unmut zur Kenntnis. Er vermißte das Gequake der Frösche. So mußten die Tümpel gereinigt werden, und im nächsten Frühjahr ließ der »Chef« in anderen Seen Frösche fangen und in der Nähe der »Wolfsschanze« aussetzen.

Im Herbst 1941 waren die deutschen Panzerverbände schon so weit in den russichen Raum vorgestoßen, daß dieses – fast 600 Kilometer von Berlin entfernte – Führerhauptquartier rund 1000 Kilometer hinter der Front lag. Nach den schweren Rückschlägen im Winter 1941 bezog Hitler, nun Oberbefehlshaber des Heeres, im Juli 1942 ein neues FHQ im ukrainischen Winniza (Tarnname »Werwolf«), um von dort die deutsche Sommeroffensive zu leiten. Es lag wieder in einem lichten Wald und bestand aus zwei Betonbunkern, einigen Blockhäusern, von denen Hitler eines bewohnte, und Baracken. Im Oktober 1942 verließ Hitler Winniza, kehrte jedoch nach der Katastrophe von Stalingrad zurück und versuchte, die wankende deutsche Front zu stabilisieren. Im März 1943 verließ er das FHQ »Werwolf« für immer. Zu dieser Zeit operierten in der weiteren Umgebung Winnizas schon sowjetische Partisaneneinheiten.

Natürlich hat Hitler seine Hauptquartiere bei längeren Aufenthalten hin und wieder verlassen, um vor allem Berlin, Berchtesgaden und München zu besuchen. Ein Jahrestag, den er stets in der »Stadt der Bewegung« verbrachte, war der 9. November, an dem sich der Hitler-Putsch vor der Feldherrnhalle jährte. Um dem Führer auch in der bayerischen Metropole ein sicheres Domizil zu schaffen, ließ Bormann 1943 in dem Vorort Pullach ein weitres FHQ für den Fall errichten, daß »der Führer sich während eines Luftangriffs in München aufhält und nicht direkt nach Berchtesgaden zurückkehren kann«.

Welche Konsequenzen die insgesamt fünfzehn Führerhauptquartiere für den Stab Hitlers hatten, schilderte uns sein Chefpilot Hans Baur im Herbst 1973:

»Als der Krieg ausbrach, bestand die von mir geleitete Führerflugstaffel aus zwei Piloten und sechs Maschinen. 1944 in Rastenburg waren es zwölf Piloten und mehr als vierzig Flugzeuge.«

Für Hans Baur waren die relativ unbeschwerten Jahre, in denen er mit Hitler in jeden Gau des Reiches geflogen war, vorüber. Nun stöhnte er unter dem Papierkrieg, der mit der Führung seiner Staffel verbunden war, und flog nur, wenn Hitler flog.

Es war, wie Baur es bei einer anderen Gelegenheit formulierte, der »Regierungspendelverkehr«.

Der persönliche Stab des Führers, 1943 fünfmal so groß wie 1939, zerfiel in einzelne Gruppen. Eine war stets dort, wo der »Chef« sich aufhielt, zum Beispiel in Rastenburg, eine zweite in Berlin, die dritte in Berchtesgaden; eine vierte Gruppe war, so Baur, »entweder im Urlaub, im Kurierdienst zwischen den Hauptquartieren unterwegs, oder mit speziellen Führeraufträgen auf Reisen«.

Als wir Albert Speer baten, unsere Aufstellung der Führerhauptquartiere durchzusehen, lächelte er und meinte: »Eines fehlt. Es war bei weitem der größte der Bunker Hitlers und vielleicht sogar das größte Hauptquartier, das im Zweiten Weltkrieg gebaut worden ist. Die Arbeiten an diesem FHQ begannen 1944 in Schlesien in der Nähe des Kurortes Bad Charlottenbrunn, 70 Kilometer südwestlich von Breslau. Damals hatte Hitler noch die Hoffnung, es werde ihm gelingen, den Vormarsch der Roten Armee zum Stehen zu bringen und Oberschlesien, diesen hochindustrialisierten und geographisch exponierten Teil des Reiches, vor den Russen zu schützen. Der Tarnname für das Führerhauptquartier in Charlottenbrunn war, beziehungsreich genug, ›Riese‹. Es ist nie benutzt worden, weder von Hitler noch von einem seiner Feldmarschälle. Die Baukosten beliefen sich auf 150 Millionen Reichsmark – viermal so viel wie für die ›Wolfsschanze‹ und zehnmal so viel wie für die Bunkerbauten in Pullach.

Wie aus dem *Führerprotokoll*, der täglichen Niederschrift der Konferenzen Hitlers, vom 20. Juli 1944, Punkt 18, hervorgeht, habe ich ihm damals mitgeteilt, daß zu jenem Zeitpunkt rund 28 000 Arbeiter beim Ausbau der Führerhauptquartiere eingesetzt waren. Am 22. September 1944 übersandte ich dazu ein Memorandum mit der genauen Aufschlüsselung der Kosten und Materialmengen. Für ›Riese‹ wurden 257 000 cbm Stahlbeton verbaut und 213 000 cbm Stollenbau ausgeführt, ferner 58 Kilometer Straßenbau mit sechs Brücken und 100 Kilometer Rohrverlegung . . . Für dieses Führerhauptquartier in Bad Charlottenbrunn allein wurde mehr Beton verarbeitet, als wir 1944 der gesamten Bevölkerung des Reiches für Luftschutzbauten zur Verfügung stellen konnten; das waren zehn Prozent der Zementmenge, die 1944 für den zivilen Sektor der Wirtschaft freigegeben werden konnte.«

Diese Zahlen waren für uns so verblüffend, daß wir beim Durchblättern unserer Notizen über das Interview mit Albert Speer, einem überaus präzisen Gesprächspartner, zu dem Schluß kamen, hinsichtlich der Kosten der Anlage »Riese« müsse entweder er sich geirrt haben, oder, was wahrscheinlicher erschien, wir hätten uns verhört und eine falsche Zahl notiert. 150 Millionen Reichsmark für eine Bunkeranlage, die noch dazu niemals benutzt wurde? Dieser Betrag entsprach wenigstens einem Drittel der Kosten, die 1938 beim Bau der Neuen Reichskanzlei entstanden waren – damals immerhin eines der größten und aufwendigsten Bauwerke in Europa. Wir vergewisserten uns noch einmal bei Albert Speer. Seine Antwort: »Oh, nein, ich habe mich nicht geirrt, und Sie auch nicht. Die Zahlen, die ich Ihnen nannte, schockierten mich schon damals, und sie schokkieren mich heute sogar noch mehr. Ich reibe mir ungläubig die Augen, wenn ich auf die Unterlagen, das Führerprotokoll und mein eigenes Memorandum, blicke. Die Megalomanie seiner Friedensbauten übertrug Hitler im Kriege auf seine Hauptquartiere. Für sich Bunker bauen zu lassen, wurde bei ihm förmlich zu einer fixen Idee, einer Manie. Wenn Sie bedenken, daß er 1939 das Hauptquartier ›Adlerhorst‹ als zu komfortabel abgelehnt hatte – es hat nicht ein Zehntel der 150 Millionen Reichsmark für ›Riese‹ gekostet –, dann sehen Sie, daß die spartanische Pose, die Hitler zu Anfang des Krieges noch zeigte, um dem einfachen Soldaten zu imponieren, im Laufe der Jahre zu einer reinen Farce wurde. Er mag sich selbst als Leonidas gesehen haben. In Wahrheit hat er mehr öffentliches Geld zum Fenster herausgeworfen als Alkibiades.«

Albert Speer war es schließlich, der uns auf ein weiteres, 1944 im Bau befindliches Führerhauptquartier von ähnlichen Dimensionen wie »Riese« aufmerksam machte. Es wurde in der Nähe von Ohrdruf in Thüringen errichtet und sollte im Frühjahr 1945 einen Teil der Reichsregierung mitsamt der militärischen Führung aufnehmen. Hitler hat sich in diesem FHQ, das den Decknamen »Olga«* bekam, nie aufgehalten. Auch das OKW oder andere Führungsstäbe sind dort nicht mehr untergebracht worden. Vorauskommandos mußten vor den US-Truppen nach Berchtesgaden ausweichen. Die Anlage fiel Ende April 1945 in amerikanische Hand.

Unsere Recherchen über die Hauptquartiere Hitlers ergaben einen kuriosen Tatbestand: Von den langjährigen Mitgliedern des »Hofes«, die so viele Geheimnisse Hitlers und des Dritten Reiches kannten, waren nur drei, Albert Speer, Chefpilot Hans Baur und Gerda Christian in der Lage, uns genaue und umfassende Auskünfte zu geben. Baur kannte die meisten Hauptquartiere, weil er Hitler stets persönlich flog und jeweils einen geeigneten Start- und Landestreifen für die Führermaschine ausfindig machen mußte, wenn kein Flugplatz in der Nähe lag. Aber offenkundig war ihm die Bunkeranlage »Riese« unbekannt geblieben. Sie wurde nicht mehr fertiggestellt und Anfang März 1945 kurz vor der Eroberung Schlesiens durch die Rote Armee von deutschen Pionieren gesprengt. Die Russen haben die Anlage offenbar nicht entdeckt. Erst die Polen stießen nach Kriegsende auf die Überreste. Alle deutschen Bauarbeiter, die bei diesem streng geheimen Staatsprojekt eingesetzt worden waren, hatten 1944 Schweigeverpflichtungen unterschreiben müssen und waren im Februar 1945 evakuiert worden. Die deutschen Bauern in der Umgegend, von denen viele

---

* Bei der Besetzung dieser Anlage entdeckte ein amerikanischer Kriegskorrespondent auf einer Schlafzimmertür den Namen »Olga« und schloß daraus, daß es sich hier um die Geliebte Hitlers – eine schöne Russin – handle.

die Bauarbeiten wohl in irgendeiner Form bemerkt haben, wurden 1945 von den Polen aus Schlesien vertrieben.

Verlassene Führerhauptquartiere und Betonbunker markierten 1945 die Stationen des langen, blutigen Weges, auf dem Hitler versucht hatte, ein »Germanisches Reich« zu begründen – von Margival in Frankreich über Ziegenberg im Taunus, das schlesische Bad Charlottenbrunn, das ostpreußische Rastenburg, bis zum ukrainischen Winniza. Doch wie entstand eigentlich der Führerbunker der Reichskanzlei, in dem Hitler »als ruhmloser Flüchtling vom Parkett der Weltgeschichte« (Hitler am 25. April 1945) verschwand? In der Antwort auf diese Frage liegt eine wahrlich verschrobene Ironie. Adolf Hitler beschloß seine Feldherrnlaufbahn in einem unterirdischen Kaninchenstall, der vor allem im Hinblick auf Nachrichten- und sonstige Führungsmittel nicht einmal für einen ständigen Aufenthalt, geschweige denn als auch nur halbwegs brauchbares Hauptquartier eingerichtet war. In Berlin gab es Dutzende von Bunkern, die geeigneter gewesen wären.

Wir sprachen mit dem Mann, der vielleicht besser als alle anderen Augenzeugen der letzten Tage in der Katakombe über ihre Entstehungsgeschichte Auskunft geben kann: Johannes Hentschel. Er war als Chefelektriker der Reichskanzlei auch für die technischen Anlagen im Führerbunker und dessen Maschinenraum verantwortlich. Dort stand jener Dieselmotor, der den Bunker in der chaotischen Woche vor dem Ende mit Energie versorgte. Hentschel hat die einzelnen Bauetappen des Bunkers miterlebt; er überwachte die elektrischen Installationsarbeiten und konnte überdies die Fortschritte des Bauprojektes von seiner Wohnung aus vorzüglich verfolgen. Er lebte in einer der beiden Vierzimmerwohnungen der Alten Reichskanzlei. Wir fragten Hentschel, wie er zu seiner Tätigkeit im Amtssitz Hitlers gekommen war.

Seine Antwort: »Im Sommer 1933 war in der Alten Reichskanzlei, dem traditionellen Gebäude, in dem alle deutschen Reichskanzler von Bismarck bis Hitler amtiert haben, ein Schaden in den elektrischen Leitungen entstanden, und Hitler hatte ärgerlich nach einem Elektriker verlangt. Ich kam und reparierte die Sache. Hitler war mit meiner Arbeit zufrieden und bot mir auf der Stelle an, in seine Dienste zu treten. Er fragte mich nicht einmal, ob ich Mitglied der NSDAP sei (ich war es nicht). Wissen Sie, ich war damals ein junger Mann, eben verheiratet, sah mich nach einer passenden Wohnung um, und so kam es, daß meine Frau und ich in die Reichskanzlei einzogen. In der anderen Wohnung lebte der Kammerdiener Krause. Sie verstehen, wenn man von einem Regierungschef einen gutbezahlten Posten angeboten bekommt, und das mitten in einer wirtschaftlichen Depression, dann sagt man nicht nein.

Soweit ich mich erinnere, war der erste Luftschutzbunker der Alten Reichskanzlei noch eine sehr bescheidene Angelegenheit, mit Wänden, die noch nicht einmal einen Meter stark waren. Er wurde schon 1936 gebaut, als die deutsche Wiederaufrüstung begann – offiziell. Dieser Bunker war eigentlich nichts anderes als ein in die Tiefe verlegter Keller der Alten Reichskanzlei unter deren westlichem Flügel.«

Vergegenwärtigen wir uns noch einmal den gesamten Gebäudekomplex an der Wilhelm- und Voßstraße: Die Alte und die Neue Reichskanzlei bildeten einen rechten Winkel; von der Vorderfront des alten Baues, des einstigen Palais Radziwill, sah man auf die Wilhelmstraße. Der neue, 1938 von Speer errichtete Bau nahm die ganze Länge der Voßstraße bis zur Hermann-Göring-Straße ein – rund 420 Meter.

Hentschel fuhr fort: »Die Alte Reichskanzlei hatte, wie Sie sicher wissen, von der Wilhelmstraße aus gesehen, die Grundrißform eines liegenden H. Das Palais Radziwill war später durch vier Flügelbauten erweitert worden. Vom Keller des Westflügels ging man direkt in den Bunker, später ›Vorbunker‹ genannt, hinunter.

Sowohl vom benachbarten Auswärtigen Amt wie vom Propagandaministerium, das auf der anderen Seite der Wilhelmstraße lag, führten unterirdische Gänge in den Keller der Alten Reichskanzlei und von dort in den Führerbunker. Da die anderen Ministerien in der Wilhelmstraße ebenfalls mit dem Auswärtigen Amt und dem Propagandaministerium durch derartige Tunnel verbunden waren, kann man sagen, daß der Führerbunker tatsächlich das Zentrum eines unterirdischen Regierungslabyrinths gewesen ist. Beamte und Kuriere konnten so ganze Häuserblocks unterqueren, um schließlich einen der Zugänge des Führerbunkers zu erreichen.

Als Abert Speer 1938 die Neue Reichskanzlei erbaute, ließ er dort zwar keinen vergleichbaren Tiefbunker anlegen, aber das Kellergeschoß konstruierte er doch so, daß es leicht in einen Luftschutzbunker umgewandelt werden konnte. Das geschah denn auch, wenn ich mich recht erinnerte, 1942. Ein Tunnel – etwa 60 Meter lang, die Decke lag jedoch nur etwa 1,50 Meter unter der Erdoberfläche – verband die Kellergeschosse der Neuen und der Alten Reichskanzlei. Das war der Stand der Dinge beim Kriegsausbruch; damals wogen die größten Bomben erst zwei Zentner.

Nach dem Beginn der schweren alliierten Luftangriffe auf die deutschen Großstädte wurde eine Berliner Baufirma, die Hochtief AG, beauftragt, den Vorbunker so zu verstärken, wie es angesichts der nun größeren Bombenkaliber notwendig erschien. Diese Arbeiten wurden in großer Eile beendet. Erst im nächsten Jahr, 1944, hat die Hochtief AG dann den eigentlichen Führerbunker gebaut. Er wurde mit dem Vorbunker durch die steinerne Wendeltreppe verbunden.

Der Führerbunker ist nie wirklich fertig geworden –

jedenfalls, was die versorgungs- und nachrichtentechnischen Dinge betraf. In den verzweifelten zwei Wochen vor dem Ende mußte ich auf dem Fußboden der Gänge und auf den Treppen elektrische Kabel ausrollen und dazu Feuerwehrschläuche als Ersatz für Wasserleitungen. Bei dem ständigen Hin und Her verhedderten sich die Kabel und Schläuche ineinander wie Spaghetti. In dem Bunker- und Kellersystem der gesamten Reichskanzlei gab es zwei Gefahrenquellen, die zeigen, wie ungenügend das im Grunde alles war. Die erste lag in dem unterirdischen Gang von der Neuen zur Alten Reichskanzlei. Er war bei weitem nicht tief genug. Mitte April rissen direkte Bomben- und später Artillerietreffer klaffende Löcher in die Betondecke. Wenn man den Gang passierte, sah man das Tageslicht oder den Nachthimmel, und der Boden stand zum Teil unter Wasser. Man mußte auf ausgelegten Brettern balancieren. Ich glaube, Hitler hat den Gang zum Schluß nicht mehr benutzt. Bedenken Sie das Sperrfeuer, unter dem das gesamte Gelände um die Reichskanzlei in den letzten Tagen lag . . .

Die zweite Gefahrenquelle bekamen während der Kämpfe um die Berliner Innenstadt Hunderte von Verwundeten zu spüren, die im Keller der Neuen Reichskanzlei in einem Notlazarett mit völlig ungenügender Frischluftzufuhr lagen. Im Gegensatz zu den Berichten, die man häufig hört und liest, sind die Ventilatoren im Führerbunker keinesfalls ausgefallen. Viele Bunkerinsassen haben sich über die stickige und verbrauchte Luft beklagt, die in der Tat zu Kopfschmerzen und Müdigkeit führte; Göring zum Beispiel schlief ja nicht selten in der Lagebesprechung ein. Hitler hatte angeordnet, während der Konferenzen die Ventilatoren abzuschalten; die zugeführte Frischluft, so behauptete er, bewirke bei ihm ein unangenehmes Druckgefühl. Manche Teilnehmer kamen völlig benommen aus der ›Lage‹ heraus – wegen der schlechten Luft und der schlechten Nachrichten. Hitler ging es wahrscheinlich genauso, aber das hätte er natürlich niemals zugegeben.

Und wenn Überlebende des Bunkers Ihnen heute erzählen, der Dieselmotor habe gestottert oder fast seinen Geist aufgegeben, so erklärt sich das damit, daß ich den Motor ab und zu einmal umschalten mußte. In Betrieb war der Motor immer, und er sorgte nicht nur für die Lüftung, sondern auch für Wasser im Bunker und im Notlazarett. Je chaotischer die Dinge wurden, desto mehr kam ich zu dem Schluß: Den verwundeten und sterbenden Soldaten dort drüben auf diese Weise etwas Linderung zu verschaffen, sei das Beste, was ich noch tun könne. Wissen Sie, wenn der eigene Hals in der Schlinge steckt und man seine unwichtige kleine Existenz rechtfertigen möchte, umgeben von Tod, Verwüstung und Leid, dann ist man froh, wenn man anderen noch helfen kann. Ich glaube, sonst wäre ich dort unten durchgedreht.«

Der »alte Henschel« war im April 1945 achtunddreißig – einer der wenigen waschechten Berliner im Bunker und dementsprechend skeptisch gegenüber jeder heroischen Pose, aber helle und von ausgeprägtem Pflichtgefühl. Er tat, was noch Sinn hatte. In den zwölf Dienstjahren, die hinter ihm lagen, war er vom Chefelektriker zum Cheftechniker der Reichskanzlei avanciert, und das war er nun auch im Bunker. Der Monteuranzug war seine Uniform, die Ölkanne und der Schraubenschlüssel waren seine Waffen – einer der wenigen Zivilisten im Bunker und der letzte Deutsche, der lebend aus der Katakombe herauskam.

Seit 1933 war Hentschel fast immer auf seinem Posten in der Reichskanzlei gewesen; seine Frau beaufsichtigte dort das Hauspersonal: »Es war ein guter Posten, und er wurde gut bezahlt. Ich war vom Wehrdienst zurückgestellt und wurde infolgedessen nicht eingezogen. 1945 allerdings habe ich wie die meisten Berliner, die den Zusammenbruch in ihrer Heimatstadt erlebten, den Krieg härter zu spüren bekommen, als mancher Soldat im Felde.« Wir fragten Johannes Hentschel, was sich in der Reichskanzlei tat, wenn Hitler sich in seinen Hauptquartieren aufhielt. Hentschel: »Dann tat sich fast nichts; das ganze Bauwerk stand so gut wie leer, und wenn man durch die riesigen Säle ging, hallten die Schritte auf dem Marmorfußboden nach. Das Stammpersonal, zu dem auch ich gehörte, blieb an Ort und Stelle und mußte darauf vorbereitet sein, daß der ›Chef‹ unangemeldet auftauchte. Als 1943 die schweren Luftangriffe auf Berlin begannen, wurde das Gebäude zunächst nicht beschädigt, wohl aber andere Bauten in der Wilhelmstraße. Das Kellergeschoß, das als Luftschutzraum hergerichtet worden war, wurde nun, wenn Hitler abwesend war, zum Übernachtungsheim für Berliner Kinder. An jedem Abend fuhren aus allen Stadtbezirken die Autobusse vor, Rotkreuzschwestern gaben den Kleinen Zahnbürsten, Waschlappen und Spielzeug. Die Wände waren mit farbenfrohen Kinderbildern geschmückt. Meine Frau und andere Helferinnen packten mit zu. 1944 änderte sich die Szene. Viele Kinder waren schon aus der Stadt evakuiert worden. Da zahlreiche Krankenhäuser in den Bombennächten zu Ruinen geworden waren, fehlte es an Krankenbetten. Nun wurde der Reichskanzleikeller zum Entbindungsheim. Hunderte von jungen Frauen brachten dort ihre Kinder zur Welt. So hieß es in den Geburtsurkunden: ›Geburtsort: Berlin, Reichskanzlei, Voßstraße‹. Im März 1945 verließen die letzten Mütter mit ihren Säuglingen die Reichskanzlei. Hitler beauftragte seinen Begleitarzt Dr. Ludwig Stumpfegger, aus der Klinik Hohenlychen, 90 Kilometer nordwestlich von Berlin in Mecklenburg, das notwendige medizinische Instrumentarium für ein Notlazarett im Reichskanzleikeller zu holen – eine Verbandsstation war bereits vorhanden.

Dann wurde der ›Fall Clausewitz‹ durchgegeben, und um den 20. April herum rückte Generalmajor Mohnke mit seiner Kampfgruppe, fast tausend Mann SS-Truppen, in das Regierungsviertel ein, das nun ›Zitadelle‹ hieß. Mohnke schlug seinen Befehlsstand im Keller in der Nähe des Lazaretts auf. Die gesamte Reichskanzlei war nun bis zum Ausbruch der Besatzung am Abend des 1. Mai mit Soldaten belegt; die meisten waren mir fremd, ich hatte sie nie zuvor gesehen. An dem Tag, an dem ich Mohnke mit seinen Männern auftauchen sah, wurde mir klar, daß Hitler ihm den Befehl erteilt hatte, bis zum letzten Mann und zur letzten Kugel zu kämpfen. Mohnke verkörperte vollkommen den Typ des eisenharten Kommandeurs, von dem man annehmen konnte, daß er diesen Befehl bis zur letzten Konsequenz befolgen würde. Ich war entsetzt.

Am 22. April gelang es mir, wenigstens meine Frau in Sicherheit zu bringen. Sie flog mit einer der letzten Maschinen, die in der Nacht vom Flughafen Gatow starteten, nach Berchtesgaden. Wer die Familie noch in Berlin hatte, machte sich mehr Sorgen um seine Frau als um sich selbst, aus naheliegenden Gründen. Auch diejenigen, die der Goebbels-Propaganda kein Wort mehr glaubten, zweifelten doch nicht an den Berichten deutscher Soldaten, die an der Ostfront gekämpft hatten und uns die von der Roten Armee verübten oder geduldeten Greueltaten an wehrlosen Zivilisten und besonders an Frauen beschrieben. Wir machten uns keine Illusionen. Nachdem meine Frau im Zuge dieser ›Operation Seraglio‹ wenigstens aus Berlin weg war, fiel mir ein Stein vom Herzen. Ich zog nun auch in den Führerbunker um und blieb dort, denn ich hatte in diesen letzten Tagen niemanden, dem ich den Dieselmotor anvertrauen konnte. Ich verbrachte fast die gesamten zehn Tage und Nächte vor dem Ende im Bunker, aß in der Mannschaftskantine im Vorbunker und schlief dort auch. Mein Vorrat an Dieselöl hätte gereicht, den Motor noch bis Mitte Mai in Betrieb zu halten zur Energieversorung.«

In unserem letzten Gespräch mit Johannes Hentschel, der heute in einem netten kleinen Haus in der Nähe des Schwarzwaldes lebt, kamen wir noch einmal auf das Belüftungssystem des Bunkers zurück. Wir fragten ihn, ob die ungenügende Frischluftzufuhr nicht auch noch einen anderen Grund gehabt haben könnte als die Anweisung Hitlers, während der Lagebesprechungen die Ventilatoren auszuschalten. Hentschel: »Ich weiß, worauf Sie hinauswollen; Sie denken an die Geschichte mit den Filtern in der oberen Öffnung des Lüftungsschachtes im Garten. Es mag sein, daß sie nicht in Ordnung waren, obwohl ich sie neu eingesetzt hatte. Irgendwann im Februar wollte Hitler von mir wissen, wie häufig die Filter ausgewechselt würden, ich sollte darauf achten, daß dies unter allen Umständen ordnungsgemäß geschehe. Am nächsten oder übernächsten Tag sprach mich überraschenderweise auch Albert Speer auf diese Sache an. Ich kannte ihn seit den Tagen, als er Hitlers Chefarchitekt wurde. Wir hatten häufig über das eine oder andere technische Detailproblem gesprochen, und gingen nun hinaus in den Park, um uns den Lufteinlaß des Schachtes anzusehen. Die Öffnung, in der ein Eisenrost lag, wurde durch einen niedrigen, immergrünen Strauch verdeckt. Speer meinte beiläufig, es wäre wohl nicht falsch, wenn der Filter einmal ersetzt würde. Am nächsten Tag nahm ich ihn heraus. Einen neuen aufzutreiben, gelang mir jedoch erst ein paar Tage später.«

Ein trivialer Vorgang – so scheint es. In Wahrheit hätte Johannes Hentschel, ohne es zu wissen, fast den Versuch eingeleitet, Hitler in der Katakombe umzubringen und damit das Berliner Bunkerdrama schon im Eröffnungsakt zu beenden. Wie viele Menschenleben ein gelungener Anschlag noch im Februar 1945 hätte retten können, ist kaum zu ermessen.

Der Diktator besaß »einen raubtierhaften Instinkt für Gefahren, die ihm persönlich drohten« – viele Augenzeugen haben uns diese Beobachtung des Generals Guderian bestätigt. Es war dieser Instinkt, der ihn in den letzten Wochen seiner Bunkerexistenz an einen möglichen Giftgasangriff und damit an den technischen Zustand der Belüftungsanlage denken ließ. Seine Sorge galt mehr einem lähmenden als einem tötenden Gas – die Vorstellung, seinen Gegnern lebend in die Hände zu fallen, war ihm seit vielen Monaten unterträglich gewesen.

Im Herbst 1944 hatte Hitler in einer Unterhaltung mit Christa Schroeder, einer seiner vier Sekretärinnen, von insgesamt sieben Attentaten gesprochen, die auf ihn verübt worden seien; der Bombenanschlag vom 20. Juli sei der Höhepunkt gewesen. Hier irrte der Führer – es haben acht Versuche stattgefunden, ihn zu beseitigen. Er hat nichts von der in einer Kognakflasche verborgenen Sprengladung gewußt, die der Oberleutnant der Reserve Fabian von Schlabrendorff 1943 in die »Condor«-Maschine Hitlers geschmuggelt hatte. Der Zündmechanismus versagte.

Den Vorsatz zum neunten Attentatsversuch faßte im Februar 1945 der Mann, der aus einem halben Freund zu einem halben Gegner Hitlers geworden war und sich der dämonischen Magie seines Herrn und Meisters dennoch nicht entziehen konnte: Albert Speer.

Der Abschied

> Wer dich sieht, wird auf dich schauen, wird dich ansehen und sagen:
> »Ist das der Mann, der die Welt zittern und die Königreiche beben machte, der den Erdkreis zur Wüste machte und seine Städte zerstörte und seine Gefangenen nicht nach Hause entließ?«
>
> Jesaja 14, 16

Der Minister war avisiert; doch man rechnete nicht mehr mit ihm.

Albert Speer kam am Montag, dem 23. April, kurz nach 16 Uhr in die von den Bombenangriffen der letzten Wochen schon schwer gezeichnete Reichskanzlei, die er sieben Jahre zuvor als Architekt des Führers erbaut hatte. Um 6 Uhr früh war er, von seinem Verbindungsoffizier im Generalstab, Oberstleutnant Manfred von Poser, begleitet, in Bad Wilsnack bei Wittenberge abgereist. Dort hatte er den Sonntag ruhelos im Gutshaus eines Freundes verbracht. Es gab keine dienstliche Aufgabe mehr für ihn; die Rüstungsproduktion war vollkommen zusammengebrochen.

Von dem unabweisbaren Verlangen getrieben, Hitler zu einem letzten Gespräch aufzusuchen, hatte Speer sich entschlossen, noch einmal nach Berlin zu fahren. Im Unterbewußtsein mag dabei der Drang mitgespielt haben, sich nun endgültig von dem Bann Hitlers zu befreien.

Dieser Abschiedsbesuch im Führerbunker war ein abenteuerliches, ein durchaus lebensgefährliches Unternehmen. Die militärische Lage verschlechterte sich von Stunde zu Stunde. Die sowjetischen Stoßkeile hatten bereits Pankow, Karlshorst und Köpenick erreicht; sie näherten sich Zehlendorf, Tempelhof und Neukölln. Auch die Landverbindungen im Westen der Reichshauptstadt waren gefährdet. Spätestens in zwei Tagen war mit der Einschließung Berlins zu rechnen.

Überdies erschien es nicht als ausgeschlossen, daß Hitler die beharrlichen Bemühungen Speers, möglichst viele Industrie-, Nachrichten- und Verkehrsanlagen vor der im »Verbrannte Erde«-Befehl angeordneten Zerstörung zu bewahren, zum Anlaß nehmen würde, ihn als »Verräter« beseitigen zu lassen. Denn bis zum letzten Tag blieb des Führers Anspruch auf den absoluten Gehorsam derjenigen, die sich ihm verschrieben hatten, unverändert: »Nichtbefolgung eines von mir gegebenen Befehls bedeutet für einen Parteiführer sofortige Vernichtung und den Stoß ins Nichts ... Ich kann mir nicht vorstellen, daß ein Parteiführer, dem ich einen Befehl gab, sich unterstehen könnte, das nicht zu tun ...«[*]
Bormann, der Speers Stellung noch in den letzten Wochen des Dritten Reiches immer wieder zu untergraben versuchte – häufig hatte er den Rüstungsminister als »Gegner des nationalsozialistischen Staates« bezeichnet –, wäre gewiß mit Vergnügen tätig geworden, wenn

---

[*] Aus dem Stenogramm der Lagebesprechung vom 27. April 1945, veröffentlicht in: Der Spiegel 3/1966 (Erstveröffentlichung).

Hitler befohlen hätte, Speer über die Klinge springen zu lassen.

Zwar hatte Speer drei Tage zuvor, während der gespenstischen »Geburtstagslage«, der Lagebesprechung im Führerbunker am 20. April, keine Anzeichen bemerkt, die auf eine derartige Gefahr hätten hindeuten können; und sein Stellvertreter Karl Saur hatte Anfang April aus Hitlers Mund die Bemerkung gehört: »Speer ist noch der beste von allen . . .« (Am 23. April wußte Speer nichts von dieser Äußerung. Er erfuhr sie erst nach Kriegsende im Nürnberger Gefängnis.) Aber der blutrünstige Rachedurst, der den Diktator in den letzten Monaten seines Lebens erfüllte, konnte durchaus nach einem neuen Opfer verlangen; und dazu war Hitler mißtrauischer, sprunghafter und unberechenbarer als je zuvor geworden. Speers Leben hätte im Garten der Reichskanzlei unter den Salven eines SS-Kommandos enden können. Damals freilich war er sich des Risikos nicht voll bewußt. Im Herbst 1973 sagte er den Autoren dazu: »Vor dem Hintergrund dessen, was man heute über den Hitler der letzten Apriltage 1945 weiß – ich denke nur an den Fall Fegelein – glaube ich, daß meine Chancen, heil wieder aus dem Bunker herauszukommen, mit 50 Prozent zu bemessen waren. Aber die Überlegung, wie gefährlich dieser Abstecher sein könnte, erschien mir an jenem Tag als absolut zweitrangig. Ich hatte einfach das Gefühl: ›Du *mußt* noch einmal zurück.‹«

Auf der Fernstraße nach Berlin kamen Speer und Poser nur bis Kyritz; vor ihnen lagen noch rund 100 Kilometer. Ein endloser Flüchtlingsstrom in Richtung Hamburg – Zehntausende mit Kind und Kegel, zu Fuß, auf Fahrrädern und in Gefährten aller Art, von Pferdefuhrwerken über Lieferwagen und alte Omnibusse bis zu Horch-Limousinen – erstickte jeden Gegenverkehr: der große Exodus aus Berlin.

Ein nahegelegener Divisionsgefechtsstand bot Gelegenheit, die neuesten Lagemeldungen einzusehen und in der Reichskanzlei anzurufen. Speer und Poser beschlossen, nach Norden auszuweichen und zunächst zum Luftwaffenstützpunkt Rechlin in Mecklenburg zu fahren. Auf diesem großen Flugplatz hatte der Rüstungsminister in den vergangenen Jahren zahlreiche Erprobungsflüge beobachtet; er kannte die verantwortlichen Offiziere gut und rechnete damit, daß man ihm und seinem Begleiter eine Maschine zur Verfügung stellen würde. Ein Geschwaderkommodore erklärte sich bereit, Speer und Poser mit einem zweisitzigen Jagdflugzeug, das zuvor als Übungsmaschine eingesetzt worden war, zum Flugplatz Gatow am westlichen Stadtrand Berlins befördern zu lassen, der noch nicht unmittelbar gefährdet erschien (er ging am 26. April verloren). Dort trafen sie nach einem Flug parallel zur Front, die nur jeweils wenige Kilometer entfernt war, gegen 15 Uhr ein, stiegen in zwei einmotorige Aufklärer vom Typ *Fieseler Storch* um und gelangten so im Tiefflug in die Innenstadt. Auf der heutigen »Straße des 17. Juni«, die damals als behelfsmäßige Start- und Landebahn hergerichtet war, rollten die Maschinen kurz vor dem Brandenburger Tor aus. Speer, der Zivil trug, und Poser stoppten ein Wehrmachtsfahrzeug und fuhren zur Reichskanzlei. In dem längst zweckentfremdeten und schon verwahrlost wirkenden Wohnzimmer Hitlers – einem der Räume, in denen einst Bismarck gelebt hatte – trafen sie auf den persönlichen Adjutanten des Führers. Inmitten einer Gruppe anderer Uniformträger, die Speer nicht kannte, saß der SS-Gruppenführer Julius Schaub, das Kognakglas in der Hand; er flog tags darauf nach Bayern.

Aus der freundlichen Begrüßung durch Schaub, dessen Miene Speer als zuverlässiges Barometer für die jeweilige Stimmung und Einstellung Hitlers ihm gegenüber zu beachten gelernt hatte, zog er den Schluß, daß keine Gefahr im Verzuge sei. (In der Nacht zum 21. April hatte er im Bunker des Reichssenders Hamburg eine Rede aufnehmen lassen, die der dortige Gauleiter Karl Kaufmann zu senden versprach, falls Speer von politischen Gegnern umgebracht oder auf Hitlers Befehl hingerichtet werden würde. Speer hatte darin Maßnahmen zum Schutz aller lebenswichtigen Anlagen und zur Ankurbelung des Wirtschaftslebens angeordnet. Die Rede wurde nicht ausgestrahlt.)

Von Schaub gemeldet, ging Speer mit ihm in den Führerbunker hinunter, vorbei an schwerbewaffneten SS-Posten. In der Tiefe stieß er zunächst auf Bormann, seinen alten Intimfeind, der sich nun devot, ja ölig-servil näherte, um eine fast flehentliche Bitte zu äußern – die Bitte, überleben zu können: »Wenn Sie jetzt gleich mit dem Führer sprechen . . . er wird sicher auf die Frage eingehen, ob wir hier in Berlin bleiben oder nach Berchtesgaden fliegen sollen; es ist doch höchste Zeit, daß er in Süddeutschland das Kommando übernimmt . . . es sind die letzten Stunden, wo das noch möglich ist . . . Sie werden ihm doch zureden, abzufliegen?« Speer, der sich lange Jahre gegen Bormanns schäbige Intrigen und seinen unheilvollen Einfluß hatte zur Wehr setzen müssen, antwortete ausweichend und blieb kühl. Eine Minute später stand er im Kartenzimmer vor Hitler – seinem einstigen Förderer, der den jungen Architekten Speer in den Ruhm früher Jahre geführt, den Rüstungsminister mit immenser Macht ausgestattet und schließlich in die schwersten Gewissenskonflikte gestürzt hatte. Der geschlagene Gewaltherrscher, durch Hybris, Megalomanie und eine wahnwitzige, amoralische Politik in den Abgrund einer beispiellosen Niederlage gestürzt, und der geniale Technokrat, der geglaubt hatte, er könne sich dieser Politik entziehen – ihr letzter Dialog in dem kleinen, stillen Bunkerraum verlief nicht mehr dramatisch, wie die meisten ihrer Unterredungen in den Monaten zuvor, sondern eher wie ein Routinegespräch, freilich in einer Atmosphäre gespenstischer Melancholie.

Hitlers aufgedunsene Gesichtszüge ließen keine innere Regung erkennen. Er bat Speer um sein Urteil über Dönitz, dem er drei Tage zuvor den »Nordraum« des noch nicht besetzten Reichsgebietes unterstellt und für die Zeit nach seinem eigenen Tod das Amt des Staatsoberhauptes zugedacht hatte; das jedoch verschwieg er Speer, der positive Auskünfte über den Großadmiral gab. Und dann – Bormann kannte seinen Herrn und Meister – schnitt Hitler die Frage an, ob er in Berlin bleiben oder zum Obersalzberg fliegen solle. Zwar hatte er schon beschlossen, den Bunker nicht mehr zu verlassen und dort zu sterben; doch er wünschte eine Bestätigung, daß dies die richtige Entscheidung war, und Speer gab sie ihm: Es sei doch sinnlos, noch nach Berchtesgaden auszuweichen, denn mit der Eroberung Berlins sei der Krieg auf jeden Fall beendet, und dann sei es besser, der Führer des besiegten Reiches beschließe sein Leben in der Hauptstadt, statt in »Ihrem Wochenendhaus«.

Hitler nickte wortlos. Müde und ausgebrannt, in einem fast gleichgültigen Ton, in dem Selbstmitleid mitschwang, sprach er über seinen Tod: »Glauben Sie mir, Speer, es fällt mir leicht, mein Leben zu beenden. Ein kurzer Moment, und ich bin von allem befreit, von diesem qualvollen Dasein erlöst.« Kein Wort mehr von einer Hoffnung auf Rettung. Während der Feldmarschall Keitel zur selben Stunde noch mit der Devise »Hauen Sie den Führer heraus, sein Schicksal ist Deutschlands Schicksal« von einem Armeehauptquartier zum anderen jagte, um die erschöpften und ausgebluteten Truppen wieder in den Kampf treiben zu lassen, wußte Hitler, daß alles verloren war. Wenigstens in diesem letzten seiner unzähligen Gespräche mit Albert Speer war er Realist – mochte er auch in den nächsten Tagen und Nächten unter dem Einfluß von Psychopharmaka in Euphorien geraten, absurde Erwartungen äußern und gänzlich irrationale Befehle erteilen. Und als der Rüstungsminister ihm nun gestand, die angeordneten Zerstörungen verhindert zu haben, nahm er auch das mit stoischem Gleichmut, mit einer fast unheimlichen Ruhe zur Kenntnis. Vermutlich wußte er es schon seit geraumer Zeit.

Eine Ordonnanz meldete General Krebs, den amtierenden Generalstabschef, zu einer »kleinen« Lagebesprechung, an der nur wenige Offiziere teilnahmen. Staunend erlebte Speer in den nächsten zwanzig Minuten, wie selbst der körperlich gebrochene, seelisch ausgelaugte Hitler noch zu schauspielern verstand. Hatte er eben noch lethargisch über sein Ende und den Befehl zur Verbrennung seiner und der Leiche Eva Brauns gesprochen, so war er nun ostentativ bestrebt, Zuversicht zu verbreiten. Noch einmal entwickelte er seinen »Operationsplan« zum Entsatz der Reichshauptstadt, entwarf er ein optimistisches Bild von der Kampfkraft der einzelnen Divisionen. Die 12. Armee unter der Führung von General Wenck sollte aus südwestlicher und die 9. Armee unter General Busse aus südöstlicher Richtung angreifen; gemeinsam würden beide die sowjetischen Verbände südlich Berlins zerschlagen. Im Norden werde die »Armeegruppe Steiner« aus dem Raum Fürstenberg heraus nach Süden vorstoßen (48 Stunden zuvor hatte der SS-Obergruppenführer Felix Steiner einen entsprechenden Befehl Hitlers rundheraus abgelehnt; das war einer der auslösenden Faktoren für den stürmischen Verlauf der Konferenz am Nachmittag des 22. April gewesen). Die 7. Panzerdivision werde Steiner aus nordwestlicher Richtung unterstützen. Diese Truppen hätten die im Norden Berlins stehenden sowjetischen Verbände zunächst zu binden und sie dann – nach der Vernichtung des Feindes im Süden der Stadt – gemeinsam mit der 9. und der 12. Armee zu »erledigen«.

Speer, der wußte, daß die Einzeichnungen auf den vorgelegten Karten Groß-Berlins durch den schnellen

Vormarsch der Roten Armee schon wieder überholt waren, schwieg betroffen; General Krebs schwieg, seine Offiziere schwiegen. Die Diskrepanz zwischen Hitlers Worten und den Realitäten war überwältigend. Der Führer schloß die Besprechung; die Militärs verließen den Raum, und auch Speer war entlassen, ohne daß Hitler sich noch einmal an ihn gewandt hätte. Er beschloß, noch einige Stunden im Bunker zu bleiben, um sich auch von anderen zu verabschieden – vor allem von Eva Braun und Magda Goebbels, die ihm lange Jahre hindurch nahegestanden und sich schon seit Wochen für den Selbstmord entschieden hatten.

Dieser 23. April in der Katakombe war ein Tag auffallender Ruhe nach dem Sturm 24 Stunden zuvor, als Hitler mit blaurotem Gesicht und schriller Stimme geschrieen hatte, alles sei sinnlos geworden, er gebe auf. Nun war er in einem Zustand vollkommener Resignation, die ihn innerlich hatte gleichgültig werden lassen – eine Stimmung, die sich schon in den ersten Stunden des 23. April einem anderen Besucher auf das unzweideutigste mitgeteilt hatte. Um 2 Uhr nachts war eine der finstersten Figuren des Dritten Reiches im Bunker erschienen: Der SS-Gruppenführer Professor Dr. Karl Gebhardt[*], Freund und Berater Himmlers, bekannter Sportchirurg, jede Möglichkeit zur politischen Intrige nutzender Chef des Rotkreuz-Krankenhauses in Hohenlychen, neunzig Kilometer nordwestlich Berlins. Himmler hatte ihn am 22. April als neuen Präsidenten des Deutschen Roten Kreuzes vorgeschlagen, nachdem Professor Dr. Ernst-Robert Grawitz, der »Reichsarzt-SS« und bisherige DRK-Chef, sich und seine Familie, am Abendbrottisch sitzend,

---

[*] Albert Speer hatte im Januar 1944 als Patient in Hohenlychen den Eindruck gewonnen, daß Gebhardt ihn »politisch« behandelte und sich bemühte, seine Gesundheit endgültig zu ruinieren, statt sie wiederherzustellen. In Auschwitz war Gebhardt an Experimenten mit Häftlingen beteiligt gewesen. Wegen dieser und anderer Verbrechen wurde er im Nürnberger Ärzteprozeß zum Tode verurteilt und hingerichtet.

mit zwei Handgranaten umgebracht hatte.

Gebhardt – er wird übereinstimmend als machthungriger und skrupelloser Fanatiker im ärztlichen Gewand geschildert – wollte bei Hitler um die Bestätigung als neuer DRK-Präsident nachsuchen. Am 23. Mai 1945 mit Himmler und anderen SS-Führern in der Nähe von Bremervörde verhaftet, hat er Anfang Juli 1945 in Neumünster britischen Geheimdienstoffizieren seinen letzten Besuch bei Hitler am 23. April geschildert. Eine Passage aus dem Protokoll dieser Vernehmung vermittelt einen ungemein dichten Eindruck von der Atmosphäre im Führerbunker und der Stimmung seiner Insassen an jenem Tag:

»Gebhardt hatte Hohenlychen am frühen Abend des 22. April im Gefolge Himmlers, mit dem Wagen verlassen. Ziel der Kolonne war Nauen, westlich von Berlin, wo ein Treffen Himmlers mit seinem Vertreter im Führerhauptquartier, SS-Gruppenführer Fegelein, stattfinden sollte; es kam jedoch nicht zustande. Gebhardt fuhr schließlich allein nach Berlin weiter und erreichte die Reichskanzlei gegen 2 Uhr nachts. Sein früherer Schüler Dr. Ludwig Stumpfegger, 37 und aus Landshut stammend, seit Oktober 1944 Hitlers Begleitarzt, berichtete ihm zunächst über die dramatische Lagebesprechung am Nachmittag des 22. April. Dann geleitete er Gebhardt zu Hitler, der einen elenden Eindruck machte; er sah übermüdet aus, seine Kleidung war unsauber und verwahrlost. Die Beleuchtung des Zimmers, in dem das Gespräch stattfand, war spärlich, man konnte die Anwesenden kaum erkennen: Eva Braun und die Sekretärinnen Hitlers. Gebhardt berichtete ihm: ›Professor Grawitz ist tot, mein Führer. Ich bin als sein Nachfolger im Amt des Präsidenten des Deutschen Roten Kreuzes vorgesehen und bitte um Ihre Bestätigung.‹

Mürrisch erwiderte Hitler: ›Präsident des Deutschen Roten Kreuzes – ja, ja. Das interessiert mich alles nicht mehr. Belästigen Sie mich doch nicht mit diesen unwichtigen Sachen.‹ Dann wandte er sich ab und schwieg.

Gebhardt: ›Kann ich meine Hilfe für die Frauen und Kinder anbieten? Ich habe noch einen großen Wagen zur Verfügung, und wahrscheinlich wäre es der letzte Transport, der noch aus Berlin herauskommt.‹ Hitler reagierte nicht.

Gebhardt: ›Mein Führer, darf ich um Ihren Befehl bitten, wer gehen und die Möglichkeit bekommen soll, sich in Sicherheit zu bringen?‹

Hitler: ›Danke, ich brauche Ihre Hilfe nicht. Die Frauen möchten hierbleiben. Aber fragen Sie selbst, wer gehen will.‹

Gebhardt wandte sich nun an die Frauen und wiederholte seine Frage, erhielt jedoch keine Antwort. Daraufhin sagte Hitler, der sich wieder abgewandt hatte, mit seltsam flacher Stimme: ›Der Doktor verläßt Berlin. Wer will ihn begleiten?‹ Alle schwiegen; eine der Frauen schüttelte den Kopf. Hitler sah Gebhardt mit einem müden, gelangweilten Blick an und murmelte: ›Sie sehen, niemand will mit Ihnen gehen.‹ Wieder drehte er sich um, ging einige Schritte, schwieg. Gebhardt verharrte noch einige Minuten und verließ dann den Raum, ohne sich zu verabschieden. Stumpfegger begleitete ihn zum Quartier der Familie Goebbels (die am Nachmittag des 22. April auf Hitlers Wunsch in den Bunker übergesiedelt war; d. V.). Der Propagandaminister trat aus einem der düsteren kleinen Zimmer heraus. Ohne Gebhardt hereinzubitten, fragte er ihn kühl: ›Was wünschen Sie, Doktor?‹ Erneut bot der Besucher seine Hilfe an, um die Frauen und Kinder aus Berlin herauszubringen; wieder stieß er auf Ablehnung. Goebbels bedeutete ihm knapp: ›Vielen Dank, nein.‹ Dann zog er sich in die von seiner Familie bewohnten Räume zurück. Gebhardt wartete zunächst, ohne recht zu wissen, worauf. Einige Leute, die er nicht kannte, musterten ihn mißtrauisch.

Nach einem abschließenden Gespräch mit Stumpfegger verließ er den Führerbunker um 4.10 Uhr und fuhr, einem Befehl Himmlers folgend, zum Hauptquartier des Admirals Dönitz nach Plön . . .«*

Auch auf Albert Speer wirkte Hitler an diesem 23. April philosophisch gelassen und sehr gefaßt – ein Eindruck, der sich freilich noch am selben Abend jäh ins Gegenteil verkehren sollte, als Görings telegrafische Anfrage aus Berchtesgaden eintraf, ob er die Führung des Reiches übernehmen solle, falls Hitler im Bunker bleiben wolle.

Seit dem Abflug des Leibarztes Dr. Theodor Morell nach Bayern waren noch keine 24 Stunden vergangen, und man darf annehmen, daß er Hitler kurz zuvor noch einmal eine starke Beruhigungsspritze gegeben hat. Morell war sich vermutlich nicht darüber im klaren, daß er seinen »Patienten A« nicht wiedersehen würde; er verließ Berlin in der Überzeugung, der Führer werde in den nächsten Tagen in die Alpenfestung fliegen, und wollte sich dort zur Verfügung halten.

Über den Verlauf von Hitlers 56. Geburtstag am Freitag, dem 20. April, haben wir schon auf den Seiten 40–42 berichtet: Während die Paladine des untergehenden Reiches ihre makabre Gratulationscour zelebrierten – unter ihnen auch die Spitzen des Heeres und der Marine –, während Hitler die Gesichter der Hitlerjungen tätschelte, die mit Reichsjugendführer Axmann für ihn angetreten waren, suchten die Wachtposten den Himmel mit Ferngläsern nach feindlichen Flugzeugen ab. Und nachdem die Mächtigen des Dritten Reiches – die sich ihrer Machtlosigkeit wohl schon alle bewußt waren – sich eilig davongemacht hatten, Himmler nach Mecklenburg, Göring nach Berchtesgaden in die »Alpenfestung«,

---

* Ein Augenzeuge hat den Autoren die Darstellung Gebhardts und insbesondere seinen unheimlichen Dialog mit Hitler und Goebbels bestätigt.

Dönitz nach Plön, Keitel und Jodl in ihre Hauptquartiere, verließ auch ein Teil der langjährigen persönlichen Mitarbeiter Hitlers die Reichshauptstadt – ebenso wie Morell in dem Glauben, der »Chef« werde aus dem schon äußerst gefährdeten Berlin nach Bayern ausweichen, um dort den Kampf fortzusetzen. In der Kuriermaschine, mit der der Leibarzt nach Neubiberg bei München flog, saßen auch zwei der vier Sekretärinnen Hitlers: Johanna Wolf und Christa Schroeder. Chefpilot General Hans Baur, dem die Führerflugstaffel unterstand, hatte für die Nacht zum 23. April insgesamt zehn Flugbefehle nach Bayern erteilt. Die Maschinen starteten vom Flughafen Gatow. Neun erreichten am frühen Morgen ihr Ziel; über das Schicksal der zehnten, in der sich Hitlers junger Diener Arndt mit Geheimunterlagen des Führers befand, werden wir im Kapitel »Der Chefpilot« ausführlich berichten.

Mochten die »kleinen Leute« in der Umgebung Hitlers am 20. April hoffen, daß noch nicht alles verloren sein könnte – die Paladine wußten, daß der letzte Akt begonnen hatte. Göring zum Beispiel war am frühen Morgen des Führergeburtstages klar, daß er angesichts der wuchtigen Offensive der 2. Weißrussischen Front südwestlich von Stettin keine Zeit mehr zu verlieren hatte. In den Tagen zuvor war sein prächtiger Landsitz »Karinhall«, 80 Kilometer nördlich Berlins in der Schorfheide gelegen, zur Sprengung vorbereitet worden. Vor der Abfahrt zum Geburtstagsempfang in der Reichskanzlei inspizierte Göring noch einmal den Lastwagenkonvoi, der seine Möbel, Gemälde und sonstigen Wertsachen nach Berchtesgaden transportieren sollte (dafür war Treibstoff vorhanden, für die Panzer nicht). Dann trat der massige Reichsmarschall in einer Pose bemühter Lässigkeit auf den Kolben der Zündmaschine: »Karinhall« flog in die Luft. Göring, in einem ironisch-gleichgültigen Ton: »So etwas muß man eben manchmal machen.«

Dann stieg er in seinen Wagen.

Speer, der viele Jahre hindurch nicht nur zum inneren Kreis um Hitler gehört hatte, sondern auf die außerordentliche Gunst des Führers rechnen konnte, war zumindest für die letzten hundert Tage des Regimes zum Außenseiter geworden – ebenso durch die eigene Entscheidung wie durch die Umstände. Nebenbei bemerkt: So sachlich und rational dieser kühle Technokrat handelte und urteilte, wenn er sich *nicht* in der Schattenwelt des Führerbunkers aufhielt, so emotional wurde er wieder, wenn er in der Katakombe von neuem der selbst jetzt noch von Hitler ausgehenden Suggestion erlag. Dann erfüllten ihn nicht zuletzt wehmütige Erinnerungen an den Glanz der Jahre vor dem Krieg, etwa zur Zeit der Olympischen Spiele 1936 und ein Gefühl persönlicher Anhänglichkeit gegenüber dem Mann, der ihn zu Macht und Ruhm geführt hatte – all das noch viele Wochen nach dem Entschluß, den einstigen Gönner und Förderer durch Giftgas umzubringen. Und noch bis zur letzten Begegnung am 23. April genügte schon Hitlers physische Anwesenheit, um Speers Willensstärke und das Gefühl seiner Verantwortung gegenüber der Nation aufzuweichen; freilich war der Rüstungsminister nervlich fast am Ende. Es drängt sich der Vergleich mit der Figur des Enobarbus aus Shakespeares Trauerspiel *Antonius und Cleopatra* auf – dem ehrenhaften Soldaten, der erkannt hat, daß er sich von dem Feldherrn Antonius lossagen muß und doch nicht etwa erleichtert, sondern eher verzweifelt über diesen Entschluß ist.

Speer zu den Autoren: »Ich bin sicher, daß Menschen, die nie vor einer solchen Gewissensentscheidung standen, nicht ermessen können, wie schwer es ist, kaltblütig einen Menschen umzubringen, und obendrein noch einen Menschen, an dessen Tafel man unzählige Male gegessen hat, und zwar als willkommener, geehrter Gast. Der Oberst Stauffenberg stand, anders als ich, nie in einem persönlichen, freundschaftlichen Verhältnis zu Hitler.« Immer wieder spürt man aus Speers Worten – und ehrlicherweise versucht er auch heute nicht, das zu verbergen – fast so etwas wie ein Bekenntnis zu Hitler als dem Idol seiner jungen Jahre und zu dem, was die Deutschen damals als den »nationalen Aufbruch« empfanden – wie gern würde er dieser verlorenen Sache mehr Ethos und Würde zubilligen, wenn nur die furchtbaren Tatsachen des Dritten Reiches anders gewesen wären.

Am 18. März 1945 war Speer schon einmal zu einem sentimental, aber andererseits auch sachlich motivierten Besuch in den Bunker gekommen – eine Begegnung, die nicht weniger riskant war als die vom 23. April. Denn unmittelbar nach der abendlichen Lagebesprechung des 18. März hatte er Hitler eine Denkschrift übergeben, in der er nüchtern den Zusammenbruch feststellte; die deutsche Wirtschaft werde spätestens in zwei Monaten zum Erliegen kommen, und dann sei auch militärisch das Ende da. Doch niemand habe das Recht, noch in diesem allerletzten Stadium die Industrie- und Verkehrsanlagen systematisch zu zerstören und damit die Möglichkeiten für den späteren Wiederaufbau zu verschütten.

Zugleich aber hatte Speer sich an diesem Vorabend seines 40. Geburtstages als Ausdruck einer trotz sachlicher Gegensätze ungeschmälerten persönlichen Beziehung ein Geschenk von Hitler erbeten: das handsignierte Foto des Führers, silbergerahmt und in einer roten Lederkassette. Hier wird noch einmal die ganze Ambivalenz in der damaligen Einstellung Speers deutlich, und auch heute ist er nicht frei davon.

Enobarbus Speer – als er am 18. März in die Höhle des Löwen ging, wußte er, daß er sich in große Gefahr begab. Er hatte Hitler nicht nur die unverhüllte Wahrheit ins Gesicht gesagt, daß dieser Krieg und damit auch das Dritte Reich verloren war; das hatte der Führer noch hingenommen. Doch die Tatsache, daß der Rüstungsminister die Zerstörungsbefehle, die auf Hitlers Weisung ergangen waren, nicht nur nicht befolgte, sondern zu blockieren und andere zum Ungehorsam zu bewegen suchte – das alles wog viel schwerer, grenzte an Rebellion. Und es war eine Auflehnung, die nicht unbemerkt blieb. Denn die Gauleiter der NSDAP waren als Reichsverteidigungskommissare mit den Zerstörungsbefehlen befaßt, und die meisten berichteten Bormann über Speers zähen Widerstand, der zudem auch vom Sicherheitsdienst der SS registriert wurde. Hitler hat gewiß gewußt, daß sein Rüstungsminister in diesen letzten Wochen des Krieges von einem industriellen Komplex zum anderen jagte, um zu retten, was zu retten war; und was er nicht aus den Berichten Bormanns erfuhr, das ahnte er, denn er kannte diesen Albert Speer gut genug – hatte er doch Tausende von Stunden mit ihm verbracht, über Skizzen und Baupläne gebeugt: Berlin, die künftige Weltmetropole Germania; Groß-Linz; ein neues Hamburg, München, Nürnberg . . .

Weshalb verzieh er diesem Abtrünnigen, wo er sonst gnadenlos Rache nahm?

Die Antwort läßt sich nur vermuten. Im Februar 1942 hatte er den Generalbauinspektor Speer zum Nachfolger des tödlich verunglückten Rüstungsministers Dr. Todt ernannt und ihm damit eine der härtesten Aufgaben übertragen, die er überhaupt zu vergeben hatte; und Speer war es unter immer schwierigeren Bedingungen gelungen, sie zu lösen, Monat für Monat. Das mag ein sachlicher Grund für Hitlers Milde gewesen sein. Doch wichtiger war wohl ein Gefühlsmoment: In seinen Augen war Speer nicht nur ein organisatorisches Genie, sondern mehr – ein Architekt, ein Künstler, Verkörperung eigener Jugendträume. Und dazu war dieser Minister keine katzbuckelnde Hofschranze, sondern ein Mann mit einer in der Umgebung des Führers nicht eben häufigen Eigenschaft: Zivilcourage, Mut vor Königsthronen.

Hitler imponierte das, wenn er es auch nicht immer erkennen ließ. In der Tat: Speer *war* »noch der beste von allen«.

Doch zugleich war der Technokrat auch der distanzierteste von allen, intellektuell schon lange und nun auch politisch. Als er am Nachmittag des 23. April auf der armseligen Bühne des kleinen Bunkerzimmers zum letzten Mal den Schauspieler Hitler erlebte, suchte er noch während dieser deprimierenden Lagebesprechung nach einer Antwort auf die vielleicht bedrückendste aller Fragen, die er sich am Ende dieses verlorenen Krieges zu stellen hatte. Ein Vierteljahrhundert später formulierte er sie in seinen Erinnerungen so: »Früher hatte ich oft gedacht, daß Hitler in erstarrten Überzeugungen gefangen war, wenn er in verzweifelten Lagen unbeirrt den guten Ausgang beschwor; nun zeigte sich, daß er mit zweierlei Zungen sprach. Wie lange schon betrog er uns? Seit wann wußte er, daß der Kampf verloren war: seit dem Winter vor Moskau, seit Stalingrad, seit der Invasion, nach der mißlungenen Ardennen-Offensive vom Dezember 1944? Was war Verstellung, was Berechnung? Vielleicht hatte ich aber soeben auch nur einen der jähen Stimmungsumschwünge miterlebt, und er war jetzt, vor General Krebs, so aufrichtig wie vorher zu mir.«*

Gewiß haben wir davon auszugehen, daß dieser Diktator unter den Gewaltherrschern weltgeschichtlichen Zuschnitts einer der verschlagendsten war; ein Mann mit einer fast unglaublichen, intuitiven Fähigkeit, sich zu verstellen und andere zu täuschen. Dennoch – am *23. April 1945* grenzte Speers *Verdacht,* Hitler habe nicht nur sein Volk, sondern auch seine unmittelbaren Gefolgsleute betrogen, an Naivität. Denn der Architekt des Füh-

---

* Albert Speer, *Erinnerungen,* S. 484

rers genoß lange Jahre eine bevorzugte Stellung, die tiefere Einblicke in die charakterliche Struktur Hitlers eröffnet haben muß. Natürlich, unter normalen Umständen war Speer alles andere als naiv, und wir müssen die rhetorische Frage jenes düsteren Nachmittags, die er in seinen Erinnerungen formulierte, als echt werten; genauso empfanden nicht wenige Augenzeugen des Endes im Führerbunker. Hitler vermochte die Menschen seiner Umgebung förmlich zu hypnotisieren, ihre Willenskraft zu lähmen. Dieser Magie unterlagen nicht nur Lakaien und Speichellecker, sondern gestandene, seelisch gefestigte Männer – kampferprobte Soldaten aller Dienstgrade und Ränge, nüchterne Wissenschaftler, kühle Manager, skeptische Diplomaten; Fachleute mit der vielfach bewiesenen Fähigkeit zur distanzierten Beurteilung von Menschen und Problemen. Das noch immer eindrucksvollste und daher – obwohl häufig zitiert – hier noch einmal angeführte Beispiel war Robert Ritter von Greim. Er kannte Hitler seit 1920, hatte ihn geflogen. Greim war zwar Nationalsozialist, aber als Generaloberst und Befehlshaber der Luftflotte 6 zweifellos in einer Dienststellung, die ihm im April 1945 die Einsicht ermöglichte, daß dieser Krieg verloren war. Von Hitler am 26. April zum Nachfolger Görings als Oberbefehlshaber der Luftwaffe (die praktisch nicht mehr existierte) ernannt, versicherte Greim seinem verzweifelten Generalstabschef, General Karl Koller, noch am 27. (!) April in einem Telefongespräch aus dem Führerbunker: ». . . Es gedeiht alles noch zu einem guten Schluß. Mich haben das Zusammensein mit dem Führer und seine Kraft außerordentlich gestärkt; das ist hier für mich wie ein Jungbad.«

Koller in seinem Tagebuch: »Jungbad – mein Gott, das ist wie im Narrenhaus!«*

Der Schauspieler Hitler – »wie lange schon betrog er

---

* Karl Koller, *Der letzte Monat*, S. 61

uns?« Ob die folgende Szene diese Frage endgültig beantworten kann, mag dahingestellt bleiben; doch sie ist authentisch und ergänzt die Erkenntnisse über den Feldherrn Hitler: »Schon im Dezember 1941, als er eine Meldung über einige örtliche, mit Panzern vorgetragene Gegenangriffe der Roten Armee vor Moskau erhielt, sah Hitler Feldmarschall Keitel und Generaloberst Jodl an und sagte kurz und bündig: ›Meine Herren, wir haben das große Spiel verloren. Dieser Krieg ist jetzt nicht mehr zu gewinnen.‹«* Hitler, der Vabanquespieler. *Mesdames, Messieurs, rien ne va plus!* Doch Albert Speer ist nicht sicher, ob diese Antwort der Wahrheit entspricht oder ihr zumindest hinreichend nahekommt. Die Autoren baten ihn um seine Ansicht.

Speer: »Gewiß, ich gebe zu, das mag eine der möglichen Erklärungen sein – Hitler, der ewige Schauspieler. Aber mir scheint, es ist immer falsch, und ganz gewiß bei einer so komplizierten Natur wie der Hitlers, von der Vorstellung auszugehen, die Motivation eines Menschen sei stets einfach, linear, eindimensional. Wie wir aus der modernen Forschung wissen, ist das schon bei einem Durchschnittsmenschen nicht der Fall, und Hitler war ja nun gewiß alles andere als das.

Wenn ein Mensch gleichzeitig zwei logischerweise unvereinbare Überzeugungen hat, so ist das durchaus nicht ungewöhnlich. Seit meiner Rückkehr aus Spandau in die alte Universitätsstadt Heidelberg mit ihren hervorragenden Kliniken habe ich genau dieses Phänomen in mehreren, voneinander unabhängigen Fällen beobachten können; sie ereigneten sich sämtlich innerhalb der letzten drei Jahre. Drei hervorragende Männer – alle Akademiker, zwei waren Ärzte – erkrankten an Krebs; es gab keine Hoffnung mehr. Die behandelnden Ärzte teilten den Patienten die Diagnose mit und sagten ihnen

---

* A. J. P. Taylor in *The Observer*, 16. September 1973

auch, wie lange sie noch leben würden. Nun, rein verstandesmäßig akzeptierten die drei Todgeweihten natürlich die Diagnose als stichhaltig. Aber subjektiv wies jeder einzelne dieses ärztliche Todesurteil auf seine Weise zurück, redete sich, den Familienangehörigen und Freunden ein, die bei ihm festgestellten Geschwüre seien gar nicht bösartig. Als ich davon hörte, mußte ich immer wieder an den Hitler des letzten Kriegsjahres und an seine Selbstbeschwörungen denken ...
Kürzlich las ich etwas über neue Erkenntnisse der Verhaltensforschung; die Arbeiten von Professor Konrad Lorenz. Daraus läßt sich entnehmen, daß selbst bei *Bello*, meinem Bernhardiner hier, die psychischen Antriebe alles andere als einfach, sondern sehr vielschichtig und kompliziert sind. Ich glaube, gerade diejenigen, die Hitler am besten kannten – oder das zumindest glaubten, weil sie so häufig mit ihm zusammen waren –, zögern mit einer klaren Antwort, wenn sie nach seinen jeweiligen Motiven, überhaupt nach dem psychologischen Hintergrund seines Verhaltens, seiner Entscheidungen, gefragt werden. Mich jedenfalls stimmen solche Fragen heute viel nachdenklicher als damals; das ist natürlich, denn heute weiß ich mehr.«

Schon in seinen Aussagen vor dem Nürnberger Militärtribunal ließ Speer diese Überlegungen zur rätselhaften Psyche Hitlers anklingen – mit delphischen Äußerungen wie: »Ich glaube, wenn Hitler je einen Freund gehabt hätte, wäre ich dieser Freund gewesen.« Einer der beiden Verfasser, nämlich James P. O'Donnell war damals als *Newsweek*-Korrespondent im Gerichtssaal. Er erinnert sich: »Wir Journalisten waren verblüfft über diese Bemerkung und fragten uns, was der Angeklagte Speer mit diesem konjunktivischen Satz gemeint haben könnte.« Die Autoren stellten Albert Speer diese Frage 27 Jahre danach. Seine Antwort: »Nun, ich meinte, daß Hitler die Menschen faszinieren konnte; und wie sehr, vermag nur zu ermessen, wer ihn selbst erlebt hat. Er schwelgte in seinem Charisma. Aber zugleich war er nicht in der Lage, ein ganz normales Gefühl der Freundschaft, das ihm entgegengebracht wurde, zu erwidern. Instinktiv verhielt er sich dann abwehrend. Menschliche Sympathie ohne Hinter- und Nebengedanken, als eine ganz ursprüngliche Gefühlsregung, gab es für ihn und bei ihm nicht. Natürlich empfand er Sympathie und Antipathie, aber er kategorisierte die Menschen von vornherein nach seinen Zwecken. Ich glaube heute, im Innersten, das Herz und Gemüt beherbergt, war Hitler hohl, leer. Wie wohl die meisten Mitglieder des inneren Kreises um Hitler, spürte auch ich irgendwann diese unüberwindliche Barriere; jedoch kam uns diese Erkenntnis nur langsam. Man konnte in seiner Gegenwart nicht vollkommen gelöst und entspannt sein, die kleinen Freuden des Lebens genießen, nur so . . . Die Distanz blieb. Und es war nicht nur die natürliche Distanz zu dem Machthaber, sondern auch zu dem Menschen Hitler.

Wer ihm diente, jeder einzelne, war einfach eine Projektion dieses gigantischen Ego. Und das galt eben auch für fast jedes Bauwerk, das ich ihm für sein germanisches Byzanz entwarf. Geistreiche Spötter wie der Kabarettist Werner Finck nannten das Albert Speers ›Cecil B. DeMille-Stil‹*.

Als die deutschen Armeen den europäischen Kontinent beherrschten, war ich für Freund und Feind *der* Technokrat Hitlers, und in den Jahren von 1942 bis 1944 galt ich als der zweitmächtigste Mann des Reiches. Mag sein, daß ich es war. Aber meine Macht war alles andere als originär, sondern völlig aus der Macht Hitlers abgeleitet. Zwar gelang es mir zuweilen, sein Denken in rationale Bahnen zu lenken. Aber nimmt man alles in allem, so war er es, der *mich* manipulierte, und nicht umgekehrt

---

* Nach dem amerikanischen Filmproduzenten Cecil B. DeMille (1881–1959), der sich besonders dem Kolossalfilm verschrieben hatte.

– jedenfalls bis zu dem Zeitpunkt, an dem ich begann, gegen ihn zu arbeiten. Vom Gefühl her stand ich in seinem Bann.«

Noch während der Begegnung am 23. April 1945 hatte sich das ein letztes Mal gezeigt. Speer empfand an jenem Nachmittag eine deprimierte Genugtuung darüber, daß er der einzige der bislang wirklich Mächtigen des Regimes war, der sich noch einmal im Führerbunker eingefunden hatte. Die Tatsache, daß die beiden engsten Vertrauten Hitlers, Bormann und Goebbels die letzten Tage nun mit Hitler in der Katakombe verbrachten, beeinträchtigte diese Empfindung nicht. Bormann *mußte* dort sein, wo sein Herr und Meister war – das sah er, sehr zu Recht, als eine Grundbedingung seiner Existenz an. Doch dem NS-Mythos der germanischen Gefolgschaftstreue entsprechend mit Hitler in den Tod zu gehen – davon hielt der völlig unromantische Sekretär des Führers nichts. Bormann war der geborene Überlebende, und aus seiner Abneigung, unterzugehen »wie die weiland ollen Nibelungen in König Etzels Saal« – diese Formulierung stammt aus einem Brief, den er seiner Frau Anfang April 1945 aus dem Führerbunker schrieb – machte er keinen Hehl.

Bis zum Ende »König Etzel« gegenüber beflissen, noch immer spekulierend, kalkulierend, intrigierend, hatte Bormann Hitler davon überzeugt, daß doch zumindest *einer* der wenigen, denen der Führer nach so viel Verrat noch trauen könne, überleben müsse; und es fällt schwer, die – vom Standpunkt Bormanns und Hitlers aus gesehen – rigorose Logik dieses Arguments zu bestreiten. Denn wer sonst sollte zum Beispiel den Letzten Willen des Führers vollstrecken? (Am 23. April 1945 galten noch das politische und das private Testament vom 5. November 1937 und vom 2. Mai 1938, hinterlegt beim Berliner Kammergericht. Das politische Testament, das Hitler in der Nacht zum 29. April seiner Sekretärin

Traudl Junge diktierte, hatte er am 23. April noch nicht konzipiert.) Aus langer Erfahrung wußte Bormann, wie er es anstellen mußte, um Hitler einen Plan schmackhaft zu machen. Er spielte die Rolle des Treuesten der wenigen Treuen so überzeugend, daß Hitler, von der Salbungsvollen Begründung gerührt, die listige Offerte akzeptierte.

Speer und Bormann hatten einander jahrelang gehaßt; sie waren in jeder Hinsicht gegensätzlich. Doch ihr letztes Gespräch am 23. April im Korridor des Führerbunkers verlief entspannt. Bormann war die Freundlichkeit selbst, als er Speer darum bat, er möge Hitler zum Flug nach Bayern überreden. Freilich – auch in diesem Augenblick begegnete der Rüstungsminister dem Chef der Parteikanzlei mit abgrundtiefem Mißtrauen. Speer wußte an jenem Nachmittag, daß Bormann (mit Leibarzt Morell) hinter dem Befehl Hitlers steckte, den Reichskommissar für das Gesundheitswesen und früheren Führerbegleitarzt Dr. Karl Brandt von einem Standgericht zum Tode verurteilen zu lassen, wegen »Verrats und Defaitismus«, natürlich. In einer Villa in Berlin-Dahlem, so hieß es, erwarte er nun, von SS-Posten bewacht, die Vollstrekkung des Urteils. Speer, seit langem mit ihm befreundet, hatte in Bad Wilsnack davon erfahren und wollte versuchen, ihn zu befreien; auch das war ein Grund für seinen Flug in die Reichshauptstadt gewesen. Doch Beauftragte Himmlers, der den Häftling Brandt wegen seiner Auslandsbeziehungen noch zu benutzen hoffte, hatten den Arzt unterdessen schon nach Schwerin in Sicherheit gebracht. (Vergl. auch Seite 137)

Mit dem Verfahren, das er gegen Brandt inszeniert hatte, gedachte Bormann auch Speer zu treffen. Des Führers Sekretär glaubte, der Rüstungsminister bediene sich des befreundeten Arztes, um seinen Einfluß bei Hitler zu untermauern. Speer war aus der Umgebung Bormanns vor dessen Machinationen gewarnt worden.

Im Gespräch mit den Autoren charakterisierte er den verschlagenen Adlatus Hitlers: »Ich kannte diesen verschlagenen, unheimlichen und bösartigen Mann lange genug, um zu wissen, wie gefährlich er war. Ein miserabler Kerl in jeder Beziehung; ein Feigling, nach oben dienernd, nach unten tretend. Bei allem, was er tat oder unterließ, ging es ihm nur um die eigene Macht, die er skrupellos aus dem Hintergrund einsetzte. Mit dem Dritten Reich zugrunde zu gehen – das war das letzte, was er wollte. Außerdem war er ein Säufer, aber nicht nur im Sinne des Gewohnheitstrinkers; er befand sich schon im fortgeschrittenen Stadium des Alkoholismus. Selbst wenn es ihm gelungen wäre, aus Berlin herauszukommen und irgendwo unterzutauchen – ich bin sicher, er hätte nicht mehr allzu lange gelebt. Bormann war schon 1944 dabei, sich zu Tode zu saufen.«* (Der Alkohol war die andere seiner beiden privaten Leidenschaften.)

Speers Beziehungen zu Goebbels hingegen, dem er am 23. April ebenfalls im Führerbunker begegnete, waren stets komplizierter gewesen, und das war nicht verwunderlich. Denn beide waren sicherlich die – von Hitler einmal abgesehen – intelligentesten Männer in der Führung des Dritten Reiches, und beide waren auf ihrem Gebiet ungemein fähig. Insoweit hatten sie einander respektiert, hin und wieder auch temporäre Zweckbündnisse geschlossen; doch begegnete jeder dem anderen mit innerer Reserve. Bei Speer war diese Distanz begründet durch die Einsicht, daß der Propagandaminister keinerlei Skrupel kannte, moralische Kategorien in der Politik nicht gelten ließ und immer fanatischer wurde, je

---

* Vor dem Hintergrund dieser Charakterisierung Bormanns durch Albert Speer, die von anderen Augenzeugen der letzten Monate des Führer-Sekretärs bestätigt wird, erhärtet sich die Unwahrscheinlichkeit der von General a. D. Reinhart Gehlen vorgetragenen These, Hitlers »braune Eminenz« habe als Agent für die Sowjets gearbeitet. Warum hätte zum Beispiel ein Spion Bormann seinen Intimfeind Speer bitten sollen, er möge Hitler überreden, mit dem Rest des »Hofes«, also auch mit Bormann, nach Berchtesgaden zu fliegen? Bayern stand am 23. April 1945 vor der Besetzung durch amerikanische, nicht durch sowjetische Truppen.

düsterer sich die Lage entwickelte. Auf der anderen Seite war es Goebbels nicht verborgen geblieben, daß der Rüstungsminister allmählich ihn selbst und das System, dem sie beide dienten, durchschaut hatte, zunehmend mit Forderungen des Gewissens rang und daraus auch Konsequenzen zog, die nicht nur theoretischer Natur waren.

Am 3. August 1944, zwei Wochen nach dem gescheiterten Attentat vom 20. Juli, hatte Goebbels denn auch auf einer Tagung in Posen, die der Unterrichtung der Gauleiter diente, im kleinen Kreis versichert: »Jetzt wissen wir endlich, wo Speer steht.« Der Rüstungsminister, einer der Redner auf diesem Treffen, hatte zwar einige der Verschwörer, auch Stauffenberg, gut gekannt, war jedoch nicht in die Attentatspläne eingeweiht gewesen. Goebbels war nun überzeugt, Speer habe die Ziele der Erhebung gebilligt. In den folgenden Monaten war der Propagandaminister eifrig bestrebt, Hitler in dem wahnwitzigen Gedanken zu bestärken, man dürfe den nun auf das Reichsgebiet vordringenden Gegner an den westlichen und östlichen Fronten keinerlei intakte Industrie- und Verkehrsanlagen in die Hände fallen lassen. Von Speers verzweifelten Bemühungen, derartige Zerstörungen zu verhindern, hat Goebbels mit Sicherheit erfahren; doch er wagte nicht, offen gegen ihn vorzugehen.

Am Nachmittag des 23. April, als Speer ihm, aus Hitlers Lagezimmer kommend, im Bunkerkorridor begegnete, war Goebbels längst entschlossen, das bevorstehende Ende nicht zu überleben und die letzten Tage an der Seite seines Führers als ein heroisches Schauspiel zu inszenieren – in der Hoffnung, so beider Nachruhm zu erhöhen. Das war der tiefere Sinn seiner Anwesenheit im Bunker. Hitlers Sorge um die Sicherheit des »Doktors«, den er kurz vor seinem eigenen Selbstmord testamentarisch zum Reichskanzler zu bestimmen gedachte, und der großen Familie kam hinzu. Seinen letzten Privatbesuch hatte Hitler dem Ehepaar Goebbels kurz nach seiner Rückkehr aus dem Führerhauptquartier »Adlerhorst« abgestattet; er kam an einem Nachmittag in der dritten Januarwoche, mit einem Lilienstrauß – einem bösen Omen – für die Gastgeberin in der Hand und einer Entschuldigung auf den Lippen (»Gnädige Frau, bitte verzeihen Sie, aber andere Blumen konnte selbst ich nicht beschaffen«) in das Landhaus seines Ministers in Lanke am Bogensee nordöstlich Berlins. Ein Diener folgte mit des Führers Aktentasche, in der sich eine mit Tee gefüllte Thermosflasche und ein Kuchenpaket befand. Der Besuch wurde als eine Geste der Verbundenheit aufgefaßt und war auch so gemeint. Zweifellos waren die Beziehungen zwischen Hitler und Goebbels in den letzten Monaten ganz besonders eng; die Ergebenheit, die zynisch-sarkastische Rücksichtslosigkeit, die nihilistische Konsequenz seines humpelnden Hohenpriesters wußte der Führer zu schätzen.

Da der Artilleriebeschuß in der Berliner Innenstadt seit dem 20. April allmählich zugenommen hatte, war Goebbels am Nachmittag des 22. April gegen 17 Uhr nach einem Telefongespräch mit Hitler – der zwei Stunden zuvor die Teilnehmer der Lagebesprechung durch seinen furchtbaren Zornesausbruch in größte Verwirrung gestürzt hatte – mit seiner Frau und den sechs Kindern von der Stadtwohnung in der Hermann-Göring-Straße (in der Nähe des Brandenburger Tores) zur Reichskanzlei gefahren. Der eine der beiden Wagen, eine gepanzerte Luxuslimousine, war ein persönliches Geschenk Hitlers zum Weihnachtsfest 1942 (kurz vorher hatte ein Radiotechniker namens Kumerow in Schwanenwerder vergeblich versucht, Goebbels durch eine Mine mit Fernzündung umzubringen). Am Steuer saß Chauffeur Rach. Den anderen Wagen fuhr der Adjutant, Hauptsturmführer Schwägermann. Magda Goebbels und die Kinder hatten verweinte Gesichter, als sie im Bunker eintrafen.

Doch Goebbels selbst ließ keinerlei innere Bewegung erkennen; wie Hitler hatte er mit dem Leben abgeschlossen. Und wie der Führer sah auch sein wortgewaltiger Savonarola nur noch einen winzigen Hoffnungsschimmer: War es nicht doch möglich, daß die Kriegskoalition zwischen den Westmächten und der Sowjetunion in letzer Minute zerbrach, und würden die Regierungen in Washington und London ihren Armeeführern dann nicht befehlen müssen, gemeinsam mit der deutschen Wehrmacht die Rote Armee in die Weiten des Ostens zurückzutreiben? 24 Stunden nach seiner Übersiedlung in den Bunker stand Goebbels mit hagerem, blassem Gesicht und fast fiebrig glänzenden Augen vor Speer: »Gestern hat der Führer eine ganz große Entscheidung getroffen. Eine Entscheidung von weltgeschichtlicher Bedeutung. Er hat den Kampf nach dem Westen einstellen lassen, so daß die westlichen Truppen ungehindert nach Berlin hereinkommen können.«* Speer, der über die militärische Lage gut unterrichtet war, schwieg zu diesem Hirngespinst.

Und schließlich hatte sich im Bunker noch ein weiterer Reichsminister eingefunden; auch er ein Paladin, doch schon längst ohne Macht und Einfluß: Joachim von Ribbentrop, der Chef des Auswärtigen Amtes. Er tat an diesem 23. April, was so typisch für ihn war – er antichambrierte. Mochten zwischen Bormann, Goebbels, Speer auch politische und menschliche Abgründe klaffen – Ribbentrop beurteilten sie gleich: eine Null.

Speer war Ribbentrop am Nachmittag im Bunkerkorridor begegnet. Bleich saß der Reichsaußenminister, im Adjutantenjargon RAM genannt, mit seinem Verbindungsmann im Führerhauptquartier, Botschafter Walter Hewel, und einige Adjutanten beisammen. Während Speer bei Hitler war, erinnerte Bormann den »Chef«

---

* Speer, a. a. O., S. 484

mehrfach daran, daß Ribbentrop darum bitte, empfangen zu werden, was Hitler schließlich zu der gereizten Bemerkung veranlaßte: »Ich habe doch schon mehrfach gesagt, daß ich ihn nicht zu sprechen wünsche.« Schon seit vielen Monaten hatte er Gespräche mit seinem Außenminister, der ihm auf die Nerven fiel, nach Möglichkeit vermieden. Ribbentrop hatte diese Aversion noch am Vortag, nach der dramatischen Lagebesprechung des 22. April bei der er nicht anwesend war, erneut erfahren müssen. Hewel hatte ihn telefonisch über den stürmischen Verlauf dieser Konferenz informiert. Daraufhin rief Ribbentrop zweimal zurück, wünschte Hitler zu sprechen, um ihn hoffnungsvoller zu stimmen, und wurde wieder nur mit Hewel verbunden. Mit dem ersten Anruf wies er seinen Beauftragten an, dem Führer auszurichten, er, Ribbentrop, sei optimistisch, daß man auf dem diplomatischen Feld noch einen durchschlagenden Erfolg werde erzielen können.

In den vergangenen Monaten hatte der verzweifelte RAM über diplomatische Kanäle in den neutralen Hauptstädten – Bern, Madrid, Stockholm – sondieren lassen, ob Verhandlungen über einen Waffenstillstand an den westlichen Fronten möglich seien. Doch diese »Aktion Gold« hatte keinerlei Ergebnis gebracht. Einen neuen Versuch unternahm Ribbentrop Mitte März; er sandte einen Emissär nach Stockholm, der dort Kontakt mit alliierten Diplomaten aufnehmen sollte. Anders als bei den gleichzeitigen Gesprächen zwischen dem Grafen Folke Bernadotte, dem Vizepräsidenten des Schwedischen Roten Kreuzes, und Himmler, bei denen es ebenfalls um einen Waffenstillstand im Westen ging, war Hitler über die neuerliche Operation seines Außenministers unterrichtet. Mißmutig und müde hatte er seine Zustimmung gegeben, doch er war überzeugt, daß »nichts dabei herauskommt«. Die Westmächte, so hatte er Hewel Anfang März erklärt, seien so an die Sowjetunion gebunden, daß sie mit den Überbringern deutscher Friedensangebote »im besten Fall ein Katz- und Maus-Spiel treiben und sie dann mit Hohngelächter nach Hause schicken werden, um Stalin gegenüber Bündnistreue zu demonstrieren«. In der Sache behielt Hitler recht. Wie zu erwarten war, ließ die britische Gesandtschaft in Stockholm dem deutschen Diplomaten mitteilen, man sei an Verhandlungen nicht interessiert. Ribbentrops zuversichtlicher Äußerung am Nachmittag des 22. April fehlte also jede sachliche Substanz – eine der letzten seiner zahlreichen Illusionen und Fehleinschätzungen. (Die Sondierungen zwischen dem SS-Obergruppenführer Karl Wolff und Allen Dulles, dem in Bern residierenden Chef des US-Geheimdienstes OSS für Europa, erstreckten sich nur auf die Teilkapitulation der deutschen Streitkräfte in Italien.)

Ribbentrops zweiter Anruf am 22. April hatte einen eher abstrusen Hintergrund. Der Chef des Auswärtigen Amtes empfand das Bedürfnis, mit einem Gewehr in der Hand an dem letzten Akt dieses Krieges teilzunehmen, den er als Außenminister mit vom Zaun gebrochen hatte, indem er Hitlers Politik des »alles oder nichts« sklavisch gefolgt war; nun beauftragte er Hewel, ihm und dem 69jährigen Großadmiral Erich Raeder* Hitlers Genehmigung zum Eintritt in den Volkssturm zu erwirken. Doch der Führer, inzwischen endgültig mit der Welt im allgemeinen und Joachim von Ribbentrop im besonderen zerfallen, hielt so gar nichts von dieser tollen Idee und versagte ärgerlich seine Zustimmung.

Wie Joseph Goebbels, den Ribbentrop nicht ausstehen konnte – eine Antipathie, die der »kleine Doktor« nach

---

* Großadmiral Erich Raeder war seit 1928 Chef der Marineleitung und seit 1935 Oberbefehlshaber der Kriegsmarine. Ende Januar 1943 löste Hitler ihn von diesem Posten ab und ernannte ihn zum Admiralinspekteur. In dieser absolut bedeutungslosen Position hatte er bis 1945 keinerlei Einfluß mehr. Im Nürnberger Prozeß wurde Raeder zu lebenslänglicher Haft verurteilt, jedoch 1955 entlassen. Er starb 1960 in Kiel.

Kräften erwiderte – zählte auch der Außenminister zu den Anliegern der Reichskanzlei. Sein Amtssitz und seine Residenz befanden sich in der Wilhelmstraße. Die drei Gebäude des Auswärtigen Amtes und das einstige Reichspräsidentenpalais, die Dienstwohnung, waren nur noch Ruinen. Die wichtigsten Abteilungen und Dienststellen hatten Berlin schon Anfang April verlassen und Ausweichquartiere in Thüringen und Bayern bezogen. Nur ein kleiner Arbeitsstab war zurückgeblieben und hauste in kalten Kellerräumen und dem kleinen »Diplomatenbunker« unter dem Hotel »Adlon«. In den letzten Wochen vor dem sowjetischen Großangriff auf Berlin hatte Ribbentrop sich im Auswärtigen Amt noch seltener als ohnehin während des Krieges, sondern vorwiegend an der Oderfront aufgehalten, wo er – wie andere NS-Führer, so Goebbels, Ley – Divisionsgefechtsstände und Armeehauptquartiere inspizierte, um »die Moral der Truppe zu heben«. Seine Besuche hatten freilich das gegenteilige Ergebnis. Auf die Kommandeure wirkte er ratlos. Nüchtern schilderten sie ihm die Lage als so trostlos, wie sie wirklich war, und machten ihm klar, daß der Aufmarsch der Roten Armee jenseits der Oder auf eine Offensive ohnegleichen hindeutete. Die harten Fragen der Frontgenerale nach einer politischen Lösung, bevor es zu spät sei, beantwortete der Außenminister mit Ausreden und dümmlichen Vertröstungen. Als die sowjetischen Elitedivisionen am frühen Morgen des 16. April nach einem Artillerieorkan zum Sturm auf die deutschen Stellungen antraten, zog Ribbentrop sich in seinem Sonderzug, der ihm während des Krieges als »Feldquartier« gedient und seit dem Sommer 1941 monatelang in Ostpreußen auf einem Abstellgleis in der Nähe Rastenburgs gestanden hatte, wann immer Hitler sich im nahegelegenen Führerhauptquartier aufhielt, nach Berlin zurück. Stets hatte Herr von Ribbentrop geduldig darauf zu warten, daß er vorgelassen wurde – wie bei seinem letzten Besuch im Führerbunker am 23. April 1945. Und Hitler empfing ihn selten genug. Am 20. Juli allerdings, am Tag des Attentats, war er in kürzester Frist an Ort und Stelle; von seinem Quartier Schloß Steinort bis zur »Wolfsschanze« war es nicht weit. Am späten Nachmittag nahm Ribbentrop dort an den Besprechungen Hitlers mit Mussolini teil, der kurz nach dem Attentat zu einem schon vorher geplanten Besuch eingetroffen war. Als beide anschließend mit ihrem Gefolge im größeren Kreis beisammen saßen, kam es unter den Gastgebern zu einem lautstark ausgetragenen, allgemeinen Krach, der nahezu alle schwelenden Feindschaften zwischen den »Diadochen im Wartestand« (Speer) in peinlicher Deutlichkeit zutage treten ließ. Einer der Teilnehmer schilderte den Autoren diese Szene:

»Es begann damit, daß Dönitz, der seine Befehlszentrale in Lanke bei Berlin sofort verlassen hatte und nach Rastenburg geflogen war, unter Hinweis auf das Attentat den ›ständigen Verrat‹ in den Reihen des Heeres anprangerte. Keitel und Jodl protestierten empört; doch Göring, bleich, aufgeschwemmt und schwitzend, hieb in die gleiche Kerbe. Das aber hinderte den Großadmiral nicht, nun ebenso heftig den Reichsmarschall zu attackieren, den er für das völlige Versagen der Luftwaffe verantwortlich machte. Göring verteidigte sich polternd und griff seinerseits Ribbentrop an, der nur noch seinen totalen außenpolitischen Bankrott anmelden könne. Ribbentrops schrille Erwiderungen reizten Göring derartig, daß er, drohend mit dem Marschallstab herumfuchtelnd, schrie: ›Sie Sektreisender, Sie! Halten Sie gefälligst den Mund!‹ Darauf Ribbentrop, kalkweiß vor Zorn: ›Ich bin immer noch Außenminister und heiße von Ribbentrop, ich wiederhole, *von* Ribbentrop!‹ Jeder stritt mit jedem. Hitler hatte die Zankerei zunächst äußerlich ruhig verfolgt und sich nicht eingemischt. Doch als einer der Kampfhähne – ich weiß nicht mehr, wer er war – an die Röhm-Affäre vom 30. Juni 1934 erinnerte, verfiel er in einen seiner eruptiven Tobsuchtsanfälle. Der Mann bebte am ganzen Körper, seine Stimme überschlug sich fast, als er schrie, er werde gnadenlos Rache an den Verschwörern und ihren Familien üben; keiner werde ihm entkommen ... Unterdessen gingen die weißberockten SS-Ordonnanzen umher und schenkten Tee nach. Mussolini und Marschall Graziani verbargen ihre Gedanken hinter starren Mienen. Es war wie in einem Tollhaus.«

Goebbels fehlte in der aufgebrachten Runde. Er hielt in Berlin die Stellung und handelte: Noch am späten Abend brach die Erhebung endgültig zusammen.

Den in Rastenburg so hart gezausten Göring hielt Hitler schon seit Jahren für einen Versager; er wußte, daß der Reichsmarschall korrupt, faul und morphiumsüchtig war. Und sein Urteil über Ribbentrop, den er in den Jahren vor dem Krieg stets als einen vorausschauenden Außenpolitiker und äußerst geschickten Diplomaten angesehen hatte*, war nicht besser. Und doch hielt er an beiden fest, lobte sie sogar hin und wieder.

Doch schon im Winter 1938, als Ribbentrop das Auswärtige Amt übernahm, stimmten die meisten Beobachter in Berlin einem sarkastischen Bonmot des italienischen Außenministers Graf Ciano zu, das damals im Botschaftsviertel der Reichshauptstadt die Runde

---

* Hitler stand freilich damals mit seiner Bewunderung Ribbentrops nicht allein, wie die folgende Anmerkung aus der 1939 in New York erschienenen amerikanischen Ausgabe des Buches »Mein Kampf« – herausgegeben von so angesehenen Historikern wie Sidney B. Fay, Carton Hayes, Alvin Johnson, William Langer, George N. Shuster und Walter Millis – beweist: »Drei Männer mit brillantem Intellekt hatten einen maßgeblichen Anteil daran, daß der Weg zur Machtergreifung frei wurde: Joseph Goebbels, Gregor Strasser, Joachim von Ribbentrop. Der erste brachte für diese Aufgabe einen geschulten, analytischen und skrupellosen Geist mit, um den Widerstand der Mittelklasse gegen politische Konzepte zu brechen, die nicht mit den zuvor geltenden Idealen, Überzeugungen und Verhaltensnormen in Einklang zu bringen waren. Der zweite war ein ernster, etwas langsamer und mächtiger Jakobiner, dessen Theorien über das Deutschland der Zukunft zwar utopisch, andererseits jedoch nicht ohne eine gewisse Großartigkeit waren; und der dritte hat eine glänzende Begabung für politische Kombinationen und eine diplomatische Intelligenz erkennen lassen, die den Vergleich mit Bismarck nicht völlig zu scheuen braucht.«

machte: »Ribbentrop ist einer der Menschen, die einen wegen ihrer Langweiligkeit in einem runden Zimmer in die Ecke treiben können.« Und von einer Dame der Gesellschaft, die den RAM als Gast erlebte, wird der bissige Satz überliefert: »Es mag sein, daß Ribbentrop kein echter Adliger ist; aber er hat sicher einen guten Stammbaum. Er erinnert mich an einen Chow-Chow, dessen Zunge schwarz ist – vom Stiefellecken.«

Ribbentrop wird ebenso wie Alfred Rosenberg, Robert Ley, Fritz Sauckel häufig als ein besonders krasses Beispiel dafür genannt, daß Hitlers Fähigkeit, Menschen zu beurteilen, stark unterentwickelt oder zumindest großen Schwankungen unterworfen war. (Immerhin zog er auch einen unbestreitbaren genialen Propagandisten und Administrator wie Joseph Goebbels und so exzellente Technokraten wie Fritz Todt und Albert Speer zu sich heran.) Eine der möglichen Erklärungen für das seltsame Faktum, daß Hitler an Ribbentrop festhielt, obwohl er von dessen mangelnder Befähigung auch für eine *nationalsozialistische*, das heißt radikale Außenpoltik überzeugt war, mag in dem tiefverwurzelten Ressentiment zu suchen sein, das Hitler zeitlebens gegen den grundbesitzenden und traditionsgebundenen Adel empfunden hat. (Seine instinktive Aversion galt allem, was er selbst nicht war oder werden konnte, und richtete sich keinesfalls nur gegen Aristokraten alter Schule, sondern auch gegen akademisch qualifizierte Fachleute, denen er durch sein immenses Detailwissen zu imponieren suchte. Freilich verbarg er diese Animosität sehr häufig.) Und so hat er wahrscheinlich eher ein Gefühl der Genugtuung darüber empfunden, daß sein Außenminister zwar ein Herr *von* Ribbentrop war, sein Adelsprädikat jedoch von einer Verwandten erworben hatte.

Goebbels hielt mit seiner Meinung über Ribbentrop nicht hinter dem Berg, allerdings nur in Hitlers Abwesenheit: »Dieser Kerl hat seinen Titel gekauft, sein Geld geheiratet, und sich seinen Weg in hohe Ämter und die Gunst des Führers erschwindelt . . .« Oder, bei einer anderen Gelegenheit: »Ribbentrop hat alle Qualitäten eines Hundes, die Treue wahrscheinlich ausgenommen.«

Als der Krieg begann, schwand auch Hitlers Wertschätzung für seinen Außenminister, den einfach niemand mochte (wenn man von seiner Frau Anneliese absieht, die zu ihm hielt, obwohl er sie häufig betrog). Wann Hitler sich über Ribbentrops Unfähigkeit klar wurde, ist nicht eindeutig festzustellen. Einige Zeugen erklären, diese Entfremdung sei schon im Spätherbst 1939 offenkundig gewesen; andere datieren ihren Beginn auf das Jahr 1941. Die erstere Annahme dürfte zutreffend sein; sie wird erhärtet durch eine der bezeichnendsten Szenen im Leben Hitlers (und Ribbentrops). Am 3. September 1939, einem Sonntag, hatte der britische Botschafter in Berlin, Sir Nevile Henderson, dem Chefdolmetscher des Auswärtigen Amtes, Dr. Paul Schmidt, in dem historischen Gebäude Wilhelmstraße 76 das englische Ultimatum an die Reichsregierung mit der »eingearbeiteten« Kriegserklärung überreicht. Ribbentrop, der dem Botschafter ausgewichen war und sich wie die anderen Paladine in der Reichskanzlei aufhielt, pflegte sich nicht nur seiner englischen Sprachkenntnisse zu rühmen (er hatte einen Teil seiner Jugend in Kanada verbracht), sondern er war auch überzeugt, sich ganz besonders in die angelsächsische Mentalität und den Nationalcharakter der Briten hineinfühlen zu können. Und so hatte er Hitler immer wieder versichert, nach seiner festen Überzeugung würden die Engländer auch diesmal wieder im letzten Augenblick nachgeben, wie schon 1938 während der Sudentenkrise, und ihr Garantieversprechen gegenüber den Polen nicht einhalten. Es werde wieder zu einer Beschwichtigungskonferenz wie in München kommen. Doch als Chefdolmetscher Schmidt an jenem verhängnisvollen Tag nach dem Besuch Hendersons um 9.30 Uhr mit dem Ultimatum in der Aktentasche in der Reichskanzlei erschien und Minuten später in dem riesigen Arbeitszimmer Hitlers das schicksalsschwere Dokument zu übersetzen begann, saß Hitler wie versteinert am Schreibtisch; Ribbentrop stand starr an einem der hohen Fenster. Als Schmidt geendet hatte, schwiegen der Führer und sein Außenminister minutenlang. Dann warf Hitler Ribbentrop einen wütenden Blick zu – der große begann den kleinen Abenteurer zu durchschauen: »Was nun?«

»Ich nehme an, daß die Franzosen uns in der nächsten Stunde ein gleichlautendes Ultimatum überreichen werden.«

Wenigstens diese Prognose erwies sich als zutreffend. Botschafter Coulondre erschien um 11 Uhr.

Im Frühsommer 1941 war das Prestige Ribbentrops schon so gering, daß Hitler es nicht mehr für nötig hielt, ihn bei den Vorbereitungen für den Angriff auf die Sowjetunion in dem Maße zu konsultieren, das ein Außenminister selbst im NS-System beanspruchen konnte. Den genauen Angriffstermin erfuhr er erst kurz vorher, nach der Rückkehr von einem offiziellen Besuch in Italien. Und als er dann sein Feldquartier «in der Nähe des Rastenburger Führerhauptquartiers »Wolfsschanze« aufschlug, um engen Kontakt zu Hitler halten zu können, zeigte sich, daß er dort nur selten gefragt war. Hitlers Umgebung bestand nun fast ausschließlich aus Militärs, die Ribbentrop wegen seiner aufgeblasenen Arroganz nicht leiden konnten, und den langjährigen Mitgliedern des persönlichen Stabes.

In diesem vertrauten Kreis machte Hitler aus seinem negativen Urteil über den Außenminister kein Hehl. 1943 erwähnte er in einem seiner Tischgespräche, er habe gerade eine Zusammenfassung des Auswärtigen Amtes über eine Unterredung zwischen Ribbentrop und dem japanischen Botschafter in Berlin, General Oshima, gelesen; dabei habe Ribbentrop den Japanern eine »Lösung des Problems Indien« in der Weise in Aussicht gestellt, daß deutsche Truppen durch die Sowjetunion und Afghanistan bis an die nördliche und nordwestliche Grenze Indiens vorstoßen könnten. Hitler: »Ist Ribbentrop nun ein Schwindler oder ein Phantast? Ich glaube, selbst Hewel muß jetzt ernsthafte Zweifel an den Fähigkeiten seines Chefs haben.«

Botschafter Walter Hewel war der »Ständige Beauftragte des Reichsaußenministers beim Führer« – einer der *alten Kämpfer* aus den Tagen des Putsches an der Feldherrnhalle, an dem er als eben immatrikulierter Student teilgenommen hatte. In Landsberg war er einige Wochen Hitlers Mithäftling gewesen und dann als Kaufmann in den Fernen Osten gegangen. Er zählte zu den Vertrauten des Führers, die seiner Magie, seinem Charisma, so erlegen waren, daß sie eigenen Einsichten nicht mehr zu folgen vermochten; der Diktator hatte ihre Willenskraft paralysiert. Die Rolle Hewels, den Ribbentrop sich mit einem schlauen Hintergedanken zum Verbindungsmann im Führerhauptquartier erkoren hatte, wirft ein sehr bezeichnendes Licht auf die Machtausübung Hitlers und auf die wahre Natur des Hofes. Von der Veranlagung her war Hewel alles andere als radikal und fanatisch. Seine eigenartige Beziehung zu Hitler endete mit einem Selbstmordversprechen, das der »Chef« ihm abforderte, kurz bevor er mit Eva Hitler in den Tod ging; Hewel löste es 48 Stunden später unter dramatischen Umständen im Keller einer Berliner Brauerei ein. Wir schildern das im Kapitel »Im Bann«.

Doch kehren wir zurück in den Führerbunker, zu Albert Speer und dem antichambrierenden Joachim von Ribbentrop, am Nachmittag des 23. April 1945. Der Rüstungsminister hatte Hitler im Lagezimmer um seine Einwilligung in einer heiklen Sache gebeten – einige tschechische Direktoren der Skoda-Werke in Prag, die noch in deutscher Hand waren, planten in amerikanisch besetztes Gebiet zu fliegen, um den Russen zu entkommen – als Bormann eintrat: »Mein Führer, der Reichsaußenminister besteht darauf, Sie zu sprechen. Er hat erklärt, er werde nicht von der Schwelle weichen, und dort wie ein treuer Hund warten, bis Sie ihn rufen.« Nichts hätte das Verhältnis Ribbentrops zu Hitler besser illustrieren können, als die lächerlich-pathetische Unterwürfigkeit, die aus diesen Worten sprach. Hitler sagte Speer überraschenderweise zu, er werde einen Befehl, der den Skoda-Managern den Flug in den Westen ermögliche, noch an diesem Nachmittag unterzeichnen. Dann ließ er sich erweichen, seinen Außenminister ein letztes Mal zu empfangen. Speer ging, Ribbentrop kam – nun nicht mehr überheblich und hochnäsig (auf dem Gare de Lyon in Paris war er einst fast auf die Gleise gestürzt, weil er sein Kinn in mussolinesker Weise nach vorn gereckt und dabei nicht auf die Bahnsteigkante geachtet hatte), sondern niedergeschlagen, in salopper Uniform. Einen seiner Adjutanten erinnerte der bekümmert dreinblickende Mann an »einen Hund auf der Suche nach dem Heim des Tierschutzvereins«.

Ribbentrop war in dieser Stunde nicht nur ein unerwünschter Besucher – offenbar behandelte Hitler ihn in der letzten Unterredung, die unter vier Augen stattfand, auch dementsprechend, in einer Stimmung des »Hier ist Ihr Hut, was wollen Sie noch«. Vermutlich um überhaupt etwas Dienstliches mit Ribbentrop zu besprechen, erwähnte er Speers Wunsch, den Skoda-Direktoren den Flug zu den Amerikanern zu gestatten. Doch schon fühlte der Außenminister sich wieder übergangen, in seiner Zuständigkeit eingeschränkt. Von Hitler schnell verabschiedet, beschwerte er sich auf dem Korridor bei Speer, diese Sache sei eine Angelegenheit des Auswärtigen Amtes und so fügte er verärgert hinzu, bedürfe daher seiner Zustimmung. Es war eine jener absurden

Szenen, die so charakteristisch für die letzten Tage im Führerbunker werden sollten. Zwar unterstanden die Maschinen, mit denen die Skoda-Direktoren zu fliegen gedachten, dem Rüstungsministerium und nicht dem Auswärtigen Amt, aber Speer war es leid, sich jetzt noch mit Ribbentrop auseinanderzusetzen; er beschloß, die Farce mitzuspielen. Der RAM hatte sich etwas beruhigt und geruhte nun, keine Einwände gegen den von Speer vorbereiteten Erlaß zu haben, wenn die Worte »auf Vorschlag des Reichsaußenministers« eingefügt würden. So geschah es, und Hitler unterschrieb. (Die tschechischen Manager landeten wohlbehalten in Frankreich und meldeten sich im Hauptquartier von General Eisenhower).

Es war der letzte der seltenen dienstlichen Kontakte zwischen den beiden Ministern, die nur eines gemeinsam hatten: den Hölderlin lesenden und musikliebenden, vom Naturell her eher schöngeistigen Architekten Speer hatte Hitler mitten in dem größten aller Kriege ebenso »intuitiv« zum obersten Rüstungstechnokraten ernannt, wie er den Spirituosenkaufmann Ribbentrop in einer Zeit außenpolitischer Hochspannung, 1938, zum Chef des Auswärtigen Amtes gemacht hatte. Der eine erwies sich als organisatorisches Genie, der andere als willfähriger Gehilfe, dessen gelegentlich aufkeimende Einsicht in das drohende Verhängnis schnell wieder durch Eitelkeit, Arroganz und Geltungsdrang verschüttet wurde. Speer und Ribbentrop* sahen sich erst als Angeklagte vor dem Nürnberger Militärtribunal wieder.

---

* Ribbentrop verbrachte die Nacht vom 23. zum 24. April noch in Berlin – entweder in dem Bunkerkomplex unter der Reichskanzlei oder, was wahrscheinlicher ist, in dem Luftschutzraum des Auswärtigen Amtes unter dem Hotel »Adlon«, am Ende der Wilhelmstraße beim Brandenburger Tor. Am nächsten Tag fuhr er mit dem Wagen nach Hamburg, wo er seine Geliebte besuchte, und von dort nach Plön, wo er sich in der Nähe des Hauptquartiers von Dönitz einlogierte. Als der Großadmiral, nach dem Selbstmord Hitlers durch dessen Testament zum Staatsoberhaupt ernannt, einen anderen »Außenminister« für seine provisorische »Regierung« suchte, bestand Ribbentrop darauf, daß er der rechtmäßige Inhaber dieses Amtes und zudem der geeignete Mann sei, um mit den Engländern zu verhandeln, denn in London habe man ihn vor dem Krieg stets als Gesprächspartner geschätzt. (Das Gegenteil war der Fall; die

Albert Speers Abschiedsvisite bei Hitler zog sich über mehrere Stunden hin; sie wurde immer wieder durch den absurden Dienstbetrieb eines Hauptquartiers unterbrochen, das doch nur eine Schattenwelt war. Weder der Führer noch sein Rüstungsminister mochten an diesem nostalgischen Nachmittag des 23. April 1945 die Bilanz der vergangenen zwölf Jahre ziehen. Speer mußte unwillkürlich an seinen ersten Besuch bei Hitler denken. Im Juli 1933 hatte der junge Architekt dem erst ein halbes Jahr regierenden Reichskanzler in dessen Münchner Wohnung am Prinzregentenplatz Nr. 16 in Bogenhausen die Entwürfe für die Kulisse des ersten NS-Parteitages nach der »Machtübernahme« vorgelegt und Hitler dabei angetroffen, wie er seine Pistole, die er eben gereinigt hatte, wieder zusammensetzte. Speer war damals von diesem Anblick eigenartig berührt gewesen. (Es war die Waffe, mit der Hitler sich wenige Monate zuvor, nach dem Selbstmord seiner Nichte »Geli« Raubal, im September 1931 eine Kugel in den Kopf jagen wollte; Rudolf Heß war ihm buchstäblich im letzten Augenblick in den Arm gefallen.) Jetzt steckte diese Pistole in Hitlers Jackentasche. Speer wäre nicht überrascht gewesen, wenn er bei diesem Abschiedsbesuch die gleiche Szene wie damals im Juli 1933 am Prinzregentenplatz erlebt hätte. Der Griff des Selbstmörders zur Pistole war nun endgültig des Diktators *ultima ratio* geworden.

Gegen 18 Uhr stieß Speer im unteren Korridor auf den Führerbegleitarzt Dr. Stumpfegger, der ihm erzählte,

maßgebenden britischen Politiker waren damals überzeugt, daß sie mit Ribbentrop – er amtierte von 1936 bis 1938 als Botschafter in London – nie zu besseren Beziehungen mit dem Deutschen Reich kommen würden.) Dönitz entschied sich für den bisherigen Reichsfinanzminister Graf Schwerin-Krosigk. Ribbentrop wurde am 10. Mai 1945 von britischen Geheimdienstbeamten verhaftet; sie holten ihn aus der Wohnung seiner Freundin im fünften Stock eines Mietshauses in Hamburg. Um das Auswärtige Amt, das nach Thüringen und Bayern evakuiert worden war, hatte der Außenminister sich zum Schluß nicht mehr gekümmert. Als er am 16. Oktober 1946 im Nürnberger Justizpalast als erster der zum Tode Verurteilten an den Galgen trat, fiel ihm als Letztes Wort nichts anderes ein als das Lamento: »Ich stehe nur deshalb hier, weil ich einmal Adolf Hitlers Außenminister war.«

Magda Goebbels gehe es nicht gut. Als er in einer der Kammern des oberen Bunkers an ihrem Bett stand, sah er auf ein blasses, fast wächsernes Gesicht; sie hatte Herzbeschwerden, war physisch erschöpft und lebte unter der Last ihres entsetzlichen Entschlusses, ihre Kinder mit in den Tod zu nehmen. Leise sprach sie über Unwesentliches. Was sie wirklich empfand, suchte sie offenkundig zu verbergen; und Speer fühlte sich befangen und gehemmt wie sie. Denn neben ihm stand Joseph Goebbels.

Der »kleine Doktor« blickte unverwandt auf seine Frau, als ob er in ihrem Antlitz lesen wollte, was sie in dieser bedrückenden Stunde für sich behielt. Er wußte, daß sie den Entschluß, mit ihm gemeinsam den Weg in den Abgrund zu gehen und auch die Kinder mitzunehmen, nicht mehr rückgängig machen würde. Doch zweifellos spürte er auch, daß sie in diesen Tagen des Endes das Resümee *ihres* Lebens zog – eine Bilanz, die sie als negativ bewertete; und er selbst, das sah dieser pervertierte Realist, war darin der größte Minusposten.* Doch zugleich war er entschlossen, Albert Speer nicht zum letzten Vertrauten seiner Frau werden zu lassen – Speer schon gar nicht; denn dieser distanzierte Beobachter konnte eines Tages als Augenzeuge das heroische Exempel, das Goebbels mit seinem und seiner Familie Tod für die Nachwelt zu statuieren gedachte, auf das Menschliche reduzieren und eine Frau schildern, die wie jede Mutter ihre Kinder liebte, die hinter ihrem exaltierten Untergangspathos nicht »heldisch«, sondern einfach verzweifelt war und keinen Ausweg mehr sah.

Magda Goebbels, das hatte ihr Mann nicht vergessen, mochte Albert Speer, und sie war ihm gegenüber offen gewesen. Als der Propagandaminister 1938 durch seine Liebesaffäre mit der jungen tschechischen Filmdiva Lida

---

* Vergl. auch das Kapitel »Der Prophet«

Baarova (er nannte sie »Liduschka«) seine Ehe und damit auch seine politische Stellung gefährdete, hatte seine Frau den Speers ihr Herz ausgeschüttet und sie im Frühjahr 1939 inkognito auf einer Reise nach Sizilien begleitet, um ihren Kummer zu vergessen. Auf dem Höhepunkt dieser Ehekrise war sie entschlossen gewesen, sich scheiden zu lassen, und sie hatte mit dem Gedanken gespielt, Karl Hanke, den mit Speer befreundeten Staatssekretär ihres Mannes, zu heiraten. (Hanke hatte ihr eine eindrucksvolle Liste der Seitensprünge zusammengestellt, die sich der Frauenkenner Goebbels im Laufe der Jahre geleistet hatte.) Doch schließlich war Hitler das alles zu bunt geworden; er hatte ein Machtwort gesprochen und Goebbels ultimativ ersucht, die Liaison mit der Baarova zu beenden. Das Ehepaar hatte sich freilich zunächst nur pro forma versöhnt. Während der Bayreuther Festspiele 1939 hatte der Führer seinem Chefpropagandisten in Speers Gegenwart befohlen, unverzüglich mit seiner noch immer todunglücklichen und verweinten Frau abzureisen, damit peinliche Szenen vermieden würden. Und in den letzten Wochen war Goebbels zweifellos nicht verborgen geblieben, daß der Rüstungsminister mehrfach versucht hatte, Magda Goebbels den Selbstmord und die Tötung ihrer Kinder auszureden. In dem kahlen Bunkerzimmer blieb der »Doktor« nun beharrlich am Bett seiner Frau und verschloß ihr so den Mund. Das ohnehin schleppende Gespräch wurde quälend; Speer verabschiedete sich still und ging zurück in den unteren Bunker.

Normalerweise hätte er nun eine Ordonnnanz gebeten, ihn bei Eva Braun zu melden; auch sie stand ihm menschlich nahe, und er wäre gewiß nicht zurückgefahren, ohne von ihr Abschied zu nehmen. Doch in dieser frühen Abendstunde war die bermerkenswerte Ruhe, die den Tag hindurch in der Katakombe geherrscht hatte, einer hektischen Aktivität gewichen, die Speer verwirrend fand; sie hing jedoch nicht mit seiner Person zusammen. Es war der plötzliche Wirbel um die Funksprüche Görings aus Berchtesgaden – eine Reaktion auf den Nervenzusammenbruch Hitlers am Nachmittag zuvor. In dem ersten dieser Telegramme, das der Führer noch äußerlich gelassen zur Kenntnis nahm, fragte der Reichsmarschall an, ob er »nach Ihrem Entschluß, im Gefechtsstand in der Festung Berlin zu verbleiben, gemäß Ihres Erlasses vom 29. 6. 1941 als Ihr Stellvertreter sofort die Gesamtführung des Reiches« übernehmen solle, und zwar »mit voller Handlungsfreiheit nach innen und außen«. Göring bat um Antwort bis 22 Uhr. Blieb sie aus, so wollte er unterstellen, daß Hitler seiner Handlungsfreiheit beraubt sei, und dann »zum Wohle von Volk und Vaterland handeln« – im Klartext: in das Hauptquartier General Eisenhowers fliegen, um dort einen separaten Waffenstillstand an den westlichen Fronten auszuhandeln. Die anderen Telegramme an Keitel, Ribbentrop und den Luftwaffenadjutanten Hitlers, Oberst Nikolaus von Below, teilten den Empfängern den Inhalt des an den Führer gerichteten Funkspruchs mit. Der Intrigant Bormann sah nun seine Chance gekommen, endlich den Erzrivalen Göring politisch massakrieren und vielleicht auch physisch vernichten zu können, und er nutzte sie sogleich. Dieses Ultimatum, so sagte er Hitler mit der biedermännischen Miene treuherziger Empörung, sei nichts als der nackte Versuch, die Macht an sich zu reißen: »Er verrät Sie, mein Führer, den Nationalsozialismus!« Hitler begann zu toben wie 24 Stunden zuvor; wieder kannten sein Zorn, sein Selbstmitleid keine Grenzen, bis er schließlich in erneute Apathie verfiel. Er ließ Göring bei Drohung mit der Todesstrafe zum sofortigen Rücktritt von allen Ämtern auffordern, verbot ihm »jeden Schritt in der von Ihnen angedeuteten Richtung« und schloß ihn formell von der Nachfolge aus. Und schließlich befahl er Bormann, Göring und seine Berater auf dem Obersalzberg wegen Hochverrats durch ein SS-Kommando verhaften zu lassen (was kurz nach Mitternacht geschah). Albert Speer, der noch vor wenigen Monaten die einzelnen Phasen und Nuancen dieses Kampfes um ein längst zerronnenes Machterbe zum eigenen Schutz sehr sorgfältig verfolgt hätte, beobachtete nun sozusagen aus der Zuschauerloge, wie Bormann dem massigen Reichsmarschall ein Messer zwischen die Rippen stieß. Hitler verzieh nicht jedem an diesem 23. April. Speer hatte ihm die tatsächliche und fortgesetzte Sabotage von Führerbefehlen gestanden – eine Todsünde im NS-Staat – und nicht einmal einen Vorwurf geerntet. Göring hingegen hatte nur eine – von seinem Standpunkt sehr berechtigte – Frage gestellt und war verdammt worden.

Es war fast Mitternacht, als Eva Braun durch einen der Telefonisten, den Oberscharführer Rochus Misch, ausrichten ließ, sie würde sich »sehr freuen, Herrn Minister Speer zu sehen«. Es wurde eine Konversation in liebenswürdiger *Tristesse*, weit entfernt von jener unrechten Sentimentalität, die nicht wenige Insassen des Bunkers zur Schau trugen, um ihre Angst vor den nächsten 24 Stunden zu überdecken.

Albert Speer kannte Eva Braun fast so lange, wie er Hitler kannte. Als er nun in ihrem kleinen Wohn-Schlafzimmer stand, dem ein paar Möbel aus ihrer Wohnung in der Reichskanzlei eine freundliche Note gaben, begrüßte die junge Frau, die zum Selbstmord an Hitlers Seite fest entschlossen war und in diesen letzten Tagen ihres Lebens eine bemerkenswerte Haltung zeigte, ihn ungezwungen, fast heiter, mit der spontanen Feststellung: »Herr Speer, Sie müssen hungrig sein.« Er war es; seit dem frühen Morgen, als er in Bad Wilsnack aufgebrochen war, hatte er nichts mehr gegessen. Eine Ordonnanz brachte Gebäck, Süßigkeiten und eine Flasche Sekt *Moet et Chandon* – für diesen Abschied nur das Beste.

(Artur Kannenberg, der Hausintendant der Reichskanzlei, hatte sich schon nach Bayern abgesetzt und einen Teil des Weinkellers mitgenommen; doch war Hitlers *Malvolio* rücksichtsvoll genug gewesen, noch erhebliche Bestände an exzellenten Spirituosen zurückzulassen.)

Die Freundschaft zwischen Albert Speer und Eva Braun war ohne jeden Zweifel platonisch; er mochte sie einfach gern. Aber nicht nur das – ihr Schicksal, ihre Person war für ihn ein untrennbarer Bestandteil dieses rätselhaften Menschen Adolf Hitler, der ihn immer wieder abgestoßen und zugleich fasziniert hatte. Und so empfand Speer das, was Eva Braun ihm in den letzten Jahren erzählt oder unbewußt zu erkennen gegeben hatte, zwar als interessant; doch wie Hitler *sie* behandelte, war für ihn noch aufschlußreicher gewesen. In der bizarren Umgebung des Führers verkörperte Speer den Typ des Gentleman, deutsche Ausgabe, mit einem leichten Anklang an den Kavalier. Hitler dagegen war im Umgang mit Frauen stets als österreichischer Kavalier aufgetreten, aber entschieden nicht als Gentleman, ob nun deutsch oder englisch. Speer war sich dieses Unterschieds seit langem bewußt gewesen, Eva Braun wohl nicht. Sie liebte Hitler, wie er es verlangte: bedingungslos.

Unter den Ministern des Dritten Reiches war Speer der stattlichste und jüngste; am 19. März 1945 war er Vierzig geworden. Eva Braun, die nicht ohne Eitelkeit und einem gelegentlichen, wohl harmlosen Flirt nicht abgeneigt war, hatte ihn zum ersten Mal als 28jährigen Architekten erlebt. Wie dachte sie über Albert Speer? Sie war sieben Jahre jünger, gehörte noch zu seiner Generation, zur Jugend der zwanziger Jahre, die entschlossen war, die Fesseln der überkommenen Verhaltensnormen abzustreifen, die gern tanzte, Schlager hörte, Filme sah, die das Skifahren schätzte wie den Après-Ski und sich zur Liebe bekannte.

Offenkundig sah Eva Braun diesen Albert Speer, den sie zunächst in ihrer spröden, unsicheren Zurückhaltung eher gemieden hatte, schließlich in der Rolle eines älteren Bruders, zu dem sie Vertrauen hatte. Sie litt immer wieder an Phasen tiefer Verzweiflung und innerer Einsamkeit – das ist die Geschichte ihres Lebens – und war dankbar für aufrichtige Freundschaft. Und der mächtige Reichsminister Speer gehörte zu jener großen Welt, die kennenzulernen Hitler seiner Geliebten aus mancherlei Gründen bis zum Ende verwehrte. Es war die Welt der Macht in Berlin, die sie nur aus einer geziemenden, vom Führer allein bestimmten Entfernung beobachten durfte.

Zugleich aber gehörte Speer (mit seiner Frau) als junger, aufstrebender Architekt Hitlers, als dessen häufiger Gast auf dem Berghof, auch zur Welt Eva Brauns – während der langen Wochenenden auf dem Obersalzberg, weit entfernt von den Massen, die in den Erfolgsjahren des Regimes vor Begeisterung tobten, wo Hitler sich nur sehen ließ.

Und nun, in der Stunde des Abschieds im Bunker, war Albert Speer für Eva Braun nicht nur eine lebendige Erinnerung an jene Jahre, sondern auch das vertraute Bindeglied zwischen dem einmal hektischen, dann wieder müßiggängerischen Leben Hitlers, und ihrer kleinen Existenz. Des Führers Minister, des Führers Geliebte – sie litten beide unter der sehr persönlichen magnetischen Beziehung zu diesem rätselhaften Mann, aus dessen Bann sie sich gleichwohl nicht lösen konnten noch wollten. Es war eine Beziehung, die so enervierend war, weil sie zu einer deprimierenden Erkenntnis führte: Hitler vermochte die Menschen bis zur bedingungslosen Ergebenheit auf seine Person zu fixieren; er selbst war jedoch gegen die Ausstrahlung anderer immun. Und wie sehr er anziehend und abstoßend zugleich sein konnte, hatte Speer oft genug an sich selbst erfahren. Erinnern wir uns an seine Charakterisierung Hitlers: »Wo das Herz schlagen sollte, war er schrecklich leer.«

Wenn Albert Speer heute von Eva Braun als einer Sklavin ihrer Beziehung zu Hitler spricht, so denkt er nicht nur an das tragische Schicksal dieser Frau, sondern auch an seine eigene, zutiefst emotionale Bindung an den Diktator, die intensiv blieb bis zum letzten Tag, bis zum 23 April. Denn was hätte ihn sonst noch einmal in den Bunker zurückgetrieben? Doch zugleich analysierte die kühle Intelligenz dieses Technokraten nun ein letztes Mal den Stand der Dinge im Führerhauptquartier; und so beobachtete er auch Eva Braun einerseits mit menschlicher Anteilnahme, zugleich aber mit einem unpersönlichen, fast klinischen Interesse – eine Fähigkeit, die voll entwickelt haben mußte, wer sich gegen die wuchernden Intrigen in der Umgebung Hitlers behaupten wollte.

Speer fand, daß Eva Braun eine stille, zuweilen fast heitere Gelassenheit ausstrahlte wie kein anderer der todgeweihten Insassen des Bunkers. Sie bejahte ihr Schicksal, auch das bevorstehende Ende, und sagte es. Hin und wieder ließen ihre Worte Genugtuung darüber erkennen, daß sie nun endlich das Los des Mannes, den sie liebte, ganz teilen konnte. Als Geliebte des Führers hatte sie Rivalinnen gehabt, war die Zielscheibe hämischer Spöttereien gewesen; sie hatte viele Demütigungen durch die Ehefrauen der NS-Prominenz – Emmy Göring, Magda Goebbels – ertragen und sah sich nun am Ziel. Zwar wußte sie zu dieser Stunde – mittlerweile war der Dienstag, der 24. April, angebrochen – noch nicht, daß sie ihr Leben als Frau Eva Hitler beschließen würde; sie hätte es Speer gewiß anvertraut. Aber sie war sicher, mit Hitler den Tristan-und-Isolde-Tod zu sterben. Zugleich war sie offenkundig die einzige, die über die sinnlosen Opfer dieser letzten Kriegstage nachdachte; wer das Verhalten der übrigen Bunkerinsassen, ihre Worte und Taten, wägt, kommt zu diesem Schluß, und Albert Speer gewann den gleichen Eindruck. »Warum müssen noch so viele Menschen fallen?« fragte sie ihn; »es ist doch alles umsonst . . .« Zwar hatte sie wenige Stunden vor dem Gespräch mit Speer ihrer Schwester Gretl nach München geschrieben: »Vielleicht kann doch noch alles gut werden . . . Eben habe ich den Führer gesprochen. Ich glaube, auch er sieht heute schon heller als gestern in die Zukunft.« Doch diese optimistischen Sätze sollten ihrer Schwester, die ein Kind erwartete und ihren Mann, den SS-Gruppenführer Hermann Fegelein, im Bunker wußte, Mut machen. Eva Braun zweifelte nicht daran, daß ihr Ende nahe war. Ruhig sagte sie Speer: »Übrigens hätten Sie uns fast nicht mehr angetroffen. Gestern (sie meinte den 22. April, d. V.) war die Lage so trostlos, daß wir mit einer schnellen Besetzung Berlins durch die Russen rechnen mußten. Der Führer wollte schon aufgeben. Aber Goebbels redete auf ihn ein, und so sind wir noch hier.«

Die Rolle, die Eva Braun in diesem mitternächtlichen Gespräch Goebbels zuschrieb, läßt sich anhand der Zeugenaussagen über seine letzten Tage an der Seite Hitlers schlüssig rekonstruieren. Er verfiel zwar auch im Bunker immer wieder seinem Hang zum Theatralischen, zur pathetischen Pose, gab sich als heroischer Durchhalte-Apostel; doch das war nur Schauspielerei. Goebbels wußte, daß ihm kein anderer Ausweg blieb, als in der Reichskanzlei in den Tod zu gehen, wenn er nicht am Galgen der Sieger hängen wollte. Und da er mit dem Leben wirklich abgeschlossen hatte, war er am 22. April, als Hitler nervlich zusammengebrochen war, wohl der einzige Paladin im Bunker, der einen klaren Kopf bewahrt hatte und zu kühler Überlegung fähig war. Er hatte sich noch am selben Abend bei den Generalen – bei Keitel, Jodl, Burgdorf und Krebs – über die militärische Lage informiert und dabei ein zwar düsteres, aber jedenfalls doch recht klares Bild vom Vormarsch der Roten Armee gewonnen. Die Sowjets, so schien es, würden die

Zitadelle und damit die Reichskanzlei nicht in den nächsten 70 Stunden erreichen; noch kämpfte kein Rotarmist in der Berliner Innenstadt, in der Nähe des Potsdamer Platzes oder des Tiergartens. Der Führer und er, der Gauleiter, würden in der Reichshauptstadt sterben; das stand fest, nachdem Hitler alle Pläne, in die imaginäre Alpenfestung auszuweichen, vom Tisch gefegt hatte.

Aber wenn der Untergang schon unausweichlich war, so sollte er jedenfalls effektvoll inszeniert werden; Joseph Goebbels war noch immer mit jeder Faser Propagandist: »Unser Ende an dieser historischen Stätte soll als ein leuchtendes Beispiel für Opfermut und Treue in die Geschichte eingehen«, tönte er einmal, noch immer in der Diktion des Sportpalastredners, in der düsteren letzten Woche vor dem Selbstmord. Und für diese Regie benötigte er jeden Tag Widerstand, der noch aus den erschöpften deutschen Truppen herauszuschinden war. Wichtige Dinge, so meinte Goebbels, waren überdies noch zu tun. Die Nachfolgefrage sah er als ein Problem, das geregelt werden mußte, nachdem Göring nicht mehr infrage kam. Überdies: Der Führer und Reichskanzler, aber auch er selbst konnten doch nicht von der weltpolitischen Bühne abtreten, ohne ein Vermächtnis *urbi et orbi* zu hinterlassen, das sorgfältig formuliert werden mußte.

Joseph Goebbels handelte auch in diesen letzten Tagen nach dem Gesetz, nach dem er einst angetreten war: Er suchte Mythen und Legenden zu erzeugen, und das mit Akribie und Systematik. Dafür brauchte er in den wenigen Tagen, die ihm noch blieben, bis sowjetische Panzer vor der Reichskanzlei auftauchen würden, keinen toten, sondern einen lebenden Hitler; und daher redete er dem Führer am 22. April den Gedanken aus, noch am selben Abend zu sterben. Goebbels war noch immer ein zwar diabolischer, aber dabei überaus disziplinierter, logisch denkender und handelnder Mann. Er hielt sich an die Rolle, die er im letzten Akt des Dramas mit gewohnter

Sorgfalt zu spielen gedachte. Noch war das Ende nicht gekommen. Speer hatte er übrigens am Nachmittag des 23. April verschwiegen, daß Hitler schon am Abend zuvor hatte sterben wollen.

Kehren wir zurück zu Eva Braun und Albert Speer in der ersten Stunde des 24. April. Das Gespräch kreiste um melancholische Erinnerungen und um das bevorstehende, furchtbare Finale; doch es gab Augenblicke, in denen der Führer – er hatte sich zu einer Ruhepause in sein Schlafzimmer zurückgezogen – sozusagen drohend mit am Tische saß. Nachdem Eva Braun nicht ohne Stolz erzählt hatte, wie Hitler vor einer Woche vergeblich bemüht gewesen war, sie nach Bayern zurückzuschikken, ließ sie, eigentlich mehr *en passant*, eine Bemerkung fallen, deren Brisanz ihr gewiß nicht bewußt war: »Wie froh bin ich, Herr Speer, daß Sie noch einmal den Weg zurück in den Bunker gefunden haben. Der Führer glaubte schon, Sie würden gegen ihn arbeiten . . . Aber Ihr Besuch hat ihm das Gegenteil bewiesen. *Nicht wahr?*«

Speer vermied es instinktiv, zu antworten. Von einer Sekunde zur anderen hatte Eva Braun ihn wieder daran erinnert, daß weder er selbst noch irgend jemand sonst in diesem unterirdischen Betongewölbe seines Lebens sicher sein konnte, solange Hitler in der Lage war, Rache für jeglichen »Verrat« zu üben. (Eines der letzten Opfer dieser Rachsucht, der SS-Gruppenführer Fegelein, hielt sich am 23. April in Nauen auf, um »ein Bataillon oder sowas aufzustellen«, wie Eva Braun ihrer Schwester aus dem Bunker schrieb.)

Die Katakombe, das spürte der Rüstungsminister Speer in diesem Augenblick wieder einmal, war in der Tat das Dritte Reich *en miniature* – die Insassen von Mißtrauen erfüllt und nun, in den letzten Tagen vor dem Ende, auch von einem ausgeprägt nihilistischen Denken beherrscht.

Speer hielt Eva Braun nicht etwa für doppelzüngig, schon gar nicht ihm gegenüber; er wußte, wie sehr sie die Freundschaft schätzte, die sie mit ihm verband. In ihrer Aufrichtigkeit sagte sie, was sie meinte, und sie meinte, was sie sagte. Die Bemerkung, die sie eben in die Unterhaltung eingeflochten hatte, dieses fragende »Nicht wahr?«, empfand er wie den Nachhall eines hitzigen Wortgefechtes, das sie kurz vorher mit Bormann über Speer und sein Verhalten während der letzten Wochen geführt haben mochte; vielleicht war Hitler dabei gewesen. Und Speer meinte die Befriedigung zu spüren, mit der sie seinen Besuch als ein Zeichen für seine ungebrochene Loyalität dem Führer gegenüber deutete; bei dem nächsten Streitgespräch über Speer würde sie Bormann, den sie nicht ausstehen konnte, nun ein schlagendes Argument entgegenhalten können: »Was wollen Sie, er ist noch einmal zurückgekommen; das sagt doch wohl alles . . .«

Freilich: Hatte Eva Braun Speers Schweigen auch mit einer gewissen Naivität als eine zustimmende Antwort gedeutet – Hitler war nicht naiv. Und der Technokrat Speer war es auch nicht, bei aller Sentimentalität, die sich in den letzten, kritischen Monaten immer wieder bei ihm gezeigt hatte. In dieser Nacht erinnerte er sich beunruhigt daran, daß Eva Braun sich vor vierzehn Tagen auf Wunsch Hitlers nach seiner Familie erkundigt hatte: »Herr Speer, wie geht es Frau und Kindern, und wo sind sie?« Eva Braun kannte Greta Speer gut; sie waren häufig in der Nähe des Berghofes zusammen Ski gelaufen, hatten 1937 mit einer kleinen Reisegesellschaft, die Hitler für seine Geliebte hatte zusammenstellen lassen, Italien besucht, und sie waren auch bei anderen Gelegenheiten zusammengetroffen; das Ehepaar Speer gehörte zu den häufigsten Gästen auf dem Obersalzberg. Hitlers Erkundigung entsprang jedoch nicht so sehr menschlicher Anteilnahme, sondern vor allem seinem nun schon pathologischen Mißtrauen. Eben hatte er seinen früheren Begleitarzt Dr. Karl Brandt durch den SS-Standartenführer Huppenkothen verhaften lassen und nach ausführlichem Verhör durch den Gestapo-Chef, SS-Obergruppenführer Heinrich Müller, einem Kriegsgericht überantwortet, das aus dem SS-Obergruppenführer Gottlob Berger als Vorsitzendem und den Beisitzern Reichsjugendführer Axmann und SA-Obergruppenführer Graentz bestand. Einige Tage vorher war das Ehepaar Brandt (Frau Brandt war in den zwanziger Jahren unter ihrem Mädchennamen Anni Rehborn als Schwimmerin bekannt geworden) mit dem Sohn noch zu einem Abschiedsbesuch bei Hitler gewesen. Dem Bericht eines Augenzeugen zufolge hatte der Führer nach der auf ein Fernschreiben des Stadtkommandanten von Eisenach zurückgehenden Verhaftung des Arztes wütend geknurrt: »Ich habe Brandt gesagt, daß er seine Frau und den Sohn auf dem Obersalzberg unterbringen sollte, und er hat das akzeptiert; sie auch. Nun schickt er sie zu den Amerikanern. Bormann, lassen Sie feststellen, ob er die Geheimakten mitgenommen hat. Da gibt's nur eines: Kriegsgericht.« Hitler meinte die Geheimakten »Kampfgas«, zu denen Brandt als Reichskommissar für das Gesundheitswesen Zugang hatte. Sie wurden in der Reichskanzlei gefunden. Dieser Teil der Beschuldigung war also haltlos. In der Vernehmung durch den Vorsitzenden des Kriegsgerichts hatte Brandt jedoch zugegeben, daß er seine Frau und seinen Sohn den vorrückenden US-Truppen nach Bad Liebenstein entgegengeschickt und sie so in Sicherheit gebracht habe; der entgegenstehende Führerbefehl sei ihm bekannt gewesen. (Von Schwerin aus, wohin er am Abend des 22. April gebracht worden war, wurde Brandt am 27. April nach Kiel und von dort nach Rendsburg transportiert. Auf Befehl von Dönitz wurde die Haft aufgehoben. Brandt wurde am 23. Mai 1945 in Flensburg von den Engländern festgenommen, im Nürnberger Ärzteprozeß zum Tode verurteilt und hingerichtet.)

Vor diesem Hintergrund war Speer die Frage Eva Brauns nach *seiner* Familie zu Recht als bedrohlich erschienen, denn Frau Greta hielt sich mit den sechs Kindern seit dem 6. April auf einem Gut in der Nähe von Kappeln an der Ostseeküste auf. Das Haus, das Speer sich 1935 in Berlin-Schlachtensee, in der Nähe des Wannsees, gebaut hatte, war 1943 durch einen Bombentreffer zerstört worden. Verglichen mit den pompösen Luxusvillen der prominenten NS-Führer, hatte es sich eher bescheiden, dabei geschmackvoll und modern ausgenommen. Der Rüstungsminister wußte schon, daß Schleswig-Holstein nach den interalliierten Vereinbarungen von den Engländern besetzt werden würde, und hoffte auf deren Fairness gegenüber seinen Angehörigen.

Nicht eine Stunde hatte Speer in den vergangenen Monaten die Gefahren unterschätzt, in denen seine Familie schwebte, während er selbst im Auto und Flugzeug in die Industriezentren des auseinanderbrechenden Reiches gejagt war, um Hitlers Zerstörungsbefehle zu blockieren oder wenigstens zu entschärfen. Die 1000-Bomber-Angriffe auf Berlin, seit 1943 von der britischen Royal Air Force bei Nacht und am Tage von den US-Luftflotten geflogen, waren am 20. April mit einem letzten strategischen Bombardement der Reichshauptstadt eingestellt worden. Und als die alliierten Bomberpulks ausblieben, standen die Armeen Stalins vor den Toren Berlins. Das waren allgemeine Bedrohungen der Existenz, denen alle ausgesetzt waren. Für die Familie Speer kam eine spezielle Gefährdung hinzu: Es war durchaus möglich, daß Hitler nicht nur seinen Rüstungsminister als Abtrünnigen beseitigen lassen, sondern auch Repressalien gegen seine Angehörigen befehlen würde. Frau Brandt befand sich nun mit ihrem Sohn in dem schon von US-Streitkräften besetzten Gebiet und war damit dem Zugriff der Gestapo entzogen. Die Familie Speer hingegen hielt sich zwar weit im Norden des Reiches, aber zwischen den Fronten der Engländer unter Feldmarschall Montgomery und der Russen unter Marschall Rokossowskij auf. Und dorthin reichte Hitlers Macht auch am 23. April durchaus noch, um das durchzusetzen, was als »Sippenhaft« in die Geschichte des Dritten Reiches eingegangen ist – die Verhaftung von Familienangehörigen als Geiseln. Schon wenige Wochen nach der Machtübernahme hatten die Nationalsozialisten sich dieses grausamen Instrumentes zur Verfolgung politischer Gegener skrupellos bedient. Nach der gescheiterten Erhebung des 20. Juli 1944 wurde die Sippenhaft auf Befehl Hitlers als Mittel des nackten Terrors gegen die wehrlosen Familien der Verschwörer eingesetzt und erwies sich wieder einmal als eines der charakteristischen Kennzeichen jeder Diktatur – der Tyrannen des Altertums und der totalitären Regime unserer Zeit.

Männer wie Albert Speer und Dr. Brandt, die als Tischgäste des Führers so häufig seinen Monologen zugehört hatten, waren mit seinen erschreckenden Ansichten über die Sippenhaft wohlvertraut. Nach dem 20. Juli 1944 hatte Hitler sich immer wieder ausführlich und bis ins entsetzliche Detail darüber verbreitet, wie wirkungsvoll man die politische Opposition durch Folterungen ausschalten könne (George Bernard Shaw nannte die physische Tortur einmal »das einzige Mittel, mit dem die gemeinste die edelste menschliche Natur erniedrigen und vernichten kann«.) So hatte Hitler die Festnahme und körperliche Drangsalierung der Familie Stauffenberg befohlen (die nicht nur eine Familie oder Sippe, sondern ein Clan war; viele der jungen Offiziere, die sich an der Erhebung beteiligt hatten, waren durch Abstammung oder Heirat miteinander verwandt – die Moltke, Stauffenberg, York von Wartenburg). Die nach dem Attentat ausgelöste Verhaftungswelle erfaßte nicht wenige Männer und Frauen, die mit den Teilnehmern des Aufstands zwar verwandt waren, aber keine Verbindung zu den Verschwörern hatten.

Die Ereignisse in den letzten Monaten und Wochen der NS-Herrschaft und selbst die in jener furchtbaren Endphase des Regimes so absurden Handlungen prominenter Würdenträger des Reiches versteht nur, wer sich vor Augen hält, wie allgegenwärtig die Gefahr der Sippenhaft war. Fast könnte man, in Anlehnung an Shakespeares *Macbeth*, von einem Macduff-Syndrom sprechen: Macduff, der aufrechte und tapfere Lehnsmann, den politische und militärische Gründe zur Flucht aus Schottland zwingen, doch muß er Weib und Kind zurücklassen. Macbeth, der Despot auf dem schon wankenden Thron, überantwortet sie dem Schwert des Scharfrichters. Hitlers Haß auf die Stauffenbergs – es war der Haß des Königs Macbeth auf die Macduffs im Schloß zu Fife.

Es ist heute nicht ganz leicht, den Gewissenskonflikt voll zu ermessen, der in den chaotischen Wochen vor dem Zusammenbruch couragierte Männer wie Albert Speer oder Generaloberst Gotthard Heinrici noch einmal den äußeren Belastungen unterwarf – der eine bestrebt, so viel industrielle Substanz wie möglich zu erhalten, der andere als Oberbefehlshaber der Heeresgruppe Weichsel entschlossen, seinen Soldaten und der Bevölkerung Berlins die blutigen Straßenkämpfe einer sinnlosen Verteidigung zu ersparen. Es sind zwei Namen, die für viele stehen, für Männer aus allen Schichten, darunter Offiziere, Direktoren, Bürgermeister, sogar einige Gauleiter wie Karl Kaufmann in Hamburg, der Bormann haßte. Was sie andererseits vor der gewaltsamen Auflehnung gegen den Diktator und seine wahnwitzigen Befehle zurückschrecken ließ, war nicht persönliche Feigheit oder Opportunismus, sondern eine innere Einstellung, die auf den überlieferten Kategorien der Disziplin, des

Gehorsams, der Eidesbindung basierte und von der Sorge um das Schicksal der eigenen Familie überschattet wurde. Bei Speer kam freilich eine ausgeprägte Gefühlskomponente hinzu.

Die Monate Februar, März und April 1945 hatte der Rüstungsminister in einer derartigen Hektik verbracht, daß sein Kontakt zu Eva Braun nur sporadisch gewesen war. So hatte er erst in der zweiten Aprilwoche erfahren, daß sie in den Bunker übergesiedelt war. Speer vermag auch heute, 30 Jahre später, nicht genau zu datieren, wann des Führers Geliebte sich definitiv entschied, ihre Heimatstadt München zu verlassen und in Berlin mit Hitler zu sterben. Doch lassen die Berichte von Augenzeugen ihrer letzten Geburtstagsfeier – sie war am 6. Februar 33 geworden – es als sicher erscheinen, daß sie diese Entscheidung schon in den letzten Januartagen getroffen hatte. Mit der Bahn und dem Wagen unternahm sie im März noch einmal mehrere Reisen zwischen Berlin und München. Im Bunker hatte Hitler sie neben seinen Räumen in einer »Suite« einquartiert, die aus zwei Kammern bestand. In dem Wohn-Schlafzimmer, das Eva sich eingerichtet hatte, konnten zwei Personen sich halbwegs bewegen; vier traten sich schon gegenseitig auf die Füße.

A la recherche du temps perdu. Albert Speer kannte seinen Marcel Proust. Als er der Todgeweihten in der Nacht zum 24. April zum letzten Mal gegenübersaß, erinnerte er sich seiner ersten Begegnung mit der damals 21jährigen Eva Braun, an einem spätsommerlichen Wochenende auf dem Obersalzberg. Sie war gerade mit Hitlers Sekretärinnen Johanna Wolf und Christa Schroeder aus München gekommen – in dem kleinen Mercedes, der stets, wenn sie im Fond saß, getrennt von der zum »Berg« oder zurück nach München jagenden Wagenkavalkade des Führers zu fahren hatte. Hitler wünschte nicht, daß Außenstehende, etwa die neugierigen Bauern in den oberbayerischen Dörfern oder die Einwohner Berchtesgadens ihn auch nur optisch mit dem jungen Mädchen in Verbindung bringen könnten. So saßen seine beiden Sekretärinnen zur Tarnung mit im Wagen Eva Brauns; sie selbst galt nach außen, auch gegenüber den Offizieren des Begleitkommandos, als die »Privatsekretärin des Führers«, und sie hatte sich so diskret und unauffällig wie möglich zu verhalten; erst in späteren Jahren billigte ihr Geliebter ihr mehr gesellschaftliche »Bewegungsfreiheit« zu.

Je mehr Einblick in den privaten Lebensstil des Führers Albert Speer als vertrautes Mitglied des »Hofes« gewann, desto lächerlicher fand er die Bemühungen Hitlers, seine Beziehungen zu Eva Braun zu tarnen und zu verschleiern. Selbst die Männer und Frauen aus der engsten Umgebung des Diktators – seine Adjutanten, Sekretärinnen, Piloten, Leibwächter, Diener – die gar nicht anders konnten, als die Eindeutigkeit dieser Liaison zu erkennen, hatten sich an das vom »Chef« angeordnete, verkrampfte Ritual um Eva Braun zu halten, das in Wahrheit nichts anderes als ein verklemmter Mummenschanz war.

Nur zu gut erinnerte Speer sich an die endlosen Kaminplaudereien Hitlers auf dem Obersalzberg, deren ermüdende Eintönigkeit erst spät in der Nacht ein Ende fand, wenn der Gastgeber sich schließlich mit einer flüchtigen Abschiedsgeste zurückzog; Eva Braun war schon vorausgegangen. Die beiden Schlafzimmer im oberen Trakt des Hauses lagen direkt nebeneinander; alle wußten es.

Und doch blieb die Tatsache, daß Hitler eine Geliebte namens Eva Braun hatte, bis zum Zusammenbruch so gut wie unbekannt – wenn man so will, eines der am besten gehüteten Geheimnisse des Dritten Reiches, und genauso wurde die Affäre auch behandelt. Die ganze Wahrheit über diese Beziehung kannten höchstens zwanzig enge Mitarbeiter* Hitlers – die meisten waren Teilnehmer der Berghof-Runde – und weitere zwanzig Bedienstete, die von Eva Braun nur als von »E. B.« sprachen. Den meisten Reichsministern, die mit ihren Damen auf dem Obersalzberg erschienen, auch dem Ehepaar Göring, mochte Hitler seine Freundin nicht vorzeigen; offenbar hielt er sie nicht für hinreichend salonfähig und verbannte sie bei solchen Gelegenheiten aus den unteren Räumen. Sie mußte sich im oberen Stockwerk in ihrem Zimmer aufhalten, nicht selten ein ganzes Wochenende hindurch.

Zuweilen besuchte Albert Speer sie dann, um der gewöhnlich faden, steifleinenen Gesellschaft im Salon des Führers und Reichskanzlers wenigstens für eine Stunde zu entgehen. Und er traf häufig eine Eva Braun an, die sich zwar einerseits wirklich als die »einsamste Frau Deutschlands« empfand; so hatte Hitlers Chauffeur Erich Kempka, ein nicht unbedingt differenzierender Beobachter, sie einmal genannt. Bestrebt, das Beste aus der Situation zu machen, tat sie aber andererseits an solchen Tagen, was ihr Geliebter in seiner Gegenwart nicht gern sah, oder ihr sogar rundweg verboten hatte: Sie mixte sich Cocktails, trank Whisky mit Soda, rauchte eine Zigarette nach der anderen (um den Atem frisch zu halten, gurgelte sie oder nahm Pfefferminzdrops), und schminkte sich. Vor allem den Gebrauch von Lippenstift hatte Hitler ihr mehrfach mit der chevaleresken Bemer-

---

* Einer der früheren Gefährten Hitlers, der die Wahrheit über die »Privatsekretärin des Führers« ebenfalls kannte, war Ernst »Putzi« Hanfstaengl, der einstige Auslandspressechef der NSDAP. Als Hitler Eva Braun 1932 zu seiner Geliebten machte, war der klavierspielende Hanfstaengl, Sohn aus reichem Hause, wegen seiner gesellschaftlichen Verbindungen für den Parteichef noch überaus wichtig. 1936 in Ungnade gefallen, emigrierte Hanfstaengl nach Kanada, wo er 1939 interniert wurde. Von Zeit zu Zeit erhielt er jedoch Gelegenheit, im Weißen Haus mit Franklin D. Roosevelt – beide waren Hard vardmen – über Hitler und das Dritte Reich zu plaudern. Offenbar schwieg er über die Liaison seines früheren Idols mit Eva Braun. Sollte Hanfstaengl das Geheimnis doch preisgegeben haben, so hatte Roosevelt wohl seine privaten Gründe, es nicht publik werden zu lassen. Immerhin war Eva Braun nicht mit einem anderen Mann verheiratet – im Gegensatz zu Lucy Mercer, der Geliebten Roosevelts.

kung zu verleiden gesucht, »diese Dinger« würden »in Paris aus dem Blut der Schlachthäuser und den Abwässern« hergestellt. Von ihren sportlichen Neigungen wie dem Skifahren oder Schwimmen abgesehen, entsprach Eva Braun kaum dem Bild der »deutschen Frau«, das Volksaufklärer Joseph Goebbels oder die Führerin der »NS-Frauenschaft«, Getrud Scholtz-Klink, so eifrig propagierten: gebärfreudig (denn der Führer brauchte Soldaten, nicht wahr), dem Alkohol und Nikotin abhold, ohne Extravaganzen, schlicht um schlicht in allen Lebenslagen.

Und dann das Tanzen, Evas Leidenschaft. Sie entzündete sich nicht an »unseren schönen, deutschen Volkstänzen«, sondern mehr an den Rhythmen, die ihr Adolf so lieblos »dieses Negergehopse« nannte – am Charleston, den sie hinreißend fand und mit Ausdauer tanzte, an einer rassigen Rumba, einem flotten Tango oder Foxtrott. Doch nicht nur die Rhythmen und Melodien hatten es ihr angetan; sie kannte auch die Texte der bekanntesten internationalen Schlager in den dreißiger Jahren. In ihrer Schallplattensammlung, die sie für »Tage der Verbannung« wahrlich brauchte, waren die Topstars jener Zeit mit ihren erfolgreichsten Titeln vertreten: Benny Goodman. Cab Calloways, Duke Ellington, Tommy Dorsey. Einen ihrer Lieblingsschlager, (bezeichnenderweise) »Tea for two«, trällerte Eva häufig in der Originalfassung; ihr Englisch war recht gut:

Picture you, upon my knee
Just tea for two, and tow for tea . . .
Nobody near us, to
See us or hear us.
No friends or relations
On weekend vacations
We won't have it known
Dear, that wo own
A telephone, dear . . .

Diejenigen Teilnehmer der Berghof-Runde, die Eva Braun im Laufe der Jahre wirklich kennenlernten, schildern ihr Wesen und ihre Erscheinung ziemlich übereinstimmend; bezeichnenderweise äußern sich die männlichen Augenzeugen jedoch liebenswürdiger über sie als die weiblichen Mitglieder des Hofes. Vom Typ her verkörperte Eva Braun das »Münchner Kindl«, jedoch in einer etwas grazileren Ausgabe: Nicht unbedingt eine Schönheit im eigentlichen Sinn des Wortes, aber sehr frisch, und attraktiv. Sie war auch in den Jahren, in denen sie jede Mark zweimal umdrehen mußte, stets gut angezogen, mit modischem Pfiff, besaß bei aller Zurückhaltung eine gewisse Ausstrahlung und wirkte auf Männer. Sie hatte etwas von der Koketterie und der Eitelkeit einer jungen Frau, die sich vielleicht ein wenig zu sehr an den Idolen der Leinwand orientierte – sie las gern illustrierte Zeitschriften und sah häufig Filme. Nur den eher billigen Schmuck, den er an ihr bemerkte, empfand Speer immer wieder als eine geschmackliche Verirrung; doch er war nie sicher, ob sie diese Geschmeide nur Hitler zuliebe trug, der sie ihr – neben anderen, wertvolleren Stücken – geschenkt hatte. Ganz gewiß war Eva Braun keine politisierende Mätresse, keine Pompadour, keine Dubarry oder Lola Montez (in München war die Erinnerung an diese Tänzerin und Geliebte des Bayernkönigs Ludwig I. aus dem vorigen Jahrhundert noch immer lebendig). Nur selten versuchte Eva, Hitler zu beeinflussen. In einigen Fällen hat sie sich jedoch bei ihm für Menschen eingesetzt, die nach ihrer Überzeugung ungerecht behandelt worden waren. So bemühte sie sich zum Beispiel, allerdings ohne Erfolg, die Ehefrau von Rudolf Heß nach dessen England-Flug vor den Schikanen Bormanns zu schützen. Auch ließ sie hin und wieder, klug dosiert, in ihre Unterhaltungen mit dem Führer Schilderungen bürokratischer Stupiditäten einfließen, die sie erlebt oder erfahren hatte; und es bereitete ihr ein nicht geringes Vergnügen, zu sehen, wie Hitler dann den von ihr verabscheuten Bormann herbeizitierte und ihm befahl, der Sache nachzugehen. Doch das blieben Ausnahmen. Einmal allerdings, so erinnert Speer sich, habe sie doch mit Nachdruck interveniert: Als der Rüstungsminister 1943 in dem Bestreben, alle wirtschaftlichen Reserven für die Kriegsproduktion zu mobilisieren, keine Kosmetika und Geräte für Dauerwellen mehr produzieren wollte. Hitler bat Speer daraufhin, bei diesen Erzeugnissen von einem direkten Verbot abzusehen und statt dessen ein »stillschweigendes Ausbleiben aller Haarfärbemittel« und die »Einstellung der Reparaturen an Apparaten zur Herstellung von Dauerwellen« in die Wege zu leiten. Auch Propagandaminister Joseph Goebbels hatte Bedenken gegen ein Verbot geäußert; er befürchtete ungünstige psychologische Auswirkungen bei den Frauen, die er für den Einsatz im »totalen Krieg« brauchte.

Eva Braun, die bescheidene Tochter aus dem bürgerlichen Milieu der Lehrerfamilie Braun – auch in der tristen Atmosphäre des Bunkers fand Speer sie bei seiner melancholischen Abschiedsvisite noch gepflegt und adrett, im Gegensatz zur Erscheinung Hitlers. Woher, so sinnierte Speer, als er mit ihr die letzte Flasche leerte, mochte sie in dieser verzweifelten Lage ihre innere Ruhe nehmen? Vielleicht gewann sie diese Gelassenheit aus der Überlegung, jedenfalls sei sie die Lebensgefährtin, die einzige Geliebte dieses nun geschlagenen, aber immerhin doch welthistorischen Herrschers Adolf Hitler gewesen, der als Führer und Reichskanzler auf dem Zenit seiner Laufbahn mächtiger (und grausamer) gewesen war als jeder Kaiser des Altertums oder Mittelalters: Herr über den europäischen Kontinent. Vielleicht hatte sie die seelischen Belastungen der letzten Tage seit ihrer Übersiedlung in den Bunker auch deshalb besser als andere Insassen der Katakombe ertragen, weil sie physisch in recht guter Verfassung war. Eigenartigerweise, so dachte Speer, hatte Hitler, der seit seinem Aufstieg zum prominenten Politiker für sich jede sportliche Betätigung ablehnte, damals nach dem Selbstmord »Geli« Raubals ein junges Mädchen als Geliebte gewählt, das wirklich eine Sportlerin genannt werden konnte. Zwar fühlte der Führer sich in den Bergen wohl – vor allem abgründige Schluchten zogen ihn an –, aber auf den Anblick einer verschneiten Gebirgslandschaft, die das Herz der passionierten Skiläuferin Eva Braun schneller schlagen ließ, reagierte er mißmutig. Hitler hatte zwar in jungen Jahren den Skisport auch betrieben, später jedoch eine überaus lebhafte Aversion gegen den Schnee entwickelt.

Speer erinnerte sich an einen Winternachmittag vor dem Krieg. Seine Frau hatte mit Eva Braun einen Skiausflug auf dem Obersalzberg unternommen; zum Tee wollten die beiden auf dem Berghof zurück sein und waren nun schon mehr als eine Stunde verspätet. Hitler wurde zusehends unruhiger, lief nervös auf der Terrasse hin und her und meinte schließlich ärgerlich: »Wenn es nach mir ginge, würden Leute, die sich lange Bretter an die Füße binden, um damit Berghänge hinunterzujagen, ins Irrenhaus gesteckt. Am liebsten würde ich das Skilaufen verbieten, aber meine Generäle sagen mir, das sei unmöglich, wegen des Nachwuchses für die Gebirgstruppen.«

Hitler, die Skiläufer in die Irrenhäuser sperrend – das wäre eine großartige Szene für Charlie Chaplins Film »Der große Diktator« gewesen; als er ihn 1939 drehte, wußte man freilich noch nicht viel über das Privatleben des Führers, seine Ansichten und Marotten. Die Autoren fragten Speer, ob er einmal Geglegenheit gehabt habe, den Streifen zu sehen: »Leider nicht. Ich war früher sehr für Chaplin-Filme zu haben. Aber ich glaube, *die Handlung* kenne ich ohnehin . . .«

Als Hitler sich nach dem Ausbruch des Krieges immer

mehr in seine hermetisch abgeriegelten Hauptquartiere zurückzog, sah Eva Braun ihn nur noch seltener als zuvor. Er hatte freilich nichts dagegen, wenn sie in der Gesellschaft guter Freunde Zerstreuung suchte; so verbrachte sie zum Beispiel mit dem Ehepaar Speer inkognito einen Urlaub in Zürs (Vorarlberg) und tanzte bis tief in die Nacht mit jungen Offizieren. Schon 1937 hatte Hitler, der damals über häufige Herzbeschwerden klagte und seine Gesundheit zerrüttet glaubte, seiner Geliebten mehrfach gesagt, sie werde vielleicht bald ohne ihn leben müssen; nach Jahren gerechnet, sei er zwar noch kein alter Mann (er war 48), doch er fühle sich so. Über derartige Bemerkungen – sie waren sicher ernst gemeint, da er in jenen Jahren in der Tat häufig unter depressiven Stimmungen litt – berichtete Eva Braun mehreren Vertrauten, so auch Albert Speer. Ohnehin hatte der »Chef« ihr auf andere, äußerst gefühllose, ja peinliche Art von Zeit zu Zeit in Gegenwart von Tischgästen klargemacht, daß sie nicht darauf hoffen könne, eines Tages seine Frau zu werden; aus seinen Worten sprach Verachtung für die Ehe als Lebensform: »Was mich betrifft, so werde ich nie heiraten . . . Führer und Filmstars sollten keine Ehe eingehen.« (Man fragt sich, was er wohl mit dem Plural »Führer« gemeint haben mag, da er sich doch als eine absolut singuläre Figur empfand. Vielleicht dachte er an den »Duce«, einen der wenigen Politiker seiner Zeit, die er ehrlich bewunderte.) Auch meditierte er über das permanente Problem aller despotischen Machthaber – die Nachfolge: »Wenn ich Kinder hätte, wären sie doch, aller Erfahrung nach, verglichen mit mir höchstens mittelmäßig. Denken Sie an Goethes Sohn – ein Dummkopf. Meinen Sohn würde die Partei doch zu meinem Nachfolger machen wollen – ein beängstigender Gedanke . . .«

Wenn Hitler stundenlang Speers Baupläne für den *Führerpalast* an der *Prachtstraße* in der künftigen Weltmetropole Berlin studierte, spann er diesen Gedanken vor den respektvoll schweigenden Mitgliedern des Hofes fort: »Glauben Sie mir, nichts von dieser Pracht ist für mich bestimmt. Ich persönlich würde am liebsten in einer kleinen Junggesellenwohnung leben. Aber der Mann, der einmal nach mir kommen wird, ist sicher nur durchschnittlich und braucht Inspiration. Er wird sich in diesen Räumen stets vor Augen halten, daß hier einmal Adolf Hitler gelebt und gearbeitet hat.« Und wenn dieser künftige Reichskanzler auf den Balkon des Palastes treten würde, um sich der Menge zu zeigen, so sollte er unter den in Marmor gehauenen, 4,50 Meter hohen Initialen »AH« stehen; dieses nicht zu übersehende Symbol würde das Charisma seines Vorgängers beschwören – noch in Jahrhunderten, natürlich. Städtebauliche Pläne beschäftigten Hitler noch im April 1945 im Bunker.

Mochte Eva Braun sich auch gelegentlich voll Selbstironie als »Landesmutter« titulieren, so blieb sie für Hitler das »Tschapperl«; so nannte er sie zuweilen auch in Gegenwart Dritter. Dieses nicht eben galante Kosewort aus der Sprache der bayerischen Bergbauern charakterisierte seine Einstellung zu der jungen Frau, die ihr Schicksal bedingungslos mit dem seinen verbunden hatte, vollkommen. Zwar hing sie durchaus nicht sklavisch an seinen Lippen, tadelte ihn, wenn er wieder einmal eine gänzlich unmögliche Krawatte gewählt hatte oder einen Besucher unhöflich lange warten ließ. Aber sie nahm hin, was er ihr zumutete, und das war nicht wenig. So hatte Hitler keine Hemmungen, in ihrer Gegenwart rundheraus zu verkünden, intelligente Frauen könne er nicht um sich haben – eine kränkende Herabsetzung nicht nur für Eva Braun, sondern für alle Damen, die an seiner Tafel saßen.

Als Gastgeber konnte er ebenso charmant wie taktlos sein. Während seine Gäste ihre Fleischsuppe löffelten, brachte er, der Vegetarier, es fertig, sie zu fragen, ob ihnen die »Leichenbrühe« schmecke. Nicht selten verbreitete er sich auch mit degoutanter Ausführlichkeit über seine Magen- und Darmbeschwerden und deren Behandlung durch den Leibarzt Dr. Theo Morell (den Eva Braun ebenso wie andere Mitglieder des Hofes wegen seiner Unsauberkeit als Arzt ablehnte).

Die Weltstadt Berlin, in deren Zentrum ihr Leben enden sollte, hatte der Geliebten des Führers nie etwas bedeutet, und Speer konnte gut verstehen, weshalb. Sie stammten beide aus dem Gebiet südlich des Mains, der historisch und kulturell so bedeutungsvollen Scheidelinie; er dem Herkommen nach Badener, sie geborene Münchnerin. Doch der Architekturstudent Albert Speer hatte sich nach der Immatrikulation an der Technischen Hochschule Berlin-Charlottenburg schnell in der Reichshauptstadt eingelebt, die damals vor allem kulturell eine der interessantesten Metropolen der Welt war. (Noch heute erinnern sich die älteren Berliner wehmütig an jene »goldenen zwanziger Jahre«.) Es dauerte nicht lange, bis Speer an der Spree »Wurzeln geschlagen« hatte, beruflich als Hochschul-Assistent, und bald auch politisch in der NSDAP Hitlers, als dessen Architekt er seine steile, schließlich im Spandauer Gefängnis endende Karriere begann. Er wurde der Stadtplaner für das Berlin der Zukunft, jenes für 1950 auf zehn Millionen Einwohner berechnete »Germania«, das Hitler zur Hauptstadt eines großgermanischen Reiches ausersehen hatte. Dem Führer selbst fehlte übrigens, ebenso wie Eva Braun, jede innere Beziehung zu Berlin und zu den Berlinern; für ihn war die Stadt ein »rotes Babylon«, ein Sündenbabel«, ein »Asphaltdschungel«. Was ihn unwiderstehlich nach Berlin gezogen hatte, war sein Machtinstinkt, sein Sendungsbewußtsein, der sichere Spürsinn des Demagogen für sein Publikum.

Seine Geliebte hingegen war von solchen Leidenschaften völlig frei; Politik, das versuchte sie kaum zu verbergen, interessierte sie wenig, und das »preußische«

Fluidum Berlins blieb ihr fremd. Es war auch nicht zu erwarten, daß sie ein Gespür für die herbe Schönheit der Mark Brandenburg oder die kosmopolitische Atmosphäre der Hauptstadt entwickeln würde.

Eva Braun hielt sich nur selten in Berlin auf, gehörte in jeder Hinsicht zu jener eher abgeschiedenen Welt der Berglandschaft um Berchtesgaden, in die Hitler sich an den langen Wochenenden zurückzog. Oder, mit den vielleicht etwas unfreundlichen Worten Albert Speers: »Zuweilen wirkte sie wie ein lebender Bestandteil des Hitlerschen Hausstands, wie der Gummibaum, der Vogelkäfig aus Messing, die Schwarzwälder Kuckucksuhr, die ihn in dem später zum Berghof umgebauten Holzhaus auf dem Obersalzberg umgaben.« Die streng erzogene, einstige Klosterschülerin Eva Braun – ihr selbstgewähltes Schicksal an der Seite Hitlers schien sie mit einer eigenartigen Befriedigung zu erfüllen, deren Quell eine tiefe Sehnsucht nach dem Tod, der einzigen Erlösung aus einer unerträglich gewordenen Existenz, einer Liebe ohne Zukunft, gewesen sein mag. In der Nacht zum 24. April 1945 erfuhr Speer aus ihrem Mund nichts von einer bevorstehenden Hochzeit mit Hitler. Höchstwahrscheinlich war sie nicht, oder *noch* nicht, sicher, ob sie ihr Leben als Frau Eva Hitler beschließen würde. Wären die Umstände anders gewesen, hätte der Führer seine Geliebte auf dem Obersalzberg geheiratet – auf der Liste der geladenen Gäste hätte das Ehepaar Speer gewiß obenan gestanden, und vermutlich wäre der Rüstungsminister einer der Trauzeugen gewesen. Doch der Zusammenbruch aller Nachrichtenverbindungen Ende April 1945 führte dazu, daß er als einer der letzten Prominenten des Regimes von der Trauung im Führerbunker der Reichskanzlei hörte – im Herbst 1945 im Nürnberger Gefängnis: »Als man mir erzählte, daß sie den Mann, den sie wirklich liebte, noch geheiratet hatte, wenn auch nur 40 Stunden vor ihrem Selbstmord, freute ich mich für die unglückliche junge Frau. Sie hatte genug Brüskierungen durch die hochmütigen *grandes dames* des Dritten Reiches hinnehmen müssen – Frau Göring etwa, Frau von Ribbentrop, Frau von Schirach. Und ohne Zweifel ging Eva Braun mit Würde und einer souveränen Gelassenheit, einer inneren und äußeren Haltung in den Tod, die sich von der allgemeinen Verwahrlosung und Auflösung während der letzten zwei Wochen im Bunker deutlich abhob.«

Welche seelische Tiefe hatte die Beziehung, die Eva Braun und Adolf Hitler verband? Albert Speer ist wohl der Überlebende der NS-Führung, der beide gut genug kannte und das notwendige Einfühlungsvermögen besaß, um diese Frage beantworten zu können: »Wie gesagt, sie hat Hitler tief geliebt; das steht für mich fest. Was seine Empfindungen für sie betrifft, so bin ich wirklich nicht sicher, ob Eva Braun für ihn mehr war als eine reizvolle, anhängliche Gefährtin für die Wochenenden. Ich glaube – und hier wird wieder der zutiefst destruktive Charakter Hitlers deutlich – diese Beziehung, diese Liaison, war für ihn keine wirkliche Beziehung, keine wirkliche Liaison. Es war eine Einbahnstraße, und für Eva Braun führte sie mit einer tragischen Zwangsläufigkeit in das Todesgewölbe unter der Reichskanzlei. Hat Hitler diese junge Frau wirklich geliebt? Ich glaube nicht; er hat sie benutzt . . .«

Speer äußert sich heute im allgemeinen ohne Gehässigkeit, Zynismus oder Bitterkeit über seine Erlebnisse und Erfahrungen während der NS-Zeit, und das gilt auch für sein Porträt des Menschen Hitler. »Dieser Doppelselbstmord im Bunker hatte gewiß einen wagnerischen Beiklang; doch für Eva Braun war es wohl das Ende zur rechten Zeit. Übrigens – ich glaube nicht an die immer wieder auftauchenden Geschichten über amouröse Abenteuer, die Hitler nach der Machtübernahme neben dieser Beziehung gehabt haben soll.«

Albert Speers letzter Besuch bei Eva Braun in der Nacht zum 24. April endete gegen 3 Uhr. Er sah sich noch einmal in dem kleinen Raum mit den viel zu großen Möbeln um, die er ihr in glücklichen Tagen entworfen hatte, als sie eine Zweizimmerwohnung im oberen Teil der Reichskanzlei erhielt – auch das schon ein recht bescheidenes Quartier für die Geliebte eines Herrschers. Häufig genug hatte Speer ihr dort Gesellschaft geleistet, wenn sie wieder einmal »verbannt« worden war, weil Hitler sie seinen Gästen nicht glaubte präsentieren zu können.

Der »Chef« hatte seine Schlummerstunde in der Schlafkammer nebenan beendet. Mehr noch als den meisten Insassen des Führerbunkers war ihm jedes Zeitgefühl abhanden gekommen; Tag und Nacht gingen ineinander über. Speer ließ sich noch einmal bei ihm melden, um sich endgültig zu verabschieden. (Der Pilot, der den Rüstungsminister vom Flugplatz Gatow zum Brandenburger Tor geflogen hatte, wartete seit zwölf Stunden.) Benommen hatte er Eva Brauns Zimmer verlassen; nun stand der frühere »Generalbauinspektor für die Neugestaltung der Reichshauptstadt« zum letzten Mal seinem einstigen Bauherrn gegenüber. Speers Gespräch mit dem aschfahlen, zitternden Hitler dauerte nur wenige Minuten und endete mit einer banalen Floskel: »Also, Speer, Sie fahren? Gut. Auf Wiedersehen.« Ein Abschied wie zwischen Passanten auf der Kärntnerstraße in Wien: Servus. Speer, übermüdet und in diesen Augenblicken in Gefahr, die Fassung zu verlieren, deutete stammelnd an, er werde noch einmal zurückkehren; doch Hitler spürte die Unaufrichtigkeit dieser Worte, und Speer fühlte sich durchschaut.

Das war das Ende der vielleicht eigenartigsten menschlichen Beziehung in der politischen Welt unseres Jahrhunderts – zwischen einem Despoten, der ein verhinderter Architekt war, und einem Architekten, der lange geglaubt hatte, er könne sich im Zentrum totalitärer Macht aus den Verstrickungen einer Politik heraushalten, die der Diktator Adolf Hitler nicht, wie Otto von Bismarck, als die »Kunst des Möglichen«, sondern als die permanente Notwendigkeit des eigentlich Unmöglichen verstand.

Auf Talleyrand oder Metternich führt man die ironische Sentenz zurück: »Politik verdirbt den Charakter.« Der große Fehler Albert Speers (und der meisten Deutschen seiner Generation aus den oberen Mittelklassen) bestand darin, daß er diesen Aphorismus sehr wörtlich genommen und immer wieder als Rechtfertigung für die eigene Abstinenz gegenüber der Politik angesehen hatte. Während seiner Jahre in der Führung des Dritten Reiches war Speer Augen- und Ohrenzeuge zahlloser Vorgänge geworden, die ihn zur Erkenntnis einer zeitlosen Wahrheit hätten führen können – der große Historiker Lord Acton (er starb 1902 in Tegernsee) und Freund Gladstones hat sie in einem Brief prägnant formuliert: »Macht hat die Tendenz, zu korrumpieren. Und absolute Macht korrumpiert absolut.«

Doch Speer war einem zweiten Irrtum erlegen, der noch verheerendere Folgen gezeitigt hatte. Adolf Hitler, den skurpellosen Demagogen, hatte er mit einem lediglich mäzenatischen Bauherrn verwechselt, der nebenbei auch noch Führer und Reichskanzler war.

Als Speer an den Plänen und Modellen für das »neue Berlin« – mit der 290 Meter hohen »Großen Halle«, einem gigantischen Oberkommando der Wehrmacht und einem fast 120 Meter hohen Triumphbogen – arbeitete, besuchte ihn der Flugzeugkonstrukteur Ernst Heinkel. Wie Speer von den Möglichkeiten der Technik berauscht, war dieser erfolgreiche Unternehmer jedoch zugleich gewohnt, in nüchternen wirtschaftlichen Kategorien zu denken. Beeindruckt und skeptisch zugleich, stand er vor dem Gipsmodell der zukünftigen Metropole; dann fragte er besorgt:

»Und wer wird das alles finanzieren?«

In seinen Erinnerungen hat Heinkel die Reaktion Speers geschildert, die dessen »eingleisiges, technisch-architektonisches Wesen« habe erkennen lassen:

»Finanzieren?« sagte er irgendwie verwundert, »das macht doch der Bauherr, doch nicht ich . . .«*

War es wirlich so schwierig, hinter dem architektonischen den machtpolitischen Größenwahn Hitlers zu erkennen?

Speers Pilot wartete ungeduldig auf die Rückkehr seines prominenten Passagiers, um noch im Schutz der Dunkelheit nach Rechlin zurückfliegen zu können. Der Rüstungsminister verließ den Führerbunker am 24. April um 3.15 Uhr. Die ihm begegneten, schwiegen. Langsam ging er die Betontreppen zur Reichskanzlei hinauf. In dem weitläufigen Gebäude war die elektrische Beleuchtung schon ausgefallen. Lautlose Dunkelheit überall.

Die Zeit drängte, gewiß; doch Speer wollte in diesem Bauwerk, dem er das wohl intensivste Jahr seines Lebens gewidmet hatte, noch einige Minuten verweilen, um nach den enervierenden Stunden im Bunker wieder zu sich selbst zu finden. Vorsichtig tastete er sich an Mauerbrocken und verkohlten Balken vorbei zu einem Ausgang und trat ins Freie. Zwar war die Silhouette der Fassaden in der Finsternis kaum zu erkennen, doch er wußte sofort, wo er sich befand: im Ehrenhof. Damals, in jenem hektischen Jahr 1939, hatte er versucht, das Innere des riesigen Baues gegen den im Zentrum der Metropole herrschenden Verkehrslärm abzuschirmen, und es war ihm weitgehend gelungen. Doch im Ehrenhof hatte man auch in den Nachtstunden die vielfältige akustische Kulisse der Weltstadt Berlin hören können. Nun herrschte hier Stille, gespenstische Stille. Es fiel nicht ein einziger Schuß. Ein Vierteljahrhundert später erinnerte

---

* Ernst Heinkel, *Stürmisches Leben*, S. 280

Speer sich im Gespräch mit den Autoren dieses bittermelancholischen Moments: »Es war eine Ruhe, die unheimlich wirkte; ein tiefes Schweigen wie nachts in den Bergen . . .«

Der Reichsminister Albert Speer verließ die Trümmer der Reichskanzlei, die Trümmer seiner härtesten und besten Jahre, die Trümmerwüste Berlin nicht als gebrochener Mann, doch seelisch und körperlich zerschlagen. Mit Oberstleutnant von Poser, seinem Verbindungsoffizier, fuhr er zum Brandenburger Tor. Die sowjetische Artillerie hatte unterdessen wieder begonnen, die Innenstadt zu beschießen.

Der *Fieseler Storch*, schon startbereit, hob ohne Zwischenfall von der Ost-West-Achse ab. Zum Greifen nah sahen Speer und Poser ein dunkles Etwas an der rechten Tragfläche vorbeihuschen – die Siegessäule. Das fast 70 Meter hohe Monument, Denkmal für die siegreichen preußischen Feldzüge von 1864, 1866 und 1870/71, war fast unbeschädigt. Der Generalbauinspektor Speer hatte die Säule 1938 auf Wunsch Hitlers vom Königsplatz vor dem Reichstag zum »Großen Stern« im Tiergarten verlegen lassen, und durch Einbau einer »Trommel« war sie um sechs Meter höher geworden. Die 1937 von 27 auf 53 Meter verbreiterte einstige Charlottenburger Chaussee sollte so einen besonderen städtebaulichen Akzent erhalten.

Das kleine Flugzeug gewann stetig an Höhe. Speer sah tief unten die roten Markierungslaternen der provisorischen Start- und Landebahn, die nur noch als winzige Punkte zu erkennen waren. Als die Maschine Spandau überflogen hatte, wo er die nächsten zwanzig Jahre als Gefangener der vier Siegermächte verbringen sollte, ließ er den Blick noch einmal über die Hauptstadt des untergehenden Reiches schweifen. Viel klarer als während des Fluges von Rechlin nach Gatow, am Nachmittag zuvor, zeigte sich nun, in der Dunkelheit, wie nahe das Ende war: Rings um Berlin blitzten die Mündungsfeuer der sowjetischen Artillerie auf; und innerhalb wie außerhalb des nur im Nordwesten noch nicht geschlossenen Kessels Brände, Brände überall.

In den letzten Monaten und Wochen hatte Speer genug gesehen, um sich des Grauens dieser apokalyptischen Tage und Nächte bewußt zu sein. Doch vom Flugzeug aus betrachtet und verglichen mit den lodernden Flammenteppichen nach den Flächenbombardements der alliierten Luftflotten, wirkte dieses Panorama der fallenden Festung Berlin seltsam unwirklich, fast wie ein Sandkastenspiel in der Kriegsakademie.

Im Sommer 1932 hatte Albert Speer, statt mit dem Faltboot an die Masurischen Seen zu fahren, sich entschlossen, seinen Urlub einem Bauauftrag des Gaues Berlin der NSDAP zu opfern. Damit hatte seine Karriere unter Hitler begonnen.

Kurz vor 5 Uhr landeten der Reichsminister Albert Speer und Oberstleutnant Manfred von Poser auf dem Luftwaffenstützpunkt Rechlin. Bleich und benommen kletterten sie aus dem *Fieseler Storch*. Über den mecklenburgischen Seen zog die Morgendämmerung herauf. Wildgänse flogen gen Norden.

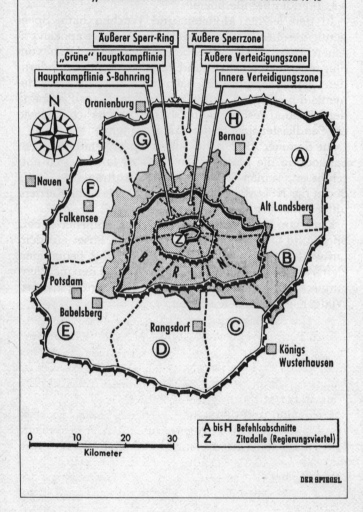

Der Chefpilot

»Ich lasse mich nicht weiterschleppen! Schon Rastenburg hätte ich nicht mehr verlassen dürfen.«

Adolf Hitler in der Lagebesprechung am Nachmittag des 22. April 1945.

Die zehnte Landemeldung blieb aus.

Nervös befahl Generalleutnant Hans Baur, 48, intensive Nachforschungen; doch sie brachten kein Ergebnis; von der *Ju*-52 und den zwölf Insassen fehlte jede Spur.

Der Chefpilot Hitlers, dem die Führerflugstaffel unterstand, befürchtete einen Totalverlust: Die letzte der Maschinen, die in der Nacht zum 23. April 1945 in Berlin-Gatow gestartet waren, hatte ihr Ziel, den Flugplatz Ainring bei Salzburg, nicht erreicht.

Deprimiert und durch die Hektik der letzten Stunden erschöpft, verließ Baur gegen Mittag den Funkraum im Keller der Neuen Reichskanzlei und ging zu Hitler, um ihm den Vorfall zu melden:

»Mein Führer, eine der zehn Maschinen, die in der Nacht nach Bayern geflogen sind, ist überfällig.«

»Welche?«

»Die letzte.«

Darauf Hitler, erregt: »Wer war der Pilot?«

»Major Gundlfinger, einer meiner besten Leute. Zunächst hatte ich vermutet, daß er nur einen anderen Flugplatz anfliegen mußte; doch das hat sich leider nicht bewahrheitet. Es bleibt nur noch die vage Hoffnung, daß ihm irgendwo eine Notlandung gelungen sein könnte. Absturz oder Abschuß sind jedoch wahrscheinlicher . . .«

Hitler: »Baur, das war doch die Maschine, in der Arndt mitflog . . . Der arme Kerl. Und dann wären auch die Akten verloren, die er mitbekommen hat – wichtigste Unterlagen, die der Nachwelt zum Verständnis meiner Handlungen und Entscheidungen dienen sollten. Das wäre eine Katastrophe.«

In diesen letzten Tagen seines Lebens nahm Hitler die meisten Hiobsbotschaften – andere Meldungen liefen kaum noch im Bunker ein – mit nahezu stoischem Gleichmut auf; und das Meer von Grauen, Not und Elend, in dem das Dritte Reich versank, forderte ihm nur selten eine Regung des Mitgefühls für sein gepeinigtes Volk ab. (Als General von Saucken, von der Ostfront zur Berichterstattung in die Reichskanzlei gekommen, ihm Aufnahmen der erschöpft nach Westen hastenden Flüchtlingstrecks zeigen wolte, lehnte Hitler es kategorisch ab, die Bilder anzusehen; zur Begründung meinte er böse: »Glauben Sie etwa, ich könnte mir das nicht ausmalen!«) Doch an dem Wohlergehen der jungen Soldaten, die ihm als Angehörige des Führerbegleitkommandos dienten, nahm er ein fürsorgliches, fast väterliches Interesse. Es galt ganz besonders dem SS-Oberscharführer Arndt. Die Nachricht, daß er wahrscheinlich den Tod gefunden hatte, erschütterte Hitler derart, daß er nur langsam seine Fassung wiedergewann.

Baur fühlte sich elend und zerschlagen, als er das Lagezimmer im Führerbunker verließ. Nach den Flugbefehlen, die er am Abend zuvor erteilt hatte, sollte der 44jährige, aus München stammende Major Friedrich Gundlfinger bis 2 Uhr vom Flugplatz Gatow gestartet sein, um sein Ziel noch im Schutz der Dunkelheit zu erreichen. Wegen eines Motorschadens hatte sich der Abflug jedoch verzögert; überdies waren einige Passagiere nicht rechtzeitig zur Stelle gewesen. Als Gundlfinger endlich starrten konnte, stand fest, daß er noch fast eine Stunde würde bei Tageslicht fliegen müssen – eine lebensgefährliche Verspätung, denn um diese Zeit tummelten sich über dem Reichsgebiet, von deutscher Flak und deutschen Jägern nicht mehr behelligt, schon die Geschwader der alliierten Luftflotten.

Diese Nacht war für Baur und seine Piloten fast noch hektischer verlaufen als der 22. April für die Insassen des Führerbunkers – jener turbulente Sonntag, an dem sich Hitlers aufgestaute Wut, Enttäuschung und Verbitterung während der Lagebesprechung des Nachmittags vor Bormann, Keitel, Jodl, Burgdorf, Krebs und den beiden Stenografen Herrgesell und Hagen in einem hysterischen Ausbruch entlud; er gipfelte in dem hinausgeschrienen Entschluß, er werde nun persönlich die Verteidigung Berlins leiten und »auf den Stufen der Reichskanzlei fallen.«

Nach dieser schon häufig beschriebenen Konferenz hatte Hitler einem Teil seines Stabes freigestellt, die schon fast zernierte Stadt zu verlassen und Ausweichquartiere auf dem Obersalzberg und in Berchtesgaden zu beziehen. Er selbst war realistisch genug, um das aufgeregte Gerede seiner Militärs von der »Alpenfestung« nicht ernst zu nehmen. In den Alpen, das wußte er, gab es für ihn nur eine letzte Zuflucht wie die unter seinem Amtssitz in Berlin – das ausgedehnte Bunkersystem im Obersalzberg. (In der Nacht zum 25. April verwandelten 318 viermotorige Lancaster-Bomber der Royal Air Force Hitlers *Berghof*, die Villen der anderen NS-Führer, die

Kasernen und Wirtschaftsgebäude in ein Trümmerfeld.)

Der große Exodus aus Berlin, der schon seit Tagen anhielt, erreichte in der Nacht zum 23. April noch einmal einen Höhepunkt. Zu denen, die nun die Katakombe verließen, gehörten Hitlers Leibarzt Professor Dr. Theodor Morell, der Verbindungsoffizier von Dönitz im Hauptquartier, Admiral Karl Jesko von Puttkamer, zwei der vier Sekretärinnen des Führers, Christa Schroeder und Johanna Wolf, die beiden Stenografen Hagen und Herrgesell und andere Mitarbeiter der Reichskanzlei.

Von dem Unglücksflug des Majors Gundlfinger – die Maschine wurde in der Tat von amerikanischen Jägern abgeschossen – und den äußerst interessanten Unterlagen, die sich an Bord der *Ju*-52 befanden, hörten wir zum erstenmal in unseren langen Gesprächen mit früheren Offizieren des Führerbegleitkommandos. Einzelheiten über diese Papiere hofften wir von Hitlers einstigem Chefpiloten, Generalleutnant a. D. Hans Baur, zu erfahren. Vor allem aber wollten wir von ihm wissen, ob er tatsächlich, wie sowjetische Autoren immer wieder behauptet haben, bis zum letzten Tag die Möglichkeit hatte, Hitler aus Berlin herauszufliegen – nach Bayern, nach Schleswig-Holstein, nach Südamerika oder in den Mittleren Osten. Im Frühjahr 1974 besuchten wir den heute 77jährigen Baur in seinem Heim am Pilsensee, südwestlich von München. Er hört nicht mehr sehr gut und beantwortete daher manche Fragen nicht unmittelbar; doch er äußerte sich sehr freimütig.

In Baurs Wohnzimmer fiel uns ein großer Adler aus Silberbronze auf, ein Geschenk der *Süddeutschen Lufthansa* aus dem Jahre 1931 – »Zum 100. Alpenflug dem bewährten Flugkapitän Baur in dankbarer Anerkennung seiner Verdienste«, so die Widmung. Heute ist die sichere Überquerung der Alpen fliegerische Routine, doch damals, in der Lindbergh-Ära, war dieses Jubiläum ein Ereignis, das die Zeitungen ausführlich würdigten. Allmählich wurde Baur so zu einer Figur des öffentlichen Interesses.

So kam es, daß auch Adolf Hitler, der Führer der NSDAP, in dem politisch entscheidenden Jahr 1932 auf den erfahrenen Flugkapitän aufmerksam wurde. Als Spitzenkandidat seiner Partei in den drei Wahlkämpfen jenes Jahres – zur Reichspräsidentenwahl im April und den beiden Reichstagswahlen im Juli und November – um äußerste Mobilität bemüht, wandte Hitler sich an die *Deutsche Lufthansa*, um eine Maschine zu mieten; er wünschte von Baur geflogen zu werden. Die erste Begegnung zwischen dem Politiker an der Schwelle zur Macht und seinem späteren Chefpiloten fand im März 1932 im *Braunen Haus* in München statt und erwis sich als entscheidend.

Für Hans Baur begann eine neue, spektakuläre Karriere. Sie endete in den frühen Morgenstunden des 2. Mai 1945, als der Generalleutnant bei dem Versuch, sich in Berlin durch die russischen Linien zu schlagen, in unmittelbarer Nähe des Lehrter S-Bahnhofs in die Geschoßgarbe eines sowjetischen MP-Schützen lief. (Baur gehörte in jener Nacht zu der Ausbruchgruppe Martin Bormanns, über die wir in unserem Kapitel »Der Fluchtversuch« berichten.) Einige Wochen später wurde dem Schwerverwundeten in einem russischen Behelfslazarett in Posen mit einem Taschenmesser das rechte Bein amputiert.

Das Bauernhaus, in dem er operiert wurde, war für Baur die erste Station jener *via dolorosa*, die ihn durch die Gefängnisse und Lager des stalinistischen Rußlands führte. Der sowjetische Staatssicherheitsdienst hat ihn stets als einen der wichtigsten Zeugen für die letzten Tage Hitlers betrachtet. Baur heute: »Ich bin eine optimistische Natur und habe das Leben stets geliebt. Das Fliegen war meine Leidenschaft und ist es noch. Im Bunker gehörte ich nicht zu denen, die schließlich bereit waren, sich aufzugeben. Den Selbstmord habe ich nicht in Betracht gezogen, und ich habe auch den anderen nicht dazu geraten, sich umzubringen, nicht einmal Hitler. Ich war bereit, den ›Chef‹ aus Berlin herauszufliegen, und wie ich Ihnen noch erläutern werde, wäre das tatsächlich bis zum Ende möglich gewesen. Doch während der Jahre in den sowjetischen Lagern und Gefängnissen – die Lubjanka in Moskau war wirklich das schlimmste –, in denen die stalinistischen Vernehmungsoffiziere mich und meinen treuen Begleiter Rochus Misch häufig prügelten und drangsalierten, durchlitten wir viele Tage und Nächte marternder Schmerzen und quälender Demütigungen. Da habe ich den Tod dann manchmal herbeigesehnt; lieber ein Ende mit Schrecken als ein Schrecken ohne Ende . . . In den schlimmsten Stunden der Folter und Mißhandlung beneidete ich diejenigen meiner Kameraden, die 1945 den Quälereien der Russen durch den Freitod entgangen waren. Doch heute bin ich froh, durchgehalten zu haben. Mein Lebensabend ist nicht düster.«

Zwar äußert Hans Baur sich über manche Vorgänge seines ereignisreichen Lebens mit Bitterkeit, aber er ist keinesfalls ein Mensch, der Trübsal bläst oder nur in der Vergangenheit lebt. Gelegentlich blitzt sein Zorn über Darstellungen des Geschehens im Bunker auf, die er in der deutschen Presse gelesen hat und für verzerrt hält. Baur: »Ich rede hier nicht von Politik, sondern einfach von intellektueller Redlichkeit und Glaubwürdigkeit. Mich empören gewisse deutsche Journalisten, die damals, als ich Hitler flog, wie die Kletten an meinen Rockschößen hingen, um ein Interview zu bekommen, und wenn es nur ein Satz über das Wetter war. Ich gehörte in jenen Jahren zu den Bewunderern Hitlers, und in mancher Hinsicht bin ich auch heute nicht frei von dieser Empfindung. Ich meine damit die Persönlichkeit – den Mann, den ich flog, den ich erlebte und wirklich respektierte. Ich gebe zu, daß ich von ihm fasziniert war. Mag sein, daß ich politisch blind gewesen bin, und vielleicht bin ich auch heute noch nicht sehend geworden; aber ich bin wenigstens kein Lügner und kein Opportunist. Mancher dieser Tintenkulis, von denen ich eben sprach, gehörte damals, als Hitler der Mann des Erfolges war, zu den emsigsten Lobrednern des Führers. Sie fielen erst über ihn her, als alles zu Ende war . . . Da habe ich wirklich mehr Respekt vor einem Mann wie dem Obersten Stauffenberg.

Ich habe Hitler loyal gedient; das war meine Aufgabe. Ich war für seine Sicherheit in der Luft verantwortlich, und ich habe viele Stunden mit ihm in der Pilotenkanzel verbracht. Er hatte im Passagierraum einen Spezialsitz mit eingebautem Fallschirm und vor seinem Sessel eine eingebaute Absprungklappe. Viele meiner Freunde sagen mir heute, ich sei Hitler in jeder Hinsicht zu nahe gewesen, um ihn objektiv beurteilen zu können; und das ist wahrscheinlich richtig. Ich bin Pilot und kein Politiker oder Historiker. Aber ich glaube, daß niemand aus meiner Generation über diesen Machthaber, dessen Herrschaft in einer solchen Katastrophe endete, zu einem objektiven Urteil kommen kann. Das ist vielleicht erst in hundert Jahren möglich.«

Die Persönlichkeiten Hitlers und Goebbels' und sogar beider letzte Tage im Führerbunker schildert Baur überaus positiv – eine Betrachtungsweise, die wir wahrlich nicht teilen. Aber zu den Erfahrungen, die wir während der Arbeit an diesem Buch sammelten, gehört die Erkenntnis, daß der Despot Hitler von der kleinen Gruppe seiner langjährigen Mitarbeiter, die ihm persönlich dienten, wirklich verehrt wurde.

Nicht einer unserer Gesprächspartner aus diesem inneren Kreis ist nach unserem Eindruck mit dem Phänomen Hitler innerlich fertig geworden. Selbst charakterlich und intellektuell so unterschiedlich strukturierte

Männer wie Albert Speer und Hans Baur haben zumindest das gemeinsam. Baur: »Natürlich habe ich heute meine eigene Meinung über das, was Hitler falsch gemacht hat; aber solange er lebte, habe ich ihn nicht kritisiert, schon gar nicht von Angesicht zu Angesicht, und ich habe ihn nicht im Stich gelassen, als das Ende kam. So werden Sie verstehen, daß ich über manche Vorgänge schweige. Aber im übrigen will ich dazu beitragen, daß die Wahrheit über das Geschehen im Bunker ans Licht kommt. Zum Teufel, inzwischen ist das alles ja doch schon Geschichte geworden!«

Auf seine Bibliothek deutend, fuhr Baur fort: »Ich halte nicht allzu viel von den Memoiren der hohen Militärs – Halder, Manstein, Guderian. Sie wollten dem deutschen Volk nach dem Zusammenbruch klarmachen, wie recht *sie* gehabt hätten und wie unfähig der *Feldherr Hitler* gewesen sei; die Quintessenz ihrer Erinnerungen lautet doch übereinstimmend: ›Wenn Hitler nur auf mich gehört hätte . . .‹ Das mag sich ja alles ganz interessant lesen, aber wer, wie ich, wirklich dabei war, wundert sich denn doch nicht wenig. Ich habe Hitler häufig genug mit diesen Marschällen und Generalen erlebt, und die meisten kannte ich sehr gut, denn ich flog sie, wenn sie ins Führerhauptquartier gerufen wurden. Vielleicht kannte ich sie zu gut. Hitler hat mir wiederholt gesagt, er könne jeden seiner Generale dazu bringen, seine Meinung zu ändern. Natürlich war das eine Übertreibung, aber sie enthielt einen wahren Kern. Gewiß hatte er unrecht, wenn er die Militärs nur für kleinkarierte Pedanten hielt; aber das muß ja nicht bedeuten, daß er sie *immer* falsch beurteilte.

Wo Hitler sich aufhielt, vom ersten bis zum letzten Kriegstag, mußte auch ich sein; das war mein Dienst. Und da wir schon von Memoiren sprechen – die Dinge sind ja doch nicht ganz so gewesen, wie Albert Speer und Baldur von Schirach sie in ihren Büchern dargestellt haben. Während der ersten zehn Jahre ihrer Haft in Spandau war ich in russischer Gefangenschaft, und es war ganz natürlich, daß sie meine Sympathien hatten. Und als sie nach zwanzig Jahren entlassen wurden, freute ich mich für sie wie wohl die meisten Deutschen. Und dann habe ich von ihren Erinnerungen gehört. Nun frage ich Sie, wirklich: Wenn so vieles im Dritten Reich nicht in Ordnung und wenn Hitler so war, wie zum Beispiel Speer ihn porträtiert hat – als Rüstungsminister war er ein mächtiger Mann, ebenso Baldur von Schirach. Beide haben damals wirklich großartig den Mund gehalten . . .«

Derartige Sarkasmen aus Baurs Mund mögen den Eindruck erwecken, als sei er das, was man einen »unverbesserlichen Nazi« zu nennen pflegt. Aber wir sind überzeugt, daß diejenigen, die wirklich so zu charakterisieren sind, auch und gerade heute schlau genug sind, ihre Gesinnung nicht so offen und nicht in dieser Form zu äußern. Baurs Treuebindung, wie er sie verstand, galt Hitler.

Der wirklich tiefe Groll auf Albert Speer, von dem Baur wie fast alle Überlebenden der Katakombe erfüllt ist, hat höchst persönliche Gründe. Sie liegen in Speers Plan vom Februar 1945, Hitler durch das Giftgas *Tabun*, das er in einen der Luftschächte des Führerbunkers leiten wollte, zu töten. Dieser Attentatsplan kam zum erstenmal während des Nürnberger Prozesses 1946 zur Sprache. Baur erfuhr davon ebenso wie die anderen Mitglieder der Reichskanzlei-Gruppe, die den Russen in die Hände gefallen waren, erst geraume Zeit, nachdem er im Oktober 1955 nach Westdeutschland zurückgekehrt war.

Es mag sein, daß Hans Baur die entsprechenden Passagen in den Memoiren Albert Speers nicht kennt. Denn der frühere Rüstungsminister schilderte nicht nur die technischen Gründe, die seinen Plan schließlich zunichte machten, sondern auch seine Absicht, »nicht nur Hitler, sondern *während einer der nächtlichen Gesprächsstunden* gleichzeitig Bormann, Goebbels und Ley aus dem Weg zu räumen«.*

Es ging Speer darum, mit Hitler auch dessen engste politische Vertraute jener letzten Bunkermonate zu beseitigen, dabei aber zugleich möglichst wenig Menschenleben zu opfern. Auch unter diesem Aspekt hatte er die Nachtstunden für die günstigste Zeit gehalten. Auf diesen Umstand angesprochen, meinte Baur: »Ja, ich weiß, aber dennoch sage ich Ihnen, Speer muß den Verstand verloren haben, als er das plante. Im Bunker arbeiteten Sekretärinnen im Schichtdienst rund um die Uhr; mit größter Wahrscheinlichkeit hielt sich Hitlers Kammerdiener Heinz Linge dort nachts auf; denken Sie an die Wachen des Führerbegleitkommandos und an die Beamten des Reichssicherheitsdienstes; und schließlich hätte auch ich wie zu jeder anderen Stunde ebensogut nachts im Bunker sein können. Hitler rief mich zu den verrücktesten Zeiten zu sich. Er war ja inzwischen selbst eine Nachteule geworden, und es konnte ebensogut sein, daß er sich um 9 Uhr vormittags wie um 9 Uhr abends mit Anweisungen meldete. Die ruhigen Stunden, in denen er versuchte, ein wenig Schlaf zu finden, fielen ja in den Vormittag und nicht in die Nacht. Speer hätte es also in Kauf genommen, wenn außer Hitler, Goebbels, Bormann und Ley auch andere, die an dem Verhängnis nun wirklich unschuldig waren, draufgegangen wären. Daß er sein eigenes Leben dabei zu opfern bereit gewesen sei – davon hat man bislang nichts gehört.«

Baur empfand sich damals und er fühlt sich heute als ein deutscher Patriot. Freilich läßt sein Standpunkt etwas von jenem egozentrischen Denken erkennen, das sich häufig unter einem sehr betonten Patriotismus oder Idealismus verbirgt. Er und die meisten seiner Gefährten aus

---

* Albert Speer, *Erinnerungen*, S. 438. (Kursive Hervorhebung durch die Verfasser.)

dem Führerbunker können und wollen nicht sehen, daß ein Mann wie Albert Speer (oder der Oberst Stauffenberg) die Zukunft Deutschlands über das Schicksal Adolf Hitlers und derjenigen stellen konnte, die in den letzten Monaten seines Lebens um ihn waren. Dies war der enge Kreis einer selbsternannten Elite, für die Hitler als das absolute Maß aller Dinge galt.

Wir wollen an dieser Stelle noch einmal klar zum Ausdruck bringen, daß Hans Baur für uns gewiß nicht zu den finsteren Gestalten des Dritten Reiches zählt. Er war kein Ungeheuer wie Bormann, kein hochgestellter, rücksichtsloser Lakai wie Keitel, kein innerlich zerbrochener Offizier wie Burgdorf. Und er war alles andere als ängstlich. Piloten seiner Generation waren Draufgänger. Baur hat sich nicht nur hinter dem Steuerknüppel als mutiger Mann gezeigt, sondern auch nach 1945 in der sowjetischen Gefangenschaft, als das Überleben von der körperlichen wie von der moralischen Widerstandskraft abhing. Viele Heimkehrer, die ihm damals in den Gefängnissen und Lagern begegneten, haben das bezeugt.

Baurs Lebensweg ist mit dem Aufstieg und Fall Adolf Hitlers schicksalhaft verknüpft. Er zählte 1932, als der *Diktator ad portas* gewahr wurde, daß er auch einen erstklassigen Piloten brauchte, um an die Macht zu kommen, zu den Assen der *Lufthansa*. Als Hitler und Baur sich an jenem entscheidenden Tag im März 1932 zum erstenmal im Braunen Haus gegenüberstanden, hatte der 35jährige Flugkapitän schon fast eine Million Kilometer im planmäßigen Luftverkehr geflogen und die Alpen hundertfünfzigmal überquert. Es waren die ersten dreizehn Jahre einer drei bewegte Jahrzehnte umspannenden fliegerischen Laufbahn, die 1915 begonnen hatte, als der 18jährige Kriegsfreiwillige aus Ampfing bei Mühldorf, in München aufgewachsen und frühzeitig zum begeisterten technischen Bastler geworden, nach einem Bittgesuch bei Kaiser Wilhelm II. in die Fliegerersatzabteilung in Schleißheim eingetreten war. Bis 1918 flog Baur als Artillerie- und Kampfflieger an der Westfront – einer jener blutjungen verwegenen Piloten, die damals zu frühem Ruhm kamen. Während der Revolutionswirren 1919 als Pilot im militärischen Kurierdienst und für das »Freikorps Epp« eingesetzt, ab 1921 Zivilflugzeugführer des *Bayrischen Luftlloyd*, München, dann Postflieger, und im Januar 1926 Übernahme in die Deutsche Lufthansa, die Baur am 1. Juli 1928 zum Flugkapitän ernannte – das waren die Stationen seiner Karriere, bevor Baur mit Hitler zusammentraf.

Die überaus wichtigste Rolle des Generalleutnants Hans Baur in den letzten Tagen des Führers wird – wie im Falle Albert Speers – nur verständlich, wenn man den Beginn seiner Beziehung zu Adolf Hitler etwas genauer beleuchtet. Baur erinnert sich an die erste Begegnung: »Ich kam von einem Linienflug nach München zurück und fand nach der Landung die Nachricht vor, ich möge Hitler im Braunen Haus besuchen; der Führer der NSDAP wolle sich ein Flugzeug mieten, und ich solle ihn fliegen. Er empfing mich in seinem eher bescheiden dimensionierten Arbeitszimmer im ersten Stock. Freundlich, ohne Pose oder Allüren, kam er gleich zur Sache. In dem bevorstehenden Wahlkampf zur Reichspräsidentenwahl wollte er den Nachteil, sich nicht über den Rundfunk an die Bevölkerung wenden zu können, dadurch wettmachen, daß er mit dem Flugzeug an einem Tag mehrere Städte besuchte. Er war sich darüber im klaren, daß ein solcher, auf mindestens zwei Wochen veranschlagter Deutschland-Wahlflug nicht zu früh beginnen durfte, damit die propagandistische Wirkung sich erst in den entscheidenden letzten Tagen vor der Wahl voll entfaltete.

Wir sprachen sogleich über die technischen Möglichkeiten, vor allem über die Flugplätze. Hitler war sehr offen zu mir. Er gab zu, nicht allzuviel Zutrauen zum

Fliegen zu haben, und erzählte mir dann, worauf diese Skepsis letztlich zurückging. Während des Kapp-Putsches im März 1920 war er zusammen mit dem späteren Generaloberst Robert Ritter von Greim von München nach Berlin geflogen, um mit den Putschisten über eine eventuelle Zusammenarbeit zu verhandeln. (25 Jahre später, im April 1945, sollte Hitler ihm befehlen, von München nach Berlin zu fliegen, um im Führerbunker die Ernennung zum letzten Oberbefehlshaber der schon zerschlagenen Luftwaffe entgegenzunehmen.)

Damals, im März 1920, saßen die beiden in einer kleinen Militärmaschine. Das Wetter war saumäßig. Der Flug muß ziemlich unangenehm gewesen sein. Hitler wurde übel, er übergab sich. Zudem hatte Greim auch noch die Orientierung verloren und mußte schließlich in Jüterbog notlanden, weil der Treibstoff ausgegangen war. Dank eines zweiten, republikanischen Passes von Hitler, den die dortigen Soldatenräte anerkannten, erreichte er schließlich zusammen mit Hitler Berlin; dort war der Putsch unterdessen zusammengebrochen. Das wollte Hitler nicht noch einmal erleben. Ich beruhigte ihn aber und bot ihm an, neben mir in der Pilotenkanzel zu sitzen, wo er durch die Instrumente und das ganze technische Drumherum, aber auch durch den Blick auf die Landschaft, abgelenkt würde.

Diese neuartige Kampagne sollte vierzehn Tage dauern und in mehr als sechzig Städte führen. Es klappte alles. Die drei Wahlflüge jenes Jahres wurden ein voller Erfolg – politisch für Hitler, geschäftlich für die Lufthansa; denn sie stärkten im Publikum das Vertrauen in die Sicherheit und Schnelligkeit des Flugzeuges als modernstes Verkehrsmittel, und die Lufthansa-Büros spürten das an der lebhaft steigenden Nachfrage.«

Der Hitler, dem Baur damals im Braunen Haus begegnete, war 43, also in den allerbesten Jahren; er war dynamisch, sprach eindringlich und zeigte sich offen für die Vorschläge und Anregungen. Baur empfand ihn als eine natürliche Führerpersönlichkeit und war fasziniert. Und die Nation verlangte fast neurotisch nach einem Führer. Aber ebensosehr war er von dem natürlichen und betont schlichten, ungekünstelten Auftreten Hitlers angetan. Als Kandidat für die beiden höchsten Staatsämter, das des Reichspräsidenten und des Reichskanzlers, beschränkte er sich darauf, ein Flugzeug zu *mieten*. (Es war eine dreimotorige Rohrbach mit dem Kennzeichen D 1720.)

Dieser Eindruck Baurs war äußerlich wohlbegründet; dennoch entsprach er nicht den Tatsachen. Hitler war schon damals ein vollkommener Schauspieler, der seine Rolle perfekt beherrschte. Ihm kam es darauf an, ebenso wie dem Piloten Baur auch den Millionen Wählern die Überzeugung zu vermitteln, er sei ein Mensch wie sie – schlicht um schlicht in allen Lebenslagen, Einfachheit, Sparsamkeit, rastloses Tätigsein rund um die Uhr, Wahlflüge mit einem gemieteten Flugzeug in jede Ecke des Reiches – das kam in den letzten Monaten der taumelnden Weimarer Republik an. Es war gekonnte Schaustellerei, und sie zahlte sich gehörig aus. Der Hitler von 1932 war in seinem Lebensstil und in seinen Ansprüchen nicht bescheiden. Das wurde er erst am letzten Tag seines Lebens, als der Rausch der Macht ein bitteres Ende gefunden hatte und der geschlagene Führer es ablehnte, sich noch in letzter Minute von Baur aus Berlin herausfliegen zu lassen – nicht nach Berchtesgaden und auch nicht zu Dönitz nach Plön: »Zwei Wochen später stände ich dort vor dem gleichen Problem; nein, ich bleibe in Berlin und werde hier sterben.« In jenem Abschiedsgespräch war der Diktator sehr viel realistischer als sein Chefpilot.

Als Hans Baur uns sein erstes Treffen mit Hitler in München schilderte, kam uns Albert Speers Bericht über *seine* ersten Zusammenkünfte mit dem eben erst an die

Macht gekommenen Reichskanzler in den Sinn. So wie Hitler den aufstrebenden jungen Architekten brauchte, um irgendwann jene mächtigen Triumphbögen bauen zu können, die er schon 1926 skizziert hatte, so benötigte er den exzellenten Piloten, um als Machthaber geographisch beweglich zu sein. Es war Baur, der dem Diktator zu einer bis dahin beispiellosen Mobilität verhalf.

Zum 1. Februar 1933 stellte die Lufthansa ihren Flugkapitän für den ständigen Dienst bei Hitler ab. Bald wurde das Vertrauensverhältnis zwischen beiden so eng, daß der »Chef« dem Chefpiloten den Zutritt zu seiner ständigen Tischrunde in der Reichskanzlei eröffnete. Baur erhielt den Auftrag, eine Regierungsflugtafel aufzustellen. Auf dem Tempelhofer Zentralflughafen ließ er sich eine eigene Halle reservieren und bestellte die ersten Flugzeuge – sechs *Ju*-52. Es dauerte nicht lange, bis auch die ersten viermotorigen *Condor*-Maschinen dazukamen.

Baur war für den gesamten Flugbetrieb dieser Staffel verantwortlich, und er machte seine Sache gut. Hitler wollte ihn in den Staatsdienst holen. Da die Luftwaffe offiziell noch nicht existierte, erwog man zunächst, ihn als Ministerialbeamten in die Reichskanzlei einzustellen. Das mißfiel Hitler jedoch; er befand, Baur sei »ein alter Soldat«, und entschied, ihn in die Polizei zu übernehmen. So wurde der Flugkapitän zum Major der Schutzpolizei und beendete den Krieg als Generalleutnant der Polizei, obwohl er mit polizeilichen Aufgaben nie etwas zu tun hatte.

Eines Tages, noch während der Aufbauphase der Regierungsstaffel, erschien Göring auf dem Tempelhofer Flughafen, um den von einer Reise zurückkehrenden Hitler zu begrüßen. Stolz bat der zweite den ersten Mann des Regimes, sich doch einmal *seine* neue Maschine, eine Luxusausführung der *Ju*-52, anzusehen. Sie war mit grünem Saffianleder ausgeschlagen und enthielt sechs Klubsessel, die mit dem gleichen Material bezogen waren. Hitler kommentierte Görings Begeisterung über sein Flugzeug mit einem ironisch-nachsichtigen »Sehr schön, Göring, sehr schön«. Doch als er mit Baur allein war, meinte er: »Diese Maschine paßt zu Göring; sie entspricht seinem Stil. Für mich kommt so etwas nicht in Frage. Achten Sie darauf, Baur, daß unsere Flugzeuge bei Junkers in Dessau nur die einfache Standardausstattung erhalten. Ich will diesen Prunk nicht. Er entspricht meinem Wesen nicht, und die Menschen würden für diesen Luxus auch kein Verständnis haben.«

Dies ist ein Hitler-Zitat, das einiges erklärt. Es kennzeichnet nicht nur die Einstellung des Führers zu seinem Reichsmarschall, sondern auch seine, nun, heute nennt man das »Imagepflege«. Er selbst hat dafür einen anderen, vielleicht treffenderen Ausdruck geprägt: Er sprach von seinem »öffentlichen Profil«. Und er achtete strikt darauf, daß jeder seiner Auftritte, auch die Ankunft auf einem Flugplatz, männlich-spartanisch wirkte. Das Volk durfte, nein, sollte sogar wissen, daß der Führer natürlich, um Zeit zu sparen, das Flugzeug benutzte; aber nur eine Standardausführung, bitte. Was hinter den Kulissen geschah, ging niemanden etwas an.

Der Politiker Hitler war schon von innerer Unrast erfüllt, verlangte permanente Mobilität, lange bevor er an die Macht gekommen war und diese Hektik seinen Herrschaftsstil prägte. Instinktsicher hatte er schon früh erkannt, daß räumliche Beweglichkeit für ihn eine der wichtigsten Voraussetzungen für den Erfolg war; und so hatte er zunächst als Verkehrsmittel den Kraftwagen bevorzugt. Sein damaliger Chauffeur Julius Schreck, der 1936 als SS-Brigadeführer (was dem Rang eines Generalmajors (!) in der Wehrmacht entsprach) starb, stand ihm in den ersten Jahren des Regimes sicherlich noch näher als Baur.

Der Deutschen Reichsbahn hingegen mochte Hitler

sich aus Sorge vor möglichen Attentaten nicht so gern anvertrauen. Experten hatten ihm erklärt, wenn er mit einem Sonderzug von Berlin nach München fahren wolle, müßten auf dieser Strecke rund 5000 Bedienstete, die Schrankenwärter eingeschlossen, instruiert werden. Das war genau das, was der vorsichtige Hitler nicht wünschte. Daher begnügte er sich in den Jahren vor dem Krieg häufig mit Salonwagen, die an die fahrplanmäßigen Züge gekoppelt wurden. Dazu: »Waren Eisenbahnfahrten zeitraubend und unter Sicherheitsaspekten nicht unbedenklich, so brachten Autoreisen für Hitler und seinen Stab ein anderes Problem mit sich. Insbesondere auf den langen Fahrten zwischen Berlin und München wollten die lokalen Parteifunktionäre die Wagenkolonne immer wieder gebührend begrüßen und avisierten sie auch noch telefonisch im Nachbarort, wo dann ebenfalls schon ein Empfangskomitee parat stand. Das war natürlich alles gut gemeint, kostete aber auch sehr viel Zeit; daher nahm Hitler immer häufiger das Flugzeug. Unsere Maschinen wurden zum Schutz vor Sabotage von Posten der SS und der Polizei scharf bewacht. Bevor Hitler oder ein anderes Mitglied der Reichsregierung an Bord kam, unternahm ich jeweils einen Probeflug von mindestens zehn Minuten.«

Ende Juni 1934 erlebte der Chefpilot ein bluttriefendes Beispiel für die Mobilität, die er selbst dem Führer verschafft hatte. Es war Hitlers Flug nach München auf dem Höhepunkt der Röhm-Affäre. Baur zufolge gelang dem Diktator die Überrumpelung des mächtigen SA-Stabschefs und seiner Gefolgsleute im Hotel »Hanslbauer« zu Bad Wiessee nur deshalb, weil Hitler im Morgengrauen des 30. Juni nicht mit der auf allen Flugplätzen des Reiches bekannten *Führer-Ju* D-2600, sondern in einer anderen Maschine nach München geflogen war. Röhm hatte die dortige Flugleitung angewiesen, ihm eine Landung der D-2600 sofort zu melden. Baur: »Wir waren von

Berlin aus zunächst nach Essen geflogen, wo Hitler zu einem Besuch des Krupp-Konzerns erwartet wurde. Unterwegs hatte einer der Motoren ›gestottert‹; daher wollte ich von Essen nach Berlin zurückkehren, um den Schaden in der Nacht reparieren zu lassen, und Hitler dann am nächsten Morgen wieder abholen; doch er ließ mich nicht fort. Ich schickte einen anderen Piloten mit der D-2600 zurück. Wir stiegen in eine Begleitmaschine um und flogen zunächst nach Hangelar bei Bonn und in der Nacht zum 30. Juni nach München. Dort landeten wir um 4 Uhr früh. Nur der Gauleiter Wagner war unterrichtet und holte Hitler ab. Die Flugleitung wußte von nichts, konnte also auch Röhm nicht benachrichtigen. Hitler war übrigens nur von zwei Adjutanten, vier Kriminalbeamten, einem Diener und seinem Fahrer Schreck begleitet, als er nach Bad Wiessee fuhr.«

Der Vorgang kann als ein frühes Beispiel für das fast unglaubliche Glück gelten, das dem Machthaber Hitler in kritischen Phasen seiner Herrschaft immer wieder zu Hilfe kam; die Umstände, die ihn retteten, in diesem Fall ein Motorschaden, waren durchweg trivial. Es liegt auf der Hand, weshalb Ernst Röhm, ein Haudegen und geborener Revolutionär, der Münchner Flugleitung befohlen hatte, ihn sofort zu benachrichtigen, wenn Hitlers Maschine sich der bayerischen Metropole näherte. Er wollte den Führer zwar nicht füsilieren, wohl aber verhaften lassen und damit politisch kaltstellen. Zumindest war es ihm darum zu tun, sich mit seinen Anhängern in der SA-Führung angemessen für ein eventuelles Treffen mit Hitler rüsten zu können. Am Nachmittag des 30. Juni, um 16 Uhr, startete Baur mit Hitler samt kleinem Gefolge zum Rückflug nach Berlin. Was in der Zwischenzeit geschehen war, hatte er bruchstückhaft aus den Mittagsnachrichten des Rundfunks erfahren. Hitler erzählte ihm am Abend in Berlin die Einzelheiten.

Aus dem Bericht Baurs über diese grausige Affäre und

das Massaker unter den innenpolitischen Gegnern des Diktators, mit dem das Ende des Rechtsstaates in Deutschland besiegelt wurde, ist ein Detail nachzutragen, das uns geradewegs in die Katakombe zurückführt; der Bunker *war* das Dritte Reich *en miniature*. Als Hitler im Hotel »Hanslbauer« das Zimmer Röhms suchte und seine Begleiter die SA-Wachen überwältigten, rief der Tumult den SA-Standartenführer Uhl, einen Gefolgsmann Röhms, auf den Plan. Er wußte sofort, was die Glocke geschlagen hatte, und zog die Pistole. Einer der Leibwächter Hitlers, der Kriminalinspektor Högl, rettete dem »Chef« in diesem Augenblick das Leben, indem er Uhl mit einem Polizeigriff die Waffe entwand. Diesem Kriminalbeamten Högl werden wir noch begegnen: Elf Jahre später, am 27. April 1945, brachte er einen anderen Abtrünnigen, der dann wie Röhm ohne Gerichtsverfahren erschossen wurde, in die Gewalt Hitlers. Es war SS-Gruppenführer Hermann Fegelein, der Schwager Eva Brauns. Wir schildern das in dem Kapitel »Der Schuß«.

Eva Braun – die Vermutung, daß Generalleutnant a. D. Hans Baur zu den Überlebenden des Bunkers gehört, die Hitlers Geliebte besonders gut kannten, liegt nahe. Wir wußten, daß er »E. B.« häufig geflogen hatte. Beide verband zudem manche Gemeinsamkeit – die bayrische Herkunft, die Leidenschaft für das Fotografieren und Filmen. Baur erzählte uns, wie er Eva Braun 1933 in dem Fotoatelier Heinrich Hoffmanns in der Münchener Amalienstraße zum erstenmal begegnete. Später sah er sie häufig auf dem Obersalzberg. Wenn Hitler das Wochenende auf seinem Landsitz verbrachte, erschien sie, eine kleine grüne Ledertasche in der Hand, mit dem zurückhaltenden Gebaren einer »Privatsekretärin des Führers«.

Eine häufig kolportierte Behauptung besagt, Eva Braun habe erst in den letzten Kriegsjahren nach Berlin kommen dürfen. Dazu Baur: »Oh nein. Zwar mußte sie stets Hitlers Erlaubnis einholen, wenn sie ihn in Berlin besuchen wollte; aber in der Regel gab er sie. Er hat mich häufig beauftragt, sie in München abzuholen. Jedoch war sie dann nie allein; das wäre für die Wahrung des Geheimnisses zu riskant gewesen. In Tempelhof, wo es von Neugierigen wimmelte, verschwand sie dann unauffällig in der Menge. Es war eigentlich ein verkrampftes, albernes Versteckspiel, aber es klappte. Ich wurde zwar dann und wann – weniger in Berlin als in München – gefragt, ob es stimme, daß Hitler mit einer gewissen Eva Braun ein Verhältnis habe; die Wahrheit kannte jedoch nur ein kleiner Kreis. Um das Geheimnis zu schützen, erwähnten wir Eingeweihten zudem in Gesprächen immer wieder die Namen mehr oder minder prominenter Damen der Gesellschaft, die mit Hitler in Verbindung gebracht wurden.«

Eine Prager Zeitschrift veröffentlichte 1938 Einzelheiten über Eva Braun und ihre Beziehung zu Hitler, die den Tatsachen überraschend nahe kamen. Aber es blieb bei diesem Bericht. Natürlich ließ der »Chef« sofort Nachforschungen nach dem Informanten anstellen; dabei wurde auch das Personal in der Reichskanzlei und auf dem Berghof überprüft, einige Bedienstete erhielten wegen mangelnder Vertrauenswürdigkeit die Papiere.

Als wir General Hans Baur, dem wir zum erstenmal im Sommer 1973 auf dem Heimkehrertreffen in Essen begegnet waren, einige Wochen später in seinem Heim am Pilsensee besuchten, wußten wir, daß der Flugkapitän Baur sich in seinen jüngeren Jahren keinen geringen Ruf als Frauenkenner erworben hatte. Wir fragten ihn: »Über Eva Braun ist viel kolportiert worden – häufig genug blanker Unfug oder boshafter Klatsch. Wie war sie wirklich?« Baur: »Nun, sie sah sehr gut aus, eigentlich noch besser als auf den Bildern, die man inzwischen kennt. Doch sie war keine jener hochgewachsenen ›nordischen‹ Schönheiten, die Hitler so häufig als sein Ideal pries. Sie war schlank, flink, gewitzt, und mit ihren blauen Augen wirkte sie irgendwie unschuldig. Die meisten Eingeweihten waren überzeugt, daß Hitler die einzige Liebe ihres Lebens war, und ich glaube das auch. Als ich sie 1933 in Hoffmanns Fotoatelier zum erstenmal sah, nannte ich, als Kunde, meinen Namen und plauderte einen Augenblick mit ihr. Meine erste Frau stand neben mir und beobachtete mich – und sie – ziemlich genau.

Einen Tag vor Weihnachten 1933 machte ich dann mit meiner kleinen Tochter einen Besuch in Hitlers Münchener Wohnung; bei dieser Gelegenheit stellte er mich Eva Braun vor. So erfuhr ich von der Liaison. Einige Wochen danach ging ich mit meiner Frau einkaufen, als sie uns begegnete und mir, reizend lächelnd, ein etwas schalkhaftes ›Grüß Gott, Herr Baur!‹ entbot. Also, unschuldiger bin ich in meinem ganzen Leben nicht gewesen; doch meine brave Frau war argwöhnisch. Aber selbst ihr gegenüber zögerte ich mit der Enthüllung, daß wir soeben die Geliebte Hitlers getroffen hatten.

Eva Braun war stets sorgfältig und modisch gekleidet; sie wirkte sportlich und war eine hinreißende Charleston-Tänzerin. Ihr Wesen empfand ich als sehr angenehm. Sie war scheu und kam nur in Gesellschaft wirklich guter Freunde aus sich heraus. Wenn sie mit mir flog, zog sie mich häufig ins Vertrauen. Ihre gelegentlichen depressiven Stimmungen waren die natürliche Folge des äußerst zurückgezogenen Lebens, das sie führte. Ich glaube, im Lauf der Jahre fand sie sich allmählich mit ihrer ambivalenten Rolle ab; und in demselben Maß verlor sie auch ihre Unsicherheit. Mehrfach sagte sie mir, sie könne nicht damit rechnen, Hitler zu heiraten – jedenfalls nicht, solange er der Führer und Reichskanzler sei. Sie war religiös erzogen worden, und natürlich empfand sie auch unter diesem Gesichtspunkt Unbehagen über die Tatsache, daß ihre Beziehung zu Hitler nicht legalisiert war; aber sie schämte sich niemals, seine

Geliebte zu sein. Und ihr Status wurde von allen, die Bescheid wußten, respektiert und auch akzeptiert.

Wann immer ich Hitler nach Berchtesgaden flog, war Eva Braun überglücklich, und sie war untröstlich, wenn er sie wieder verließ. Auch ich war stets froh, wenn sie bei ihm war; ihr Wesen wirkte auf Hitler beruhigend. Daß sie an seiner Seite in den Tod ging, entsprach ihrem Charakter und ihrer Liebe vollkommen. Ich war nicht der einzige, der sie in den letzten Tagen vor dem Doppelmord um ihre Gelassenheit und fast heitere innere Ruhe beneidete. Sie hatte einfach Format.«

»Herr Baur, wie kam es, daß Sie als Vertrauter Hitlers und Eva Brauns – wenn wir Ihre Beziehung zu beiden einmal so charakterisieren dürfen – in der Nacht zum 29. April 1945 nicht zu den Gästen der gespenstischen Hochzeit im Bunker gehörten? Wir erinnern uns in diesem Zusammenhang daran, daß Hitler *Ihr* Hochzeitsgast war, als Sie 1936, nach dem Tod Ihrer ersten Frau, wieder heirateten, und Ihnen für die Feier sogar seine Privatwohnung zur Verfügung stellte.«

Baur: »Sie haben recht, aber mir scheint, Sie übersehen, wie hektisch die Tage vor dem Ende waren, jedenfalls für mich. Ich hatte alle Hände voll zu tun und hielt mich mehr außerhalb als innerhalb des Bunkers auf. Sie wissen, daß wir vor dem Brandenburger Tor einen behelfsmäßigen Flugplatz eingerichtet hatten, auf dem nicht nur kleine Kuriermaschinen wie der *Fieseler Storch*, sondern auch Transportflugzeuge starteten und landeten. Am späten Abend des 28. April, als Hitler Eva Braun heiratete, war ich erschöpft eingeschlafen. Von der Hochzeit erfuhr ich erst, als der ›Chef‹ sich am 30. April von mir verabschiedete und ebenso wie anderen auch mir auftrug, ich solle dafür sorgen, daß seine und die Leiche seiner *Frau* verbrannt würden.«

In dem allgemeinen Durcheinander des 28. und 29. April hat Hitler vermutlich vergessen, Baur und andere seiner langjährigen Gefolgsleute zu der Hochzeitsfeier bitten zu lassen, die für ihn ohnehin ein eher lästiger Vorgang war – mehrfach ließ er die kleine Gesellschaft allein, um seiner Sekretärin Frau Junge die beiden Testamente zu diktieren. Für Eva Braun freilich, davon ist auch Hans Baur überzeugt, war diese Eheschließung der Höhepunkt ihres tragischen Lebens.

Mehrere Zeugen sagten uns, daß in den letzten Tagen auch andere Paare in der Katakombe getraut wurden. Wir fragten Baur. Seine Antwort: »Ja, das ist mir bekannt. Am 29. April fanden in der Reichskanzlei einige Trauungen statt; wenn ich mich recht erinnere, fungierte der Staatssekretär im Propagandaministerium, Dr. Naumann, als Standesbeamter.«

»Wo geschah das?«

Baur: »In einem der oberirdischen Räume der Neuen Reichskanzlei. Die russische Artillerie schoß die Begleitmusik; das waren *Kriegstrauungen* im wahrsten Sinne des Wortes . . .

Wenn ich mir die Jahre in der Umgebung Hitlers im einzelnen vergegenwärtige, so scheint mir, daß sein Auftreten gegenüber Frauen die sanfteste und liebenswürdigste Seite seines Wesens widerspiegelt. Er war ein geborener Charmeur und verstand sich auf diese wienerische Art des spielerischen Flirts – *Küß die Hand, gnä' Frau* . . . Ich erinnere mich, daß ich 1932 mit Hitler im Park des Schlosses Belvedere in Weimar spazierenging. Er wandte sich an den hinter uns gehenden Fritz Sauckel* und meinte: ›Ich hoffe, Sauckel, daß Sie nachher einige Damen an unseren Tisch bitten können. Ich bin den ganzen Tag von rabaukigen Mannsbildern wie Baur umgeben und möchte auch mal wieder liebliche Stimmen hören.‹ Das klang zwar etwas ironisch, aber er meinte,

---

* Fritz Sauckel, geboren 1894, wurde 1933 zum Reichsstatthalter in Thüringen und 1942 zum Generalbevollmächtigten für den Arbeitseinsatz ernannt. 1946 als Kriegsverbrecher hingerichtet.

was er sagte. Männern gegenüber schlug er häufig einen derben und rauhen Ton an. Ich habe jedoch niemals gehört, daß er Frauen ein böses Wort sagte – auch dann nicht, wenn er zum Beispiel bei seinen Sekretärinnen oder der Köchin einen Anlaß zum Tadel hatte.«

In den Jahren von 1933 bis 1938 hatte der Flugkapitän Baur gewiß den besten Posten, der in der deutschen Fliegerei zu vergeben war. Für ihn gab es keine Flugpläne, sondern nur Hitlers Anweisungen; seine Maschine, stets die modernste Version, wurde überall mit Vorrang abgefertigt; er flog den »Chef« in jeden Gau des Reiches und wieder auf der vertrauten Strecke über die Alpen, wenn es nach Italien zu Mussolini ging. Er flog die gekrönten und ungekrönten Häupter, die dem Führer ihre Aufwartung machten, und als die Reichsminister noch keine eigenen Flugzeuge hatten, saßen auch sie in Baurs Maschinen. Er flog Speer und andere Würdenträger des Regimes 1937 zur Weltausstellung nach Paris, und er flog mit Rudolf Heß nach Schweden. Nebenbei bemerkt – es war Baur, der dem begeisterten Flieger Heß den Instrumentenflug beibrachte und ihm arglos eine streng geheime Sperrgebietskarte besorgte, bevor der Stellvertreter des Führers 1941 nach Schottland startete. (Heß benötigte die Karte, um nicht von der Flak abgeschossen zu werden.)

Hitler mochte diesen kantigen und draufgängerischen Hans Baur. Der Flugkapitän war kein spitzfindiger Intellektueller, kein knochentrockener Militär, kein intriganter Parteiführer. In Baurs Gesellschaft konnte Hitler sich einen Spaß machen. Wenn es einen guten Witz über Göring, Goebbels, Himmler oder Heß gab – der »Chef« konnte ziemlich sicher sein, daß sein Pilot ihn irgendwann erzählen würde. In den kleinen, fast privaten Tischgesellschaften, die Hitler in der Reichskanzlei, auf dem Berghof oder in seinem Münchner Lieblingslokal »Osteria« gern abends um sich versammelte, war Baur ein wohlgelittener Gast. Dort stets Zutritt zu haben, war ein Gunstbeweis, dessen sich außer Goebbels kaum ein Minister, kein Feldmarschall und kein Gauleiter rühmen konnte.

Das waren die Jahre der Erfolge vor dem Krieg, als Hitler seine »unblutigen Siege« errang – die Rückkehr der Saar, den Einmarsch in das entmilitarisierte Rheinland, den Anschluß Österreichs, die Münchner Konferenz vom September 1938. Und dann kam jener Tag, an dem Baur vom Forellenfang in der Nähe des Königssees bei Berchtesgaden weg zum Obersalzberg zitiert wurde – der 19. August 1939. Nach einem kleinen Imbiß auf der Terrasse des Berghofs nahm Hitler ihn beiseite und eröffnete ihm: »Baur, morgen müssen Sie nach Berlin starten. Sie werden den Reichsaußenminister nach Moskau fliegen.« So erfuhr der Chefpilot von der sensationellen Kehrtwendung der Hitlerschen Außenpolitik. Er war sprachlos. Und nach anfänglicher Unschlüssigkeit darüber, wie dieser diplomatische *Salto mortale* zu beurteilen sei, erfüllten ihn sehr bald die gleichen bedrückenden Ahnungen, die sich in der nächsten Woche im Volk ausbreiteten – daß dies der Trompetenstoß, die Fanfare war, die den Ausbruch des Zweiten Weltkrieges ankündigte.

Einen Flug nach Moskau hatte Baur bislang stets für äußerst unwahrscheinlich gehalten, und so mußte er sich in Berlin erst die entsprechenden Navigationskarten geben lassen. Er erhielt sie mit genauen Anweisungen der Russen für die über dem Territorium der UdSSR einzuhaltende Flugroute. Am späten Nachmittag des 21. August holte Baur den Außenminister auf dem Flugplatz Ainring bei Salzburg ab. Ribbentrop hatte sich auf seinem nahegelegenen Landsitz auf die Verhandlungen mit Stalin und Molotow vorbereitet. Am nächsten Abend starteten die beiden viermotorigen FW-200-*Condor*-Maschinen mit der deutschen Delegation in Berlin zunächst nach Königsberg; von dort aus flog Baur und der Flugkapitän Liehr, der die Begleitmaschine führte, am nächsten Morgen auf der von den Sowjets gewünschten Route – nicht über Polen, sondern über Dünaburg und Welikije Luki – nach Moskau, wo sie vier Stunden später landeten.

Baur: »Mir war bei diesem Unternehmen durchaus beklommen zumute – ein Gefühl, das mich auch nicht verließ, als wir am 24. mittags zum Rückflug nach Berlin starteten. Von der gleichzeitigen Anwesenheit einer englisch-französischen Militärdelegation in Moskau, die ja dann unverrichteterdinge wieder abreisen mußte, ahnte ich damals nichts. Nach dem Abschluß des deutsch-sowjetischen Nichtangriffspaktes spürten wir, daß sich im Kreml ein Stück Weltgeschichte abgespielt hatte, und zwar erheblich mehr als das, worauf ich ebenso wie 95 Prozent aller Deutschen gefaßt gewesen war. Von Königsberg aus flogen wir mit Jägerschutz nach Berlin zurück – wegen der polnischen Flak.« Eine Woche später begann der Zweite Weltkrieg.

In den von düsterer Spannung erfüllten Spätsommertagen des Jahres 1939 fühlte die Masse des Volkes, die meisten »überzeugten Nationalsozialisten« eingeschlossen, das nahende Unheil durchaus. Selbst Göring meinte am Vormittag des 3. September 1939 in der Reichskanzlei nach der britischen Kriegserklärung tief deprimiert: »Wenn wir diesen Krieg verlieren, dann möge uns der Himmel gnädig sein!« Und Goebbels stand, von düsteren Ahnungen erfüllt, schweigend in einer Ecke. Hitlers Prestige war rapide gesunken – nicht nur, weil der politische Zynismus in dem Bündnis zwischen der kommunistischen und der faschistischen Führungsmacht kaum noch zu überbieten war. Zum erstenmal war es Hitler – anders als noch ein Jahr zuvor in München – *nicht* gelungen, eine außenpolitische Krise, die er selbst entfacht hatte, mit einem diplomatischen Triumph zu beenden. Nur der spektakuläre Sieg über Frankreich im Sommer 1940 steigerte des Führers Popularität noch einmal für einige Monate. Doch es gibt gute Gründe für die These, daß sein politisches Vertrauenskapital im deutschen Volk 1938, nach dem Anschluß Österreichs, am größten war.

Nach dem Abschluß des Paktes mit der Sowjetunion machte Hitler aus seinem Respekt vor den grausamen Despoten im Kreml keinen Hehl, und noch sechs Jahre später, im Bunker unter der Reichskanzlei, äußerte er sich in diesem Sinne. Baur war häufig Zeuge solcher Bemerkungen: »Das Loblied auf Stalin, das ich 1939 aus seinem Munde immer wieder hörte, verblüffte mich. Ich war wirklich ein Gegner des kommunistischen Systems und bin es noch. Das letztlich positive Urteil, das Hitler nach dem Abschluß der Moskauer Verhandlungen und den ausführlichen Berichten Ribbentrops über Stalin abgab – ›Der ist ein Biest, aber ein ganzer Kerl‹ –, erzeugte in seiner Umgebung nicht geringe Verwirrung. Bei dieser Ansicht über seinen Gegenspieler in Moskau blieb er noch nach dem Beginn des Krieges gegen die Sowjetunion. Mehr und mehr verstand er diese Auseinandersetzung als einen titanischen Kampf, den er persönlich mit Stalin auszutragen hatte. Churchill und Roosevelt hingegen flößten ihm als politische Führer ihrer Nationen keinen großen Respekt ein; er hielt beide für dekadent.«

Die Serie der erstaunlichen deutschen Blitzfeldzüge, die im September 1939 mit dem Angriff auf Polen begannen und im Frühjahr 1940 zunächst mit der »Weserübung«, der schnellen Besetzung Dänemarks und Norwegens, und schließlich mit dem »Fall Gelb«, der Eroberung der Niederlande, Belgiens und Frankreichs, fortgesetzt wurden, ließ Hitler und seine Heerführer zunächst in den Augen der meisten Europäer als unüberwindlich erscheinen. Doch die Militärhistoriker sind sich heute weitgehend darüber einig, daß gerade diese Siege Hitlers

Hybris – die Herausforderung des Schicksals, die seit Jahrtausenden maßlose Eroberer zu Fall gebracht hat – erzeugten oder jedenfalls stimulierten.

Die Pläne für die deutschen Operationen waren von den besten Köpfen des Generalstabes ausgearbeitet und mit teilweise erheblichen Abänderungen, die Hitler verlangt hatte, verwirklicht worden. Diese Militärs beherrschten ihren Clausewitz; sie waren nüchterne Analytiker, und sie hatten davor gewarnt, die Stärke und den Widerstandswillen des Gegners zu unterschätzen. Doch Hitler war ganz anderer Meinung. Mit dem sicheren Gespür für die Schwächen seiner Gegner, das ihm von jeher eigen gewesen war, hatte er den raschen und wenig rühmlichen Zusammenbruch Frankreichs, seit Jahrhunderten eine der großen Militärmächte des Kontinents, vorausgesagt und recht behalten: Der Feldzug dauerte nur sechs Wochen. Nun beanspruchte er nicht nur als politischer Führer der Nation, sondern endgültig auch als Feldherr, als strategisches Genie die Anerkennung seiner absoluten Autorität. Der unbekannte Gefreite des 2. bayrischen Infanterieregiments Nr. 16 (List), der in den Schützengräben des Weltkrieges gelegen hatte, war Oberster Befehlshaber aller deutschen Streitkräfte geworden, und er nahm diesen selbstverliehenen Titel sehr wörtlich.

Chefpilot Hans Baur mit seiner ständig wachsenden Führerflugstaffel wurde, wie sich sehr schnell zeigte, für Hitler zu einem unentbehrlichen technischen Gehilfen bei der Durchsetzung seiner militärischen Pläne. Wir haben gesehen, wie das weite Netz der Hauptquartiere die Kommunikationsprobleme innerhalb des politischen und militärischen Führungsapparates komplizierte – im Krieg eine ganz besondere Gefahr. Baur war der Mann, der die Luftbrücke zwischen dem Führer, den Frontbefehlshabern und den Ministerien in Berlin betrieb.

Das war vom ersten bis zum – fast – letzten Kriegstag

ein aufreibendes Geschäft. Der Feldzug in Polen dauerte nur vier Wochen; doch selbst in dieser kurzen Zeit verlegte Hitler, der Berlin am Abend des 3. September 1939 vom Schlesischen Bahnhof aus in seinem Führersonderzug verlassen hatte, dieses rollende Hauptquartier mehrfach voller Ungeduld: Von Polzin nach Groß-Born, nach Illnau bei Oppeln, nach Goddentow-Lanz; schließlich zog er für kurze Zeit ins Kasino-Hotel in Zoppot um. Baurs Maschinen standen parat – durchaus nicht immer auf Flugplätzen, sondern auch auf Wiesen, auf denen die Begleitjäger dann mit zerbrochenem Fahrgestell liegen blieben.

Den letzten großen Artillerieeinsatz des Polenfeldzugs, mit dem Warschau, neben der Festung Modlin das letzte Bollwerk des Widerstandes, kapitulationsreif geschossen werden sollte, hatte Hitler gegen den Willen seiner Generale, die ihn für unnötig hielten, befohlen; und nun wollte er das grausige Spektakel aus der Luft verfolgen. Baur: »Dreißig Kilometer vor Warschau starteten wir auf einem Stoppelfeld zu diesem halbstündigen Rundflug. Unmittelbar zuvor hatte Hitler die Meldung erhalten, daß der Generaloberst Fritsch* gefallen sei. Rings um die polnische Hauptstadt hatte die Wehrmacht 5000 Geschütze in Stellung gebracht. Wir flogen in 2000 Meter Höhe über der Front – Brände überall. Der Flug war wirklich nicht ungefährlich.« »Hitler«, so berichtete uns ein Offizier aus seiner Begleitung, »genoß dieses Schauspiel offenkundig; es schien ihn zu erregen.« Es war der destruktive Grundzug seines Wesens, der hier zum Vorschein kam. Am 27. September fiel Warschau in deutsche Hand.

Baur war freilich für den Führer mehr als ein Chefpilot; Hitler benutzte ihn auch, um seine Kriegsgegner zu

---

* Generaloberst Werner Freiherr von Fritsch wurde am 4. Februar 1938 im Verlauf einer politischen Intrige als Oberbefehlshaber des Heeres abgelöst; ihm war zu Unrecht Homosexualität vorgeworfen worden. Fritsch suchte vor Warschau den Tod.

täuschen. Baur: »Anfang Mai 1940 erhielt ich den Befehl, am Abend des 9. Mai mit drei *Condor*-Maschinen auf dem Hamburger Flughafen Fuhlsbüttel zu landen. Am nächsten Morgen um 6 Uhr sollten wir dort wieder startbereit sein. Das ganze Unternehmen war streng geheim. Der zusätzliche Auftrag, in Fuhlsbüttel 50 Schwimmwesten an Bord zu nehmen, ließ mich vermuten, daß ich Hitler vielleicht nach Norwegen fliegen solle, wo die Kämpfe noch andauerten. Doch frühmorgens rief er mich gutgelaunt an und befahl mir, mit den drei Maschinen so schnell wie möglich auf dem Flughafen Euskirchen zu landen; er selbst hielt sich bereits in dem nahegelegenen Hauptquartier ›Felsennest‹ in Rodert bei Münstereifel auf. So erfuhr ich, daß der Frankreich-Feldzug begonnen hatte. Mein Flug nach Hamburg sollte lediglich feindliche Agenten auf eine falsche Spur locken und den Angriffstermin verschleiern.«

Sechs Wochen später konnte der Sieger Hitler den »Traum meines Lebens« verwirklichen – er besuchte das am 14. Juni kampflos von der Wehrmacht besetzte Paris. Baur war dabei: »Sehr früh flogen wir am 26. Juni von dem Feldflughafen in Rocroi aus, in der Nähe des Hauptquartiers Bruly-de-Peche, nach Le Bourget. Hitler wollte die Sehenswürdigkeiten der französischen Metropole besichtigen, bevor die Pariser sich auf den Straßen blicken ließen. Die Wagenkavalkade jagte zum Opernhaus, von dem Hitler schwärmte, dann über die *Champs Elysées,* zum *Trocadero*, zum Eiffelturm, zum *Arc de Triomphe* und dem Grabmal des Unbekannten Soldaten. Im Invalidendom verharrte er sichtlich bewegt vor dem Grab Napoleons.«

Das *Panthéon* und die Kirche *Sacré-Cœur* auf dem Montmartre waren die letzten Stationen dieser dreistündigen »Kunstreise«, auf der Hitler sich von seinem Architekten Albert Speer und dem Bildhauer Arno Breker begleiten ließ. In der Millionenstadt hatte gerade das normale Alltagsleben begonnen, als Baur mit der Führermaschine wieder startete – nur wenige Pariser hatten von dem Besuch Hitlers Notiz genommen. Wie fasziniert der Diktator die architektonischen Schönheiten der französischen Hauptstadt auch genossen hatte – er wäre ohne Zögern bereit gewesen, ebenso wie Warschau auch Paris, die Stadt seiner Träume, vernichten zu lassen, wenn er das für notwendig erachtet hätte. Am Abend jenes für ihn so bedeutungsvollen Tages rief er seinen Generalbauinspektor in das kleine Bauernhaus, das ihm in Bruly-de-Peche als Unterkunft diente, und besprach mit Speer die weiteren Pläne für die Neugestaltung der Reichshauptstadt: »War Paris nicht schön? Aber Berlin muß viel schöner werden! *Ich habe mir früher oft überlegt, ob man Paris nicht zerstören müsse* . . . Aber wenn wir in Berlin fertig sind, wird Paris nur noch ein Schatten sein. Warum sollen wir es also zerstören?«* Hier sprach Hitler, der skrupellose Vandale und zynische Nihilist. Fünf Jahre später, im Führerbunker, war er »in Berlin fertig«. Und es war ihm gleichgültig, daß nun *seine* Hauptstadt zum Trümmerfeld geworden war.

Noch während des Westfeldzugs hatte die »Organisation Todt« damit begonnen, im masurischen Seengebiet bei Rastenburg das riesige Hauptquartier *Wolfsschanze* zu bauen. Es war noch nicht vollendet, als Hitler im Juni 1941 den Angriff auf die Sowjetunion befahl. Nach dem zunächst schnellen Vormarsch der deutschen Verbände, die Anfang Dezember die Umgebung Moskaus erreicht hatten, zog Hitler im Sommer 1942 für mehrere Monate nach Winniza in der Ukraine um.

Fast drei Jahre hindurch operierte die Führerflugstaffel nun von Rastenburg und Winniza aus; und Baurs wichtigste Aufgabe bestand darin, hohe Militärs, vornehmlich die Oberbefehlshaber der Heeresgruppen und

---

* Albert Speer, *Erinnerungen,* S. 187. (Kursive Hervorhebung durch die Verf.)

Armeen, zur Berichterstattung in das Führerhauptquartier oder Hitler an die Front zu fliegen. Baur: »Mit dem Befehl, einen Feldmarschall – sehr oft von Kluge, von Manstein, Kleist und Küchler – oder Kommandierenden General zu holen, mußte ich zu jeder Tages- und Nachtzeit rechnen. Aber Hitler wollte sich häufig auch direkt, an Ort und Stelle, informieren. Bei einem dieser Frontbesuche wäre er um ein Haar in einen russischen Panzerangriff geraten. Ich hatte ihn zum Hauptquartier von Mansteins nach Saporoshje in der Ukraine geflogen. Die Besprechungen, bei denen es um die prekäre Situation der Südfront nach der Katastrophe von Stalingrad ging, dauerten mehrere Tage.

Am frühen Morgen des letzten Tages wurde uns der überraschende Durchbruch einer sowjetischen Panzergruppe gemeldet, die sich aus Richtung Dnjepropetrowsk auf der unmittelbar am Flugplatz vorbeiführenden Straße nach Saporoshje bewegte. Mit dem Auftauchen dieser Einheit sei in zwei Stunden zu rechnen. Von panzerbrechenden Waffen oder Artillerie zur Abwehr war nichts zu sehen. Ich fuhr sofort zum Hauptquartier Mansteins, um Hitler zu benachrichtigen und seine Zustimmung zur Verlegung der Maschinen auf einen anderen Flugplatz einzuholen; doch er lehnte das als unnötig ab, er komme in Kürze. Ich fuhr zum Flugplatz zurück. Dort hatte man inzwischen immerhin Verteidigungsvorbereitungen getroffen. Nervös wartete ich auf Hitler. Als er schließlich vorfuhr, tauchten an der Ostseite des Flugfeldes die Sowjetpanzer auf; es waren 22. Unsere Maschinen waren schon warmgelaufen, wir starteten sofort – es wurde wirklich höchste Zeit. Wie diese Sache ausgegangen war, erfuhr ich dann später: Der erwartete Panzerangriff blieb aus. Die Russen zogen sich auf das Gelände einer nahegelegenen Kolchose zurück – der Treibstoff war ihnen ausgegangen. Die Besatzungen verließen die Panzer und verschwanden. Im letzten Moment waren dann auch noch zwei Transportmaschinen der Luftwaffe mit panzerbrechenden Waffen gelandet.«

Mehr als jeder andere Staats- und Regierungschef während des Zweiten Weltkrieges hat Hitler den unmittelbaren Kontakt mit seinen Frontbefehlshabern gesucht. Das war nicht nur die Konsequenz seiner eigenen Funktion als Oberbefehlshaber des Heeres (seit dem 16. Dezember 1941). Nur indem er die Militärs seiner noch immer unglaublichen Suggestionskraft aussetzte, deren er sich sehr wohl bewußt war, und indem er sie immer wieder mit seinem immensen militärtechnischen Detailwissen verblüffte und auch einschüchterte, konnte er sie dazu bringen, ihm gefügig zu sein und seine Befehle, die der Generalstab häufig für operativ falsch und verantwortungslos hielt, auszuführen.

Wie wichtig dieser sehr persönliche Einfluß auf die Armeebefehlshaber für Hitlers Machtausübung war, zeigte sich in den letzten Wochen seiner Herrschaft, als er ihn verloren hatte. Nun stellten verantwortungsbewußte militärische Führer wie die Generale Gotthard Heinrici, Walter Wenck, Felix Steiner, Theodor Busse ihre eigene Lagebeurteilung und die Forderungen ihres Gewissens über die Befehle Hitlers. Die Luftbrücke war zerstört: Während der Kämpfe um Berlin fehlten die Flugzeuge, es fehlte der Treibstoff, die Flugplätze waren verlorengegangen oder lagen unter ständigem Beschuß, und die Gegner besaßen die Luftherrschaft. Oder, wie ein Offizier aus dem Stab Heinricis es formulierte: »Es mag sein, daß Baur in der Lage gewesen wäre, noch irgendwo mit einem seiner Vögel zu landen, um den Generalobersten zu Hitler zu holen; aber wir hätten dafür gesorgt, daß er nicht mehr hätte starten können . . .«

Zum letzten seiner zahllosen Führerflüge setzte sich der inzwischen zum Generalleutnant beförderte Chefpilot am 22. Dezember 1944 hinter den Steuerknüppel. Es war ein melancholischer Flug, mit einem gedankenverlorenen, schweigenden Hitler: von Rastenburg nach Berlin. Die Russen standen an den Grenzen Ostpreußens. In Kurland war eine ganze Armee von der Einkesselung durch die Sowjets bedroht. Als die Führermaschine in Rastenburg abhob, waren Pioniere schon damit beschäftigt, die ausgedehnten Anlagen zur Sprengung vorzubereiten. Baur fuhr zum Weihnachtsurlaub an den Ammersee – für elf Jahre sollte es das letzte Fest sein, das er im Kreis seiner Familie verlebte.

Hitler hatte Berlin unterdessen mit dem Sonderzug verlassen, um vom Hauptquartier »Adlerhorst« aus, das er 1939 für sich als zu komfortabel abgelehnt hatte, die Ardennenoffensive zu führen – seine letzte, mit dem Mut der Verzweiflung ausgespielte Karte. Mitte Januar 1945 flog Chefpilot Baur, zur Jahreswende Vater einer Tochter geworden, nach Berlin zurück. Seine Wohnung in der Kanonierstraße, nahe der Reichskanzlei, lag in Trümmern. Er bezog ein provisorisches Quartier in der verlassenen jugoslawischen Botschaft im Tiergarten. Am 16. Januar meldete er sich bei Hitler zum Dienst. Der »Chef« war am Morgen aus dem »Adlerhorst« zurückgekehrt – die Ardennenoffensive war endgültig gescheitert.

Berlin wurde von Tag zu Tag mehr zur Trümmerwüste. Baur beobachtete die »Rund-um-die-Uhr«-Angriffe der alliierten Luftflotten mit besonderer Erbitterung. Sie richtete sich vor allem gegen den Reichsmarschall Hermann Göring: »Die Agonie der deutschen Luftwaffe in den letzten Monaten war für einen alten Flieger wie mich – natürlich hörte ich in meiner Stellung auch manches über die Hintergründe – eine der deprimierendsten und quälendsten Erfahrungen während dieses langen und schrecklichen Krieges. Das Ruinenfeld Berlin am 2. Mai 1945 – wer es sah, wird den Anblick nie vergessen. Aber es wird häufig übersehen, daß diese Zerstörungen nur zum geringsten Teil das Ergebnis der Kämpfe um die Stadt, des Panzer- und Artillerieeinsatzes und der sowjetischen Luftangriffe waren. Die Flächenbombardements der Amerikaner und Engländer hingegen, und natürlich ihre gezielten Angriffe auf die wichtigsten Industrie- und Verkehrsanlagen, waren entscheidend. Wenn die alliierten Bomberpulks kamen, hielten wir immer wieder vergeblich nach deutschen Jägern Ausschau – immerhin hatten wir draußen in Rechlin eine Staffel *Me-262*-Düsenjäger unter Oberst Rudel. Aber es fehlte an Treibstoff, und als wir den mit Mühe und Not beschafft hatten, waren inzwischen die geeigneten Flugplätze verlorengegangen – die Maschine benötigte eine ziemlich lange Start- und Landebahn.

Für mich wird Hermann Göring immer einer der militärisch Hauptverantwortlichen für die deutsche Niederlage bleiben – ich lasse die politischen Faktoren jetzt bewußt außer acht. Er war bequem und als Oberbefehlshaber der Luftwaffe unfähig, obwohl er im Ersten Weltkrieg ein hervorragender Kampfflieger gewesen war. In der Fliegerei muß selbst der beste Pilot ständig mit der technischen Entwicklung Schritt halten, und er muß vor allem *fliegen*, sonst verliert er den Anschluß. Göring hingegen, in den ersten Jahren nach 1933 noch ein begeisterter Pilot, flog schon in den Jahren vor dem Krieg nicht mehr selbst; er hatte einen ausgezeichneten Flugkapitän. Ich war wirklich schockiert, als ich einmal mit ihm unterwegs war und feststellte, daß er den Instrumentenflug nicht beherrschte. Wegen seiner Korpulenz bauchte er häufig, sogar in mittleren Höhen, eine Sauerstoffmaske. Einige Schlechtwetterflüge, wohl auch ein paar ziemlich üble Landungen – er wurde einfach flugmüde.

Während des Krieges traf der Reichsluftfahrtminister und Oberbefehlshaber der Luftwaffe im Rastenburger Hauptquartier häufig in seinem Sonderzug ein; meine Piloten quittierten das nicht ohne Bitterkeit mit der Bemerkung, Göring wäre besser zum Reichs*bahn*minister ernannt worden.«

»Herr Baur, war Hitler über Göring voll orientiert?«

Baur: »Aber gewiß. Er wußte von Görings Morphinismus, seinen Phasen tiefer Depression, seiner Schlappheit; er kannte die abenteuerlichen Geschichten über Görings Fantasiegewänder, seine lackierten Fingernägel, seinen Juwelenfimmel, die Prunksucht dieses Mannes. Aber für Hitler hatte der Fall eben auch seine politische Seite. Zwar kritisierte er seinen Reichsmarschall in den Lagebesprechungen häufig in scharfer, ja beleidigender Form, aber dennoch hielt er an ihm fest, bis zum 23. April im Bunker. Er wußte, daß der *dicke Hermann* im Volk ziemlich populär war, selbst nach den alliierten Großangriffen auf die deutschen Städte.* Ihn abzulösen, insbesondere nachdem Heß nach England geflogen war, würde für Hitler zuviel politischen Gesichtsverlust bedeutet haben.«

Dies ist eine der wenigen Äußerungen Baurs, die letztlich auf eine Kritik an Hitler hinauslaufen. Die Schuld an dem klaren Niedergang der deutschen Luftwaffe seit 1943 trug nicht ausschließlich Göring. Der Flugzeugkonstrukteur Professor Willy Messerschmitt hatte die Entwicklungsarbeiten für sein Düsenflugzeug *Me*-262 schon 1942 abgeschlossen. Die Maschine hätte bei nachdrücklich betriebenen Vorarbeiten 1943 in die Serienfertigung gehen können, aber erst im Januar 1944 erließ Hitler den Befehl unter dem Eindruck von Meldungen über die Entwicklung von Strahlflugzeugen im westlichen Ausland möglichst schnell möglichst viele Düsenflugzeuge zu produzieren; doch sollte die *Me*-262 als Düsen*bomber* und nicht als Jäger gebaut werden. Ein Jagdflugzeug *Me*-262 mit zwei Strahltriebwerken, einer Geschwindig-

---

* Noch Mitte April 1945 soll Göring während eines Bombenangriffs in einem Luftschutzbunker der Berliner Innenstadt von den Insassen durchaus freundlich begrüßt worden sein. Leutselig habe er gemeint, er heiße ja nun *Meyer* – eine selbstironische Anspielung auf seine großspurige Erklärung aus den ersten Wochen des Krieges, wenn es auch nur einem einzigen Flugzeug gelinge, in den Luftraum über dem Reich einzudringen, wolle er Meyer heißen.

keit von 800 km/h und enormer Steigfähigkeit hätte zweifellos zusammen mit dem Einsatz einer fertig entwickelten Boden-Luft-Rakete die Offensive der alliierten Bomberflotten gegen die deutsche Industrie zusammenbrechen lassen können.

Görings Versagen bestand darin, daß er die dringenden Forderungen seiner eigenen Luftwaffen-Generalstäbler und der Jagdpiloten, zum Beispiel Gallands, nach einem Jäger *Me*-262 nicht energisch befürwortet hatte. Hitler? Er haßte das Wort »Defensive«.

An einem Aprilmorgen des Jahres 1945 war Baur in seinem ungeheizten, fensterlosen Ausweichquartier beim Rasieren, als er in der Nähe, irgendwo im schon arg verwüsteten Tiergarten, eine Explosion hörte. Da er kein Flugzeuggeräusch vernahm, glaubte er zunächst, es handele sich um eine Bombe mit Verzögerungszünder oder um eine Landmine, die ein britischer *Mosquito*-Bomber an einem Fallschirm abgeworfen haben konnte; das Detonationsgeräusch vermochte Baur zunächst nicht zu identifizieren. Nach mehrfachen Einschlägen erkannte er schließlich, daß es sich um 17,5-cm-Granaten der sowjetischen Feldartillerie handelte. Als er das in den Mittagsstunden nervös Hitler berichtete, äußerte der Führer sogleich die Vermutung, die Russen hätten an der Oder ein Eisenbahngeschütz aufgefahren. (In Wahrheit hatte die Rote Armee westlich des Flusses schon erhebliche Geländegewinne erzielt.)

Diese kleine Episode läßt ebenso wie andere Bemerkungen Hitlers erkennen, wie sehr seine militärische Vorstellungswelt durch die Erlebnisse des Gefreiten im Ersten Weltkrieg beeinflußt war. Damals hatten deutsche Mammutgeschütze (»Dicke Berta«) Paris unter Feuer genommen. Zugleich befürchtete Hitler, die Russen würden die Reichskanzlei mit Giftgranaten beschießen. Dies wurde für ihn fast zu einer Zwangsvorstellung. In den letzten Wochen des Ersten Weltkrieges war er selbst an der Somme das Opfer eines Gasangriffs geworden und zeitweise erblindet. Am 11. November 1918 lag der Gefreite Hitler im Lazarett von Pasewalk, das nun schon von den Russen erobert worden war; und Hitler kam mehrfach darauf zu sprechen.

Giftgas war eine der wenigen Vernichtungswaffen, die im Zweiten Weltkrieg nicht eingesetzt wurden; doch wie die militärischen und politischen Führer anderer Nationen, fürchtete auch Hitler in den letzten Wochen seines Lebens, diese Waffe könne zur *ultima ratio* eines gnadenlosen Endkampfes werden. Deutsche Wissenschaftler hatten außer tödlichen Nervengasen wie *Tabun* auch ein Gas entwickelt, das nur für 24 Stunden lähmte; und die deutsche Abwehr glaubte, die Sowjets besäßen ein ähnliches Kampfmittel. (Albert Speer zufolge war dies ein Irrtum.) Es war jene »Geheimwaffe«, die Hitler am meisten fürchtete, weil sie ihn bewußtlos hätte in die Hände seiner Feinde fallen lassen können.

Als wir Hans Baur zum letztenmal besuchten, schilderte er uns zunächst seinen Einzug in den Bunker: »Mein Quartier in der ehemaligen jugoslawischen Botschaft war ein paar hundert Meter von einem großen Flakturm entfernt, den die Russen unter Artilleriefeuer nahmen. Als ich Hitler davon erzählte, ließ er mir einen Raum im Reichskanzleikeller zuweisen. Dort wohnten auch Bormann, Rattenhuber, Högl und andere.

Am 23. April mußte ich meine neun *Condor*-Maschinen von dem Behelfsflugplatz in Kladow, jenseits der Havel, auf den großen Luftwaffenstützpunkt im mecklenburgischen Rechlin verlegen. Dort standen auch drei Langstrecken-Transportmaschinen vom Typ *Junkers-390*. Am nächsten Mittag meldete ich Hitler zögernd, daß Berlin für unsere großen Maschinen dicht war: ›Mein Führer, es tut mir leid, aber Kladow liegt nun unter dem Feuer der russischen Artillerie, und eine unserer *Condor-*Maschinen ist in der Halle zerstört worden. Die Russen sind zwar vom Kontrollturm aus noch nicht zu sehen, aber ihre Spähtrupps können nicht mehr weit sein. Trichter in der Rollbahn machen einen Start schon am Tag schwierig, nachts jedoch unmöglich.‹ Hitler nahm diese Meldung ohne sichtbare Bewegung entgegen; er meinte nur: ›Baur, fliegen Sie aus Berlin heraus, solange es noch Zeit ist. Sie brauchen nicht unbedingt hier zu sein. Was wir jetzt benötigen, sind Panzerfäuste für den Straßenkampf und den letzten Widerstand. Wenn Sie damit hier in Berlin nicht landen können, dann werfen Sie die Waffen ab. Ich werde in der Reichshauptstadt stehen oder fallen. Diese Entscheidung ist unwiderruflich.‹

Ich entgegnete Hitler darauf: ›Mein Führer, die alte Reichskanzlei-Gruppe ist auf ein Dutzend zusammengeschrumpft. Sie wissen, ich bin nicht der Mann, Sie jetzt, in der Stunde der größten Gefahr, zu verlassen. Draußen in Rechlin sind noch immer einige Besatzungen stationiert, die Panzerfäuste und anderes Material einfliegen können, und ich weiß, daß ich mich hier weiterhin nützlich machen und Ihnen zu Diensten sein kann . . .‹* Und so gab Hitler nach und meinte ruhig: ›Baur, ist schon gut. Es ist Ihre Entscheidung; natürlich haben Sie meine Erlaubnis.‹ Und zumindest in diesem Augenblick wirkte er entspannt.«

An diesem 24. April 1945 wartete Generalleutnant Hans Baur, Chef der Führerflugstaffel, noch immer vergeblich auf eine zuverlässige Meldung über den Verbleib der von Major Friedrich Gundlfinger geflogenen *Ju*-52, die in der Nacht zum 23. April als letzte der zehn Maschinen nach Süddeutschland gestartet war. Reporterglück fügte es, daß wir in dem früheren Oberscharführer Rochus Misch, dem schon erwähnten Telefonisten des Führerbunkers, einen Augenzeugen fanden, der Hitlers

---

* Baur stellte aus den im Keller des nahegelegenen Propagandaministeriums abgehörten Rundfunkmeldungen für Hitler Nachrichtenübersichten zusammen.

jungen Diener Arndt gut gekannt hatte. Beide gehörten zu den fast noch jugendlichen Angehörigen des Führerbegleitkommandos, denen Hitler nahezu fürsorglich zugetan war. In jener hektischen Nacht hatten Misch und Arndt zusammen Dienst. So erfuhren wir endlich, welche Geheimunterlagen sich an Bord der *Ju*-52 befunden hatten. Misch: »RSD-Beamte haben die Maschine, die dann als überfällig gemeldet wurde, damals in großer Eile beladen. Ein Teil der Fracht war streng geheim und zumindest für Hitler äußerst wertvoll. Dazu gehörten mehrere Zinkkisten mit den Originalen aller stenografischen Aufzeichnungen seiner Tischgespräche seit 1942.«

Das war eine überraschende Information. Natürlich wußten wir, daß bislang nur ein Teil aller Protokolle der Tischgespräche entdeckt und veröffentlicht worden ist. Die übliche Erklärung dafür waren Machinationen Bormanns, der den Stenografen des Führerhauptquartiers viele Monate hindurch den Zutritt verwehrt habe.

Wir fragten Misch, was er über das Schicksal der Maschine Gundlfingers wisse. Und wir waren zunächst verblüfft über seine Antwort: »Ich saß in der Telefonzentrale am Vermittlungsschrank, als irgend jemand aus der *Staffel Baur* hereinkam, mir einen Schnaps anbot und dann erzählte, die überfällige Maschine sei über Beelitz, einem kleinen Städtchen in der Mark Brandenburg, von amerikanischen Jägern abgefangen und zur Landung in Köln gezwungen worden. Das läßt mich hoffen, daß mein Kamerad Arndt, von dem ich nie wieder etwas hörte, den Krieg überlebt hat.«

»Herr Misch, Sie sind in der Gefangenschaft mit Generalleutnant Baur zusammengewesen. Hat er Ihnen Auskünfte über den Verbleib der Maschine geben können?«

Misch: »Nein; und ich muß hinzufügen, daß die Geschichte von der erzwungenen Landung in Köln eben nicht mehr als ein Bunkergerücht war.«

Chefpilot Hans Baur hatte natürlich ebenfalls davon

gehört. Wir fragten auch ihn; seine präzise Antwort. »Es *war* typisches Bunkergerede . . . Wenn ein Flugzeug in Köln zur Landung gezwungen worden sein sollte, so gewiß nicht eine meiner Maschinen. Major Gundlfinger flog auf dem befohlenen Kurs. Er hatte gerade die Grenze zwischen dem Böhmerwald und dem Bayerischen Wald überflogen, als seine Maschine abstürzte. Vermutlich ist er in der Dämmerung von alliierten Jägern abgeschossen worden, oder der Motorschaden, der schon den Abflug verzögert hatte, war erneut aufgetreten. Doch das halte ich für unwahrscheinlich; ein so exzellenter Pilot wie Gundlfinger hätte gewiß noch irgendwie eine Notlandung zuwege gebracht.

Nachdem ich 1955 aus der Gefangenschaft zurückgekehrt war, bemühte ich mich, etwas über das Schicksal Gundlfingers und der anderen Insassen der Maschine zu erfahren. Der Suchdienst hatte es aufgeklärt. Ich stellte fest, daß die zwölf Menschen ums Leben gekommen waren. Die Leichen wurden auf einem nahegelegenen Friedhof bestattet, waren damals jedoch nicht identifiziert. Ein paar Einwohner eines nahegelegenen Dorfes erinnerten sich an den Aufschlag der Maschine; aber ich fand niemanden, der mir Beobachtungen über die entscheidenden Minuten *vor* dem Absturz schildern konnte.«

Es gibt eine andere Erklärung für die lebensgefährliche Verspätung der Maschine, als sie uns Hans Baur nach seinem Kenntnisstand gegeben hat. Die Frau des im Kapitel »Die Höhle« erwähnten Cheftechnikers Johannes Hentschel – im letzten Kapitel wird er die Hauptrolle spielen – flog mit einer der zehn Maschinen nach Bayern. Sie berichtete uns: »Kurz bevor wir unsere Maschine bestiegen – die ersten drei Flugzeuge waren schon gestartet –, kam es zu einem Zwischenfall. Arbeiter, die im Fackelschein unser Gepäck transportierten, begannen über die ›Reichskanzlei-Bonzen‹ zu schimpfen, dann pöbelten sie uns an und plünderten die Koffer. Bis die Ordnung wiederhergestellt war und wir starten konnten, verging fast eine Stunde.«

Major Friedrich Gundlfinger, geboren am 19. Mai 1900 in München, galt als einer der besten Piloten der Führerflugstaffel. Seine Feldpostnummer lautete 00652. Die letzte briefliche Nachricht gab er am 20. April 1945 aus Schönwalde bei Berlin.

Die Festung

»Ich kann nur sagen,
diese letzte Nuß war sehr hart.«

Marschall Wassilij I. Tschuikow,
im April 1945 als Generaloberst
Befehlshaber der sowjetischen
8. Garde-Armee
über die Kämpfe im Regierungsviertel Berlins.

Ein Frontoffizier im großen Dienstanzug kam mit einem Geldgeschenk.

Der SS-Obersturmbannführer Fritz Beutler, 35, meldete sich am 22. April gegen 12 Uhr mittags im Führerbunker, um Adolf Hitler eine nachträgliche Geburtstagsgabe der in Österreich kämpfenden 6. SS-Panzerarmee zu überbringen: 7,5 Millionen Reichsmark. Diesen Betrag hatten die Offiziere und Mannschaften als traditionelle »Führergeburtstagsspende« für das »Winterhilfswerk des deutschen Volkes« gesammelt.

Das Kuvert mit dem Millionenscheck in der Hand, wartete der von der letzten seiner fünf schweren Verwundungen noch keineswegs völlig genesene hagere Offizier im Korridor darauf, von Hitler, der noch das Mittagessen einnahm, empfangen zu werden. Eva Braun kam aus einem der Bunkerräume, begrüßte ihn, und kurz darauf folgte ihr Hitler. Er bat den Besucher in das Kartenzimmer: »Bitte kommen Sie herein.«

Beutler übermittelte die Glückwünsche der Armee und ihres Oberbefehlshabers, des SS-Oberstgruppenführers Sepp Dietrich, und übergab den Scheck. Hitler dankte, lächelte leicht und legte das Kuvert auf die Platte des großen Kartentisches. Er bat Beutler, Platz zu nehmen, und erläuterte ihm auf der Europa-Karte den Frontverlauf in Ost und West bis ins militärische Detail.

Im Herbst 1974 schilderte der frühere SS-Offizier, der heute als Angestellter eines großen Elektrokonzerns vor den Toren Hamburgs lebt, uns die absurde Mission, die ihn kurz vor Toresschluß in die Katakombe führte. Wir waren durch einen puren Zufall auf diesen interessanten Zeugen gestoßen, und wir fanden, daß sein Bericht die morbide und intrigante Atmosphäre im Bunker besonders deutlich werden läßt. Darüber hinaus aber verdanken wir Beutler wichtige Informationen über einen Mann, dessen besondere Rolle in dem Drama jener Tage von den Zeithistorikern bislang nicht annähernd ausgeleuchtet worden ist – den SS-Brigadeführer und Generalmajor der Waffen-SS, Wilhelm Mohnke. Er war als Befehlshaber der »Zitadelle« von Berlin zugleich Kampfkommandant der Reichskanzlei und unterstand unmittelbar Hitler.

Doch hier zunächst der Bericht Beutlers: »Als ich Hitler am 22. April mittags gegenübersaß, wirkte er auf mich nicht wie ein Wrack. Gewiß zitterte die linke Hand, der linke Arm, aber ich hatte nicht den von anderen Augenzeugen so häufig beschriebenen Eindruck völliger physischer Hinfälligkeit. Was er sagte, war klar, präzise, und seine Angaben über die militärische Lage entsprachen jedenfalls für den Bereich, den ich kannte, den Tatsachen. Er wußte genau, wo welche Einheit stand.

Ich mag etwa eine Viertelstunde bei Hitler gesessen

haben, als Eva Brauns Schwager, SS-Gruppenführer Hermann Fegelein, der Himmler im Führerhauptquartier vertrat, den Kopf durch die Tür steckte. Mit den Worten: ›Kommen Sie ruhig herein, Fegelein . . .‹ lud Hitler ihn ein, sich zu uns zu setzen. Er nahm sogleich Platz, beteiligte sich jedoch nicht an der Unterhaltung. Mehrere FBK-Offiziere, die ich gut kannte, hatten mich vor dem Mann gewarnt und ihn drastisch als ›Schwein‹ und ›Verräter‹ bezeichnet. Offenkundig wollte er auskundschaften, weshalb ich in den Bunker gekommen war. Nachdem Hitler noch einmal die Hoffnung geäußert hatte, es werde gelingen, die Zange der Roten Armee um Berlin durch Entsatzangriffe aufzubrechen, deutete er mit einer Handbewegung das Ende der Besprechung an. Wir verließen das Kartenzimmer.

Wir hatten kaum die Tür hinter uns geschlossen, als Fegelein mich wütend attackierte: ›Wie kommen Sie hier herein, und was wollen Sie überhaupt beim Führer? Bis hierher dringt man sonst nur über meine Leiche vor. Wieso tragen Sie noch Ihre Pistole? Handwaffen sind abzulegen, das gilt auch für Sie!‹ Bei diesen Worten packte er mich am Arm. Unwillkürlich griff ich zur Pistolentasche. Die Arroganz, die der Kerl mir gegenüber an den Tag legte, machte mich derartig zornig, daß nicht viel gefehlt hätte, und ich wäre mit der Waffe auf ihn losgegangen. Als er das merkte, lenkte er blitzartig ein und verschwand.«

»Herr Beutler, Ihre Schilderung gibt uns Anlaß zu einigen Zwischenfragen. Zunächst: In der Lagebesprechung am Nachmittag des 22. April, also wenige Stunden nach Ihrem Besuch, kam es ja zu dem furchtbaren Ausbruch Hitlers, der dann in völlige Niedergeschlagenheit verfiel und spontan den Entschluß faßte, aufzugeben und sich noch am selben Abend zusammen mit Eva Braun umzubringen. Sie kennen sicher die Berichte über den Verlauf dieser stürmischen Konferenz. Hat er auch

Ihnen gegenüber von Verrat, Treulosigkeit und dem nahen Ende gesprochen?«

Beutler: »Nicht ein Wort. Er schilderte mir die Lage nüchtern und sachlich.«

»Wie waren eigentlich zum Zeitpunkt Ihres Besuches die persönlichen Beziehungen zwischen Hitler und Sepp Dietrich? Immerhin hatte der Führer doch den Elitedivisionen der 6. SS-Panzerarmee und insbesondere dem *Panzerkorps Leibstandarte* völliges Versagen während der verlustreichen Offensive in Ungarn vorgeworfen; Sepp Dietrich hatte diese Beschuldigung mit einem empörten Funkspruch zurückgewiesen, und er stand in den letzten Kriegsmonaten durchaus nicht mehr voll hinter Hitler; mehrere Zeugen haben uns das bestätigt.«

Beutler: »Ich habe von einer Trübung der Beziehungen zwischen beiden nichts bemerkt. Hitler äußerte sich mir gegenüber sehr freundlich über Sepp Dietrich und trug mir Grüße an ihn auf.«

»Es ist kaum anzunehmen, daß Sepp Dietrich Sie nur nach Berlin entsandt hat, um Hitler nachträglich zum Geburtstag zu gratulieren und den Scheck zu überreichen. Hatten Sie noch weitere Aufträge?«

Beutler: »Gewiß. Ich sollte Hitler insbesondere im Hinblick auf seinen zeitweiligen Unmut über unsere Armee die Stimmung in der Truppe schildern; sie war gut. Aber vor allem hatte Sepp Dietrich mir befohlen, die Rolle Fegeleins, gegen den er ein abgrundtiefes Mißtrauen hegte, genauer unter die Lupe zu nehmen. Er kreidete Himmler und dessen Vertreter im Führerhauptquartier an, daß sie den unbegründeten Zorn Hitlers über die Armee und insbesondere über die *Leibstandarte* nicht gedämpft und die Beleidigung der Soldaten, denen die Ärmelstreifen aberkannt worden waren, nicht verhindert hatten. Offenkundig hat Fegelein geahnt, weshalb ich im Führerbunker erschienen bin. Ich höre noch heute die wütenden Äußerungen der FBK-Offiziere im Bunker, die

Fegelein des Verrats beschuldigten. Inwieweit dabei auch der Verdacht mitspielte, er könne jenes Leck sein, durch das immer wieder Informationen über Vorgänge im engsten Kreis um Hitler an die Engländer und in ihren *Soldatensender Calais* gelangten, vermag ich nicht zu sagen.«

»Übrigens – eine Frage am Rande, aber sie ist dennoch nicht unwichtig: Wie war es möglich, daß Sie Ihre Pistole bei sich trugen, als Sie von Hitler empfangen wurden? Nach dem Attentat des 20. Juli 1944 waren die Kontrollen im Führerhauptquartier sehr scharf, und selbst der Generalstabschef mußte die Waffe ablegen, wenn er zum Vortrag bei Hitler erschien. General Mohnke, der in den letzten Tagen mit umgeschnallter Pistole zur Lagebesprechung gekommen war, wurde von den RSD-Beamten darauf aufmerksam gemacht, daß dies nicht gestattet sei.«

Beutler: »Mir hat niemand die Waffe abverlangt; die FBK-Offiziere kannten mich lange, es waren Kameraden aus den Anfangsjahren der *Leibstandarte*.«

»Welchen Eindruck hatten Sie von Eva Braun? Wirkte sie niedergeschlagen?«

Beutler: »Nicht im geringsten; sie war blendender Laune, oder sie tat jedenfalls so.«

Am 18. April hatte der Obersturmbannführer das Hauptquartier der 6. SS-Panzerarmee in der Nähe von Wien in einem feldgrauen Kübelwagen mit Fahrer verlassen – zunächst nordwärts in Richtung Prag, dann an der Elbe entlang, durch Sachsen und die Lausitz in das schon von der Roten Armee bedrohte Gebiet südlich Berlins.

Beutler: »Wir brauchten vier Tage, weil wir immer wieder den russischen Panzerrudeln ausweichen mußten. Am Morgen des 22. April hatten wir endlich die Reichshauptstadt erreicht. Wir fuhren zunächst zur Kaserne der *Leibstandarte*, der früheren Hauptkadettenanstalt in Lichterfelde-West; ich wollte die Uniform wechseln.

Dort begegnete ich Generalmajor Mohnke. Wir kannten uns seit langem. Im Frankreich-Feldzug hatte er das 2. Bataillon der *Leibstandarte,* die damals noch ein Regiment gewesen war, geführt, und ich war sein Adjudant. Nun meinte er, ich solle doch in Berlin bleiben und ihn auf seinem neuen Posten als Befehlshaber der ›Zitadelle‹ unterstützen, er werde das mit Sepp Dietrich regeln. Ich mußte jedoch zur Armee zurück. Zunächst fuhr ich zur Reichskanzlei. Für die Strecke von Lichterfelde bis zur Voßstraße brauchten wir zwei Stunden.«

»Haben Sie besonders absurde Szenen aus dem Bunker in Erinnerung?«

Beutler: »Nachdem Fegelein gegangen war, unterhielt ich mich mit einigen meiner alten Kameraden aus dem Führerbegleitkommando. Natürlich ging es um die sich von Stunde zu Stunde verschlechternde militärische Lage, und ich fragte sie: ›Was soll denn nun noch werden?‹ Allen Ernstes gaben sie mir zur Antwort: ›Warte nur ab, noch zwei- oder dreimal 24 Stunden, dann wird es einen großen Knall geben, und der Krieg ist aus und gewonnen.‹ Ich war sprachlos.«

Am frühen Nachmittag zog Beutler in der Leibstandarten-Kaserne die Felduniform wieder an und machte sich auf den Rückweg – zunächst zur Elbe, dann durch Sachsen und die Tschechoslowakei zur Donau. In der Nähe von Linz geriet er in amerikanische Gefangenschaft. Es folgten bittere Jahre in Lagern und Gefängnissen der Geheimdienste.

Beutlers Fahrt nach Berlin war so sinnlos wie nahezu alles, was in den letzten Tagen in der Katakombe geschah. Der geschlagene Diktator im Führerbunker brauchte am 22. April 1945 nichts weniger als einen Millionenscheck. Und Sepp Dietrich, der alte Haudegen aus der »Kampfzeit«, bekam seinen Kundschafter, der den Umtrieben des Intriganten Fegelein nachspüren sollte, nicht wieder zu Gesicht.

Auch ohne eine Intervention Sepp Dietrichs stand Hermann Fegelein – Beutlers Bericht zeigte es deutlich – schon am Rande des Abgrunds, in den er eine Woche später, am Abend des 28. April, stürzen sollte, als Angehörige des Reichssicherheitsdienstes ihn aufgrund eines Führerbefehls im Ehrenhof der Reichskanzlei erschossen. Kampfkommandant Mohnke hatte zuvor von Hitler den Auftrag bekommen, gegen Himmlers Vertreter im Hauptquartier ein Kriegsgerichtsverfahren durchzuführen; der Versuch scheiterte an Fegeleins Trunkenheit. Wir schildern die Affäre in dem Kapitel »Der Schuß«.

Als der Obersturmbannführer Fritz Beutler am Nachmittag des 22. April vor dem Portal der Alten Reichskanzlei in den feldgrauen Kübelwagen stieg, um zur 6. SS-Panzerarmee zurückzufahren, erinnerte er sich melancholisch an die glänzenden Paraden, die Hitler vor dem Krieg an dieser Stelle, im offenen Mercedes stehend, abgenommen hatte. Mit klingendem Spiel und preußischem Stechschritt war die *Leibstandarte SS Adolf Hitler* in Paradeuniform an dem Führer und Reichskanzler vorbeimarschiert – immer wieder ein Schauspiel, das die Berliner faszinierte, wie damals am 20. April 1938 zum 49. Geburtstag Hitlers.

Ein Bild dieser Parade zeigt Beutler neben dem Fahnenträger und dem damaligen SS-Hauptsturmführer Wilhelm Mohnke mit gezogenem Degen vor seiner Kompanie. Viele der Männer kehrten von den Schlachtfeldern des Zweiten Weltkriegs nicht oder schwer verwundet zurück – die *Leibstandarte* gehörte zu den Elitetruppen: als Regiment 1939 in Polen, 1940 in Holland, Belgien und Frankreich; als leichte motorisierte SS-Division 1941 in Jugoslawien und Griechenland, als SS-Panzerdivision im Süden der Sowjetunion und als SS-Panzerkorps 1944 an der Invasionsfront, während der Ardennenoffensive und 1945 in Ungarn und Österreich.

Wilhelm Mohnke war der treu ergebene Prätorianer

par excellence. Als Oberscharführer – dieser Dienstgrad entsprach dem Feldwebel in der Wehrmacht – und Führeranwärter war er im Mai 1933 der erste, als SS-Brigadeführer im April 1945 der letzte Wachhabende der Reichskanzlei. Doch auch in der Katakombe gehörte er nicht zum inneren Kreis um Hitler, und sein Urteil über Menschen und Vorgänge innerhalb des »Hofes« blieb bemerkenswert distanziert. In langen Gesprächen hat der Generalmajor a. D. uns seinen Weg im Dritten Reich und das Ende im Bunker geschildert; und wir möchten an dieser Stelle die Bereitwilligkeit und Geduld hervorheben, mit der er auch die härtesten Fragen beantwortete.

Der heute 64jährige Kaufmann wirkt auch 30 Jahre nach dem Ende seiner militärischen Laufbahn als ein Mann, der es gewohnt war, zu befehlen, Verantwortung für andere zu tragen und auch in den schwierigsten Situationen nicht den Kopf zu verlieren – der Typ des Kommandeurs. Breitschultrig, stämmig und jovial, erinnerte er an einen Schiffskapitän (er stammt aus einer Hansestadt) mit langer Fahrenszeit. Und wer sich mit ihm unterhielt, begegnet einem ausgeprägten Verständnis für andere Völker und Kulturen.

Ein *guter Deutscher* zu sein, ist für ihn auch heute unabdingbar; doch daß am deutschen Wesen die Welt genesen müsse, war schon am Kriegsbeginn Mohnkes Meinung nicht.

Wer diesem vierschrötigen Mann gegenübersitzt, spürt schon nach wenigen Minuten, daß er nicht leicht aus der Ruhe zu bringen und nur schwer aus der Reserve zu locken ist. Mohnke hat, nachdem er 1955 wie die meisten Mitglieder der Reichskanzlei-Gruppe aus der sowjetischen Gefangenschaft zurückgekehrt war, viele Jahre über das geschwiegen, was er 1945 in der letzten Aprilwoche in seinem Befehlsstand unter der Neuen Reichskanzlei und im Führerbunker erlebte. Diese Zurückhaltung hatte mehrere Gründe: die Überzeugung, die in den Massenmedien zum Ausdruck kommende öffentliche Meinung in der Bundesrepublik sei auch heute überwiegend nicht bereit, die Männer der Waffen-SS als *Soldaten* anzuerkennen; und hinzu kam die allgemeine Erwägung, das Dritte Reich werde nicht mit objektiven Maßstäben gemessen, und diejenigen, die das Ende wirklich im Zentrum des Geschehens erlebten, hätten bisher kaum eine Möglichkeit gehabt, es sachlich zu schildern.

Wer will, mag den Generalmajor a. D. Mohnke einen von Ressentiments erfüllten Troupier nennen, der immer wieder die verlorenen Schlachten seines Soldatenlebens schlägt: doch damit würde man ihm nicht gerecht. Zwar hat ihn die SS, haben ihn die sechs Jahre Krieg, seine Verwundungen und zehneinhalb Jahre Gefangenschaft tief geprägt; doch er lebt nicht in der Vergangenheit. Nicht zuletzt seine patente Frau und der zehnjährige Sohn sorgen dafür. Freilich ist Mohnke ehrlich genug, die seelische Last nicht zu verschweigen, die grausige Erlebnisse ihm in verschiedenen Phasen seiner Laufbahn aufgebürdet haben. Kein Zweifel – er hat 1945 in der Reichskanzlei ein Stück Weltgeschichte miterlebt: das Ende des neben Stalin wohl mächtigsten Despoten, den dieses Jahrhundert bis dahin hervorgebracht hatte.

Wilhelm Mohnke ist ein *Zeuge der Zeit*. Wir fragten ihn in unserem ersten Gespräch, ob er sich dessen bewußt sei. Seine Antwort war sehr aufrichtig: »Natürlich, aber ich möchte das alles nicht überbewertet wissen. Ich wurde zum Befehlshaber der ›Zitadelle‹ ernannt, weil Hitler glaubte, ich sei für diese Aufgabe der geeignete Kommandeur; doch ich war gewiß nicht der einzige, der dafür in Frage kam. Es war ein gut Teil Zufall im Spiel, wie so häufig im Leben. Ich hatte den Befehl, die Verteidigung des Regierungsviertels zu leiten, und das habe ich getan bis zum letzten Tag. *Durchhalte-General?* – natürlich, ich kenne diese gehässige und polemische

Formulierung, aber sie trifft mich nicht. Wer das Ende in Berlin und wer die Russen damals erlebt hat, dem blieb doch in jenen furchtbaren Tagen und Nächten kaum eine andere Wahl. Das galt für mich genauso wie für den Befehlshaber des Verteidigungsbereiches Berlin, General Weidling.

Nie werde ich vergessen, wie Hitler mir – ich weiß nicht mehr, an welchem Tag, es mag der 27. April gewesen sein – die zuerst bei ihm eingelaufene Meldung weitergab, am Potsdamer Platz, also nur 300 Meter von uns entfernt, sei den Russen ein Panzereinbruch gelungen. Wir dachten alle: ›Jetzt ist es soweit, das ist der Sturmangriff auf die Reichskanzlei‹. Was anderes hätte ich wohl tun sollen als die Russen mit allen mir zur Verfügung stehenden, zum Teil schnell zusammengerafften Kräften zurückzuschlagen? Wir haben doch nicht nur die Insassen des Führerbunkers und uns selbst verteidigt. Neben meinem Gefechtsstand befand sich das Lazarett mit mehreren hundert Schwerverwundeten; und in den Kellerräumen der Reichskanzlei hatten viele Zivilisten, vor allem Frauen mit Kindern, Zuflucht gesucht. Wir haben die Panzer abgeschossen, teils im Nahkampf. Die Russen versuchten es nicht noch einmal . . .«

»Herr Mohnke, aus den Memoiren der sowjetischen Marschälle ist bekannt, wie systematisch und detailliert sie den Angriff auf Berlin vorbereitet hatten. Schukows Soldaten übten den zu erwartenden Straßen- und Häuserkampf an Modellen und bekamen Stadtpläne mit kyrillischer Beschriftung. Der Reichstag war für die Rotarmisten das *Objekt 105,* die Reichskanzlei *106,* das Auswärtige Amt *108* . . . Die Frage liegt nahe: Weshalb eroberten die Russen den Reichstag, aber nicht die Reichskanzlei, die sie ja am Vormittag des 2. Mai kampflos besetzten? Die von sowjetischer Seite immer wieder gegebene Begründung, nach dem Reichstagsbrand* vom 27. Februar 1933 und dem dann folgenden Prozeß sei gerade dieses Gebäude das eigentliche Symbol der NS-Herrschaft in Berlin gewesen, ist doch wenig überzeugend. Wenn es Stalins Ziel war, Hitler lebendig in seine Hand zu bekommen – und davon wird man ausgehen können –, war das *Objekt 105* für die Russen nicht allzu interessant, denn sie dürften gewiß gewußt haben, daß der Führer sich dort jedenfalls nicht aufhielt . . .«

Mohnke: ». . . Ich glaube, die Generäle um Schukow haben sich von ganz simplen militärischen Überlegungen leiten lassen. Angesichts der örtlichen Gegebenheiten war es nur logisch, daß sie den Reichstag angreifen ließen, denn Panzer und Artillerie hatten von Westen und Südwesten, aus dem Tiergarten und dem Gelände zwischen der Spree und der heutigen ›Straße des 17. Juni‹, freies Schußfeld und konnten die Sturmtruppen wirkungsvoll unterstützen. Die Reichskanzlei hingegen war von Ruinen umgeben, die die Russen nacheinander hätten erobern müssen. Zudem hat Schukow wohl vermutet, daß die letzte Bastion Hitlers eine einzige Festung sei; das war, nebenbei bemerkt, ein Irrtum. Aber dieser Kern der ›Zitadelle‹ wurde mit großer Härte verteidigt.«

Der Schutz der Reichskanzlei war die letzte und die erste Aufgabe Mohnkes während der Herrschaft Hitlers. Wenige Tage nach der Machtübernahme hatte der Führer im Gespräch mit dem einstigen Feldwebel Sepp Dietrich, einen seiner frühesten Gefolgsmänner, die Notwendigkeit erörtert, zur Sicherung und Bewachung seines Amtssitzes eine zuverlässige Truppe aufzustellen. Daraufhin wurden aus allen SS-Standarten des Reiches jeweils zwei besonders geeignete Freiwillige ausgewählt. Einer der

---

* Der Reichstagsbrand diente Hitler, Göring und Goebbels, die sofort die Kommunisten für die Brandstiftung verantwortlich machten, als willkommener Anlaß für die terroristische Ausschaltung aller innenpolitischen Gegner und gilt als der eigentliche Beginn der nationalsozialistischen Diktatur.

beiden aus der Standarte 22 in Lübeck war Wilhelm Mohnke.

Insgesamt 90 Mann – kerngesund, mindestens 1,80 Meter groß, mit allen Zähnen, ohne Brille – meldeten sich am 17. März 1933 zum Dienstantritt in der Reichshauptstadt und wurden zunächst zum *SS-Sonderkommando Berlin* zusammengefaßt.

Die Ausbildung in Tempelhof war hart und die Löhnung karg. Aus dieser Einheit entwickelte sich die *Leibstandarte SS Adolf Hitler.* Ihr erster Kommandeur wurde Sepp Dietrich.

Nach einigen Wochen begann für Mohnke und seine Kameraden der Wachdienst in der Reichskanzlei. Mit einem Trupp von acht Mann bezog der 22jährige Oberscharführer in dem Gebäude an der Wilhelmstraße Posten: Es war der 8. Mai 1933. Genau zwölf Jahre später unterzeichnete Feldmarschall Keitel in Berlin-Karlshorst die bediengungslose Kapitulation aller deutschen Streitkräfte.

Die Freiwilligen, die in jenen Tagen des »nationalen Aufbruchs – *Deutschland erwache!*« in die SS-Kasernen der *Leibstandarte*, der Standarten *Deutschland, Germania* und *Der Führer* eintraten, wollten einer militärischen Elite, der Garde des neuen Staates, angehören. Gewiß, einige dieser jungen Männer waren arbeitslos gewesen und rechneten sich nun Chancen für berufliches Fortkommen aus; doch sie waren zweifellos fasziniert von dem Appell der nationalsozialistischen Machthaber an den Idealismus jedes einzelnen und von dem Angebot der Aufstieg in der neuen Truppe werde nur auf dem Leistungsprinzip beruhen, nicht aber auf gesellschaftlichen Ansprüchen oder dem Bildungsmonopol der Abiturienten. Eine politische Indoktrinierung, so hat Wilhelm Mohnke uns versichert, sei nicht notwendig gewesen; denn wer sich freiwillig meldete, brachte damit seine positive Einstellung zur NS-Bewegung, zum Reich und seinen Glauben an Hitler zum Ausdruck. Wer wie Mohnke, Interesse hatte, konnte an der Deutschen Hochschule für Politik in Berlin Vorlesungen besuchen.

Doch schon in den ersten Monaten des Dritten Reiches machten diese jungen Idealisten unerwartete Erfahrungen, die den Charakter des Regimes, dem sie sich verschrieben hatten, offenbar werden ließen; das wurde ihnen freilich nicht bewußt. Mohnke: »Schon im April 1933 kam es in der Kaiserin-Auguste-Viktoria-Kaserne, in der wir untergebracht waren, zu Mißfallensbekundungen durch uns, die sich fast zu einer kleinen Revolte auswuchsen. Wir hatten Mißhandlungen kommunistischer Häftlinge durch die sogenannte Polizeiabteilung Wecke gesehen und waren darüber empört. So hatten wir uns das nicht vorgestellt. Wir waren dagegen, daß Wehrlose geschlagen wurden, und wir glaubten, ein Gesinnungswechsel müsse durch Argumente statt durch Prügel erreicht werden. Es ist bezeichnend genug, daß unsere Vorgesetzten nicht etwa unbarmherzig ›durchgriffen‹, sondern sich für eine humane Behandlung der Gefangenen einzusetzen versprachen. Dies tat Sturmführer Reich bei Wecke.«

Doch es kam schlimmer, ein Jahr später auf dem Höhepunkt der Röhm-Affäre. Nun ging es nicht mehr um Kommunisten, sondern um langjährige Nationalsozialisten hohen Ranges, und sie wurden nicht »nur« drangsaliert, sondern liquidiert. Mohnke: »Der 30. Juni 1934 war für uns ein entsetzlicher Tag; die Szenen, die ich sah, stehen mir noch heute vor Augen. Draußen auf dem Kasernengelände in Lichterfelde wurden die Delinquenten – von der Gestapo überstellt – einer nach dem anderen an die Wand gestellt und erschossen. Die Pelotons waren aus Rekruten gebildet worden, die gerade vier Wochen schießen konnten . . . Ich sehe noch den Berliner SA-Gruppenführer Ernst an einer dunkelroten Ziegelmauer stehen; bevor er, von den Kugeln aus sieben

Gewehrläufen getroffen, zusammenbrach, rief er mit ausgestrecktem Arm: ›Es lebe Deutschland, es lebe der Führer!‹ Karl Ernst war auf der Hochzeitsreise in Bremen verhaftet worden. Er wollte mit seiner Frau gerade an Bord eines Schiffes gehen. Im Flugzeug nach Berlin transportiert, hatte er das Ganze nichtsahnend zunächst für einen rabaukigen Streich und dann für ein Mißverständnis gehalten . . . Er starb wie ein Mann.

Die Tatsache, daß damals nicht nur innenpolitische Gegner, sondern auch langjährige Gefolgsleute Hitlers aus der ›Kampfzeit‹ ohne Gerichtsverfahren umgebracht wurden, hat uns über das Grausige des Vorgangs hinaus nachdenklich werden lassen.«

»Herr Mohnke, was Sie damals erlebten, war ein Blutbad. Wie wurde man insbesondere als junger Mensch – Sie waren damals 23 – damit fertig, und hat es Ihre Einstellung zur Person Hitlers und zur Bewegung verändert?«

Mohnke: »Das läßt sich nicht in zwei Sätzen beantworten. Der emotionale Aspekt ist klar: Das Furchtbare jenes Tages empfinde ich noch heute sehr lebhaft. Schwer wiegt natürlich vor allem für die Männer, die damals schießen mußten, die Frage nach der moralischen Rechtfertigung des eigenen Handelns. Bedenken Sie den Eid, den wir geleistet hatten:

> Ich schwöre Dir, Adolf Hitler, als Führer und Kanzler des Reiches, Treue und Tapferkeit. Ich gelobe Dir und den von Dir bestimmten Vorgesetzten Gehorsam bis in den Tod, so wahr mir Gott helfe.

Ich füge hinzu: Für mich und meine Kameraden galt das bis zur Eidesentbindung am Nachmittag des 2. Mai 1945 in der Brauerei im Wedding; doch dazu kommen wir noch. Juristisch ist darauf zu verweisen, daß der Reichstag die Maßnahmen des 30. Juni 1934 nachträglich, am 13. Juli jenes Jahres, als Staatsnotwehr sanktioniert hat. Und damit komme ich zum zweiten Teil Ihrer Frage. Der 30. Juni hat meine persönliche Einstellung zu Hitler und zum Nationalsozialismus damals nicht verändert, jedenfalls nicht im Sinne einer kritischen Überprüfung des eigenen Standpunktes. Wir hielten das, was geschehen war, für entsetzlich, aber letzten Endes für notwendig und konnten uns dabei auf die höchsten Autoritäten des Staates, den Reichspräsidenten von Hindenburg eingeschlossen, stützen. Ebenso gewiß ist freilich, daß damals der erste Rauhreif auf unsere Ideale fiel. Und im Hinblick auf das, was heute über die Hintergründe des 30. Juni 1934 bekannt ist, sind wir, die wir die Tragödie damals an Ort und Stelle miterlebten, zu der wohl verständlichen Überzeugung gekommen, daß wir von anderen, die selbst nach außen unbeteiligt bleiben wollten, mißbraucht worden sind. Die Röhm-Affäre war der blutige Höhepunkt eines lange schwelenden Machtkampfes zwischen den Führungen der Reichswehr und der SA; und die Militärs um Blomberg und Reichenau* haben sich der SS bedient, nachdem klar geworden war, daß Himmler auf ihrer Seite stand. So konnten sie selbst ihre Hände in Unschuld waschen. Ich habe die Schicksale einiger der jungen SS-Männer verfolgt, die damals in Lichterfelde schießen mußten, und ich sage Ihnen: Diese Menschen sind seelisch und moralisch daran zerbrochen; sie sind nicht damit fertig geworden.«

Mit diesen Sätzen, die er nicht ohne innere Bewegung formulierte, ließ der frühere SS-General ein Ressentiment gegenüber manchen führenden Repräsentanten des Heeres erkennen, das bis in die letzten Tage des Führerbunkers lebendig blieb. Es hat mehrere Wurzeln; eine ist das Schlüsselerlebnis des 30. Juni 1934. Mohnkes Bericht

---

* Werner von Blomberg (1878-1946) war 1933/34 Reichswehrminister und von 1934 bis 1938 Reichskriegsminister. Walter von Reichenau (1884-1942), später Generalfeldmarschall, war 1934 als Oberst Chef des Ministeramtes im Reichswehrministerium.

über die Röhm-Affäre hat uns deshalb so fasziniert, weil die Parallelen zwischen dem entsetzlichen Geschehen in Lichterfelde und den Exekutionen, die sich elf Jahre später im Bereich der Reichskanzlei abspielten, so augenfällig sind. »Ich habe den Befehl gegeben, die Hauptschuldigen an diesem Verrat zu erschießen . . .«, hatte Hitler am 13. Juli 1934 in seiner Rechtfertigungsrede vor dem Reichstag erklärt und damit die *ultima ratio* seiner Machtausübung definiert. Wie er damals die SA-Führer ohne Gerichtsverfahren exekutieren ließ, befahl er Ende April 1945 im Führerbunker, den abtrünnigen Fegelein »umzulegen«.

Schon der junge Wilhelm Mohnke, Sproß einer streng evangelischen Familie bäuerlicher Herkunft, war ein Draufgänger; er erzählt nicht ohne verschmitzten Stolz, wie er als Schüler zusammen mit gleichaltrigen Freunden des Nachts von Dorf zu Dorf radelte, um »zu verhindern, daß verarmten Bauernfamilien die letzte Kuh, die vom Steuereinnehmer gepfändet worden war, aus dem Stall gezerrt wurde; wenn wir auftauchten, suchten die Viehhändler aus Hamburg das Weite – ohne die Kühe«. Die Not unter der Landbevölkerung hatte damals in Schleswig-Holstein zu einer militanten bäuerlichen Protestbewegung geführt, die nach dem Motto »Druck auf Personen, Gewalt gegen Sachen« operierte. Mohnke war dabei. Im Fahrwasser dieser »sozialrevolutionären« Bewegung begeisterte er sich als junger Mann für den Nationalsozialismus und die SS. Die logische Konsequenz war der Entschluß, als Berufssoldat in des Führers Garde zu dienen.

Natürlich spielte dabei das Charisma Hitlers eine gewichtigte Rolle. Mohnke: »Ich erlebte ihn zum erstenmal 1931 auf einer Wahlveranstaltung in Mecklenburg; seine Rhetorik beeindruckte mich, und seine Argumente lagen auf der Linie dessen, was ich selbst für notwendig hielt. Man vergißt heute allzu leicht das Elend und die

Verzweiflung unter den sechs Millionen Arbeitslosen, die wir damals hatten; was der Staat an Unterstützung zahlen konnte, war kaum der Rede wert. Den ersten dienstlichen Kontakt mit Hitler hatte ich im Februar 1935. Ich war mit meiner Kompanie für ein paar Wochen zum Obersalzberg abkommandiert. Wenn Hitler auf dem Berghof eintraf, hatte der wachhabende Offizier ihm Meldung zu erstatten, und das war ich. Wir waren zum Skilaufen unterwegs, als Hitler unerwartet kam. Eilig benachrichtigt, hastete ich zur Unterkunft, um mich in meine Uniform zu werfen; der Schweiß rann mir über das Gesicht. Vorschriftsmäßig, mit Stahlhelm, meldete ich mich auf dem *Berghof*. Hitler betrachtete mich nachsichtig lächelnd, unterhielt sich einen Moment mit mir und entließ mich dann. Ich war sehr angetan von der schlichten und natürlichen Art, in der er sich gab; von Pathos oder gespreiztem Heroismus keine Spur. Das ›Fracksausen‹, mit dem ich von unserer Skipiste weg zum *Berg* gehastet war, hatte sich als gänzlich unbegründet erweisen.«

Zehn Jahre lagen zwischen dieser ersten und der letzten Begegnung Mohnkes mit Adolf Hitler, als der General am Morgen des 30. April 1945 in den Führerbunker gerufen wurde. Der geschlagene Diktator, in einen seidenen Morgenmantel gehüllt, die Füße in schwarzen Lackpantoffeln, nahm die Lagemeldungen der Nachtstunden in seinem kleinen Schlafgemach entgegen und philosophierte dann über das Ende des Nationalsozialismus. Wir schildern das in dem Kapitel »Der Schuß«.

Wilhelm Mohnke war Augenzeuge der düsteren und der triumphalen Ereignisse, die den politischen Weg Hitlers vor dem Ausbruch des Zweiten Weltkrieges markierten – das Massaker von 1934, die glanzvollen Olympischen Spiele 1936, der begeisterte Empfang des Führers in Wien nach dem *Anschluß* 1938, der Einmarsch in das Sudetenland und in die Tschechoslowakei. Die vier SS-

Standarten, die *Leibstandarte, Deutschland, Germania* und *Der Führer,* waren unterdessen nach einer Übergangszeit 1938 zur SS-Verfügungstruppe, der Vorläuferin der Waffen-SS, zusammengefaßt worden. Deren Stellung und Aufgaben hatte Hitler in einem Erlaß vom 17. August 1938 definiert: »Die SS-Verfügungstruppe ist weder ein Teil der Wehrmacht noch der Polizei. Sie ist eine stehende bewaffnete Truppe zu meiner ausschließlichen Verfügung . . .« In diesem Sinne war es folgerichtig, daß Einheiten der Keimzelle der damaligen Verfügungstruppe, der *Leibstandarte,* Hitler in den letzten Tagen seiner Herrschaft unter Mohnkes Kommando in der Reichskanzlei verteidigten.

Der Generalmajor und SS-Brigadeführer, der diesen Posten am 23. April 1945 übernahm, hatte sich in den sechs Kriegsjahren als einer der härtesten Offiziere der Waffen-SS gezeigt. Doch auch diejenigen seiner früheren Kameraden, die ihn reserviert gegenüberstehen, heben hervor, daß er nicht zu den fanatischen Kommandeuren zählte, die ihre Soldaten rücksichtslos »verheizten«. Und er hat von ihnen nichts verlangt, was er nicht selbst zu leisten bereit war. Er kämpfte stets in vorderster Linie und wurde mehrfach schwer verwundet – kurz nach dem Beginn des Balkanfeldzuges im Frühjahr 1941 hätte er fast ein Bein verloren und mußte ein volles Jahr im Lazarett Hohenlychen verbringen.

Die Eindrücke, die Mohnke als Soldat in Frankreich gewann – 1940 führte er ein Bataillon der *Leibstandarte,* 1944 kämpfte er als Kommandeur eines Panzergrenadierregiments der 12. SS-Panzerdivision *Hitlerjugend* an der Invasionsfront und wurde mit dem Ritterkreuz ausgezeichnet –, haben ihn Land und Leute schätzen gelehrt: »Mir hat vor allem das *savoir vivre* der Franzosen gefallen, ihre Fähigkeit, aus jeder Situation, und sei sie noch so übel, das Beste zu machen. Und sie haben damals Partriotismus gezeigt . . .«

Wilhelm Mohnke gehört nicht zu den früheren Offizieren der Waffen-SS, die Exzesse der Truppe wie 1944 in dem französischen Dorf Oradour oder grausame Strafaktionen wie in Tulle leugnen. Aber er verweist darauf, daß beide Tragödien eine Vorgeschichte hatten – in Tulle waren 62 deutsche Soldaten einer Heereseinheit, die sich bereits ergeben hatten, von französischen Partisanen umgebracht worden; und er wendet sich gegen einseitige Darstellungen. Der Gerrechtigkeit halber, so Mohnke, müsse zum Beispiel auch die humanitäre Hilfe erwähnt werden, die die 9. SS-Panzerdivision *Hohenstaufen* unter Obersturmbannführer Harzer im Herbst 1944 während der Schlacht um Arnheim eingekesselten britischen Fallschirmtruppen geleistet hat – mehr als 2200 englische Verwundete wurden damals von den SS-Sanitätseinheiten übernommen und gerettet.

»Wir hatten doch zum Schluß nichts mehr . . .« – dieses melancholische Resümee Mohnkes über die letzten deutschen Offensiven in den Ardennen – er führte damals die 1. SS-Panzerdivision *Leibstandarte* – und in Ungarn kennzeichnet auch die Lage, die er Mitte April 1945 in Berlin vorfand: Die materielle Unterlegenheit der Verteidiger war hoffnungslos, hastige Improvisation das Gebot der Stunde.

Das galt auch für Hitler. Nach dem Beginn des sowjetischen Großangriffs an der Oderfront in den frühen Morgenstunden des 16. April hatte er den Befehl gegeben, die Reichskanzlei zur Verteidigung vorzubereiten. Er ordnete Mauerdurchbrüche an, um freies Schußfeld für Panzerabwehrkanonen zu schaffen; er ließ Scharfschützen postieren und Granatwerfer einbauen. Noch kurz vor dem Eintreffen Mohnkes wurden Betonbunker mit Schießscharten gegossen. Rund 800 Mann der *Leibstandarte* zogen als *Besatzung* in den Amtssitz Hitlers und das Regierungsviertel ein. Der Generalmajor Wilhelm Mohnke übernahm das Kommando:

»Als ich am 23. April meinen Posten als Befehlshaber der ›Zitadelle‹ und als Kampfkommandant der Reichskanzlei antrat und mich bei Hitler meldete, war ich wirklich erschrocken über den Anblick, den er bot – gealtert, gebeugt, zitternd und offenbar von Injektionen abhängig; ich sah, wie Stumpfegger mit einer Spritze zu ihm ging . . . Die Atmosphäre im Führerbunker empfand ich als bedrückend; ohnehin habe ich mich auch an der Front nur sehr ungern in Bunkern aufgehalten, weil stets die Gefahr bestand, daß man im Ernstfall nicht wieder herauskam. Dieses deprimierende Gefühl wurde noch durch die zellenartigen Räume dort unten verstärkt.

Zu den Lagebesprechungen bei Hitler kam General Weidling, der Befehlshaber des Verteidigungsbereiches Berlin, vom OKH-Bunker in der Bendlerstraße herüber; er trug die Lagemeldungen der Wehrmacht vor. Goebbels verglich sie mit den Meldungen, die er als Gauleiter und Reichsverteidigungskommissar Berlins von den Dienststellen der NSDAP bekommen hatte . . .«

»Herr Mohnke, wie würden Sie heute den Informationsstand kennzeichnen, den Sie damals als Befehlshaber der ›Zitadelle‹ besaßen?«

Mohnke: »Eindeutig als ungenügend, obwohl es mindestens fünf getrennte Nachrichtennetze gab. Diese Dezentralisierung war eine Folge des Attentats vom 20. Juli 1944.«

»Welche Netze waren das?«

Mohnke: »Die Nachrichtenlinien des Heeres, der Luftwaffe, der Gestapo und der NSDAP. Hinzu kam ein eigenes Netz innerhalb der ›Zitadelle‹, das sozusagen ›waffen-SS-eigen‹ war. Doch die so gewonnenen Lagemeldungen waren häufig genug widersprüchlich und unvollständig; so kam es dann zu dem schon häufig beschriebenen improvisierten Aufklärungsaktionen von Stabsoffizieren, die vom Führerbunker aus über das erstaunlicherweise noch immer funktionierende öffentliche Fernsprechnetz bei Freunden und Bekannten in der Stadt anriefen und sich erkundigten, ob die Russen schon dort gewesen seien.«

Am 1. Februar 1945 hatte Joseph Goebbels, der Reichsverteidigungskommissar für Berlin, den Generalleutnant Ritter von Hauenschild beauftragt, unverzüglich mit den Vorbereitungen für die Verteidigung der Reichshauptstadt zu beginnen; zugleich wurde Berlin faktisch zur Festung erklärt. Doch Menschen- und Materialmangel, Zuständigkeitswirrwarr und Desorganisation führten dazu, daß Mohnke nicht viel vorfand, als er den Befehl über die »Zitadelle« übernahm. So blieb ihm nichts anderes übrig, als in aller Eile zu »organisieren«. Katastrophal war die Ausstattung der Verteidiger mit schweren Waffen und Munition. Mohnke: »Wir mußten das, was wir brauchten, überall im Stadtgebiet zusammensuchen. Dabei stellten wir fest, daß auf den Berliner Güterbahnhöfen noch Transportzüge mit Waffen und Munition standen, und ließen sie unverzüglich entladen. So konnten wir die Bestände in der Reichskanzlei und im Regierungsviertel auffüllen. Zugleich gab ich den Befehl, einen ausreichenden Verpflegungsbestand herbeizuschaffen. (Diesen Auftrag erhielt der Ernährungsinspektor der Wehrmacht, Oberstarzt Dr. Schenck. Sein Bericht bildet das Kapitel »Das Bresthaus«; d. V.) Und wenn ich mich recht erinnere, habe ich auf dem Gelände der Reichskanzlei sogar einen Brunnen anlegen lassen. Es war jedenfalls so gut wie nichts vorbereitet.«

Freilich fehlte es nicht nur an Waffen und Munition, sondern auch an kampferfahrenen Soldaten. In den Mittagsstunden des 23. April tauchten überall in der Stadt »Greifkommandos« aus Angehörigen der SS- und SD-Ämter, der SA, Politischen Leitern der NSDAP, aus Offizieren von SS- und Polizeieinheiten sowie der Feldgendarmerie auf – Fanatiker des Endkampfes auf der Jagd nach »Defätisten« und »Drückebergern«. Sie führten ein furchtbares Regiment. Diesen »fliegenden Standgerichten« fielen nicht nur einfache Soldaten, sondern auch hochdekorierte Offiziere und sogar Generale zum Opfer. »Ich, Unteroffizier Lehmann, hänge hier, weil ich den Führer verraten habe«, verkündeten Schilder, die man den Exekutierten um den Hals gehängt hatte. Das rechtlose Treiben dieser Kommandos, die häufig innerhalb von wenigen Minuten Todesurteile fällten und vollstreckten, führte auch im Bereich der »Zitadelle« zu Exzessen. Johannes Hentschel, der Maschinenmeister der Reichskanzlei, hat uns (im letzten Kapitel) geschildert, wie er in den Morgenstunden des 2. Mai in der Voßstraße die Leichen deutscher Soldaten sah, die durch Erhängen hingerichtet worden waren. Die Rote Armee hatte den Amtssitz Hitlers zu diesem Zeitpunkt noch nicht besetzt.

Wir baten Generalmajor a. D. Wilhelm Mohnke als den früheren Befehlshaber der »Zitadelle« um eine Stellungnahme. Seine Antwort: »Angesichts der verworrenen Situationen, die damals in Berlin herrschte, ist das nicht ganz einfach. Aber ich will versuchen, Ihre Frage so zu beantworten, als wenn sie mir in den letzten Apriltagen 1945 gestellt worden wäre. Zunächst lassen Sie mich einige Tatbestände hervorheben, die wohl, wie ich meine, nicht strittig sind. Im Gebiet Groß-Berlins befanden sich insbesondere während der beiden letzten Aprilwochen außer den Kampftruppen, die Sie in dem militärischen Anhang dieses Buches aufgeführt haben, zahlreiche deutsche Soldaten, die sich verborgen hielten. Ich will die Motive hier nicht weiter untersuchen oder bewerten, aber das waren zweifellos Fahnenflüchtige, Deserteure. Fahnenflucht ist das Verlassen der Truppe in der Absicht, sich dem Dienst auf die Dauer zu entziehen – ein militärisches Delikt, das im Kriege mit dem Tode bestraft werden kann.

Unstrittig ist ferner, daß auch damals noch das Militärstrafgesetzbuch galt – die letzte Fassung stammte, wie ich mich zu erinnern glaube, vom Oktober 1940. Besonders schwer bestraft wurden danach Taten *im Felde* und *vor dem Feind.* Träger der Militärgerichtsbarkeit waren die Gerichtsherren; in erster Instanz im allgemeinen die Divisionskommandeure, in zweiter Instanz die Kommandierenden Generale der Armeekorps. Organe waren die Kriegsgerichte, die in erster Instanz mit drei, in schweren Fällen mit fünf Richtern zu besetzen waren. Eine Verfehlung die nicht mehr disziplinarisch geahndet werden konnte, mußte der Vorgesetzte in einem *Tatbericht* dem Gerichtsherrn melden. Dieser ordnete ein Ermittlungsverfahren an und entschied dann, ob die Sache eingestellt, in leichten Fällen durch eine Strafverfügung erledigt oder mit einer Anklage weiter verfolgt werden sollte. Gegen ein ergangenes Urteil konnten der Angeklagte wie der Gerichtsherr Berufung einlegen. Das war in groben Zügen der Gang des Verfahrens.

Als Hitler am 20. April für Berlin den Alarmfall ›Clausewitz‹ anordnete, bedeutete das praktisch den Ausnahmezustand, mit verschärftem Strafrecht und vereinfachtem Strafverfahren. Überdies galt eine Verordnung des Reichsjustizministeriums vom 15. Februar 1945 über die Errichtung von Standgerichten in ›feindbedrohten Reichsverteidigungsbezirken‹. Dieser Erlaß erstreckte sich jedoch nicht nur auf Soldaten . . .«

». . . und er bestimmte immerhin, daß der Vorsitzer ein Strafrichter sein mußte; Beisitzer sollten ein Politischer Leiter oder ein Gliederungsführer der NSDAP und ein Offizier der Wehrmacht, der Waffen-SS oder der Polizei sein. Für die Verhandlung galten die Vorschriften der Strafprozeßordnung . . .«

Mohnke: » . . . Ja, ich weiß. Aber nun halten Sie sich bitte das Durcheinander vor Augen, das in jenen Tagen in Berlin herrschte. Ich kann nur wiederholen: Es gab zahllose Deserteure; und in einer ganzen Reihe von

Fällen sind Todesurteile in nicht zu beanstandenden Verfahren verkündet und durch Erschießen vollstreckt worden. Sicher hat es auch die von Ihnen erwähnten ›fliegenden Standgerichte‹ gegeben, die kurzerhand Leute umlegten oder aufknüpften; das waren Untaten, die nicht zu rechtfertigen sind. Ich kann nicht ausschließen, daß so etwas auch in meinem Befehlsbereich vorgekommen ist, obwohl ich zum Beispiel die von Ihnen angeführten exekutierten Soldaten in der Voßstraße nicht gesehen habe. Auch andere Fälle dieser Art sind mir aus der ›Zitadelle‹ nicht gemeldet worden. Eine Ausnahme ist die Affäre Fegelein, die ich Ihnen noch schildern werde. Angesichts der verworrenen Lage hätte ich derartige Gewaltakte kaum verhindern können. Ich war Kampfkommandant und konnte nicht überall sein. Zudem unterstand mir zum Beispiel die Gestapo nicht.«

Im Gegensatz zu Generalmajor A. D. Mohnke hat ein großer Teil unserer Gesprächspartner von derartigen Exzessen erfahren. Diese Zeugen vermuten, daß sie jedenfalls für den Bereich des Regierungsviertels auf Befehle Bormanns und des Gestapo-Chefs, SS-Obergruppenführer Heinrich Müller, zurückgehen, der in den letzten Tagen in einem provisorischen Quartier unter der Dreifaltigkeitskirche in der Mauerstraße amtierte und sich häufig in der Reichskanzlei und im Führerbunker aufhielt.

Zahlreiche deutsche Offiziere haben freilich damals in Berlin ihre Soldaten vor den »Greifkommandos« geschützt. So hat Generalmajor Hans Mummert, der Kommandeur der zum LVI. Panzerkorps gehörenden *Panzerdivision Müncheberg*, die ihm unterstehenden Kampfgruppen angewiesen, den fliegenden Feldgerichten mit Waffengewalt das Handwerk zu legen, falls sie in ihrem Gefechtsstreifen auftauchen sollten.

Aus allen Berichten geht übereinstimmend hervor, daß die Angehörigen dieser Kommandos in der Regel noch jung waren; und offenbar haben sie, von ihren grausigen Einsätzen in die Unterkünfte zurückgekehrt, weniger gekämpft, sondern – gefeiert. Ihr Fanatismus war unter anderem eine Frucht ihrer Hemmungslosigkeit vor dem Untergang. Ihre *ultima ratio* lautete: töten, trinken, lieben. Auch in die Bunker des Regierungsviertels hatten sich zahlreiche junge Frauen geflüchtet, die dort den Vergewaltigungen durch die Russen zu entgehen hofften. Zu ihnen gehörte die Baronesse Irmingard von Varo, die ein SS-Offizier in der Katakombe untergebracht hatte. Sie hielt sich auch mehrfach als zufällige Besucherin im Führerbunker auf. Einige Jahre nach dem Krieg schilderte sie dem amerikanischen Journalisten Michael Musmanno die letzten Tage:

»Jeder versuchte seinen Kummer zu betäuben, und das geschah mit viel Alkohol . . . Wir gaben in unserem Privatbunker sozusagen große Gesellschaften. Es wurde getrunken, getanzt, und so weiter . . . Wenn Offiziere, die zur Erkundung in die Stadt gegangen waren, zurückkamen, so erzählten sie uns, sie hätten deutsche Soldaten gehängt, weil diese gesagt hätten: ›Wir machen nicht mehr mit, der Krieg ist verloren, es hat doch keinen Zweck und keinen Sinn mehr.‹ Ich tanzte dann mit diesen Offizieren, ohne weiter darüber nachzudenken . . .«

Wir fragten Wilhelm Mohnke, ob ihm damals derartige Gelage bekanntgeworden seien. Seine Antwort: »Damit kann ich Ihnen nicht dienen. Und ich würde, offen gesagt, an Ihrer Stelle davon ausgehen, daß gerade zu diesem Thema viele Aufschneidereien kolportiert worden sind. Im übrigen mag es das gegeben haben; solche Dinge gehören in einer Weltuntergangsstimmung zur Bandbreite menschlicher Reaktionen und Verhaltensweisen; das ist ja nicht neu.«

Den deprimierenden Eindruck, daß in der äußerst gefährdeten Reichshauptstadt für die Verteidigung wenig, für Festivitäten, Tänze am Rande des Abgrunds, jedoch mancherorts desto mehr vorbereitet worden sei, gewann in jenen Tagen ein anderer SS-Brigadeführer: der Anfang 1944 vom Heer zur Waffen-SS versetzte Generalmajor Dr. Gustav Krukenberg. Er hatte in der Nacht zum 24. April in der Nähe von Neustrelitz, wo er ein Sturmregiment aufstellen sollte, vom Oberkommando der Wehrmacht den Befehl erhalten, zur Übernahme einer Division nach Berlin zu fahren und sich in der Reichskanzlei bei den Generalen Krebs und Fegelein zu melden.

Mit einem Teil seines Stabes und einem Begleitkommando, insgesamt 90 Mann, machte Krukenberg sich am Morgen des 24. April auf den Weg. Mit viel Glück und nach einigen Zwischenfällen gelang es der Gruppe, zwischen den aus nördlicher und südlicher Richtung vorrükkenden Angriffsspitzen der Roten Armee hindurch die westlichen Vororte der Hauptstadt zu erreichen. Dr. Krukenberg, der heute in Bonn lebt, im Herbst 1974 im Gespräch mit den Autoren:

»Von leicht zu beseitigenden Brückensperrungen, einem aus drei Volkssturmmännern bestehenden Sprengtrupp – er hatte uns für Russen gehalten und unmittelbar vor uns eine Brücke in die Luft gejagt – und einer aus drei Jugendlichen bestehenden Fahrradpatrouille der HJ – jeder führte eine *Panzerfaust* mit sich – abgesehen, haben wir am 24. April keine nennenswerten Verteidigungsvorbereitungen und -kräfte festgestellt. Als wir am späten Abend erschöpft das Reichssportfeld in Westend erreichten, stießen wir in der Nähe auf ein verlassenes Verpflegungsmagazin der Luftwaffe und nahmen uns das, was wir brauchten. In den Häusern an der Heerstraße, vor denen zahlreiche Personenwagen standen, waren Dienststellen der verschiedensten Art untergebracht. Lärm und laute Musik ließen darauf schließen, daß man dort feierte, statt sich zum Kampf zu rüsten . . . Ich ließ mein Begleitkommando zunächst zurück und fuhr mit Hauptmann Pachur, meinem Adjudanten, auf dem direkten Wege durch die Bismarckstraße und die Charlottenburger Chaussee zum Brandenburger Tor und von dort durch die Wilhelmstraße zur Reichskanzlei. Auf Soldaten oder Verteidigungsvorkehrungen irgendwelcher Art stießen wir auch auf dieser Strecke nicht. Wir wurden auch nicht kontrolliert.«

Kurz nach Mitternacht, also in der ersten Stunde des 25. April, hielt der Wagen des Generalmajors in der Voßstraße vor dem Kellereingang der Neuen Reichskanzlei. Krukenberg erkundigte sich bei den Posten nach General Krebs und wurde mit seinem Adjutanten sogleich – wieder ohne jegliche Kontrolle – in das Kellerlabyrinth geführt. Krebs hielt sich gerade im Führerbunker auf, und so bat man Krukenberg und Pachur, zunächst in den Räumen der Wehrmachtsnachrichtenstelle Platz zu nehmen und dort zu warten. Die beiden Besucher wunderten sich.

Krukenberg: »Ich benutzte die Gelegenheit, dem Oberkommando der Heeresgruppe Weichsel in Prenzlau, dem ich bislang unterstanden hatte, telefonisch, sozusagen unter dem sowjetischen Einschließungsring hindurch, meine Ankunft in Berlin zu melden. Dann harrten wir der Dinge; drei Stunden tat sich nichts. Unsere Anwesenheit interessierte niemanden. Wir waren wirklich verblüfft und beunruhigt über die Sorglosigkeit, die wir unterwegs und auch hier in der Reichskanzlei festgestellt hatten. Schließlich erschien Krebs mit dem Chefadjutanten Hitlers, General Burgdorf. Beide waren überrascht, mich zu sehen. Sie hatten einer ganzen Reihe von Truppeneinheiten und Kommandeuren außerhalb Berlins befohlen, in die Reichshauptstadt zu kommen. Ich war der einzige, der es geschafft hatte. Dann orientierte Krebs uns über die politische Lage. Das Oberkommando der Wehrmacht habe mit den Stäben der amerikanischen und britischen Streitkräfte Verbindung aufgenommen; US-Truppen hätten die Elbe bereits erreicht, ihnen werde von deutscher Seite kein Widerstand mehr geleistet. Es sei damit zu rechnen, daß die Amerikaner in den nächsten Tagen Berlin vor oder zumindest zugleich mit der Roten Armee besetzen würden. Das sei von entscheidender Bedeutung. Die Armee Wenck habe den Befehl erhalten, nach Potsdam vorzustoßen, um den US-Einheiten den Weg nach West-Berlin und in andere Teile der Stadt offenzuhalten. Die Quintessenz dieses Lageberichtes war: Es kommt alles darauf an, die anderen Fronten so lange wie irgend möglich gegen die Russen zu halten. Ich fand das logisch; die Amerikaner und Engländer, so glaubte ich, würden die Hauptstadt des auch von ihnen besiegten Reiches gewiß nicht den Russen überlassen und den Zugang dorthin ausschließlich von sowjetischem Wohlwollen abhängig machen. Für uns Deutsche, so meine Schlußfolgerung, bedeute das: Standhalten.«

Bei einem unserer letzten Gespräche mit Generalmajor a. D. Mohnke baten wir ihn um seinen Kommentar zu der Schilderung Dr. Krukenbergs. Der frühere Kampfkommandant der Reichskanzlei äußerte sich skeptisch: »Ich kann mir beim besten Willen nicht vorstellen, daß meine Leute in der Nacht zum 25. April zwei ihnen nicht bekannte Offiziere – auch wenn der eine wie ich Brigadeführer der Waffen-SS war – ausgerechnet in der Nachrichtenzentrale allein gelassen haben sollen. Was Herr Dr. Krukenberg Ihnen über die nicht stattgefundenen Kontrollen berichtet hat, verblüfft mich zwar ebenfalls; aber das mag so gewesen sein – eine Panne, die vorkommt. Lassen Sie mich hinzufügen, daß ich keinesfalls die Glaubwürdigkeit Ihres Gesprächspartners in Zweifel ziehen möchte; aber Sie kennen das Problem: Die Überlebenden erinnern sich einfach unterschiedlich.«

Wilhelm Mohnke hat uns versichert, daß er über die von General Krebs gegebene politische Lagebeurteilung, die in der Konsequenz den Durchhalte-Parolen Goebbels' entsprach, nicht unterrichtet gewesen sei. Er hob hervor: »Ich gehörte, anders als Krebs und Burgdorf, bis zum letzten Tag nicht zum inneren Kreis um Hitler, und ich ging nur in den Führerbunker, wenn ich dort zu berichten oder sonst dienstlich zu tun hatte. Im übrigen war ich in meinem Gefechtsstand an der Voßstraße.«

»Herr Mohnke, hat General Krebs nach Ihrer Ansicht selbst an das geglaubt, was er in der Unterredung mit Generalmajor Dr. Krukenberg über militärische Kontakte des OKW zu den westlichen Alliierten und daraus resultierende Forderungen an die Verteidiger Berlins erklärte?«

Mohnke: »Ich will das nicht ausschließen. Warum soll Krebs nicht subjektiv davon überzeugt gewesen sein? Auch hier gilt es doch wieder, sich die Atmosphäre im Bunker zu vergegenwärtigen, diese eigenartige Wechselbeziehung zwischen den harten Tatsachen und einer Irrealität, die das Ergebnis von Wunschvorstellungen und Fehlinformationen war. Darin lag doch das Unheimliche jener Tage und Nächte. Erinnern Sie sich an die Schilderung Fritz Beutlers über sein Gespräch mit den ihm bekannten FBK-Offizieren: ›Warte nur ab, noch zwei- oder dreimal 24 Stunden, und der Krieg ist gewonnen . . .‹ Überhaupt war das Ende in Berlin auf eine gespenstische Weise doppelgesichtig.«

Kampfkommandant Mohnke gehörte nicht zu den Insassen der Katakombe, die sich auf Wunderwaffen und den »großen Knall« verlassen mochten. Der erfahrene Frontkommandeur sah die Lage realistisch, und er sorgte vor. Da war zum Beispiel das große Lazarett der Waffen-SS in Steglitz, *Unter den Eichen.*

Die in der Reichskanzlei eingelaufenen Meldungen über Ausschreitungen der Rotarmisten selbst in Krankenhäusern und Heilanstalten – Plünderungen, Schändungen, Morde – ließen für die Verwundeten, die Ärzte und Schwestern das Schlimmste befürchten. Mohnke:

»Ich fragte mich, was wir tun könnten, um die Insassen des Lazaretts vor den zu erwartenden Exzessen zu schützen, und sprach darüber auch mit Hitler. Es fehlte uns an geeigneten Fahrzeugen für einen Abtransport. Schließlich requirierte ich, gestützt auf einen *Führerbefehl,* kurzerhand ein Dutzend doppelstöckiger Busse der BVG, die drei- bis vierhundert Verwundete aufnehmen konnten. Dann rief ich den mecklenburgischen Gauleiter Hildebrandt in Schwerin an, avisierte ihm den Lazaretttransport und erklärte ihm kurz und bündig, er müsse sich um die Unterbringung und Versorgung der Verwundeten kümmern. Er brachte allerlei Einwände vor; Schwerin und die anderen Städte seines Gaues seien mit Flüchtlingen und Verletzten überfüllt. Ich entgegnete ihm, dies sei ein Befehl Hitlers. Das half. Tatsächlich kam der Transport wohlbehalten in Schwerin an und wurde dann nach Lübeck weitergeleitet.«

Die unheimliche Doppelgesichtigkeit der letzten Tage in Berlin, die Generalmajor a. D. Mohnke betonte, geht auch aus den Berichten über den Verlauf der Kämpfe in der Stadt hervor. Sowjetische Militärhistoriker pflegen von der *Schlacht um Berlin* zu sprechen; doch es ist sicher, daß dieser Ausdruck durch die Ereignisse der zweiten Aprilhälfte 1945 nicht gedeckt wird. Die ausgebluteten deutschen Kampfgruppen, die unerfahrenen Volkssturm- und Alarmeinheiten, schlecht bewaffnet und munitioniert, waren überhaupt nicht in der Lage, den Eliteverbänden Marschall Schukows eine Schlacht zu liefern.

Zutreffender läßt sich das Geschehen als eine Folge von zum Teil mit äußerster Erbitterung ausgetragenen Gefechten definieren – mit unheimlicher Ruhe in diesem verlustreichen Straßen- und Häuserkämpfen in jenem Stadtviertel.

In den interessantesten Schilderungen jener Tage, zum

Beispiel in dem Tagebuch eines Ordonnanzoffiziers der Panzerdivision *Müncheberg*, stießen wir immer wieder auf eine mysteriöse militärische Formation – das *Freikorps Mohnke*. So heißt es in der erwähnten Aufzeichnung unter dem Datum des 25. April: »Die Division baut am Alex wieder ab. Rückmarsch unter Fliegerangriffen zum Halleschen Tor. Schwere Verluste. An den Häuserwänden Aufschriften: ›Die Stunde vor Sonnenaufgang ist die dunkelste Stunde‹ und ›Wir gehen zurück, aber wir siegen‹. Erhängte und erschossene Deserteure. Unvergeßliche Bilder auf dem Marsch. Die Brände im Osten und Süden dehnen sich schnell aus. *Am Abend neue Aufrufe eines Freikorps Mohnke: Bringt Waffen, Ausrüstungsgegenstände und Lebensmittel mit. Jeder deutsche Mann wird gebraucht.** Schwere Abwehrkämpfe in der Dircksenstraße, Königstraße, am Zentralmarkt und in der Börse. Erste Kämpfe in den S-Bahn-Schächten. Russen versuchen, durch die Schächte in unseren Rücken zu kommen. Die Schächte selbst mit Zivilisten überfüllt . . .«

Wir wußten, daß im März 1945 unter strikter Geheimhaltung ein *Freikorps Adolf Hitler* aufgestellt worden war – eine Art Partisanentruppe, die sich aus Mitgliedern der Gau- und Kreisleitungen sowie der Ortsgruppen der NSDAP zusammensetzte. Frauen hatten den gleichen Status wie Männer. Es gab keine Ränge und keine Auszeichnungen. Die Uniform bestand aus einem Tarnanzug, mit schmalen rotem Ärmelstreifen und dem Aufdruck *Freikorps Adolf Hitler*. Die Angehörigen dieser Einheit hatten das Recht und die Pflicht, fahnenflüchtige deutsche Soldaten ohne Standgericht auf der Stelle zu erschießen.

In unseren langen Gesprächen mit Wilhelm Mohnke baten wir ihn, uns über das nach *ihm* benannte Freikorps

---

* Kursive Hervorhebung durch die Verfasser.

zu berichten. Er hatte unsere Frage erwartet und meinte: »Das mußte ja wohl kommen . . . Diese Truppe geistert immer wieder durch die einschlägigen Darstellungen. Doch es war nichts Mysteriöses dabei. Ich habe eigentlich nur meinen Namen für eine Sache hergegeben, die mir irgend jemand aus dem Propagandaministerium – es mag Goebbels' Staatssekretär Dr. Naumann gewesen sein – vorgeschlagen hatte: ein allerletztes Aufgebot von Einzelkämpfern, die wir mit dem Rest an zusammengesammelten Waffen, die wir noch hatten, ausrüsten wollten. Das war ja alles ganz gut gemeint, aber über den militärischen Wert dieser Aktion brauchen wir uns nicht weiter zu unterhalten. Wie viele Männer – es gab doch keine mehr – damals den unter meinem Namen veröffentlichten Aufrufen gefolgt sind, weiß ich nicht mehr. Das *Freikorps Adolf Hitler* kämpfte außerhalb Berlins und hatte einen ganz anderen psychologischen Hintergrund. Das waren hundertzwanzigprozentig überzeugte Nationalsozialisten, erfüllt vom *Glauben an den Führer* . . . Sie waren mit Fahrrädern unterwegs.«

Zum »letzten Aufgebot« in der »Zitadelle« Berlins, die nicht nur von Einheiten der *Leibstandarte,* sondern auch von SS-Freiwilligen der Divisionen *Nordland* und *Charlemagne* verteidigt wurde, gehörten auch blutjunge Marinekadetten, die auf Befehl des Großadmirals Dönitz in die Reichshauptstadt geflogen worden waren. Ein früherer Offizier hat das Kriegsende in der Reichskanzlei erlebt; er schilderte uns den Einsatz der Seekadetten:

»Der Kapitänleutnant Franz Kuhlmann, ein Oberlehrer aus Kiel, war mit seinem kleinen Stab und einem Trupp Marinekadetten in einer *Ju*-52 nach Gatow geflogen worden – wenn ich mich recht erinnere, am 24. April – und hatte sich dann in der Reichskanzlei bei Hitler und Goebbels gemeldet. Seine Leute wurden der Besatzung unter Generalmajor Mohnke zugeteilt; er selbst schloß sich mir und einigen anderen Kadetten, die auf dem Luftweg nach Berlin transportiert werden sollten. Einige Jahre später erfuhren wir, daß diese Maschinen unterwegs umgekehrt und ohne Zwischenfälle wieder auf ihrem Startflugplatz – ich glaube, in Flensburg – gelandet waren.« Der Blutzoll, den die im Straßen- und Häuserkampf unerfahrenen jungen Marinesoldaten entrichten mußten, war hoch; der Arzt Professor Schenck schildert das im nächsten Kapitel.

Der Bericht fährt fort: »Zu meinem ›Verteidigungsabschnitt‹ in der Reichskanzlei gehörten die lange Wandelhalle und das riesige Arbeitszimmer Hitlers. Er reichte von den Räumen der Obersten SA-Führung an der Ecke Wilhelmplatz/Voßstraße bis zu einem Zimmertrakt, von dem aus man auf den Potsdamer Platz blicken konnte. Ich erinnere mich noch genau an die in einem Flur abgestellten überlebensgroßen Plastiken, die ich früher auf Abbildungen gesehen hatte. In den an der Voßstraße gelegenen Räumen des Staatssekretärs Dr. Otto Meißner fand ich eine vollständige Kollektion aller Orden des NS-Staates ... Als die Russen die Reichskanzlei immer stärker beschossen und schließlich unter Trommelfeuer nahmen, ließ ich den riesigen marmornen Kartentisch im Führerzimmer als Splitterschutz zur Gartenseite hin umlegen. Ob Hitler danach sein Arbeitszimmer noch einmal betreten hat, weiß ich nicht ...«

Der Kartentisch, an dem der Führer 1939 seine Blitzfeldzüge geplant hatte, nun als Splitterschutz vor die Terrassentüren seines Arbeitszimmers geschoben – nichts ließ die Auflösung dieses Machthabers deutlicher werden. Natürlich, *pro forma* war die Reichskanzlei noch immer Adolf Hitlers Amtssitz; doch in Wahrheit befahl dort nun der erste der letzten Prätorianer: Generalmajor Wilhelm Mohnke. Seine Soldaten kämpften mit äußerster Härte. Im Verteidigungsabschnitt *Stadtmitte*, den die entsetzlich dezimierte SS-Panzergrenadierdivision *Nordland* des Generalmajors Dr. Krukenberg hielt, verloren die Russen in den letzten drei Tagen mehr als 130 Panzer*; der Druchbruch zur Reichskanzlei gelang der Roten Armee nicht.

Das letzte Ritterkreuz – daran erinnert sich Generalmajor Dr. Krukenberg – überreichte Mohnke am 29. April nachmittags dem Kommandeur der Panzerabteilung 503, Major Herzig.

---

* In seinem Tagebuch hält der Sowjetmarschall Konjew schon am 26. 4. 1945 fest, daß die sowjetischen Truppen in Berlin mehr als 800 Panzer und Sturmgeschütze verloren hätten.

Das Bresthaus

»Ist denn keine Salbe in
Gilead, oder ist kein Arzt da?«

Jeremia 8,22

Es war ein vollkommenes Inferno.

Das riesige Kellerlabyrinth unter der schon schwer getroffenen Neuen Reichskanzlei erbebte; der Boden, die Wände und Decken aus Stahlbeton zitterten. Die Ventilatoren arbeiteten noch, doch statt frischer, reiner Luft bliesen sie Brandschwaden, Trümmerstaub und Verwesungsgeruch, der süßlich-eklig aus den Ruinen der großen Stadt aufstieg, in das niedrige, überfüllte Gewölbe. Immer wieder mußten sie stundenweise abgeschaltet werden. Die spärlichen Lampen flackerten. Es war stickig und schwül. Pestilenzartiger Gestank verbreitete sich aus den verstopften Toiletten und vermischte sich mit den Ausdünstungen menschlicher Leiber, die von Stunde zu Stunde enger zusammenrücken mußten – der Brodem einer Unterwelt.

In dieser Nacht vom 27. zum 28. April schossen die von General Wassilij Iwanowitsch Kasakow kommandierten Feldartillerie-Einheiten der 1. Weißrussischen

Front ein orkanartiges Trommelfeuer auf das Regierungsviertel und vor allem auf die Reichskanzlei. Es war ein Beschuß, wie selbst die fronterfahrenen Soldaten im Bunker Hitlers und in den Kellern seines Amtssitzes nur selten glaubten erlebt zu haben.

Die Menschen saßen, standen und lagen wie auf einem Sklavenschiff. Da waren die Männer der »Kampfgruppe Mohnke«, die das Regierungsviertel bis zur letzten Patrone verteidigen sollten. Seit Tagen völlig übermüdet, schliefen sie nach der Ablösung fast im Stehen ein. Da waren die zu Tode erschöpften Zivilisten: alte Männer und Frauen, Mütter mit kleinen Kindern, Knaben und junge Mädchen. Sie hatten sich mit letzter Kraft in die Keller der Reichskanzlei geschleppt, um vor MG-Salven und Granaten, vor zusammenstürzenden Mauern, vor Feuer, Qualm und den schrecklichen »Frau komm« siegestrunkener Rotarmisten Schutz zu finden.

Da waren die »Parteiflüchtlinge«, hohe Funktionäre der NSDAP, Regierungsbeamte, SA- und SS-Führer – in voller Uniform, aber mit ausreichender Zivilkleidung im Koffer, um zunächst die Schlacht zu überleben, deren Ausgang ihnen nicht zweifelhaft war, und dann bei der nächstbesten Gelegenheit unterzutauchen. Das hatte sie freilich nicht davon abgehalten, unter Hinweis auf Dienstrang und lange genossene Privilegien auch in dieser drangvollen Enge noch Vorrechte für sich zu verlangen: mehr Platz und bessere Versorgung mit dem Lebensnotwendigsten vor allem. Sie waren nicht müde geworden, über die Fehler anderer zu streiten, gegenseitige Rechnungen aufzumachen, und im übrigen die Flaschen zu leeren, die sie in dem von ihren Ordonnanzen mitgeschleppten Gepäck verwahrt hatten. Nun aber, als die Reichskanzlei unter schwerstem Beschuß lag, waren sie apathisch oder verzweifelt, schrien bei besonders dröhnenden Einschlägen auf und zerrten an den Nerven aller anderen, die vor sich hin brüteten oder beteten, weinten oder stöhnten. In den Trümmern Berlins kämpften zur selben Zeit Hitlerjungen, halbe Kinder noch, mit Panzerfäusten.

Und da waren schließlich mehr als 300 Schwerverletzte in einem Zustand auf der Schwelle zwischen Leben und Tod. Frisch operiert, mit schmerzstillenden Spritzen versorgt, dämmerten sie vor sich hin; einige fantasierten leise. Hier und dort starb einer.

Diese zusammengeschossenen Männer, die in zwei Quertrakten des Kellers unter der Reichskanzlei lagen, verdankten ihre Rettung einem selbst schon todkranken Chirurgen und einem Operateur, der Internist war, den Professoren Dr. Werner Haase und Dr. Ernst-Günther Schenck. Diese beiden Ärzte operierten in den chaotischen Tagen vor der Kapitulation Berlins im Reichskanzlei-Keller mehr als 400 Menschen. Noch eine Woche vor dieser infernalischen Nacht vom 27. zum 28. April hatten sie nichts voneinander gewußt. Haase ist tot, doch Schenck überlebte das Kriegsende und zehn Jahre sowjetische Gefangenschaft. Sein bewegender Bericht, den er uns unabhängig von seinem Buch *Ich sah Berlin sterben* gegeben hat, soll die Szenerie des 28. April beleuchten. An diesem Tag stürmten die Russen nach dem Trommelfeuer erneut von allen Seiten in die zernierte Stadt hinein, um endlich die innerste Verteidigungslinie der »Zitadelle« zu durchbrechen:

»Es war nun schon mein sechster Tag im Bunker. Zusammen mit den beiden Krankenschwestern hatten Haase, der schwer nach Luft rang, und ich die meisten Stunden am Operationstisch in dem Notlazarett zugebracht, das nicht lange nach Kriegsbeginn im riesigen Luftschutzkeller der Reichskanzlei eingerichtet worden war. Ständig schleppten Träger keuchend Schwerverwundete heran, und mancher war bereits tot, als wir ihn zu Gesicht bekamen. Nur wenige Häuserblocks entfernt tobten erbitterte Straßenkämpfe; Angreifer und Verteidiger hatten schwerste Verluste – auf deutscher Seite vor allem durch Artillerie- und Panzerbeschuß. Die Russen waren schon bis zum Potsdamer Platz vorgedrungen und nahmen die Reichskanzlei erneut unter Feuer. Die aus einem Notaggregat gespeiste Lampe über dem Operationstisch bewegte sich wie ein Uhrpendel.

Was sich an diesem Tag im Stadtzentrum von Berlin abspielte, war alles andere als eine überschaubare militärische Situation. Wenn es überhaupt noch so etwas wie eine Front oder Hauptkampflinie gab, so wußten wohl auf beiden Seiten nur wenige Offiziere und Soldaten, wo sie verlief. In den Mittagsstunden war es fast dunkel. Dichte Wolken aus Qualm und Staub hatten sich über dem Stadtinnern ausgebreitet. Über uns hörten wir zu unserer Erbitterung nicht nur russische, sondern auch deutsche Granaten einschlagen; die Rote Armee hatte inzwischen den Flughafen Tempelhof erobert und die erbeuteten 8,8-cm-Geschütze nun auf uns gerichtet.

Das Regierungsviertel wurde vor allem von SS-Verbänden unter SS-Brigadeführer Mohnke verteidigt. Es war ein buntes Gemisch von Uniformen und Nationalitäten: Deutsche aus den beiden SS-Panzerdivisionen *Leibstandarte Adolf Hitler,* meiner alten Einheit, und *Hitlerjugend;* Skandinavier der SS-Panzergrenadierdivision *Nordland*; Letten der 15. Waffen-SS-Grenadier-Division; Franzosen der 33. Waffen-Grenadier-Division der SS *Charlemagne,* und sogar einige Spanier aus der *Blauen Division.* Allerdings – von Divisionen im normalen militärischen Sinn konnte längst keine Rede mehr sein; diese Truppen hatten bereits einen entsetzlichen Blutzoll entrichten müssen. Es waren nur noch Kampfgruppen.

Besonders überrascht war ich, als die Sanitäter mir Seekadetten auf den Operationstisch legten. Sie trugen noch ihre blauen Uniformen. Als Teil des letzten Aufgebots waren sie auf Befehl von Großadmiral Dönitz am 24. April in die schon fast eingeschlossene Reichshauptstadt geflogen worden. Vom Flughafen Gatow hatte man sie direkt in das Regierungsviertel transportiert. Zusammen mit rund 300 Marinesoldaten wurden sie zunächst im Keller des Auswärtigen Amtes untergebracht.

Diese körperlich hervorragend durchtrainierten jungen Männer von den Marineschulen an der Nord- und Ostsee, die man zu Hitlers persönlichem Schutz nach Berlin transportiert hatte, werden etwas von U-Booten verstanden haben, aber mit Sicherheit waren sie völlig unerfahren im Straßenkampf, wie er damals in der Berliner Innenstadt um jedes Haus geführt wurde – über der Erde in Ruinen und von den Dachgeschossen, unterirdisch in den U-Bahntunneln und der Kanalisation. Mit zusammengesuchten Karabinern ausgerüstet, wurden sie in einem Abschnitt nahe der Reichskanzlei eingesetzt und fast bis zum letzten Mann aufgerieben, verheizt. Ein Opfergang, der nichts mehr wenden konnte. Sinnloses Sterben.*

Wir alle durchlebten wachend Alpträume. Wir hatten jedes Zeitgefühl, jeden Sinn für Tag und Nacht verloren. Selbst heute, mehr als 25 Jahre danach, träumte ich oft von einer Art surrealistischer Sanduhr; das obere Glas wird nie leer, das untere nie voll. Leben und Tod – das waren damals die einzigen, schrecklichen Realitäten, nicht die vergängliche Zeit. Viele zerfetzte Soldaten starben auf dem blutverschmierten Tisch einen qualvollen Tod, während ich verzweifelt versuchte, sie zu retten. Meine Arme waren bis zu den Ellenbogen voll geronnenen Blutes.

Manchmal operierte ich falsch, und mancher Fehler mag tödlich gewesen sein. Ich bin kein Chirurg und konnte mich nur auf meine allgemeinen anatomischen Kenntnisse und dazu auf Haases wertvollen Ratschlag

---

* Bei einem Teil dieser Marinesoldaten handelte es sich um Teilnehmer eines Funkmeßlehrgangs auf der Insel Fehmarn. Diese angehenden Ingenieure waren in Rostock feldmarschmäßig ausgerüstet worden, hatten jedoch keinerlei infanteristische Kampfausbildung erhalten.

stützen. Ich war am Ende meiner Kräfte. Und doch mußte ich mich auf den Beinen halten, mußte weitermachen, mit zitternden Armen und Beinen.

Schließlich ging uns das Verbandsmaterial aus. Wir mußten den Toten, die wegen des ständigen Artilleriefeuers noch nicht hatten nach oben in den Park gebracht werden können, die blutigen Lappen wieder abreißen, um damit notdürftig die zu verbinden, die wir eben operiert hatten. Es war grauenhaft. Aber ich war, von dem immer hinfälliger werdenden Haase abgesehen, der einzige Arzt in diesem Notlazarett. Stumpfegger, Hitlers letzter Begleitarzt, hielt sich im Führerbunker auf und ließ sich bei uns nur selten sehen. Wer einmal den hippokratischen Eid geleistet hat, will selbst in einer solchen Situation, die sehr bald alles sinnlos erscheinen läßt, Menschenleben retten. Von den beiden, ebenfalls völlig erschöpften Krankenschwestern aufopferungsvoll unterstützt, operierte ich weiter, obwohl mir die Augen flimmerten und ich ständig mit Schwindelgefühl zu kämpfen hatte. Um Platz zu schaffen für diejenigen, denen wir noch helfen konnten, schleppten die Sanitäter in den seltenen Feuerpausen die Leichen, häufig entsetzlich zugerichtete Leiber, amputierte Arme und Beine durch das Gedränge im Keller in den Park. Die Verwundeten, die man uns brachte, waren zumeist bewußtlos. Soldaten, die nur einen Schuß in die Hand oder in den Fuß bekommen hatten, durften die Stellung nicht verlassen.«

Dr. Schenck erlebte die letzten Wochen vor der Kapitulation Berlins als 41jähriger Standartenführer der Waffen-SS, was dem Rang eines Obersten in der Wehrmacht entsprach. In den sechs Kriegsjahren hatte der schlanke, große Arzt die Nöte der Soldaten an der Front und der Zivilisten in der Heimat gleichermaßen kennengelernt. Als die Lebensmittel rationiert wurden, war er von der Reichsärztekammer beauftragt worden, die physiologischen Fragen der Krankenernährung zu bearbeiten; der Reichsgesundheitsführer Dr. Conti hatte ihn als wissenschaftlichen Verbindungsmann zu verschiedenen Reichsministerien eingesetzt; und als bei der kämpfenden Truppe ernsthafte Verpflegungsschwierigkeiten auftraten, war Dr. Schenck zum Ernährungsinspektor der Wehrmacht ernannt worden. Als Truppenarzt hatte er an fast allen Feldzügen teilgenommen.

Für diese Aufgaben war Dr. Schenck prädestiniert, wie sein Werdegang erkennen läßt: Arzt und Chemiker, Schüler des Nobelpreisträgers Albert Kossel* und des großen Klinikers Ludolf von Krehl, Assistent und Oberarzt an der Universitätsklinik und am Kaiser-Wilhelm-Institut für medizinische Forschung in Heidelberg, seit 1938 Chefarzt einer Inneren Abteilung am Städtischen Krankenhaus München-Schwabing, Dozent und zuletzt außerplanmäßiger Professor in Heidelberg und München. Sein besonderes wissenschaftliches Interesse hatte schon in den Jahren vor dem Kriege der Frage gegolten, wie sich Hunger und Elend auf den menschlichen Organismus auswirken – ein Problem, das in den letzten Kriegsjahren immer brennender geworden war.

Seit 1944 hatte Schenck in Berlin gemeinsam mit anderen Fachleuten versucht, die sich abzeichnende schwere Krise in der Nahrungsmittelversorgung zu meistern. Die Rationen mußten herabgesetzt werden. Englische Flugblätter nannten ihn damals »Hitlers Hungerdiktator« – eine propagandistische Verzeichnung, wie sie unsinniger nicht sein konnte. Schenck heute: »Ich wäre allerdings froh gewesen, wenn ich in meinem Bereich tatsächlich diktatorisch hätte handeln können, statt mich immer wieder durch den Kompetenzdschungel kämpfen zu müssen.«

Seiner Doppelfunktion als Ernährungsspezialist der

---

* Für Medizin, 1910.

Wehrmacht und der Waffen-SS entsprechend, leitete Schenck zwei Dienststellen – eine im Wehrmachtsverwaltungsamt, die andere im SS-Wirtschafts- und Verwaltungshauptamt. Eine seiner wichtigsten Aufgaben war die Entwicklung und ärztliche Begutachtung neuer Nahrungsmittel, insbesondere für die kämpfende Truppe. (Die 6. Armee war in Stalingrad nicht nur der sowjetischen Übermacht und dem General Tschuikow, sondern auch dem General Hunger erlegen.)

Doch nun, im April 1945, als die deutschen Fronten zusammenbrachen, die allgemeine Auflösung sich von Tag zu Tag beschleunigte, in Wirrnis und Chaos überging, war alles sinnlos oder unmöglich geworden. Für die von Soldaten und Flüchtlingen überschwemmte Millionenstadt Berlin befürchtete Schenck das Schlimmste: den Hungertod als Massenschicksal.

Vier Tage nach dem Beginn der sowjetischen Großoffensive an Oder und Neiße ließ Hitler dem Befehlshaber des Verteidigungsbereiches Berlin, Generalleutnant Reymann, in der Nacht zum 20. April das Stichwort »Clausewitz« durchgeben. In den noch verbliebenen Ministerien und Behörden, den militärischen Stäben und Parteidienststellen wurden versiegelte Kuverts mit der Aufschrift »Geheime Kommandosache – Clausewitz« geöffnet. Der darin enthaltene Befehl: Höchste Alarmstufe für Berlin. Der letzte Exodus begann. In der Bevölkerung freilich versuchte Goebbels zur gleichen Zeit durch raffiniert ausgestreute Gerüchte noch immer die Hoffnung zu erzeugen, der geniale Stratege Hitler habe vielleicht nur auf diesen allerletzten Augenblick gewartet, um das Kriegsgeschick doch noch zu seinen Gunsten zu wenden. Er verfüge über Wunderwaffen, so hieß es, die einzusetzen er sich bislang gescheut habe: Bomber und Jäger ohne Propeller, die fast so schnell seien wie der Schall, weitreichende Raketen, und schließlich Bomben von bisher nicht gekannter verheerender Wirkung. Im übrigen: Der Führer sei in Berlin; in seinen Händen bleibe die Stadt geborgen.

Auch im Wirtschafts- und Verwaltungshauptamt der SS in Steglitz, Unter den Eichen, herrschte Aufbruchstimmung. Aus den langen Fensterreihen flogen überall Geheimakten auf den Hof; sie wurden sofort in einem qualmenden Ölfeuer verbrannt. In aller Eile bereiteten Offiziere und Mannschaften den Abtransport nach Bayern vor. Die Waffen-SS, so hatte der Chef des Amtes, SS-Obergruppenführer Pohl*, seinen Abteilungsleitern erklärt, werde in die »Alpenfestung« einrücken und von dort aus gemeinsam mit anderen Teilen der Streitkräfte »eine siegreiche Entscheidung erzwingen«. Militärisch knapp hatte Pohl, der in seinem Auftreten an Mussolini erinnerte, hinzugefügt: »Die Mittel dafür stehen zur Verfügung.«

Doch Schenck war skeptisch geblieben. Er bezweifelte – sehr zu Recht, wie sich schnell zeigen sollte –, daß eine Autokolonne aus Berlin Bayern überhaupt noch geschlossen erreichen werde, und sah überdies für sich keine Aufgabe in der mysteriösen »Alpenfestung«, wohl aber in der vom Hunger bedrohten Festung Berlin. Er verwies auf seine Dienststellung als Ernährungsinspekteur der Wehrmacht, verweigerte den Marschbefehl und blieb in der Stadt – ein Entschluß, der ihm wohl auch durch die Tatsache erleichtert wurde, daß er damals ledig war.

Fünf Stunden später stand Schenck mit seinem Adjutanten, dem Hauptsturmführer** Müller, am Fenster seines Büros und sah die lange Wagenkavalkade aus dem Hof des SS-Hauptmanns rollen: vorn Melder auf schweren Motorrädern, gefolgt vom Begleitkommando; dann

---

* Oswald Pohl wurde im sogenannten Konzentrationslager-Prozeß am 3. November 1947 von einem alliierten Militärgericht in Nürnberg zum Tode verurteilt, jedoch erst am 8. Juni 1951 hingerichtet.

** Entsprach dem Rang eines Hauptmanns in der Wehrmacht.

die grauen Mercedes- und Hoch-Limousinen der hohen SS-Offiziere, denen man ansah, daß sie bislang gut durch den Krieg gekommen waren: wohlgenährte Gesichter, beste Uniformen wie in Friedenszeiten. Im Fond hockte der jeweilige Adjutant mit einem leichten Maschinengewehr. Dahinter Omnibusse mit Stabspersonal und Lastwagen mit Aktenkisten und Büroinventar. Ein Sicherungsoffizier im VW-Kübelwagen und zwei Krad-Melder bildeten die Nachhut. Die Dämmerung war angebrochen. Die Schlußlichter spiegelten sich auf der regennassen Straße. Auf dem Bürgersteig standen einige Berliner und verfolgten schweigend diesen Aufbruch. Schenck:
»Es war beschämend. Die Herren in den Limousinen wußten ganz genau, daß sie in Bayern nicht würden fortsetzen können, was sie bisher in Berlin getan hatten, und wollten nur die eigene Haut retten, was den meisten dann doch nicht gelang. Berlin zu verteidigen, das überließen sie den ausgebluteten Einheiten der Wehrmacht, der Waffen-SS, betagten Volkssturmmännern und unerfahrenen Hitlerjungen. Zugleich wurde mir beunruhigend klar, daß ich eine für mich schwerwiegende Entscheidung getroffen hatte, und daß Berlin schrecklichen Tagen entgegenging.«

In den ungeheizten, dunklen und fast ausgeräumten Gebäude blieben außer Schenck und seinem Adjutanten nur die Männer des Wachbataillons zurück. Sie alle waren Jahre hindurch an der Front gewesen, schwer verwundet worden und nun nur noch »garnisonsverwendungsfähig«. Mit Karabinern und einigen zusammengesuchten Maschinengewehren ausgerüstet, sollten sie in einen Verteidigungsabschnitt am Stadtrand einrükken. Der einarmige Kommandeur des Bataillons versuchte verzweifelt, irgendwo schwere Waffen aufzutreiben. Schenck bemühte sich unterdessen, Klarheit über die Lebensmittelvorräte in der Stadt zu gewinnen und die Versorgung der Truppe und der Zivilbevölkerung zu organisieren: »Wir waren ständig unterwegs, um eine Hungersnot abzuwenden. Das wäre Aufgabe einer zentralen Instanz, eines Festungsintendanten gewesen, den es aber nicht mehr gab. Die Behörden hatten zwar Vorratslager für die Zivilbevölkerung angelegt, aber für die vielen tausend Soldaten, mit deren Rückzug von der Oderfront nach Berlin hinein zu rechnen war, hatte man so gut wie nichts veranlaßt.«

Schenck fuhr zur Kaserne in Lichterfelde, um darüber mit Waffen-SS-Generalmajor Wilhelm Mohnke zu reden, den Hitler auf Vorschlag seines SS-Adjutanten Günsche soeben zum Befehlshaber des Verteidigungsabschnittes »Zitadelle« ernannt hatte. Mohnke war im Begriff, diesen Posten zu übernehmen. Schenck schilderte ihm seine Befürchtungen, doch Mohnke hielt sie für übertrieben, wenn nicht gar für grundlos, und meinte, ein Soldat finde letztlich immer und überall etwas zu essen. Schenck: »Deprimiert verließ ich ihn und kehrte nach Steglitz zurück. Inzwischen war es dunkel geworden. In meinem Büro breitete ich eine Wehrmachtsdecke auf dem Fußboden aus und legte mich nieder, meine Pistole und ein Seitengewehr griffbereit neben mir. Das Wachbataillon hatte inzwischen die zugewiesenen Stellungen bezogen. Bis auf ein paar Posten, die noch irgendwo herumsaßen, war das Haus leer. In der Ferne hörte man das dumpfe Grollen der russischen Artillerie. Die Erde bebte bis nach Berlin hinein. In der Stadt fielen hier und dort Schüsse, ratterten Maschinengewehre, gellten Schreie. Dazwischen der schwere Gleichschritt marschierender Kolonnen, Befehle, hin und wieder das Johlen von Betrunkenen. Leuchtkugeln warfen von Zeit zu Zeit einen fahlen Lichtschein in das Zimmer. Schließlich fiel ich aber doch in einen bleiernen Schlaf, aus dem ich in den Morgenstunden zerschlagen erwachte.

Grübelnd saß ich an meinem leeren Schreibtisch und sinnierte, was der Tag wohl bringen werde. Minuten später läutete das Telefon. Mir war damals schleierhaft, wie diese Verbindung noch zustande kommen konnte, nachdem die Post mehr und mehr ausgefallen und das Behördennetz durch die Evakuierung zahlreicher Ämter und Dienststellen durcheinandergeraten war.* Es meldete sich Mohnke. Er teilte mir aus der Reichskanzlei mit, er habe unser gestriges Thema mit dem Führer besprochen; auf Befehl Hitlers solle ich mich sofort zu ihm, Mohnke, begeben, um von dort aus die Versorgung der ›Zitadelle‹ mit Proviant zu organisieren. Im selben Augenblick wußte ich, daß dieser Tag, der 23. April 1945, ein für mich schicksalhaftes Datum werden sollte.

Eilig räumte ich meinen Spind aus, verstaute meine wenigen Habseligkeiten in einen derben, dunkelblauen Seesack, der mich auf allen Feldzügen – in Frankreich und Norwegen, Griechenland und der Sowjetunion – begleitet hatte, und machte mich, mit Stahlhelm und Maschinenpistole feldmarschmäßig ausgerüstet, auf den Weg. Müller begleitete mich. Er war schon vor Jahren an der Front so zusammengeschossen worden, daß er nur noch sehr bedingt einsatzfähig war.«

Mit einem Wagen, den das SS-Hauptamt drei Tage zuvor zurückgelassen hatte, fuhren die beiden Offiziere eilig in die Innenstadt. An den zahlreichen Straßensperren prüften die ebenso häufig milchgesichtigen wie betagt-zerknitterten Posten mißtrauisch die Ausweise. Sie bewachten Hindernisse, von denen der Berliner Volksmund damals sarkastisch meinte, sie würden die Russen genau zwei Stunden und drei Minuten aufhalten – zwei Stunden lang könnten die Sowjets vor Lachen

---

* Das öffentliche Telefonnetz Berlins funktionierte sogar in den letzten Tagen der Kämpfe noch erstaunlich gut. So konnte zum Beispiel der damalige sowjetische Panzerleutnant Viktor Bojew am 26. April 1945 von seinem Quartier in dem schon von der Roten Armee eroberten Stadtteil Siemensstadt aus mit Dr. Goebbels telefonieren, der sich in seinen Diensträumen im Propagandaministerium an der Wilhelmstraße aufhielt. (Erich Kuby, *Die Russen in Berlin 1945,* München 1965, S. 72ff.)

nicht angreifen, um die Sperren dann in drei Minuten zu überwinden. Im übrigen müßten die Barrikaden ohnehin sehr schnell wieder abgerissen werden, denn die deutschen Truppen würden schon in den nächsten Tagen mit der Straßenbahn von der Ost- zur Westfront fahren.

Nach einer weiteren Kontrolle an der Seiteneinfahrt der Neuen Reichskanzlei in der Hermann-Göring-Straße fuhren Schenck und Müller in die riesige unterirdische Garage. Noch immer standen dort in einer langen Reihe die glänzenden Repräsentationslimousinen der Reichsregierung, darunter der hellblaue Luxuswagen Görings. Ein Melder nahm Schenck und Müller in Empfang, doch offenbar kannte der Mann sich in dem weitläufigen Gebäudekomplex selbst nicht genau aus, denn die kleine Gruppe landete zunächst nicht bei dem Kampfkommandanten, der seinen Gefechtsstand in mehreren Kellerräumen unter der Neuen Reichskanzlei aufgeschlagen hatte, sondern in der 145 Meter langen, parallel zur Voßstraße verlaufenden Halle, die zum großen Empfangssaal führte. Ein Teil der erlesenen Möbel und wertvollen Teppiche war ausgeräumt worden; was man zurückgelassen hatte, war ramponiert. In vielen Fenstern fehlten die Scheiben; sie waren durch Pappe ersetzt worden.

Der Melder hatte vollends die Orientierung verloren. Er öffnete aufs Geratewohl eine mehr als drei Meter hohe Tür und trat mit den beiden Offizieren in einen riesigen Raum. Es war das Arbeitszimmer Hitlers, der es schon seit Wochen nicht mehr betreten hatte. Schenck: »Ich blickte mich überrascht um. In diesem Saal hatte Hitler also jene verhängnisvollen Entscheidungen getroffen, die Deutschland nun in eine Katastrophe ohnegleichen trieben. Für seine weiten Abmessungen war dieses Zentrum nationalsozialistischer Partei- und Staatsmacht eher spärlich möbliert. Links stand der große Schreibtisch, beziehungsreich verziert mit einer Intarsie, die ein halb aus der Scheide gezogenes Schwert zeigte; dahinter ein schwerer, mit Leder bezogener Sessel, von dem aus man durch vier bis auf den Fußboden reichende Fenster und eine Tür in den Park blicken konnte. Den Seesack geschultert, ging ich an dem langen, marmornen Kartentisch vorbei zur Fensterfront und sah hinaus. Die Sonne schien; das frische Grün der Bäume leuchtete. Doch gleich darauf trat ich zurück; Hitler stand, nur wenige Meter entfernt, im Park, umgeben von Generalen und Adjutanten. Den leicht gebeugten Rücken zur Fensterfront gewandt, redete er eindringlich auf zwei hohe Offiziere ein. Die Gruppe hörte aufmerksam, in einer devot wirkenden Haltung zu.

Ich warf meinen Seesack ab und zog ihn hinter mir her zum Ausgang. Der Melder fand nun endlich die richtige Tür. Wir stiegen eine Treppe hinab und kamen in einen langen Gang, der unter der Neuen Reichskanzlei parallel zur Voßstraße verlief. Zu beiden Seiten führten Türen in zahlreiche Kellerräume. Dort unten kannte ich mich aus; in den ersten Kriegsjahren hatte ich manchmal im gegenüberliegenden Hotel Kaiserhof gewohnt und war bei Luftangriffen in die Reichskanzlei gerufen worden, um dort in der Lazarettstation auszuhelfen, wenn kein Arzt zur Stelle war.«

Schenck meldete sich bei Mohnke, der ihn in einem Nebenraum einquartierte und ihm den Befehl gab, zunächst einen auf sechs Wochen berechneten Lebensmittelvorrat für dreitausend Mann anzulegen. In den nächsten zwei Tagen fuhren die wenigen Lastwagen, die in der »Zitadelle« noch zur Verfügung standen, Munition und Verpflegung aus den noch erreichbaren Arsenalen und Proviantämtern am Spreehafen in die Reichskanzlei, bis der immer heftiger werdende Artilleriebeschuß weitere Transporte unmöglich machte. In den Kellern, Gängen und ebenerdigen Sälen der Neuen Reichskanzlei entstanden so Wände aus Säcken voll Mehl, Dauerbrot, Erbsen, Nudeln, Fleischkonserven. Hunderte von Kisten mit Munition und Sprengstoff wurden aus Sicherheitsgründen nur in den oberirdischen Räumen und im Ehrenhof gelagert. Selbst Hitlers Arbeitssaal verwandelte sich in einen Vorratsraum, und in der Marmorgalerie verbreiteten vier eilig installierte Feldküchen den Duft von Erbsen- und Bohnensuppe, bis General Kasakows Artillerie auch Mohnkes Köche in den Keller zwang. Die Proviantvorräte hatten unterdessen den vom Kampfkommandanten geforderten Umfang erreicht; Schenck konnte seinen Auftrag als erfüllt melden.

Schon an einem seiner ersten Abende im Keller der Reichskanzlei war der »Professor«, wie man ihn sogleich überall nannte, Augen- und Ohrenzeuge jener entlarvenden Streitereien geworden, bei denen NS-Funktionäre jeglicher Couleur einander um so mehr begeiferten, je betrunkener sie waren. Angewidert hatte Schenck nach einer dieser Szenen den Raum, den er mit einigen »Parteiflüchtlingen« teilen mußte, verlassen und war nach draußen gegangen, um frische Luft zu schöpfen. Er unterhielt sich einige Minuten mit einem blutjungen Posten, der ihm flüsternd berichtete, die Russen hätten die Spree zwar noch nicht überquert, aber ihre Stoßtrupps seien schon in einigen S- und U-Bahnschächten aufgetaucht.

Die Nacht war kühl. Über der schwarzen Silhouette der Ruinen sah man in allen Richtungen rötliches Flakkern – auch in den Abendstunden waren die Kämpfe nicht abgeflaut. Geräusche und Schatten ließen den Posten plötzlich die Waffe anlegen – doch es waren Deutsche. Zwei Soldaten schleppten einen Kameraden heran, der am rechten Bein schwer getroffen worden war, und fragten nach dem nächsten Verbandsplatz. Schenck übernahm den Bewußtlosen sofort und trug ihn behutsam in das Revier. In einem Vorraum legte er ihn zu einer Reihe von Schwerverwundeten, die noch versorgt werden mußten. Um ihre Schmerzen zu lindern, holte er aus dem Operationsraum eine Spritze mit Ampullen und injizierte ihnen Morphium. Einige waren unterdessen ihren Verletzungen erlegen.

In wortlosem Einverständnis mit dem ohne Pause operierenden Chirurgen bereitete Schenck nun in den nächsten Stunden die Verwundeten vor. Schließlich riß der Operateur sich die Schutzmaske von Mund und Nase und machte sich mit Schenck bekannt. Es war Professor Werner Haase.

Die beiden Ärzte gingen in das angrenzende Apothekenzimmer. Haase, fast 1,90 Meter groß, dunkelblond und sehr ernst wirkend, wischte sich die Schweißtropfen aus dem blassen, mageren Gesicht, legte sich auf ein Feldbett und berichtete kurzatmig – er litt seit Jahren an Tuberkulose und hatte einen Pneumothorax –, aber mit ruhiger, tiefer Stimme: »Ich war bis 1936 Begleitarzt des Führers, wollte aber die Chirurgie nicht aufgeben und bat daher um meine Ablösung. Vor einigen Tagen, am 20. April, war ich drüben im Bunker, um dem Führer zu gratulieren; er hat zwar jetzt Stumpfegger als Begleitarzt, aber er wünschte, ich möge bleiben. Dieses Revier war ohne Arzt; daher habe ich es übernommen.«

Nachdem er aus der ständigen Begleitung Hitlers ausgeschieden war, hatte Haase, Jahrgang 1900 und aus Köthen in der Nähe von Halle stammend, sich an der Medizinischen Fakultät der Friedrich-Wilhelm-Universität in Berlin mit einer Arbeit über »Physikalisch-technische Untersuchungen an Knochenbrüchen« habilitiert und war als Oberarzt an der II. Chirurgischen Universitätsklinik in der Ziegelstraße tätig gewesen. Ihr Direktor war der damals in Berlin sehr bekannte Unfallchirurg Professor Dr. Georg Magnus – Haases Lehrer, der neben Professor Sauerbruch Ordinarius für Chirurgie war. Auch der erste Begleitarzt Hitlers, Dr. Karl Brandt, stammte aus der Schule von Magnus und war ebenfalls Oberarzt in der Ziegelstraße gewesen. Verschiedene

Autoren, unter ihnen bedauerlicherweise auch H. R. Trevor-Roper, glaubten nach dem Krieg, diese Klinik als »Brutstätte der Berliner Nazi-Ärzte« und Professor Magnus als deren Präzeptor charakterisieren zu können. Das war sicherlich ein Fehlurteil. Gewiß galten die meisten Ärzte in der Ziegelstraße als »national eingestellt«, aber damit standen sie – vor allem in den Erfolgsjahren des Dritten Reiches – wahrlich nicht allein. Magnus war kein bedingungsloser Nationalsozialist wie etwa sein Fakultätskollege Professor Dr. Max de Crinis, der Ordinarius für Psychiatrie und Neurologie.

Von der NS-Prominenz wurde Magnus zwar häufig konsultiert, aber nicht aus Gründen seiner Gesinnung, sondern wegen seiner überragenden ärztlichen Fähigkeiten. Er hatte den Ruf eines souveränen Mannes. So weigerte er sich zum Beispiel, eine – von Hitler geforderte – lebensgefährliche Operation an der jungen Engländerin Lady Unity Valkyrie Mitford auszuführen. Die glühende Verehrerin Hitlers, die mehrere Jahre hindurch in seiner Umgebung eine bevorzugte Stellung genoß, hatte sich aus Verzweiflung über den Kriegsausbruch am 3. September 1939 in München, auf einer Bank im Englischen Garten sitzend, zwei Kugeln in den Kopf geschossen. Sie lag länger als ein halbes Jahr in einem Münchner Krankenhaus, davon mehrere Wochen ohne Bewußtsein. Magnus lehnte es ab, eine noch im Schädel steckende Kugel zu entfernen, da er befürchtete, bei einem tödlichen Ausgang der Operation werde man in England behaupten, Hitler habe auf diese Weise eine lästige Zeugin beseitigen lassen. (Lady Mitford kehrte im April 1940 über die Schweiz in ihre Heimat zurück und wurde dort operiert. Sie starb 1948.)

Sehr natürlich und freundlich, aber doch betont zurückhaltend, war Haase bei seinen Kollegen, aber auch in Gesellschaft allgemein beliebt. Er galt als einer der besten unter den jüngeren Chirurgen Berlins und zählte häufig zu den persönlichen Gästen Hitlers, von dem er lange fasziniert war – eine Empfindung, die freilich im Verlauf des Krieges zunehmender Ernüchterung wich, wie persönliche Freunde bezeugen. Als die Russen vor den Toren Berlins standen, zog Haase seine Uniform an – formal gehörte er als Obersturmbannführer der *Leibstandarte Adolf Hitler* an – und verließ seine Wohnung in der Meineckestraße, beim Kurfürstendamm, um in die Reichskanzlei überzusiedeln. Seine Frau hielt sich mit den vier Kindern außerhalb Berlins auf.

Hitler hatte Haase nicht gerufen, war aber erfreut, als er kam. Es mag wohl sein, daß auch dieser sehr disziplinierte und äußerst kontrolliert handelnde Arzt einem unwiderstehlichen inneren Drang folgte, Hitler, den schon fast erloschenen Kometen, noch einmal zu sehen – ebenso wie Albert Speer am 23. April. Als Hitlers Herrschaft zerbrach, war Haase zur Stelle, wie zwölf Jahre zuvor, als sie begonnen hatte – ein tragisches Beispiel verzweifelter und betrogener Treue. Im Notlazarett der Reichskanzlei operierte er in den nächsten Tagen bis zur völligen Erschöpfung. Als nun Schenck erschien und ihm seine Hilfe anbot, war Haase erleichtert: »Ich denke, wir werden schon morgen so viel zu schneiden haben, daß meine Kräfte nicht mehr ausreichen und Sie mit einspringen müssen. Zudem werde ich immer wieder in den Führerbunker gerufen. Ich gebe Ihnen aber jeden Rat, den Sie brauchen.«

Obwohl die Umstände hoffnungslos und sehr deprimierend waren, empfand Professor Schenck doch eine tiefe Befriedigung, weil er nach langen Monaten wieder sinnvoll als Arzt tätig sein konnte. Schnell waren der neue Operateur und die beiden Krankenschwestern – sie kamen aus dem Auguste-Viktoria-Krankenhaus – aufeinander eingespielt. Je mehr Verwundete jedoch in den Kellerräumen versorgt werden mußten, desto hoffnungsloser waren die beiden Frauen überfordert – trotz unermüdlicher Arbeit. Hilfe aus dieser Not brachte eine Gruppe von zwanzig BDM-Mädchen aus Steglitz, die Schutz vor den Russen suchten und in der Reichskanzlei zu finden glaubten – eine Hoffnung, die nicht trog, wie sich schließlich zeigen sollte. Haase und Schenck machten sie kurzerhand zu Schwestern; es gelang sogar, ihnen die erforderlichen Kittel und Rotkreuzbinden zu besorgen. Sie pflegten die Operierten bis zur Besetzung durch die Russen mit aufopferungsvoller Sorgfalt.

Auch diese Mädchen berichteten, wie viele der Kellerinsassen, von grausigen Szenen in den Häusern und auf den Straßen der riesigen Stadt – von zahllosen Bestialitäten russischer Soldaten, deren Kommandeure offenbar die Kontrolle über ihre Einheiten restlos verloren hatten oder ihre Leute gleichgültig gewähren ließen; von Morden, Schändungen, Selbstmorden, aber auch von überraschender Gutmütigkeit und beherztem Eingreifen anständiger Russen, die ihren rasenden Landsleuten in den Arm fielen und Wehrlose schützten.

Entsetzen verbreitete freilich auch in den Kellern das erbarmungslose Wüten Deutscher gegen Deutsche – jener fliegenden Feld- und Standgerichte, die einem längst pervertierten Begriff des militärischen Gehorsams nachjagten und in Minuten Todesurteile gegen »Defätisten«, »Drückeberger«, angebliche und tatsächliche Deserteure fällten, die sie gnadenlos und auf der Stelle vollstreckten. Mancher hochdekorierte Soldat wurde ihr Opfer. Mit dem Militärstrafrecht hatten die »Verfahren« längst nichts mehr zu tun. Kein Wunder, daß manche Kommandeure (Generalmajor Mummert wurde schon auf Seite 223 erwähnt) dem Treiben dieser Fanatiker mit der Drohung begegneten, sie niederzuschießen, wenn sie sich blicken lassen sollten.

Was Generalmajor a. D. Mohnke dazu meint, haben wir im Kapitel »Die Festung« wiedergegeben. Ob der Befehl zur Bildung dieser fliegenden Standgerichte, der am 22. April erteilt wurde, von Bormann stammt – wie jene Zeugen vermuten, auf die wir uns auf Seite 223 berufen – oder von Goebbels, ist nicht mehr eindeutig zu klären. Die Wahrscheinlichkeit verweist auf Goebbels als den Reichsverteidigungskommissar von Berlin. Der Durchhalteterror hatte sich hier, von allen Einengungen durch die Justiz befreit, in fürchterlicher Weise selbständig gemacht und forderte seine Opfer.

Der lange Arm dieser Blutjustiz reichte auch in den Keller der Neuen Reichskanzlei. Schenck: »In der chaotischen Turbulenz jener letzten Apriltage in Berlin haben sich allen, die sie miterlebten, Szenen eingeprägt, die unauslöschlich sind – so sehr sich die jeweiligen Daten und Tageszeiten in der Erinnerung auch verschoben haben mögen. Nie werde ich die lähmende Furcht verbreitende Erscheinung eines Mannes vergessen, der – wahrscheinlich von dem nahegelegenen Gestapo-Hauptquartier – beauftragt war, Todesurteile zu vollstrecken. Ich kann mich nicht erinnern, je einen brutaler wirkenden Menschen gesehen zu haben: schielend, sadistisch grinsend, stiernackig und untersetzt. Auf einem breiten und derben Schädel mit flacher Stirn saß schief ein Tiroler Hut mit schmaler Krempe. Der Kerl steckte in einem braunen Ledermantel, trug ein breites Koppel mit schwerer Pistolentasche, und an der linken Seite hing ein verknoteter Strick – wohl gedacht als Wahrzeichen seines grausigen Handwerks. Er stieß einen Luftwaffenoffizier vor sich her, dem man die Schulterstücke und Kragenspiegel abgerissen hatte. Wegen »Feigheit vor dem Feind« war er zum Tode verurteilt worden. Bleich und apathisch, wurde der Unglückliche nach oben geführt – vorbei an den Parteiflüchtlingen, deren Drückebergerei kein Standgericht ahndete – und im Park umlegte.«

Wie Dr. Schenck haben auch andere Augenzeugen diese furchtbare Gestalt geschildert. Wir haben zu klären versucht, in wessen Auftrag dieser »Henker« seines furchtbaren Amtes waltete. In unseren langen Gesprächen mit Generalmajor a. D. Wilhelm Mohnke haben wir diese Frage auch ihm gestellt. Seine Antwort: »Ich kann Ihnen auf das bestimmteste versichern, daß dies für mich absolut neu ist. Mag Herr Schenck und mögen andere Ihrer Informanten sich an diesen Mann erinnern – ich jedenfalls habe ihn nicht nur nicht gesehen, sondern auch nie etwas über ihn gehört. Grundsätzlich kann ich nur folgendes sagen: Als Kommandant der Reichskanzlei-Besatzung war ich Soldat, nichts anderes; und für mich waren ausschließlich die für Kriegszeiten geltenden militärstrafrechtlichen Bestimmungen maßgebend. Die willkürliche Hinrichtung von Militärangehörigen ohne ordnungsgemäßes kriegsgerichtliches Verfahren bleibt auch während einer Kampfsituation in meinen Augen Mord.«

»Wer kann der Auftraggeber dieses Mannes gewesen sein?«

»Ich betone noch einmal, ich habe von diesem speziellen Fall, den Sie schildern, nie etwas gehört und bezweifle die Darstellung auch. Bitte halten Sie sich das Chaos jener Tage vor Augen. Das einzige Standgericht, von dem ich weiß, betraf Eva Brauns Schwager, den SS-Gruppenführer Hermann Fegelein; Sie berichten ja auch über diese Sache; ich werde Ihnen noch erläutern, wie sie wirklich war.«

Professor Schenck bleibt bei seiner von anderen Augenzeugen bestätigten Darstellung. Er fuhr fort:

»Manche Szene war makaber und komisch zugleich. An einem dieser Tage tauchte bei uns ein Flintenweib in des Wortes wahrster Bedeutung auf, offensichtlich eine Dame des horizontalen Gewerbes, etwa 30 Jahre alt. Sie trug einen Offiziersrock, Reithosen, elegante lange Stiefel, eine Feldmütze schräg auf dem Kopf, am Gürtel ein an Wildwestfilme gemahnendes Schießeisen. Den linken Oberarm umspannte eine Hakenkreuzbinde. Die üppigen Formen zogen sogleich die Blicke aller Männer an.

Sie erklärte rundheraus, sie wolle zum Führer, um ihn mit zu beschützen, und marschierte nach eingehenden Erkundigungen, wie man denn zu ihm gelange, dorthin ab. Doch schon am ersten Durchgang schickten die dort postierten Wachen sie zurück. Leicht amüsiert verfolgten wir ihren Abgang.

Mit eher argwöhnischem Interesse beobachteten wir hingegen einen jungen Rotarmisten mit kurzgeschorenem Kopf, der einige Tage vor der Kapitulation draußen bei den Posten erschienen und hinuntergeführt worden war – ein Versprengter, Überläufer, oder ein Spion? Er sprach kein Wort Deutsch. Verhöre ergaben so gut wie nichts. Irgendwoher kam der Vorschlag, kurzen Prozeß mit ihm zu machen und ihn aufzuknüpfen. Doch Mohnkes Leute ließen ihn am Leben. In seiner erdbraunen Uniform saß er zunächst bei den Soldaten, die ihre Zigaretten mit ihm teilten, und war sehr schnell im Keller ›integriert‹. Er stand in der jeweiligen Schlange, beim Essenfassen wie beim Austreten, und paßte sich allem an. Ich glaube, ebenso wie ich selbst hatten die meisten Mitleid mit ihm – Strandgut der Schlacht. Kurz vor dem Ende verschwand er.

Eines sehr frühen Morgens – es mag der 26. April gewesen sein, das genaue Datum ist mir entfallen – tat ich, was vor dem Krieg ein mir liebgewordener Teil meines ärztlichen Tagespensums war – ich machte Visite in einem Krankenhaus. Die Umstände allerdings waren gespenstisch. Spät abends hatten wir die Nachricht erhalten, das SS-Lazarett Steglitz, dessen Chefarzt damals nach meiner Erinnerung der Standartenführer Dr. Besuden war, werde in der Nacht verlegt, der gesamte Gebäudekomplex also geräumt. Erhebliche Mengen an Verbandsmaterial und Medikamenten müsse man zurücklassen; sie stünden zu unserer Verfügung. Da unsere eigenen Bestände schon arg schrumpften, machten Müller und ich uns noch vor Morgengrauen mit dem Wagen, den wir aus dem SS-Hauptamt mitgenommen hatten, auf den Weg. In der Nähe des Botanischen Gartens ließ ich Müller bei zwei Panzern zurück, die dort die Hauptstraße sicherten, und schlich mich in der Dunkelheit durch das ›Niemandsland‹ bis zum Lazarettgebäude, das ich kannte.

Die Russen waren noch nicht da. Ich tastete mich von Tür zu Tür; nicht eine ließ sich öffnen. Das Haus war dunkel. Schließlich ging ich zum unterirdischen Operationstrakt, stieg vorsichtig eine Treppe hinunter und kam an eine unverschlossene Tür. Ich trat ein und sah ein Bild, das kaum trostloser sein konnte. Im Schein einer Kerze, die auf einem alten Nachttisch stand, erblickte ich acht Greisinnen in Krankenbetten. Mit angstvoll geweiteten Augen starrten sie mich an, als ich in ihr kahles, kaltes Zimmer kam; sie glaubten, ich sei der erste Rotarmist. Man hatte sie zurückgelassen, weil angeblich kein Platz mehr in den Fahrzeugen war. Aus der Einsamkeit des Alters war nun doppelte Verlassenheit geworden.

Ich ging von Bett zu Bett, wie einst im Schwabinger Krankenhaus, erkundigte mich nach dem Befinden, versuchte zu trösten und zu ermutigen, und konnte doch nicht helfen. Ich fand keine Medikamente, und ich mußte zurück. Sie klagten nicht. In wenigen Worten schilderten sie, wie das Lazarett noch vor Mitternacht abgerückt war, und wie man sie in diesem Kellerraum zusammengelegt hatte. Ich weiß nicht, was aus ihnen wurde. In der Morgendämmerung schlich ich mich wieder zu Müller. Die Panzer waren abgezogen. Aus dem Botanischen Garten wehte ein wunderbarer Blütenduft herüber, den ich tief einatmete. Eine Amsel entbot ihren Morgengruß. Es war still. Wir jagten zurück in die Stadt. Erneut begann das Artilleriefeuer. Mit knapper Not erreichten wir die Reichskanzlei; unsere Taschen waren leer. Es wurde höchste Zeit; denn auf den Gängen und vor dem Operationsraum lagen schon wieder in langer

Reihe Schwerverwundete, die versorgt werden mußten.«

Professor Schenck operierte pausenlos, vor Müdigkeit fast blind. Die abgestandene Luft war erfüllt von Blutgeruch und Gestank. Je enger sich der russische Ring um die »Zitadelle« zusammenzog, desto mehr jagten sich im Keller der Reichskanzlei die Gerüchte. General Mohnke kam nach jeder Lagebesprechung deprimierter aus dem Führerbunker zurück. In der Nacht vom 28. zum 29. April brandete schließlich jähe Angst durch die überfüllten Räume, die wieder unter dem Trommelfeuer bebten: Soldaten, die Verwundete brachten, berichteten, Marschall Schukow habe bereits Elitegruppen zusammengezogen, die am Vormittag zum Sturm auf die Reichskanzlei und den Führerbunker antreten würden. Viele schrien nach Gift. Doch der Sturmangriff blieb aus; die Aufregung legte sich etwas.

Niemand im Reichskanzlei-Keller wußte in diesen Vormittagsstunden des 29. April von den makabren Vorgängen, die sich in der Nacht, gut einhundert Meter entfernt, im Führerbunker abgespielt hatten – von Hitlers Hochzeit und der Niederschrift seiner beiden Testamente. Doch ein anderes Ereignis sprach sich in Windeseile herum: die Meldung vom Ende Mussolinis. Italienische Partisanen, so hieß es, hätten den Duce und seine Geliebte erschossen und unter dem Johlen einer großen Menschenmenge mit den Füßen zuoberst an Laternenpfählen aufgehängt; dann seien die Leichen gesteinigt worden. Diese Nachricht entsprach den Tatsachen überraschend genau (bis auf die Laternenpfähle; die Toten hingen an dem Stahlgerüst einer halbfertigen Tankstelle an der Piazzale Loreto in Mailand). Eine andere hingegen war weit übertrieben: Soldaten schilderten schreckensbleich, wie sie aus einem S-Bahntunnel entkommen waren. Pioniere hätten ihn direkt unter dem Landwehrkanal gesprengt; durch ein riesiges Loch habe sich das Wasser auf die Geleise ergossen, und Tausende seien ertrunken wie die Ratten . . . In diesem Fall waren die Tatsachen zwar weit weniger dramatisch, die Gerüchte darüber freilich bezeichnend genug.

An diesem Sonntag – es herrschte strahlendes Frühlingswetter – hatten die Russen in allen Abschnitten Gelände gewonnen: Teile der 2. Garde-Panzerarmee im Westen, im Norden und Osten. Um 22 Uhr begann im Kartenzimmer des Führerbunkers die abendliche Lagebesprechung. Bei Hitler hatte sich der Rest des »Hofes« versammelt: Goebbels und Bormann, die Generale Krebs und Burgdorf, Vizeadmiral Voß, Oberst von Below, Botschafter Hewel und General Weidling. Dieser trug vor. Das Lagebild hatte sich rapide verschlechtert. »Spätestens am 1. Mai,« so erklärte der Kampfkommandant der deprimiert schweigenden Runde, »wird der Feind die Reichskanzlei erreichen.« Er wiederholte seinen Vorschlag vom Tag zuvor, mit sämtlichen Truppen den Ring der Russen zu durchbrechen und die Flucht zu versuchen: »Das kann nur noch jetzt oder nie geschehen!«

Doch Hitler lehnte diesen Plan erneut ab. Die deutschen Einheiten seien abgekämpft, schlecht bewaffnet und ohne Munition; sie würden nur in einen neuen Kessel geraten und hätten keine Chance. Mit dieser Lagebeurteilung, die gewiß realistischer war als die seiner Generale, beendete er die Diskussion über dieses Thema und klagte resigniert, nicht einmal Jodl folgte seinen Befehlen noch. Von dem Generaloberst hatte er Auskunft über die Ersatzarmeen verlangt.* Die Antwort,

---

* Nichts konnte die Agonie in diesem letzten Führerhauptquartier besser illustrieren als Hitlers Funkspruch an Generaloberst Jodl, den Chef des Wehrmachtsführungsstabes, der sich in Dobbin (Mecklenburg) aufhielt und am 29. April gegen 23 Uhr folgende Weisung erhielt:
»Es ist mir sofort zu melden:
1. Wo sind die Spitzen von Wenck?
2. Wann greifen sie weiter an?
3. Wo ist die 9. Armee?
4. Wohin bricht die 9. Armee durch?
5. Wo sind die Spitzen von ›Holste‹?«

auf die er wartete, erhielt er eine Stunde nach Mitternacht, am 30. April, durch einen Funkspruch Keitels.* Es war die endgültige Hiobsbotschaft, die im Führerbunker die allerletzten Hoffnungen schwinden ließ. Hitler begann nun mit den Vorbereitungen für den Schlußakt – seinen und seiner Frau Selbstmord.

Es war kurz nach 2 Uhr, als sich der totenblasse, eingefallene Professor Haase schwer atmend durch den Verbindungsgang vom Führerbunker zum Keller unter der Neuen Reichskanzlei schleppte. Er tastete sich in einen überfüllten Bunkerraum und weckte Professor Schenck, der sich gegen Mitternacht erschöpft auf sein Feldbett geworfen hatte und sofort eingeschlafen war: »Bitte kommen Sie. Der Führer möchte die Ärzte und die beiden Schwestern sehen.«

Schenck erhob sich schlaftrunken: »Ich sah auf meine zerrissene, zerknitterte und mit braunen Blutflecken übersäte Uniform, aus der ich seit acht Tagen nicht herausgekommen war; Haase holte unterdes die Schwestern. Im Gänsemarsch passierten wir den scharf bewachten Gang zum Führerbunker, der rund 100 Meter entfernt war. Haase, der den Weg und die SS-Posten kannte, ging voran, die Schwestern folgten mir. Wir betraten den Vorbunker und kamen in einen Durchgangsraum, in dem Generale und Parteigrößen aßen, tranken und erregt diskutierten. Offensichtlich warteten sie – worauf, war für uns nicht erkennbar. Dann gingen wir eine halbkreisförmige Wendeltreppe zum eigentlichen, gut zwei Meter tiefer gelegenen Führerbunker hinunter und stellten uns auf den untersten Stufen auf.

Keitels Antwort:
»1. Spitze Wenck liegt südlich Schwielowsee fest.
2. 12. Armee kann daher Angriff auf Berlin nicht fortsetzen.
3. 9. Armee mit Masse eingeschlossen.
4. ›Korps Holste‹ in die Abwehr gedrängt.«
Das ›Korps Holste‹ war ein Verband der Armeegruppe Steiner unter General Holste. (Zitiert aus Joachim Schultz *Die letzten 30 Tage,* Stuttgart 1951, S. 51ff.)

Nach einigen Minuten trat Hitler aus der Tür, die in seine Privatgemächer führte. Haase meldete ihm. Er begrüßte uns mit den Worten: ›Entschuldigt, daß ich Euch noch so spät herausgetrommelt habe.‹ Meine erste, unwillkürliche Reaktion war, die vorgesschriebene, militärisch korrekte Haltung anzunehmen und zu salutieren. Ich war nur Oberst, er war noch immer Führer, Reichskanzler und der oberste Befehlshaber. Mich durchlief ein Schauer. Ich glaube, es war die Uniform, meine und die seinige, die mich so reagieren ließ. . . . Doch das ging schnell vorüber. Und nun sah ich ihn mit den nüchternen Augen des Arztes und wußte im selben Augenblick: Dieser Mensch steht physisch vor dem Ende.

Ich hatte Hitler bis dahin noch nicht aus unmittelbarer Nähe erlebt. Der in sich zusammengesunkene Mann, der hier vor mir stand, hatte so gut wie nichts mehr mit dem einstigen Idol der Massen gemein, war nicht einmal mehr ein Schatten jenes dämonischen Volkstribunen, der viele Millionen förmlich hypnotisiert, sie unter seinen messianischen Willen gezwungen hatte, auch mich . . . Zwar trug er noch die seit dem ersten Tag des Krieges bekannte Uniform, den grauen Rock mit dem Eisernen Kreuz auf der linken Brustseite, die schwarze Hose. Aber der Mensch, der in diesem nun ungepflegten und fleckigen Gewand steckte, hatte sich vollkommen in sich selbst zurückgezogen. Ich stand noch immer in militärischer Haltung auf der Treppenstufe vor ihm, sah seinen gebeugten Rücken, die krummen Schulterblätter, die zu zucken schienen und plötzlich zu zittern begannen. Er sah aus, als ob er seinen Kopf zwischen die Schulterblätter gezogen hatte – wie eine Schildkröte. Hitler wirkte auf mich wie ein sterbender Atlas, der unter der Last des Planeten zusammengebrochen war . . . Er vermochte kaum noch die zwei Schritte zu gehen, um uns die Hand zu geben.

Er sah zunächst Haase, dann mich direkt an, sein Blick

war starr und leer. Die sehr blassen, blaugrauen Augen wirkten trübe, das Weiße war blutunterlaufen. Ich konnte in diesem nun seltsam flachen, bewegungslosen Antlitz keinen Ausdruck entdecken. Die großen dunklen Säcke unter den Augen verrieten jenen Mangel an Schlaf, an dem alle im Bunker litten. Von der Nase zu den Mundwinkeln zogen sich tiefe Falten; die Lippen waren krampfhaft zusammengepreßt. Sein kalter, flatternder Händedruck wirkte wie der eines zu Tode Gehetzten, eines Sterbenden; es war wirklich nur noch eine reflexartige Bewegung. Er murmelte ein paar flüchtige Dankesworte. Ich suchte nach einer passenden Antwort; irgend etwas erwiderte ich, wahrscheinlich ›Danke, mein Führer‹.

Dann trat Hitler auf dieselbe Stufe, auf der auch ich stand, um sich den beiden Frauen zuzuwenden. Ich sehe ihn noch heute vor mir, zentimeternah, obwohl die Begegnung insgesamt nur vier, fünf Minuten dauerte ... Es war ein erschütternder Anblick. Das verwüstete Gesicht war gelbgrau wie eine Mondlandschaft. Als Arzt empfand ich Mitleid mit diesem menschlichen Wrack, dem kein Sterblicher mehr helfen konnte. Mit 56 Jahren war Hitler zu einem gelähmten Greis geworden, freilich ohne die Würde des weißen Haars.

Die jüngere der beiden Schwestern, die mit den BDM-Mädchen aus Steglitz in der Reichskanzlei Schutz gesucht hatte, war von dieser Begegnung so aufgewühlt, daß sie weinend, in einer Mischung aus Pathos und Hysterie, ausrief: ›Mein Führer, bewahren Sie Ihren Glauben an den Endsieg! Führen Sie uns, und wir werden Ihnen folgen!‹ Dieser Ausbruch war eine Reaktion auf die Nervenbelastung, der auch die Operationsschwestern in den vergangenen Tagen und Nächten ausgesetzt waren – standen sie doch ständig in einem Durcheinander von stöhnenden Verwundeten, eben Gestorbenen, von amputierten Armen, Beinen, Eingeweiden, die wie

Müll in Abfalleimer gestopft wurden und ebenso wie die Toten nur in den spärlichen Feuerpausen nach oben gebracht werden konnten . . .

Haase faßte die Schwester am Arm, um sie zu beruhigen, während ihre Worte von der Decke und den Wänden hallend zurückgeworfen wurden. Nun war es totenstill. Dumpf erwiderte Hitler: ›Man soll sich seinem Schicksal nicht feige entziehen wollen.‹ Diese Worte galten nicht einem einzelnen; Hitler wollte nur das Fazit ziehen. Es klang, als ob er in die Ewigkeit hinein oder in den Abgrund hinunter sprach, vor dem er stand. Dann drehte er sich langsam um, gab Haase einen Wink, ihm zu folgen, und schweigend gingen beide langsam durch die von einer Ordonanz geöffnete Tür in die Privaträume des Führers.«

Die Russen kämpften sich auch in dieser Nacht an die Reichskanzlei heran – buchstäblich Meter für Meter. Sie standen bereits im Tiergarten, am Potsdamer Platz, am Luftfahrtministerium, an der Weidendammer Brücke, am Lustgarten, 300, 400 Meter entfernt. Hitler wußte, daß ihm nicht mehr viel Zeit blieb. »Mohnke, wie lange können Sie noch halten?« hatte er kurz zuvor den Kampfkommandanten der »Zitadelle« gefragt und eine präzise Antwort erhalten: »24 Stunden, mein Führer, nicht länger.« In den Bunkern und Kellern der Reichskanzlei ließ die Erkenntnis, daß Rettung von außen nicht mehr zu erwarten war, endgültig jene strenge hierarchische Ordnung zusammenbrechen, die noch wenige Tage zuvor eisern eingehalten worden war. Nun herrschten auch hier Ratlosigkeit, Todesangst, dumpfe Ergebung, aber ebenso seltsame Euphorie und letzte Lebensgier – ein Wandel, den auch die allgemeine Überzeugung bewirkt hatte, des Führers Selbstmord stehe kurz bevor.

Nachdem Hitler sich mit Haase zurückgezogen hatte, wurde Professor Schenck mit den beiden Krankenschwestern eingeladen, im oberen Durchgangsraum im Kreise derjenigen Platz zu nehmen, die sich als *Prätorianergarde* des Führers fühlten, ihn nur den »Chef« nannten und entschlossen waren, bis zur letzten Minute bei ihm zu bleiben: die Wehrmachtsgenerale Wilhelm Burgdorf und Hans Krebs, SS-Adjudant Otto Günsche, Chefpilot Hans Baur, SS-General Johann Rattenhuber, Botschafter Walter Hewel, und andere, die viele Jahre zu Hitlers engster Umgebung gehört hatten. Goebbels und Bormann fehlten in der Runde, ebenso Mohnke, der an seinen Gefechtsstand gefesselt war. In der höher gelegenen Kantine für die Mannschaftsdienstgrade floß in dieser Stunde der Alkohol in Strömen. Aus Plattenspielern dröhnte Jazzmusik; es wurde getanzt. Der Lärm schwoll derartig an, daß eine Ordonnanz den Auftrag erhielt, oben die hochgehenden Wogen des Vergnügens zu dämpfen und für Ruhe zu sorgen. Schenck erlebte unterdessen ein gespenstisches Intermezzo:

»Sehr demokratisch bat man uns an den langen Tisch. Es wurde Wein, Kognak, Kaffee gereicht – ganz nach Wunsch. Die Vorratsräume waren bei weitem noch nicht geleert. Der Artilleriebeschuß hatte ganz erheblich nachgelassen; wir fanden das sonderbar. General Krebs, der die Mentalität der sowjetischen Marschälle aus seiner Zeit als stellvertretender Militärattaché an der deutschen Botschaft in Moskau recht gut kannte – Stalin hatte ihn einmal vor den Filmkameras der Wochenschau demonstrativ umarmt, wenige Wochen vor dem deutschen Angriff –, vermutete als Grund den bevorstehenden 1. Mai. Er meinte, Schukow habe die endgültige Erstürmung der ›Zitadelle‹ für den Maifeiertag befohlen, um Stalin die große Kriegsbeute Berlin zum ›Kampftag der Arbeiterklasse‹ präsentieren zu können – wie Schaschlik auf dem Spieß. Die meisten Gesichter am Tisch waren mir neu. Alle gehörten zum inneren Kreis um Hitler, zum ›Hof‹. Ich beteiligte mich zunächst nicht an der Unterhaltung. Man sprach über vergangene Zeiten – die glücklichen Friedensjahre vor 1939. Einer schwärmte von der Schönheit der bayerischen Seen und vom herbstlichen München mit seinen klaren, frischen Farben; andere erinnerten sich wehmütig an das liebliche Weserbergland, die Wartburg in der Abenddämmerung, die barocke Pracht des Dresdner Zwingers, an das erhabene Schauspiel des Rheinfalls bei Schaffhausen und die romantische Anmut des Doms zu Worms.

Gewiß, ich kannte diese melancholische Besinnung auf die unerreichbar gewordenen Schönheiten der Heimat zur Genüge. An der Front hing jeder irgendwann solchen sehnsuchtsvollen Gedanken nach – bevor die Schlacht begann, oder wenn sie überstanden war. Doch in dieser Stunde konnte ich mich einfach nicht daran beteiligen. Die Begegnung mit Hitler, an den ich einst geglaubt hatte, der Anblick dieses zerstörten Menschen, des zerfallenen Idols, des geschlagenen Herrschers, dessen Zustand dem seines Reiches so vollkommen entsprach – es war eine Szene wie aus der germanischen Mythologie: Götterdämmerung. Im Bunker der Untergang der Götter, ringsum die Vernichtung der Erde im Weltenbrand. (Die »Götterdämmerung« war die letzte Wagner-Oper, die Hitler sah – im Juni 1940 in Bayreuth. D. V.) Ich war unfähig zu reden. Diese seelische Erstarrung löste sich erst allmählich durch den angebotenen Rheinwein, den ich trank, um das Blut, das mir in den Adern gefroren war, wieder zu erwärmen.

Etwa nach einer halben Stunde gesellten sich drei Frauen zu uns: Gertrud Junge, eine der Sekretärinnen Hitlers, die im Bunker ausharrten, Else Krüger, die Sekretärin Bormanns, und eine mir bis dahin Unbekannte mit aschblondem Haar. Irgend jemand beugte sich zu mir und flüsterte, das sei Frau Hitler, die Braut für einen Tag. So erfuhr ich von der Hochzeit des Führers mit Eva Braun. Bis zu diesem Zeitpunkt hatte ich noch nie etwas von ihr, geschweige denn von der engen

Beziehung zu Hitler, gehört. In jener Nacht empfand ich so etwas wie ironische Genugtuung darüber, daß unser Führer nun auch noch diese Kleinigkeit, *la vie de bohème* seiner früheren Jahre, in Ordnung gebracht hatte, nachdem er für seine großen Probleme auf eine so treffliche Lösung verfallen war.

Ich fühlte mich in dieser Runde als Außenseiter. Der Kreis, in dem ich saß, zählte zum *entourage* des Führers, der lange Jahre mit elitärem Anspruch aufgetreten war. Ich zappelte nun als kleiner Fisch in demselben Netz, und wir alle wußten, daß es nicht mehr lange dauern konnte, bis es zugezogen und ans Tageslicht gezerrt werden würde. Sie sprachen über den Obersalzberg und nannten ihn nur den ›Berg‹; dort hatten die Mitglieder des ›Hofes‹ wie Götter über den Wolken gelebt, den Blicken aller übrigen Deutschen entzogen und erhaben über die kleine Welt der gewöhnlichen Sterblichen. Eva Braun kam aus dieser idyllischen Berglandschaft mit Edelweiß und Glockengeläut – jedenfalls, was ihr Lebensgefühl und ihren Stil betraf –, und es war wohl tatsächlich ihre Welt. So erlebte ich sie in mehrfacher Hinsicht aus der Distanz . . .

Wenn diese junge Frau sich ihrer ausweglosen Situation bewußt war, und das ist wohl nicht zu bezweifeln, so zeigte sie jedenfalls keine äußere Reaktion, die darauf hätte hindeuten können. Sie saß am Kopfende des langen Eichentisches und war Mittelpunkt der Gesellschaft. Von dem Champagnerfrühstück nach der Trauung abgesehen, 24 Stunden zuvor, war dies die einzige gesellige Runde, der Eva Braun als Frau Hitler präsidierte. Unbefangen plauderte sie in ihrer bayrisch gefärbten Redeweise drauflos. Es waren belanglose Dinge, Anekdoten ohne Pointe, sogar ein Backrezept für Kaiserschmarrn. Ihr Gesicht, die Figur, ihre Kleidung kann ich nicht mehr genau beschreiben, aber ich erinnere mich noch sehr lebhaft an meinen Eindruck, sie sei von der allgemeinen

Demoralisierung der letzten Tage im Bunker freigeblieben.«

Die nächtliche Runde saß eineinhalb Stunden beisammen. Es war inzwischen 4 Uhr geworden. Einem natürlichen Drang folgend, verließ Professor Schenck die Gesellschaft und ging die Wendeltreppe hinunter; die Toiletten und der Waschraum befanden sich in Hitlers privatem Bereich, zu dem aber nur Zutritt hatte, wer ohnehin zum innersten Kreis gehörte oder dort zugelassen war. Die SS-Posten waren verschwunden; sie wollten sich das hektische Vergnügen in der Mannschaftskantine nicht entgehen lassen. Schenck betrat diesen tiefsten Teil des Bunkers zum erstenmal: »Ich war überrascht, wie eng es dort unten war. Nachdem ich die eiserne Tür, durch die Hitler und Haase vorhin gegangen waren, leise hinter mir zugezogen hatte, stand ich in dem schmalen Korridor und wurde nun Zeuge einer Szene, die mir ebenso unvergeßlich geblieben ist wie die Begegnung auf der Wendeltreppe . . .

Hitler und Haase saßen an einem kleinen runden Tisch auf einfachen Bürostühlen. Sie waren in ein so intensives Gespräch vertieft, daß sie mich nicht bemerkten. Ich schlich zum Waschraum und kam an zwei Schäferhunden vorbei, die in einer Ecke lagen; sie winselten und knurrten . . . Als ich den Korridor wieder betrat, verhielt ich einen Augenblick, um mir das Bild einzuprägen. Es war noch niederschmetternder und jammervoller als zwei Stunden zuvor. Während Hitler sich flüsternd mit Haase unterhielt – beide wurden mich auch diesmal nicht gewahr –, lag seine linke Hand, in der er die Brille mit dem metallenen Gestell hielt, auf dem Tisch und klopfte rhytmisch auf die Platte. Die Hand, der ganze Arm, die Schulter – soweit ich sehen konnte, zitterte, die gesamte linke Körperhälfte, der Unterschenkel, den er zwischen ein Stuhl- und ein Tischbein geschoben hatte, um das Schütteln zu unterbinden, was ihm jedoch nicht gelang.

Ohne Untersuchung wagte ich dennoch eine Diagnose und vermutete Paralysis agitans, die Parkinsonsche Krankheit. Wenn dieser Befund zutraf, so wäre Hitler in zwei bis drei Jahren zu einer völlig hilflosen Kreatur geworden und elend zugrunde gegangen. Mir war sofort klar, daß er in Professor Haase seinen letzten Arzt gesucht und gefunden hatte. Der Quacksalber Morell hatte sich acht Tage zuvor nach Bayern abgesetzt, und den fast zwei Meter messenden Stumpfegger betrachtete Hitler nur als einen jener SS-Hünen, die ihn im Fall einer Verwundung in eine geschützte Ecke schleppen sollten. Nein, für den allerletzten Akt hatte er sich seinem früheren Begleitarzt anvertraut, der ebenfalls – wenn auch aus anderen Gründen – dem Tod geweiht war. Von Haase ließ Hitler sich belehren, wie man schnell und sicher Hand an sich legt, und wie der tote Körper spurenlos vernichtet werden kann. Haase schilderte mir das Gespräch am späten Nachmittag, als das Ehepaar Hitler nicht mehr lebte. Ich schlich zur Tür und kehrte in den oberen Vorraum zurück. An dem langen Tisch hatten inzwischen auch Stumpfegger und Dr. Kunz, der Zahnarzt der Familie Goebbels, der sich eher zufällig im Bunker aufhielt, Platz genommen. Die Unterhaltung war lebhaft. Die beiden Sekretärinnen baten um Uniformen und festes Schuhzeug, um bei einem Ausbruch mithalten zu können. Eva Hitler schwieg.«

Kurz darauf beendete Hitler und Professor Haase ihr Gespräch über das Sterben. Der Führer zog sich in seine Privaträume zurück, sein Arzt ging zu den Hunden. Was nun geschah, sah Hitlers SS-Adjutant Otto Günsche, der die Gesellschaft im oberen Vorraum aus demselben natürlichen Grund wie Professor Schenck kurz verlassen hatte: »Als ich eintrat, stand ich vor Professor Haase und Feldwebel Tornow, der Hitlers Hunde abgerichtet hatte. Haase hielt eine Zange und eine Zyankali-Ampulle in der Hand. Tornow riß dem Lieblingshund ›Blondi‹ das Maul auf, Haase griff hinein und zerdrückte die Ampulle mit der Zange. Das Gift wirkte im selben Augenblick. Wenige Minuten später erschien Hitler, um sich zu vergewissern, daß ›Blondi‹ tatsächlich vergiftet war. Er schwieg. Sein Gesichtsausdruck veränderte sich nicht. Schon nach einer Minute kehrte er in sein Arbeitszimmer zurück.«

Was dieser Vorgang bedeutete, ist klar: Hitler hatte von Professor Haase eine toxikologische Probe verlangt; er wünschte einen Beweis, daß die Giftampullen tatsächlich wirkten, denn sie waren in Laboratorien hergestellt worden, die Himmler unterstanden, und der Reichsführer-SS hatte sie geliefert – jener Himmler, von dem Hitler sich vollkommen verraten glaubte. Nun mißtraute er ihm zutiefst. »Himmler ist die furchtbarste Enttäuschung meines Lebens . . .« hatte er wenige Stunden zuvor voller Verachtung zu Artur Axmann gesagt. Nachdem ›Blondi‹ getötet war, erschoß Feldwebel Tornow die fünf Welpen, die das Tier im März geworfen hatte, die Hunde von Eva Braun, von Hitlers Sekretärin Frau Christian, und auch seinen eigenen. Dann verließ er angetrunken und offenkundig völlig verwirrt den Führerbunker und tauchte wenig später in den Kellern der Neuen Reichskanzlei auf. Dort schrie er mehrfach wie von Sinnen: Der Führer ist tot, rette sich, wer kann!« Dieser gute, aber voreilige Rat löste unter den Insassen der Kellerräume sogleich große Unruhe aus, die sich erst langsam legte, nachdem der Feldwebel abgeführt worden war und sein Zustand sich herumgesprochen hatte.

Nach einem Rundgang durch die Säle und Korridore der Reichskanzlei – Speers Bauwerk hatte inzwischen durch das ständige Trommelfeuer der letzten Tage schwerste Schäden davongetragen – und einem eiligen Frühstück kehrte Professor Schenck wieder in den Operationsraum zurück. In den Morgenstunden waren in der »Zitadelle« erneut heftige Kämpfe entbrannt, und aus allen Richtungen wurden Verwundete in den Keller geschleppt – vier in der Zeit, in der einer ärztlich versorgt werden konnte. Schenck war gerade dabei, einen zerschmetterten Oberschenkel zu amputieren, als Professor Haase, der nun noch elender und erschöpfter aussah, sich durch das Menschengewühl in den Gängen zum Operationssaal drängte, Schenck einige Minuten zusah und ihm zuflüsterte: »Der Führer wird um 15 Uhr aus dem Leben scheiden.« Dann wankte er in das Apothekenzimmer und ließ sich, nach Luft ringend, auf das Feldbett fallen.

Der Schuß

> Alle Könige der Völker ruhen doch in Ehren,
> ein jeder in seiner Kammer:
> du aber bist hingeworfen ohne Grab wie ein verachteter Zweig, bedeckt von Erschlagenen, die mit dem Schwert erstochen sind, wie eine zertretene Leiche.
> Du wirst nicht wie jene begraben werden, die hinabfahren in eine steinerne Gruft; denn du hast dein Land verderbt
> und dein Volk erschlagen.
>
> Jesaja 14,18

Des Führers letzter Tag begann sehr still.

Am Montag, dem 30. April, war das Artilleriefeuer zunächst gegen Morgen weiter abgeflaut, und im Bunker versuchte jedermann, ein paar Stunden zu schlafen. Nur Hitler hatte sich, von seinem bisherigen Lebensrhythmus abweichend, schon um sechs Uhr früh wieder erhoben – nach einer, wie üblich, langen Nacht, die mit Gesprächen über die nun gänzlich hoffnungslose Lage, über Selbstmord und Verbrennung, mit Abschiedszeremonien und Meditationen über den Tod als Erlösung, ganz dem bevorstehenden Ende gewidmet war. Kurz nach sechs Uhr rief er Generalmajor Mohnke an und befahl ihn zum Lagebericht in den Führerbunker.

Mohnke hat uns diese – seine letzte – Begegnung mit Hitler im April 1974 geschildert: »Ich trat mit meinen Unterlagen in sein Schlafzimmer. Er saß auf einem Stuhl neben dem Bett. Über dem Pyjama trug er einen schwarzseidenen Morgenmantel; die Füße steckten in schwarzen Lackpantoffeln.«

»Welchen Eindruck hatten Sie von ihm?«

»Der Mann wirkte auf mich sehr gesammelt und gut ausgeschlafen – was er natürlich nicht war. Gewiß, die linksseitigen Gliedmaßen zitterten, aber das Bild, das Professor Schenck wenige Stunden vorher von Hitler gewann, ist mir so nicht gegenwärtig; er hat Hitler damals eben als Arzt und überdies zum erstenmal aus unmittelbarer Nähe gesehen. Nun, mir stellte Hitler präzise Fragen. Die erste war: ›Mohnke, wie lange können Sie noch halten?‹ Ich antwortete: ›24 Stunden, mein Führer, nicht länger.‹ Dann schilderte ich ihm die Lage. Die Russen hatten die Wilhelmstraße erreicht, sie waren in die U-Bahnschächte unter der Friedrichstraße und sogar unter der Voßstraße eingedrungen, der größte Teil des Tiergartens war in ihrer Hand, und sie kämpften am Potsdamer Platz, 300 Meter von uns entfernt. Hitler hörte sich das ruhig und konzentriert an.«

»Glauben Sie, daß Hitler den Zeitpunkt, an dem er sich mit seiner Frau umbringen wollte, von Ihrem Lagebericht abhängig gemacht hat?«

»Sicher nicht ausschließlich, aber zu einem erheblichen Teil. Nun, nachdem wir die militärischen Dinge besprochen hatten, begann er mit mir über Politik zu reden. Wahrscheinlich war es der letzte seiner zahllosen Monologe. Der Grundgedanke, den er mir an diesem Morgen entwickelte, war: Die westlichen Demokratien seien dekadent und würden sich den jungen, unverbrauchten

Völkern des Ostens, für die eine straffe Führung wie im kommunistischen System genau das Richtige sei, nicht gewachsen zeigen. Der Westen werde unterliegen. Der Ton, in dem er sich über diese These verbreitete, war gelassen und distanziert. Kurz nach 7 Uhr verließ ich ihn wieder und kehrte auf meinen Gefechtsstand zurück.«

Die Hände auf dem gebeugten Rücken verschränkt, wanderte der geschlagene Diktator in den Morgenstunden langsam, fast apathisch, in der Betonkatakombe umher, die nun seinen ganzen *Lebensraum* umschloß: gut zwölf Meter im Quadrat. Aus seinen privaten Zimmern ging er durch den Lagevorraum in den Korridor, zur Wendeltreppe, wieder zurück, den Blick zumeist auf den Boden geheftet. Einer der Telefonisten begegnete ihm kurz: »Er wirkte gebrochen, ausgebrannt, verloren. Uns war längst klar, daß er keine andere Wahl hatte, als sich umzubringen, und man wartete schon seit der stürmischen Konferenz vom 22. April mit einem Gefühl nervöser Spannung, die freilich jeder unter möglichst gelassener Geschäftigkeit zu verbergen trachtete, auf den Schuß, mit dem Hitler die Konsequenzen ziehen würde. In der Stille dieses Morgens – nur das leise Surren der Ventilatoren war zu hören – empfand ich sein sinnendes Schweigen als besonders bedrückend, ja unheimlich; ich zog mich schnell in die kleine Telefonzentrale neben dem Maschinenraum zurück.«

Doch auch am letzten Tag wurde in diesem Torso eines Hauptquartiers – sogar die Nachrichtenverbindungen zum Kampfkommandanten Berlins, General Weidling, im 1200 Meter entfernten Bendler-Block, dem OKW-Bunker an der Bendlerstraße, waren zeitweilig ausgefallen – ein militärischer Routinebetrieb fortgesetzt, der nun vollends absurd wirkte. »Der Führer lebt und leitet Abwehr Berlin«, hatte Hitlers engster Vertrauter im Bunker, Martin Bormann, in einem Nachsatz zu dem makabren

Telegramm versichert, das er gegen 3.30 Uhr an Dönitz in Plön hatte absetzen lassen. Laut Führerbefehl sollte der Großadmiral »schnellstens und rücksichtslos gegen alle Verräter vorgehen«. Gemeint war natürlich der abtrünnige Heinrich Himmler, der auf eigene Faust Friedensfühler zu den Westmächten ausgestreckt hatte; er hielt sich an diesem 30. April in einer Polizeikaserne in Lübeck auf, erging sich in absurden Plänen zur Gründung einer neuen NS-Partei und brütete über der Kabinettsliste einer künftigen Reichsregierung, als deren Chef für ihn natürlich nur ein Mann in Frage kam: Heinrich Himmler. »Sie werden sehen, meine Herren«, erklärte er einigen ungläubig dreinschauenden Offizieren seines Stabes an diesem Morgen, »sie (die Alliierten d. V.) brauchen mich . . . Europa kann ohne mich nicht geordnet werden, und Eisenhower wird das einsehen.«

Verglichen mit diesen Wahnideen jenes Mannes, den Hitler in seinem politischen Testament mit dem Bannfluch der äußersten Treulosigkeit belegt hatte, war des Führers Lagebeurteilung schon seit Tagen realistisch. Er war nun entschlossen, diesen 30. April nicht zu überleben. Gegen 8 Uhr begann die sowjetische Artillerie mit einer neuen Kanonade der Reichskanzlei. Jederzeit war mit einem Sturm auf diesen innersten Kern der »Zitadelle« zu rechnen. In der Tat bereiteten sich an diesem Morgen die Elitetruppen des von Generalmajor Perewjorkin geführten LXIX. Garde-Schützenkorps der sowjetischen 3. Stoßarmee auf den letzten Angriff vor, der den Sieg im Kampf um die Reichshauptstadt krönen sollte; er galt jedoch nicht dem Amtssitz Hitlers, sondern dem ausgebrannten Reichstagsgebäude, seit dem Prozeß um den Reichstagsbrand 1933 in russischen Augen das eigentliche Symbol nationalsozialistischer Herrschaft in Berlin, und begann um 10 Uhr mit schwerem Artilleriefeuer.

Die neuen Lagemeldungen, die Hitler um diese Zeit

erhielt, waren noch düsterer als der Bericht, den Mohnke am frühen Morgen erstattet hatte. Langsam zwar, doch unaufhaltsam (Goebbels: »Das motorisierte Robotertum«) zogen die Russen den Einschließungsring zusammen – am Potsdamer Platz, in der Leipziger und in der Friedrichstraße, am Anhalter Bahnhof, im Tiergarten. Noch heftiger als in den Tagen zuvor tobten die Kämpfe um jeden Straßenzug, jede Ruine, jeden Trümmerhaufen. Der deutsche Widerstand wurde immer verbissener, obwohl die zusammengewürfelten Kampfgruppen völlig ausgeblutet waren und von einer einheitlichen Führung längst keine Rede mehr sein konnte. Selbst Generaloberst Tschuikow, ein sehr nüchterner und erfahrener Soldat, war überrascht. Er leitete von seinem Hauptquartier am Schulenburgring Nr. 2 in Tempelhof aus die Operationen der 8. Garde-Armee; zeitweilig auch von seinem vorgeschobenen Gefechtsstand in Kreuzberg gegenüber dem Viktoriapark. Telefonisch erkundigte sich Marschall Schukow, der Oberbefehlshaber der Heeresgruppe, mit kaum gezügelter Ungeduld bei ihm, ob man denn hoffen könne, zum 1. Mai ganz Berlin erobert zu haben. Der General war skeptisch: »Ich bezweifle das.«

Hitler nahm die Lagemeldungen des Vormittags ohne Anzeichen innerer Bewegung, fast geistesabwesend, entgegen und unterzeichnete dann den letzten *Führerbefehl*:

An den Befehlshaber des Verteidigungsbereiches Berlin,
General der Art. Weidling.
Im Falle des Munitions- und Verpflegungsmangels bei den Verteidigern der Reichshauptstadt gebe ich mein Einverständnis zum Ausbruch. Es ist in kleinsten Gruppen auszubrechen und Anschluß an die noch kämpfende Truppe zu suchen. Wo dieser nicht gefunden wird, ist der Kampf in kleinen Gruppen in den Wäldern fortzusetzen. Adolf Hitler

Ein Sturmbannführer der Waffen-SS erhielt kurz darauf den Befehl, dieses jede Kapitulation strikt verbietende Dokument – mit der Führer-Schreibmaschine auf einem privaten Briefbogen Hitlers geschrieben – zum Bunker in der Bendlerstraße zu bringen. Für die 1200 Meter brauchte er zwei Stunden.

Weidling hatte Hitler am Abend zuvor einen von seinen Stabsoffizieren ausgearbeiteten Ausbruchsplan vorgelegt, von dem der Führer jedoch nichts wissen wollte. Hier ein Auszug aus diesem Dokument:

»Kampfbesatzung Berlin bricht in drei Kampfgruppen beiderseits der Heerstraße aus. Havelbrücken südlich Spandau sind ohne Rücksicht auf Verluste zu halten, um ausbrechenden Kampfgruppen die Absetzbewegung zu ermöglichen. Aufstellung: Kampfgruppe I: 9. Fallschirmjägerdivision mit unterstellter Kampfgruppe E. Rechts und links: 18. Panzergrenadierdivision mit der Masse der noch vorhandenen Panzer und Sturmgeschütze. Kampfgruppe II: Restverbände der Waffen-SS mit SS-Dienststellen und Polizeieinheiten. Bei dieser Kampfgruppe wird der Führer, sein Gefolge sowie hohe Beamte am Ausbruch teilnehmen . . . Kampfgruppe III: Panzerdivision ›Müncheberg‹ und SS-Division ›Nordland‹.
Die Kampfgruppe General Bärenfänger Nachhut . . .«

Weidling hatte Hitler diesen Plan in der sicheren Gewißheit unterbreitet, daß der Führer entschlossen war, in Berlin zu bleiben. Der General wünschte jedoch den Eindruck zu vermeiden, er wolle Hitler in der »Zitadelle« zurücklassen, und hatte ihn daher aus optischen Gründen mit aufgeführt. Am Vormittag des 30. April war der Berliner Kampfkommandant dann nach einer Besprechung mit einigen Divisionskommandeuren zu dem Entschluß gelangt, auf eigene Faust einen Ausbruchsbefehl zu erteilen; und als Termin für diese verzweifelte Operation hatte er den 30. April, 22 Uhr, festgesetzt.

Im Führerbunker herrschte nun allgemeine Ratlosigkeit. Selbst Goebbels, der sich bislang bei den Lagebesprechungen mit seinen Kommentaren keineswegs zurückgehalten hatte und noch kurz zuvor über Weidling hergefallen war, zeigte nun offene Resignation. Seine Aufgaben als Reichsverteidigungskommissar für Berlin waren durch die Ereignisse gegenstandslos geworden, die propagandistischen Möglichkeiten waren so gut wie erschöpft, und so hattte er keine rechte Funktion mehr. Er humpelte durch den Bunker, stand hier und dort herum, und was er sagte, fand kaum Interesse – es waren immer neue Variationen seiner Theorie vom großen Verrat, der zu diesem Ende geführt habe. In den letzten Tagen hatte er sich mehr als in all den Jahren zuvor mit seinen Kindern beschäftigt und ihnen vorgelesen.

Magda Goebbels, die sich schon in der vergangenen Nacht von Hitler verabschiedet hatte, litt an diesem Vormittag wieder unter Herzbeschwerden, die sie schon kurz nach der Übersiedlung in den Bunker gezwungen hatten, die ärztliche Hilfe Stumpfeggers in Anspruch zu nehmen. Als Albert Speer sich am späten Nachmittag des 23. April von ihr verabschiedet hatte, war sie bettlägerig gewesen. Mehr noch als die Angst vor dem eigenen Ende belastete sie der bevorstehende Tod ihrer Kinder; und doch hatte niemand dem Ehepaar Goebbels den entsetzlichen Entschluß, sie vergiften zu lassen, ausreden können.

Auch Eva Braun, nun Eva Hitler, hatte sich in diesen letzten Stunden ihres Lebens zurückgezogen. Seit Monaten stand ihre Entscheidung fest, des Führers Schicksal zu teilen. Ende Januar hatte sie Berlin auf seinen dringenden Wunsch hin verlassen, war nach München gefahren, um auf dem Berghof nach dem Rechten zu sehen und dann die nächsten Wochen abzuwarten. Am 8. Februar hatte sie in ihrem Münchner Haus in der Wasserburgstraße 12, das Hitler ihr 1936 geschenkt hatte, ihren 33. Geburtstag gefeiert, allerdings mit zweitägiger Verspätung, da die »Stadt der Bewegung« am 6. Februar wieder das Ziel eines schweren Luftangriffs war. Dennoch konnte sie an jenem Winterabend viele Gäste begrüßen: Familienangehörige, Freunde, frühere Kollegen, mit denen sie in der Fotofirma Hoffmann zusammengearbeitet hatte (dort war sie Hitler 1929 zum erstenmal begegnet). Trotz der bedrückenden Umstände und der düsteren Aussichten war es doch ein rundes, stimmungsvolles Fest geworden; alle bewunderten Hitlers Geburtstagsgeschenk, einen Brillantanhänger mit einem Topas, und man war fröhlich, bis die Gastgeberin spät in der Nacht ihren Entschluß verkündete, in die Reichskanzlei zurückzukehren.

Einer der Gäste erinnert sich, wie die Geburtstagsgesellschaft diese Mitteilung aufnahm: »Wir redeten auf sie ein, hielten ihr vor, sie werde sich in größte Gefahr begeben, und versuchten sie auf jede Weise umzustimmen; doch sie ließ sich von unseren Argumenten nicht im geringsten beeindrucken und meinte ganz ruhig, sie sei sich schon seit geraumer Zeit über das Ende klar, das sie erwarte; sie könne nicht anders, als zu Hitler zurückzukehren, obwohl er es ihr ausdrücklich verboten habe.«

Ebenso wie eine enge Freundin bot ihre Schwester Gretl, die in anderen Umständen war, ihr spontan an, sie zu begleiten, doch Eva Braun lehnte auch das ab. Ihr Biograph Nerin E. Gun hat die Szene geschildert; seine Darstellung wird von dem schon zitierten Teilnehmer der Geburtstagsfeier bestätigt: »Du mußt dein Kind zur Welt bringen. Vergiß nicht, daß es ein Junge werden muß. Die Mädchen der Familie Braun haben kein Glück.«

Gretl Braun hatte am 3. Juni 1944 in Salzburg den

37jährigen, sehr gut aussehenden SS-Gruppenführer Hermann Fegelein geheiratet – einen glänzenden Reiter und notorischen Schürzenjäger, der sich zielstrebig darum bemüht hatte, in den inneren Kreis um Hitler zu gelangen. Himmler und Bormann, mit dem er sich angefreundet hatte, waren die Trauzeugen gewesen. Hitler, der gern Ehen stiftete, hatte dem Brautpaar und den Familien Braun und Fegelein die Hochzeitsfeier auf dem Obersalzberg ausrichten lassen und war der prominenteste Gast gewesen. Der opportunistische und arrogante Fegelein war weithin unbeliebt und, wie wir aus dem Bericht des früheren SS-Sturmbannführers Fritz Beutler wissen, in den letzten Monaten des Dritten Reiches sogar unter den SS-Offizieren in der Umgebung Hitlers verhaßt. Seine zahlreichen Feinde nannten ihn »Fegelein« und hielten ihn für einen Verräter.

Als Kommandeur der SS-Reiterbrigade hatte Fegelein sich in Polen und in den Pripjetsümpfen in dem von beiden Seiten gnadenlos geführten Partisanenkrieg im Rücken der deutschen Front hervorgetan. In Warschau war er aufgefallen, weil er auf großem Fuße lebte und mit den Einwohnern des Gettos Geschäfte machte. Himmler hatte ihn dann als persönlichen Vertreter in das Führerhauptquartier entsandt, wo er schnell als einer der eifrigsten Byzantiner galt und den Reichsführer-SS nach Kräften hinterging. Bei dem Attentat vom 20. Juli 1944 war Fegelein ebenso wie Hitlers SS-Adjutant Günsche wie durch ein Wunder nur leicht verletzt worden. Nach dem Beginn der sowjetischen Weichseloffensive Mitte Januar 1945 war Himmlers Verbindungsmann den äußerst besorgten Generälen der Wehrmacht in den Lagebesprechungen, die zunehmend dramatischer verliefen, immer wieder durch seine schnoddrige Besserwisserei auf die Nerven gefallen. Vor allem Guderian konnte ihn nicht ausstehen.

Eva Braun hatte ihre Absicht wahrgemacht und war

gegen Hitlers erklärten Willen nach Berlin zurückgekehrt. Sie hatte sich kurzerhand ihren bei der Daimler-Benz-Niederlassung in Münchens Dachauer Straße abgestellten Wagen, einen Mercedes mit dem Kennzeichen IIA-52500, kommen lassen, der zuvor noch in aller Eile grau umgespritzt worden war, um ihn unauffälliger erscheinen zu lassen, und der stets zu ihren Diensten stehende Chauffeur Jung hatte sie – mehrfach durch Tiefflieger gefährdet – nach Berlin gefahren. Nach einer erneuten München-Reise im März war sie mit Hitler, den ihre Rückkehr offenkundig gerührt hatte, in den Bunker umgezogen; und als der Führer am 22. April schon alles verloren gab und zunächst entschlossen war, noch am selben Abend aus dem Leben zu scheiden, hatte sie sich beharrlich geweigert, sich dem großen Exodus der NS-Prominenz anzuschließen und die schon fast zernierte Reichshauptstadt mit einer der an diesem Tag nach Bayern fliegenden Maschinen zu verlassen. Gertrud Junge und Gerda Christian, zwei der vier Sekretärinnen Hitlers, und seine Diätköchin Constanze Manzialy waren Eva Braun in diesem Entschluß gefolgt. Am 24. April hatten die Frauen, die sich auch im Pistolenschießen übten und es dabei, wie Eva Braun einer Freundin überschwenglich aus dem Bunker schrieb, »zu solcher Meisterschaft gebracht (hatten), daß kein Mann es wagt, mit uns in Konkurrenz zu treten«, auf einem Spaziergang im Tiergarten etwas Frühlingsluft genossen, doch das Artilleriefeuer hatte sie schnell zur Rückkehr gezwungen.

Nach diesem kleinen Ausflug war Eva Braun im Bunker geblieben. Sie hatte mit dem Leben abgeschlossen – schon seit Monaten besaß sie aus Hitlers Hand die kleine Blausäurekapsel – und sich auf das Ende in der Katakombe vorbereitet: mit Abschiedsbriefen, letzten Verfügungen über ihre Wertsachen und mit Aufträgen an diejenigen Mitglieder des »Hofes«, die nicht die Absicht hatten, bis zum Ende bei dem Führer im Bunker auszuharren, und daher am 22. April retirierten. Seinen Leibarzt Morell, der zwei Wochen zuvor einen leichten Schlaganfall erlitten, Berlin am 22. April mit einer Kuriermaschine verlassen hatte und am 23. morgens in Gesellschaft von acht Frauen und sieben Kindern auf dem Flugplatz Neubiberg gelandet war, hatte sie gebeten, ihren Schmuck mitzunehmen. Die Pretiosen sollten der Familie Braun helfen, sich in den nun zweifellos bevorstehenden bösen Monaten über Wasser zu halten. Morell hatte daraus einen »Führerauftrag« gemacht und in Neubiberg kategorisch einen Kraftwagen für die Fahrt nach München verlangt; den weiteren Gang der Dinge gedachte er auf einer halbverfallenen Burg abzuwarten, die er sich im Salzburgischen gekauft hatte.

Überleben wollte auch Hermann Fegelein. Er war am 25. April im Auftrag Hitlers im Hauptquartier der Armeegruppe Steiner gewesen, hatte Steiner noch einmal den Befehl des Führers zum Entsatz Berlins überbracht und in Fürstenberg den SS-Obergruppenführer Jüttner, den Chef des SS-Führungshauptamtes, besucht. Jüttner hatte ihm zum Abschied die Frage gestellt, ob er in Berlin zu sterben gedenke, wenn es dort zu Ende gehe. Fegeleins Anwort war so klar wie die Frage: »Ich habe ganz entschieden nicht diese Absicht.« Am nächsten Tag, dem 26. April, hatte er sich, diesem Vorsatz folgend, aus dem Bunker abgesetzt und seine Schwägerin Eva Braun noch am selben Abend telefonisch beschworen, Hitler zu verlassen und aus Berlin zu fliehen, bevor es zu spät sei. Erschrocken und empört zugleich, hatte sie ihn aufgefordert, sofort zurückzukehren; doch er blieb dem Führerbunker fern und überlegte sich in seiner Privatwohnung, was nun zu tun sei.

Unterdessen hatte der Führer Fegelein zu sich befohlen, um mit ihm über eine – keinesfalls sehr wichtige – Angelegenheit zu sprechen, die Himmler betraf. (Die Angaben der Zeugen über den Anlaß, den Hitler hatte, stimmen nicht überein; jedoch handelte es sich für ihn zunächst offenkundig nur um eine Routineangelegenheit.) Der SS-General wurde im Bunker vergeblich gesucht. Sogleich mißtrauisch geworden, gab Hitler Bormann den Befehl, Himmlers Beauftragten aufzuspüren und in die Reichskanzlei schaffen zu lassen. SS-Adjutant Otto Günsche entsann sich nun, daß Fegelein ihm Monate zuvor seine Privatadresse gegeben hatte: Bleibtreustraße 4, ein gewöhnliches Mietshaus in der Nähe des Kurfürstendamms. SS-Brigadeführer Johann Rattenhuber, der Chef des Reichssicherheitsdienstes, versuchte am 27. April zunächst, Fegelein dort telefonisch zu erreichen, und bekam ihn auch an den Apparat. Doch der SS-Gruppenfüher weigerte sich, in die Reichskanzlei zurückzukehren, da er ziemlich viel Alkohol getrunken habe und dem Führer in diesem Zustand nicht unter die Augen treten könne. SS-Adjutant Günsche schickte daraufhin ein von dem SS-Obersturmführer Helmut Frick geführtes Kommando in die Bleibtreustraße; in Charlottenburg wurde schon gekämpft, und einer der Männer erlitt bei diesem Unternehmen eine schwere Verwundung. Fegelein weigerte sich erneut. Er war tatsächlich angetrunken und versprach, er werde kommen, sobald er wieder nüchtern sei. Der SS-Trupp kehrte in die Reichskanzlei zurück.

Doch Rattenhuber und Günsche blieben hartnäckig. Der RSD-Chef rief Fegelein in den nächsten Stunden mehrfach an. Schließlich entsandte Rattenhuber seinen Stellvertreter, den SS-Standartenführer und Kriminalrat Högl, mit drei Offizieren in die Wohnung. Högl sah sich dort etwas genauer um. Er sah den Gruppenführer Fegelein in Zivil, offenkundig entschlossen, unter allen Umständen die eigene Haut zu retten. Und er sah eine Dame, mit der sich der Chefvertreter Himmlers auf angenehme Weise die Zeit vertrieben hatte – eine junge Dame aus dem Berliner Diplomatischen Korps, die »wie wir heute zu wissen glauben – Agentin des britischen Geheimdienstes war. Högl nahm den noch immer betrunkenen Fegelein mit und brachte ihn in die Reichskanzlei, wo ihn gegen 24 Uhr General Hans Baur sah. Hitlers früherer Chefpilot erinnert sich: »Ich fragte ihn sofort, warum er sich zwölf Stunden habe suchen und bitten lassen, und machte ihm auch klar, daß durch dieses Verhalten der Verdacht der Fahnenflucht nicht gerade geringer geworden sei. Seine Antwort war kurz und bündig: ›Wenn's weiter nichts ist – erschießt mich doch!‹ SS-Offiziere des Führerbegleitkommandos untersuchten unterdessen einen Koffer, den Högl in der Bleibtreustraße 4 sichergestellt hatte. Er enthielt Schmuck, Goldstücke, Uhren – eine gehörte Eva Braun, sie hatte Fegelein gebeten, für eine Reparatur zu sorgen –, 105 725 Reichsmark und 3186 Schweizer Franken – sämtlich Dinge, die einem zur Flucht entschlossenen Paar wohl hätten vorwärts helfen können. Kein Zweifel: Eva Brauns Schwager wollte fliehen.

Rattenhuber ging am Abend des 27. April zu Hitler, um ihm zu melden, daß Fegelein zurückgeholt worden war. Zufällig war Mohnke dabei. Im Mai 1974 schilderte er uns, was geschah: »Hitler nahm Rattenhubers Meldung mit Empörung zur Kenntnis und sprach sofort von Fahnenflucht, die schärfstens geahndet werden müsse. Er sei sofort zum SS-Mann zu degradieren. Dann wandte er sich abrupt an mich, deutete mit dem ausgestreckten Arm auf mich und sagte: ›Und Sie, Mohnke, werden das Kriegsgerichtsverfahren durchführen.‹ Ich war betroffen und ging, nachdem ich diesen beklemmenden Befehl entgegengenommen hatte, zunächst auf meinem Gefechtsstand, um mich mit meinem Stabschef Klingemeier zu beratschlagen. Ihn und den Sturmbandführer Kaschula bestimmte ich für das durchzuführende Kriegsgerichtsverfahren zu Beisitzern. Wir mußten Fegelein zunächst einmal einvernehmen; in seinem Bunkerraum trafen wir ihn an. Er wurde nicht bewacht. Übrigens, ich finde auch den Ausdruck ›Verhaftung‹ bei der Schilderung der Vorgänge in der Bleibtreutraße nicht ganz richtig: Högl hat Fegelein geholt. Eine Verhaftung im eigentlichen Sinn des Wortes war das nicht. Als wir kamen, war Fegelein noch immer betrunken und sah so aus. Ich eröffnete ihm, daß er auf Befehl des Führers zum SS-Mann degradiert sei und seine Rangabzeichen abzulegen hätte. Hitler habe mir befohlen, ein Kriegsgerichtsverfahren gegen ihn durchzuführen; ich müsse ihn daher bitten, uns zu folgen. Als er das hörte, begann er uns sofort zu beschimpfen, belegte uns mit Kraftausdrücken wie ›Ihr Arschlöcher‹ und schrie: ›Ich gehöre zu Himmler, ich sage nur vor Himmler aus!‹ Wütend riß er sich dann die Achselstücke von der Uniformjacke und warf sie auf den Fußboden. In den einschlägigen Darstellungen wird immer wieder behauptet, ich hätte Fegelein degradiert; das tat er selbst.«

»Herr Mohnke, eine Zwischenfrage. Was wäre nach Ihrer Auffassung geschehen, wenn Sie sich geweigert hätten, Hitlers Befehl zu befolgen? Hätte das die Gefahr, in der Sie sich angesichts der Lage ohnehin befanden, wirklich erhöht? Speer hat doch in den letzten Monaten fortwährend Hitlers Befehle sabotiert, ohne daß Hitler ihn umbringen oder auch nur einsperren ließ.«

»Ich würde mit einer solchen Parallele vorsichtig sein. Für Hitler war ich Soldat, nichts weiter, und insoweit respektierte er mich sicherlich. Aber gerade deshalb hätte er auf eine Befehlsverweigerung von mir, die mir damals auch nicht in den Sinn gekommen wäre, vermutlich mit äußerster Schärfe reagiert und möglicherweise *mich* vor ein Standgericht gestellt. Beweisen läßt sich freilich weder das eine noch das andere«

»Wurde der Fall Fegelein eigentlich in einem Bericht festgehalten?«

»Darauf komme ich noch. Wir nahmen Fegelein also

mit auf unseren Gefechtsstand neben dem Lazarett. Er war so betrunken, daß er nicht allein gehen konnte; wir mußten ihn stützen. Er fluchte und pöbelte weiter. Wir setzten ihn in meinem Befehlsraum vor einen Tisch, über den wir ein Tuch gebreitet hatten, und begannen mit der Kriegsgerichtsverhandlung. Fegelein stand so sehr unter Alkohol, daß er unseren Fragen gar nicht zu folgen vermochte. Wir stellten dienstlich fest, daß die Verhandlung wegen Volltrunkenheit des Beschuldigten abgebrochen werden mußte, und brachten ihn zurück. Ich verfaßte darüber einen handschriftlichen Bericht für Hitler. Überdies haben wir den Vorgang, soweit wir damit befaßt waren, minutiös in unserem Kriegstagebuch festgehalten, das Klingemeier führte; wo es abgeblieben ist, weiß ich nicht. Wahrscheinlich hat Klingemeier es verbrannt.«

Einige Stunden später erkundigte Rattenhuber sich telefonisch bei Mohnke: »Was ist mit Fegelein?« Mohnke schilderte ihm den Vorgang. Rattenhuber forderte ihn auf, Hitler selbst zu berichten; der RSD-Chef fürchtete offenkundig Hitlers Zorn; er mochte ihm mit diesem Papier nicht unter die Augen treten und wollte es nicht entgegennehmen. Wir fragten Mohnke: »Gingen Sie selbst mit dem Bericht zu Hitler?«

»Ja, am nächsten Morgen; es war der 28. April.«

»Wie reagierte er?«

»Ich erläuterte ihm den Vorgang und legte ihm den Bericht auf den großen Kartentisch, an dem er saß. Er konnte wohl nicht lesen, was ich geschrieben hatte; zwar trug er seine Brille, aber er hatte die große Lupe nicht zur Hand. Zuerst starrte er auf das Blatt; dann sagte er unwirsch: ›Danke; man kann sich auf niemanden mehr verlassen.‹ Ich entfernte mich – erleichtert darüber, daß dieser Kelch an mir vorübergegangen war. Und Sie können mir glauben, daß ich dieses Gefühl der Erleichterung noch heute verspüre.«

Während des Tages wurde Fegelein im Gestapo-Keller, unter der nahegelegenen Dreifaltigkeitskirche in der Mauerstraße, durch den Gestapo-Chef Heinrich Müller verhört. Hitler hatte ihm befohlen, Fegelein scharf zu vernehmen. Dabei ging es schon nicht mehr primär um das Thema Fahnenflucht, die Hitler ohnehin für erwiesen hielt. Viel wichtiger war unterdessen ein zweiter Verdacht geworden: Verrat, und zwar im direkten Sinn des Wortes.

Nachdem Högl am Abend zuvor Fegelein in den Bunker zurückgeholt hatte, war Bormanns erste Frage gewesen: »Was war in der Bleibtreustraße los?« Högl schilderte die Umstände, und er schilderte die junge Frau, die er dort angetroffen hatte. Sofort überschüttete Bormann ihn mit Vorwürfen, weil er »das Weib« nicht sogleich verhaftet und zum Verhör in den Bunker geschafft hatte; mit Sicherheit sei das eine Agentin gewesen. Hitler, Goebbels und Bormann – seit dem Attentat des 20. Juli 1944 ohnehin nur noch von schwärendem Mißtrauen erfüllt, überall Verrat und Intrige witternd – hatten sich in den letzten Monaten des Krieges immer wieder über die Tatsache erregt, daß der britische »Soldatensender Calais« in seinen Sendungen für die deutsche Wehrmacht häufig und zutreffend über Vorgänge berichtete, die sich im inneren Kreis um Hitler ereignet hatten und nur im »Hof« bekannt waren. Hier also mußte der Informant zu suchen sein. Der schwatzhafte und wichtigtuerische Frauenheld Fegelein – war er nicht für eine gerissene Agentin die ideale Zielperson? Manches spricht dafür, daß Himmlers Vertreter im Führerhauptquartier in der Tat geheime Informationen ausgeplaudert hat, wenn auch nicht vorsätzlich. Ob er sich bei den westlichen Alliierten rückversichern wollte, steht freilich dahin.

Hitler hatte in den Mittagsstunden den Wunsch Fegeleins, ihn zu einem klärenden Gespräch zu empfangen, abgelehnt; auch Eva Brauns Fürsprache, die ihn um

Rücksicht auf ihre kurz vor der Entbindung stehende Schwester Gretl gebeten hatte, war erfolglos geblieben. Doch allem Anschein nach hatte Hitler zu diesem Zeitpunkt noch nicht endgültig über das Schicksal Fegeleins entschieden. Von Eva Braun abgesehen, waren die meisten Insassen des Bunkers ziemlich desinteressiert an der Frage, was mit ihm geschehen werde.

Ganz neue Konturen gewann der Fall Fegelein jedoch, als am Abend des 28. April die von Radio Stockholm verbreitete Meldung der britischen Nachrichtenagentur Reuter bekannt wurde, wonach Himmler mit den Westmächten in Kapitulationsverhandlungen eingetreten sei. Heinz Lorenz, der Mitarbeiter des Deutschen Nachrichtenbüros DNB, der häufig als Vertreter des Reichspressechefs an den Lagebesprechungen teilgenommen hatte, war mit der Meldung in der Hand aus dem Keller des Propagandaministeriums in den Bunker gekommen. Hitler hatte zunächst mit einem Wutanfall reagiert und dann fassungslos geschwiegen.

Für Fegelein bedeutete die Reuter-Meldung das endgültige Todesurteil. Denn Hitler, Goebbels und Bormann waren sogleich überzeugt, Himmlers Vertreter im Hauptquartier habe von den Kontakten des Reichsführers-SS zu den westlichen Alliierten gewußt (was mit ziemlicher Sicherheit zutraf), er sei an diesem Komplott beteiligt, und sein Verschwinden zwei Tage zuvor sei ein Teil dieses »beispiellosen Verrats« (Goebbels) gewesen. Mehr noch: Nun schien auch klar zu sein, weshalb der von Hitler in verzweifeltem Zorn befohlene Entlastungsangriff der Armeegruppe Steiner nicht vorangekommen war: Nur Himmler, nicht wahr, konnte durch seinen Beauftragten Fegelein den SS-Obergruppenführer Steiner daran gehindert haben, im Norden Berlins den sowjetischen Ring aufzubrechen – eine Schlußfolgerung, die nur in der an absurdes Theater gemahnenden Atmosphäre des von allen zuverlässigen militärischen Meldungen abgeschnittenen Führerbunkers entstehen konnte.

Für Hitler war der Fall freilich eindeutig. Er befahl Rattenhuber, Fegelein erschießen zu lassen. Kurz nach 23 Uhr wurde der Delinquent von Angehörigen des Reichssicherheitsdienstes – wer an der Exekution beteiligt war, hat sich nicht mehr feststellen lassen – in den Ehrenhof der Reichskanzlei geführt und mit einer Salve aus Maschinenpistolen liquidiert. Um zu verhindern, daß »dieser Verräter« auch nur für eine Stunde sein angeheirateter Schwager werden konnte, hatte Hitler angeordnet, die Hinrichtung habe noch vor seiner für 24 Uhr vorgesehenen standesamtlichen Trauung mit Eva Braun zu geschehen. Als das SS-Kommando nicht sofort in den Bunker zurückkehrte, ließ der mißtrauische Führer unverzüglich nachforschen, ob Fegelein tatsächlich tot war.

Wir stellten Wilhelm Mohnke zu diesem düsteren Fall drei abschließende Fragen:

»Wann erfuhren Sie vom Ende Fegeleins?«

»Am nächsten Morgen. Nachdem ich Hitler meinen Bericht vorgelegt hatte, war ich mit dieser Sache nicht mehr befaßt. Früh am 29. April fragte ich Rattenhuber, was inzwischen mit Fegelein geschehen sei. Er gab mir zur Antwort: ›Wir haben den Fall hier intern erledigt. Fegelein ist tot. Es war ein Befehl des Führers.‹«

»Haben Sie die Leiche Fegeleins gesehen?«

»Nein. Ich war über dieses Ende entsetzt. Mochte der Mann gewesen sein, was er wollte – er ist umgelegt worden, ohne Gerichtsverfahren und ohne faire Chance. Die moralische und juristische Bewertung dieses Vorgangs ist klar. Aber ich wiederhole hier noch einmal: Ich war und bin heilfroh, daß ich kein Urteil über Fegelein zu fällen brauchte.«

»Haben Sie mit Hitler noch einmal über diese Sache und Fegeleins Hinrichtung gesprochen, als Sie am

30. April frühmorgens in den Führerbunker gerufen wurden?«

»Nein. Ich hatte den Eindruck, daß dieses Thema für ihn erledigt war in jeder Beziehung.«

In dem Drama dieser letzten Tage in der Katakombe ist der Fall Fegelein einer der schaurigsten Vorgänge. Die Überlebenden des Bunkers sprechen auch heute, 30 Jahre danach, nur ungern darüber; Mohnke äußerte sich erst nach langem Zögern. Den einstigen RSD-Chef Rattenhuber konnten wir nicht mehr befragen; er ist vor einigen Jahren verstorben. Bei unseren langwierigen Recherchen sind uns keine Vorgänge bekanntgeworden, oder Hinweise zugegangen, die Mohnkes Darstellung widersprachen oder zu Zweifeln Anlaß geben konnten. Wir haben seinen Bericht als authentische Schilderung des zunächst mit dem Gerichtsverfahren gegen Fegelein beauftragten Generals gewertet.

Doch kehren wir zurück in den Bunker am Abend des 28. April. Eva Braun hatte keinen weiteren Versuch unternommen, das Leben ihres Schwagers zu retten, der immerhin neben Bormann und General Burgsdorf viele Monate zum innersten Kreis um den Führer gehört hatte. Es wäre auch zwecklos gewesen, Hitler wollte ein letztes Exempel statuieren, wenn schon nicht an Himmler persönlich, der nicht greifbar war, so doch wenigstens an dem Komplizen seiner Treulosigkeit; Fegelein, so hatte er kategorisch erklärt, habe nichts anderes als den Tod verdient; ebenso habe doch Ciano den Verrat an Mussolini büßen müssen.*

Mit den Worten »Du bist der Führer . . .« hatte Eva Braun resigniert; doch General Baur, dem sie vertraute,

---

* Graf Galeazzo Ciano, geboren 1903, war mit Mussolinis ältester Tochter Edda verheiratet und von 1936 bis 1943 italienischer Außenminister. Seit 1939 kritisierte er zunehmend Mussolinis Bindung an die Politik Hitlers. Im Februar 1943 wurde er abgelöst, zum Botschafter am Vatikan ernannt und wegen der Rolle, die er bei der Absetzung Mussolinis gespielt hatte, auf dessen Befehl am 11. Januar 1944 in Verona erschossen.

verhehlte sie ihr Entsetzen über Fegeleins Verhalten und sein Ende nicht. Sie weinte. Noch am 23. April hatte sie ihrer Schwester Gretl, an der sie sehr hing, in einem Abschiedsbrief versichert: »Und vergiß nicht, Herrmann siehst du bestimmt wieder!!« Nun war Gretl Fegelein Witwe, das täglich erwartete Kind noch vor der Geburt Halbwaise und Eva Braun eine Stunde später Frau Hitler geworden – eine schaurige Verstrickung menschlicher Schicksale. Ihre düstere Ahnung vom 8. Februar – »Die Mädchen der Familie Braun haben kein Glück . . .« – hatte sich nun auch an ihrer Schwester erfüllt. (Gretl Fegelein brachte im Mai 1945 eine Tochter zur Welt. Auch dieser Nichte Eva Brauns war kein Lebensglück beschieden. Im Frühsommer 1973 beging sie in München aus Liebeskummer Selbstmord.)

Es war vornehmlich das grausige Ende dieser Affäre, das Eva Hitler in den letzten Stunden ihres Lebens, am Vormittag des 30. April, in seelischer Erstarrung verharren ließ und sie bewog, ihr Zimmer nicht zu verlassen. Grübelnd saß sie in ihrem kleinen Wohn- und Schlafraum, den sie mit Möbeln aus ihrer Wohnung in der Reichskanzlei freundlich eingerichtet hatte (eine Kommode enthielt eine von Speer entworfene Intarsie, die ihre Initialen in Form eines Glücksklees zeigte), während Adolf Hitler zwei Zimmer weiter noch einmal Lagemeldungen entgegennahm.

Im Lagevorraum stieß der SS-Adjutant Hitlers, Sturmbannführer Otto Günsche, unterdessen auf Bormann. Der vom Bunkerleben und alkoholischen Exzessen gezeichnete Vertraute des Führers instruierte den 28jährigen SS-Offizier über das nun bevorstehende Ende: »In ein paar Stunden wird der Führer aus dem Leben scheiden. Sie wissen, es ist sein Wunsch, sofort verbrannt zu werden. Bitte treffen Sie die notwendigen Vorbereitungen.« General Rattenhuber kam vorbei und wurde zum Zeugen dieser Szene. Kurz darauf trat Hitler aus dem

Kartenzimmer. Günsche, heute Direktor eines pharmazeutischen Unternehmens im Rheinland, im Herbst 1973 zu den Autoren: »Ich begrüßte ihn; er war völlig ruhig, und seine Stimme hatte den gewohnten Klang, als er mir sagte: ›Ich möchte nicht, daß meine Leiche von den Russen in einem Panoptikum ausgestellt wird. Günsche, ich verpflichte Sie noch einmal ausdrücklich, unter allen Umständen dafür zu sorgen, daß so etwas nicht geschehen kann.‹ Ich erwiderte ihm: ›Mein Führer, das ist zwar ein schrecklicher Befehl, aber ich werde ihn ausführen.‹ Hitler ging in sein Wohnzimmer zurück. Unterdessen war Mohnke in den Lagevorraum gekommen. Ich teilte ihm mit, welchen Auftrag ich erhalten hatte. Niedergeschlagen sagte er: ›Wenn es soweit ist, geben Sie mir Bescheid. Was dann zu tun ist, das ist unsere Aufgabe.‹ Damit meinte er unsere Zugehörigkeit zur *Leibstandarte Adolf Hitler.*«

Günsche rief Hitler Chauffeur, Sturmbannführer Erich Kempka, an, der sich in seinem Büro im unterirdischen Garagentrakt der Reichskanzlei aufhielt, und ersuchte ihn, so viel Benzin wie möglich, auf jeden Fall aber rund 200 Liter, in Kanister füllen und zum Notausgang des Bunkers in den Park bringen zu lassen. Kempka entgegnete, es werde sehr schwierig sein, diese Menge zu beschaffen, doch Günsche beharrte darauf, sie müsse unter allen Umständen aufgetrieben werden; auch er selbst und Linge würden sich darum bemühen. Kempka gab den Auftrag an seinen Stellvertreter weiter, während Günsche dafür sorgte, daß die Zugänge zum Führerbunker abgesperrt und alle diejenigen fortgeschickt wurden, deren Anwesenheit nicht unbedingt erforderlich war. Gegen 13.30 Uhr brachten sechs SS-Männer unter Lebensgefahr – im Artilleriefeuer der Russen – neun 20-Liter-Kanister zum Notausgang und stellten sie dort ab. Die Gruppe wollte sich gerade auf den Rückweg machen, als ein Posten des Reichssicherheitsdienstes erschien und

Auskunft darüber verlangte, welchem Zweck das Benzin dienen solle. Die sechs SS-Männer konnten diese Frage nicht beantworten. Doch Kammerdiener Linge, der zufällig im Notausgang auftauchte, beendete den Disput.

Unterdessen hatte Constanze Manzialy, die Diätköchin, für Hitler die letzte Mahlzeit zubereitet: Spaghetti mit einer leichten Tomatensauce. Er nahm sie, wie stets seit der Übersiedlung in den Bunker, in Gesellschaft der Sekretärinnen und diesmal auch der Köchin ein. Eva Hitler jedoch war nicht erschienen. Nach dem Essen zogen sich die drei Tischgäste zurück. Hitler blieb etwa eine halbe Stunde allein. Gertrud Junge ging noch einmal zu seiner Frau. Eva Hitler war ruhig und gefaßt, schenkte der aus München stammenden Sekretärin einen ihrer Pelzmäntel, einen wertvollen Silberfuchs, und versuchte ihr Mut zu machen: »Sehen Sie zu, daß Sie durchkommen, und grüßen Sie mir das schöne Bayern.«

Kurz nach 15 Uhr erschien das Ehepaar Hitler noch einmal im Lagevorraum, um sich endgültig vom Rest des einstigen »Hofes« zu verabschieden – von Goebbels und Bormann, Krebs und Burgdorf, Botschafter Hewel und Vizeadmiral Voß (dem Vertreter von Dönitz im Führerhauptquartier), von den Sekretärinnen und den *Prätorianern*: Günsche, Rattenhuber, Linge, Högl. Die Zeremonie dauerte etwa zehn Minuten. Dann öffnete Linge die Tür zu den Privaträumen des Führers. Hitler, in der bekannten Uniform mit dem Eisernen Kreuz auf der linken Brustseite, ließ seine Frau, die ein dunkelblaues Kleid mit schmalem, weißem Besatz trug, vorangehen. Er gab Linge noch einmal die Hand und sagte in einem fast gleichgültig klingenden Ton: »Sie brechen auch mit einer der Gruppen aus.«

»Wozu noch, mein Führer?« entgegnete Linge.

»Für den Mann, der nach mir kommen wird.«

Dann zog Hitler die Tür hinter sich zu. Linge war verwirrt und erschüttert. Er rannte die Betontreppe zum

Notausgang hinauf. Günsche hatte unterdessen mehrere SS-Offiziere aus dem Führerbegleitkommando, die nach dem Doppelselbstmord die beiden Leichen in den Park tragen sollten, in den Vorbunker beordert. Er selbst postierte sich vor der Tür, die Hitler geschlossen hatte, und bewachte den Eingang zum Todeszimmer. Doch eine jener Frauen, die Hitler viele Jahre hindurch glühend bewundert hatten, versuchte in diesen letzten Minuten, das Ende des Diktators noch einmal hinauszuzögern. Es war Magda Goebbels, begleitet von ihrem Mann.

Günsche erinnert sich: »In Tränen aufgelöst und äußerst erregt, bat sie mich, sie ein letztes Mal zu Hitler zu lassen. Ich erklärte ihr, der Führer habe sich bereits verabschiedet und wünsche nicht mehr gestört zu werden, aber ich wolle es noch einmal versuchen. Ich ging in den kleinen Vorraum und klopfte an die Tür des Wohnzimmers. Hitler kam mir entgegen – seine Frau war nicht zu sehen – und fragte mich barsch:

›Was wollen Sie?‹

›Kann Frau Goebbels Sie noch einmal sprechen?‹

›Nein, ich will nicht mehr mit ihr reden.‹

Doch im selben Augenblick hatte sie sich an mir vorbei in Hitlers Zimmer gedrängt. Sie beschwor ihn, Berlin zu verlassen; es sei doch immer noch möglich. Hitlers kategorisches ›Nein‹, beendete das Gespräch; er war über diesen Zwischenfall sichtlich ungehalten. Etwa nach einer Minute hatte Magda Goebbels das Wohnzimmer wieder verlassen und zog sich weinend zurück.«

Unterdessen war ein weiterer Besucher erschienen, der den Führer noch einmal zu sehen wünschte: Arthur Axmann. Mit einem Tuch in der Hand, um die Augen vor den beißenden Brand- und Phosphorschwaden zu schützen, war der Reichsjugendführer mit einem Adjutanten von seinem Gefechsstand in der Wilhelmstraße aus zu den Trümmern des Auswärtigen Amtes gelaufen und hatte dort die zum Bunker führenden Kellergänge erreicht. Er stieß zunächst auf Goebbels und ging dann in den Lagevorraum, wo Günsche ihm bedeutete, er habe strikten Befehl, niemanden mehr zu Hitler zu lassen; für ein Abschiedsgespräch sei es zu spät.

Was sich nun, wenige Minuten vor 15.30 Uhr, im Wohnzimmer Hitlers abspielte, hat kein Dritter miterlebt; und auch akustische Wahrnehmungen, wie der Knall eines Pistolenschusses, über die einige der Überlebenden später berichtet haben, erwiesen sich als unsicher und widersprüchlich. Einige Zeugen der letzten Tage sind sicher, den Schuß, auf den alle warteten, vernommen zu haben; andere, zum Beispiel Linge und Günsche, bestreiten entschieden, daß man ihn habe hören können. Das Geschehen läßt sich nur rekonstruieren, und zwar aus der Schilderung, die Professor Haase seinem Kollegen Schenck etwa 30 Minuten nach dem gemeinschaftlichen Selbstmord des Ehepaares Hitler, am Nachmittag gegen 16 Uhr, im Lazarett über jenes nächtliche Gespräch gab, das er zwölf Stunden vorher mit Hitler über die schnellste und sicherste Suizidmethode geführt hatte. Auch andere Insassen des Bunkers, so Botschafter Walter Hewel, hatten Haase um entsprechende Ratschläge gebeten. Die folgende Darstellung stützt sich auf die Wiedergabe dieser Schilderung durch Professor Schenck und auf die Feststellungen, die unmittelbar nach dem Tod Hitlers und seiner Frau an den beiden Leichen und am Tatort getroffen wurden:

Hitler nahm seine beiden Pistolen und behielt die größere vom Kaliber 7,65 mm, die er seit dem 22. April in der Rocktasche getragen hatte, in der rechten Hand. Die andere (6,35 mm), die er seit vielen Jahren stets in einer besonderen ledernen Hosentasche mit sich zu führen pflegte, legte er für den Fall einer Ladehemmung auf den Wohnzimmertisch. Dann setzte er sich auf den (von der Tür zum Wohnzimmer aus gesehen) linken Eckplatz des kleinen Sofas und schob eine Blausäurekapsel in den

Mund; eine zweite legte er als Reserve auf den Tisch. Seine Frau streifte ihre schwarzen Wildlederschuhe ab und hockte sich mit hochgezogenen Knien in die andere Ecke, etwa 30 Zentimeter von ihrem Mann entfernt. Einer auseinanderziehbaren Kunststoffhülse entnahm sie eine Giftkapsel und legte ihre kleine Pistole ebenfalls vor sich auf den Tisch, neben einen himbeerfarbenen Seidenschal. Hitler setzte die Mündung der 7,65-mm-Pistole senkrecht, etwa in Augenhöhe, direkt an seine rechte Schläfe, drückte ab und zerbiß in einem einheitlichen letzten Willensakt zugleich die Giftampulle. Auch Eva Hitler zerbiß die Kapsel in diesem Augenblick. Offensichtlich hatte ihre Willenskraft nicht mehr ausgereicht, sich wie ihr Mann auch noch zu erschießen. Die Pistole glitt aus Hitlers Hand und fiel auf den Spannteppich. Eva Hitler blieb in der hockenden Stellung, die sie in der letzten Minute ihres Lebens eingenommen hatte. Ihre Augen waren geschlossen, die Lippen bläulich verfärbt und leicht zusammengepreßt. Ihre Pistole hatte sie nicht benutzt. Der Tod war bei beiden vermutlich innerhalb von Sekunden eingetreten. Im Sterbezimmer verbreitete sich der Geruch von Pulverschmauch und Bittermandeln.

Kammerdiener Linge hatte das Panikgefühl, das ihn nach oben zum Notausgang getrieben hatte, inzwischen überwunden. Das Artilleriefeuer, das noch heftiger geworden war, hatte ihn zu der Einsicht gebracht, es sei sinnlos und gefährlich, den Bunker zu verlassen; so war er in die Katakombe zurückgekehrt und gesellte sich nun, noch immer benommen, im Lagevorraum zu Günsche und Bormann, die schweigend beieinanderstanden. Im Lagezimmer warteten Goebbels, Krebs, Burgdorf und Axmann. Hitler hatte Linge angewiesen, etwa zehn Minuten nach dem Eintritt völliger Stille im Wohnzimmer hineinzugehen und des Führers allerletzten Befehl, den er sicherheitshalber mehreren Männern seiner engsten Umgebung erteilt hatte, auszuführen – die Verbrennung der Leichen. Vorsichtig öffnete der Kammerdiener die Tür zum Vorraum. Aus dem Bittermandelgeruch, der sich dort schon ausgebreitet hatte, schloß Linge, daß Adolf und Eva Hitler nicht mehr am Leben waren. Doch er wollte nicht allein in das Todeszimmer gehen, zog die Tür schnell wieder ins Schloß und holte Bormann. Günsche überbrachte den im Lagezimmer Versammelten die Nachricht: »Der Führer ist tot«, während Bormann und Linge das Sterbezimmer betraten; Günsche, Goebbels und Axmann folgten ihnen. Als sie vor den beiden Leichen standen, hoben die fünf Männer den Arm zum Hitler-Gruß. Dann nahmen sie die Toten in Augenschein.

Die Stille dieser Minuten empfanden alle fast unerträglich. Es waren Günsche und Linge, die schließlich das lähmende Gefühl der Verlorenheit, das gestürzte Götter bei ihren Gläubigen zu hinterlassen pflegen, überwanden und sich auf das besannen, was nun zu tun war. Linge rückt die beiden Stühle und den kleinen Tisch beiseite und breitete auf dem Fußboden zwei Wolldecken aus, während Günsche die im Zimmer der Wachmannschaft wartenden SS-Offiziere holte. Inzwischen war auch Dr. Stumpfegger hinzugekommen, hatte die beiden Körper untersucht und den Tod ärztlich festgestellt.

Im Lagevorraum waren unterdessen Rattenhuber und Kempka erschienen. Der Cheffahrer half Günsche und Linge, die Leichen in die Wolldecken einzuschlagen, während Rattenhuber völlig deprimiert auf einem Stuhl saß, das Geschehen überdenkend. Der Chef der Leibwache wußte von Stumpfegger, daß dieser für das Ehapaar Hitler Blausäureampullen besorgt hatte; und von Linge, der gerade die beiden Pistolen des Führers auf eine kleine Anrichte im Vorraum legte, erfuhr er nun, daß sich neben dem Sofa auf dem Spannteppich des Wohnzimmers eine kleine Blutlache gebildet hatte, die unzweifelhaft aus der Schußverletzung im Schädel Hitlers stammte – ein Widerspruch, den Rattenhuber sich nicht zu erklären vermochte. Ein Dritter, so schlußfolgerte er, müsse den schon vergifteten Hitler auf dessen zuvor erteilten Befehl niedergeschossen haben, weil der Führer der Wirkung des Giftes auf seinen Organismus offenbar mißtraute – und dieser Dritte könne nach Lage der Dinge nur der Kammerdiener gewesen sein. Von der kombinierten Methode des Selbstmords durch Gift und Pistole, die Professor Haase in der Nacht zuvor Hitler empfohlen und erläutert hatte, wußte Rattenhuber nichts.*

Goebbels hatte das Todeszimmer unterdessen verlassen; er stand im Lagevorraum, starr vor sich hinblickend, und nichts erinnerte mehr an die Brillanz des Bösen, mit der er einst Hitler den Weg zur Macht geebnet und dann die Deutschen durch eine raffinierte Kriegspropaganda zu den äußersten Opfern getrieben hatte, als er leise sagte: »Ich gehe auf den Wilhelmplatz und renne umher, bis ich getroffen werde.« Doch er blieb. Mit Axmann zog er sich in das Lagezimmer zurück und sah durch die offenstehende Tür, wie die beiden Leichen zur Treppe getragen wurden; Hitlers blutverschmierter Kopf war unter der Wolldecke verborgen; die Beine mit den schwarzen Hosen hingen herab. Das Gesicht seiner Frau hatte man nicht zu verhüllen brauchen. Bormann – er war Eva Braun stets widerwärtig gewesen, freilich hatte sie sich mit ihm immer wieder arrangieren müssen – trug die Tote in den Gang; dort übernahm sie Kempka, der sie an Günsche übergab. Den letzten Teil der Treppe hinauf

---

* Aufgrund der Aussagen Rattenhubers in der sowjetischen Gefangenschaft haben die Russen sich lange mit der Theorie »Nachschub auf Führerbefehl« beschäftigt. Nach den Auskünften Linges und Günsches, die einen derartigen Befehl Hitlers ebenso wie den »Nachschuß« kategorisch bestreiten, insbesondere auch nach dem Bericht von Professor Schenck, kann diese Version als gegenstandslos gelten. Es ist demnach sicher, daß nach dem Tod Hitlers niemand auf ihn geschossen hat. Die gegenteilige Behauptung des sowjetischen Autors Lew Besymenski, *Der Tod des Adolf Hitler*, S. 94, entspricht nicht den Tatsachen.

trug sie ein anderer SS-Offizier.

Darauf bedacht, das grausige Geschäft der Verbrennung so schnell wie möglich hinter sich zu bringen, beeilten sich alle Beteiligten; es war zu einem guten Teil diese an Kopflosigkeit grenzende Hast, die dazu führte, daß Hitlers Befehl in zwei Punkten, die er für sehr wichtig gehalten hatte, nicht vollständig ausgeführt wurde: Die Leichen sollten nach seinem Willen ohne unbefugte – das heißt, nicht zur engsten Umgebung gehörende – Zeugen, und sie sollten vollständig vernichtet werden. Beides wurde versucht und mißlang.

Als man die Toten die vier Treppen hochgetragen hatte, ereignete sich ein Zwischenfall. Einem Wachposten des Reichssicherheitsdienstes, dem SS-Hauptscharführer Erich Mansfeld, war ein merkwürdiges Treiben am Notausgang des Bunkers aufgefallen. In einem kleinen Beobachtungsturm im Garten sitzend, hatte er Gestalten gesehen, die aufgeregt hin und her liefen, die Stahltür mehrfach hastig öffneten, wieder schlossen, und dann im Innern verschwanden. Die Sache war ihm nicht geheuer; er hielt es für seine Pflicht, den Vorgang zu untersuchen, und begab sich zum Ort des mysteriösen Geschehens. Am Notausgang stieß er auf die beiden SS-Offiziere, die Hitlers Leiche trugen, und auf den dritten, in dessen Armen die leblose Eva Hitler hing. Dann folgte das Trauergeleit: Goebbels, der pathetische Nihilist, der dieses furchtbare Schauspiel, den allerletzten Akt in Flammen und Rauch, nicht versäumen wollte (und entschlossen war, sich nach der Doppelmethode Hitlers umzubringen und seine und seiner Frau Leichen auf die gleiche Weise vernichten zu lassen); Bormann, der für sich persönlich noch längst nicht alles verloren gab, der zu Dönitz zu gelangen hoffte, in dessen »Regierung« noch eine Rolle zu spielen gedachte und doch schon spürte, wie wenig er noch galt ohne Hitler; und schließlich die *Prätorianer*, deren Kaiser zuschanden geworden war: Günsche, Linge, Stumpfegger und Kempka. Günsche befahl dem neugierigen Mansfeld, auf der Stelle zu verschwinden, und der Posten entfernte sich.

Einem anderen, ebenfalls unbefugten Zeugen konnte der SS-Adjutant freilich nicht verwehren, die Szene zu beobachten: Der SS-Mann Harry Mengershausen hatte an diesem Nachmittag Wachdienst im schwer beschädigten Gebäude der Neuen Reichskanzlei. Während eines Kontrollganges blieb er in der Nähe des Mosaiksaals an einem der rückwärtigen Fenster stehen und blickte in den verwüsteten Park. In den angrenzenden Straßen standen die Ruinen in Flammen. Die Brände ließen einen Luftsog entstehen, der an die Feuerstürme in den Bombennächten erinnerte und die Rauchschwaden durcheinanderwirbelte – schaurige Kulisse für das, was Mengershausen nun aus 70 Metern Entfernung sah: In die Wolldecken eingehüllt, wurden die Leichen wenige Meter vom Notausgang entfernt in einen länglichen, halb ausgehobenen Graben gelegt; er war etwa einen Meter tief. Dann leerten zwei SS-Offiziere mehrere Kanister Benzin über den Toten aus, traten vom Rand des Grabens zurück und versuchten, brennende Streichhölzer auf die benzingetränkten Wolldecken zu werfen. Das mißlang; der heftige Wind ließ die Zündhölzer sofort erlöschen.

Die Reichskanzlei lag zu dieser Stunde – es war kurz nach 16 Uhr – noch immer unter anhaltendem Artilleriefeuer. Nervös suchten die Hinterbliebenen zunächst Schutz im Bunkereingang. Linge zog aus den Ärmelaufschlägen seiner Uniform ein paar Formulare, die er zu einem Fidibus zusammendrehte und anzündete. Bormann warf diese Papierfackeln auf die Leichen. Mit bläulichen Spitzen schlugen die Flammen aus dem qualmenden Graben empor. Mit versteinerten Mienen starrten Goebbels und Bormann, die beiden Paladine, in das Feuer. Ein letztes Mal hoben sie den Arm zum Hitler-Gruß, und die SS-Offiziere taten es ihnen gleich. Dann kehrte die Gruppe in den Bunker zurück. Langsam nagten die Flammen an den Toten. Mansfeld hatte seinen Beobachtungsposten in dem kleinen Betonturm wieder eingenommen und verfolgte die Verbrennung durch die Schießscharte. Mehrfach erlosch das Feuer; SS-Männer kamen aus dem Bunker, übergossen die noch nicht verkohlten Leichen mit Benzin und entfachten die Flammen erneut.

Zum dritten unbefugten Zeugen dieser stufenweisen Einäscherung wurde ein weiterer RSD-Mann, der Oberwachtmeister Hermann Karnau. Ein SS-Offizier hatte auch ihm vor dem Doppelselbstmord befohlen, den Führerbunker zu verlassen, und so war er zunächst in die Kellerräume unter der Neuen Reichskanzlei gegangen. Dort hatte er es jedoch nicht lange ausgehalten; seine Neugier übertraf den Gehorsam, und das war auch nicht verwunderlich. Denn Karnau hatte in den letzten acht Tagen einige höchst interessante Vorgänge miterlebt – zum Beispiel hatte er jenes Telegramm vom 23. April gelesen, mit dem Bormann auf Hitlers Anweisung die Verhaftung Görings auf dem Obersalzberg befahl –, so daß er auch jetzt nicht darauf verzichten mochte, Zaungast der Geschichte zu sein. So war er wieder zurückgekehrt, jedoch auf verschlossene Türen gestoßen. In der Absicht, durch den Notausgang in den Bunker zu gelangen, war er in den Garten gegangen und hatte dort beobachtet, wie in dem Graben plötzlich Feuer ausgebrochen war – ein Vorgang, der ihm rätselhaft erschien, da ihm das im Notausgang stehende Trauergeleit verborgen blieb. Vorsichtig näherte er sich der Grube; trotz der Flammen konnte er die Toten identifizieren. Er betrachtete die nur langsam verkohlenden Leichen einige Minuten und ging dann hinunter in den Bunker. Dort fand er eine völlig veränderte Atmosphäre vor.

Der Alpdruck, der in den letzten Tagen und vor allem in den Stunden vor dem Tod des Ehepaares Hitler auf den Insassen der Katakombe gelastet hatte, war gewichen; der Bann des dämonischen Herrschers schien gebrochen, und der Wille, das Ende seiner Macht zu überleben, regte sich allenthalben. Die Sekretärinnen Hitlers, und andere, die man aufgefordert hatte, den unteren Teil des Führerbunkers in der entscheidenden Stunde von 15 bis 16 Uhr nicht zu betreten, kehrten zurück; Linge und Günsche schilderten den Frauen, was sich ereignet hatte. Die Ehrfurcht, mit der die Hinterbliebenen sich noch vor einer Stunde den beiden Toten genähert hatten, war in ein Gefühl der Gleichgültigkeit umgeschlagen, das mehrere Zeugen bestätigten. Günsche: »Ich war müde und desinteressiert an dem, was draußen vor sich ging.«

Obwohl das Artilleriefeuer anhielt, wurden die Leichen des Ehepaares Hitler – die beiden unteren Körperhälften waren nun fast verkohlt – allmählich zum Besichtigungsobjekt: Karnau ging mit Mansfeld noch einmal an den Graben; General Rattenhuber erschien, um sich zu vergewissern, wie weit die Verbrennung fortgeschritten war, und mehrere SS-Offiziere, Wachtposten und andere Männer der Besatzung folgten. Der Geruch war freilich schwer zu ertragen. Der Polizist Hans Hofbeck, einer von Rattenhubers Leuten, zog sich nach einem kurzen Blick auf die Leichen schleunigst wieder in den Bunker zurück; ihm war schlecht geworden. Seinen Kameraden berichtete er, draußen habe sich ein entsetzlicher Gestank verbreitet – »wie verbrannter Speck«. Immer wieder erlosch das Feuer, mußten die Leichenreste mit Benzin übergossen und neu angezündet werden.

Chefpilot Baur, der wegen seiner langjährigen Dienstzeit im Gefolge Hitlers – er flog ihn seit 1932 – und seiner Stellung am »Hof« zweifellos zu den Hinterbliebenen gerechnet werden konnte, hatte die Verbrennungszeremonie versäumt: »Gegen 15 Uhr war ich mit meinem Vertreter, Oberst Beetz, zu Hitler gerufen worden. Er bedankte sich bei uns und beschuldigte dann die Generale, die ihn verraten und verkauft hätten; er könne nicht mehr. Morgen schon würden ihn zweifellos Millionen Menschen verfluchen, aber das Schicksal habe es nicht anders gewollt. Mir befahl er, für die Verbrennung der beiden Leichen zu sorgen. Die Tatsache, daß er diesen Auftrag auch anderen erteilt hatte, erfuhr ich erst nach seinem Tod durch Goebbels. Zum Abschied schenkte er mir das Bildnis Friedrichs des Großen von Graff, das mir nach meiner Verwundung am 2. Mai abhanden kam. Nach diesem deprimierenden Gespräch bereiteten wir uns auf den Ausbruch vor, mit dem wir für die kommende Nacht rechneten. Wir verbrannten die wichtigsten Papiere und versuchten, in den Kellern der Reichskanzlei Tornister und Tarnzeug aufzustöbern. Darüber vergingen gut eineinhalb Stunden.

Schließlich trieb uns die Ungewißheit, ob Hitler schon tot war, wieder hinunter in den Führerbunker. Wir hatten die untersten Treppenstufen noch nicht erreicht, als uns ein – wegen des bislang dort geltenden, von Hitler angeordneten Rauchverbots ganz ungewohnter – Zigarettengeruch auffiel. Wie stießen auf Bormann, Goebbels, Rattenhuber, Müller (den Gestapo-Chef, d. V.), und ein Dutzend SS-Offiziere. Alle redeten durcheinander, gestikulierten lebhaft und rauchten, um ihre Nerven zu beruhigen. Ich erkundigte mich bei Goebbels, ob es ›passiert‹ sei; er bejahte. Auf meine weitere Frage, ob die Leichen noch im Wohnzimmer lägen, entgegnete der Propagandaminister: ›Hitler brennt schon draußen‹.

›Hat er sich erschossen?‹

›Ja, er hat sich in die Schläfe geschossen und lag am Boden. Eva Braun hat Gift genommen und saß auf dem Sofa.‹ (Die Schilderung von Goebbels ist in diesem Punkt ungenau. Hitlers Leiche wurde von SS-Offizieren aus dem Sofa gehoben und auf den Fußboden gelegt, wo sie in die Wolldecke eingeschlagen wurde. D. V.) Dann erfuhr ich die Einzelheiten der Verbrennung. Die Leiche von Eva Braun, so berichtete Rattenhuber, sei schon ›in sich aufgestanden‹*, der Körper Hitlers dagegen zusammengeschrumpft. Ich war überzeugt, daß die Einäscherung vollständig gelingen würde, und kümmerte mich nicht mehr darum. Später, in der sowjetischen Gefangenschaft, habe ich das sehr bedauert, da die Russen stets behaupteten, die Überreste gefunden zu haben.«

Im Lazarett der Reichskanzlei hatte Professor Schenck seit dem frühen Vormittag pausenlos operiert; sein Kittel war steif von geronnenem Blut. Narkosemittel und Medikamente waren fast, das Verbandsmaterial war schon längst aufgebraucht. Selbst der kleine Vorrat an Morphium-Atropin, mit dem der Arzt die Qualen derjenigen zu lindern suchte, die auch durch sofortige Operation nicht mehr zu retten waren, ging zur Neige. Der Gestank, den Blut, Schweiß und menschliche Ausdünstung erzeugten, war nun vollends unerträglich geworden; die Ventilatoren standen stundenlang still.

Etwa gegen 16.30 Uhr kam Professor Haase, der schwer lungenkranke Chirurg, von einem Gang in den Führerbunker zurück; er hatte sich um Wäschestücke für die Verwundeten bemüht, deren Uniformen verdreckt, zerrissen und durchblutet waren. Mit äußerster Anstrengung schleppte er sich zu Schenck und Schwester Erna, die am Operationstisch standen. Durch eine kurze Kopfbewegung gab er ihnen zu verstehen, sie möchten ihm folgen, sobald der Mann auf dem Tisch versorgt sei, und verschwand keuchend im Apothekenzimmer. Schenck: »Als wir kamen, lag er auf dem Feldbett, blasser und elender als je zuvor, drehte den Kopf zur Seite, und sagte matt: ›Der Führer ist tot.‹ Die Nachricht kam nicht unerwartet, und doch – erst in diesem Augenblick war für uns

---

* Bei der Verbrennung einer Leiche gerinnt das Eiweiß der Körpermuskulatur; die Muskeln können sich je nach der Hitzeeinwirkung kontrahieren. Häufig erheben sich die Arme, und es entsteht die für Brandleichen typische ›Fechterhaltung‹. D. V.

das Ende mit Schrecken, der Untergang in Blut und Tränen, der uns doch schon seit Tagen in grausiger Form umgab, zum datierbaren Ereignis, zur historisch besiegelten Tatsache geworden: *Finis Germaniae.*

Für einige Minuten überfiel uns lähmende Leere. Doch dann rafften wir uns auf, gingen an den Tisch zurück und operierten – weiter, weiter, wie am Fließband. Jedem einzelnen versuchten wir Mut zu machen, wenn er bei Bewußtsein war: ›Dich kriegen wir hin, gibt nicht auf, du schaffst es noch . . .‹ Wir arbeiteten bis in den späten Abend. In den spärlichen Pausen schilderte Haase mir das Gespräch mit Hitler in der vergangenen Nacht, dessen Augenzeuge ich geworden war. Schon Wochen zuvor hatte der Führer, wie wir wissen, den Entschluß zum Selbstmord gefaßt. Den Gedanken, an der Spitze seiner Soldaten in der Reichshauptstadt zu fallen – dies wäre der erforderliche Abschluß seiner Herrschaft gewesen –, hatte er verworfen; er befürchtete, dem Feind als Gefangener, verwundet oder tot in die Hände zu fallen, und er wäre auch physisch nicht mehr in der Lage gewesen, mit der Waffe in der Hand zu kämpfen.

Seinem Leben selbst ein Ende zu setzen – diese Vorstellung war ihm ja seit langem vertraut, hatte ihn in kritischen Phasen seiner Laufbahn immer wieder beschäftigt, und natürlich wußte er, daß nicht jeder Versuch zum Ziel führt. So hatte er Haase gegenüber die Befürchtung geäußert, ein Freitod entweder durch Gift oder Kopfschuß könne mißlingen oder ein qualvolles Ende bedeuten; beide Risiken wollte er unter allen Umständen vermieden wissen, und zweifellos kannte er Beispiele für den einen wie für den anderen Fall, insbesondere nach der Verschwörung des 20. Juli 1944. Ich erinnere nur an die Namen Beck und von Stülpnagel.*

---

* Generaloberst a. D. Ludwig Beck, bis 1938 Generalstabschef und einer der führenden Männer des Umsturzversuches, hatte am Abend des 20. Juli 1944 nach Aufforderung durch Generaloberst Fromm, den Befehlshaber des Ersatzheeres, vergeblich versucht, sich durch

Auch der sicheren und schnellen Wirkung der einschlägigen Gifte traute er nicht, und das mit gutem Grund, wie wir wissen; man denke nur an Napoleon I. und an Rasputin . . .* Von Professor Haase verlangte und erhielt Hitler eine Anleitung für den absolut sicheren und sofort eintretenden Freitod; der kombinierte Selbstmord war in seinen Augen die optimale Lösung.«

Die medizinischen Fragen, die der Doppelselbstmord des Ehepaares Hitler aufgeworfen hat, sind nach 1945 Gegenstand zahlloser Spekulationen in der zeitgeschichtlichen Literatur gewesen. Wir haben uns im Herbst 1973 in ausführlichen Gesprächen mit Experten um eine Klärung bemüht. Ein bekannter Gerichtsmediziner in Hamburg, der Dozent Dr. Werner Naeve, hat die beiden Suizidfälle nach den zur Verfügung stehenden Unterlagen analysiert und ist zu folgendem Ergebnis gekommen:

»Der kombinierte Selbstmord, also der Freitod auf

zwei Kopfschüsse zu töten. Ein Feldwebel gab ihm den Gnadenschuß. Auch General Karl Heinrich von Stülpnagel, der als Militärbefehlshaber in Frankreich zu den Teilnehmern der Erhebung zählte, unternahm am 21. Juli von Keitel nach Berlin zitiert – in der Nähe von Verdun einen Selbstmordversuch. Der Kopfschuß war jedoch nicht tödlich. Stülpnagel wurde bewußtlos aus einem Kanal gezogen und gerettet. Er erblindete und wurde am 30. August 1944 hingerichtet.

* Seinen Versuch, durch die Einnahme von Gift aus dem Leben zu scheiden, hat Napoleon in der Verbannung auf St. Helena dem Grafen von Montholon geschildert: »Seit dem Rückzug aus Rußland trug ich, um den Hals gehängt, Gift in einem seidenen Beutelchen. Ivan (der Leibarzt, d. V.) hatte es auf meinen Befehl präpariert, in der Furcht, ich könnte von den Kosaken gefangen werden. Warum sollte ich so viel leiden, sagte ich mir, und warum sollte nach meinem Tode die Krone nicht auf meinen Sohn übergehen? Frankreich wäre gerettet worden . . . Ich zögerte nicht, sprang aus meinem Bett und löste das Gift in wenig Wasser auf. Ich trank es mit einer Art von Glücksempfindung. Die Zeit hatte ihm aber seinen Wert geraubt. Schreckliche Schmerzen preßten mir Stöhnen aus. Man hörte es und brachte Hilfe. Gott wollte nicht, daß ich schon stürbe. St. Helena lag auf meines Geschickes Bahn . . .« (Montholon, *Récits de la captivité de Sainte-Hélène*. 1847, tom, II, p. 419, zitiert in: Lewin, *Die Gifte in der Weltgeschichte*, Berlin 1920, S. 149.) Hitler besaß nachweislich recht gute Kenntnisse über Leben und Persönlichkeit Napoleons, den er häufig in seinen Tischgesprächen und in anderen Äußerungen erwähnt hat. Es ist zu vermuten, daß er auch von dem mißlungenen Selbstmordversuch des Kaisers wußte.
Grigorij Rasputin überlebte in der Nacht zum 17. 12. 1916 einen Giftanschlag des Fürsten Felix Jusuppow; er wurde daraufhin erschossen.

zweifache oder gar dreifache Weise mit einem oder mehreren Mitteln oder Werkzeugen, ist in der gerichtsmedizinischen Praxis nicht ungewöhnlich, zum Beispiel das Aufschneiden der Pulsadern in Verbindung mit einer eingenommenen Überdosis Schlaftabletten oder anschließendem Erhängen. Auch der Suizid durch Gift und Pistole kommt vor – begründet natürlich in der Befürchtung des Selbstmörders, entgegen seinem festen Vorsatz doch zu überleben. Im Falle Hitlers legten die schon geschilderten Umstände eine Kombination von Gift und Pistole nahe.

Untersuchen wir kurz die beiden Methoden:

Die zur Verfügung stehenden Unterlagen (Arztberichte über Krankheiten, Zeugenaussagen) ergeben keine Anhaltspunkte dafür, daß Hitler körperlich nicht fähig gewesen wäre, eine Faustfeuerwaffe (Pistole) in die Hand zu nehmen, richtig zu betätigen und sie gegen seinen Körper (rechte Schläfenregion) zu richten. Zwar zitterte seine linke Hand, aber dieser *Tremor* schloß die Benutzung der Waffe nicht aus, denn Hitler war kein Linkshänder. Dementsprechend war er also zweifelsfrei in der Lage, sich mit der Pistole eine tödliche Schußverletzung (Kopfschuß) beizubringen, und zwar entweder einen absoluten oder relativen Nahschuß. In der Regel handelt es sich bei dem Schläfenschuß eines Selbstmörders um einen absoluten Nahschuß. Dabei wird die Laufmündung der Waffe fest auf den Körper aufgesetzt, während beim relativen Nahschuß zwischen Körperoberfläche und Laufmündung ein nach Zentimetern zu bemessender Abstand besteht.

Selbstmörder bevorzugen als Einschußstelle die Schläfenregion. Seltener sind Stirn-, Herz- und Mundschüsse; die Mundschüsse können zu erheblichen und auch äußerlich erkennbaren, entstellenden Gesichts- und Schädelverletzungen führen. Ein aufgesetzter Schläfenschuß mit einer Pistole vom Kaliber 7,65 mm verursacht fast ohne Ausnahme einen Kopfdurchschuß.* Bei einem Einschuß in der rechten Schläfe liegt der Ausschuß in der Regel linksseitig im Bereich des behaarten Kopfes (Schläfen – oder Scheitelregion). Ärztliche Feststellungen über die Beschaffenheit der Schußverletzung an der rechten Schläfe Hitlers fehlen. Sie hätten Angaben darüber zugelassen, ob der Schuß von eigener oder fremder Hand abgegeben wurde. Nun führt nicht jeder Schläfenschuß sofort zum Tode; die Fälle der beiden Generale Beck und von Stülpnagel sind zwei Beispiele unter vielen. Entscheidend ist der Verlauf des Schußkanals; von ihm hängt es ab, welche Hirnteile unmittelbar von dem Geschoß zerstört werden – im ›Idealfall‹ wichtige Regionen im Hirnzentrum oder im sogenannten Stammhirn. Sofortige Handlungsunfähigkeit, Bewußtlosigkeit und schnell eintretender Tod sind die Folgen. Schon eine geringfügige Abweichung vom ›idealen‹ Schußkanal kann dazu führen, daß für kurze Zeit und in gewissem Umfang eine Handlungsfähigkeit bestehen bleibt, bis dann in der Regel Bewußtlosigkeit eintritt. Die Verletzung kann für relativ kurze Zeit überlebt werden. Bei rechtzeitiger chirurgischer Behandlung kann das Leben erhalten bleiben. Wenn ein Selbstmord durch Schläfenschuß gelingen soll, darf die Waffe nicht zu tief und nicht abgewinkelt, sie muß vielmehr waagerecht und leicht über Augenhöhe aufgesetzt werden.

Nun zum Gift. Die NS-Prominenz bevorzugte, wie wir wissen, Blausäure (Zyanwasserstoff). Sie wird durch die chemische Formel HCN symbolisiert und ist eine farblose, flüssige Substanz, die bittermandelartig riecht. Sie ist flüchtig, das heißt, sie geht in Gasform über, wenn sie bei Zimmertemperatur offen steht. Zyankali (Kaliumzya-

---

* Hier liegt wahrscheinlich die Erklärung für die Widersprüche, in den Augenzeugenberichten über die Schußwunde am Kopf Hitlers. In einem Teil dieser Aussagen wird die rechte, im anderern die linke Schläfe genannt. Es kann jedoch keinem Zweifel unterliegen, daß Hitler sich mit der rechten Hand in die rechte Schläfe geschossen hat. D. V.

nid), chemische Formel KCN, ist ein Salz der Blausäure, ein weißes Pulver, das sich allmählich zersetzt, wenn es offen steht. Beide Substanzen sind schon in kleinster Dosierung sehr giftig; bei Blausäure wird ein Milligramm pro Kilogramm Körpergewicht als sofort zum Tode führende Dosis angenommen. Sie ist freilich individuell verschieden, und so kommen Selbstmordversuche mit Blausäure vor, bei denen der Tod erst nach Minuten eintritt. Das kann auch auf einer zu geringen Konzentration der Säure als Folge einer defekten Ampulle (Luftzutritt) beruhen. Die Vergiftung verläuft folgendermaßen: Die Ampulle wird in die Mundhöhle eingebracht und zerbissen; die Blausäure fließt aus und kommt mit der in der Mundhöhle befindlichen Luft in Berührung, wird sofort gasförmig, mit eingeatmet und über die Lunge in den Körper aufgenommen. Das Gift lähmt das in jeder Zelle vorhandene Atmungsferment, es kommt zu einer inneren Erstickung, die in kürzerster Zeit den Tod herbeiführt. Zyankali hingegen wird – zumeist in Wasser gelöst – geschluckt, im Magen durch die Magensäure (Salzsäure) in Zyanwasserstoff umgesetzt und über die Magenschleimhaut resorbiert. Unter bestimmten Voraussetzungen kann die Wirkung des Giftes gemindert werden – zum Beispiel als Folge von Magenleiden, die zu einer veränderten Magensäurekonzentration führen, durch reichliche Magenfüllung oder bei gleichzeitiger Zufuhr wie im Falle Rasputins. Zusammenfassend ist festzustellen: Hitlers Befürchtung, weder eine Einnahme von Gift noch ein Kopfschuß als alleinige Methode würden den sofortigen Tod unbedingt bewirken, war nicht ganz unbegründet. Hinzu kam noch sein Mißtrauen gegenüber den von Himmler gelieferten Giftampullen – neben den geschilderten medizinischen ein politischer Risikofaktor. Erst eine Kombination der beiden Suizidmittel Gift und Pistole bot hinreichende Gewähr für einen schnellen und sicheren Tod. Bleibt schließlich noch die Überlegung, ob Hitler im selben Augenblick die Pistole abgedrückt und die Blausäurekapsel zerbissen haben kann. Diese Frage ist zu bejahen. Es ist durchaus möglich, daß er gleichzeitig mit der Abgabe des Schusses durch willkürliche, also dem Willen unterworfene Betätigung der Kaumuskulatur die dünnwandige Ampulle zerbissen hat. Die gerichtsmedizinische Literatur kennt entsprechende Fälle.«

Es war spät am Abend, als SS-Adjutant Günsche einem Posten befahl, nach oben zu gehen und nach den Leichen zu sehen. Minuten später kam der Mann zurück und berichtete, man könne nichts mehr von Hitler erkennen; der Anblick sei entsetzlich. Gegen 22.30 Uhr meldete ein Polizist des Reichssicherheitsdienstes dem neuen Reichskanzler Goebbels, der sich gerade mit Chefpilot Baur unterhielt, Hitler und seine Frau seien »bis auf kleine Reste verbrannt«. Eine vollständige Einäscherung war jedoch nicht gelungen. Niemand in der Umgebung Hitlers wußte offenbar oder hatte bedacht, daß von der Leiche eines Erwachsenen, die mit einer brennbaren Flüssigkeit übergossen oder auf eine Unterlage von Holz, Stroh oder ähnlichem Material gelegt und dann angezündet wird, ein Brandtorso zurückbleibt; es kommt zu einer Verkohlung. Zur völligen Vernichtung bis auf kleine Knochenreste ist eine starke und längere Hitzeeinwirkung erforderlich. Die Grube hingegen, in der die Toten lagen, hat wahrscheinlich die Luftzufuhr behindert, und überdies war ein großer Teil des mühsam herbeigeschafften Benzins im Erdboden versickert. Einem Experten, zum Beispiel einem SS-Pathologen, wäre es durchaus möglich gewesen, die beiden Leichen auch unter den am 30. April im Bereich der Reichskanzlei herrschenden Umständen vernichten zu lassen, oder zumindest von vornherein jede Identifizierung von Knochenstücken, Zähnen und anderen Überresten zu verhindern. Aber wie alles in jenen apokalyptischen Tagen des Untergangs, war auch dieser Versuch einer Leichenverbrennung hastig improvisiert. (Das grausige Thema ist von Bedeutung, weil Stalin zunächst aus politischen Gründen den Fund der Hitler-Leiche verheimlichte. Inzwischen haben die Russen sich öffentlich dazu geäußert.)

Etwa um 22.45 Uhr ging RSD-Chef Rattenhuber in den Raum der Wachmannschaften. Einem SS-Oberscharführer befahl er, sich vier zuverlässige Leute auszusuchen und die Leichen im verwüsteten Park zu begraben; so geschah es. Die verkohlten Körperreste – von Hitlers Gesicht war nichts mehr vorhanden, der Kopf war zerstört – wurden mit einem Spaten auf eine in die Grube gelegte Zeltplane geschoben und in einen etwa eineinhalb Meter tiefen Trichter in der Nähe des Notausgangs gelegt. Einer der Männer hatte Rattenhuber um eine Fahne gebeten, die er über die Leichen breiten wollte, doch die Suche war vergeblich gewesen. Die Totengräber schaufelten Erde, mit Schutt vermengt, in den Trichter und stampften sie mit einem gebastelten hölzernen Gerät fest. General Kaskows Artillerie schoß den Trauersalut.

Das Begräbnis war anders geworden, als Hitler in seinem ersten, 1938 im Berliner Kammergericht hinterlegten Testament angeordnet hatte. Diese letztwillige Verfügung lautete: »Mein Leichnam kommt nach München, wird dort in der Feldherrnhalle aufgebahrt und im rechten Tempel der ewigen Wache beigesetzt. (Also der Tempel neben dem Führerbau.) Mein Sarg hat dem der übrigen zu gleichen.« Albert Speer erinnert sich, daß Hitler zeitweise auch eine Gruft im Glockenturm des NSDAP-Gauhauses in Linz, der Vaterstadt, als seine letzte Ruhestätte ausersehen hatte. Dieses Bauwerk war (und blieb) eines seiner architektonischen Lieblingsprojekte.

Nachdem des Führers Leiche in dem Trichter begraben worden war, ging Rattenhuber zu den Wachmannschaften und erklärte ihnen, über die Ereignisse dieses Tages hätten sie gegenüber jedermann zu schweigen;

wer gegen diesen Befehl verstoße, werde erschossen.

Im Lazarett der Reichskanzlei verband Professor Schenck unterdessen einen jungen Oberleutnant, der am Rande des Tiergartens, in der Nähe der japanischen Botschaft, in einem Meldewagen von Granatsplittern getroffen worden war. (Der Fahrer, ein bekannter Opernsänger, hatte eine schwere Lungenverletzung erlitten. Es gelang, ihn zu retten und sogar seine Stimme zu erhalten.)

Als NS-Führungsoffizier war der Oberleutnant ein begeisterter und fanatischer Propagandist des Regimes gewesen. Nun, im Lazarett, erfuhr er vom Ende seines Idols Adolf Hitler – kein Soldatentod, sondern Selbstmord auf einem Sofa. Zutiefst aufgewühlt, stellte er verzweifelte Fragen; niemand vermochte sie zu beantworten.

Der Oberleutnant hieß Engels. Er stammte aus der Familie von Friedrich Engels, dem Mitbegründer jener Ideologie, deren militante Bannerträger nun Berlin erobert hatten. Englische Verwandte sorgten dafür, daß er im Herbst 1945 aus einem sowjetischen Gefangenenlazarett entlassen und in seine Heimat repatriiert wurde.

Adolf Hitlers letzter Tag war vorüber, das Grab war eingeebnet. Es war auch der Tag, an dem das Kampfblatt der NS-Bewegung, der »Völkische Beobachter«, zum letzten Mal erschien. Auf Seite 2 dieser Ausgabe las man: »Wann verdunkeln wir? Montag, 30. April: 20.26 Uhr«. Darunter: »Der Mai im Gemüsegarten. Es ist heute mehr denn je notwendig, jedes Fleckchen Erde mit Gemüse zu bebauen. Der Mai ist der rechte Pflanzmonat. Sellerie, Tomaten, Gurken und Kürbisse dürfen auf keinen Fall vor den Eisheiligen gepflanzt werden.« Die härteren Nachrichten fanden sich auf der ersten Seite: »Großschlacht um Bayern. Stoß auf München erneut vereitelt.« Und, als Überschrift der Vereinten Nationen: »Wirrwarr in San Franzisko. Man spricht englisch, russisch, chinesisch und französisch.«

Der Prophet

»Die polnischen Scharfmacher fordern neuerdings von Deutschland Ostpreußen und Schlesien (Pfui-Rufe, Sprechchöre). Polens demnächstige Grenze soll nach ihnen die Oder sein (Gelächter, Zurufe). Man wundert sich, warum sie nicht die Elbe oder gar den Rhein für sich reklamieren (Gelächter). Denn da treffen sie dann gleich mit neuen Bundesgenossen, den Engländern, deren Grenze bekanntlich auch am Rhein liegt, zusammen (Heiterkeit, Zurufe).
Die polnischen Chauvinisten erklären, sie wollten uns Deutsche in einer kommenden Schlacht bei Berlin zusammenhauen (Pfiffe, Schrei, Pfui-Rufe, anhaltende Zurufe). Ich brauche darüber überhaupt kein Wort zu verlieren . . . Darum nehmen wir im Reich, wie Ihr das wohl auch tuen werdet, diese polnischen Großsprechereien nicht ernst . . .«

Reichsminister Dr. Joseph Goebbels am 17. Juni 1939 in einer Rede vom Balkon des Danziger Staatstheaters anläßlich der Gaukulturwoche.

Der letzte Reichskanzler protokollierte das Ende.

Am Dienstagnachmittag, 1. Mai, gegen 15 Uhr, saß Dr. Joseph Goebbels im Lagezimmer des Führerbunkers mit Martin Bormann und den Generalen Hans Krebs und Wilhelm Burgdorf an dem großen rechteckigen Kartentisch.

Goebbels war, wie immer, penibel gekleidet; über der schwarzen Hose trug er eine graugrüne Uniformjacke ohne Abzeichen, darunter ein graues Hemd mit dunklem Binder. Sein hageres Gesicht war fleckig gerötet. Er rauchte mit hastigen Zügen eine Zigarette nach der anderen. Seinen Diener, den SS-Oberscharführer Günther Ochs, hatte er angewiesen, dafür zu sorgen, daß er nicht gestört werde. Aus dem benachbarten Korridor drang hin und wieder Stimmengewirr. Im Maschinenraum lief noch immer das Notstromaggregat; die Ventilatoren surrten.

Diese letzte der vielen Lagebesprechungen, die in dem kleinen Kartenzimmer stattgefunden hatten, galt der offiziellen Feststellung, daß alles verloren war. Eine Stunde zuvor hatte Goebbels Frau Junge, einer der beiden im Bunker gebliebenen Sekretärinnen Hitlers, ein Protokoll mit dieser Quintessenz diktiert und das Original sowie die beiden Kopien unterzeichnet. Als Zeugen hatten auch Bormann und die beiden Generale unterschrieben – wie bei dem politischen Testament Hitlers.

Kurz darauf betrat Generalmajor Mohnke das Zimmer, um über die Vorbereitungen für den geplanten Ausbruch und die militärische Lage im Regierungsviertel zu berichten. Im Sommer 1974 schilderte er uns die Einzelheiten: »Als ich kam, hatten Goebbels, Bormann, Krebs und Burgdorf – in dieser Reihenfolge – das Protokoll bereits unterschrieben. Sie meinten, ich als militärischer Befehlshaber der ›Zitadelle‹ solle doch am besten gleich mit unterzeichnen, und gaben mir das Original mit den Kopien. Ich las den Text – er umfaßte nur eine Seite und war auf der Führerschreibmaschine mit den übergroßen Schriftzeichen getippt – sorgfältig durch und unterschrieb dann ebenfalls.«

»Herr Mohnke, von den fünf Unterzeichnern des Protokolls sind Sie der einzige Überlebende. Das Dokument ist offenkundig verschollen; können Sie den Inhalt aus dem Gedächtnis wiedergeben?«

Mohnke: »Ob es verschollen ist, scheint mir nicht sicher zu sein; aber dazu kommen wir noch. Das Ganze war ein kurzgefaßter Bericht über das Scheitern der Verhandlungen, die General Krebs seit dem frühen Morgen mit Generaloberst Tschuikow geführt hatte, und über die Gründe für den Abbruch dieser Gespräche. Krebs war ja mittags praktisch mit leeren Händen in den Bunker zurückgekehrt.«

»Für wen war das Protokoll bestimmt?«

Mohnke: »Für Dönitz, das neue Staatsoberhaupt.«

»Welchen Eindruck hatten Sie bei diesem Zusammentreffen im Kartenzimmer von Goebbels?«

Mohnke: »Er wirkte beherrscht, konzentriert und formulierte präzise wie immer; ihm war nicht anzumerken, daß er sich in wenigen Stunden mit seiner Familie umzubringen gedachte.«

»Und wie verhielt sich Bormann?«

Mohnke: »Zurückhaltend. Mittags hatte ich mit ihm einen ziemlich scharfen Zusammenstoß gehabt und ihm dabei meinen Standpunkt deutlich klargemacht.«

»Worum ging es?«

Mohnke: »Nach der Rückkehr von General Krebs, der Goebbels über die Verhandlungen mit Generaloberst Tschuikow Bericht erstattete, verlangte Bormann von mir ziemlich kategorisch, ich müsse ihm unverzüglich eine direkte Telefonleitung zu den Russen, mit anderen Worten, ins Hauptquartier Tschuikows, legen lassen; er benötigte diese Verbindung sofort. Ich erklärte ihm, angesichts der Lage ringsum sei das erstens nicht innerhalb von fünf Minuten zu machen, und zweitens hätte ich im Augenblick andere Dinge zu tun, die mindestens ebenso wichtig seien. Wir hatten zwar am Vormittag eine direkte Leitung zu den Russen zuwege gebracht – beide Seiten hatten einen Geländestreifen vereinbart, in dem nicht geschossen werden sollte –, aber dieses Kabel war inzwischen unterbrochen; und so einfach, wie Bormann sich das vorstellte, war die Leitung nun, nach dem Scheitern der Verhandlungen, nicht wieder herzustellen. Er wurde grob; als ich mir diesen Ton verbat, setzte er sehr schnell eine freundliche Miene auf und schwieg dann. Ich will bei dieser Gelegenheit anmerken, daß es einige Männer gab, die entschlossen waren, nicht tatenlos zuzusehen, wenn Bormann versucht hätte, auf eigene Faust das Weite zu suchen.«

»Wer gehörte dazu?«

Mohnke: »Otto Günsche, ich, einige andere. Nach dem Krach mit Bormann ging ich ziemlich empört auf meinen Gefechtsstand im Reichskanzlei-Keller zurück. Es dauerte nicht lange, bis Goebbels hereingehumpelt kam, um den Streit zu schlichten; er meinte, das habe gerade noch gefehlt, daß wir uns nun zum Schluß untereinander in den Haaren lägen.«

Insbesondere nach dieser Schilderung Wilhelm Mohnkes kann es keinen Zweifel mehr daran geben, daß Martin Bormann am 1. Mai 1945 nur ein Ziel hatte – nach Plön zu Dönitz zu gelangen, und zwar möglichst mit Billigung der Russen, das heißt als Ergebnis von Verhandlungen mit dem sowjetischen Oberkommando. Hitler hatte Bormann zum Parteiminister bestimmt, und nur Dönitz konnte nun, nach dem Tod des Führers, diese Ernennung bestätigen und wirksam werden lassen.

24 Stunden zuvor, am Nachmittag des 30. April – die Leichen Adolf und Eva Hitlers brannten noch vor dem Bunkerausgang –, hatte Bormann den Großadmiral in einem um 17.14 Uhr abgesetzten Funktelegramm, das

nach dem Marinecode verschlüsselt war, über die Nachfolge Hitlers informiert. Freilich geschah das in absolut zweideutiger Weise, denn der Funkspruch* enthielt keine klare Mitteilung über den Tod Hitlers (dem Dönitz denn auch prompt ein Ergebenheitstelegramm sandte; es traf am 1. Mai um 1.22 Uhr im Bunker ein). Ganz offenkundig wollte Bormann sich den Quell seiner bisherigen Macht, die Autorität des Führers, so lange wie irgend möglich erhalten. Zudem war der von ihm gewählte Begriff »Nachfolger« falsch, denn Hitler hatte in seinem politischen Testament die Funktionen des künftigen Reichspräsidenten (Dönitz) und des künftigen Reichskanzlers (Goebbels), die er bisher in seiner Person vereinigt hattte, ausdrücklich getrennt.

In einer langen Konferenz am Abend des 30. April, an der auch Krebs, Burgdorf, Hewel, Axmann und zeitweise Mohnke teilnahmen, hatte Bormann zunächst Goebbels einen Massenausbruch durch die russischen Linien vorgeschlagen; doch nach Mohnkes Lagebericht war sehr schnell klargeworden, daß ein solches Unternehmen aussichtslos war. Krebs beorderte daraufhin den Berliner Kampfkommandanten General Weidling, der mit den Resten seiner zerschlagenen Division ebenfalls in den Abendstunden des 30. April ausbrechen wollte, vom OKW-Bunker in der Bendlerstraße in die Reichskanzlei. Der Generalstabschef informierte Weidling über den Selbstmord Hitlers, den inzwischen von Bormann und Goebbels gefaßten Entschluß, mit dem sowjetischen Oberkommando zu verhandeln, und befahl ihm dann, den Ausbruch (den Hitler in einem letzten *Führerbefehl*

---

* Der Wortlaut: »FFR Großadmiral Dönitz. An Stelle des bisherigen Reichsmarschalls Göring setzt der Führer Sie, Herr Großadmiral, als seinen Nachfolger ein. Schriftliche Vollmacht unterwegs. Ab sofort sollen Sie sämtliche Maßnahmen verfügen, die sich aus der gegenwärtigen Lage ergeben. Bormann.« Mit der »schriftlichen Vollmacht« war eine Abschrift des Testaments gemeint, die der SS-Standartenführer Wilhelm Zander, Bormanns Mitarbeiter, dem Großadmiral überbringen sollte. Zander hatte den Bunker am 29. April verlassen, Dönitz jedoch noch nicht erreicht.

genehmigt hatte) aufzuschieben, um die Gespräche nicht zu stören.

General Krebs, wegen seiner Kenntnisse der russischen Sprache und Mentalität mit der Mission beauftragt, traf am 1. Mai frühmorgens, kurz vor 4 Uhr, im vorgeschobenen Gefechtsstand von Generaloberst Wassilij Tschuikow am Viktoriapark in Kreuzberg (Tschuikow schildert diesen in seinen Erinnerungen) ein – begleitet von Oberst Theodor von Dufving, dem Stabschef General Weidlings, einem Dolmetscher und zwei Soldaten. Der Oberleutnant Seifert, der als Abschnittskommandeur der »Zitadelle« Mohnke unterstand, hatte Krebs zuvor als Parlamentär mit weißer Fahne im Gefechtsstreifen des 102. sowjetischen Gardeschützenregiments avisiert. Krebs brachte einen von Goebbels und Bormann unterzeichneten Brief an Stalin mit, dessen Text Tschuikow sogleich telefonisch nach Moskau durchgeben ließ. Darin wurde der Tod Hitlers mitgeteilt und das Angebot zu Waffenstillstandsverhandlungen für den Berliner Raum unterbreitet, damit sich die künftige deutsche Regierung mit Reichspräsident Dönitz über die nächsten Schritte klar werden und sich in Berlin konstituieren könne. Auch die Ministerliste dieser Regierung, die Hitler in seinem Testament festgelegt hatte, übergab Krebs seinem Gesprächspartner.

Doch auf Befehl Stalins und Marschall Schukows lehnte Tschuikow die deutschen Vorschläge ab und beharrte auf der vollständigen Kapitulation aller deutschen Truppen an allen Fronten. Auch der schließlich auf Goebbels' Anweisung von Krebs eingeflochtene Hinweis, Himmler stehe bereits mit den Westmächten in Kontakt und möglicherweise werde sich auch Dönitz bei russischer Unnachgiebigkeit auf die westliche Seite schlagen, eine Regierung Goebbels wolle aber mit der Sowjetführung verhandeln, denn es seien die Deutschen und die Russen, die in diesem Krieg die größten Opfer gebracht hätten, fruchtete nichts.* Um 13 Uhr endeten die Verhandlungen, wie sie begonnen hatten – in einer korrekten, förmlichen und steifen Atmosphäre. Erschöpft verließ Krebs um 13.08 Uhr das Haus am Viktoriapark. Die Kämpfe gingen weiter.

In den Bunker zurückgekehrt, erstattete Krebs zunächst Bericht. Erregt im Lagevorraum auf und ab gehend, lehnte Goebbels die Kapitulationsforderung der Russen sogleich mit äußerster Entschiedenheit ab: »Ich habe einst als Gauleiter Berlin gegen die Kommunisten erobert, und ich werde es auch bis zur letzten Minute meines Lebens gegen die Sowjets verteidigen. Eine Kapitulationsurkunde mit meiner Unterschrift wird es nie geben!«

Mit der Verhandlungsführung seines Emissärs war Goebbels nicht einverstanden. Tschuikow, so berichtete Krebs, habe ihm erklärt, man werde den Deutschen im Fall einer Gesamtkapitulation das Recht einräumen, eine Liste der Regierungsgmitglieder vorzulegen, und man werde es ihnen ermöglichen, Verbindung mit Dönitz aufzunehmen. Auch mit den westlichen Alliierten solle die deutsche Seite in Kontakt treten können. Vorbedingung dafür seien aber die Kapitulation der Wehrmacht und der Bunkerinsassen.

Goebbels hielt Krebs nun vor, er habe Tschuikow entgegen der Verhandlungsanweisung nicht vor die Alternative gestellt, entweder müsse sich das sowjetische Oberkommando mit einem vorläufigen Waffenstillstand einverstanden erklären, oder der Kampf werde bis zur letzten Patrone fortgesetzt. Und so beschloß Goebbels, einen weiteren Parlamentär zu entsenden, der noch einmal auf diesen Punkt hinweisen und den Russen

---

* In seinen Memoiren hat Tschuikow den Verlauf der Unterredung mit Krebs ausführlich geschildert. Mehrere Autoren haben seine – zweifellos wahrheitsgetreue – Darstellung übernommen oder sich auf das sowjetische Originalprotokoll gestützt, so daß sich eine Wiederholung erübrigt. Vergl. z. B. Peter Gosztony, *Der Kampf um Berlin 1945*, S. 351 ff.

klarmachen sollte, daß keinerlei Verhandlungsmöglichkeit mehr bestünde, wenn sie bei ihrer ablehnenden Haltung blieben. Diese zweite deutsche Delegation bestand aus vier Offizieren unter Führung eines Obersten. Doch auch er kehrte mit einem seiner Begleiter – die beiden anderen wurden gefangengenommen – unverrichteterdinge zurück. Die Russen hatten weitere Gespräche als sinnlos bezeichnet.

Nach dem Versuch, von Stalin Sonderbedingungen eingeräumt zu bekommen, restlos gescheitert war, holte Goebbels nach, was Bormann in einem weiteren Funktelegramm* an Dönitz, das am 1. Mai morgens um 7.40 Uhr abgesetzt worden war, erneut unterlassen hatte: Er unterrichtete den Großadmiral ausführlich über den Tod und das Testament Hitlers. Die Unterzeichnung dieses dritten Telegramms** nach Plön, das um 14.46 Uhr abgesetzt wurde, und des Schlußprotokolls war Goebbels' letzte Amtshandlung als Reichskanzler.

Der Wortlaut der beiden Telegramme:
* »FRR Großadmiral Dönitz (Chefsache). Testament in Kraft. Ich werde so schnell wie möglich zu Ihnen kommen. Bis dahin, m. E., Veröffentlichung zurückstellen. Bormann.«

** »Für Großadmiral Dönitz (Chefsache! Nur durch Offizier!). Führer gestern 15.30 verschieden. Testament vom 29. 4. überträgt Ihnen das Amt des Reichspräsidenten, Reichsminister Goebbels das Amt des Reichskanzlers, Reichsleiter Bormann das Amt des Parteiministers, Reichsminister Seyss-Inquart das Amt des Reichsaußenministers. Das Testament wurde auf Anordnung des Führers an Sie, an Feldmarschall Schörner und zur Sicherstellung für die Öffentlichkeit aus Berlin herausgebracht. Reichsleiter Bormann versucht noch heute zu Ihnen zu kommen, um Sie über die Lage aufzuklären. Form und Zeitpunkt der Bekanntgabe an Truppe und Öffentlichkeit bleibt Ihnen überlassen. Eingang bestätigen. Goebbels Bormann«
Dönitz hatte das um 7.40 Uhr abgesetzte zweite Telegramm Bormanns um 10.53 Uhr erhalten und aus den Worten »Testament in Kraft« den Schluß gezogen, daß Hitler tot sei. Doch er mißtraute Bormann und beschloß, sich zunächst Informationen zu beschaffen, denn er war entschlossen, die Todesnachricht selbst und in einer von ihm gewählten Form bekanntzugeben. Der Großadmiral befahl sofort, alle erreichbaren Zeugen – auch das Funkpersonal in Plön und Berlin – kriegsgerichtlich vernehmen zu lassen und die Aussagen aktenkundig zu machen. Diese Anordnung wurde auf dem Funkweg zur Reichskanzlei übermittelt und dort von der Wehrmachtsnachrichtenstelle bestätigt. Endgültige Gewißheit erhielt Dönitz dann durch das dritte, ausführliche Telegramm Goebbels', das um 15.18 Uhr in Plön eintraf. Der Großadmiral war entschlossen, Goebbels und Bormann verhaften zu lassen, falls sie in seinem Hauptquartier erschienen wären. – Die Augenzeugen, die Hitlers Tod hätten bestätigen können, zum

Nachdem der 30-Stunden-Kanzler Joseph Goebbels seine letzten Unterschriften geleistet hatte, zog er sich in sein kleines Arbeitszimmer auf der anderen Seite des Korridors zurück, um sein Tagebuch abzuschließen und eine Bilanz als Politiker zu ziehen. Mit seiner zierlichen Handschrift füllte er sieben Bogen – es war der Schlußmonolog, mit dem einer der größten Propagandisten unseres Jahrhunderts von der weltpolitischen Bühne abzutreten gedachte. Zweifellos glaubte Goebbels, der Nachwelt als der von Hitler testamentarisch designierte letzte Reichskanzler, aber auch als der nach Hitler wichtigste Wegbereiter der nationalsozialistischen Bewegung, ein geschichtliches Dokument schuldig zu sein; und so feilte er, wie es seine Art war, mit pedantischer Sorgfalt an jedem Satz.

Nach allem, was wir über dieses Manuskript wissen – es ist nicht erhalten geblieben –, hat Goebbels darin nur die Rechtfertigungstheorien zusammengefaßt, die er seit dem 22. April immer wieder vor der Prominenz im Bunker memoriert hatte: Europa werde nun, nach dem Ende dieses blutigsten aller Kriege, unter bolschewistische Herrschaft fallen, und der Westen werde schuld daran sein; denn vom blinden Haß geleitet, hätten die angelsächsischen Staatsmänner das nationalsozialistische Deutschland zerschlagen und so Stalin den Weg nach Westeuropa geebnet. Doch auch an der Führung des Dritten Reiches übte Goebbels herbe Kritik: Auf deutscher Seite sei der totale Krieg zu spät, viel zu spät, proklamiert und auch dann nur halbherzig geführt worden. Es war offenbar, nimmt man alles in allem, eine Sammlung düsterer Prophezeiungen, ohne die mephi-

---

Beispiel sein SS-Adjutant Otto Günsche, haben von dem am Vormittag erteilten Vernehmungsbefehl Dönitz' nichts erfahren und sich am 1. Mai auch keinerlei Befragung stellen müssen. Generalmajor a. D. Wilhelm Mohnke war der Vorgang ebenfalls neu, als wir ihm davon erzählten.

stophelische Brillanz, die dem »Savonarola des Nationalsozialismus« zu Deutschlands Verhängnis eigen war.

Gegen 16 Uhr hatte Goebbels die Niederschrift abgeschlossen. Er überlas die Blätter noch einmal sorgfältig und verwahrte sie zunächst in der Rocktasche, um sie am Abend Dr. Werner Naumann zu geben – seinem bisherigen Staatssekretär, der nun als Major eine Volkssturmeinheit, das aus Beamten des Propagandaministeriums gebildete »Bataillon Wilhelmplatz«, führte und in der letzten Woche von seinem Gefechtsstand unter dem Goebbels-Ministerium täglich mehrfach in den Bunker gekommen war. (Naumann soll das Manuskript während des Ausbruchs aus der Reichskanzlei abhanden gekommen sein.)

Zur selben Stunde, in der Joseph Goebbels am Nachmittag des 1. Mai im Führerbunker sein Tagebuch abschloß und der Kampfkommandant der Reichskanzlei, Generalmajor Mohnke, den Ausbruch der Besatzung vorbereitete, kam es, nicht einmal einen halben Kilometer vom Bunker entfernt, auf dem verwüsteten Pariser Platz am noch verbarrikadierten Brandenburger Tor zu einer Szene, die für die Sowjets sogleich symbolischen Charakter gewann. Inmitten rauchender Ruinen und brennender Fahrzeugwracks hatten sich zahlreiche Rotarmisten um einen schweren Sowjetpanzer versammelt, auf dem ein schlanker, hochgewachsener Offizier stand; unter dem Mantel trug er eine dunkelblaue Uniform. Es war der russische Lyriker Eugen Dolmatowskij, der als Kriegsberichterstatter der Moskauer »Prawda« im Range eines Oberstleutnants die Truppen Marschall Schukows auf dem Vormarsch nach Berlin begleitet hatte. Domatowskij, der die Texte für einige der populärsten Soldatenlieder der Roten Armee während des Zweiten Weltkrieges geschrieben hat, rezitierte auf dem Panzer eigene Gedichte; die Zuhörer lauschten schweigend und bewegt.

Wie hier im Stadtzentrum, war die Lage auch in den anderen Bezirken Berlins noch immer verworren. Zwar hatten die Russen den größten Teil des riesigen Ruinenfeldes erobert; doch zugleich wurde weiter erbittert um einzelne Stellungen, Bunker und Stützpunkte gekämpft, in denen deutsche Einheiten mit dem Mut der Verzweiflung Widerstand leisteten – im Regierungsviertel, in Charlottenburg und Halensee, in Steglitz, an den Spandauer Brücken, am Wannsee im Wedding und in Friedrichshain. Die Russen besetzten an diesem Tag das gesamte Gelände um den Reichstag, den Zoo, sie hißten auf dem Brandenburger Tor die Rote Fahne, brachten den Potsdamer Platz in ihre Hand, drangen bis zur Weidendammbrücke und in die Leipziger Straße vor.

Auch dort, wo die Waffen schwiegen, waren die Straßen noch immer ausgestorben oder von den seltsam schwermütig klingenden Liedern sowjetischer Soldaten erfüllt, die hinter einem Vorsänger einherzogen oder, um Lagerfeuer versammelt, mit Musik und Alkohol den Feiertag des 1. Mai begingen: Szenen, die an die Romane Tolstois erinnerten. Die meisten Berliner saßen noch in den Kellern, Luftschutzbunkern, U-Bahn-Tunnels; sich nur nicht auf den Straßen blicken lassen, war die Devise. Aus vielen Häusern drang das Schreien vergewaltigter Frauen (es wurde »fraternisiert«, wie sich Brecht in der »Mutter Courage« ausdrückt), das Grölen alkoholisierter Russen, betrunkener Einwohner, die ihre Angst zu betäuben versuchten oder Abschied vom Leben feierten. Ein ehemaliger Panzeroffizier, der sich mit einer kleinen Kampfgruppe der Division »Müncheberg« in der mit Granattrichtern und Trümmerbrocken übersäten Budapester Straße verschanzt hatte, schilderte, was er am Nachmittag des 1. Mai in der Nähe des Zoologischen Gartens sah: »Ich werde das Bild nicht vergessen. Ringsum Schwerverwundete, Sterbende, Leichen; ein Verwesungsgeruch, der kaum zu ertragen war. Dazwischen betrunkene Polizisten, die mit ebenso betrunkenen Frauen eng umschlungen im Erdgeschoß herumlagen. Sie waren in den demolierten Wohnungen geblieben und hatten die Nacht durchgezecht, obwohl die Russen ständig schossen . . .«

Nachdem Joseph Goebbels seinen letzten Traktat an die besiegte Nation abgeschlossen hatte, war er zu seiner Frau und den sechs Kindern gegangen, die sich in den vier Räumen der Familie im Vorbunker aufhielten. Er hatte sich in den Tagen seit der Übersiedlung in das Betongewölbe am späten Nachmittag des 22. April sehr häufig mit ihnen beschäftigt, hatte mit ihnen gespielt, ihnen Geschichten erzählt oder vorgelesen und sich bemüht, ihnen zu erklären, weshalb sie nun hier im Bunker bleiben müßten, jedenfalls zunächst. Von allen Augenzeugen als ausgesprochen wohlgeraten, sehr intelligent und liebenswert geschildert, waren die Kinder in dem düsteren Drama, das nun zu Ende ging, wohl die einzigen Wesen, deren Anblick auch Hitler noch menschliche Regungen abnötigte. Sie hatten ihm in den letzten Tagen zuweilen vorgesungen oder ihn zu kleinen Spielen aufgefordert, und er war ihnen dabei gefolgt.

Die Kinder bewegten sich in beiden Teilen des Bunkers ganz ungezwungen, sprangen umher, und die Kleineren jauchzten, wenn der Bunker unter den Detonationen ringsum erzitterte. Helga, 12, war für ihr Alter recht gut entwickelt; sie hatte die Augen und das dunkle Haar ihres Vaters, der besonders an ihr hing. Hilde, 11, war brünett und wäre vermutlich eine Schönheit geworden; Helmut, 9, der einzige Sohn, war ein verträumter Junge, dessen Schulzeugnisse gelegentlich etwas zu wünschen übrig ließen; Holde, 8, war blond, Hedda, 6, ebenfalls. Die vierjährige Heide, von den Berlinern das »Versöhnungskind« genannt, weil sie nach dem Ende der leidenschaftlichen Liebesaffäre zwischen Goebbels und der tschechischen Schauspielerin Lida Baarova geboren worden war, hatte im Bunker Angina bekommen. Als Nesthäkchen wurde sie von der ganzen Familie verzogen.

In den neun Tagen dieser Katakombenexistenz war Magda Goebbels eine besorgte Mutter; sie bemühte sich, den Kindern die Last dieser Tage fernzuhalten (und tat das nach dem Eindruck der Überlebenden mit großer Fürsorglichkeit; Eva Braun und die Sekretärinnen Hitlers unterstützten sie dabei), mußte sie versorgen, die Kleidung waschen und in Ordnung halten – bei dem hastigen Auszug aus der Stadtwohnung hatte sie nur die notwendigste Garderobe mitnehmen können; trotz des Artilleriefeuers war sie zurückgekehrt, um Kleidung, Spielzeug und andere Dinge zu holen, bis ihr Mann derlei gefährliche Exkursionen untersagte. Die Fürsorge, mit der sie die Kinder umgab, fiel allen auf. Schon seit Monaten hatte sie aus ihrer Absicht, sie mit in den Tod zu nehmen, kein Hehl gemacht; alle Versuche, vor allem von Verwandten und Freunden, sie umzustimmen, waren gescheitert. Unbeirrt hatte sie stets geantwortet, sie könne es ihrem Mann nicht antun, ihn allein sterben zu lassen, und dann – das war ihre fürchterliche Logik – dürften auch die Kinder nicht weiterleben.

Goebbels selbst hatte seiner Frau mehrfach, so Ende Februar, den Vorschlag gemacht, mit den Kindern in das später von den Engländern besetzte Gebiet auszuweichen (die Pläne der Alliierten für die Aufteilung des Reiches in Besatzungszonen waren der NS-Führung zu diesem Zeitpunkt bereits bekannt). Doch sie hatte auch das strikt abgelehnt, ebenso den Plan des Staatssekretärs Dr. Werner Naumann, von dem ihr Mann wußte, sie und die Kinder während der zu erwartenden chaotischen Tage des Zusammenbruchs mit reichlichem Proviant auf einem großen Lastkahn zu verstecken, der schon in der Nähe des Goebbels-Landsitzes Schwanenwerder in der Havel dümpelte.

Auch Albert Speer, Magdas langjähriger Vertrauter, hatte diese Möglichkeit ins Auge gefaßt und mit ihr, ohne Wissen ihres Mannes, darüber gesprochen, als er sie Mitte April in Schwanenwerder besuchte. Doch selbst die inständigen Bitten ihrer Schwägerin Maria, der zwölf Jahre jüngeren Schwester ihres Mannes (die im Januar in Berlin ein Kind geboren hatte und in der zweiten Aprilhälfte mit ihrem verwundeten Mann, dem Filmproduzenten Axel Kimmich, und ihrer 76jährigen Mutter Katharina Goebbels unter abenteuerlichen Umständen die schon verwüstete Reichshauptstadt zum Teil in strapaziösen Fußmärschen verlassen hatte), sie möge doch die Kinder am Leben lassen und bei anderen Familienangehörigen in Obhut geben, wies sie zurück: »Wenn wir sterben, müssen auch die Kinder sterben, alle sechs.« (Goebbels' tief religiöse Mutter erfuhr die Nachricht vom grausigen Ende ihres Sohnes und seiner Familie Anfang Mai aus dem Rundfunk.) Am 22. April schließlich hatte Hitler Magda Goebbels nahegelegt, sie möge doch mit den Kindern an Bord einer der in der Nacht zum 23. April vom Flughafen Gatow aus nach Bayern startenden Maschinen Berlin verlassen und in Berchtesgaden die weitere Entwicklung abwarten. Und am 26. April war es noch einmal Goebbels gewesen, der während einer Besprechung im Bunker zu bedenken gegeben hatte, ob man nicht die Frauen und Kinder aus der Katakombe evakuieren und zunächst einmal auf exterritorialem Boden, vielleicht in der schwedischen Botschaft, unterbringen solle. Doch Eva Braun und Magda Goebbels lehnten das ab; der Vorschlag wurde nicht weiter diskutiert.

Den, soweit wir feststellen konnten, letzten Versuch, die sechs Kinder zu retten, unternahm kurz vor dem Ende General Mohnke. Er schilderte uns die Einzelheiten: »An einem der letzten Tage, das Datum ist mir entfallen, sprach ich Goebbels auf das Schicksal der Kinder an; ich hatte mir überlegt, sie mit einem der wenigen

Panzer, die ich noch zur Verfügung hatte, aus dem Kampfgebiet herausbringen zu lassen, und bot ihm das an. Doch er meinte: ›Ach, Herr Mohnke, wissen Sie, wenn die Kinder am Leben bleiben, fallen sie den Russen entweder hier oder woanders in die Hände. Stalin wird sie in eine Parteischule stecken und zu hervorragenden Kommunisten drillen lassen. Und dann werden sie eines Tages womöglich gegen das eigene Vaterland agitieren und ihre Eltern verdammen – nein, es ist besser, wir nehmen sie mit.‹«

»Man sieht, selbst in diesem Augenblick dachte Goebbels noch in den Kategorien der Propaganda. Was empfanden Sie bei seinen Worten?«

Mohnke: »Was empfand ich . . . Wissen Sie, gegen das Grauen ringsum war man in gewisser Weise schon abgestumpft, ein natürlicher Vorgang; aber in diesen Minuten war ich sehr erschüttert. Die Antwort, die Goebbels mir gab, war ruhig im Ton und definitiv in der Sache; es hätte sicher nichts genutzt, wenn ich auf ihn eingeredet hätte.«

Von Hitlers Leibarzt Morell hatten Joseph und Magda Goebbels schon seit langer Zeit genug Giftkapseln für sich und die Kinder bekommen, und sie hatten sich Gedanken darüber gemacht, wie das Entsetzliche geschehen sollte – ob durch Spritzen oder vergiftete Süßigkeiten. Um die Kinder auf eine eventuelle Injektion vorzubereiten, hatten sie ihnen in den vergangenen Tagen erzählt, sie würden jetzt bald ins Flugzeug steigen und Berlin verlassen; vorher jedoch würden sie alle eine Spritze bekommen, damit ihnen während des Fluges nicht übel werde. Doch dann hatte das Ehepaar Goebbels nach der Abreise Morells am 22. April das furchtbare Thema mit Hitlers letztem Begleitarzt Dr. Stumpfegger erörtert, und er empfahl, die Kinder zunächst mit einem Trank einzuschläfern und ihnen dann Blausäure zu verabreichen.

Nun war es soweit. In einer beklommenen Atmosphäre war die Familie in ihren Räumen im Vorbunker versammelt. Die Eltern bemühten sich, nicht erkennen zu lassen, wie nah das Ende war. Noch einmal las Goebbels seinen Kindern vor und spielte mit ihnen. Dann wurden sie von ihrer Mutter gewaschen und liefen noch eine Weile im Bunker umher. Es scheint, daß Helga, die Älteste, zumindest geahnt hat, was ihr bevorstand.

An dieser Stelle unseres Berichts wollen wir einblenden, was Rochus Misch, der zu den Telefonisten des Bunkers zählte, uns in langen Gesprächen über den Verlauf des 1. Mai im Betongewölbe schilderte. Sein Dienst in der Vermittlung hatte gegen 14 Uhr begonnen. Er sah die Goebbels-Kinder in der letzten Stunde ihres Lebens. Misch: »Es war nach meiner Erinnerung zwischen 17 und 18 Uhr; die genaue Zeit kann ich nicht mehr angeben. Frau Goebbels, in einem braunen Kleid mit weißem Besatz, stand sehr blaß in dem Zimmer vor der Telefonzentrale, das auch als Wachraum diente. Frau Junge, Hitlers Sekretärin, hatte dort die Testamente getippt. Die Kinder saßen in ihren weißen Nachthemden auf Stühlen, die Kleinen auf dem Tisch. Helga kamen die Tränen. Magda Goebbels kämmte sie alle sehr sorgfältig und liebkoste sie dabei, wie sie es wohl an jedem Abend tat. Dann zog sie sich mit den Kindern wieder in den Vorbunker zurück. Irgend jemand kam zu mir in den Vermittlungsraum – ich glaube, es war Dr. Naumann – und sagte: ›Stumpfegger wird ihnen gleich Bonbonwasser geben; sie müssen eben sterben.‹ Mir krampfte sich das Herz zusammen. Einen Tag vor dem Tod Hitlers hatte ich miterlebt, wie Goebbels drüben im Keller der Neuen Reichskanzlei mit seiner Familie einen gespenstischen Abschied von den Berlinern gefeiert hatte. Es war um die Mittagszeit. In einem Raum neben dem Lazarett standen dichtgedrängt Frauen und Kinder, Krankenschwestern und Verwundete. Das Ehepaar Goebbels nahm mit den sechs Kindern an einem länglichen Tisch Platz. Ein junger Mann, er mag 16 Jahre gezählt haben, begann auf einem Akkordeon zu spielen, und alle sangen mit:

Die blauen Dragoner, sie reiten
mit klingendem Spiel durch das Tor.
Fanfaren sie begleiten
hell zu den Hügeln empor . . .

Die zarten Kinderstimmen vor der dumpfen akustischen Kulisse der detonierenden Granaten, die auf dem Gelände der Reichskanzlei einschlugen – es war ein schauriger Kontrast. In dem Raum herrschte eine sehr eigenartige Atmosphäre, die sich kaum beschreiben läßt. Doch ich will weiter über den Abend des 1. Mai berichten. Nach etwa einer Stunde kam Frau Goebbels allein aus dem Vorbunker zurück; ihr bleiches Gesicht wirkte ausdruckslos, die Augen waren rotgerändert. Ich sah, wie sie im Zimmer neben dem Waschraum, das ihrem Mann auch als Arbeitszimmer gedient hatte, am Schreibtisch Platz nahm und weinend Patiencen legte. Instinktiv fühlte ich, daß es geschehen war: Die Kinder lebten nicht mehr. Nach etwa zwanzig Minuten ging sie wieder nach oben. Ihren Mann sah ich nicht. Ich hatte den Eindruck, daß sie sich nun selbst zum Sterben bereit machen wollte.«

Wir fragten Rochus Misch ebenso wie andere Zeugen nach den Umständen, unter denen die Kinder den Tod fanden: »War unter den Insassen des Bunkers bekannt, *wie* die Kinder vergiftet werden sollten und durch *wen*?«

Misch: »Darüber kursierten Vermutungen und Gerüchte, nicht mehr. Ich glaube nicht, daß sich dieses grausige Geschehen jemals vollständig wird aufklären lassen, denn es gibt, soweit ich weiß, keine Augenzeugen mehr.«

Wir haben uns bemüht, wenigstens zu recherchieren,

wie es aller Wahrscheinlichkeit nach war. Der Tod der Goebbels-Kinder ist vor einigen Jahren Gegenstand staatsanwaltschaftlicher Ermittlungen gewesen. Einer der Überlebenden des Bunkers, der Zahnarzt und frühere SS-Sturmbannführer Dr. Helmut Kunz, der in der Zahnstation unter der Neuen Reichskanzlei praktiziert und auch die Familie Goebbels behandelt hatte, war durch eigene Aussagen während der sowjetischen Gefangenschaft und durch Angaben heimgekehrter Zeugen in den Verdacht geraten, er habe die Kinder umgebracht. Jedoch hat auch die Justiz kein klares Ergebnis erzielt. Der Grund ist einfach genug: Die unmittelbar Beteiligten, das Ehepaar Goebbels und Dr. Stumpfegger, sind tot.

Bei dem Versuch, den Vorgang zu rekonstruieren haben wir uns wie im Fall des Ehepaares Hitler weitgehend auf die Aussagen derjenigen, die den Abend des 1. Mai im Bunker erlebten, und auf die gerichtsmedizinischen Befunde durch sowjetische Militärärzte gestützt, die die sechs Kinderleichen am 8. Mai 1945 im Krankenhaus Berlin-Buch untersuchten.

Zunächst: Es steht fest, daß sich das Ehepaar Goebbels mit Dr. Stumpfegger und auch mit Dr. Kunz, der sich nicht ständig in der Reichskanzlei aufhielt, darüber unterhalten hat, wie die Kinder schnell, sicher und ohne Qualen getötet werden könnten. Ferner kann mit Sicherheit angenommen werden, daß Dr. Stumpfegger spezielle Ratschläge gegeben hat. Wir sind jedoch der Überzeugung, daß er sich an der Tötung nicht direkt beteiligte.

Magda Goebbels hat mehrfach klar ausgesprochen, daß sie selbst ihren Kindern das Gift geben wolle. Darüber liegt, was häufig übersehen wird, sogar ein schriftliches Zeugnis vor. So schrieb sie ihrem Sohn Harald Quandt (aus ihrer ersten Ehe mit dem Industriellen Günther Quandt), der sich verwundet in einem britischen Kriegsgefangenenlager befand, am 28. April in einem Abschiedsbrief, den Hanna Reitsch mitnahm, als sie den Feldmarschall von Greim aus Berlin herausflog: ». . . Du sollst wissen, daß ich gegen den Willen Papas bei ihm geblieben bin, daß noch vorigen Sonntag (gemeint war der 22. April, d. V.) der Führer mir helfen wollte, hier herauszukommen . . . Die Welt, die nach dem Führer und dem Nationalsozialismus kommt, ist nicht mehr wert, darin zu leben, und deshalb habe ich auch die Kinder hierher mitgenommen. Sie sind zu schade für das nach uns kommende Leben, und ein gnädiger Gott wird mich verstehen, *wenn ich selbst ihnen die Erlösung geben werde* . . .«

Weitere Zeugnisse liegen von Mitarbeitern des Propagandaministers vor, die bis zum Zusammenbruch engen Kontakt mit dem Ehepaar Goebbels hatten – so von dem früheren Pressereferenten Dr. Rudolf Semler*.

Magda Goebbels war, darin stimmen alle Überlebenden der Katakombe überein, eine Frau von äußerster Konsequenz. Sie meinte, was sie sagte, und sie handelte dementsprechend. So deutet alles darauf hin, daß sie auch an diesem letzten Tag ihres Lebens den Worten die entsetzliche Tat folgen ließ. Wir sind überzeugt, daß die Kinder auf folgende Weise den Tod fanden: Gegen 17.30 Uhr brachte die Mutter sie ins Bett (sie wurden am nächsten Tag in drei Doppelbetten aufgefunden). Sie bekamen einen Schlaftrunk, wahrscheinlich einen Fruchtsaft mit Veronal. Nachdem sie benommen oder bereits eingeschlummert waren, träufelte Magda Goebbels ihnen aus Ampullen, deren Spitze mit einer kleinen Ampullensäge entfernt worden war, Blausäure in die Mundhöhle. Ein Indiz dafür waren die Verätzungen, die später von den sowjetischen Ärzten an der Mund-

---

* Rudolf Semler: *Goebbels – The man next to Hitler.* Westhouse, London 1947, S. 186.

schleimhaut der Leichen festgestellt wurden.* Nur Helga Goebbels hat sich wahrscheinlich während oder kurz nach der Einnahme des einschläfernden Getränks gewehrt, und alles deutete darauf hin, daß ihr das Gift unter Gewaltanwendung eingeflößt wurde; ihr Körper wies Prellungen auf. Stumpfegger stellte den Tod der Kinder ärztlich fest.

Nach vollbrachter Tat erlitt Magda Goebbels einen Schwächeanfall, von dem sie sich jedoch nach einer Injektion, die Stumpfegger ihr verabreichte, relativ schnell wieder erholte. Ob ihr Mann bei ihr war, als die Kinder starben, ist ungewiß.

Rochus Misch hat uns geschildert, wie Magda Goebbels sich nun weinend zurückzog, um Patiencen zu legen – eine Szene, die makaber genug war. Doch sie wurde noch übertroffen durch das, was dann folgte: Eine Plauderei im Stil des »Wissen Sie noch, als Sie damals . . .«, die sich zwischen dem Ehepaar Goebbels, Bormann und Artur Axmann entspann – dem Reichsjugendführer, der die in Berlin kämpfenden HJ-Einheiten, immerhin weit über tausend Hitlerjungen, befehligte und von seinem Gefechtsstand im Keller der zerstörten Parteikanzlei in der Wilhelmstraße 64 zu einem seiner häufigen Besuche herübergekommen war. (Hitler hatte ihm am 20. April befohlen, sich täglich im Führerbunker zu melden.)

Magda Goebbels ging in die gegenüber gelegene Küche und kochte Kaffee. Dann saßen die vier beisammen und erinnerten sich: an die »Kampfzeit« vor allem, das große nostalgische Thema der letzten Tage in der Katakombe; an die Jahre der Erfolge, an Glanz und Gloria

---

* Darstellungen, wonach die Kinder mit Gift gefüllten Bonbons erhalten hätten, deren Wirkung durch Zerbeißen oder Auflösung im Mund eingetreten sei (so zum Beispiel bei Erich Kuby, *Die Russen in Berlin 1945,* S. 197), halten wir für fragwürdig. Als das sicherste und am schnellsten wirkende Gift galt Blausäure. Sie mit der Garantie für eine gewisse Haltbarkeit in Bonbons abzufüllen, wäre viel zu umständlich gewesen. Eine Zyankali-Füllung hätte andererseits von den Kindern geschluckt werden müssen, was wegen der Wirkung des Schlaftrunks unmöglich war.

des Regimes in der Vorkriegszeit. Wehmütig gedachte Goebbels seiner rhetorischen Triumphe im Sportpalast, in den Versammlungssälen der Berliner Arbeiterviertel, in den Massenkundgebungen unter freiem Himmel; und Axmann schilderte ihm noch einmal, wie dieser Dr. Joseph Goebbels ihn, den Jugendlichen aus armer, im Wedding lebenden Familie, fasziniert und für den Nationalsozialismus begeistert hatte. Nebenan lagen die toten Kinder.

Am späten Nachmittag hatte Goebbels seinem Adjutanten, dem SS-Hauptsturmführer Günther Schwägermann, das Versprechen abgenommen, für die Verbrennung seiner und der Leiche seiner Frau zu sorgen, und ihm als Abschiedsgeschenk jenes silbergerahmte Porträtfoto des Führers gegeben, das er einst von Hitler mit einer sehr herzlich gehaltenen Widmung als besonderen Gunstbeweis erhalten hatte. Und Schwägermann hatte Chauffeur Rach angewiesen, sich um das notwendige Benzin zu bemühen; Cheftechniker Hentschel gab ihm zwei volle Kanister.

Wie Bormann und Axmann, gingen in diesen letzten Stunden auch andere Insassen des Bunkers noch einmal zu Joseph und Magda Goebbels, um sich zu verabschieden: Günsche und Baur, Mohnke, der mit den Ausbruchsvorbereitungen beschäftigt war, Linge, Kempka, die Sekretärinnen, Botschafter Walter Hewel, dem Baur in der Nacht zum 1. Mai geduldig zugeredet hatte, mit einer der Gruppen auszubrechen, statt sich im Bunker zu erschießen, und vor allem Werner Naumann. Zum Selbstmord fest entschlossen, hat Goebbels dennoch buchstäblich bis zur letzten Viertelstunde sehr aufmerksam die militärische Lage verfolgt und sich auch über die politische Entwicklung orientiert. Er war überzeugt, daß Elitetruppen der Roten Armee die Reichskanzlei und damit auch den Bunker innerhalb der nächsten Stunden erstürmen würden.

Rochus Misch hat uns seine letzte Begegnung mit Goebbels geschildert. Dieser lief im Bunker nervös durch die Räume, hierhin, dorthin, dann fragte er: »Irgendwelche Anrufe für mich Misch?«

Misch: »Ja. Einer von der Gauleitung, einer vom Berliner Stadtkommandanten General Weidling, und einer von Oberstleutnant Seifert (der Sektor Z oder Stadtmitte befehligte).«

Goebbels: »Das ist jetzt nicht mehr wichtig. Der Krieg ist verloren, les jeux sont faits. Ich brauche Sie eigentlich nicht mehr, Misch. Es wäre vielleicht nicht schlecht, wenn Sie sich General Rauchs Truppen anschließen würden. Sie kämpfen in Charlottenburg. Ich wünsche Ihnen alles Gute und viel Glück.«

Daraufhin gab er Misch die Hand, was er nie zuvor getan hatte. Aus dieser Begebenheit, wie Misch sie erzählt, ersieht man, daß selbst Goebbels die militärische Lage nicht mehr kannte. General Rauch befand sich mit den Resten seiner Division (weniger als ein Bataillon) bereits in Potsdam, über 20 Kilometer südwestlich. Wie Baur, General Mohnke, Gerda Christian und andere fand auch Misch nur lobende Worte für Goebbels' Verhalten kurz vor seinem Tod. Hitler, der Misch viel besser kannte, verabschiedete sich nicht von ihm, er gab ihm auch nie die Hand, wünschte ihm nie Glück und schenkte ihm nichts.

Goebbels verschwand in seinem Zimmer. Dort fand sich kurz darauf Hans Baur ein: »Seine Frau war bei ihm. Als ich eintrat, kamen mir beide entgegen. Goebbels meinte, es werde schwer sein, noch durch die russischen Linien zu kommen. Bormann habe wichtige Aufträge für Dönitz erhalten – welcher Art sie waren, ließ er offen. Zum Schluß bat er mich, dem Großadmiral über die letzten Tage in der Reichskanzlei und im Bunker zu berichten: ›Sagen Sie ihm, daß wir nicht nur verstanden haben, zu leben und zu kämpfen, sondern daß wir auch zu sterben wußten.‹ Ich verabschiedete mich still und ging.«

Unterdessen war es etwa 20.15 Uhr geworden. Naumann war noch einmal bei dem Ehepaar Goebbels erschienen, hatte ein paar Worte gewechselt. Magda Goebbels stand plötzlich auf und verließ den Raum. Sie ging zu ihren toten Kindern. Blaß und zitternd kam sie zurück. Beide verabschiedeten sich Arm in Arm von Naumann, Schwägermann und Rach. Minuten später kam Mohnke herein. Er berichtet: »Etwa zwischen 20.15 und 20.30 Uhr ging ich in den Führerbunker hinunter; er war leer. Ich trat in den vorderen Korridor und stand in dem Durchgang, als ich Joseph und Magda Goebbels erblickte. Sie waren auf dem Weg zur Treppe des Notausgangs. Als sie meine Schritte hörten, drehten sie sich um. Ich salutierte und meldete Goebbels militärisch: »Herr Reichsminister, wir brechen jetzt aus, ich möchte mich von Ihnen verabschieden.« Er sah mich an, legte mir einen Arm um den Hals und sagte: ›Lieber Mohnke, machen Sie's gut.‹ Dann wandte ich mich an Frau Goebbels; sie sagte leise: ›Unsere Kinder sind nun schon kleine Engelchen; wir folgen ihnen jetzt nach.‹ Dann hob sie die Hand, die sie mir reichen wollte, und wechselte eine Glasampulle in die Linke. Ich verbeugte mich, verabschiedete mich mit einem Handkuß und blieb stehen. Das Ehepaar ging zur Tür und schloß sie fest. Dann drehte ich mich um und sah Schwägermann und einen zweiten, mir Unbekannten, mit zwei Benzinkanistern. Ich betone, daß ich in den nächsten Minuten einen Schuß nicht gehört habe. Ich bezweifle, daß Goebbels seine Frau und sich erschossen hat. Nach meiner Überzeugung haben beide sich vergiftet. Einen Schuß hätte man überdies nicht hören können.«

Ob Joseph und Magda Goebbels sich nach der gleichen Doppelmethode entleibt haben, die Professor Haase Hitler in der Nacht zum 30. April empfohlen und erläutert hatte: Gift und Pistole, muß offen bleiben. Es ist allerdings so gut wie sicher, daß der Arzt auch Goebbels beraten hat. Nach einem sowjetischen Protokoll lagen zu Häupten der Leichen des Ehepaares Goebbels zwei durch Feuer beschädigte Walther-Pistolen.

Was nun zu tun übrig blieb, war Schwägermanns Sache. Er beorderte einige SS-Männer herbei, die die beiden Leichen mit Benzin übergossen und sie anzündeten. Doch da der Ausbruch in eineinhalb Stunden beginnen sollte, hatte Naumann und Schwägermann wenig Zeit, die Einäscherung bis zur völligen Vernichtung der Toten zu überwachen. Auch die SS-Männer dachten verständlicherweise mehr daran, die eigene Haut zu retten, und verschwanden ebenfalls. Bald züngelten nur noch kleine Flammen an den beiden Körpern, bis das Feuer erlosch. Die angekohlten Leichen blieben im verwüsteten Garten liegen, und niemand kümmerte sich weiter um sie. »Rette sich, wer kann«, lautete nun die allgemeine Devise.

Das war das Ende einer stürmischen Ehe, die am 12. Dezember 1931 begonnen hatte, als der 34jährige Berliner Gauleiter der NSDAP, Dr. phil. Paul Joseph Goebbels, im mecklenburgischen Parchim die 30jährige Magda Quandt, geborene Ritschel, die geschiedene Frau des sehr viel älteren Industriellen Günther Quandt, heiratete. Adolf Hitler war einer der Trauzeugen. Für die junge, schöne und elegante Frau war Goebbels, dem sie zuvor als ehrenamtliche Privatsekretärin zur Seite gestanden hatte, zweifellos die große Liebe ihres Lebens. Doch sie hat das Glück, das sie sich erhofft hatte, an seiner Seite wohl nicht gefunden. Die Ehe war durch seine zahllosen Affären mit Schauspielerinnen, anderen Damen der Gesellschaft, mit Sekretärinnen, mit jungen Mädchen belastet; zeitweise lebte das Paar praktisch getrennt.

Auf dem Höhepunkt der Liaison zwischen ihrem Mann und der tschechischen Schauspielerin Lida Baarova

1938/39 – beide wollten heiraten, und der Propagandaminister gedachte, als Botschafter nach Japan zu gehen – verlangte Magda Goebbels schließlich die Scheidung, um Karl Hanke, den Unterstaatssekretär im Propagandaministerium und engen Mitarbeiter ihres Mannes, heiraten zu können. Hitler, der aus politisch-propagandistischen Gründen ein Zerbrechen der »nationalsozialistischen Musterfamilie« Goebbels zu verhindern entschlossen war, sprach jedoch ein Machtwort. Er verbot Goebbels durch einen ausdrücklichen Führerbefehl, die Diva wiederzusehen, und fegte auch die Scheidungspläne seiner Frau vom Tisch.

Alles deutete darauf hin, daß Magda Goebbels in den letzten Jahren ihres Lebens eine innerlich sehr einsame Frau war. Über die menschlichen Qualitäten ihres Mannes machte sie sich keinerlei Illusionen mehr. Sie war sich über seine diabolischen Charakterzüge, seinen Zynismus, seine Skrupellosigkeit im klaren, und sie hat in den letzten Kriegsjahren nicht selten versucht, manche seiner Entscheidungen zu mildern, indem sie seine engsten Mitarbeiter bat, in diesem Sinne auf ihn einzuwirken oder stillschweigend tätig zu werden. Hinter dem Untergangspathos, das zum Beispiel aus ihrem Abschiedsbrief an den Sohn Harald spricht, verbergen sich auch Resignation und Bitterkeit. Hans Baur hat uns über eines seiner letzten Gespräche mit ihr berichtet:

»Es war am Samstag, dem 28. April. Natürlich, sie war tief deprimiert durch die ausweglose Lage, die Bunkeratmosphäre, das bevorstehende Ende. So mag die Bilanz, die sie an jenem Abend zog, ganz besonders düster gewesen sein. Aber andererseits klang das, was sie sagte, und die Art, in der sie es sagte, doch sehr nüchtern und wohlüberlegt. Schon seit geraumer Zeit, so meinte sie, habe sie jede Hoffnung aufgegeben, und an wirklichen Werten habe das Leben ihr nicht viel gegeben. Sie habe sich stets bemüht, nur für ihren Mann und die Kinder zu leben, doch das sei nicht leicht gewesen. Sie sprach sehr offen über ihre Ehe. Natürlich habe sie gewußt, daß ihr Mann es mit der Treue nicht genau nahm, und er habe ihr häufig sehr weh getan; doch sie habe ihm nun verziehen, denn in vielen Fällen seien die Frauen schuld gewesen, weil sie sich ihm hingeworfen hätten.« Dieses Gespräch fand, wohlgemerkt, am selben Tag statt, an dem Magda Goebbels den Abschiedsbrief an ihren Sohn Harald schrieb.

Diese Frau war eine gespaltene, eine ambivalente Persönlichkeit, hart gegen sich und andere, doch zugleich auch weichherzig und verständnisvoll; konsequent bis zum Fanatismus, dabei durchaus auch pragmatisch und mit viel Wirklichkeitssinn; zur theatralischen Pose neigend, aber andererseits mit dem sicheren Stilempfinden einer Dame von Welt ausgestattet. Die meisten Insassen des Bunkers zeigten sich von ihr tief beeindruckt – die Männer freilich mehr als die Frauen. Hitler war für sie eine messianische Figur; sie war ihm blindlings ergeben, bis zum letzten Tag. Als die Russen ihre Leichen fanden, trug sie noch sein goldenes Parteiabzeichen, das er ihr am 27. April angeheftet hatte.

Was hat Magda Goebbels dazu gebracht, sich und ihre Kinder, die sie zweifellos innig geliebt hat, zu töten? Gewiß ist, daß sie den Irrlehren des Nationalsozialismus mit einer pseudoreligiösen Inbrunst anhing und düsterromantischen Vorstellungen vom Opfertod als dem letzten und äußersten Beweis unwandelbarer Treue verfallen war – Treue gegenüber dem Führer, Schicksalsverbundenheit mit ihrem Mann, Und es ist sicher, daß sie den Gedanken, die Sieger würden die Kinder einer sensationslüsternen Öffentlichkeit als Schauobjekte vorführen und dann »umerziehen«, gänzlich unerträglich fand. Diese irrationalen Motive führten zu einer Tat, die vielleicht als erweiterter Selbstmord zu definieren sein mag, die man allenfalls erklären, aber nicht begreifen kann.

(Speer zum Beispiel hatte seine sechs Kinder rechtzeitig in Sicherheit gebracht.)

Was sich nach dem 20. April 1945 im Bunker ereignete, hätte ohne Hitler nicht geschehen können, natürlich; ohne Goebbels (der ihm am Nachmittag des 22. April den Entschluß zum sofortigen Selbstmord wieder ausredete) und seine Frau aber auch nicht.

Dr. Paul Joseph Goebbels war nicht nur der Regisseur des Endes; er war auch der Impresario des Anfangs – zumindest in der »roten« Reichshauptstadt. Als er am 9. November 1926 die Führung des Gaues Berlin-Brandenburg der NSDAP übernahm und bald darauf den Kampf gegen die Kommunisten mit der ebenso dreisten wie propagandistisch wirkungsvollen Parole »Adolf Hitler frißt Karl Marx« eröffnete, befand sich die nationalsozialistische Parteiorganisation in einer schweren, durch persönliche und programmatische Auseinandersetzungen hervorgerufenen Krise. Diesem desolaten organisatorisch-politischen Zustand entsprach der äußere Anblick, den das Parteidomizil bot. Goebbels später:

»Die Berliner Bewegung hatte damals auch schon ihren festen Sitz. Allerdings war der von äußerster Primitivität. Sie bewohnte eine Art verdrecktes Kellergewölbe in einem Hinterhaus in der Potsdamer Straße (Nr. 109 Hof rechts Parterre, d. V.) . . . Stapel von Papier und Zeitungen lagen in den Ecken herum. Im Vorzimmer standen debattierende Gruppen von arbeitslosen Parteigenossen, die sich die Zeit mit Rauchen und Fabrizieren von Latrinenparolen vertrieben . . . (Die Geschäftsstelle) war nur mit künstlichem Licht zu erhellen. Sobald man die Tür aufmachte, schlug einem der Schwaden von schlechter Luft . . . entgegen.«*

Die Parallele zur Katakombe zwanzig Jahre später ist verblüffend; die nun wieder »arbeitslosen«, debattieren-

---

* Joseph Goebbels, *Kampf um Berlin*, 6. Aufl. 1934, S. 24

den Parteigenossen, die Latrinenparolen, das primitive Interieur, die schlechte Luft, das künstliche Licht ... Nur der damalige Schlachtruf für den Kampf gegen die Kommunisten wäre im April 1945 etwas unpassend gewesen, denn es war nun nicht mehr zu bestreiten, daß »Karl Marx« Adolf Hitler (und Joseph Goebbels) fressen würde.

Als der junge nationalsozialistische Agitator Joseph Goebbels sich 1925 vom scharfzüngigen Kritiker zum fanatischen Anhänger Hitlers wandelte, mag das ein Damaskus mit einer gehörigen Portion Opportunismus gewesen sein, doch es ist sicher, daß er bis zum Ende von der Persönlichkeit Hitlers fasziniert und ihm bedingungslos ergeben gewesen ist. Leidenschaftlicher als jeder andere Weggenosse Hitlers hat er das Führerprinzip verfochten und interpretiert, bis es wie die nationalsozialistische Idee mit dem Tod des Diktators aus den politischen Realitäten verschwand. Für den Machthaber Adolf Hitler war das Führerprinzip der Hammer, mit dem er eine Massenorganisation, die nationalsozialistische Bewegung, schmiedete, um zunächst den Staat in Deutschland und dann den europäischen Kontinent zu erobern.

Freilich war das nur möglich, weil Hitler das Führerprinzip mit seinem persönlichen Charisma, zudem mit der Theorie von der Überlegenheit der nordischen Rasse und mit einem macchiavellistischen Nationalismus verschmolzen hatte. In raffinierter Weise appellierte er an den Glauben, die Angst, den Opfermut eines Volkes, das im Grund apolitisch und gewohnt war, zu produzieren, zu akklamieren, und zu marschieren.

Carlyle meinte, die Macht sollte »großen Männern« anvertraut werden, und zwar bedingungslos, damit sie bei der Verfolgung ihrer Ziele keinerlei kleinlichen Beschränkungen unterworfen würden; das liege im wohlverstandenen Interesse der Nation. Unser Jahrhundert hat in grausigen Lektionen lernen müssen, wie gefährlich das Führerprinzip, wie verheerend unkontrollierte, ohne Verantwortlichkeit ausgeübte Macht sein kann, da sie den Charakter auch des »großen« Machthabers tief beeinflußt, und leider negativ.

Adolf Hitler, oder besser gesagt, das Phänomen Hitler, hat uns fasziniert; aber es gibt gute Gründe für die Ansicht, als Mensch wie als Machthaber sei Joseph Goebbels eigentlich die interessantere Gestalt gewesen. Verglichen mit Hitler, vermochte er als Redner, als Schriftsteller, als Gast auf einer Abendgesellschaft zu brillieren, wenn auch häufig in einer unverschämten Art und Weise. Für beide war ihre Rhetorik charakteristisch: In seiner dialektgefärbten Redeweise streifte Hitler zuweilen die Grenzen des Lächerlichen, und doch konnte dieser bellende Demagoge die Massen in Rausch- und Verzückungszustände, in Delirien hineintreiben, die heute schwer begreiflich sind. Goebbels hingegen, ein sehr viel glatterer rhetorischer Stilist, beherrschte sein Auditorium durch einen gerissenen Appell an den Intellekt wie an die Emotionen. Er interpretierte die Botschaft des Nationalsozialismus, seine primitiven und häufig wahnwitzigen Konzepte, mit Klarheit, scheinbarer Logik und ohne den mystischen Dunst, den ein Heinrich Himmler verbreitete. Der geborene Volkstribun Joseph Goebbels artikulierte die vagen Sehnsüchte und die aggressiven Impulse seiner Zuhörer, und er sorgte dafür, daß es im Pantheon der Bewegung keinen anderen Gott neben Adolf Hitler gab.

Im Gegensatz zu dem Führer und Reichskanzler, der sich in seinen Bunkern vergrub, war Goebbels stets überzeugt, der 1939 ausgebrochene Krieg sei ein *politisch* auszutragender Konflikt der Ideologien. Sein scharfer Instinkt sagte ihm, es sei ein katastrophaler Fehler, wenn Hitler sich darauf beschränke, nur der oberste militärische Befehlshaber zu sein. Und es war gewiß kein Zufall, daß er und nicht Hitler am 18. Februar 1943 im Berliner Sportpalast den *totalen Krieg* proklamierte – *Nun, Volk, steh auf, nun, Sturm, brich los!* Es war ein *massenpsychologisches* Meisterstück.

Bis in die letzten Tage nahm Goebbels seine Ämter als Propagandaminister und Gauleiter Berlins sehr ernst. Er hielt Reden, schrieb seine Leitartikel in der Wochenzeitung »Das Reich«, er besuchte die Oderfront, die Luftschutzbunker, die Fabriken. Anders als der »Chef« und die meisten Mitglieder des »Hofes«, die kaum noch aus dem Labyrinth unter der Reichskanzlei herauskamen, wußte er wirklich, was *urbi et orbi* vor sich ging. Unermüdlich ließ er noch in der letzten Aprilwoche verlogene Aufrufe verbreiten: Deutsche Entlastungsangriffe stoppen die Alliierten an der Elbe, die Russen an der Oder, vor Berlin, in Berlin, hinter Berlin.

Als Goebbels seine Familie in den Bunker holte, war das weniger der Umzug in ein bombensicheres Notquartier, sondern vor allem ein demonstrativer, ein symbolischer Vorgang, eine Treue- und Schicksalsbekundung. Er hätte mit Frau und Kindern in geräumigere Unterkünfte gehen können – unter dem Wilhelmplatz oder unter seiner Residenz in der Hermann-Göring-Straße. Der »kleine Doktor« hatte sehr wenige enge Freunde, weder in seiner langen Karriere noch in der Katakombe. Aber viele Zeugen bewunderten die Haltung, die er bis zum Ende bewahrte. Er wurde nicht hysterisch wie Hitler.

Was Joseph und Magda Goebbels in den letzten Wochen ihres Lebens noch verband – war es Liebe? Das ist unwahrscheinlich. Die Kinder? Zum Teil. Letztlich kettete sie bis zum Ende der Mann aneinander, der 1931 ihr Trauzeuge gewesen war und 1939, auf dem Höhepunkt ihrer Ehekrise, die Scheidung verhindert hatte: Adolf Hitler. Als während der Bayreuther Festspiele 1939 die unsterbliche Musik zu *Tristan und Isolde* erklang, begann Magda Goebbels in der Prominentenloge verzweifelt zu schluchzen – sie war mit ihren Nerven am Ende. Das Libretto mit dem Gifttrank, dem Doppelselbstmord, der ekstatischen Todessehnsucht – es war das Drehbuch für den grausigen Untergang der Familie Goebbels sechs Jahre danach.

Wie die meisten Goebbels-Biographen glauben auch wir an die Version, das Ehepaar habe sich nach der Baarova-Affäre ausgesöhnt – bis zu dem Tag, an dem wir noch einmal Generalmajor a. D. Mohnke besuchten und *en passant* auf Magda Goebbels zu sprechen kamen. Zu unserer Verblüffung berichtete er uns, sie habe nach dem Ende des Frankreich-Feldzuges versucht, mit ihren Kindern in die Schweiz zu flüchten, sei aber abgefangen worden. Wir haben uns bemüht, den Vorgang zu recherchieren und glauben, daß er sich im Sommer 1941, vor dem Beginn des Rußland-Feldzuges abgespielt hat.

Zwar gehörte Mohnke nicht zum engsten Kreis um die Familie Goebbels, doch General Rattenhuber, auf den die Information zurückgeht, zählte als Chef des Reichssicherheitsdienstes zu den wenigen Geheimnisträgern des Regimes, die von einer politisch wie propagandistisch derartig brisanten Angelegenheit dienstlich erfahren haben müssen. Mohnke vermochte sich nicht mehr an den genauen Zeitpunkt des Fluchtversuches zu erinnern, aber wir sind sicher, daß er etwa zur Zeit des England-Fluges von Rudolf Heß stattfand. Doch ohnehin ist hier nicht der Monat, sondern das Jahr wichtig. Der Vorgang kann als ein Indiz dafür gelten, daß die Ehekrise keinesfalls vorüber war.

Wir fragten Albert Speer, ob er von dieser Sache erfahren hat. Nach einer langen Pause am Telefon antwortete er: »Nein, ich habe das nie gehört, weder von Hitler – was in jedem Fall unwahrscheinlich gewesen wäre – noch von Magda Goebbels selbst. Eine so heikle Angelegenheit hätte sie mir nachher, nicht vorher anvertraut. Hitler wäre wütend geworden, wenn einer ihrer guten Bekannten in hohen Positionen davon gewußt hätte. Ich neige dazu, diese Information für wahr zu halten. Der Vorgang würde auch völlig zum Charakter von Magda Goebbels passen. Es stimmt überdies, daß die Spannungen zwischen den Eheleuten bis zum traurigen Ende ihres Lebens andauerten. Aber die Geschichte paßt auch zu dem Hitler jener Zeit. Seine scheinbare Großzügigkeit – immerhin hatte Magda Goebbels durch den Versuch, ins neutrale Ausland zu fliehen, gegen die Gesetze verstoßen – mag zum Teil auf der Verehrung beruhen, die er für sie empfand. Aber vor allem ließ Hitler sich von Erwägungen der *Staatsräson* leiten. Ich vermute, daß sich die Affäre *nach* dem Flug von Rudolf Heß abspielte; Hitler wußte ganz genau, welches Propagandadebakel sich daraus im Reich und mehr noch im Ausland entwickelt haben würde. Und es war ihm völlig klar, daß die Weltöffentlichkeit die rein privaten Motive Magda Goebbels' nicht geglaubt hätte. Sie floh vor einem Ehemann, den sie nicht mehr liebte, und sie verließ einen Führer, oder versuchte das zumindest, den sie wirklich verehrte.«

Die furchtbare Spur, die Adolf Hitler in der Geschichte hinterlassen hat, wäre ohne Joseph Goebbels nicht möglich gewesen. Der eine war der Dämon, der die Emotionen des Volkes schuf, der andere der nihilistische falsche Prophet, der sie manipulierte.

Der Führerbunker war nun wirklich zur Katakombe geworden. Am späten Abend dieses 1. Mai, um 22 Uhr war der Exodus der Insassen bereits vorüber. Generalmajor Mohnke hatte seit dem Nachmittag zusammen mit seinem Stabschef, dem Oberstleutnant Klingemeier, als Militärkommandant der Reichskanzlei den Ausbruch vorbereitet, und die einzelnen Gruppen versammelten sich in den Kellerräumen des riesigen Baues an der

Voßstraße. Mochten sich auch die meisten Männer und Frauen aus der Umgebung Hitlers in den letzten Tagen an den Diskussionen um das Wann, Wie und Wo eines Selbstmordes beteiligt haben, so war nun bemerkenswert, wie viele Insassen des Bunkers am Ausbruch teilnehmen wollten; wir erwähnen hier nur die bekanntesten Namen: RSD-Chef Rattenhuber und sein Stellvertreter, Standartenführer Högl, Dr. Stumpfegger. Schwägermann, Günsche, Linge, Hewel, Baur, Vizeadmiral Voß, Kempka, die Sekretärinnen Hitlers, Frau Junge und Frau Christian, seine Diatköchin Fräulein Manzialy, Bormanns Sekretärin Fräulein Krüger, und natürlich ihr Chef; *sein* Ausbruch ist eine Geschichte für sich und bildet unser Kapitel »Der Fluchtversuch«.

Die Räume des Führerbunkers boten nun ein desolates Bild: aufgerissene Schränke, der Inhalt auf dem Boden verstreut – persönliche Utensilien der Zimmerbewohner, Papiere, Akten, Waffen, Bücher, Flaschen, Gläser . . . Und es war still, beklemmend still. Völlig menschenleer war das Betongewölbe freilich immer noch nicht; zwei Männer waren geblieben: Cheftechniker Johannes Hentschel und Telefonist Rochus Misch. Beide haben uns auch diese Stunden ausführlich geschildert. Da Hentschel als letzter den Bunker verließ, wird er die Hauptfigur des letzten Kapitels dieses Buches sein. Auch Rochus Misch spielt dort noch eine Rolle. Über die Stunden vorher berichtet er:

»Spät abends begnete ich Hentschel auf der Wendeltreppe. Er hatte in jeder Hand einen Benzinkanister. Auf meine Frage gab er mir zu verstehen, er werde bleiben, denn er könne den Dieselmotor nicht zurücklassen. Von dem Notstromaggregat im Maschinenraum hing die Frischluftzufuhr und vor allem die Wasserversorgung im Lazarett unter der Reichskanzlei ab, das völlig überfüllt war. Ich ging zurück in die Telefonzentrale. Kurz vorher war Axmann noch einmal im Bunker erschienen. Was er wollte, weiß ich nicht.« Axmann hatte das Ehepaar Goebbels gegen 19 Uhr verlassen, jedoch versprochen, er werde vor dem Doppelselbstmord noch einmal hereinschauen. Er war zu spät gekommen. Von General Mohnke erfuhr er, daß Joseph und Magda Goebbels nicht mehr lebten.

Misch: »Nun, wie ich schon sagte, hatte Goebbels mir vorgeschlagen, ich solle mich zu den Einheiten des Generals Rauch durchschlagen und mit ihnen versuchen, aus Berlin herauszukommen. Doch in dieser Stunde war ich unschlüssig. Einerseits war die Gefahr, nun dabei noch draufzugehen oder den Russen in die Hände zu fallen, sehr groß, wie sich dann ja auch zeigte. Andererseits war die Atmosphäre im Bunker wirklich grausig, wie in einem Leichenkeller. Ich wußte, daß Burgdorf und Krebs sich inzwischen umgebracht hatten . . .«

»Wann sahen Sie die beiden Generale zuletzt?«

Misch: »Nach dem Tod des Ehepaares Goebbels. Ich sah sie im Kartenzimmer sitzen; Flaschen und Gläser standen auf dem Tisch.«

Der letzte Generalstabschef des Heeres und der Chefadjutant Hitlers hatten gegenüber General Mohnke, der sich am Abend von ihnen verabschieden wollte, noch einmal ihre Absicht bekräftigt, in den Tod zu gehen. Mohnke: »Beide erklärten mir, für sie sei das nun schon der zweite verlorene Krieg; sie wollten eine Niederlage nicht noch einmal erleben und würden im Bunker bleiben, um Schluß zu machen. Der Obergruppenführer Müller, der Chef der Gestapo, saß bei Krebs und Burgdorf, schwieg jedoch in meiner Gegenwart; ich kannte ihn nicht persönlich.«

Krebs und Burgdorf entleibten sich am Abend des 1. Mai gegen 21.30 Uhr – offenbar ebenfalls nach der nun schon erprobten Doppelmethode. Die Russen identifizierten zumindest Krebs am nächsten Tag anhand des Soldbuches.

General der Infanterie, Hans Krebs, 1889 in Helmstedt geboren, hatte die letzten Jahre fast ausschließlich an der Ostfront verbracht. Er galt als fähiger Generalstäbler, aber zugleich als Opportunist. In der Generalität der Wehrmacht wurde ihm seine Freundschaft mit Bormann angekreidet. Als er am Vormittag des 1. Mai in Tempelhof mit Generaloberst Tschuikow verhandelte, hatte er seine Entscheidung, Selbstmord zu verüben, offenbar noch nicht endgültig getroffen; denn aus dem offiziellen russischen Protokoll geht hervor, daß Krebs erklärte, es sei ihm gleichgültig, ob man ihn in die Reichskanzlei zurückkehren lasse oder nicht (was gleichbedeutend mit Kriegsgefangenschaft gewesen wäre).

Wilhelm Burgdorf, ebenfalls General der Infanterie, Jahrgang 1895, aus Fürstenwalde stammend und Vater von vier Kindern, war zu einem beschränkten, immer mehr dem Alkohol zusprechenden Handlanger geworden. Als Chef des Heerespersonalamtes war er neben dem Feldmarschall Keitel einer der militärischen Ratgeber Hitlers, die des Diktators wahnwitzige Durchhalte- und Zerstörungsbefehle ohne Skrupel durchzusetzen suchten. Am 14. Oktober 1944 hatte er sich zusammen mit dem Generalleutnant Ernst Maisel dazu hergegeben, den genesenden Feldmarschall Erwin Rommel in Herrlingen bei Ulm im Auftrag Hitlers vor die Alternative »Selbstmord durch Gift oder Todesurteil durch den Volksgerichtshof wegen Beteiligung an der Verschwörung des 20. Juli« zu stellen. Rommel war überzeugt, er werde selbst dann, wenn er auf einem Gerichtsverfahren bestehen würde, Berlin nicht mehr lebend erreichen, und wählte das Gift. Um 12 Uhr waren die beiden Abgesandten des Führerhauptquartiers bei dem Feldmarschall erschienen; um 13.30 Uhr war er tot.

In der Nacht zum 1. Mai hatte Burgdorf Hitlers Chefpiloten Hans Baur gebeten, ihm einen letzten Freundesdienst zu erweisen und ihm die Kugel zu geben, »wenn es soweit ist«. Doch Baur lehnte ab. Als es dann »soweit war«, am Abend des 1. Mai, wollte der General freilich zuvor noch einem anderen, dessen Namen und Stimme jeder Radiohörer im Reich kannte, die Kugel geben – Dr. Hans Fritzsche, dem langjährigen Starkommentator des Großdeutschen Rundfunks. Der Ministerialrat saß in einem Kellerraum des Propagandaministeriums, dem er angehörte, und schrieb einen Brief an Marschall Schukow, in dem er als Zivilist, da »keine der alten Autoritäten mehr vorhanden« sei, die Kapitulation Berlins anbot. Der Dometscher Junius vom Deutschen Nachrichtenbüro und der Regierungsrat Heinersdorf sollten das Schreiben dem Generaloberst Tschuikow überbringen. Fritzsche hatte den Brief noch nicht beendet, als der angetrunkene Burgdorf gegen die verschlossene Tür hämmerte. Hereingelassen, schrie er: »Wollen Sie kapitulieren?«

»Jawohl.«

»Ich muß Sie niederschießen. Der Führer hat jede Kapitulation verboten. Es ist bis zum letzten Mann zu kämpfen!« Burgdorf hatte die Pistole gezogen und wollte seine Drohung wahrmachen. Doch ein Rundfunktechniker, der hinter ihm stand, stieß ihm den Arm hoch; der General schoß in die Decke. Er wurde hinausgeführt und wankte zurück in den Führerbunker.

Wir fragten Rochus Misch auch nach Obersturmbannführer Schädle, dem Chef des Führerbegleitkommandos.

Misch: »Das Gespräch mit Goebbels war gegen 19.00 Uhr abends. Ich ging, um meine Sachen zu packen. Dann bekam ich einen zweiten Befehl von Obersturmbannführer Schädle. Ich sollte auf meinem Posten in der Telefonzentrale bleiben. Das tat ich.

Schädle sah ich nicht wieder. Kurz nach dem Schwägermann-Zwischenfall, (der auf Seite 511 geschildert wird) kamen vier Kameraden vom FBK mit einer leeren Bahre in den Bunker herunter. Sie wollten Schädle holen und ihn bei dem bevorstehenden Ausbruch tragen. Er lehnte ab und sagte, damit wären fünf Menschen gefährdet, nicht nur einer. Schädle opferte lieber sich als seine Männer, das muß man zu seinen Gunsten sagen.«

Misch hatte Obersturmbannführer Schädle, den hinkenden Philoktet des Bunkers, zuletzt gesehen, wie er sich mit einer Krücke in Richtung Reichskanzlei schleppte und das lahme Bein nachzog. Fast sicher beging er dort Selbstmord. Misch war an seinen Vermittlungskasten zurückgekehrt.

Dort saß der Telefonist Rochus Misch am späten Abend jenes dramatischen Tages noch immer grübelnd in dem kleinen Vermittlungsraum. Er berichtete weiter: »Ich sprach von der wirklich unheimlichen, ja grausigen Atmosphäre, die nun im Bunker herrschte. Im oberen Teil lagen die sechs toten Kinder, unten Krebs und Burgdorf, draußen das Ehepaar Goebbels; der große Park war zum Leichenfeld geworden, Tote überall . . .

Noch immer surrten die Ventilatoren. Artillerieeinschläge waren nicht mehr zu hören. Vor mir lag meine Pistole, eine Walther 7,65 mm. Ich gehörte nicht zu denen, die eine Giftampulle erhalten hatten. So erschöpft und zerschlagen ich mich auch fühlte, waren meine Nerven doch aufgeputscht. Mit einigen Gläsern Kognak versuchte ich sie zu beruhigen. Wir hatten noch erhebliche Bestände an Getränken, an Kaltverpflegung und anderen Nahrungsmitteln.

Natürlich dachte ich an den Tod – aber, Schluß machen, war das der einzige Ausweg? Dann schoß mir der Gedanke durch den Kopf, daß der Bunker womöglich auch in diesen Minuten ein höchst gefährlicher Aufenthaltsort sein könnte; denn vielleicht, so überlegte ich, war die Anlage mit einem automatischen Zerstörungsmechanismus ausgestattet, die den mächtigen Betonklotz in die Luft jagte. Ich dachte an meine Frau und unsere einjährige Tochter. Seit dem 23. April, als es mir zufällig gelungen war, in Rudow anzurufen, hatte ich keine Nachricht mehr von meinen Angehörigen. Die Sorgen, die ich mir um meine Frau machte, lagen auf der Hand. Und meine Tochter – viele Kleinkinder starben damals nach schwersten Fieberzuständen an einer Infektionskrankheit, deren genaue medizinische Bezeichnung mir entfallen ist.

In einer Situation, in der man vor letzten Entscheidungen steht, ist es natürlich, wenn man für sich Bilanz zieht, sich Rechenschaft zu geben sucht. So ging es auch mir. Wie die meisten Männer meiner Generation hatte ich im Krieg grausige Dinge erlebt. Und der Dienst im Führerbegleitkommando hatte mir manchen Einblick gegeben, der nachdenklich stimmen konnte. Ich war nicht gerade das, was man damals einen ›überzeugten Nationalsozialisten‹ zu nennen pflegte, allerdings auch nicht das Gegenteil.«

»Aber mußte man nicht zumindest in der Partei und ihren Gliederungen sein, um zum Beispiel in das Führerbegleitkommando aufgenommen zu werden?«

Misch: »Keineswegs. Ich gehörte weder der Hitlerjugend noch der NSDAP an. Und ich bin nicht aus der katholischen Kirche ausgetreten. (Hitler auch nicht, d. V.) Ich stamme aus einer katholischen Familie und bin in der Nähe von Oppeln in Oberschlesien geboren.«

»Wie kamen Sie in das Führerbegleitkommando und damit zuletzt in den Führerbunker?«

Misch: »Nach einer Malerlehre wurde ich in Offenbach zum Reichsarbeitsdienst gemustert. Dort gab es auch eine Musterungsstelle der Waffen-SS. Wer sich vier Jahre verpflichtete, brauchte nicht zum Arbeitsdienst, und außerdem hatte man Aussicht auf eine spätere Staatsstellung. Als Zwanzigjähriger wurde ich 1937 aus 139 für die Waffen-SS tauglichen jungen Leuten zusammen mit elf Kameraden für die *Leibstandarte* gemustert. Kurz vor dem Ende des Polenfeldzuges, am 24. September 1939, erhielt ich in der Nähe der damaligen Festung Modlin bei Warschau einen Lungenschuß. Dort war Mohnke mein Vorgesetzter. Er wurde eines Tages gefragt, ob er jemanden für den Dienst im Führerbegleitkommando wisse, und schlug mich vor; ich wurde aufgenommen. Hitlers Adjutant Brückner stellte mich in der Führerwohnung der Alten Reichskanzlei dem ›Chef‹ vor. Nach einem halben Jahr Probezeit erhielt ich den ›gelben Ausweis‹, ein wahres ›Sesam öffne dich‹. Mein erster Auftrag führte mich nach Wien, zu Hitlers Schwester Paula. Mit Baurs Kuriermaschinen waren meine Kameraden und ich in den nächsten Jahren ständig unterwegs – ein Zigeunerleben.«

»Die Stunden, die Sie am späten Abend des 1. Mai noch im Bunker verbrachten, waren doch recht einsam. An was haben Sie damals denn gedacht?«

Misch: »Was sich in den letzten Tagen im Führerbunker abspielte, war grausig, aber zugleich auch makaber und absurd. Ich glaube, es ist kein Zufall gewesen, daß mir an jenem Abend eine Szene vor Augen stand, die sich nur mit denselben Worten charakterisieren läßt – makaber und absurd. Anfang Februar 1943 kam Hitler aus Rastenburg nach Winniza. Ein paar Tage vorher hatte die 6. Armee in Stalingrad kapituliert. Die Stimmung im Führerhauptquartier war natürlich gedrückt. Die Katastrophe an der Wolga hatte Hitler sichtbar schwer getroffen. In sich zusammengesunken, saß er an einem der ersten jener Tage in Winniza nach dem Ende einer Lagebesprechung im leeren Konferenzraum. Nur Linge war bei ihm. Ich hatte Wachdienst und stand an der Tür. Dumpf fragte er seinen Diener: ›Linge, welche Schallplatten haben Sie da?‹

›Wagner, und ein paar Operetten, mein Führer.‹

›Dann legen Sie eine Operettenplatte auf.‹

Hitler saß in seinem Sessel und starrte vor sich hin, während die Arie des Prinzen Sou-Chong, *Dein ist mein ganzes Herz,* aus Lehárs ›Land des Lächelns‹ durch den

Raum dröhnte . . . Er floh schon damals, zwei Jahre vor dem Ende, vor der Wirklichkeit.«

»Was wußten Sie am 1. Mai spät abends, als Sie sich entscheiden mußten, ob und wann Sie den Bunker verlassen wollten, über die militärische Lage in der Umgebung der Reichskanzlei und in der Zitadelle?«

Misch: »Wenig, und das nicht sicher. Wo die Russen und wo die Deutschen genau standen, ob und wo es ein Niemandsland oder überhaupt eine Frontlinie gab – das alles war mir unbekannt. Von den ausgebrochenen Kameraden wußte ich, welchen Weg sie einschlagen sollten. Aber das war eigentlich auch alles. Dennoch beschloß ich, zu verschwinden.«

Der letzte Soldat im Führerbunker, der Telefonist, hatte sich entschieden auszubrechen. Aber er war sehr müde. Vielleicht war es besser, noch zu warten und ein Weilchen zu schlafen. Und er schlief ein. Jetzt wachte im Bunker nur noch ein Zivilist: Johannes Hentschel.

Der Ausbruch

> Der Feind hat uns zum Abgrund getrieben;
> Es ziemt sich mehr, von selbst hineinzu-
> springen,
> Als abzuwarten seinen letzten Stoß.

William Shakespeare, *Julius Caesar*

Das Unternehmen war militärisch exakt geplant; doch es scheiterte in einer chaotischen Nacht.

Am Abend des 1. Mai ließ Generalmajor Wilhelm Mohnke, der Befehlshaber der »Zitadelle«, die Kommandeure der im Regierungsviertel kämpfenden Einheiten zu einer wichtigen Besprechung zusammenrufen. Sie sollte um 19 Uhr in seinem Gefechtsstand im Keller der Neuen Reichskanzlei beginnen. Doch Mohnke erschien erst gegen 20.45 Uhr, begleitet von dem Reichsjugendführer Artur Axmann und mehreren SS-Offizieren. Er kam aus dem Führerbunker.

In knappen Worten unterrichtete der Kampfkommandant die Runde über die wichtigsten Ereignisse der letzten 36 Stunden – die Hochzeit und den gemeinsamen Selbstmord des Ehepaares Hitler, die Erschießung Fegeleins, das Ende der Familie Goebbels, über den Abbruch der Verhandlungen zwischen Tschuikow und Krebs und den gescheiterten Entsatzversuch der Armee Wenck. Auch mit einem Frontwechsel der Westalliierten, so betonte Mohnke, sei nicht mehr zu rechnen.

Die Kommandeure nahmen diese für sie neuen Mitteilungen – bislang waren darüber allenfalls vage Gerüchte zu den nur wenige hundert Meter entfernten Gefechtsständen gedrungen – mit deprimiertem Schweigen entgegen. Aus ihren Mienen sprach das Gefühl, verlassen, verraten und verkauft zu sein. Für sie war dies die Stunde der bitteren Wahrheit nach den optimistischen Zwecklügen der letzten Tage, in denen das Führerhauptquartier – nicht Mohnke persönlich – immer wieder versichert hatte, die Reichshauptstadt werde von Westen freigekämpft. Noch am 29. April hieß es in der letzten Ausgabe des »Panzerbär – Kampfblatt für die Verteidiger Groß-Berlins«: ». . . haben unsere Truppen an der Elbe den Amerikanern den Rücken gekehrt, um von außen her im Angriff die Verteidiger von Berlin zu entlasten.« Nun mußten die Kommandeure ihren Soldaten sagen, daß es keinerlei Hoffnung mehr gab.

Mohnke fuhr fort: »Der Tod des Führers und die anderen, von mir erwähnten Vorgänge dürfen der Truppe nicht vor 22 Uhr bekanntgegeben werden. Es kommt alles darauf an, Panik und Chaos zu verhüten. Um 23 Uhr ist laut Befehl des Kampfkommandanten General Weidling die Verteidigung überall einzustellen. Der Einschließungsring der Roten Armee ist gruppenweise zu durchbrechen – allgemeine Richtung Neuruppin, dann weiter nach Nordwesten. Der Befehl des Kampfkommandanten regelt keine Einzelheiten. Über die Lage in den Stadtteilen läßt sich jetzt nichts sagen. Die einzelnen Gruppen müssen selbst die günstigsten Marschwege auskundschaften. Nachhuten sind nicht vorgesehen.«

Die Besprechung schloß in einer Atmosphäre allgemeiner Niedergeschlagenheit. Die Offiziere hasteten zu ihren Einheiten zurück. In dem dunklen, rauchenden Ruinenfeld rings um die Reichskanzlei herrschte Ruhe, hin und wieder durch einen kurzen Schußwechsel unterbrochen.

Fast 30 Jahre danach, im Sommer 1974, hat Generalmajor a. D. Wilhelm Mohnke uns geschildert, wie die Insassen des Führerbunkers und die Offiziere und Soldaten der Reichskanzlei-Besatzung – rund 800 Mann der *Leibstandarte Adolf Hitler* – am späten Abend des 1. Mai, ab 23 Uhr, versuchten, aus dem von Elitetruppen der Roten Armee umzingelten Regierungsviertel herauszukommen. Diese Operation, deren Erfolgsaussichten nur gering sein konnten, zerflatterte in den Nachtstunden. Die von Mohnke eingeteilten Gruppen hatten sich in kleine Trupps aufgelöst, die sich auf eigene Faust durchzuschlagen versuchten. Doch nur wenigen gelang es. Die meisten Teilnehmer gerieten in sowjetische Gefangenschaft. Die Zahl der bei dem Unternehmen Gefallenen läßt sich nicht genau feststellen; doch offenbar ist sie geringer, als bislang angenommen wurde. Einige der ausgebrochenen Bunkerinsassen verübten in dieser Nacht Selbstmord, so Bormann und Stumpfegger, oder entleibten sich am nächsten Tag, wie Botschafter Walter Hewel. Ein paar Einzelgänger vermochten unterzutauchen.

Die Recherchen zu diesem und den drei folgenden Kapiteln gestalteten sich zu der wohl erregendsten und schwierigsten Phase unserer Arbeit. Denn die Ereignisse waren so dramatisch und verwirrend, die Schilderungen darüber zuweilen so unvereinbar, daß eine präzise und umfassende Rekonstruktion des Geschehens fast unmöglich schien. Wir sind schließlich zu der Überzeugung gekommen, daß es falsch wäre, *alle* Widersprüche auflösen oder gar gegensätzliche Zeugenaussagen weglassen zu wollen. Es sind Fragen offengeblieben, die sich nicht mehr klären lassen. Denn viele unserer Gesprächspartner erlebten jene Nacht als das Chaos schlechthin.

Als wir die Zeugen befragten, kam uns immer wieder eine historische Parallele in den Sinn – die Zerstörung Trojas um 1200 vor Christi Geburt. Durch die Jahrtausende haben Griechen und Römer einige Dutzend Versionen darüber überliefert, wie »unser großer Ahnherr Aeneas den alten Anchises auf den Schultern aus den Flammen Trojas trug«. Dreißig Jahre nach der Eroberung Berlins durch die Rote Armee stießen auch wir schon auf einige höchst widersprüchliche Schilderungen dessen, was sich in der Nacht zum 2. Mai 1945 im Zentrum der Reichshauptstadt abgespielt hat. Die wichtigsten Augenzeugen stimmen auch heute in wesentlichen Punkten nicht überein. Das kann als ein ziemlich sicheres Indiz dafür gelten, daß sie weder 1945 gegenüber den argwöhnischen Vernehmungsoffizieren der Siegermächte noch drei Jahrzehnte später uns gegenüber eine bestimmte Version zu lancieren versuchten.

Die erschöpften, deprimierten und mehr oder weniger demoralisierten Männer – und ein Dutzend Frauen – aus der Reichskanzlei, Führerbefehle gewohnt, hatten ihren Führer verloren und versuchten nun, aus einem Berlin zu entkommen, das sich an vielen Stellen bis zur Unkenntlichkeit verändert hatte. Selbst in der Agonie des Regimes war dessen hierarchisches Prinzip ungebrochen, und im Führerbunker war man bis zum letzten Tag rangbewußt. Nach dem Tod Hitlers und Goebbels' war Martin Bormann der ranghöchste Mann in der Reichskanzlei – der Führer hatte ihn in seinem politischen Testament zum Parteiminister bestimmt. Und formal lag der Befehl über den geplanten Ausbruch bei ihm. Doch faktisch war er nicht die Nummer Eins, sondern die Nummer Null. Sein bisheriger Titel »Reichsleiter« wurde am Abend des 1. Mai zu einem grimmigen Wortwitz. Martin Bormann leitete nichts und niemanden mehr.

Zwar versuchte er noch den gegenteiligen Eindruck zu erwecken, doch er zählte nicht mehr. Nur seine Sekretärin Else Krüger hörte noch auf ihn. In den Ruinen Berlins werden wir einem Bormann begegnen, der den Chefpiloten Hitlers fast flehentlich bat, ihn nicht allein zu lassen, und einem Generalleutnant Baur, der dem Reichsleiter Bormann Befehle ins Gesicht schrie. Der Mann jener Stunden hieß nicht Martin Bormann, sondern Wilhelm Mohnke.

Der frühere Befehlshaber der »Zitadelle« zu den Autoren: »Nach der Auseinandersetzung, die ich am Vormittag des 1. Mai mit Bormann hatte – ich habe Ihnen den Vorgang geschildert – war er still und hielt sich mir gegenüber zurück. Am Nachmittag bereitete ich gemeinsam mit meinem Stabschef Klingemeier den Ausbruch vor. Wir legten die Marschroute, die Gruppen, die Abmarschzeiten fest, besprachen unsere Pläne auch mit Krebs und Burgdorf – beide bekräftigten mir ihre Absicht, im Führerbunker zu bleiben und dort Schluß zu machen – und unterrichteten General Weidling, mit dem wir telefonisch, und wenn die Leitungen wieder einmal zerschossen waren, durch Melder Kontakt hielten.«

Wir fragten Mohnke: »Haben Sie Ihre Planung zeitlich mit ihm abgestimmt? Weidling wollte ja am Abend des 1. Mai in Kapitualtionsverhandlungen mit dem sowjetischen Oberkommando eintreten und hat den Russen 40 Minuten nach Mitternacht durch offenen Funkspruch ein entsprechendes Ersuchen übermitteln lassen.«

Mohnke: »Mit General Weidling hatten wir abgesprochen, daß er die Kapitulation nicht vor dem 2. Mai morgens vollziehen würde, so daß wir für unseren Marsch – der Beginn des Unternehmens war für 23 Uhr festgesetzt – die ganze Nacht zur Verfügung hatten. An diese Abmachung hat Weidling sich gehalten.«

»Wie viele Gruppen hatten Sie vorgesehen?«

Mohnke: »Insgesamt zehn. Die erste übernahm ich,

die zweite General Rattenhuber, die dritte Naumann. Die Gruppen sollten die Reichskanzlei jeweils in einem zeitlichen Abstand von 20 bis 30 Minuten verlassen, den Wilhelmplatz überqueren und dann in der U-Bahnstation ›Kaiserhof‹ den U-Bahnschacht erreichen, um zunächst in östlicher Richtung bis zur Station ›Stadtmitte‹ zu marschieren. Von dort aus verlief die vorgesehene Route unter der Friedrichstraße, also nach Norden, zum Bahnhof Friedrichstraße, dann im U-Bahntunnel unter der Spree hindurch zum Stettiner Bahnhof im Wedding. Dort, so hofften wir, würden wir den russischen Ring um die ›Zitadelle‹ hinter uns gelassen haben und weiter nach Nordwesten kommen können. Im Rahmen dieses Plans sollte jede Gruppe selbständig operieren.«

»Hatten Sie einen Sammelpunkt festgelegt, an dem die Gruppen sich nach gelungenem Ausbruch hätten treffen sollen?«

Mohnke: »Ja, ein Waldgelände bei Schwerin. Aber von dort wollten wir natürlich weiter nach Schleswig-Hostein, zu Dönitz, der sein Hauptquartier in Plön aufgeschlagen hatte. In den einschlägigen Darstellungen heißt es immer wieder, wir hätten beabsichtigt, zu der im Norden Berlins von den Russen schwer bedrängten Armeegruppe Steiner zu stoßen. Das ist falsch. Was sollten wir bei Steiner? Ich wollte Dönitz, dem nunmehrigen Reichspräsidenten, die letzten in der Reichskanzlei ausgefertigten Staatsdokumente übergeben.«

»Um welche Papiere handelte es sich?«

Mohnke: »Um das Original des in den Mittagsstunden von Goebbels diktierten Schlußprotokolls, unterschrieben von ihm, Bormann, Krebs, Burgdorf und mir, und um je eine Kopie der beiden Testamente Hitlers. Am späten Nachmittag des 1. Mai war ich in das Reichskanzlei-Lazarett gegangen, um mir dort ein geeignetes Stück wasserundurchlässigen Materials zu suchen. Ich wollte die Dokumente und ein Beutelchen mit Brillanten . . .«

»Woher stammten die Juwelen?«

Mohnke: »Es waren Brillanten aus der Reichskanzlei, die zur höchsten Kriegsauszeichnung, dem Eichenlaub mit Schwertern und Brillanten zum Ritterkreuz, verliehen wurden. Die Papiere und die Edelsteine wollte ich wasserdicht verpacken, denn ich rechnete damit, daß wir eventuell durch die Spree oder andere Gewässer würden schwimmen müssen. Schließlich fand ich im Lazarett ein Stück Wachstuch und schlug die Dokumente und die Brillanten so darin ein, daß eine Art Brustbeutel entstand, den ich unter der Uniform trug.«

»Was nahmen Sie an Waffen und Ausrüstung mit, als Sie an der Spitze der ersten Gruppe die Reichskanzlei verließen?«

Mohnke: »Meine Pistole, die Maschinenpistole, etwas Munition für beide Waffen und den Stahlhelm. Das war alles. Wir mußten möglichst beweglich sein, und vor uns lag ein langer Weg.«

»Welche Chancen rechneten Sie sich aus, durch die sowjetischen Linien zu kommen?«

Mohnke: »Das war schwer zu beurteilen, da wir zu wenig über die Lage in den einzelnen Stadtteilen und auch in den U-Bahnschächten wußten. Aber ich ging davon aus, daß die nächsten 24 Stunden sehr, sehr schwer werden würden.«

Am späten Nachmittag des 1. Mai, nach Abschluß der Vorbereitungen für den Ausbruch, hatte Generalmajor Mohnke rund vierzig Offiziere der Reichskanzlei-Besatzung zur Lagebesprechung und Befehlsausgabe in einem der Kellerräume neben seinem Gefechtsstand zusammenrufen lassen. Er erläuterte die Einzelheiten der Planung und teilte mit, er habe von Hitler den Auftrag erhalten, Großadmiral Dönitz die beiden Testamente des Führers zu überbringen. Dann las er die Dokumente vor und forderte die Offiziere auf, sich den Inhalt genau einzuprägen. Schließlich ordnete er an, wenn er bei dem

Ausbruch falle, sollten die Testamentkopien von dem Stabschef, Obersturmbannführer Klingemeier, und wenn auch dieser den Tod finde, von Oberstarzt Dr. Schenck übernommen werden. (Der Professor, nach eigenem Urteil nicht unbedingt ein Waffenexperte, verursachte während der Besprechung einen Zwischenfall. Ihm fiel ein, daß seine Pistole nicht geladen war; er glaubte, dies sogleich nachholen zu müssen. Doch bevor er die Waffe gesichert hatte, löste sich ein Schuß. Das Geschoß prallte vom Betonfußboden ab; wie durch ein Wunder wurde keiner der dicht gedrängt stehenden Männer verletzt. Sie musterten den unfreiwilligen Schützen mit halb verwunderten, halb spöttischen Blicken.)

Bis in die Nacht zum 1. Mai hatte Schenck pausenlos im Notlazarett operiert und sich dann erschöpft auf sein Feldbett geworfen. Nach einem kurzen, bleiernen Schlaf sah er sich in den Morgenstunden vor eine schwere Entscheidung gestellt. Die aus allen Stadtteilen in das Kellerlabyrinth unter der Reichskanzlei hereinbrandenden Gerüchte und Schilderungen über Greueltaten der Roten Armee, über Vergewaltigungen und Morde selbst in Krankenhäusern, hatten zu der furchtbaren Überlegung geführt, ob man den Verwundeten im Reichskanzlei-Lazarett eine tödliche Injektion geben solle, bevor sie von sowjetischen Soldaten gequält und dann erschlagen oder erschossen werden konnten. Die Krankenschwestern verlangten nach Gift, um vor Vergewaltigungen in einen schnellen und schmerzlosen Tod fliehen zu können.

In dieser Atmosphäre aufgeregten Entsetzens ging Schenck schweigend durch die Reihen der Verwundeten. Er besaß nur noch wenige Ampullen Morphium-Atropin. Noch fast 30 Jahre danach, als er uns berichtete, wie er sich damals entschied, war ihm die innere Bewegung über jene Stunden anzumerken: »Nachdem bekannt geworden war, daß Hitler nicht mehr lebte, änderte sich die psychologische Situation in den Kellern der Reichskanzlei grundlegend. Nun wurde Hitlers Amtssitz nicht mehr als letzte Zuflucht, sondern als ein höchst gefährlicher Aufenthaltsort empfunden. Und dementsprechend verbreitete sich eine Stimmung des ›Rette sich, wer kann‹. Alle fürchteten die Rache der Sieger und suchten ihr zu entgehen. Nicht wenige nutzten die relative Kampfruhe des 1. Mai, um aus der Reichskanzlei zu entkommen und sich zunächst irgendwo in den Trümmern zu verbergen.

Ich weiß nicht mehr, wer mir erklärte, die Verwundeten in unserem Lazarett seien wohl ganz besonders durch Ausschreitungen der Russen gefährdet, und daher solle ich ihnen Quälereien mit einer Überdosis Morphium ersparen. Ein furchtbares Ansinnen. Ich nahm die wenigen Ampullen, die ich noch hatte, und sah mir jeden einzelnen an. Einige lagen im Sterben; ihnen konnte ich nicht mehr helfen, und sie brauchten nichts. Andere waren nach meinem ärztlichen Urteil ebenfalls nicht mehr zu retten, doch ich rechnete damit, daß ihr Ende erst am Abend oder in der Nacht kommen würde. Sie erhielten eine Spritze, die ihnen die letzten Stunden erleichterte. Und schließlich stand ich vor nicht wenigen Männern, die zwar unter heftigen Schmerzen litten, doch war ihr Zustand nicht hoffnungslos. Sie erhielten eine lindernde Injektion. Ich bin sicher, niemandem eine Überdosis gegeben zu haben.

Der Gedanke an einen Gnadentod war mir schrecklich. Mein Vorrat an Morphium-Atropin war ohnehin dafür nicht im entferntesten ausreichend. Doch selbst wenn er größer gewesen wäre, hätte ich nicht getan, was man von mir verlangte. Diese Entscheidung hat sich, abgesehen von allen ethischen Überlegungen, dann ja auch angesichts der Ereignisse des nächsten Tages als richtig erwiesen.« Wie wir noch sehen werden, verhielten sich die Sieger, als sie am 2. Mai die Reichskanzlei besetzten, gegenüber den Verwundeten, den Krankenschwestern und dem zurückgebliebenen Professor Haase, den sie schnell als einen der Ärzte Hitlers identifizierten, absolut korrekt.

Wir fragten Professor Schenck: »Wann verabschiedeten Sie sich von *Ihren* Verwundeten, die Sie operiert hatten?«

Schenck: »In den Abendstunden, kurz bevor wir aufbrachen. Ich glaube, Haase, die Schwestern, ich – wir waren alle seelisch erstarrt, durch die Strapazen, die hinter uns lagen, und durch die Ungewißheit über das, was uns nun erwartete. Mein Abschied von Haase, der wirklich vom Tode gezeichnet war und den eindringenden Russen als erster entgegentreten mußte, um ihnen das Lazarett zu übergeben, war militärisch knapp: Wir salutierten und gaben uns die Hand. Doch die innere Bewegung vermochten wir in dieser Minute beide nicht zu verbergen. Dann verließ ich diese Stätte des Grauens, in der so viele Menschen gelitten hatten und gestorben waren, obwohl wir verzweifelt um jede Chance gekämpft hatten, Leben zu retten. Ich ging in den Kellerraum, den ich mit einigen Parteiflüchtlingen hatte teilen müssen. Die Drückeberger waren emsig dabei, eigenes und herrenloses Gut zu verpacken. Ich holte aus meinem dunkelblauen Seesack, der mich durch den ganzen Krieg begleitet hatte, einen Brotbeutel, etwas Dauerverpflegung, mein Waschzeug, setzte den Stahlhelm auf und ging, die Pistole umgeschnallt und die Taschenlampe in der Hand, durch die dunklen und verwahrlosten Kellergänge zu dem von Mohnke bestimmten Sammelplatz. Es war eine der unterirdischen Garagenhallen, zwischen der Alten und der Neuen Reichskanzlei unter dem Ehrenhof, an der Seite zur Wilhelmstraße hin gelegen. Früher war dort die Feuerwehr stationiert. In einer halben Stunde sollte der Ausbruch beginnen.«

In der niedrigen Halle war die elektrische Beleuchtung

nicht mehr intakt. Pechfackeln verbreiteten ein gespenstisches, flackerndes Licht. Auch hier standen, wie in der großen Tiefgarage an der Hermann-Göring-Straße, noch lackglänzende Regierungslimousinen. (24 Stunden später waren sie von sowjetischen Offizieren requiriert.) Man hatte sie zur Seite geschoben, damit die ausbrechenden Gruppen sich aufstellen konnten.

Aus der Finsternis der Gänge tasteten sich die Soldaten und Offiziere der Reichskanzlei-Besatzung, aber auch andere Kampfgruppen der »Zitadelle«, auf den Sammelplatz: Männer – nicht wenige noch Jünglinge – in durchgeschwitzten, zerrissenen Uniformen, aus denen sie seit Tagen nicht herausgekommen waren; die Gesichter stoppelbärtig, hohlwangig, staubbedeckt, die rissigen Lippen zusammengepreßt. Schweigend, in einer Stimmung des ›Auf zum letzten Gefecht‹, doch ohne jeden Heroismus, traten sie zu diesem vielleicht gefährlichsten Einsatz an, rückten den Stahlhelm zurecht, luden die Waffen durch – ihnen war bewußt, wie gering die Chancen waren, dem Tod im Gefecht oder sowjetischer Gefangenschaft zu entgehen, doch sie wollten ihre Haut so teuer wie möglich verkaufen. Sie hatten für eine verlorene Sache gekämpft und empfanden sich nun selbst als Verlorene.

Kurz vor 23 Uhr kamen Mohnke und Klingemeier aus ihrem bisherigen Befehlsstand neben dem Lazarett zur Garagenhalle herüber. Sie traten für ein paar Minuten zu jenen Männern und Frauen, die zur engsten Umgebung Hitlers gehört hatten und nun in der ersten Ausbruchsgruppe den Fahndungskommandos der Roten Armee zu entkommen hofften: SS-Adjutant Otto Günsche, Botschafter Walter Hewel, Vizeadmiral Hans-Erich Voß, Hitlers Sekretärinnen Gertud Junge und Gerda Christian, seine Diätköchin Constanze Manzialy (die den Ausbruch nicht überleben sollte) und Bormanns Sekretärin Else Krüger. Schon halb resignierend, hatte des Führers ehemaliger Sekretär, der mit der dritten Gruppe ausbrechen wollte, ihr beim Abschied aufmunternd gesagt: »Gut, Krügerchen, wir wollen es versuchen; aber die Chancen stehen schlecht . . .«

Mohnke erteilte letzte Instruktionen. Schenck wies er an, sich um die Frauen zu kümmern, die sich Uniformjacken, Hosen und derbe Stiefel angezogen hatten. Es war Punkt 23 Uhr, als die Spitzengruppe – rund 20 Mann und die vier Frauen – sich auf ein kurzes Kommando Mohnkes zum Verlassen der Reichskanzlei formierte. Der General gab den Befehl, die Kellerfenster zu öffnen, und kletterte als erster etwa unterhalb des Führerbalkons auf den mit Trümmerbrocken übersäten Bürgersteig der Wilhelmstraße. Nach einem Zeichen, das er Klingemeier gab, folgte der Stabschef. Der Aufbruch ins Ungewisse begann. In dem Schicksalsjahr 1933 führte Adolf Hitlers Weg an die Macht »vom Kaiserhof zur Reichskanzlei« – diesen Titel hatte Propagandaminister Jospeh Goebbels der höchst willkürlichen Chronologie und Deutung jener Ereignisse gegeben, die er 1934 als Buch erscheinen ließ. Im Schicksalsjahr 1945, nach der ruhmlosen Flucht des Führers vom Parkett der Weltgeschichte, mußten die Gefolgsleute, die er verlassen hatte, diesen Weg in umgekehrter Richtung zurücklegen – von der Reichskanzlei zum Kaiserhof, hinunter in den U-Bahnhof neben den Trümmern des Hotels. Die Geschichte schreibt mitunter ihre eigenen ironischen Glossen, noch während sie geschieht.

Über den von geschwärzten Ruinen gesäumten Wilhelmplatz, den mehrere Brände rötlich-fahl erhellten, trieben Rauchschwaden. Mohnke und Klingemeier verharrten zunächst an der über und über mit Einschlaglöchern bedeckten Seitenfassade der Reichskanzlei. Als sie sahen, daß der Platz wie ausgestorben und der Weg zum U-Bahneingang frei war, bedeuteten sie den nacheinander aus dem Keller kletternden Männern, ihnen zu folgen. In Trupps von acht bis zehn Mann rannte die

Spitzengruppe die rund 120 Meter hinüber. Zwar fielen ständig Schüsse, doch galten sie nicht den Ausbrechenden; die Russen hatten den Beginn der Operation nicht bemerkt.

Die Treppe des U-Bahneingangs war durch Artillerietreffer schwer beschädigt. Vorsichtig tasteten sich die Trupps in eine vollkommene Finsternis hinunter. Die Taschenlampe wagte niemand zu benutzen. Es war still. Minuten später entstand die erste psychologisch kritische Situation. Hätte auch nur einer die Nerven verloren – ein Blutbad wäre wahrscheinlich gewesen. Die Gruppe schlich zum Zugang des Bahnsteigs. Zunächst bemerkten die Männer ein verändertes Fluidum, dann vernahmen sie leise Geräusche. Einige Meter vor ihnen, das spürten sie, stand eine Menschenmauer – Rotarmisten? War dies eine Falle? Sie blieben mit klopfendem Puls stehen, regungslos, die Maschinenpistolen in der Hand. Schließlich überwand einer die Erstarrung, die in diesen Sekunden alle befallen hatte, und griff zur Taschenlampe. Der schmale Lichtstrahl glitt über die verängstigen Mienen von Zivilisten, die vor dem Trommelfeuer der sowjetischen Artillerie, vor Straßenkämpfen und Bestialitäten in den U-Bahnhof geflüchtet waren, um hier das Ende des Infernos abzuwarten – viele Frauen mit Kindern, Verletzte, Sterbende.

Erleichtert atmeten die Berliner auf, als sie deutsche Uniformen sahen. Kurze, hastige Fragen:

»Wir dachten, jetzt ist es soweit, nun ist der Iwan da. Habt ihr oben Russen gesehen?«

»Nein. Und ihr?«

»Hier unten waren sie auch noch nicht.«

»Wir müssen weiter.«

Der dunkle Bahnsteig war überfüllt. Die Trupps der Gruppe Mohnke sprangen auf das Gleisbett, rückten auf, formierten sich zum Marsch in Richtung Station »Stadtmitte«.

Die erste Phase der Operation »Ausbruch« war planmäßig verlaufen. Ob die folgenden Gruppen freilich in den befohlenen Zeitabständen die Reichskanzlei verlassen konnte, war für den General und seinen Stabschef nicht sicher; zur zweiten Gruppe, die RSD-Chef Rattenhuber führte, hatten sie keine Verbindung; Funkgeräte fehlten. Auch über die Lage in der gut 1500 Meter langen Tunnelstrecke bis zum Bahnhof Friedrichstraße, dem ersten Zwischenziel, waren sie nur vage informiert – die letzten Meldungen hatten besagt, dort sei der Gegner offenbar noch nicht eingedrungen. Doch kannten Mohnke und Klingemeier die Taktik der Russen, durch die U-Bahnschächte und das Kanalisationssystem Kampfgruppen hinter die deutschen Linien zu schleusen, um die Stellungen der Verteidiger in deren Rücken aufzubrechen, gut genug. Mehrfach war es während der letzten Tage in den finsteren Tunnels zu wilden, verlustreichen Gefechten, zu chaotischen Situationen gekommen, in denen schließlich nahezu jeder auf jeden schoß, weil in der Dunkelheit Freund und Feind nicht mehr auseinanderzuhalten waren. Die beiden Führer des Ausbruchs waren sich also des Risikos, das sie mit dem Marsch durch die U-Bahnschächte eingingen, vollauf bewußt. Einen Durchbruchsversuch im Straßenkampf freilich hatten sie, sicher zu Recht, für noch gefährlicher gehalten.

»Taschenlampen aus!« Der Befehl Mohnkes wurde nach hinten durchgegeben. Der Marsch auf dem Schotter begann. Doch schon wenige Meter nach dem Ende des Bahnsteigs zerfiel die Kolonne in der totalen Finsternis wieder in kleine Trupps. Zu zweit, zu dritt, zu viert versuchten die Männer, die Verbindung nach vorn zu halten und innerhalb der Gleise zu bleiben, um nicht an die Stromschienen, an Tunnelwände und Kabel zu geraten. Die Spitze bildeten Mohnke, Klingemeier, Günsche, die vier Frauen und der Arzt. Immer wieder blieben sie stehen, um mit allen Sinnen die Situation auf den nächsten Metern zu erspüren, Geräusche zu identifizieren und die Nachfolgenden aufrücken zu lassen. Schenck: »Jeden Augenblick waren wir darauf gefaßt, das ›Stoi‹ der Russen zu hören. Dann hätte für uns sicher das letzte Gefecht begonnen. Ständig befürchtete ich, die Frauen zu verlieren, die hinter mir gingen. Schon im ersten Tunnelabschnitt zeigte sich, daß es in der Dunkelheit fast unmöglich war, den Zusammenhalt zu wahren. Etwa um Mitternacht tauchten wir an der Station ›Stadtmitte‹, einem Umsteigebahnhof, aus dem U-Bahnschacht auf. Wieder glaubten die Berliner, die dort ebenfalls zu Hunderten Zuflucht gesucht hatten, im ersten Augenblick, wir seien ein russischer Spähtrupp. Auf den Bahnsteigen war es nicht ganz so dunkel wie zuvor in der Station ›Kaiserhof‹ Ich sehe noch heute die Ärzte vor mir, die in einem U-Bahnwagen bei Kerzenlicht die zahlreichen Verwundeten versorgten – sie waren so erschöpft wie ich im Reichskanzlei-Lazarett.« (Chef dieser Ärztegruppe war der Oberarzt Dr. Zimmermann. Er hatte den provisorischen Verbandsplatz eingerichtet, als die Einheiten der SS-Panzergrenadierdivision *Nordland*, der er angehörte, in den Unterabschnitt »Stadtmitte« einrückten. Wie gering übrigens der Schutz war, den die U-Bahnhöfe wirklich boten, hatte sich am 27. April gezeigt, als bei einem Artillerievolltreffer auf den Gefechtsstand der Division *Nordland*, der sich in der Station »Stadtmitte« befand, fünfzehn Soldaten zum Teil schwer verwundet wurden. Wie an vielen Stellen in den Schächten, hatte auch hier eine Granate die Decke glatt durchschlagen.)

Noch einmal formierten die Trupps der Gruppe Mohnke sich im Bahnhof »Stadtmitte« zur Kolonne, um ihren Marsch nun in nördlicher Richtung, unter der Friedrichstraße, die der Gegner schon erreicht hatte, fortzusetzen. Wieder begann das Schleichen und Vorwärtstasten, wenngleich die Sinne sich nun etwas an die

Finsternis gewöhnten. Dennoch – nach gut 250 Metern, an der dunklen und verlassenen Station »Französische Straße«, war der Zusammenhalt endgültig verlorengegangen. Die Gruppe war auf etwa sieben Männer und die vier Frauen zusammengeschmolzen, kam dadurch freilich auch schneller voran. Mohnke und Klingemeier verzichteten darauf, den Kontakt zu den folgenden Trupps zu halten.

Unterdessen hatte die sowjetische Artillerie wieder begonnen, Ziele in der »Zitadelle« unter Feuer zu nehmen. Nach jedem Abschuß bebte in dem U-Bahntunnel das Gleisbett, erzitterten die Wände. Hatten die Russen den Ausbruch bemerkt, und versuchten sie nun, durch eine erneute Kanonade der Reichskanzlei die dort befehlsgemäß noch Wartenden in das Kellerlabyrinth zu treiben? Jeder in der Gruppe Mohnke vermutete das (zu Unrecht); und allen war klar, daß sie nun, direkt unter dem Einschließungsring um das Regierungsviertel, von Minute zu Minute damit rechnen mußten, beschossen zu werden – von vorn und von oben, durch die Entlüftungsschächte und die Löcher in der Tunneldecke.

In der Tat wurde dem Generalmajor Mohnke und seiner Gruppe in der Nacht zum 2. Mai 1945, gegen 1 Uhr, im U-Bahnschacht unter der Friedrichstraße der Weg verlegt – doch nicht von Rotarmisten, sondern von Deutschen. Mohnke zu den Autoren: »Auf Russen waren wir gefaßt; auf die BVG, die Berliner Verkehrsbetriebe, allerdings nicht. Wir hatten den U-Bahnhof Friedrichstraße passiert und waren etwa hundert Meter vom Bahnsteigende entfernt, als wir auf ein großes eisernes Schott stießen, das den gesamten Tunnel hermetisch abschloß. Davor standen, von Zivilisten umringt, zwei uniformierte BVG-Bedienstete, Taschenlampen in der Hand. Natürlich forderten wir sie auf, das Ding für uns – und selbstverständlich auch für die Zivilisten, die ebenfalls in nördlicher Richtung durch den Schacht laufen wollten – zu öffnen; doch sie weigerten sich kategorisch und beriefen sich auf Anordnungen der U-Bahnbetriebsleitung. Mit großem Pflichteifer erklärten sie uns, das Schott werde jeden Abend, nachdem der letzte Zug durchgefahren sei, geschlossen, um den Tunnel vor Wassereinbrüchen aus Bomben- oder Granatlöchern in der Decke zu sichern – wir befanden uns direkt unter der Spree. Zwar sei der Zugbetrieb ja jetzt eingestellt, aber sie hätten eben ihre Anweisungen, denen sie folgen müßten. Es war nichts zu machen.«

»Aber, Herr Mohnke, für Sie und Ihre Kameraden war es doch in jener Nacht fast eine Frage des Überlebens, ob Sie im U-Bahnschacht weitermarschieren konnten oder sich durch die russischen Linien schlagen mußten. Warum haben Sie die beiden BVG-Leute nicht kurzerhand gezwungen, das Schott zu öffnen, oder das selbst getan?«

Mohnke: »Natürlich ist das eine naheliegende Überlegung. Vielleicht wären wir tatsächlich durchgekommen, wenn wir unsere ursprüngliche Marschroute hätten einhalten können. In der Gefangenschaft habe ich mich später selbst manchmal gefragt, was uns damals eigentlich veranlaßt hat, vor dem geschlossenen Tunnelschott einfach umzukehren. Eine rationale Erklärung kann ich Ihnen dafür nicht geben. Als Soldaten waren wir gewohnt, in den Kategorien von Befehl und Gehorsam zu denken; in diesem Fall lautete die Dienstanweisung – wenn auch ›nur‹ die der BVG –, das Schott habe nachts geschlossen zu bleiben; und danach richteten wir uns. Natürlich, wenn ich heute darüber nachdenke, wundere ich mich auch, aber ebenso verwunderlich, oder besser gesagt, bemerkenswert finde ich das Pflichtgefühl dieser beiden BVG-Beamten, die sogar in den chaotischen letzten Tagen und Nächten an diesem Schott auf Posten standen, laut Anweisung vom soundsovielten . . . Es war wohl auch dieses Pflichtbewußtsein, das wir mit unserem Entschluß umzukehren, respektierten.«

»Herr Mohnke, an dieser Stelle möchten wir eine kurze Zwischenfrage stellen, die nicht direkt mit dem Ausbruch, wohl aber mit den U-Bahnschächten zu tun hat. Es ist immer wieder behauptet worden, Hitler habe an einem der letzten Tage die Flutung der U-Bahntunnel befohlen, um den Russen das Einsickern in das Regierungsviertel unmöglich zu machen, und dabei bewußt die Gefährdung der zahllosen Zivilisten und Verwundeten in den Schächten in Kauf genommen. Als Befehlshaber des Verteidigungsabschnitts ›Zitadelle‹ müßte Ihnen ein derartiger Befehl, wenn es ihn überhaupt gab, gewiß bekanntgeworden sein.«

Mohnke: »Ich kann Ihnen auf das bestimmteste versichern, daß es einen solchen Befehl nicht gab. Zwar hat Bormann um den 24. April – ob auf Weisung Hitlers, weiß ich nicht – in der Tat von Experten der BVG untersuchen lassen, ob die U-Bahntunnel zu dem von Ihnen erwähnten Zweck geflutet werden könnten. Dabei stellte sich jedoch heraus, daß eine solche Flutung schon allein aus technischen Gründen sinnlos gewesen wäre, da der Wasserstand maximal nur einen Meter betragen hätte. Hinzu kam die Gefahr für die Zivilisten und die Verwundeten. Aus diesen Gründen wurde die Sache nicht weiter verfolgt. Soweit ich weiß, ist damals in Berlin nicht ein einziger U-Bahnschacht aus militärischen Gründen unter Wasser gesetzt worden. Und bezeichnenderweise haben die Russen später bei den Vernehmungen dieses Thema auch sehr schnell fallen gelassen; sie glaubten selbst nicht an die Existenz eines solchen Führerbefehls.

Gewiß standen zum Schluß einige Streckenabschnitte unter Wasser; aber das war entweder die Folge von Beschädigungen an den Decken, und zwar dort, wo der betreffende Tunnel unter der Spree, dem Landwehrkanal oder einer anderen Wasserstraße verlief, oder es handelte sich um Grundwasser, das sich gesammelt hatte, nachdem die Pumpen ausgefallen waren.«

»Sind Sie bei Ihrem Marsch durch die U-Bahnschächte auf Wasser gestoßen?«

Mohnke: »Nein. Die Strecke, die wir im Tunnel zurücklegten, war trocken, und zwar auch dort, wo er im Zuge der Friedrichstraße die Spree unterquert. Nun, nachdem wir dem eisernen Pflichtbewußtsein der beiden BVG-Beamten begegnet waren, pirschten wir zurück zum U-Bahnhof Friedrichstraße, erkundeten dort mit größter Vorsicht, ob der Aufstieg frei war, und ob oben keine Gefahr drohte, und schlichen dann die Treppe zum zerschossenen Stadtbahnhof hinauf. Von dort aus wollte ich mir zunächst einmal einen Überblick über die Lage verschaffen. Irgendwie mußten wir ja nun die Spree *über*queren, nachdem der Versuch, sie zu *unter*queren, an einer Tücke des Schicksals gescheitert war. Daß die Russen die Friedrichstraße jenseits der Weidendammbrücke – dort markierte eine Panzersperre die nördliche Grenze der ›Zitadelle‹ – abgeriegelt hatten, lag auf der Hand und ergab sich aus der Logik der militärischen Situation. Also mußten wir uns einen anderen Übergang suchen und fanden ihn auch. Links vom Bahnhof Friedrichstraße führte ein nicht einmal zwei Meter breiter, eiserner Laufsteg über die Spree. Die Treppenaufgänge wie der Steg selbst waren durch Stacheldrahthindernisse versperrt. Wir räumten sie beiseite und liefen geduckt hinüber. Feindlichen Scharfschützen hätte die lange Reihe der Silhouetten wohl ein ideales Ziel geboten; doch nichts geschah. Wir hatten keine Verluste.«

Der fahle Widerschein der Brände gab dem dunklen Wasser der Spree, das ein leichter Wind kräuselte, eine rötliche Färbung. Hüben wie drüben waren die halb verschütteten Straßen verlassen und still. Die sowjetische Artillerie schoß nur vereinzelt. Auf dem jenseitigen Ufer liefen Mohnke und seine Männer die eiserne Treppe hinunter und suchten in dem Keller einer Ruine am

Schiffbauerdamm Deckung. Es war gegen 2 Uhr früh.

Auf einem kaum mehr als mannsbreiten, vielfach gewundenen Pfad durchquerte die Gruppe Mohnke in der nächsten Stunde die Trümmerwüste zwischen der Spree und der Invalidenstraße. Der Weg führte durch Kellerfluchten, in deren Zwischenmauern Pioniere Passagen gebrochen hatten, als die Kämpfe begannen, über Hinterhöfe, durch halbzerstörte Wohnungen. Wieder schraken die verängstigten Menschen, die bei Kerzenlicht in den Luftschutzkellern hockten, zunächst zusammen und atmeten erleichtert auf, als sie sahen, daß es Deutsche waren, die durch dieses Labyrinth aus Schutt und Ruinen zogen. Noch hatten die Russen das Viertel nicht besetzt – ausgenommen die Charité. (In die einst weltberühmte Krankenhausstadt, die nun zu zwei Dritteln in Trümmern lag, waren die ersten Rotarmisten am frühen Abend des 1. Mai eingedrungen. Der Chirurg Professor Ferdinand Sauerbruch, als Generalarzt der Wehrmacht zugleich Militärkommandant der Charité, und seine Oberärzte hatten zwar alles unternommen, um Ausschreitungen zu verhindern; doch selbst den sowjetischen Offizieren gelang es kaum noch, ihre Mannschaften zu zügeln: Die Jagd auf Schwestern und Patientinnen begann. Das Inferno jener Tage in den Kliniken, Operationsbunkern und Wirtschaftsgebäuden zu beschreiben, wäre ein eigenes Buch wert. Am 2. Mai rückte die Rote Armee mit Mann und Roß und Wagen in die Charité ein. In kürzester Zeit glich das gesamte Gelände des Krankenhauses einem mittelalterlichen Heerlager: Feldgeschütze, Panjewagen, Biwakfeuer, grölende Soldaten, in den Kellergängen und in den verwüsteten Anlagen Leichen über Leichen. In den nächsten Tagen bemühten sich hohe sowjetische Militärärzte – nicht wenige, wie der Sauerbruch-Schüler Professor Wisniewski aus Moskau, waren einst in der Charité ausgebildet worden – nach Kräften, die ärgste Not zu lindern.)

Gegenüber dem halbzerstörten Naturkundemuseum erreichte die Gruppe Mohnke, der sich auf dem Marsch durch das Trümmerviertel zahlreiche Versprengte angeschlossen hatten, die Invalidenstraße. Sie lag unter Beschuß. Als die Gruppe am Bahnhof Friedrichstraße den U-Bahnhoftunnel verlassen hatte, war die Lage im Stadtzentrum noch relativ ruhig gewesen. Doch kurz nach 2 Uhr flammten die Kämpfe erneut auf. Die sowjetische Artillerie nahm die Friedrichstraße, die Weidendammbrücke und die angrenzenden Uferstreifen der Spree unter schweres Feuer. Die Erde erbebte unter pausenlosen Einschlägen. Aus allen Richtungen tasteten sich Scheinwerfer in den Nachthimmel, signalisierten unzählige Leuchtkugeln die Entschlossenheit der Sieger, noch einmal alles einzusetzen, um auch den letzten Widerstand niederzukämpfen und Verzweiflungsangriffe zurückzuschlagen.

Jede Möglichkeit zur Deckung nutzend, wurden Mohnke und seine Gefährten auf der von brennenden Ruinen gesäumten Invalidenstraße indirekte Augen- und Ohrenzeugen jenes Blutbades, das sich in der Nacht zum 2. Mai zwischen 2 und 4 Uhr, wenige Stunden vor der Kapitulation der Reichshauptstadt, an der Weidendammbrücke ereignete: Einzelne Kampfgruppen der Verteidiger – und in ihrer Mitte Bormann, Baur, Naumann, Axmann, Kempka, und andere Teilnehmer des Ausbruchs aus der Reichskanzlei – versuchten mit Panzerunterstützung, über die Spree nach Norden zu entkommen. Die Russen schossen sie gnadenlos zusammen. Wir schildern das Drama im nächsten Kapitel.

Vorsichtig nach allen Seiten sichernd, erreichte die Gruppe Mohnke die Chausseestraße – die große, durch den Wedding führende Ausfallstraße nach Nordwesten – und rückte an der linken Häuserfront entlang bis zur 400 Meter entfernten Maikäferkaserne vor, die einst, im Kaiserreich, das Gardefüsilierregiment beherbergt hatte. Vor dem Hauptportal war die Straße durch eine jener Ziegelsteinbarrikaden blockiert, hinter denen ausgemergelte Volkssturmmänner – sie waren längst verschwunden – den Elitetruppen der Roten Armee den Weg in die »Zitadelle« verlegen sollten. Nun, am Ende der Berliner Tragödie, erwies sich diese Straßensperre für die letzten Prätorianer des untergehenden Reiches als Hindernis, aus der brennenden Hauptstadt zu entkommen; denn fünfzig Meter hinter der Barrikade stand ein sowjetischer T-34, der sogleich drohend seinen Geschützturm drehte, als Mohnke, Klingemeier, Günsche und drei Mann seitlich an der Mauer vorbeiliefen, um den Panzer im Nahkampf zu erledigen. Der Versuch mißlang, da panzerbrechende Waffen und die nötigen Handgranaten fehlten. Es blieb nur ein neuerlicher Rückzug übrig.

Um eine andere Marschroute nach Nordwesten auszukundschaften, ging die Gruppe zunächst auf der Chausseestraße zurück und näherte sich wieder der unmittelbaren Kampfzone an der Spree. Das heftige Gefecht auf der Weidendammbrücke dauerte an; das massierte Artilleriefeuer der Russen zwang zu äußerster Vorsicht. In diesen Minuten, kurz vor 3 Uhr, fiel Generalmajor Jürgen Ziegler, der kurz zuvor auf Betreiben des Kampfkommandanten General Weidling wegen angeblicher Führungsmängel als Kommandeur der SS-Freiwilligendivision *Nordland* abgelöst worden war, einem Feuerüberfall zum Opfer. Schenck: »General Ziegler, der sich unserer Gruppe schon in der Reichskanzlei angeschlossen hatte, ging nur wenige Meter vor mir. Er wurde von einer Granate zerrissen und war auf der Stelle tot. Wir mußten ihn liegenlassen. Er war grauenvoll verstümmelt.«

Die nervlichen und körperlichen Strapazen der letzten Stunden, das Artilleriefeuer, Brände, die gespenstische nächtliche Trümmerlandschaft, dazu der Zweifel, ob es noch gelingen werde, aus der offenbar zernierten Innenstadt herauszukommen – all das hatte nicht nur die vier

Frauen, sondern auch die Männer so erschöpft, daß sie beschlossen, zunächst einen geeigneten Platz zu suchen, um für eine Stunde Atem zu schöpfen. In der Nähe des Stettiner Bahnhofs kletterten sie in ein Ruinengelände, das ringsum vor Feindeinsicht schützte. Brennendes Dachgebälk, das heruntergestürzt war, verbreitete ein wenig Wärme; die Männer nährten das Feuer durch herumliegende Bretter. Jeweils einer hielt Wache. Die übrigen setzten sich auf den schuttbedeckten Erdboden und versuchten, ein paar Bissen Konservenfleisch und Dauerbrot aus den Eisernen Rationen hinunterzuwürgen, doch es fiel jedem schwer. Die Kehlen waren ausgedörrt. Der quälende Durst blieb; es gab nichts zu trinken. Alle streckten die zerschlagenen, schmerzenden Glieder vorsichtig aus. Zum Umfallen müde, vermochten sie dennoch vor Überanstrengung und Kälte nicht zu schlafen. In dünnen, verdreckten und zerschlissenen Sommeruniformen, die in der feuchten Nachtluft klamm wurden, lagen sie da, mit staub- und rußverschmierten Gesichtern, die Augen vor Übermüdung rotgerändert, die zerschundenen Hände unter dem Kopf verschränkt, und starrten deprimiert in die Ruinen, deren Silhouetten sich allmählich abhoben, als die Dunkelheit langsam der Vordämmerung wich. Der nächtliche Gefechtslärm war inzwischen verstummt. Rauchschwaden trieben über die Trümmer. Über dem verwüsteten, eroberten Berlin zog ein fahler Morgen herauf. 2. Mai 1945. Für die Männer um Mohnke war es der letzte Morgen in Freiheit für fast elf Jahre.

Gegen 7 Uhr brach die Gruppe auf. Schnell zeigte sich, daß die Ruinen ringsum auch anderen Trupps als nächtliche Zuflucht gedient hatten – Schicksalsgefährten, genauso erschöpft und ohne Hoffnung, aber zugleich ebenfalls willens, auch eine kleine Chance zu nutzen, um der russischen Gefangenschaft zu entgehen. Sobald die Männer sich als Deutsche erkannt hatten, gesellten sie sich zueinander, und so entstand eine lange Kolonne von Soldaten aller Dienstgrade, Truppenteile und Waffengattungen, die zwar kein direktes Ziel hatte, wohl aber eine allgemeine Marschrichtung einhielt: Nach Nordwesten, heraus aus der Mausefalle Berlin, zur Armeegruppe Steiner oder dem, was davon noch übriggeblieben sein mochte. Niemand wußte genau, wo noch deutsche Einheiten standen, und welches Gebiet die Rote Armee inzwischen besetzt hatte. Auch die in den frühen Morgenstunden von General Weidling erklärte Kapitulation Berlins und der darauf basierende offzielle Waffenstillstand waren noch nicht bekannt.

An den Häuserfassaden entlang ging die Kolonne zunächst zum schwer beschädigten Stettiner Bahnhof, dann durch die Bernauer zur Brunnenstraße, deren Häuser die Kämpfe erstaunlich gut überstanden hatten. Da nun schon seit Stunden nicht mehr geschossen wurde, wagten die Menschen sich aus den Luftschutzkellern vor die Haustüren – Frauen und Mädchen, Großeltern, Kinder. Wie reagierten die Einwohner im einst »roten« Wedding auf die SS-Uniformen der Gruppe Mohnke? Wir fragten den General. Seine Antwort: »Sie meinen, mit Flüchen und Verwünschungen, mit Drohungen oder gar Tätlichkeiten gegen uns? Nichts von alledem, auch nciht mit hämischen Bemerkungen. Die Männer, die da vorüberzogen, die Knarre umgehängt, Rucksack auf dem Buckel, Stahlhelm am Koppel, waren erschöpft, besiegt, und gingen einem sehr ungewissen Schicksal entgegen. Wenn ich die äußerlich erkennbaren Gefühle definieren soll, mit denen die Menschen insbesondere in den Arbeitervierteln uns damals begegneten, so muß ich sagen, das war Hilfsbereitschaft, Mitgefühl und eine praktisch bewiesene Solidarität. Sie hatten selbst fast nichts mehr, und das wenige teilten sie noch mit den Soldaten – Brot, ein paar Zigaretten, und Wasser, damals eine Kostbarkeit. Das Elend des Kriegsendes in Berlin . . . Aus jenen trostlosen Tagen und Wochen wird mir die Standhaftigkeit, der Opfermut, das ausgeprägte Pflichtbewußtsein und eben die Hilfsbereitschaft der Berliner in allen Teilen der Stadt unvergeßlich bleiben. Was haben diese Menschen geleistet, und was haben sie ertragen.«

Inmitten der langen Kolonne zog die Gruppe Mohnke durch die Brunnenstraße zum Humboldthain, wo der Zug sich auflöste. In dem Park sammelten sich die Soldaten nach Waffengattungen und Einheiten. Vor dem riesigen, mit Kanonen bestückten Flakbunker standen einige Tigerpanzer, Sturmgeschütze, und mit Maschinengewehren bewaffnete Mannschaftstransportwagen. Daneben warteten mehrere Herreskompanien, die offenbar noch gut in Form waren, auf neue Befehle. Die Szene erinnerte fast an ein Manöver: Strahlender Sonnenschein, Gewehrpyramiden, Verpflegungsausgabe, keine Anzeichen von Mutlosigkeit. Die Männer um Mohnke waren verblüfft und schöpften neue Hoffnung.

Kommandeur dieser Kampfgruppe war der 27jährige Generalmajor Erich Bärenfänger, Träger des Eichenlaubs mit Schwertern zum Ritterkreuz, ein sehr tapferer Soldat. Er hatte in den sechs Kriegsjahren als Infanterieoffizier in der vordersten Linie gekämpft, galt als schneidig und war zweifellos einer jener tragischen jungen Idealisten, die bis in die letzten Tage an den Führer glaubten. Am 23. April soll Hitler den Oberstleutnant für einige Stunden zum Kampfkommandanten Berlins ernannt und zugleich zum Generalmajor befördert haben; General a. D. Mohnke bestreitet die Ernennung zum Kampfkommandanten. Dann war Bärenfänger Befehlshaber der Verteidigungsabschnitte A und B gewesen und hatte mehrfach durch seine Weigerung, von anderen Generalen Befehle entgegenzunehmen, zum Wirrwarr beigetragen, der innerhalb der deutschen Führung herrschte.

Bärenfänger stand vor einem Tigerpanzer und ließ alle Generale und Einheitsführer, die sich im Humboldthain aufhielten, auch Mohnke und Klingemeier, durch Melder zu einer Lagebesprechung bitten. Über Karten Berlins gebeugt, von Offizieren und Soldaten umringt, beratschlagten die Kommandeure, was nun zu tun sei. Zuverlässige Nachrichten über die militärische Situation in der näheren und weiteren Umgebung fehlten; und so kreiste das Gespräch um die Frage, ob man aufs Geratewohl einen Durchbruch nach Norden versuchen oder hier und jetzt die Waffen vernichten und aufgeben solle. Nach erregter Debatte wurde beschlossen: »Wir setzen den Kampf nicht fort. Es hat keinen Sinn mehr.« Die Mannschaften erhielten den Befehl, die Panzer und Geschütze funktionsunfähig zu machen und die Handwaffen zu vernichten. Wer eine Pistole trug, sollte sie behalten.

Ohne Hast begannen die Männer die Kabel aus den Motoren der Panzer und Fahrzeuge zu reißen, die Schlagbolzen aus den Geschützen zu ziehen und die Verschlüsse zu demolieren. Die Gewehrläufe zerschlugen sie an den Kantsteinen, die Handgranaten schleuderten sie gegen die Bunkerwand. Sie taten es nicht ohne Grimm, denn ein Soldat trennt sich nur höchst ungern von seinen Waffen. Nachdem nun klar war, daß es jetzt nicht mehr um das Kämpfen, sondern nur noch ums Überleben ging, stellte sich sogleich die Frage, wo und wie. Der Flakbunker schied von vornherein als Zufluchtsort aus, da jedem der Gedanke, die Russen in diesem Betonklotz mit den schmalen Türen und den winzigen, schießschartenähnlichen Fenstern erwarten zu müssen, unerträglich war. Wer statt dessen auf den Gedanken kam, eine nahegelegene Brauerei sei als Unterschlupf besser geeignet, haben wir nicht mehr feststellen können. Auch Generalmajor a. D. Wilhelm Mohnke vermochte uns diese Frage nicht mehr zu beantworten: »Soweit ich mich erinnere, ergab sich das aus der Situation. Es war klar, daß wir im Humboldthain nicht bleiben konnten, denn die Russen hätten den Park von allen Seiten einsehen können, und das hat man als Soldat nicht so gern.«

»Herr Mohnke, einige Teilnehmer des Ausbruchs, zum Beispiel Chefpilot Hans Baur, haben berichtet, die Brauerei sei schon in der Reichskanzlei als erster Sammelplatz festgelegt worden.«

Mohnke: »Aber nein, jedenfalls nicht in dem von Klingemeier und mir vorbereiteten Plan.«

»War die engere Gruppe Mohnke, also diejenigen, die mit Ihnen zusammen die Reichskanzlei verließen, am Humboldthain noch beisammen?«

Mohnke: »Ja, auch Botschafter Walter Hewel, der ja keinen militärischen oder SS-Rang hatte, und die vier Frauen. Sie kamen mit in die Brauerei.«

Die Gruppe Mohnke gehörte fast zu den Nachzüglern der langen Kolonne, die sich am Mittag des 2. Mai gegen 12 Uhr vom Humboldthain durch die Brunnenstraße zum S-Bahnhof Gesundbrunnen und von dort durch die Badstraße zur Schultheiß-Patzenhofer-Brauerei in der Prinzenallee bewegte. Von dem Gefühl erfüllt, den Siegern nun auf Gnade und Ungnade ausgeliefert zu sein, folgten die Soldaten langsam und ungeordnet dem Vordermann.

Die kaum beschädigten Gebäude der Brauerei, zu denen ein mehrgeschossiger Bunkertrakt gehörte, umschlossen einen geräumigen Hof, auf dem sich die Mannschaften sogleich ziemlich unbekümmert in die wärmende Frühjahrssonne setzten und der Dinge harrten, die nun irgendwann kommen mußten. Je höher der militärische Rang, desto größer die Privilegien – in allen Armeen gilt dieses Prinzip. Es verkehrt sich freilich ins direkte Gegenteil, wenn man den Krieg nicht gewonnen, sondern verloren hat – auch dies eine historische Erfahrung, vielfach belegt.

In der Brauerei an der Prinzenallee zeigte sich das,

indem die Offiziere, je höher ihr Rang war, sich desto mehr bestrebt zeigten, die weitere Entwicklung zunächst lieber im Innern der Gebäude abzuwarten.

Wie die Soldaten, hatten auch zahlreiche Zivilisten in dem Gebäudekomplex Schutz gesucht – viele verzweifelt, apathisch, manche hysterisch. Die Frauen waren in der Hoffnung gekommen, hier vor Vergewaltigungen sicher zu sein. Es dauerte freilich nicht lange, bis die allgemeine Auflösung begann. In manchen Räumen ging es bald lärmend zu; dort wurde getrunken. In anderen Zimmern blieb es still; dort wurde geliebt. Und in einem Seitenflügel, der notdürftig als Lazarett hergerichtet worden war, wurde gelitten; weinend lief ein Mann durch die Gänge und rief: »Sie sterben wie die Fliegen. Ist denn kein Arzt da?« (Ein unglücklicher Zufall wollte es, daß Professor Schenck, der sich mit der Gruppe Mohnke in das unterste Kellergeschoß zurückgezogen hatte, von der Existenz dieses Notlazaretts erst am Abend, nach der Gefangennahme durch die Russen erfuhr.)

Noch einmal beratschlagten Generale und höhere Offiziere – nun jedoch nur noch über die Frage, ob man versuchen solle, mit den Russen eine ehrenvolle Übergabe und die Einhaltung der Genfer Konvention auszuhandeln. Die Besprechung endete damit, daß der Oberst Clausen, als Parlamentär gekennzeichnet, zum zuständigen sowjetischen Befehlshaber entsandt wurde. Mohnke: »Im übrigen haben wir unseren Soldaten den Tod Hitlers mitgeteilt . . .«

»Haben Sie den Selbstmord erwähnt?«

Mohnke: ». . . nein. Wir hatten uns auf die Version verständigt, Hitler sei gefallen. Manche Frauen, die das hörten, begannen zu schluchzen. Andere gebärdeten sich fanatisch, beschimpften die Männer als Feiglinge und forderten sie auf, draußen weiterzukämpfen. Wir erklärten den Eid auf den Führer für erloschen und empfahlen den Soldaten, jede Möglichkeit zu nutzen, um unterzutauchen, am besten in Zivil.«

»Was geschah mit den vier Frauen?«

Mohnke: »Ein Feldwebel bot sich an, sie aus Berlin herauszubringen. Das gelang, frelich nicht ohne Zwischenfälle. Nur Fräulein Manzialy, die Diätköchin Hitlers, wurde von den drei Sekretärinnen getrennt und ist seitdem verschollen. Fräulein Krüger hatte ich die Dokumente und den Beutel mit den Brillanten übergeben, die ich aus der Reichskanzlei mitgenommen hatte, und sie gebeten, beides in Lübeck bei einer von mir genannten Adresse zu deponieren. Dort hat sie sich dann auch Monate später gemeldet, aber ohne Papiere und Edelsteine. Wo die Dokumente und die Juwelen abgeblieben sind, weiß ich nicht. Es würde mich schon interessieren.«

Der Generalmajor Wilhelm Mohnke, Befehlshaber der »Zitadelle«, brach am Abend des 1. Mai 1945 als erster Offizier aus dem halb zerstörten Amtssitz des Führers aus. Der Oberscharführer Rochus Misch, Telefonist im Führerbunker, verließ die Reichskanzlei am frühen Morgen des 2. Mai als letzter Soldat. Seine Schilderung soll dieses Kapitel beschließen:

»Nachdem ich in der Nacht ziemlich lange grübelnd vor dem Vermittlungsschrank gesessen hatte und dann eingeschlafen war, machte ich mich schließlich, von Hentschel geweckt mit Pistole und Taschenlampe bewaffnet, auf den Weg. In den Kellergängen unter der Neuen Reichskanzlei traf ich niemanden mehr an. Unterhalb des Führerbalkons kletterte ich aus einem Kellerfenster auf den Bürgersteig der Wilhelmstraße. Verblüfft sah ich, daß die Morgendämmerung schon angebrochen war. Ringsum brannten noch immer die Ruinen. Ich rannte über den ausgestorbenen Wilhelmplatz zum völlig zerschossenen Eingang des U-Bahnhofes ›Kaiserhof‹. In dem finsteren U-Bahntunnel marschierte ich zunächst zur Station ›Stadtmitte‹ und dann in nördlicher Richtung zum U-Bahnhof Friedrichstraße. Dort stieß ich auf Linge, meine Kameraden aus dem Führerbegleitkommando Helmut Frick und Karl Weichelt und einige Fallschirmjäger. Gemeinsam gingen wir weiter. Unter der Spree kamen wir an das Tunnelschott, vor dem General Mohnke mit seiner Gruppe umgekehrt war. Inzwischen hatte irgend jemand es um etwa 50 Zentimeter geöffnet. Wir zwängten uns hindurch und marschierten weiter. An der Station ›Stettiner Bahnhof‹ hörten wir durch einen Lüftungsschacht deutsche Laute. In dem Glauben, wir hätten den russischen Einschließungsring um die Zitadelle unterquert und die Truppen von General Rauch erreicht, kletterten wir nach oben. Eine Minute später waren wir von Rotarmisten umringt. Die Wortfetzen, die wir gehört hatten, stammten von deutschen Gefangenen. Linge wollte sich in diesem Augenblick erschießen. Ich rief ihm zu: ›Mach keinen Unsinn, dann sollen die Russen uns umlegen . . .‹ und stieß ihm den Arm hoch. Wir wurden abgeführt.«

Lesen und weitergeben!

Der Panzerbär

29. April 1945

KAMPFBLATT FÜR DIE VERTEIDIGER GROSS-BERLINS

Heroisches Ringen
Bei Tag und Nacht neue Eingreifkräfte herangeführt

Der Kampf um den Stadtkern entbrannt
Entlastungsangriffe laufen

Aus dem Führerhauptquartier, 28. April.
Das Oberkommando der Wehrmacht gibt bekannt:
In dem heroischen Kampf der Stadt Berlin kommt noch einmal vor aller Welt der Schicksalskampf des deutschen Volkes gegen den Bolschewismus zum Ausdruck.

Während in einem in der Geschichte einmaligen grandiosen Ringen die Hauptstadt verteidigt wird, haben unsere Truppen an der Elbe den Amerikanern den Rücken gekehrt, um von außen her im Angriff die Verteidiger von Berlin zu entlasten.

In dem inneren Verteidigungsring ist der Feind von Norden her in Charlottenburg und von Süden her über das Tempelhofer Feld eingedrungen. Am Halleschen Tor und am Alexanderplatz hat der Kampf um den Stadtkern begonnen. Die Ost-West-Achse liegt unter schwerem Feuer.

Fliegende Verbände unterstützen die Kämpfe unter aufopferndem Einsatz der Besatzungen. Trotz stärkster Jagd- und Flakabwehr wurden bei Tag und Nacht Eingreifreserven gelandet und Munition abgeworfen. Unsere Jagd- und Schlachtfliegerverbände vernichteten in den letzten vier Tagen 143 Flugzeuge, 58 Panzer und über 300 Fahrzeuge.

Im Raum südlich Königs Wusterhausen setzten Divisionen der 9. Armee ihre Angriffe nach Nordwesten fort und erwarteten sich während des ganzen Tages konzentrischer Angriffe der Sowjets gegen die Flanken. Die vom Westen angesetzten Divisionen warfen den Feind in erbitterten Ringen auf breiter Front zurück und haben Ferch erreicht.

Westlich Berlin wurde die Linie Brandenburg - Rathenau — Kremmen gegen die feindlichen Angriffe behauptet.

Im Raume von Prenzlau warfen die Sowjets neue Panzer- und Infanterieverbände in den Kampf und erwarteten unter starkem Schlachtfliegereinsatz tiefe Einbrüche.

Im nordwestdeutschen Raum kam es gestern nur zu örtlichen Kämpfen. In Bremen hält der Kampfkommandant mit dem Rest der tapferen Besatzung den Nordostteil der Stadt.

An der Donau brach der Feind in Regensburg und Ingolstadt ein. Zwischen Dillingen und Ulm setzten die Amerikaner ihren Vorstoß nach Süden fort. Kämpfe in Mindel und im Guenztal im Gange.

Die Armeen in Italien setzten sich hinter dem Po und Tessin ab.

Während die Sowjets im Südabschnitt der Ostfront sich auf starke örtliche Vorstöße beschränkten, setzten sie ihre Angriffe im Raume Brünn mit starken Kräften fort und konnten trotz zäher Gegenwehr der Besatzung in die Stadt eindringen.

Nordwestlich Bautzen, wo bei Meißen die Verbindung mit der Westfront an der Elbe hergestellt

Der längere Atem

Seit fünfeinhalb Jahren lodert die Fackel des Krieges in Europa. Ihr verzehrendes Feuer hat nach Polen ganz Europa, nach diesem Erdteil schließlich noch zwei weitere erfaßt, Asien und Amerika.

Deutschland mußte einerseits die Ketten abzustreifen versuchen, die ihm in Versailles auferlegt waren und ihm jede Lebensmöglichkeit nahmen. Es hat dies seit 1933 in dem denkbar engsten Rahmen getan und peinlichst vermieden, dabei den Kreis der unmittelbar betroffenen Gebiete, d. h. die deutsche Lebens- und Interessenzone zu überschreiten.

Wenn unsere Feinde behaupten, Deutschland habe eigennützige Machtziele verfolgt und die Unabhängigkeit und Freiheit der kleinen Nationen bedroht, so haben England und Amerika sehr bald durch ihr Verhalten bewiesen, daß ihnen in Wirklichkeit nur nichts an der Freiheit dieser kleinen Nationen gelegen ist, sondern daß sie selbst bereit waren und sind, diese an Stalin zu verkaufen, d. h. wurde, sind unsere Truppen zum Angriff nach Norden angetreten.

Sicherungsfahrzeuge der Kriegsmarine versenkten östlich Gotenhafen ein sowjetisches Schnellboot und schossen ein weiteres in Brand.

Schwächere amerikanische Kampfverbände führten am Tage Angriffe gegen Orte in Süddeutschland. In der Nacht herrschte über den Reichsgebiet nur geringe feindliche Kampftätigkeit.

Kleinstunterseeboote verrichten an dem stark bewachten feindlichen Nachschubverkehr zwischen Themse und Schelde zwei vollbeladene Schiffe mit 3000 BRT. sie für ihre eigenen imperialistischen Ziele auszubeuten.

Mehr noch! Während die von Deutschland besetzten Feindländer durchaus auskömmlich leben konnten, zum Teil sogar einen fühlbaren wirtschaftlichen und sozialen Aufschwung nahmen, setzen die „befreiten" Bundesgenossen unter der Hungersnot, Desorganisation und Ausbeutung durch die Engländer und Amerikaner. Besonders groß aber sind die Leiden der Neutralen und jener Völker, die sich den jüdisch-plutokratischen und bolschewistischen Drahtziehern auf Gedeih und Verderb unterwarfen.

Ihr hätte es durch den Verrat klug geworden, dem es 1918 zum Opfer fiel. Es weiß, daß alle Versprechungen der Feindseite nichts anderes bedeuten als den Versuch, unser Volk wiederum völlig wehrlos zu machen und es damit der wirtschaftlichen Ausbeutung, persönlichen Versklavung und volkischen Vernichtung auszuliefern.

Zu verlieren haben wir nichts mehr. Wir haben alles verloren und würden durch Kapitulation um selbst, unsere Zukunft, Frau und Kind preisgeben. Wohl aber haben wir die Chance, uns zu behaupten und einst dann Existenz, Familienleben und unseren sozialen Staat wieder aufzubauen, in dem wir die eigenen noch größeren Wohlstand erreichen werden, als wir ihn vor diesem Kriege bereits genießen konnten.

Dies ist ein fernes, aber ein reales Ziel. Wir wollen es stets vor Augen behalten. Wenn die Gegenwart heute Anforderungen an uns stellt, die uns fast unerträglich erscheinen können, wenn unser Herz unter Wunden schlägt, aus denen das Blut unserer Besten fließt. In Berlin, in den rauchenden Ruinen der Reichshauptstadt

---

Das einzige und letzte Blatt einer großen Zeitungsstadt

382

Der Fluchtversuch

»Martin Bormann ist in der Nacht zum 2. Mai 1945 zwischen ein und drei Uhr auf der Eisenbahnbrücke der Invalidenstraße in Berlin wenige Stunden nach seinem Komplizen Hitler gestorben.«

Mit dieser Erklärung hat der hessische Generalstaatsanwalt Dr. Horst Gauf am 11. April 1973 auf einer Pressekonferenz in Frankfurt/Main das Ergebnis zwölfjähriger Ermittlungen der von ihm geleiteten Behörde über das Schicksal des wegen millionenfachen Mordes gesuchten früheren NS-Reichsleiters bekanntgegeben. Die entscheidenden Beweise für den Tod Bormanns ergaben zwei Skelettfunde am 7. und 8. Dezember 1972 auf dem Gelände des früheren Landesausstellungsparks in der Nähe des Lehrter Bahnhofs. Eingehende Untersuchungen durch Gerichtsmediziner, Zahnärzte und Anthropologen ergaben, daß es sich um die sterblichen Überreste Bormanns und des letzten Hitler-Begleitarztes Dr. Ludwig Stumpfegger handelte. An beiden Schädeln wurden zwischen den Zähnen Glassplitter von Blausäureampullen gefunden.
Die Ermittlungsakte »Bormann« (AZ: O JS 11/61) ist geschlossen. (Zitat nach der »Frankfurter Allgemeinen« vom 12. 4. 1973).

Die Leichen waren unversehrt.

In den frühen Morgenstunden des 2. Mai, noch vor Anbruch der Dämmerung, stand der Reichsjugendführer Arthur Axmann mit seinem Adjutanten Günter Weltzin auf der über die Gleise des Lehrter Bahnhofs führenden Brücke der Invalidenstraße vor zwei regungslosen Körpern. Der eine maß fast zwei Meter, der andere war etwa 30 Zentimeter kleiner. Die Gesichter waren im fahlen Mondlicht gut zu erkennen. Lebenszeichen ließen sich nicht mehr feststellen.

Axmann identifizierte die beiden Toten als den Chef der Parteikanzlei, Martin Bormann, und den SS-Standartenführer Dr. Ludwig Stumpfegger. Sie trugen noch ihre Uniformen, jedoch ohne Rangabzeichen. Der Reichsjugendführer hatte Hitlers mächtigen Sekretär und den letzten Führerbegleitarzt gut gekannt.

Im vorigen Kapitel haben wir den Ausbruch der Gruppe Mohnke beschrieben. Als wir den General einige Wochen vor dem Abschluß unserer Arbeit am Manuskript aufsuchten und ihn baten, eventuelle Irrtümer zu korrigieren, schilderte er uns sein letztes Gespräch mit Bormann am Abend des 1. Mai. Es war bezeichnend genug. Mohnke, kurz und bündig: »Herr Reichsleiter, wo wollen Sie mit?« Bormann, fast unterwürfig: »Ich möchte mich Naumanns Gruppe anschließen.« Dies war der letzte Dialog zwischen einem Truppenführer, der wußte, daß es nun ums Ganze ging, und wissen wollte, woran er war, und einem vor kurzem noch mächtigen Paladin, der nun nur noch das Bild eines schwindenden Schattens bot, bis zu seinem Ende am frühen Morgen des 2. Mai 1945.

Drei Jahrzehnte hindurch war Arthur Axmann, der ebenfalls mit der Gruppe Naumann ausgebrochen war, der Kronzeuge für den Tod Bormanns – und das mit gutem Grund: Er kannte die Physiognomie des NS-Reichsleiters genau genug, um ihn identifizieren zu können; und er hatte sich bei den Verhören durch die alliierten Geheimdienstoffiziere als glaubwürdig erwiesen. Seine Schilderungen, Orts- und Zeitangaben waren präzise und fast immer zutreffend. Er, der geborene Berliner aus dem Wedding, zählte zu den wenigen Teilnehmern des Ausbruchs, die sich auch in der Trümmerwüste Berlin – viele markante Gebäude waren verschwunden oder zu unkenntlichen Ruinen geworden – genau zu orientieren vermochten. Handfest und hellwach, wußte Axmann stets, in welcher Straße er sich befand, und registrierte exakt, was er sah. Wenn die Welt Ende 1945 bereit gewesen wäre, seinen Bericht über das Ende Martin Bormanns zu akzeptieren, wäre der internationalen Öffentichkeit (und der bundesdeutschen Justiz) die trübe Flut dubioser Geschichten über einen nach Südamerika entkommenen und dort einen geruhsamen Lebensabend verbringenden Ex-Reichskanzler erspart geblieben.

In seinem Standardwerk »Hitlers letzte Tage« schrieb der britische Historiker Trevor-Roper über den Beginn des Ausbruchsunternehmens: »In der ersten Gruppe waren Mohnke, Günsche, Hewel, Admiral Voß, Hitlers Flugzeugführer Baur, die drei Sekretärinnen und die Köchin. Die anderen folgten in Abständen, in vier oder fünf weiteren Gruppen. Bormann war in einer der mittleren Gruppen . . .«[*] Unsere Leser wissen aus dem vorigen Kapitel, inwieweit diese Darstellung ungenau ist; Baur zum Beispiel gehörte nicht zur ersten, sondern zur dritten, von Naumann geführten Gruppe. Dieses Faktum ist für unseren Bericht über die letzten Stunden Bormanns überaus wichtig; denn es war alles andere als zufällig.

Bormann verwahrte am 1. Mai das Original des von Hitler in der Nacht zum 29. April verfaßten privaten Testaments; er hatte es in seinen Uniformrock eingenäht.

---

[*] H. R. Trevor-Roper, *Hitlers letzte Tage*, S. 204

(Im Bunker trug der NS-Reichsleiter zum Schluß die Uniform eines SS-Obergruppenführers; vor dem Beginn des Ausbruchs oder während des gefährlichen Unternehmens soll er jedoch eine weniger auffällige Uniform angezogen haben.)

Kein Zweifel – der Reichsleiter Bormann wollte sich nach Plön zu Dönitz durchschlagen. Er hatte von Hitler einen entsprechenden Auftrag erhalten und dem Großadmiral daher am Morgen des 1. Mai in dem schon an anderer Stelle zitierten Funktelegramm angekündigt: »Ich werde so schnell als möglich zu Ihnen kommen...« Der stets kalkulierende Führer-Sekretär, wie kein anderer NS-Paladin in die Geheimnisse Hitlers eingeweiht, wußte genau, daß er in Wahrheit nur eine Chance hatte, Schleswig-Holstein zu erreichen: auf dem Luftweg, geflogen von Chefpilot Baur. Also mußten beide den großen Luftwaffenstützpunkt Rechlin in Mecklenburg erreichen, denn dort standen noch Maschinen zur Vergügung, und die Rote Armee war noch nicht bis in die Umgebung des Flugplatzes vorgedrungen.

In seinem letzten Gespräch mit Hitler am 29. April hatte Baur dem Führer noch einmal angeboten, ihn über Rechlin herauszufliegen; denn dort seien nicht nur viermotorige *Condor*, sondern auch Langstreckenflugzeuge vom Typ *Junkers-390* flugbereit. Das hatte sich auch am nächsten Tag, dem 1. Mai, nicht geändert.

Also hätte auch Bormann nicht nur Schleswig-Hostein, sondern auch einen anderen Kontinent erreichen können. Das Problem war, aus Berlin herauszukommen.

Baur hat aus seiner Absicht, nach Rechlin zu gelangen, nie ein Hehl gemacht. Er folgte dem natürlichen Wunsch des Piloten, zu seinen Flugzeugen zu kommen. In den letzten Wochen war er nicht selbst geflogen; doch während der grüblerischen Stunden im Bunker hatte er sich mit der Gewißheit getröstet, daß sich in Rechlin nicht nur die Langstreckenmaschinen, sondern auch die

Navigationskarten befanden, die für einen Flug Hitlers (oder Bormanns) nach Grönland, nach Jerusalem, nach Madagaskar oder Mandschukuo notwendig waren. Diese Ziele hatte er Hitler vorgeschlagen; er selbst hätte Mandschukuo bevorzugt.

Martin Bormann war der »geborene Überlebende«, und er war ein Feigling – in diesem Urteil stimmen fast alle Zeugen überein. Als er sich für die dritte Ausbruchsgruppe unter Naumann entschied, tat er das aus mehreren Gründen. Natürlich befürchtete er, die erste und die zweite Gruppe würden in einen Hinterhalt der Russen geraten und aufgerieben werden. Und die letzten der insgesamt zehn Gruppen, auch das war Bormann klar, liefen Gefahr, nicht mehr aus der Reichskanzlei herauszukommen, nachdem die Sowjets das Ausbruchunternehmen bemerkt haben würden; vieles sprach dafür, daß es ihnen nicht verborgen bleiben würde.

Und dann die Fluchtgefährten, denen Bormann sich anschloß – der für ihn wichtigste war natürlich der draufgängerische Pilot Baur; dann der Hüne Stumpfegger, der Arzt, der ihn nicht nur im Fall einer Verwundung versorgen, sondern ihn auch irgendwo in einen schützenden Keller schleppen konnte; und schließlich Dr. Werner Naumann, der bisherige Goebbels-Staatssekretär, den Hitler in seinem Politischen Testament zum künftigen Propagandaminister bestimmt hatte. Es mochte sich eine Situation entwickeln, in der der Superbürokrat Bormann den Bürokraten Naumann brauchte – etwa zur Bestätigung seines Anspruchs, einer neuen Reichsregierung anzugehören.

Analysiert man Bormanns Kalkül, so ist das, was er tat, logisch und einleuchtend: Er befolgte penibel die letzten Anweisungen, die er von Hitler erhalten hatte. Das gilt auch für Baur. Ihm hatte Hitler befohlen, den Reichsleiter aus Berlin herauszufliegen: »Es ist sehr wichtig, daß Bormann Dönitz erreicht; er hat eine Anzahl wichtiger

Aufträge von mir, die dem Großadmiral übermittelt werden sollen . . .« Es war klar, daß dies *nach* dem Tod und der Verbrennung Hitlers geschehen sollte. Der Führer kannte seinen Sekretär wahrscheinlich besser als jeder andere; und zweifellos war ihm klar, daß dieser Mann das Gegenteil eines typischen Märtyrers war. Hitlers Wunsch, Bormann unter den Überlebenden zu wissen, beruhte nicht auf Freundschaft oder Humanität, sondern, wie bei ihm üblich, auf äußerst egoistischen Motiven. Alle Augenzeugen der letzten Tage im Bunker stimmen darin überein, daß der Führer jedenfalls die »Nachfolge-Probleme« mit kühler, wenn auch absurder Rationalität behandelte. Seine beiden sorgfältig konzipierten Testamente sind ein überzeugender Beweis dafür.

Berlin und das zusammenbrechende Reich auf dem Luftweg zu verlassen, wenn das Ende bevorstehen würde – schon seit Monaten hatten die NS-Paladine über Fluchtpläne diskutiert. Wir sprachen darüber mit Albert Speer. Freimütig bekannte er uns: »Auch ich habe das damals mit meinen Freunden in der Luftwaffe, zum Beispiel mit General Adolf Galland, erörtert. Grönland wäre ein mögliches Ziel gewesen. Ich hatte sogar zusätzliche Tanks in meine *Condor*-Maschine einbauen lassen.

Mancher von uns hatte sich damals durch einen Abenteuerfilm inspirieren lassen, der immer wieder bei den Abendgesellschaften in der Reichskanzlei gezeigt worden war: *SOS Eisberg* mit Ernst Udet, dem bekannten Flieger und späteren Generalluftzeugmeister, der 1941 Selbstmord beging.

Aber sehr schnell kam ich zu der Überzeugung, daß die erste Pflicht eines Reichsministers nur darin bestehe, das sinkende deutsche Schiff nicht zu verlassen. Zudem waren hohe Heeres- und Luftwaffenoffiziere Anfang April übereingekommen, die NS-Führer an einer feigen Flucht aus der Verantwortung für die nationale Katastrophe zu hindern. Der Name Bormann war einer der ersten auf ihrer Liste . . . Ich glaube durchaus, daß Hans Baur, jedenfalls ein exzellenter Pilot, in der Lage gewesen wäre, Hitler und ebenso Bormann noch am letzten Tag von Rechlin aus nicht nur nach Schleswig-Holstein, sondern auch ins Ausland zu fliegen – die politischen Verwicklungen, die ein solches Unternehmen zweifellos zum Scheitern verurteilt hätten, lasse ich hier bewußt außer acht. Aber technisch hätte sich das machen lassen. Hitlers Focke-Wulf-*Condor* war eine Maschine von mittlerer Reichweite; für einen Flug nach Grönland oder in den Nahen Osten hätte sie Zusatztanks benötigt.«

»Ihrem Bericht entnehme ich, daß Baur überdies in Rechlin drei einsatzbereite *Ju-390* zur Verfügung hatte – Langstrecken-Transportmaschinen, die erst als Prototyp gebaut worden waren. Ein Pilot der Luftwaffe hatte gegen Ende des Krieges eine *Ju-390* nonstop über den Pol nach Japan geflogen. Ich bin sicher, daß Baur darüber informiert war. Es mag dieser streng geheime Test gewesen sein, der ihm die fantastische Idee eingegeben hatte, mit Hitler nach Mandschukuo zu fliehen.«

»Generalleutnant a. D. Hans Baur hat uns die *Ju-390*, deren Eprobung er mehrfach auf dem Flugplatz Insterburg in der Nähe von Rastenburg beobachtet hatte, beschrieben. Es war eine sechsmotorige Maschine; jedes Triebwerk leistete 1800 PS. Die Tanks faßten 30 000 Liter und gaben dem Flugzeug eine Reichweite von 18 000 Kilometern. Die *Ju-390* wurde in den unterirdischen Betriebsstätten der Junkers-Werke in Dessau gebaut. Es war eine der bemerkenswertesten Neuentwicklungen der deutschen Luftfahrtindustrie während des Zweiten Weltkrieges.«

Am 29. April hatten, wie erwähnt, drei Kuriere den Führerbunker verlassen, um Abschriften der beiden Testamente Hitlers aus Berlin heraus und zu Dönitz, zu

Feldmarschall Schörner und nach München zu bringen: Hitlers Heeresadjutant Major Willi Johannmeier, Bormanns Gehilfe, SS-Standartenführer Wilhelm Zander, und Heinz Lorenz, DNB-Mitarbeiter und Verbindungsmann zum Propagandaministerium. Als Hitler Bormann beauftragte, sich zu Dönitz durchzuschlagen, wußte er nicht, ob die drei Abgesandten ihre Ziele erreichen würden. Sicher war, daß nicht nur der Führer, sondern auch sein Sekretär ein offenkundiges Interesse daran hatte, zumindest dem Großadmiral in Plön den authentischen Text der Dokumente zu übermitteln; denn für den Reichsleiter waren sie die Grundlage seines Anspruchs, einer neuen »Reichsregierung« anzugehören – was immer er sich darunter vorstellen mochte.

Aus Baurs Bericht wie aus der Logik der Situation in den allerletzten Tagen des Bunkers ergibt sich, daß Hitlers Chefpilot damals seine Pläne, den Führer herauszufliegen, einfach auf Bormann übertragen hat. Baur hat das indirekt bestätigt – in den Gesprächen, die wir mit ihm hatten, in Presseinterviews, die er nach seiner Entlassung aus der sowjetischen Gefangenschaft im Herbst 1955 gab, und schließlich in seinen Erinnerungen, die er 1971 veröffentlichte.

Während unserer langen Unterredung mit dem Generalleutnant a. D., in denen er uns überaus anschaulich die Vernehmungsmethoden des sowjetischen Geheimdienstes schilderte – andere Mitglieder der Reichskanzlei-Gruppe bestätigten seine Darstellung –, kamen wir immer wieder auf die seltsame Behauptung, oder genauer gesagt: Beschuldigung der Russen zurück, er habe Hitler aus Berlin herausgebracht – seltsam deshalb, weil die Sowjets alle Zeugen für den Selbstmord Hitlers in ihrem Gewahrsam hatten und genau wußten, daß er tot war. Das gilt auch für die Hartnäckigkeit, mit der die MWD-Offiziere immer wieder eine Antwort auf die Frage verlangten, ob der Reichssicherheitsdienst Hitler-Doppelgänger beschäftigt habe (es gab sie, doch Hitler hat sich, anders als Stalin, bis zum letzten Tag im Bunker nicht »doublen« lassen). Natürlich ist einer der Gründe dafür purer Stalinismus. Als der Diktator eines Nachts im Kreml Chruschtschow aufforderte, er solle den *Gopak* vortanzen, tanzte Nikita Chruschtschow den *Gopak* vor. Und als er von seinem Geheimdienst MWD verlangte, den lebenden Hitler ausfindig zu machen, konzentrierten die Vernehmungsoffiziere sich in den endlosen nächtlichen Verhören ganz auf diesen Befehl – eine kafkaeske Situation.

Die Methode, ein Mosaiksteinchen nach dem anderen zusammenzutragen, gehört in West und Ost zum erprobten Arsenal geheimdienstlicher Arbeit. Sie wird insbesondere dann angewandt, wenn ein Häftling oder Zeuge den Eindruck erweckt, zwar die Wahrheit, aber nicht die ganze Wahrheit zu sagen. Baur wurde geprügelt, immer wieder. Er trat in den Hungerstreik und wurde künstlich ernährt. Er verbrachte Monate in Einzelhaft und beneidete schließlich diejenigen Insassen des Bunkers, die damals Selbstmord verübt hatten, um den Quälereien der Russen zu entgehen. Und dann kam der Tag, an dem ihm im Verhör durch den hartnäckigsten und brutalsten Vernehmungsoffizier dieser Satz entschlüpfte, natürlich unabsichtlich: »Das ist eine Frage, die Sie meiner Ordonnanz, Feldwebel Misch, stellen müssen. Er bediente im Bunker die Telefonvermittlung.« (Misch hatte sich im Spätsommer 1945 in einem sowjetischen Lager in Polen als Ordonnanz Baurs ausgegeben, weil er hoffte, auf diese Weise mit dem beinamputierten Chefpiloten in ein »Generalssanatorium« zu kommen und ihm dort behilflich sein zu können. Beide landeten statt dessen im Moskauer Lubjanka-Gefängnis des MWD.) Es ging hier um ein Kapitel Psychologie in sowjetischer Gefangenschaft. Professor Schenck erläuterte uns das Problem: »Wir entdeckten sehr bald, daß es einerseits äußerst gefährlich sein konnte, den Russen die Unwahrheit zu sagen; andererseits war es aber häufig auch sehr unklug, ihnen die ganze Wahrheit zu enthüllen, wenn man nicht direkt danach gefragt wurde. Das unabsichtliche Ausplaudern von Details konnte manchen Kameraden in große Schwierigkeiten bringen.«

Das besonders intensive Interesse der sowjetischen Geheimdienstoffiziere an der Person des Generalleutnant Baur beruhte nach unserer Überzeugung auf der Hoffnung, seine Aussagen würden ihnen die entscheidenden Aufschlüsse nicht nur über den Tod Hitlers, sondern genauso über das Schicksal Bormanns liefern, denn die Leiche des Reichsleiters hatten sie nicht gefunden. Zwar war in den Nachkriegsjahren das öffentliche Interesse an der Frage, was aus dem Sekretär des Führers geworden sei, im Westen unendlich viel größer als in der Sowjetunion; aber die Russen haben das Problem keineswegs völlig ignoriert. Als ihre Ankläger 1946 im Nürnberger Prozeß für eine Verurteilung Bormanns *in absentia* plädierten, gaben sie damit zu erkennen, daß sie keine Klarheit über seinen Verbleib hatten. Niemand wußte zu diesem Zeitpunkt, daß seine Leiche in der Nähe des Lehrter Bahnhofs, im britischen Sektor, begraben worden war.

Theoretisch sollten die vier Mächte Berlin gemeinsam verwalten, doch *de facto* war die Stadt schon damals geteilt. Ungeklärte Fälle wie das Schicksal Bormanns führten ebenfalls nicht zu interalliierter Zusammenarbeit; die Amerikaner gingen ebenso wie die Engländer und Franzosen ihre eigenen Wege. Hin und wieder konsultierten die Westmächte einander, häufiger verzichteten sie freilich darauf. Es liegt in der Natur der Sache, daß auch die Geheimdienste befreundeter Staaten von gegenseitigem Mißtrauen erfüllt sind. Und die Russen hatten ein ideologisch-propagandistisches Interesse daran, die Leiche Bormanns nicht zu finden – nun konnten sie behaupten, er werde von den Westmächten verborgen gehalten. Die weltweite Publizität des Falles ist zu einem erheblichen Teil indirekt von den Sowjets inszeniert worden. Mitläufer und Getäuschte unter den westlichen Korrespondenten unterstützten den Kreml dabei bereitwillig.

Doch kehren wir noch einmal zu dem zurück, was Hans Baur – bei verschiedenen Gelgenheiten – zum Thema zu sagen hatte. Im Oktober 1955 erklärte er in einem Interview mit der amerikanischen Illustrierten *Life* unter anderem: »Am Abend des 29. April, es war 18 oder 19 Uhr, bat eine Ordonnanz mich und meinen Kopiloten und Adjutanten Oberst Beetz in den Führerbunker. Hitler sagte: ›Baur, ich möchte mich von Ihnen verabschieden, es ist soweit.‹ Ich versuchte, mit ihm zu argumentieren: ›Mein Führer, noch können Sie herauskommen. Sie können in einem Panzer – wir haben noch einen in der Garage – nach Westen fahren, die Brücke über die Havel ist noch frei. Und meine Flugzeuge stehen startbereit in Rechlin. Ich kann Sie fliegen, wohin Sie wollen . . .‹

Hitler schüttelte den Kopf: ›Baur, ich kann Deutschland nicht verlassen. Möglicherweise könnte ich nach Flensburg zu Dönitz fliegen oder zum Obersalzberg. Aber in etwa vierzehn Tagen würde ich wieder vor demselben Problem stehen . . .‹ Dann bedankte er sich mehrmals für meine Dienste und sagte, er habe für mich zwei letzte Aufträge: ›Sie müssen dafür sorgen, daß meine und die Leiche meiner Frau verbrannt werden, damit meine Feinde mit uns nicht tun können, was sie mit Mussolini taten. Mein zweiter Auftrag: Dönitz wird mein Nachfolger sein. Ich habe Bormann mehrere Botschaften für Dönitz übergeben. Sorgen Sie dafür, daß Bormann mit Ihren Flugzeugen in Rechlin aus Berlin heraus zu Dönitz kommt.‹«

Wirklich, nichts konnte deutlicher sein. Das war nicht der schwülstig-pathetische Hitler, der einen mörderischen Befehl gab und ihn zehn Minuten später widerrief oder auch nicht. Ruhig und bestimmt erteilte er seinem Chefpiloten die letzten Anweisungen. Hier sprach noch einmal der Machthaber Hitler, der Erfinder des *Führerbefehls*.

Den ersten, furchtbaren Auftrag konnte Baur, wie wir wissen, nicht erfüllen, weil er den genauen Zeitpunkt, zu dem das Ehepaar Hitler aus dem Leben scheiden wollte, nicht kannte und daher verpaßte. Die Ausführung des zweiten Befehls versuchte er – vergeblich. Das Vorhaben scheiterte in der chaotischen Nacht zum 2. Mai 1945.

Wir können davon ausgehen, daß Bormann bei diesem letzten Gespräch Hitlers mit Baur anwesend war und daher die willkommenen, Rettung verheißenden Worte des »Chefs« mit Erleichterung hörte; Hitler hatte ihm nicht die Rolle des Märtyrers zudiktiert, auf die er kurz zuvor Botschafter Walter Hewel verpflichtet hatte. Als Sekretär des Führers nahm er in der Regel an derartigen Unterredungen teil, und Führerbefehle wie die, die Baur nun noch erhielt, pflegte er so schnell wie möglich zu Papier zu bringen – für die Akten.

Baur tat, was er konnte, um nun jedenfalls den zweiten Auftrag Hitlers auszuführen. Nach einem letzten Händedruck – in einer für ihn charakteristischen Abschiedsgeste gegenüber einem engen Freund ergriff er die beiden Hände Baurs – meinte Hitler melancholisch: »Baur, man müßte mir auf meinen Grabstein schreiben: Er war das Opfer seiner Generale.«

Der große Schauspieler verließ die Bühne mit einem letzten bösen Wort auf den Lippen. Alle anderen Darsteller hatten ihre Rollen aufgegeben, nur Adolf Hitler (und Joseph Goebbels) nicht. Der »Chef« hatte wohl vergessen, daß er inzwischen auch seinen Piloten zum General befördert hatte.

Kurz nach dem Selbstmord Hitlers sorgte Baur für eine der letzten absurden Szenen im Bunker, als er das

Abschiedsgeschenk des Führers, Anton Graffs Porträt Friedrichs des Großen, umständlich verpackte, um es bei dem Ausbruch mitnehmen zu können. Er rollte das Bild zusammen, umwickelte es mit Leinen und schnallte es auf seinen Rucksack. Dann verbrannte er, ebenso wie andere Bunkerinsassen, die wichtigsten Akten, vernichtete von seinen eigenen Habseligkeiten, was er nicht mehr brauchte, zog Tarnzeug an und wartete auf Befehle: »Als ich marschbereit war, ging ich zu Reichsleiter Martin Bormann und stellte mich zu seiner Verfügung . . .«

Man muß sich hier vergegenwärtigen, daß diese hastigen Ausbruchsvorbereitungen am Abend des 30. April stattfanden. Ursprünglich sollte das Unternehmen beginnen, nachdem das Ehepaar Hitler verbrannt und die Asche der beiden Leichen in alle Winde zerstreut worden war. Am Abend hatten die Lagemeldungen jedoch ergeben, daß der in Aussicht genommene Fluchtweg über die Havelbrücken in Richtung Staaken nicht mehr in Frage kam. Baur: »Bormann informierte mich über die Verzögerung . . .« Es ist psychologisch einleuchtend, daß der langjährige Pilot Hitlers sich nun instinktiv auf einen neuen Chef einstellte – auf Bormann. Doch diese Unterordnung dauerte nur wenige Stunden, und sie wurzelte immer noch in Baurs Loyalität gegenüber Hitler.

An dieser Stelle wollen wir unsere Darstellung kurz unterbrechen und das Dunkel um das Ende eines Mannes aufhellen, der sich in den letzten Tagen häufig im Führerbunker aufgehalten hatte und dort auch noch nach dem Tod Hitlers angetroffen worden war; jedoch gehörte er nicht zum Kreis der ständigen Bunkerinsassen: SS-Obergruppenführer Heinrich Müller, Chef des Geheimen Staatspolizeiamtes im Reichssicherheitshauptamt. Sein Schicksal war lange ungeklärt, ebenso wie das Bormanns. Freilich erreichte er nicht dessen jahrzehntelange, posthume Publizität. Müller, einer der eiskalten Organisatoren der Massenmorde in den Konzentrationslagern, war nach 1945 wie Bormann Objekt intensiver Nachforschungen durch die Justizbehörden. In Berlin wurde sogar ein Grab geöffnet, in dem seine Gebeine vermutet worden waren, ohne Ergebnis.

Diese Ermittlungen wurden vor dem Hintergrund von Behauptungen des früheren SS-Brigadeführers Walter Schellenberg geführt, der Chef des Amtes VI (Auslandsnachrichtendienst) im Reichssicherheitshauptamt gewesen war und den Verdacht geäußert hatte, Müller sei gegen Ende des Krieges in die Dienste der Russen getreten und in den chaotischen Tagen Ende April 1945 zu ihnen übergelaufen. Schellenberg war Müllers Rivale in dem riesigen Geheimdienstapparat des NS-Regimes gewesen; das mag als Motiv eine Rolle gespielt haben. Hinzu kam, daß der Gestapo-Chef in der Tat mehrfach seine Bewunderung für das kommunistische System, dessen scheinbare innere Geschlossenheit, für die Skrupellosigkeit und Härte seiner Führer zum Ausdruck gebracht hatte; aber damit stand er unter den NS-Paladinen und den SS-Generalen nicht allein.

Wir wußten von mehreren Zeugen, daß Müller in den letzten Tagen vor dem Zusammenbruch von einem Hauptquartier aus operierte, das sich in der Nähe der Reichskanzlei befunden haben mußte. Doch wir vermuteten zunächst, es sei die Gestapo-Zentrale in der Prinz-Albrecht-Straße, nahe dem Anhalter Bahnhof, gewesen. In unseren langen Gesprächen mit Generalleutnant a. D. Hans Baur fragten wir ihn auch nach dem mutmaßlichen Ende Heinrich Müllers. Hitlers Chefpilot hielt sich, wie wir wissen, in den letzten zwei Wochen nicht ständig im Bunker auf, sondern er pendelte zwischen der provisorischen Start- und Landebahn auf der Ost-West-Achse und dem Bunker hin und her. Daher sah er sehr häufig mehr als die anderen Insassen des Führerbunkers, insbesondere auch das Kommen und Gehen der Akteure auf der kleinen, unterirdischen Bühne. Und schließlich müssen wir uns in diesem Zusammenhang an die Schilderung Professor Schencks erinnern, der uns von der grausigen Figur des Henkers berichtete – jene furchteinflößende Gestalt, die auch andere Augenzeugen gesehen haben. Wir vermuteten, daß er seine Opfer im Auftrag der Gestapo – das heißt, ihres Chefs Müller – aufknüpfte oder erschoß. Und das führte uns zu der Frage, wo dieses letzte Bollwerk des Terrors war. Baur: »Die Gestapo saß zum Schluß in dem Keller einer zerbombten Kirche mit großer Krypta, gegenüber von der Ruine des Hotels *Kaiserhof*. Von dort aus schwärmten die Gestapo-Leute aus . . . Auch Müller war dort.«

Bei diesem Gotteshaus handelte es sich um die Dreifaltigkeitskirche in der Mauerstraße. Daniel Friedrich Schleiermacher, der große evangelische Theologe, hat dort von 1809 bis 1834 gepredigt. Am 1. April 1831 hielt er einen Einsegnungsgottesdienst; unter den Konfirmanden war ein junger Mann, der vierzig Jahre später in der benachbarten Wilhelmstraße Weltgeschichte machen sollte: Otto von Bismarck.

Baur war über die Person Müllers, der in der breiten Öffentlichkeit und selbst in den oberen Rängen der NS-Hierarchie ziemlich unbekannt war, recht gut informiert. Wir fragten ihn nach seiner Ansicht über den von Schellenberg geäußerten Verdacht. Seine Antwort: »Das war ein in die Welt gesetztes Gerücht, von dem ich nicht ein einziges Wort glaube. Ich kannte Heinrich Müller wirklich lange und gut genug. 1918 waren wir beide an der Westfront als blutjunge Flieger zusammen; er war 18, ich 21. Er wurde dann Kriminalbeamter in München und später in die Gestapo übernommen.«

Nebenbei bemerkt, ein Kuriosum: Müller war nie Mitglied der NSDAP. Er galt damals bei seinen Vorgesetzten in München zwar einerseits als »Kommunistenfresser«, andererseits jedoch auch als politischer Opportunist. Vom Kriminalinspektor in der Politischen Polizei war er 1939 zum Chef der Gestapo avanciert. Müller gehörte zu den Drahtziehern, die auf Befehl Hitlers den fingierten Überfall auf den Sender Gleiwitz am Abend des 31. August 1939 inszenierten und damit einen der Vorwände für den Beginn des Polenfeldzuges lieferten.

Doch hören wir Baur weiter: »Diejenigen, die seinen Namen kannten, fürchteten ihn, obwohl er nie so mächtig gewesen ist wie Himmler oder Kaltenbrunner. Nach meiner festen Überzeugung ist Müllers Schicksal überhaupt nicht mysteriös, jedenfalls nicht bis zum Abend des 1. Mai 1945. Etwa eine Stunde vor dem festgesetzten Ausbruchstermin, kurz nach Sonnenuntergang, traf ich ihn im Erdgeschoß der Reichskanzlei; während einer Feuerpause der Russen unterhielten wir uns. Ich glaube, Müller sei herübergekommen, um sich einer der ausbrechenden Gruppen anzuschließen; aber auf meine entsprechende Frage antwortete er mir: ›Baur, mein Freund, ich bin Realist und weiß, wann das Ende gekommen ist. Ich kann mir sehr gut vorstellen, wie die Russen mit dem Chef der deutschen Gestapo umspringen würden, wenn sie ihn in die Hände bekämen; darüber mache ich mir keine Illusionen. Nein, ich bleibe hier und greife zur Pistole, wenn es soweit ist, ich denke, heute am späten Abend . . .‹ So sehr ich auch gegen dasständige Selbstmordgerede der letzten Tage war, so habe ich doch nicht versucht, ihn von seinem Vorhaben abzubringen. Er wußte mehr über die Methoden der Russen als wir alle zusammen.«

Dieser Dialog zwischen zwei alten Fliegern klingt überzeugend – auch wenn wir uns dabei nur auf Baur, nicht auf weitere Augen- oder Ohrenzeugen stützen können. Das gilt auch für die professionelle Logik, die Müller in diesem Gespräch erkennen ließ. Die Russen konnten kaum daran interessiert sein, ihn in ihre Dienste zu nehmen. Sie besaßen wahrlich genug Terrorspezialisten seines Schlages.

Es bleibt die Frage, weshalb seine Leiche nicht gefunden wurde. Als die Russen den Führerbunker am Vormittag des 2. Mai besetzten, stießen sie auf die Leichen der Generale Burgdorf und Krebs, des FBK-Chefs Schädle und anderer Offiziere, doch Müller fanden sie nicht. Jedoch ist dies nicht rätselhaft. Um Selbstmord zu verüben, wie er es Baur angekündigt hatte, und seinen Leichnam beseitigen zu lassen, brauchte der SS-Obergruppenführer nur in den Keller der Dreifaltigkeitskirche zurückzukehren; seine Gestapo-Männer wußten nach allem, was in den letzten Jahren geschehen war, sehr viel mehr darüber, wie man sich professionell einer Leiche entledigt, als Amateure wie Günsche, Linge und Kempka, die das Ehepaar Hitler verbrennen sollten.

Über die Ereignisse am Abend des 1. Mai berichtet Hans Baur weiter: »Gegen 21.30 Uhr versammelten wir uns im Keller der Neuen Reichskanzlei. Ich blieb befehlsgemäß bei Reichsleiter Bormann . . . Etwa nach einer Stunde kletterte die erste, von General Mohnke geführte Gruppe in Trupps von fünf, schs Mann durch ein Kellerfenster und ein Loch im Mauerwerk auf den Wilhelmplatz. Es fielen nur vereinzelte Schüsse, und so beschloß unsere Gruppe, zusammen auszubrechen. Wir rannten aus dem großen Hauptportal an der Voßstraße, vor dem früher die schwarzuniformierten SS-Posten gestanden hatten, heraus und rutschten zwei Minuten später die völlig zerschossene Treppe zur U-Bahn-Station ›Kaiserhof‹ hinunter. Unten war es stockdunkel. Leider hatte niemand von uns eine Taschenlampe; wie Blinde begannen wir uns auf den Gleisen vorwärts zu tasten.«

Baur und seine Gefährten hatten denselben Weg wie die von Mohnke und Rattenhuber geführten Gruppen einschlagen wollen, doch keinen Kontakt zu ihnen halten können; und so verpaßten sie auf der Station »Stadtmitte« die Abzweigung nach Norden zum Bahnhof Friedrichstraße. Sie verließen den U-Bahn-Tunnel an der

Station »Hausvogteiplatz« und stolperten erschöpft über den von brennenden Ruinen gesäumten Gendarmenmarkt, den heutigen »Platz der Akademie«, einst eine der schönsten Platzanlagen des alten Berlin.

Angeführt von Baur, Naumann, Bormann und Stumpfegger, rannte die Gruppe zur Friedrichstraße zurück und von dort über die Kreuzung »Unter den Linden« in Richtung Weidendammbrücke. Im fahlen Licht der Brände machten die Flüchtenden auf der nördlichen Seite der Brücke, etwa drei Häuserblocks entfernt, eine Panzersperre und hundert Meter weiter vorn brennende Fahrzeuge aus – dort vermuteten sie die russischen Linien. Überall lagen Leichen: deutsche Soldaten, Rotarmisten, französische und skandinavische SS-Freiwillige, Zivilisten.

In diesen Minuten wurde an der Brücke nicht infanteristisch gekämpft; doch die sowjetische Artillerie schoß Sperrfeuer. Innerhalb kurzer Zeit sollte sich die Szenerie freilich dramatisch ändern: Die Russen wurden schnell gewahr, daß einzelne deutsche Kampfgruppen versuchten, über die Weidendammbrücke aus dem zernierten Regierungsviertel herauszukommen. (Die sowjetischen Kommandeure wußten allerdings nicht, daß auch Ausbruchsgruppen aus der Reichskanzlei darunter waren.)

Aus den Schilderungen der Überlebenden geht nicht klar hervor, ob zu diesem Zeitpunkt auch die von General Rattenhuber geführte Gruppe die Spree bereits auf dem eisernen Laufsteg überquert hatte. Mohnke und seine Gefährten waren, wie wir uns erinnern, in dem Trümmergelände nördlich des Schiffbauerdamms zwar nicht Augen- wohl aber Ohrenzeugen des nun einsetzenden heftigen Gefechts geworden. Innerhalb von Minuten nahm nicht nur die sowjetische Artillerie, sondern auch russische Infanterie die Brücke und die angrenzenden Straßen mit Maschinengewehren, Granatwerfern und Panzerabwehrkanonen unter Feuer; immer wieder mußten die Deutschen in den rauchenden Ruinen ringsum Deckung suchen. Die Russen schossen auf alles, was sich bewegte. Noch verworrener wurde die Situation, als etwa eine halbe Stunde später fünf Tigerpanzer der SS-Division *Nordland* die Sperre durchbrachen und über die Brücke rumpelten. Nun schien der Weg nach Norden frei zu sein – doch nur auf einer Länge von zwei oder drei Häuserblocks. Es war noch dunkel; schweflige Rauchschwaden hielten das Mondlicht zurück. Jeder Trupp mußte auf eigene Faust operieren. Nachdem Baur über die Brücke gelaufen war, sah er Bormann, den er für kurze Zeit aus den Augen verloren hatte, erschöpft auf der Steintreppe eines zerschossenen Hauseingangs sitzen. Baur: »Es war das Eckhaus Schiffbauerdamm/Friedrichstraße, unmittelbar nördlich der Brücke. Vor ihm lag ein toter russischer Soldat.«

Bormann, der in Berlin nie wirklich zu Hause gewesen war, sich schon in der unzerstörten Reichshauptstadt nur mangelhaft ausgekannt und den Krieg fast ausschließlich in Hitlers Hauptquartieren verbracht hatte, schien in diesem Augenblick nur klar zu sein, daß er sich nun nördlich der Spree befand und daß die Gruppe, wenn sie dem Spreeufer oder der parallel dazu verlaufenden S-Bahn-Linie folgte, irgendwann das Reichstagsgebäude sehen würde. Das erklärt, wie wir glauben, warum er nicht versucht hat, sich nach Norden oder Osten durchzuschlagen. Er wollte offenkundig auf der einzigen Route bleiben, die er kannte. Es war die bei weitem gefährlichste.

Selbst für diejenigen Mitglieder der Reichskanzlei-Gruppe, denen die Metropole vertraut war, hatte sich die Berliner Innenstadt während der letzten Wochen, die sie im Bunker verbracht hatten, weitgehend zur *terra icognita* gewandelt. Markante Gebäude waren verschwunden, ganze Stadtviertel zu Trümmerfeldern geworden. Hitlers einstiger Cheffahrer Erich Kempka, der zu der

Gruppe um Naumann, Bormann und Baur gestoßen war, fand für die Situation ein plastisches Bild: »Wir bewegten uns an einst vertrauten Wänden entlang mit dem Erinnerungsvermögen von Blinden; und die Erinnerung ist oft sehr unvollkommen . . .«

Die allgemeine Marschrichtung für alle Ausbruchsgruppen war, wie wir wissen, Nordnordwest. Der direkte Weg würde durch die Friedrichstraße, die einige hundert Meter nördlich der Weidendammbrücke zur Chausseestraße wird, geführt haben. Diese Fluchtroute hatten die Russen blockiert; das war der Kern des Problems. Obwohl mit kyrillisch beschrifteten Stadtplänen ausgestattet, war es für die Rotarmisten natürlich weit schwieriger, sich in dem Gewirr der Straßen und Plätze Berlins zu orientieren, als für ihre Gegner. Die sowjetischen Kommandeure haben überdies nicht gewußt, daß die hastenden Schatten, die von einer Ruine zur nächsten liefen und immer wieder Deckung suchten, vor wenigen Stunden aus der Reichskanzlei ausgebrochen waren; hätten sie entsprechende Meldungen bekommen, so würden die Befehlshaber der Roten Armee gewiß in aller Eile Elitetruppen aufgeboten haben, um der Männer und Frauen aus der Gruppe habhaft zu werden.

Andererseits war dem sowjetischen Oberkommando jedoch bekannt, daß die in der »Zitadelle« eingeschlossenen Einheiten in dieser Nacht auf dem Marsch waren; so wurden alle Ausfallstraßen abgeriegelt. Einigen Trupps gelang es dennoch, aus dem Kessel zu entkommen, indem sie, wie die Gruppe Mohnke nördlich der Spree, auf Trampelpfaden die Trümmerfelder *zwischen* den Straßen durchquerten. In den Kellern unter den Ruinen verbargen sich noch immer zahllose Zivilisten; häufig genug halfen sie den deutschen Soldaten – und baten sie dann, weiterzuziehen. Baur: »Ein Glas Wasser schmeckte in dieser Nacht des Schreckens und der ausgedörrten Kehlen wie Champagner.«

Eine sorgfältige Analyse aller Zeugenaussagen und Schilderungen ergibt, daß die von Naumann, Baur und Bormann angeführte dritte Gruppe sich in dieser Nacht stets in der Nähe der Spree aufhielt.

Zum Schauplatz des weiteren Geschehens sollten zwei Hauptstraßen nördlich des Flusses werden: die Ziegelstraße (hier lag die von Professor Werner Haase geleitete Universitätsklinik) beginnt in der Nähe der Weidendammbrücke und führt nach Osten. Baur und seine Gefährten hielten sich in dieser Straße mindestens eine Stunde auf, ohne voranzukommen. Im Stadtbild markanter ist die andere Straße, der Schiffbauerdamm, den Bühnenenthusiasten in aller Welt durch Bertold Brechts *Theater am Schiffbauerdamm* bekannt. Diese Straße folgt dem nördlichen Spreeufer, das hier in mehreren Windungen verläuft. In einer langgeschwungenen Kurve beträgt die Entfernung von der Weidendammbrücke zum Reichstag und von dort zum Lehrter Bahnhof etwa 1,6 Kilometer. Nur die Gruppe um Bormann entschied sich schließlich für diesen Weg – ein Entschluß, der sich als falsch herausstellen sollte. Denn wie wir wissen, gelang es der Spitzengruppe General Mohnkes, die russischen Sperren in der Chausseestraße zu umgehen – freilich nicht ohne Opfer – und dann weiter nach Nordwesten in den Wedding zu marschieren. Wären Bormann und Baur dieser Route gefolgt oder gar mit Mohnke ausgebrochen, so hätten sie höchstwahrscheinlich den Flakturm am Humboldthain erreicht und sich vielleicht von pfiffigen Berliner Steppkes auf Schleichwegen aus der Stadt herauslotsen lassen können.

Doch wir wollen die Spur Bormanns weiter mit den Augen des Chefpiloten Baur verfolgen. Es war nun später als 1.30 Uhr. Die Gruppe, die die Reichskanzlei gemeinsam verlassen hatte, war nun auseinandergefallen. Nur etwa einen Häuserblock von der Weidendammbrücke entfernt saßen Bormann, Baur, Naumann und

Stumpfegger in einem Keller; es war gegen 1.45 Uhr. Baur beschloß, die Lage in der Ziegelstraße zu erkunden – das heißt, er wollte nach Osten weitermarschieren. Doch Bormann verlor in diesen Augenblicken die Nerven und rief ihm zu: »Baur, bleiben Sie hier, sonst werden Sie getroffen; ich brauche Sie noch! Sie sehen doch selbst, wie viele Verwundete hier zurückkommen!«

Baur zu den Autoren: »Ich redete auf ihn ein, es sei purer Schwachsinn, an Ort und Stelle zu bleiben, denn noch konnten wir uns im Schutz der Dunkelheit bewegen. Etwa um 2 Uhr, so erinnere ich mich, kletterten Bormann, Naumann, Stumpfegger und ich über die noch warmen Trümmer des einstigen ›Atlas‹-Hotels und liefen dann zurück zur Ziegelstraße, in der die Russen mit Maschinenpistolen schossen. Der Keller, in den wir schließlich taumelten, war überfüllt mit stöhnenden Verwundeten, zumeist Zivilisten, die durch Artilleriefeuer schreckliche Bauchverletzungen erlitten hatten. Die meisten waren Frauen, die Männer entweder sehr jung oder sehr alt.«

Etwa gegen 2.30 Uhr verließ die Gruppe den Keller wieder. Als die vier Männer an einer Mauer entlangschlichen, gerieten sie in ein Panzergefecht. Wahrscheinlich handelte es sich um eine von Hitlers Chauffeur Erich Kempka mehrfach, zuerst im Nürnberger Prozeß, beschriebene Szene: Bormann, so Kempka, sei bei der Explosion eines Panzers »weggeflogen«. (Zweifellos wurde er auf den Boden geschleudert, doch er war mit Sicherheit nicht tot.) Andere Augenzeugen berichteten, Bormann habe sich in einem Panzer befunden (sie meinten wahrscheinlich, er habe auf einem der Panzer gesessen). Das mag so gewesen sein, doch Baur hat das jedenfalls nicht gesehen.

In dem wilden Geschehen gab es mehrfach Perioden von zehn bis fünfzehn Minuten, in denen die vier wichtigsten Mitglieder der dritten Gruppe nicht zusammen waren und sich sogar aus den Augen verloren hatten. Doch auch Bormann muß erlebt haben, was Baur uns schilderte: »Ich stand direkt neben einem deutschen Panzer, als dieser zu feuern begann. Die Druckwelle schleuderte mich mit dem Gesicht nach unten auf den Boden; meine Haut war übersät mit Pulverkohlepunkten, die ich noch viele Monate hindurch in den Poren hatte.« Jeder Soldat, der sich in einer Schlacht neben einem feuernden Panzer aufgehalten hat, weiß, wie furchtbar dieser Augenblick sein kann. Nach den Schilderungen der Augenzeugen ist nicht auszuschließen, daß der Panzer, während er selbst feuerte, von einer Granate oder Rakete getroffen wurde.

Dies war die eigentliche Geburtsstunde der nach dem Krieg kolportierten Bormann-Legende. Nicht wenige Augenzeugen haben vermutet, daß es sich um den Panzer handelte, den Baur in seinem letzten Gespräch mit Hitler erwähnt hatte, und immer wieder wurde der Verdacht geäußert, der Panzer sei nach einem vorher ausgearbeiteten Plan auf das Gefechtsfeld gerollt, habe Bormann an Bord genommen und ihn aus Berlin herausgebracht – eine ganz unsinnige Version. Denn aus dem Bericht des Generalmajors Dr. Krukenberg wissen wir, daß dieser Panzer zu den fünf Kampfwagen seiner SS-Division *Nordland* gehörte, die sich um diese Zeit in nördlicher Richtung aus der »Zitadelle« zurückzogen. Überdies ist es absurd, anzunehmen, daß Bormann den lebensgefährlichen Marsch vom Führerbunker bis zur Weidendammbrücke riskiert haben würde, wenn er einen Panzer zur Verfügung gehabt hätte.

Nach diesem Intermezzo hielten Baur, Bormann, Naumann und Stumpfegger sich in dem dunklen Eingang eines halbzerstörten Mietshauses auf. Vom Hinterhof hörten sie Schüsse aus Maschinenpistolen. Wieder übernahm Baur die Rolle des Kundschafters. Er schlich die Treppe hoch, öffnete ein Fenster und sah im Flammenschein brennender Fahrzeuge mindestens 20 Rotarmisten. Sofort stürzte er zu Bormann zurück: »Sie brauchen nur noch durch die Hintertür zu kommen, dann haben sie uns. In einer Stunde wird es hell sein; wir müssen sehen, daß wir weiterkommen.«

Nun begann zwischen den vier Männern ein ebenso hektisches wie surrealistisches Palaver über die Frage, ob es noch eine Chance gäbe, sich durch Berliner *Gören* – Jungen und Mädchen, die wie wenige Erwachsene die Trümmerwüste ringsum, ihren täglichen Spielplatz kannten – aus der Stadt herausführen zu lassen. Diese Kinder fanden sich in dem Labyrinth von Gängen, die von einem Luftschutzkeller in den nächsten führten, ebenso zurecht wie in den U-Bahn-Tunnels und im Kanalisationssystem. In den letzten wirklich apokalyptischen Tagen hatten diese Jungen und Mädchen Tausende von deutschen Soldaten unter den sowjetischen Linien hindurch nach Westen geführt. Die ausgleichende Gerechtigkeit wollte es, daß Bonzen wie Bormann keine *Kellerkinder* kannten. Auch andere »Pfadfinder« standen ihm in diesen Minuten äußerster Gefahr nicht zu Diensten.

Bormann, Baur, Naumann und Stumpfegger hatten eine volle Stunde damit zugebracht, einen Fluchtweg nach Osten auszukundschaften, und beschlossen nun, an der Spree entlang nach Westen zu marschieren. Die anderen Mitglieder ihrer Gruppe hatten sie aus den Augen verloren. In Abständen von 30 Metern rannten sie die Ziegelstraße entlang, die unter heftigem Feuer lag. Baur warf sich auf den Boden und wartete, bis das Gefecht abflaute. Naumann, Bormann und Stumpfegger sah er nicht mehr.

Der Generalleutnant lag noch regungslos in Deckung, als er am Himmel die ersten Anzeichen der Morgendämmerung sah; es war etwa gegen 3.45 Uhr. Mit anderen Offizieren und Soldaten – sie gehörten nicht zur Reichskanzlei-Gruppe lief Baur nun an der Spree entlang; doch Maschinengewehrfeuer trieb die Flüchtenden zurück. Sie versuchten es erneut entlang der S-Bahn-Linie; die Russen schossen vom Reichstagsgebäude aus, von der Charité, aus den Ruinen ringsum. Am Lehrter Bahnhof rannte Baur in einen Hofeingang. Sekunden später stürzte er, von mehreren Geschossen aus einer sowjetischen Maschinenpistole getroffen, zu Boden. Er war an beiden Beinen und der Brust schwer verwundet. Auf dem Rucksack hatte er noch das Ölgemälde von Anton Graff.

Deutsche Soldaten schleppten den Verletzten, der vor Schmerzen laut schrie, in ein brennendes Haus – jetzt hätte Baur die Hilfe Stumpfeggers benötigt. Er war nicht mehr in der Lage, sich vor den Flammen zu retten, und wollte sich im letzten Augenblick mit seiner Dienstpistole erschießen; doch das Feuer griff nicht weiter um sich.

Nach vier qualvollen Stunden wurde Baur von deutschen Gefangenen, die nun auf russischen Befehl den Schauplatz des nächtlichen Gefechts aufräumten, entdeckt und zu einem Verwundeten-Sammelplatz in der Invalidenstraße geschafft. Dort fragte ein deutscher Polizist, der die Personalien aufnahm, nach seinem Namen und dem Dienstgrad. Er gab zur Antwort: »Ich bin Generalleutnant Hans Baur, Adolf Hitlers Chefpilot.«

Zwölf Jahre hindurch waren diese Worte ein Sesamöffne-dich gewesen. Doch nun, am Morgen des 2. Mai 1945 in Berlin, bewirkten sie das Gegenteil: Der deutsche Gefangene informierte unverzüglich die zuständigen sowjetischen Offiziere; kurz darauf begann für Baur das erste der unzähligen Verhöre, die er in den nächsten Jahren durchzustehen hatte.

Martin Bormann war unterdessen mit Dr. Naumann, Dr. Stumpfegger, dem Goebbels-Adjutanten Schwägermann, Axmann und dessen Adjutanten Weltzin aus einem Bombentrichter in der Nähe der Weidendammbrücke aufgebrochen. Die Gruppe, insgesamt zwölf Personen, lief zum Bahnhof Friedrichstraße zurück, kletterte dort auf die Bahngleise – Bormann riß sich dabei die Rangabzeichen von der SS-Uniform, die er trug – und rannte in Richtung Lehrter Bahnhof, der nun schon in sowjetischer Hand war. Aus den Ruinen der umliegenden Häuser wurde die Gruppe ständig beschossen.

Unmittelbar vor dem Lehrter Bahnhof überkletterten Bormann und seine Begleiter ein Eisengeländer, sprangen auf ein vorstehendes Mauerstück und von dort auf die Straße, wo sie auf eine sowjetische Feldwache stießen, die sie zunächst für Angehörige des Volkssturms hielt, jedoch wieder laufen ließ.

In diesen Minuten teilte sich die Gruppe in einzelne Trupps auf. Bormann und Stumpfegger liefen auf der Invalidenstraße in östlicher, Axmann und Weltzin in westlicher Richtung davon. Da überall gesschossen wurde, kehrten Bormann und Stumpfegger wieder zum Lehrter Bahnhof zurück. Im Straßenkampf unerfahren, erschöpft und ohne Hoffnung, durch die sowjetischen Linien zu kommen, verübten sie auf der die Bahngleise überquerenden Straßenbrücke Selbstmord, indem sie Blausäurekapseln zerbissen. Nach der Erklärung des Staatsanwalts Joachim Richter am 11. 4. 1973 hat der Kriminalinspektor Osterhuber (der einige Jahre vorher starb) den Kindern von Martin Bormann berichtet, er habe in letzter Sekunde versucht, Bormann von seinem Entschluß abzuhalten.

Es ist erstaunlich, wie hartnäckig sich die Legende vom Überleben Martin Bormanns gehalten hat, obwohl schon im Dezember 1945 ein Bericht über seinen Tod vorlag, der in seinen wesentlichen Punkten auch heute noch unangefochten ist: Der Fluchtbericht des letzten Reichsjugendführers Artur Axmann. Aber 1945 wollte man Axmann einfach nicht glauben, vielleicht weil es ihm gelungen war, einige Monate unterzutauchen, ehe der CIC ihn in Oberbayern festnahm, und man ihn verdächtigte, der Gralshüter des Nationalsozialismus zu sein.

In der Nacht des Ausbruches hatte Axmann – der Bormann leidenschaftlich haßte – von seinem letzten Hauptquartier in der Wilhelmstraße 64, schräg gegenüber der Reichskanzlei, aus mit seiner kleinen Gruppe seinen eigenen Weg gesucht. Obwohl er sich noch eine Stunde vorher mit Mohnke besprochen hatte, war ihm Mohnkes erstes Ziel, der Flakturm von Gesundbrunnen, nicht vertraut; ihm war nur die Weidendammer Brücke als Nahziel genannt worden.

So hat Axmann uns, dreißig Jahre nach dem Ereignis, den Vorgang geschildert: »Es ging alles einigermaßen hektisch zu. Ich tat mein Bestes, um unseren Ausbruch mit dem von Mohnkes Gruppe zu koordinieren, zwischen 10 und 11 Uhr abends. Die allgemeine Richtung war Norden, durch die Wilhelmstraße in Richtung Brandenburger Tor. Zunächst hatten wir keine Feindberührung. Russen sahen wir erst, als wir, vier Querstraßen weiter, Unter den Linden erreichten. Wir arbeiteten uns im Schatten der Mauerreste im Gänsemarsch schweigend vor. In der Ecke erblickten wir links plötzlich die riesige Ruine des Reichstagsgebäudes, noch rauchend, und unmittelbar unter dem Brandenburger Tor biwakierende Russen, Infanterie und Panzer. Mitten auf dem Pariser Platz brieten russische Soldaten einen ganzen Ochsen am Spieß. Sie schienen sich nur mit sich selbst zu beschäftigen. Wir schlichen uns zwischen dem Adlon-Hotel und der Russischen Botschaft durch. Auch Unter den Linden hatten wir, nach Osten vorgehend, keine Feindberührung. Erst als wir in die Friedrichstraße Richtung Norden einbogen, gerieten wir in ein lebhaftes Gefecht. Fünf Panzer der Division *Nordland* war es gelungen, die Panzersperre an der Weidendammbrücke zu durchbrechen. Auf einmal explodierte in der pechschwarzen Nacht einer dieser *Tiger*-Panzer. Mich wirbelte es durch die Luft, jedoch wurde ich nicht bewußtlos, sondern nur leicht verwundet. Als ich im nächsten Bombentrichter

Deckung suchte, stieß ich dort auf Bormann, Naumann, Baur, Schwägermann, Günther Dietrich, Stumpfegger. Das muß irgendwann zwischen Mitternacht und 1 Uhr gewesen sein.«

Es handelte sich um die Ausbruchgruppe 3, geführt von Naumann. Axmann schloß sich ihr auf dem schon von Baur beschriebenen Vordringen in Richtung Lehrter Bahnhof an.

»Als wir die Brücke über das Friedrich-List-Ufer erreichten (die Brücke, die direkt in den Lehrter S-Bahnhof führt), sprangen einige von uns hinunter. Zu unserem Schrecken biwakierte dort ein ganzer Zug Russen, direkt unter der Brücke. Sofort umringten sie uns. Zu unserer angenehmen Überraschung begnügten sie sich damit, uns zu verkünden: ›Gitler kaputt, Krieg aus!‹ und in gebrochenem Deutsch mit uns zu palavern. Alle schienen von meinem künstlichen linken Arm fasziniert. Ich mußte ihn vorzeigen wie ein Spielzeug. Dann boten sie uns großmütig *Papyrosi* an. Anscheinend hielten sie uns für harmlose Volkssturmmänner auf dem Heimweg. Dieser Fraternisationsversuch wurde durch das ungeschickte Verhalten von Bormann und Stumpfegger gestört. Die beiden begannen sich von uns zu distanzieren und rannten dann panikartig los. Das weckte natürlich den Argwohn der Russen. Mein Adjutant Weltzin und ich schlenderten so beiläufig wie möglich in die andere Richtung. Zum Glück nahm man keine Notiz davon.«

Axmann und sein Adjutant Weltzin bewegten sich nun nach Westen entlang der Invalidenstraße. Nach etwa 10 Minuten gerieten sie in russisches Panzerfeuer. Sie versteckten sich, bis die Panzer davongerumpelt waren, und beschlossen dann umzukehren, die Invalidenstraße zurück nach Osten. Etwa 150 Meter von dem Ort ihres freundlichen Russenpalavers entfernt, kamen sie an die Straßenbrücke, die die Fernbahnlinie zum Lehrter Bahnhof überquerte, dem heute zerstörten Bahnhof nach Hamburg. Was sich dann abspielte, schildert Axmann so: »Wir stießen auf die Körper Martin Bormanns und seines Begleiters Dr. Stumpfegger. Sie lagen dicht beieinander. Regungslos. Ich beugte mich über sie, ihre Gesichter lagen im Mondlicht. Ich entdeckte keine Anzeichen einer Verwundung. Zuerst hielt ich sie für bewußtlos oder gar für eingeschlafen. Aber sie atmeten nicht. Ich vermutete daraufhin und heute noch mehr, daß sie sich vergiftet hatten. Wir konnten uns nicht damit aufhalten, ihren Puls zu fühlen und so weiter. Gefährdet, wie wir waren, lag uns nichts an historischen Feststellungen. Dann setzten wir uns in der gleichen Richtung ab. Es war noch dunkel, sehr feucht und kalt. Die Dämmerung brach, nach meiner Erinnerung, erst eine halbe Stunde später an, als wir in Wedding eintrafen.«

Zu dem Bericht ist noch folgendes zu bemerken:
1. Die Ortsangaben des Berliners Axmann sind sicherlich genau. Bei seinen Zeitangaben muß man mit Abweichungen rechnen. Axmann meint, vor 3 Uhr Bormann entdeckt zu haben. Aber es war eher 3.30 Uhr oder 3.45 Uhr, etwa eine Viertelstunde, bevor Hans Baur, gewohnt das Wetter genau zu betrachten, die ersten Zeichen des Morgengrauens registrierte, aufbrach und niedergeschossen wurde.

2. Bei vielen Berichten über Bormanns Fluchtweg wird übersehen, daß es zwei Lehrter Bahnhöfe gab, den S-Bahnhof und den Fernbahnhof und daß darum auch zwei Brücken in dieser Geschichte eine Rolle spielen. In Baurs Bericht ist die Brücke über das Friedrich-List-Ufer, die zum S-Bahnhof führt, gemeint. An dieser Brücke war Axmann früher, bei seinem Palaver mit den Russen. Als er jedoch Bormann und Stumpfegger entdeckte, lagen diese auf der Brücke über die Ferngleise. Das ist nur etwa fünfzig Meter von der Stelle, wo 1973 das nachher identifizierte Skelett Bormanns gefunden wurde.

Im Bann

»Und nichts kann unser heißen als der Tod
Und jenes kleine Maß von dürrer Erde,
Die dem Gebein zur Rind' und Decke dient.
Um Himmels willen, laßt uns niedersitzen
Zu Trauermären von der Kön'ge Tod . . .«

William Shakespeare, *König Richard der Zweite*

Das Asyl war so düster wie die Stimmung.

Auf der Suche nach einem möglichst günstigen Versteck hatte die Gruppe Mohnke sich leise in den Keller der Brauerei zurückgezogen. In dem untersten Geschoß fanden die Offiziere hinter einem Gang, durch den sich ein Gewirr von Heizungs- und Wasserrohren zog, eine geeignete Zuflucht. Es war ein Raum, der bislang den Luftschutz- und Brandwachen als Unterkunft gedient hatte. An den kahlen Wänden standen doppelstöckige Holzpritschen und einige Spinde; ein Tisch mit Hockern vervollständigte das spärliche Mobiliar.

Dieses triste, fensterlose Quartier bezogen Mohnke und seine Gefährten, um sich wenigstens für die nächsten Stunden dem direkten Zugriff der Russen zu entziehen und beratschlagen zu können, aber auch in der stillen Hoffnung, nicht entdeckt zu werden. Natürlich, jeder war sich darüber im klaren, daß die Suchkommandos der Roten Armee alles unternehmen würden, um die Überlebenden des Führerbunkers zu fangen; es war zu erwarten, daß sie auch die Gebäude der Brauerei durchsuchen würden. Aber vielleicht gab es doch eine kleine Chance, hier die kommende Nacht zu überstehen – war die vergangene, der Ausbruch, nicht viel gefährlicher gewesen? – und im Morgengrauen in den Trümmern unterzutauchen.

Zunächst blieb der Gruppe Mohnke freilich nichts anderes übrig, als in quälender Ungewißheit zu warten und dann und wann einen Kundschafter auszuschicken. Die Männer saßen, in Gedanken versunken, auf den Hockern und Pritschen. Eine offenbar aus einem Notaggregat gespeiste Lampe verbreitete ein trübes Licht. Auf dem Tisch stand eine Kognakflasche, die einer der Offiziere in der Reichskanzlei eingesteckt hatte, mit zwei kleinen Bechern; sie gingen von Zeit zu Zeit reihum. Die Meldungen der Späher ergaben, daß die Russen die Brauerei umstellt hatten; die ersten Rotarmisten waren im Hof aufgetaucht und hatten damit begonnen, die dort auf die »Stunde Null« wartenden Landser gefangenzunehmen – ohne Hast, ohne Gebrüll, ohne Waffengewalt, um nicht noch Kurzschlußhandlungen und Verzweiflungstaten zu provozieren. Doch die Lage war klar, jede Gegenwehr sinnlos. Oberst Clausen, schon vor Stunden aufgebrochen, war noch nicht zurück.

Die Offiziere um Mohnke versuchten sich darüber schlüssig zu werden, wie zu handeln sei, wenn die Russen vor der Tür stehen würden. So wie die Stimmung schwankte, änderte sich auch die jeweils vorherrschende Meinung; zeitweise war die Mehrheit in dem Vorsatz einig: »Wir bleiben hier zusammen; wenn sie kommen, schießt jeder bis zur vorletzten Kugel und gibt sich selbst die letzte . . .« Doch dann keimte wieder Hoffnung auf ein Entkommen auf, gab neuerlicher Unentschlossenheit und Zweifeln Raum. Schenck, der Arzt hatte ohnehin der Überlegung eines kollektiven Selbstmords widersprochen.

An diesem bedrückenden Nachmittag des 2. Mai, 48 Stunden nach Hitlers Tod, kam Oberarzt Schenck mit Botschafter Walter Hewel ins Gespräch, der zuvor schweigend auf einer Pritsche gesessen hatte. Er trug noch seine maßgeschneiderte, nun zerrissene und verdreckte Diplomatenuniform (Ribbentrop hatte sie 1938 von dem Bühnenbildner Benno von Arent entwerfen lassen). Das Ende dieses Tages sollte er nicht mehr erleben.

Schenck hatte Hewel bislang nur vom Ansehen gekannt, war ihm im Reichskanzlei-Keller und im Führerbunker zwar mehrfach, doch zufällig begegnet und wußte so gut wie nichts über seine Stellung in der Umgebung Hitlers. Hewel, der sich im Hintergrund zu halten pflegte, war bescheiden genug, seine Person nur als winzige Fußnote in der dramatischen und schließlich chaotischen Geschichte des Dritten Reiches zu bewerten. Im Hinblick auf seine dienstliche Tätigkeit im Führerhauptquartier war das gewiß richtig; doch diese Selbsteinschätzung war falsch, soweit sie sich auf sein Gewicht als Augen- und Ohrenzeuge bezog, der die Machtausübung eines skrupellosen Herrschers lange Jahre hindurch aus unmittelbarer Nähe hatte verfolgen können.

Wo war Hewel unter diesem Gesichtspunkt in der Hiararchie derjenigen, die Hitler persönlich nahestanden, einzuordnen? Irgendwo zwischen Albert Speer, der seine kritische Distanz und die Fähigkeit zu differenzierter Beobachtung nie verlor, und einfacher strukturierten Männern wie dem Chefpiloten Baur, dem Kammerdiener Linge oder auch den langjährigen Sekretärinnen des

Führers. Sie alle gehörten zu den wenigen, die Hitler wirklich kannten oder es zumindest glaubten.

Hewel ist tot; doch der Arzt, der ihn damals, im düsteren Keller der Brauerei, in verzweifelter Lage zu retten versuchte und sein letzter Gesprächspartner war, hat diesen Dialog, den er unvergeßlich nennt, bewahrt. Er handelte dabei wie der griechische Historiker Thukydides, der in seiner Darstellung der ersten Jahre des Peloponnesischen Krieges Reden und Gespräche, die lange zurücklagen, aus der Erinnerung als direkte Zitate wiedergab. Schenck: »Ich werde zuweilen gefragt, ob ich damit für mich die seltene Gabe des absoluten Gedächtnisses in Anspruch nehmen wolle; davon kann keine Rede sein. Aber ich bin sicher, daß ich den wesentlichen Teil dieses langen Zwiegespräches, das ungefähr fünf Stunden dauerte, mit hinreichender Genauigkeit wiedergebe . . . Um ein möglichst authentisches Bild Hitlers in den letzten, apokalyptischen Tagen seines Regimes zu zeichnen, hielt ich es für notwendig und gerechtfertigt, Hewel wörtlich zu zitieren. Gerade an das Ende in der Reichskanzlei, die Begegnung mit Hitler, an den Ausbruch, den Nachmittag in der Brauerei und an die ersten Erfahrungen in der Gefangenschaft erinnere ich mich sehr viel genauer als an demgegenüber fast ›normale‹ Vorgänge aus den Kriegsjahren, auch an der Front, die allmählich vor dem inneren Auge verblassen.

Diese Diskrepanz ist sicher nicht verwunderlich; die Eindrücke, die beim Zusammenbruch in Berlin auf uns einstürmten, und die Szenen, die wir sahen, waren so erschütternd und grausig, daß sie sich wohl jedem einzelnen unauslöschlich eingeprägt haben. Und etwas anderes kommt hinzu: Sie wissen, ich kam erst im Dezember 1955 aus der Sowjetunion zurück. Das waren fast elf graue, endlos scheinende Jahre. Um mich psychisch fit zu halten, habe ich manchmal gemeinsam mit anderen, in der Regel aber allein, in der Einsamkeit meiner Zelle, oder abends auf der primitiven Pritsche, das Ende, wie ich es erlebte, und vor allem Hewels Bericht über Hitler rekonstruiert. Er hatte Durchblick, und er war ein guter Erzähler . . .«

Sieht man von der Schilderung Professor Schencks ab, so sind die Spuren, die Hewel in der zeithistorischen Literatur hinterlassen hat, ebenso spärlich wie seine Selbstzeugnisse. Er hielt nie eine Rede, äußerte sich auch nicht in anderer Form vor der Öffentlichkeit, und schrieb verhältnismäßig wenige Briefe. Später, in ruhigeren Zeiten, einmal seine Erlebnisse aufzeichnen zu können, war ihm offenbar nicht wichtig, oder dieser Gedanke erschien ihm völlig irreal; denn sonst wäre am Abend des 2. Mai in dem Keller der Brauerei nicht geschehen, was zum dramatischen Höhepunkt dieses Tages werden sollte. Das ist zu bedauern. Denn Hewel wäre ohne Zweifel in der Lage gewesen, weitere Einsichten in den abgründigen Charakter des Menschen Adolf Hitler zu gewähren; er hätte psychologische Nahaufnahmen des Diktators aus entscheidenden Phasen seiner Herrschaft vermitteln können.

Es mag sonderbar anmuten, daß Hewel und Schenck in einer trostlosen Situation, die jeden einzelnen von einer Minute zur anderen vor letzte Entscheidungen stellen konnte, über Hitler sprachen – sein Charisma und seinen Untergang, über Glanz und Elend des nun besiegten Reiches. Sie waren wie alle in diesem Keller erschöpft von den kräftezehrenden Tagen im Bunker, von den Strapazen der vergangenen Nacht, von der Nervenanspannung, der unterliegt, wer auf ein völlig ungewisses Schicksal warten muß. Doch Hitler, das Idol ihrer Jugend und die furchtbare Erfahrung ihrer reifen Jahre, ließ sie nicht los. Sie waren zudem zu völliger Untätigkeit verurteilt, und eine Zukunft, über die zu reden es sie gedrängt hätte, sahen sie für sich nicht mehr. *On passe le temps.*

Hewel mögen auf dem Fußboden verschüttete Kaffeebohnen, die er mit seinen staubbedeckten Schuhen pedantisch zu kleinen Häufchen zusammenscharrte, an glücklichere Zeiten erinnert haben – an das Leben jugendlicher Unbeschwertheit im Fernen Osten. Als 18jähriger Student, Sohn einer gutsituierten Familie aus Rheinhessen, hatte er zu jenem Trupp fanatisch entschlossener Nationalsozialisten gehört, deren dilettantischer Putschversuch am 9. November 1923 vor der Feldherrnhalle in München ein blutiges Ende fand. Wie Hitler zu Festungshaft verurteilt, wurde Hewel nach ein paar Monaten, in denen er sein Idol genauer kennenlernte, aus dem Landsberger Gefängnis entlassen. Er ging ins Ausland und ließ sich auf Java nieder; zunächst arbeitete er in Djakarta für eine britische Kaffee-Exportfirma, um sich dann als Kaffeepflanzer selbständig zu machen. Die Weltwirtschaftskrise, die auch den internationalen Kaffeemarkt lähmte, beendete diese Phase seines Lebens. Hewel kehrte nach Europa zurück, jedoch nicht nach Deutschland. In Spanien betätigte er sich sehr erfolgreich als Kaufmann. Seine eigenartige politische Laufbahn begann in der dunstigen und lauten Atmosphäre der Münchner Bierlokale und endete in dem dunklen Kellerraum einer Berliner Brauerei – ein Zufall zwar, doch von makabrer Bedeutung.

Im Führerbunker hatte Hewel seinem Chef Hitler wie in den Jahren zuvor zwischen zehn und elf Uhr vormittags, nachdem Diener Linge das Frühstück gebracht hatte, anhand der Telegramme und Berichte des Auswärtigen Amtes Vortrag zu halten. Er war der einzige im Bunker, der noch so etwas wie ein außenpolitisches Lagebild vermitteln konnte – wie fragmentarisch, fehlerhaft und schief es auch sein mochte. Bei den unberechenbaren Reaktionen Hitlers und seinen Lebensgewohnheiten war dieses Geschäft freilich schwierig genug.

Eines der simplen und doch enervierenden Probleme,

mit denen Hewel sich wie jedes Mitglied des »Hofes« schon seit Jahren, vor allem aber in den letzten Monaten und Wochen vor dem Ende hatte herumschlagen müssen, lag darin, daß der an Schlaflosigkeit leidende Führer nun die Nacht gänzlich zum Tage machte – er fand einfach nicht ins Bett. In seiner Umgebung führte das zu einem die Gesundheit unterhöhlenden Schlafdefizit. Erst in der letzten Aprilwoche, als das Chaos ringsum im Bunker Tag und Nacht ineinander übergehen ließ, löste sich das Problem von selbst; und für den Verbindungsmann des Auswärtigen Amtes im Führerhauptquartier gab es ohnehin nichts Nennenswertes mehr an die nach Schloß Fuschl bei Salzburg evakuierte AA-Zentrale zu berichten. Hitlers Welt war klein geworden. Es war der Quadratkilometer zwischen Brandenburger Tor und Potsdamer Platz.

Hewels exotischer Hintergrund, die Tatsache, daß er mehr von der Welt gesehen hatte und daher vielleicht eher in internationale Kategorien zu denken vermochte als der, von wenigen Ausnahmen abgesehen, tief provinzielle Kreis der Gefährten Hitlers – dieses leicht kosmopolitische Flair erklärt zu einem guten Teil seine Stellung am »Hof«. Hinzu kam, daß er ein »alter Kämpfer« mit sehr niedriger Mitgliedsnummer war. Sein Parteiabzeichen trug er durchaus mit elitärem Stolz; und er genoß es, im Bannkreis des Mächtigen zu leben. Groß und stämmig, auf eine sehr robuste Art korpulent, war »Surabaya Wally« gewiß kein intellektueller Heros, kein »Löwe mit Flügeln«; eher hätte man ihn einen höchst anpassungsfähigen politischen Gehilfen im Hintergrund nennen können, dem die Gewißheit, im engsten Kreis um den Führer seinen festen Platz zu haben und seinen Einfluß geltend machen zu können, sehr wichtig zu sein schien.

Eines war Hewel gewiß – ein *Bonvivant,* dem das *dolce far niente* keinerlei Schwierigkeiten bereitete. Ein alter

Oberkellner aus dem einst berühmten Berliner Restaurant »Horcher« hat ihn so charakterisiert: »Walter Hewel? Er war der Typ des häufigen Gastes, der sich für morgen den besten Tisch sichert, indem er dem Oberkellner ein gutes Trinkgeld zusteckt. Ich erinnere mich, daß er besonders gern Wild mit Artischockenherzen aß. Er strahlte diese ganz bestimmte Art süddeutscher Gemütlichkeit aus, die auf einen Norddeutschen immer ein wenig künstlich wirkt.« Kurz gesagt – Hewel war ein Mann, den Oberkellner zu respektieren pflegen; aber war er auch eine geformte Persönlichkeit? Die ihn kannten, bejahen das überwiegend.

Die Hektik, die für den politischen Stil der nationalsozialistischen Machthaber so kennzeichnend war, empfand Hewel als im Grunde unsinnig; er blieb gelassen. Den Grundsatz »Leben und leben lassen«, der nicht gerade zu den Maximen Hitlers zählte, hielt er für sehr vernünftig. Hitler schätzte ihn trotz dieser Wesensunterschiede sehr. Die Personen Hewels, des geborenen Plauderers, verkörperte für ihn sentimentale, sehnsuchtsvolle Erinnerungen an seine eigenen politischen Sturm- und Drang-Jahre, an den Beginn seiner Karriere und die Anfänge der »Kampfzeit«. Und Hewel wiederum konnte für sich in Anspruch nehmen, schon seit den lange zurückliegenden Tagen der Feldherrnhalle zu den unerschütterlichen Bewunderern des demagogischen Redners und Politikers Adolf Hitler zu zählen.

Formell unterstand Botschafter Walter Hewel dem arroganten, dünnhäutigen und humorlosen Reichsaußenminister. Obwohl Ribbentrop Mitglied der Reichsregierung war und direkt neben der Reichskanzlei residierte, gelang es ihm nie, sich den Zutritt zum engsten Kreis um den Führer zu erschleichen – ihn zu ertrotzen, wäre ohnehin unmöglich gewesen. Er gehörte nicht dazu, ganz im Gegensatz zu seinem Erzrivalen Goebbels. Hitler vermied es sorgfältig, Ribbentrop zu den zwanglosen Abendgesellschaften einzuladen, die nach einem leichten Essen mit Mineralwasser, Bier oder Wein, und nach der Vorführung von zwei Spielfilmen, in jenen endlosen und ziemlich eintönigen Kaminplaudereien ausklangen, die sich bis tief in die Nacht hinschleppten.

Von diesem intimen Umgang mit Hitler ausgeschlossen zu sein, verletzte des Außenministers ausgeprägte Eitelkeit; aber nicht nur das – es war auch politisch höchst abträglich, ja gefährlich, wie er bald erkannte. Um dennoch wenigstens indirekt zu den Eingeweihten zu gehören, beschloß der frühere Wein- und Sekthändler Ribbentrop, einen persönlichen Vertrauensmann in jenen illustren Kreis zu entsenden, dem anzugehören ihm selbst versagt blieb. Von Untergebenen auf den einstigen Kaffeepflanzer Hewel aufmerksam gemacht, bot er ihm einen hohen Posten an. So wurde Hewel Diplomat. 1938 ernannte Ribbentrop ihn – natürlich mit Zustimmung Hitlers – zum »Ständigen Beauftragten des Reichsaußenministers beim Führer«.

Das war zweifellos ein schlauer, aber andererseits auch sehr riskanter Schachzug, der für Ribbentrop leicht zum politischen Exitus hätte führen können. Denn mit dem gleichen Hintergedanken hatte Rudolf Heß, der exzentrische und verschrobene »Stellvertreter des Führers«, seinen der Öffentlichkeit innerhalb wie außerhalb der Partei unbekannten Sekretär in die engste Untergebung des Diktators lanciert; und dieser Martin Bormann hatte sich für seinen neuen Herrn sogleich unentbehrlich zu machen gewußt. Als nunmehriger Sekretär Hitlers verstand er es sehr schnell, den Einfluß seines einstigen Gönners, dessen Auge und Ohr er doch hätte sein sollen, auf den Nullpunkt zu bringen.

Zum Glück für Ribbentrop war der unbekümmerte Hewel kein verschlagener und brutaler Intrigant wie Bormann. Von denen, die ihn gut genug kannten, um ihn wirklich beurteilen zu können, zum Beispiel von

Albert Speer, wird Hewel als ein umgänglicher, ja leutseliger Mann geschildert, der gern und herzlich gelacht habe und fast so etwas wie ein Original gewesen sei, ein zwar zuweilen umständlicher, aber dennoch pointensicherer und dabei schlagfertiger Erzähler, der freilich stets höflich genug und vor allem so klug war, dem »Chef« nicht die Schau zu stehlen – im Gegenteil. Frühe Gefolgschaft, gemeinsame Erlebnisse und natürliche Bonhommie machten Hewel für Hitler zum idealen Stichwortgeber, wenn der Führer in seinen sprunghaften und sehr persönlichen, ausgeschmückten Erzählungen die »Kampfzeit« wieder auferstehen ließ, seine »harte Jugend« schilderte oder sich in gewohnt apodiktischer Form über Gott und die Welt, Tod und Teufel verbreitete.

Da Hewel sowohl dienstlich wie gesellschaftlich zum engsten Kreis um Hitler zählte, konnte niemand dem Diktator näher sein als er, ausgenommen vielleicht der allgegenwärtige Bormann, der Hewels Stellung am Hof jedoch nicht untergrub, sondern eher stärkte. Er wußte ganz genau, daß der gutmütige und umgängliche Hewel es vorzüglich verstand, den Führer zu beruhigen, bei Laune zu halten, und daß er nie zu einem Rivalen werden würde – ebensowenig wie etwa der Chefpilot Hans Baur. Bormann sah unter den vertrauten Gesprächspartnern Hitlers sehr viel lieber den ungefährlichen Hewel als Männer vom politischen Kaliber eines Görings oder Goebbels, den mächtigen Technokraten Speer oder sogar den Einfaltspinsel Ribbentrop, der immerhin Außenminister war.

Früher, in den Jahren der Triumphe und Siege, hatten Hitler und Hewel die Gäste auf dem Obersalzberg, in der Reichskanzlei oder in Rastenburg nicht selten mit einer fast pantomimischen Darbietung erheitert, die darauf hinauslief, daß der Chef des Auswärtigen Amtes schließlich als politische Schießbudenfigur dastand. Die Posse begann, wenn einer der weißberockten SS-Diener erschien und meldete: »Der Reichsaußenminister ist am Apparat.«

Stets nervös, ungeduldig und leicht gereizt, auf Rang und Zuständigkeit pochend, pflegte Ribbentrop, der die in den Traditionen des alten Auswärtigen Amtes verwurzelten Berufsdiplomaten als »feige Pazifisten« betrachtete, »meinen Mann Hewel« zu verlangen. Hitler direkt anzurufen, vermied er nach Möglichkeit, denn er wußte, daß der Führer mehrfach mißmutig geklagt hatte: »Dieser Mensch kommt mir dauernd mit seinen Angelegenheiten.« Hewel ging also ans Telefon, der »Chef« trat neben ihn; Schulter an Schulter standen sie, wie Faust und Mephisto. Und dann flüsterte der Führer dem »Ständigen Beauftragten des Reichsaußenministers« – beide verbissen sich mühsam das Lachen – allerlei politischen Unsinn ins Ohr, der ihm gerade in den Sinn kam. Hewel wiederholte das laut in den Apparat hinein – ebenso wie der »Chef« wohl wissend, daß er den mißtrauischen Ribbentrop damit wieder einmal in heillose Aufregung und Verwirrung stürzte. Dann hielt er seine fleischige Hand über die Sprechmuschel und wiederholte die zumeist törichten Zwischenfragen und Antworten Ribbentrops. Da die Mitglieder des Hofes, Hewel vielleicht ausgenommen, den Außenminister nicht leiden konnten, war die allgemeine Belustigung groß – das alles auf Kosten des Mannes, den Hitler einmal »unser größtes außenpolitisches Genie seit Bismarck« genannt hatte.

Doch der Führer hielt seinen Außenminister nicht nur zum Narren – viel bezeichnender war, daß er ihn auch vor wichtigsten außenpolitischen Entscheidungen so gut wie gar nicht konsultierte. Da weihte er schon eher Hewel in seine Gedankengänge ein, der zumindest in den Kriegsjahren hundert Stunden mit Hitler zusammen war, wenn der Außenminister es auf zehn Minuten brachte. Selbst über die Vorbereitungen zur *Operation*

Barbarossa, den deutschen Angriff auf die Sowjetunion am 22. Juni 1941, wurde Ribbentrop höchst oberflächlich informiert, und genauen Termin erfuhr er erst kurz zuvor. Dafür durfte er dann im Morgengrauen jenes verhängnisvollen Tages, um 4 Uhr früh, mit flatternden Nerven dem verstörten Sowjetbotschafter in Berlin, Dekanosow, den Beginn der Feindseligkeiten mitteilen und damit den Hitler-Stalin-Pakt zerreißen, den er selbst im August 1939 in Moskau ausgehandelt hatte.

Zerrissene Verträge . . . Immer wieder mußte Hewel auf Hitlers Wunsch eine für die nationalsozialistische Außenpolitik wahrlich bezeichnende Geschichte erzählen. Am 30. April 1943 wurde Ribbentrop 50 Jahre alt. Seine direkten Untergebenen beschlossen, ihm eine mit Halbedelsteinen verzierte Mahagoni-Kassette zu schenken; sie sollte die Fotokopien aller Verträge und Abkommen enthalten, die das Deutsche Reich seit 1938, also seit Ribbentrops Amtsantritt, abgeschlossen hatte. Hewels Pointe: »Es war wirklich schwierig. Wir fanden tatsächlich nur wenige Verträge, die das Reich nicht inzwischen entweder gebrochen oder aufgekündigt hatte . . .«

In der Tat. Die Tischgesellschaft – man war beim Abendessen – brach in laute Heiterkeit aus. (Seit der Katastrophe von Stalingrad waren erst wenige Wochen vergangen.) Den Rüstungsminister Speer, der diese Szene miterlebte und sich über den Ernst der Lage nicht die geringste Illusionen machte, schockierte der nihilistische Zynismus, der hier zum Ausdruck kam, immer mehr. Er notierte: »Hitler bog sich vor Lachen; ihm tränten die Augen . . .«

Im Gegensatz zur landläufigen Meinung konnte Hitler durchaus schallend lachen, aber in der Regel auf Kosten anderer und vorzugsweise seiner eigenen Minister. In solchen Augenblicken zeigte sich seine ausgeprägte Neigung zur Schadenfreude, die für ihn eine Würze seiner langen Abende war.

Walter Hewel gehörte zu den regelmäßigen Teilnehmern dieser nächtlichen Runden. Doch obwohl auch in den Kriegsjahren noch ein Bewunderer Hitlers, sah er immerhin, wie sehr die tägliche Arbeit unter diesen nicht selten bis Sonnenaufgang dauernden Monologen des Führers litt. Übrigens – was hatte doch Goebbels am 15. März 1942 in einer Rede in Linz erklärt? Auf einer Großkundgebung zum vierten Jahrestag des Anschlusses versicherte er seinen Zuhörern pathetisch: »Auch für uns ist der Krieg ein hartes und grausames Handwerk, für jeden einzelnen in der Führung mit ungeheurer Verantwortung und *Tag und Nacht* ununterbrochener Arbeit verbunden . . .« Wie es in dieser Hinsicht wirklich im Führerhauptquartier zuging, mag Hewels Schilderung gegenüber Professor Schenck illustrieren: »Eines Tages, es war 1943 in Ostpreußen (in Rastenburg, d. V.), wurden diese Abende derartig ermüdend, daß wir auf eine Regelung verfielen, um die Belastung zu verteilen. Die eine Hälfte der Mitarbeiter Hitlers sollte in der einen Nacht bei ihm ausharren, die andere Hälfte in der nächsten Nacht, so daß wenigstens diejenigen, die geschlafen hatten, morgens an die Arbeit gehen konnten.« Hitler war in der Tat ein ausgesprochener Nachtmensch.

Vor allem während des Krieges verbreitete der streng vegetarisch lebende Gastgeber Hitler (»Wer Fleisch ißt, ist ein Leichenfresser«) bei Tisch eine Atmosphäre, die überwiegend als »monoton«, »ermüdend« und »ohne Esprit« gekennzeichnet wird. Die meisten Zeugen seiner weitschweifigen, zuweilen schier endlosen und sich immer wiederholenden Erzählungen und Tiraden stimmen darin überein, und die Aufzeichnungen seiner Tischgespräche erhärten dieses Urteil. Die Niederschriften dieser Tischgespräche sind nach Ansicht Speers von Bormann bearbeitet worden, was die Historiker bestreiten. Wir fragen Speer, ob er die Authentizität der Tischgespräche bezweifle. Seine Antwort:

»O nein. Abgesehen von den Passagen, die Bormann ›frisiert‹ hat, um sich selbst in ein möglichst gutes Licht zu setzen, geben diese Texte tatsächlich Hitlers Worte wieder. Er war ja beileibe nicht dumm und äußerte von Zeit zu Zeit durchaus scharfsinnige Gedanken. Es wäre billig, wenn ich das heute leugnen wollte. Hinzu kam, daß er eben ein wirklich sehr bemerkenswertes Gedächtnis für Details, zum Beispiel in der Rüstung oder in der Architektur, hatte. Aber zugleich war er der geborene Dilettant, ein Mann mit Halbbildung. Und obwohl ein Österreicher, verkörperte er den klassischen Typ des deutschen Besserwissers. Er war ein Experte für alles in dem Sinne, daß er von immer mehr Dingen immer weniger wußte. Ich glaube, einer der Gründe, weshalb er sich mit so vielen zweit- und drittrangigen Leuten umgab, so viele Jasager und Kriecher zu sich heranzog, lag in einem instinktiven Gefühl, das ihm wohl sagte, Männer von wirklichem Format und profunder Sachkenntnis würden sich seine Auslassungen vielleicht nicht schweigend angehört haben.«

Eine kleine Auswahl aus den »Tischgesprächen« mag Speers Beurteilung untermauern. Die Zitate stammen aus den Jahren 1942/43, als Hitler Europa von den Pyrenäen bis zum Schwarzen Meer beherrschte:

»Nur die Griechen verstanden ein vollkommenes Dach zu bauen . . . Napoleon hätte niemals den Titel ›Erster Konsul‹ ablegen sollen. Beethoven hat deshalb die Widmung zur ›Eroica‹ zerrissen . . . Dunkelrot ist die beste Farbe für politische Plakate . . . Die Jagd ist grüne Freimaurerei . . . Es wäre nicht klug, ein Schlachtschiff die *Adolf Hitler* zu nennen . . . Der Vater von Jesus war nicht Joseph, sondern ein Arier, ein römischer Legionär . . . Wenn wir die Rationen in der Tschechei verdoppeln, wird dort das ganze Volk nationalsozialistisch . . . An der Geburtenkontrolle ist das Römische Weltreich zugrunde gegangen . . . Es wäre eine gute Idee, die

Deutschen in Südtirol auf die Krim umzusiedeln . . .
Eleanor Roosevelt ist eine Mulattin . . . Alle großen amerikanischen Erfinder waren Auswanderer aus Schwaben
. . . Die Juden verderben die Kultur in Lappland . . . Die
Zukunft gehört uns Vegetariern . . .«

»Das Geheimnis des Demagogen«, so schrieb Hitlers
österreichischer Zeitgenosse, der Satiriker Karl Kraus,
einmal, »besteht darin, daß er sich für so dumm und
einfältig wie seine Zuhörer ausgibt, so daß sie meinen,
sie seien in Wahrheit genau so schlau wie er.«

Auch Walter Hewel hat Hitlers sprunghafte Monologe
zweifellos lange Jahre für Offenbarungen eines politischen Genies gehalten und gläubig entgegengenommen.
Als er Schenck nun in dem schummrigen Brauereikeller
die letzten Wochen im Führerbunker schilderte, brachte
der Arzt, der noch den Anblick des menschlichen Wracks
auf der Wendeltreppe in der Nacht zum 30. April vor
Augen hatte, das Gespräch auf den körperlichen Verfall
Hitlers. Er stellte Hewel, der diesen Ruin seit Monaten
beobachtet hatte, systematische Fragen – vor allem nach
dem Leibarzt Dr. Theodor Morell. Hewel zu Schenck:

»Im Laufe der Jahre hat Hitler von Morell in immer
kürzeren Abständen Tausende von Injektionen bekommen. Wir in der engsten Umgebung des Führers wußten
davon; Göring hatte Morell einmal spöttisch als ›Reichsspritzenmeister‹ tituliert. Doch Hitlers Vertrauen zu diesem Mann war wirklich grenzenlos; offen geäußerte Kritik an seinem Leibarzt duldete er nicht. Wenn er sich
erschöpft fühlte oder wenn von den Fronten schlechte
Nachrichten einliefen, die ihn in depressive Stimmungen
trieben, rief er Morell zu sich, verlangte eine stimulierende Spritze und erhielt sie auch. Die Wirkung war für
uns alle augenfällig. Hitler schien neue Energien gewonnen zu haben, war wieder aktiv, arbeitete und redete bis
in die Nacht hinein. In den letzten Monaten und Wochen
im Bunker wurden Morells Injektionen fast zur täglichen

Routinesache. Wir wußten zwar von den Spritzen, aber wir hatten keine Ahnung, *was* Hitler erhielt. Er verlor nie ein Wort über diese Dinge, und auch Morell schwieg beharrlich. Natürlich machten wir uns unsere Gedanken und tauschten Vermutungen aus, aber nur hinter vorgehaltener Hand. Es war eines jener Themen, über die man nicht offen sprach – ebensowenig wie über das Vergrößerungsglas, das Hitler in den letzten Jahren brauchte, die Führer-Schreibmaschine mit den übergroßen Lettern oder die Tatsache, daß er nur noch selten eine reelle, handfeste Mahlzeit vertrug.«

Hitlers Gesundheitszustand war ein Tabu wie die nur im engsten Kreis bekannte Liaison mit Eva Braun, die intern »E. B.« genannt wurde. Über die Geliebte des Führers schwiegen alle Mitglieder des »Hofes« gegenüber Außenstehenden, und auch nach dem Zusammenbruch äußerten sie sich zu diesem Thema viele Jahre hindurch überhaupt nicht oder nur sehr zurückhaltend.

Die medizinische Frage, wie der Krankheitszustand Hitlers in den letzten Wochen seines Lebens exakt zu diagnostizieren war, wird sich vermutlich nicht mehr eindeutig beantworten lassen. Doch es bleibt der Verdacht, daß der schwere körperliche Verfall des Diktators zumindest im April 1945 durch eines der gefährlichsten Rauschgifte beschleunigt wurde, dem Göring schon seit Jahren verfallen war: Morphium. Professor Schenck im Herbst 1973 zu den Autoren: »Bei dem Anblick des physisch vernichteten Mannes, der damals auf der Treppe zum untersten Teil des Bunkers vor mir stand, kam mir, wie wohl jedem erfahrenen Arzt an meiner Stelle, der Gedanke, hier seien die Symptome des Morphiumentzuges zu konstatieren; und ich bin auch heute noch überzeugt, daß vieles für diese Annahme spricht.«

Als wir Professor Schenck zu diesem Thema befragten, war ihm (und uns) ein Dokument noch nicht bekannt, das die These von einer Morphiumbehandlung Hitlers durch Morell untermauert. Es stammt aus den Akten des amerikanischen MIS (Military Intelligence Service) und faßt die Laufbahn Morells in den wichtigsten Daten zusammen. Unter dem 21. April 1945 heißt es dort: »Hitler wirkte sehr nervös und erschöpft, und Quelle (gemeint ist Morell, d. V.) *wollte diesen Zustand durch Morphium lindern* . . .« (»Hitler appeared to be very nervous and fatigued, and source wished to relieve that condition by means of morphia . . .«)

Auch ist nicht auszuschließen, daß Morell selbst Morphinist war. Eine entsprechende Vermutung äußerte der frühere Führerbegleitarzt (und Morell-Gegner) Dr. Karl Brandt bei seiner Vernehmung durch alliierte Geheimdienstoffiziere im Juni 1945. Brandt berief sich dabei auf Mitteilungen des bekannten Berliner Gerichtsmediziners Professor Dr. Müller-Hess. Eine Sekretärin Morells sei in ein Strafverfahren verwickelt gewesen, bei dem es um die Fälschung von Morphiumrezepten ging. Tatsächlich habe aber Morell diese Rezepte für sich ausgestellt. Im Februar 1945, so berichtete Brandt weiter, seien die Akten über diesen Fall jedoch von der Gestapo beschlagnahmt worden, und die Sache sei im Sande verlaufen.

Die Vorgänge der letzten Woche im Führerbunker stehen zu der Vermutung, Morell habe Hitler zum Schluß Morphium gegeben, nicht im Widerspruch, sondern stützen sie eher. Erinnern wir uns: Der Leibarzt hatte die Reichskanzlei am 22. April verlassen; und da er stets eifersüchtig darauf bedacht war, seine Stellung als der letztlich für den physischen Zustand Hitlers allein verantwortliche und zuständige Arzt durch nichts und niemanden in Frage stellen zu lassen, hatte er in dieser Funktion auch keinen Vertreter, der in seiner Abwesenheit die Behandlung des »Patienten A« hätte fortsetzen können. Den Führer medizinisch zu betreuen, oblag nun dem letzten Begleitarzt, dem SS-Standartenführer Dr. Ludwig Stumpfegger, der im Oktober 1944 an die Stelle der in Ungnade gefallenen Professoren Brandt und von Hasselbach getreten war.

Den Himmler-Protegé Stumpfegger, der zuvor als Oberarzt in Professor Gebhardts Krankenhaus Hohenlychen tätig gewesen war, kannte Hitler kaum. Ganz gewiß vertraute er sich in der letzten Woche seines Lebens weit eher Professor Haase an; beider stilles Zwiegespräch über das Sterben in der Nacht zum 30. April beweist es. Vermutlich hatte Haase oder (unwahrscheinlicher) Stumpfegger den gleichen Verdacht wie Schenck und verabreichte dem »Chef« Gegenmedikamente, um die Symptome des Morphiumentzuges zu bekämpfen. Das wiederum könnte als Erklärung für den – mehrfach von Überlebenden des Führerbunkers bezeugten – auffallend ruhigen Gemütszustand Hitlers an einigen der letzten Tage dienen, so am 23. und 24., am 29. und auch am 30. April.

In der Brauerei hatten sich an jenem Nachmittag des 2. Mai die Dinge weiterentwickelt. Bestrebt, sinnloses Blutvergießen zu vermeiden, hatte der zuständige sowjetische Befehlshaber gegen 15 Uhr Parlamentäre im Offiziersrang in das düstere Gebäude entsandt, die eine kampflose Übergabe aushandeln sollten. Sie wurden in einen Kellerraum geleitet. Die höflich geführte Unterredung mit mehreren Wehrmachtsoffizieren endete mit der Übereinkunft, eine deutsche Abordnung solle die Russen zu ihrem Kommandierenden General begleiten, der ihnen eine Orientierung über die Lage und Garantien für eine ehrenvolle Gefangenschaft geben werde.

Eine Stunde später stand die deutsche Abordnung – General Mohnke, Oberst Hermann, der die 9. Fallschirmjägerdivision geführt hatte, Sturmbannführer Günsche und zwei weitere Offiziere – einem untersetzten Sowjetgeneral gegenüber, der kühl, aber höflich und korrekt erklärte, die deutsche Garnison Berlins habe in den Morgenstunden kapituliert (was Mohnke und seine Begleiter noch nicht wußten). Jeder weitere Widerstand sei daher nicht nur sinnlos, sondern widerspreche auch dem Befehl des Kampfkommandanten General Weidling, die Waffen niederzulegen. Mohnke entgegnete, diese Mitteilung könne für die deutsche Abordnung nicht verbindlich sein, denn einen derartigen Befehl Weidlings habe man weder gesehen, noch sei er auf andere Weise glaubhaft gemacht worden.

Das Gespräch endete ohne Ergebnis. Die deutschen Unterhändler kehrten in die Brauerei zurück. Dort hatten unterdessen immer mehr Soldaten und auch Offiziere die Überzeugung gewonnen, so barbarisch und gnadenlos wie befürchtet, seien die Sieger offenbar nicht; da auf dem Hof kein Gefangener erschossen oder mißhandelt werde, sei es besser, sich freiwillig in die Hände der Russen zu begeben. Nur die Gruppe Mohnke im hintersten Kellerraum blieb beisammen.

Schenck und Hewel setzten ihr schon Stunden währendes Gespräch in der melancholischen Gewißheit fort, die noch verbleibende Zeit sei ohnehin kurz genug und müsse genutzt werden. *Um Himmels willen, laßt uns niedersitzen zu Trauermären von der Kön'ge Tod* . . .

Ein dantesker Dialog: Schenck, vor dem eine elfjährige Odyssee durch Gefängnisse und Lager lag, suchte Klarheit über die Gründe für die deutsche Katastrophe zu gewinnen; seine Fragen zielten auf den Ursprung der nationalen Tragödie. Und Hewel, schon zum Selbstmord entschlossen, wollte in diesen letzten Stunden seines Lebens offenkundig sich selbst Rechenschaft geben; seine Antworten waren ausführlich und präzise. Was hier geschah, war im Grunde eine Art *denazification à deux* – der Versuch, nach dem Rausch der Siege im Elend der Niederlage zu analysieren, was weshalb geschehen war, und einen inneren Standort zu gewinnen.

Nachdem Hewel über Morells undurchsichtige Therapie berichtet hatte, schnitt Schenck eine Frage an, die

Millionen Menschen im Reich im sechsten Kriegsjahr, und besonders in den letzten Wochen, sich schon selbst gestellt hatten: »War Hitler zum Schluß nicht mehr Herr seiner Sinne – geisteskrank?« Die Tatsache, daß der Führer sich nach den ersten Fehlschlägen im Rußlandfeldzug völlig in die Abgeschiedenheit seiner spartanischen Hauptquartiere zurückgezogen und öffentliche Auftritte gemieden hatte, war schon seit geraumer Zeit Anlaß für zahllose Spekulationen über seinen Gesundheitszustand gewesen; sie wurden durch die seltenen Wochenschauaufnahmen noch genährt.

Das war nicht mehr der gefeierte Volkstribun, der auf triumphalen Huldigungsfahrten die Begeisterung der Massen genossen und frenetisch bejubelte Paraden abgenommen hatte, wie im Juli 1940 nach dem Sieg über Frankreich. Dieser Hitler erheiterte seine Generale nicht mehr mit übermütigen Kaspereien wie im Juni 1940, als er in seinem Hauptquartier in Bruly-de-Peche, nahe der belgisch-französischen Grenze, die Nachricht erhalten hatte, das französische Oberkommando habe soeben um einen Waffenstillstand gebeten. (Hewel hatte die Szene miterlebt.) Nein, es war der vom Kriegsglück verlassene Eroberer, der spürte, daß sein Weg schließlich in die Niederlage, in den Untergang führen würde. Es war der gealterte, der verbitterte und einsame Diktator – krank, von einem dämonischen Zerstörungstrieb beherrscht.

Hitler flüchtete sich immer mehr in eine Umgebung, die der Generaloberst Jodl als »Mischung aus Kloster und Konzentrationslager« charakterisierte. Die Tage des Führers in der Reichskanzlei wurden immer spärlicher, die langen Wochenenden auf dem Obersalzberg noch seltener. Er hütete sich davor, die Ruinenfelder in den vom Bombenkrieg verwüsteten Großstädten sehen zu müssen, selbst in Berlin; wenn er zum Flughafen oder zum Sonderzug fuhr, waren die Vorhänge seiner Limousine geschlossen. Im letzten Kriegsjahr schließlich gab es den öffentlichen Hitler, von wenigen Ausnahmen (so den beiden Rundfunkansprachen vom 20. Juli 1944 und 30. Januar 1945) abgesehen, überhaupt nicht mehr. Das löste Fragen und Mutmaßungen aus, die selbst Goebbels nicht überzeugend beantworten konnte. Im Volk kursierten wilde Gerüchte.

Hewel zu Schenck: »Hitler geisteskrank? Nein, gewiß nicht, zu keinem Zeitpunkt. Ich war jeden Tag und fast jede Nacht mit ihm zusammen. Lange Phasen dumpfer, depressiver Schweigsamkeit, ja. Vulkanartige Ausbrüche, ja. Aber Hitler verlor keineswegs die Selbstkontrolle. Er war ein vollkommener Schauspieler, kein Teppichbeißer. Im Zorn konnte er jeden in seiner Umgebung mit galligen Schmähungen überhäufen – Frauen ausgenommen. Seine Sekretärinnen zum Beispiel behandelte er stets mit ausgesprochener Liebenswürdigkeit. Aber andererseits war er von einem fast pathologischen Mißtrauen erfüllt, und sein Rachedurst kannte keine Grenzen.

Hinzu kam seine Flucht vor der Realität. Je näher das Kriegsende heranrückte, desto weniger war Hitler noch der *Führer* im eigentlichen Sinne des Wortes; desto mehr wich er der harten Wirklichkeit und ihren immer drängenderen Forderungen aus. Die Tatsache, daß erst ein großer Teil Europas, dann Deutschland und schließlich seine Hauptstadt in Trümmern sank, beeindruckte ihn offenbar nicht im geringsten, jedenfalls waren das meine Beobachtungen, und ich kannte ihn wirklich gut genug. Über die chaotischen Verwüstungen in den letzten Jahren ging er mit einem Achselzucken hinweg, oder vielleicht weidete er sich sogar als wahrhafter Nihilist daran, wie ich vermuten möchte. Jedenfalls waren das für ihn Kleinigkeiten, die ihn nicht weiter belasteten – sozusagen eine Episode am Rande seines welthistorischen Auftrags . . .

Im letzten Jahr begann Hitler mehr und mehr die

Vorsehung zu beschwören, was immer er darunter verstanden haben mag. Sich selbst sah er als eine geschichtliche Gestalt, die noch in Jahrtausenden fortwirken werde. Wenige Stunden vor seinem Tod, in unserem letzten Gespräch, beharrte er lautstark darauf, dieser Krieg sei ihm ›vom Bolschewismus, dem internationalen Judentum und der spätkapitalistischen Plutokratie in den angelsächsischen Ländern‹ aufgezwungen worden.« Nebenbei bemerkt, waren das genau die rechtsradikalen Schlagworte, die den 18jährigen Studenten Walter Hewel einst in die Gefolgschaft Hitlers und in die NSDAP gelockt hatten.

Der Botschafter Walter Hewel freilich war schon im zweiten Kriegsjahr, noch zur Zeit der deutschen Siege im Ostfeldzug im Sommer 1941, zu der Überzeugung gekommen, daß die Zeit nicht für, sondern gegen das Deutsche Reich arbeite. Die Chancen für einen »Endsieg« der Achsenmächte bewertete er mit zunehmender Skepsis, und ein Verständigungsfrieden erschien ihm als der einzige Ausweg. So beschloß er, günstige Gelegenheiten zu dem Versuch zu nutzen, Hitlers starre Haltung etwas aufzulockern und ihm den Gedanken an eine deutsche Friedensinitiative näherzubringen. Gesinnungsfreunde aus dem Diplomatischen Dienst, der Wirtschaft der Aristokratie (so der SD-Konfident Prinz Hohenlohe-Langenburg), ja sogar aus der SS, arbeiteten ihm gezielte Memoranden aus, in denen sie die wachsenden Kriegsanstrengungen der westlichen Alliierten darstellten und dringend Schritte zu einem Kompromißfrieden empfahlen, solange man dafür noch kompetente britische und amerikanische Gesprächspartner finde.

Auslandsreisen, so Ende 1941 nach Spanien, nutzte Hewel für Kontakte mit potentiellen Mittelsmännern zu alliierten Diplomaten. Einige der Denkschriften, die er erhielt, ließ er auf der Führerschreibmaschine umschreiben und legte sie Hitler vor – umsonst. Er resignierte schließlich und stellte seine Bemühungen ein, als er hörte, mit welcher Entrüstung Hitler »diese defätistischen Schreibereien« vom Tisch gefegt und geschrien hatte, derartige Papiere wünsche er nicht mehr zu sehen. Doch trotz solcher deprimierender Erfahrungen blieb seine Loyalität gegenüber dem Führer ungebrochen, seine emotionale Bindung an den »Chef« ungeschmälert – bis zum grausigen Ende im Bunker der Reichskanzlei.

Fast jedes Gespräch mit Augenzeugen, die Hitler in seinen letzten Monaten erlebten, enthüllt ein eigenartiges psychologisches Phänomen: Dieser tyrannische Herrscher, der die Blüte seines Volkes bedenkenlos in den Tod schickte, seine Widersacher ausrotten ließ (und das nicht erst nach dem 20. Juli 1944, als er noch die letzten Todeszuckungen der Hingerichteten auf der Filmleinwand verfolgte), der kein Mitleid mit den Juden und anderen »rassisch Minderwertigen«, ihren Frauen und Kindern kannte – in der letzten Phase seines Lebens vermochte er bei denen, die den zitternden Greis erlebten, Mitgefühl zu wecken. Es spricht aus Schencks Schilderung der Begegnung auf der Wendeltreppe; Albert Speer spürte die gleiche Empfindung, als er sich in der Nacht zum 24. April im Bunker von Hitler verabschiedete; ebenso der Flugkapitän Baur, die Sekretärinnen und andere, die nicht zu seiner *entourage* gehörten und ihn viel distanzierter sahen – Generale der Ostfront etwa, die mitten aus erbarmungslosen Kämpfen und dem Elend der Zivilbevölkerung in das Hauptquartier kamen, um Bericht zu erstatten. Dieses Mitleid, für das Hauptquartier kamen, um Bericht zu erstatten. Dieses Mitleid, für das selbst Speer keine überzeugende Erklärung findet, sprach auch aus Hewels trübsinnigem Rückblick:

»Wenn ich ihn in den letzten Monaten vor mir sah, und ihn mit dem strahlenden Sieger früherer Jahre verglich, mußte ich immer wieder bekümmert an einen keuchenden Läufer denken, der weiß, daß seine Gegner ständig an Boden gewinnen und ihm in Kürze den welk gewordenen Lorbeerkranz von der schweißnassen Stirn reißen werden.« Sätze wie diese waren in gewisser Weise typisch für »überzeugte Nationalsozialisten« aus den gebildeten Schichten. Es ist jene Mischung aus Sachlichkeit und phrasenbeladener Rhetorik, die sich zum Beispiel in den Tagebüchern des Propagandaministers Goebbels fast auf jeder Seite findet, und sie war auch charakteristisch für den Führer selbst. Er beschwor immer wieder die »Vorsehung« – für ihn war das nicht Gott, zumindest nicht im überlieferten Verständnis, sondern ein metapolitisches *mixtum compositum* aus Schillers pathetischem Schicksalsbegriff, Hegels allgegenwärtigem Weltgeist und dem, was nach seiner eigenen Vorstellung in dem germanischen Heldenparadies Walhall vor sich gehen mochte.

Der große Mystagoge Hitler – er hatte Hewel für lange Jahre in den Bann geschlagen, sein Leben beherrscht. Doch nun, 48 Stunden nach dem Tod des Diktators und 24 Stunden nach dem Ausbruch aus der Katakombe, wich diese Faszination einem nüchternen Realitätssinn, der vielleicht durch den Entschluß, diesen 2. Mai nicht zu überleben, noch geschärft wurde.

Hewel: »Selbst in den letzten Tagen war Hitler fest davon überzeugt, zwischen den vorrückenden Truppen der Anglo-Amerikaner im Westen und der Russen im Osten werde es innerhalb kürzester Zeit zum Kampf kommen. Er glaubte, über die Reichskanzlei hinweg würden die schon völlig zerstrittenen Partner der Anti-Hitler-Koalition sich erbitterte Artillerie-Duelle liefern; und wenn diese gnadenlose, welthistorische Auseinandersetzung entbrannt sei, werde der Nationalsozialismus unter seiner Führung geläutert, ja neugeboren, wie ein Phönix aus der Asche dieses sechsten Kriegsjahres auferstehen . . . Die Meldung vom Beginn der Schlacht zwischen Russen und Westalliierten erwartete er von Tag zu Tag.

Auf andere zu hören, vor allem auf diejenigen, die sich wenigstens zum Teil ihr unabhängiges Urteil bewahrt hatten – das war ja noch nie eine der starken Seiten des Führers gewesen. Früher hatte er es meisterhaft verstanden, anderen seine Argumente förmlich aufzuzwingen, Menschen für seine Ziele einzuspannen, sie anzutreiben und dabei ihre Willenskraft einerseits zu beflügeln, andererseits zu paralysieren. Aber nun hatte er zu den Gefährten langer Jahre jedes Vertrauen verloren. Schreiend und vor Wut kochend, verfluchte er ›die Verräter‹: den wirrköpfigen Heß, dessen Flug nach England immerhin schon vier Jahre zurücklag, dann den treulosen Göring, schließlich den abtrünnigen Himmler. Die Kaste der preußischen Generale hatte er schon immer gehaßt – vor allem diejenigen, die dem grundbesitzenden Adel entstammten; in den letzten Tagen wollte er sie alle aufhängen lassen. Die einzigen Lobesworte, die ich von ihm hörte, als eine Hoffnung nach der anderen zerbrach, galten der Handvoll junger Frontoffiziere, denen er persönlich Tapferkeitsauszeichnungen überreicht hatte. Diese Männer, so meinte er zu mir, hätten ihn an seine eigene Zeit als einfacher Soldat in den Schützengräben des Ersten Weltkrieges erinnert.«

Noch in der letzten Stunde vor dem Tod Hitlers hätte Hewel solche ketzerischen Gedanken hervor, und Schenck hatte den Eindruck, daß sie ihn in den Wochen des Bunkerlebens zunehmend beschäftigt hatten. Mitte März war Ribbentrops »Ständiger Beauftragter« mit dem Führer in das Betongewölbe umgezogen: »Wenn ich an die endlosen Stunden an Hitlers Abendtafel denke, die langen Monologe, während seine Macht buchstäblich von Tag zu Tag weiter dahinschwand, so finde ich besonders bezeichnend, wie sehr sein Denken immer noch von der Vorstellung beherrscht war, eine ›Mission‹ erfüllen zu müssen – natürlich in Dimensionen, die in die Jahrtausende reichten; und am Ende zerfloß dieses Bewußtsein in rührseligem Selbstmitleid. Als die Göttin Nemesis seine Hybris bestrafte, verlor er die Nerven. Und nun erkannte er nur an, was in das Prokrustesbett seiner eigenen Vorstellungen paßte, mochte die Realität sein, wie sie wollte.«

Das galt gewiß für den geschlagenen Führer des April 1945. Was Hewel wohl nicht sah, war die Tatsache, daß dieses Urteil nahezu gleichermaßen für den putschenden Agitator des 9. November 1923 zutraf. Hitlers Charakter hat sich nicht gewandelt; dieser Mann war ein Schauspieler, dessen Rollenverständnis vom ersten bis zum letzten Vorhang gleich blieb. Es war das Publikum, das bei ihm eine dynamische innere Entwicklung zu sehen glaubte.

Der Tod eines Höflings hat seine eigene Melancholie. Noch immer die Kaffeebohnen auf dem Fußboden hin und her scharrend, schilderte Hewel dem Arzt das letzte und düsterste seiner unzähligen Gespräche mit Hitler, am Vormittag des 30. April, gut sechs Stunden vor dem Selbstmord des Führers. Zunächst erinnerten sie sich im Plauderton an dies und das aus alten Zeiten, doch dann kam der »Chef«, der dabei sehr ruhig blieb, zur Sache und erklärte Freund Hewel, wenn er, ein Vertrauter Hitlers, den Russen in die Hände falle, werde man ihn »ausquetschen, bis Ihnen die Augen aus den Höhlen treten, und dann wird man Sie im Moskauer Zoo zur Schau stellen«.

Hier wird noch einmal das kraß egozentrische Denken Hitlers deutlich; seine Fähigkeit, sogar unmittelbar am Rande des Abgrunds einen Gefolgsmann mit diabolischen Argumenten auf seine Person zu verpflichten – noch über den eigenen Tod hinaus. Auch der Führer kannte seine Pappenheimer. Noch einmal sah er Hewel mit dem so häufig beschriebenen Basiliskenblick aus blaugrauen Augen an, die offenbar auch jetzt noch suggestiv zu wirken vermochten, und nahm dem einstigen Landsberger Mithäftling das demütig gegebene Versprechen ab, sich in dem Augenblick umzubringen, in dem er den Russen nicht mehr entkommen könne. Hitler instruierte ihn über die sicherste und schnellste Selbstmordmethode. Da der Botschafter keine Dienstwaffe trug, gab er ihm eine 7,35-mm-Walther-Pistole und dazu eine Blausäurekapsel (der Arzt sah sie in Hewels Hand).

Hier kommen wir an einen sehr wichtigen Punkt unseres Berichts. Wir unterbrachen Professor Schenck, um ihm einige Zwischenfragen zu stellen: »Wir wissen von Ihnen (und andere Überlebende des Führerbunkers haben uns erklärt, auch sie seien fest davon überzeugt), daß Professor Haase Hitler im Hinblick auf den bevorstehenden Selbstmord ärztlich beraten hat. Wie verhielt es sich mit Hewel – können wir davon ausgehen, daß auch er ein ähnliches Gespräch mit Haase hatte?«

»Offen gesagt, ich habe Hewel nicht direkt danach gefragt, aber ich halte es für durchaus möglich, daß er nach der Instruktion über den Selbstmord durch Hitler, der ihm ›seine‹ Methode erläuterte, auch mit Haase über dieses Thema sprach – wahrscheinlich nach Hitlers Tod. Sehen Sie, im eigentlichen Führerbunker hielten sich damals ständig, das heißt, in dienstlicher Eigenschaft, relativ wenige Personen auf – es waren nicht einmal dreißig. Haase und Hewel, die einander gut kannten, trafen dort häufig zusammen, denn Haase wurde immer wieder in den Führerbunker gerufen. Beide hatten also bis zum Ausbruch am Abend des 1. Mai – Haase blieb ja zurück, um die Verwundeten den Russen zu übergeben – hinreichend Gelegenheit zu einem solchen Gespräch. Bis zum Ende gab es im gesamten Bereich der Reichskanzlei, alle Bunker eingeschlossen, nur noch drei Ärzte: das waren Stumpfegger, Haase und ich, Selbstmord war das beherrschende Thema . . . Hewel hatte zu Stumpfegger, der sich Bormann angeschlossen hatte, offenbar keine persönliche Beziehung; ich selbst fühlte mich durch den hippokratischen Eid gebunden und war dementsprechend äußerst zurückhaltend, wenn ich um Ratschläge für den Suizid gebeten wurde. Haase und ich waren in dieser Hinsicht unterschiedlicher Auffassung.«

»Wie hätten Sie reagiert, wenn Hitler persönlich Sie um eine Beratung für den Selbstmord ersucht hätte? Wären Sie in diesem Fall von Ihrem durch den ärztlichen Eid begründeten Standpunkt abgewichen?«

»Ich hätte mich in einem solchen Augenblick zu letzter Offenheit verpflichtet gefühlt, die keine Rücksicht mehr erlaubt – weder auf den anderen, noch auf die eigene Person. Und dementsprechend hätte ich nicht als Arzt, nicht einmal als Offizier, sondern von Mann zu Mann reagiert und Hitler gesagt: ›Sie müssen heraus aus dem Bunker und im Kampf fallen. Sie haben einst als Führer und Reichskanzler die Verantwortung für das Schicksal Deutschlands übernommen. Nachdem alles vernichtet ist, können Sie nicht mehr weiterleben. Sie haben Ihre Existenz verspielt.‹ Ich bin sicher, daß dies der Standpunkt vieler Männer meiner Generation war, die es Wilhelm II. nie verzieh, daß er nach Holland floh, statt im Kampf den Tod zu suchen. Wäre Hitler damals mit diesem Ziel aus dem Bunker heraus und ins letzte Gefecht gegangen – ich glaube, die meisten von uns wären bei ihm geblieben und mit ihm gefallen.«

An jenem Nachmittag in der Brauerei schien es Schenck, als seien seit der nächtlichen Begegnung mit Hitler schon Wochen vergangen, und es waren doch nur sechzig Stunden, freilich von äußerster Dramatik und Gefahr: die letzten Operationen im Notlazarett, der Ausbruch, das mühsame Vorwärtstasten durch den dunklen, stickigen U-Bahntunnel, die Flucht durch die Ruinenfelder, über die Spree, zum Bunker im Humboldthain, und schließlich in diesen Kellerraum.

Das lange Gespräch zwischen Hewel und Schenck

nahm eine sehr persönliche Wendung, als einer der von Mohnke ausgesandten Späher mit der Meldung zurückkam, die Russen seien schon in den oberen Stockwerken; ein Raum nach dem anderen werde systematisch durchsucht. Für jeden einzelnen begann nun die Stunde der schwersten Entscheidung. Der Arzt, der zuvor Tag und Nacht mit dem Skalpell gegen den Tod gekämpft hatte, rang noch einmal, und nun mit Worten, um Menschenleben. Er versuchte, Hewel den Entschluß zum Selbstmord auszureden: Er müsse doch an seine junge Frau denken, für sie weiterleben.

Gab es nicht doch eine Chance, daß die Russen seinen Diplomatenstatus respektieren und ihn lediglich internieren würden? (Hewel hatte Schenck ein Bild seiner Frau und den in blaues Leder eingebundenen Diplomatenpaß gezeigt.) Und der Treueschwur gegenüber dem Führer und Obersten Befehlshaber schließlich – auch der Oberarzt Schenck hatte mit diesem Problem gerungen und es für sich gelöst: Mit dem Tode Hitlers, so gab er Hewel zu bedenken, sei diese Treuepflicht logischerweise erloschen.

Doch es war alles umsonst. Schenck: »Mit dem müden Blick eines Mannes, der innerlich mit diesem Leben abgeschlossen hatte, bat Hewel mich freundlich, ich möge nicht weiter versuchen, ihn zu überzeugen. Dann zwängte er seinen massigen Körper auf die Pritsche, die ihm als Sitzgelegenheit gedient hatte – es war eines der nahe an der Tür stehenden Doppelbetten. Schweigend lag er dort; seine rechte Hand umklammerte die Pistole, die andere die Giftkapsel, das makabre Abschiedsgeschenk Hitlers.

Was Hewel still für sich beschlossen hatte, verlangte ein junger, hochdekorierter Offizier der Waffen-SS mit erhobener Stimme von uns allen. Der Obersturmbannführer Stehr saß weiter hinten in dem Kellerraum auf einem Doppelbett und versuchte, uns mit einer

Mischung aus verzweifeltem Idealismus und pathetischem Opfermut für seinen Standpunkt zu gewinnen, wer diese Niederlage überlebte, verrate allein dadurch den Führer; keiner von uns dürfe als Gefangener in russische Hände fallen. Ich versuchte auch ihn durch ein ruhiges Gespräch zu retten – ebenfalls vergeblich.«

Historiker mögen unsere Darstellung, daß der Dämon Hitler noch in den letzten Stunden seines Lebens den langjährigen Gefährten Hewel zum Selbstmord überreden konnte, vielleicht zunächst mit Skepsis aufnehmen, doch wir stützen uns auf Fakten, die nicht zu bezweifeln sind. Hewel war nach der übereinstimmenden Schilderung aller Zeugen, die ihn gut kannten, unter normalen Umständen alles andere als schwermütig; sein eher heiteres Naturell machte ihn gewiß nicht anfällig für Selbstmordgedanken. Überdies war er jung verheiratet, gesellig, kontaktfreudig und chevaleresk – das genaue Gegenteil des Mannes, der sich schnell in einer ausweglosen Situation sieht.

Noch wichtiger aber ist, was Oberst a. D. Nikolaus von Below, Hitlers Luftwaffenadjutant, wenige Monate nach Kriegsende vor Vernehmungsoffizieren des britischen Geheimdienstes aussagte. Below hatte den Auftrag bekommen, einen Zusatz zum Politischen Testament Hitlers nach Plön zu Feldmarschall Keitel zu bringen. Er verließ den Bunker gemeinsam mit seinem Burschen Matthiesing in der Nacht vom 29. zum 30. April als Letzter vor Hitlers Tod. Einige seiner Freunde haben seine Stellungnahme zu dieser Frage wie folgt formuliert: »Ich hatte von vornherein nicht die Absicht, an dieser Selbstmordorgie im Bunker teilzunehmen; das gleiche galt für Botschafter Hewel und Vizeadmiral Voß. Beide sagten mir das einige Tage vor dem Ende Hitlers hinter vorgehaltener Hand. Ich hatte dem Führer acht Jahre lang gedient, war einer seiner Hochzeitsgäste gewesen, und hatte sein privates Testament mit unterschrieben. Er hatte auch mir eine Giftampulle gegeben, doch schon in dem Augenblick, in dem ich sie bekam, war ich entschlossen, jede Chance zum Überleben zu nutzen.« Die Giftkapseln hat Hitler offenbar in den letzten Tagen wie Grippetabletten an die meisten langjährigen Mitglieder des »Hofes« verteilt.

Walter Hewels Leben endete am Abend des 2. Mai im Keller der Brauerei. Es war gegen 20 Uhr, als General Mohnke, der wortkarg in der Nähe der Tür saß, noch einmal einen Späher ausschickte. Minuten später kam der Mann mit der Meldung zurück, die Russen hätten die oberen Stockwerke bereits durchsucht, und sie würden nun zweifellos das Kellergeschoß räumen; offenkundig bewegten sie sich dabei mit großer Vorsicht und ohne die geringste Hast. Draußen hatte das Artilleriefeuer völlig aufgehört; über der zerschlagenen Stadt zog langsam eine frühe Abenddämmerung herauf.

Für die Behutsamkeit, mit der die Rotarmisten sich in der Brauerei dem Keller näherten, hatten sie ihre guten Gründe. Die Russen kannten die Härte der Waffen-SS aus langer, bitterer Erfahrung auf den Schlachtfeldern des Ostens. Und dieses letzte Kellerversteck war wie geschaffen für einen Verzweiflungsakt, für einen Kampf bis zur letzten Patrone, der nur mit einem Blutbad auf beiden Seiten enden konnte.

Eine Viertelstunde mochte vergangen sein, als die Männer der Gruppe Mohnke auf dem Gang langsame, fast tastende Schritte hörten. Sie sprangen auf, zogen die Pistolen und standen in äußerster Spannung zum Eingang gewandt – alle, auch Oberst Schenck, waren in diesem Augenblick bereit, in den nächsten Sekunden genau das zu tun, was die Russen befürchteten: Schießen bis zur vorletzten Kugel, die letzte für sich selbst. . . . Eine Minute herrschte Totenstille. Dann wurde die Tür langsam von außen geöffnet; in dem Spalt erschien zunächst ein Arm mit weißer Binde, dann stand Oberst

Clausen, der schon halb vergessene Parlamentär (auch er kannte die Waffen-SS) vor Mohnke. Ruhig schilderte er die Lage und das Ergebnis *seiner* Verhandlungen mit den Russen. Der Kampf um Berlin sei tatsächlich beendet; er habe sich von dem Befehl General Weidlings, den Widerstand einzustellen, überzeugt. Das sowjetische Oberkommando sichere den Deutschen eine ehrenvolle Gefangenschaft zu: Zum Zeichen dessen dürften die Offiziere die Seitenwaffe behalten. Schweigend blickten alle zu Mohnke. Nach einer fast unerträglichen Minute nickte der General wortlos. Die Pistolen wurden gesichert – bis auf zwei. Die Gruppe Mohnke kapitulierte.

Diese zwei Männer hatten sich anders, für das Dunkel, entschieden. Nach Mohnkes Zeichen zur Aufgabe öffnete ein sowjetischer Offizier, der auf dem Gang gewartet hatte, die Tür; vier Rotarmisten folgten ihm. Sekunden danach krachten fast gleichzeitig zwei Schüsse – in diesem geschlossenen Raum fast so laut wie detonierende Handgranaten. Entsetzt starrten alle auf die Doppelbetten an der Wand. Hewel und Stehr hatten sich in den Kopf geschossen. Schenck: »Ich stand in diesem Augenblick drei Schritte von Hewel entfernt. In der Nervenanspannung der Viertelstunde vorher hatte ich ihn halb vergessen, halb aus dem Blick verloren. Mit einem Sprung war ich bei ihm; doch es war auch für einen Arzt zu spät. Der Tod war innerhalb von vier bis fünf Sekunden eingetreten. Ich untersuchte seinen Kopf und sah sofort, was geschehen war: Hewel hatte die Giftkapsel zerbissen und sich im selben Augenblick eine Kugel in die rechte Schläfe gejagt. Ich stand vor seiner Leiche, und in dieser Minute war mir klar: Genau so hatte Hitler sich umgebracht. Es war die Suizidmethode, die Haase in der Nacht zum 30. April Hitler und – vermutlich nach dem Tod des Führers – auch Hewel empfohlen hatte. Dann ging ich zu Stehr; auch er war tot.«

Die Parallele, die Professor Schenck hier zwischen dem Selbstmord Hitlers und dem Freitod Hewels zieht, erscheint zwingend und untermauert unseren Bericht über das Ende des Führers (in dem Kapitel »Der Schuß«) auf außerordentliche Weise. Professor Trevor-Ropers Darstellung, Hitler habe sich erschossen, entsprach den Tatsachen; freilich war das nur ein Teil der Wahrheit. Der Möglichkeit, daß der Diktator sich zugleich vergiftet haben könnte, schenkte der bedeutende englische Historiker vielleicht etwas zu wenig Beachtung.

Die Autoren glauben, sich an dieser Stelle auch kurz mit den Thesen des sowjetischen Autors Lew Besymenski auseinandersetzen zu müssen. Er schrieb: »Die Verwirrung und Uneinigkeit in den Aussagen (der Augenzeugen, d. V.) deuten darauf hin, daß die aus dem Bunker entkommenen Mitarbeiter Hitlers vorsätzlich versucht haben, die Wahrheit zu vertuschen, damit die Legende entstehen konnte, der ›Führer‹ habe sich männlich erschossen. Die Moskauer Untersuchungsbeamten haben sich trotzdem mit der Hypothese des Schusses beschäftigt. Die Möglichkeit, daß sich Hitler zunächst erschossen und dann noch Gift genommen habe, wurde von vornherein ausgeschlossen. Auch die umgekehrte Reihenfolge erschien unwahrscheinlich. Da Zyankali augenblicklich wirkt, ist kaum anzunehmen, daß ein Mensch, der eine Giftampulle im Mund zerdrückt, nachher noch den Hahn abdrücken kann. Ich fragte den bekanntesten sowjetischen Gerichtsmediziner, Professor Dr. Wladimir Michailowitsch Smoljaninow, ob es schon solche Fälle gegeben habe. Er ist während seiner ganzen Praxis noch auf keinen derartigen Fall gestoßen. Diese Methode erfordere auf jeden Fall große Willensstärke, Augenblicksreaktion und eine harte Hand. Nun ist aber bekannt, wie sehr Hitlers Hände zitterten . . .«*

---

* Lew Besymenski, *Der Tod des Adolf Hitler*, S. 91ff.

Bei allem Respekt vor Professor Smoljaninow: Er war weder an den Stätten des Geschehens, noch wußte er genug über die Hauptfiguren des Dramas; und die immer wieder (besonders in Kriegszeiten) erhärtete Erfahrung, daß extreme Situationen auch extreme Verhaltensweisen und Energien zu erzeugen pflegen, hat er bei seinen Auskünften gegenüber Besymenski erkennbar nicht berücksichtigt.

Ferner: Wenn Smoljaninow tatsächlich der führende sowjetische Gerichtsmediziner ist, so hätte der Journalist Lew Besymenski von ihm so fundierte Erläuterungen über die hier relevanten anatomischen und toxikologischen Tatbestände erwarten können, wie sie die Autoren von dem Gerichtsmediziner Dr. Naeve erhielten. Der Leser hat seine Expertise auf Seite 302–309 unseres Buches gefunden.

Und schließlich: Adolf Hitler fehlten viele menschliche Qualitäten; aber ausgerechnet diesem dämonischen Machthaber auch nur für die letzten Tage seines Lebens einen Mangel an Willenskraft zu unterstellen, ist absurd. Auch im Russischen muß es ein Sprichwort geben, man solle selbst dem Teufel das Seine zugestehen.

Hatte Hewel sich »à la Hitler« entleibt, so war der Selbstmord des jungen Obersturmführers Stehr unzweifelhaft der Tod eines Soldaten, denn er starb durch die Kugel. Sein Schicksal ist es wert, kurz beleuchtet zu werden, denn dieser offenkundig sehr tapfere Offizier symbolisierte eine betrogene, mißbrauchte und in den Abgrund geführte Generation. Stehr hatte im Dezember 1944 an der Ardennen-Offensive teilgenommen und war dann mit der *Leibstandarte Adolf Hitler* an die Ostfront verlegt worden, wo er eine schwere Verwundung an der Hüfte erlitt. Im Februar 1945 hatte man ihn in ein Berliner Lazarett gebracht. Doch als der »Fall Clausewitz« eintrat, hatte er sich vom Krankenbett weg zum Einsatz gemeldet, in einem Abschnitt nahe der Reichskanzlei für »Führer, Volk und Vaterland« gekämpft und sich am Abend des 1. Mai der ausbrechenden Gruppe Mohnke angeschlossen.

James O'Donnell, der die Ardennenschlacht als Oberleutnant einer US-Panzereinheit erlebte, erinnert sich: »Wie vielen Amerikanern, die damals dabei waren, ist auch mir dieser spezielle Typ des deutschen Frontoffiziers, den Stehr nach allem, was wir von ihm wissen, fast lupenrein verkörperte, unvergeßlich geblieben. Diese tapferen Burschen waren aus der Hitlerjugend hervorgegangen und in der Regel gleich nach dem Abitur in den Krieg gezogen; sie kämpften verbissen – innerlich zutiefst verzweifelt darüber, wie weit es mit dem Reich inzwischen bergab gegangen war. Für sie ging es aber nicht nur um Deutschland, sondern um ihre Weltanschauung . . . Ein sehr ernst zu nehmender Gegner für uns.«

»*Und heute hört uns Deutschland, und morgen die ganze Welt* . . .« hatte Stehrs Generation einst im HJ-Heim, auf dem Geländemarsch, am Lagerfeuer gesungen und dem Führer Treue gelobt – jenem Adolf Hitler, der sich nun, nimmt man alles in allem, unrühmlich aus dem Leben gestohlen hatte. Berlin war in sowjetischer Hand, und das letzte Gefecht, das Stehr noch gegen die Russen zu erleben hoffte, war im Keller einer Brauerei versandet – so jedenfalls empfand er es. Für ihn war all das gleichbedeutend mit dem Ende Deutschlands, das er nicht glaubte überleben zu können – nein, schlimmer noch: Er meinte es nicht überleben zu dürfen. Hier schlug jener hypertrophe Ehrbegriff durch, den die Führer des NS-Regimes der Jugend einzupflanzen versucht hatten, ohne ihn für sich selbst als verbindlich zu akzeptieren. (Artur Axmann zum Beispiel, der Reichsjugendführer, hielt nichts von dem Gedanken, seinem Führer in den Tod zu folgen.)

»Der Mythos trog« überschrieb Gottfried Benn, der lange schon desillusionierte Arzt und Lyriker, den einst das »Völkische« im Nationalsozialismus angezogen hatte, bittere Verse über das Schicksal dieser mißbrauchten Generation. Sie hätten Stehr gewidmet sein können.

Mit der gleichen Beharrlichkeit wie gegenüber Hewel, hatte der Oberst Schenck versucht, auch Stehr die Selbstmordabsicht auszureden: »Ich hielt mich für moralisch verpflichtet, das zu tun, um nicht mitschuldig an seinem Tod zu werden. Er war verlobt, doch nicht einmal der Gedanke an das Mädchen, das er liebte – er zeigte mir Bilder – vermochte ihn umzustimmen. Schließlich entzog er sich mir mit einer abschließenden Geste. Ich glaube, er empfand sich als der letzte der Treuen, der mit der hoch erhobenen Fahne in den Tod geht . . . So sinnlos dieses Sterben war, so bestätigte er sich damit doch vor sich selbst. Es war tragisch und erschütternd.«

»Warum? Es war nicht mehr nötig, Sie werden es gut haben«, sagte der sowjetische Offizier, ein Unterleutnant, in einwandfreiem Deutsch, als er vor den Leichen Hewels und Stehrs stand. Dann bat er Mohnke und seine Männer ebenso höflich wie nachdrücklich, die Magazine aus den Pistolen zu nehmen und auf den kleinen Tisch zu legen; die Waffe selbst könne jeder, wie vereinbart, behalten. Weitere Selbstmorde wolle das sowjetische Oberkommando gern verhüten; der Krieg sei ja nun zu Ende. Oberst Clausen hatte seine Aufgabe als Parlamentär erfüllt und blieb bei der Gruppe Mohnke (wenige Monate später starb er in einem Lager an Hungerdystrophie). Vor der Tür des Kellerraums hatten sich inzwischen zehn schwer bewaffnete Rotarmisten posiert. Sie führten die Deutschen in die Gefangenschaft.

Als wir General a. D. Wilhelm Mohnke baten, diesen Bericht auf eventuelle Fehler durchzusehen, sagte er uns nach der Lektüre: »Natürlich kann ich mich zu dem Gespräch zwischen Professor Schenck und Botschafter

Hewel nicht äußern. Wenn Sie schreiben, wir hätten uns in dem Brauereikeller ›versteckt‹, so entspricht das nicht ganz dem Vorgang. Dieses Gebäude mit dem großen Hof war der Sammelplatz für Hunderte von Soldaten und Zivilisten, die ganz einfach dahin gegangen waren, wo sie auf Schicksalsgenossen zu treffen glaubten – Sie wissen, in solchen Situationen zeigt sich der menschliche Herdentrieb. Von einigen Details abgesehen, die ich nicht oder anders in Erinnerung habe, entspricht Ihre Darstellung jedoch den Tatsachen.

Nur eine korrigierende Anmerkung zum Schluß: Die Sache mit den Pistolenmagazinen war etwas anders. Zwar hat der sowjetische Unterleutnant sie uns abgefordert, aber er hat nicht alle bekommen. Günsche und mir gelang es, unsere Magazine zu verstecken. Doch das ist eine andere Geschichte, zu der wir noch kommen werden . . .«

An dieser Stelle möchten wir kurz auf die Schilderung eingehen, die Professor Hugh Redwald Trevor-Roper (in seinem Standardwerk *Hitlers letzte Tage,* S. 206) über die Gefangennahme der Gruppe Mohnke gibt: »Am Nachmittag des 2. Mai drangen die Russen in den Keller ein und verlangten die sofortige Ergebung. Widerstand war unmöglich, und die Gruppe ergab sich. Den vier Frauen wurde erlaubt, zu gehen, wohin es ihnen beliebte, und drei von ihnen erreichten schließlich die britische bzw. die amerikanische Zone. Als sie den Keller verließen, erklärten Rattenhuber, Hewel, Günsche und Mohnke, sie seien fest entschlossen, Selbstmord zu begehen, und es ist sehr gut möglich, daß sie das getan haben, wiewohl der russische Heeresbericht Rattenhubers Gefangennahme meldete.« Und in der 3. Auflage seines Buches fügte Trevor-Roper 1956 in einer Anmerkung hinzu: »Tatsächlich wurden sowohl Rattenhuber als auch Günsche gefangengenommen und kehrten 1955 bzw. 1956 nach Deutschland zurück.« Wir erwähnen die hier zutage tretende Diskrepanz zwischen dem tatsächlichen Geschehen und der Darstellung Trevor-Ropers nicht, um dem von uns geschätzten englischen Historiker einen Irrtum nachzuweisen. Doch läßt sich hier exemplarisch zeigen, wie schwierig die Wahrheit im ersten Jahr nach Kriegsende zu ermitteln war, da die Russen die Gruppe Mohnke in ihrem Gewahrsam hielten, und wie der Irrtum eines indirekten Zeugen auch in einen sehr sorgfältig erarbeiteten Bericht Eingang finden kann.

Als Professor Trevor-Roper Ende 1945 die oben zitierten Sätze schrieb, stützte er sich wahrscheinlich – er gab seine Quelle nicht an – auf die Aussagen des Obersten von Below, den er persönlich vernahm. Hitlers Luftwaffenadjutant hatte den Führerbunker in der Nacht zum 30. April mit seinem Burschen Matthiesing verlassen. Der »Chef« hatte ihn beauftragt, sich nach Plön durchzuschlagen und Feldmarschall Keitel eine Nachschrift zum Politischen Testament des Führers zu überbringen – Hitlers Abschiedsbotschaft an die Wehrmacht. Oberst von Below verbrannte diese Dokumente in einem Wald, als er keine Chance mehr sah, sie den Empfängern aushändigen zu können. In einer einsamen Hütte in der Nähe von Friesack, etwa 50 Kilometer nordwestlich von Berlin, traf er mit Matthiesing auf einen Feldwebel namens Pardau, der früher einmal Belows Untergebener gewesen war. Pardau hatte am Nachmittag des 2. Mai im letzten Augenblick aus der Brauerei im Wedding entkommen können und Below über das Ende in der Reichskanzlei, den Ausbruch und die Überlegungen zum gemeinsamen Selbstmord berichtet, die einige SS-Offiziere der Gruppe Mohnke im Brauereikeller entwickelt hatten. Doch die Fairness verlangt hier einen Hinweis: Dieser Selbstmordplan basierte auf der Vorstellung und sollte nur für den Fall gelten, daß die Russen versuchen würden, die Gruppe Mohnke mit Waffengewalt zu überwältigen.

Dieser Bericht über das Drama in der Brauerei am 2. Mai 1945 entstand nach unseren langen Gesprächen mit Professor Schenck, Wilhelm Mohnke, Otto Günsche und anderen Beteiligten. Hewel hatte sich in seinem fünfstündigen Dialog mit dem Arzt sehr zurückhaltend über seinen Lebensweg geäußert und biographische Details nur *en passant* einfließen lassen. Doch die Zeugen, die dem inneren Kreis um Hitler angehörten und Hewel natürlich genauer kannten als Schenck, gaben uns manche Informationen, die das Bild dieser pikaresken Persönlichkeit abrunden, den Einblick in Hewels Beziehung zu Hitler vertiefen.

Nach allem, was wir über Hewel wissen, war er nahezu ein Duzfreund des Diktators. Albert Speer und Rudolf Heß haben bei ihren täglichen Rundgängen im Garten des Spandauer Gefängnisses herauszufinden versucht, wie viele Duzfreunde Hitler hatte. Sie kamen auf fünf Namen – sämtlich – »alte Kämpfer« aus den Tagen der Feldherrnhalle: Dietrich Eckart, Hitlers Mentor, der am 26. Dezember 1923, also kurz nach dem Putschversuch, starb; Ernst Röhm, den der Führer am 1. Juli 1934 erschießen ließ; Hermann Esser, der demagogisch talentierte Journalist und spätere Staatssekretär für den Fremdenverkehr im Reichsverkehrsministerium; Christian Weber, der einstige Pferdehändler, der bis 1945 als korrupter Vorsitzender des Münchner Stadtrats der »König der Bayern« genannt wurde und Fegelein protegiert hatte; und schließlich der antisemitische Pornohetzer Julius Streicher. Ein sechster Name ist nachzutragen: Emil Maurice, Hitlers einstiger Sekretär. Eigenartigerweise blieb Hitler gegenüber Heß, seinem langjährigen Mitstreiter, der ihn nach dem Selbstmord »Geli« Raubals im September 1931 daran gehindert hatte, sich ebenfalls zu erschießen, stets bei dem formellen »Sie«.

Im Falle Hewels mag freilich der Altersunterschied von

sechzehn Jahren eine Rolle gespielt haben. Hitler und Hewel, diese beiden grundverschiedenen Charaktere, haben viele tausend Stunden miteinander verbracht; doch nie war ihr persönlicher Kontakt enger und intensiver als in den letzten zwei Wochen ihres Lebens. Wenn der Detailfanatiker Hitler sich mit denen, die bei ihm im Bunker geblieben waren, über die verschiedenen Selbstmordmethoden und ihre Risiken unterhielt, war Hewel in der Regel dabei, und häufig diskutierten beide über die locker in die Unterhaltung eingestreuten Auskünfte, die der »Chef« erhalten hatte – von Stumpfegger, von Professor Haase, von den Militärs – bis er sich schließlich in der letzten Nacht seines Lebens mit Haase zum entscheidenden Gespräch über dieses Thema zurückzog.
Die Generale Burgdorf und Krebs hatten ihre Absicht, sich im Bunker zu erschießen, schon nach dem Nervenzusammenbruch Hitlers am 22. April geäußert. Sie wollten »einen soldatischen Tod sterben«. Für Walter Hewel hingegen, der ein durch und durch ziviler Mensch und nie Soldat gewesen war, hatte die Art des Selbstmords mit militärischen Ehrbegriffen nichts zu tun. Die Vorstellung, der Tapfere wähle die Kugel, der Feigling die Giftampulle, war ihm gänzlich fremd. Und nachdem Hitler ihm das Versprechen abgenommen hatte, eher in den Tod als in sowjetischen Gewahrsam zu gehen, hielt er die kombinierte Methode Pistole und Gift für den sichersten und daher besten Weg.
Für Hitler aber war die Wahl des Selbstmordmittels durchaus von symbolischer Bedeutung, und er hat diesen Aspekt ohne Zweifel sorgfältig bedacht. Er fühlte sich ja als »alter Soldat« – nicht nur als Kriegsteilnehmer, sondern als *Frontkämpfer* des Ersten Weltkriegs, der die vordersten Schützengräben kennengelernt hatte. Er war bis zum Ende auf das Eiserne Kreuz I. Klasse stolz, das ihm am 4. August 1918 in Nordfrankreich verliehen worden war, und konnte es sein. Vom ersten Tag des

Zweiten Weltkriegs an hatte er die von ihm selbst entworfene, zwar sorgfältig gearbeitete, aber im übrigen doch einfache »Führeruniform« getragen, um damit zum Ausdruck zu bringen, daß er sich nun wieder als Soldat verstehe. Und als er in seiner Reichstagsrede am Vormittag des 1. September 1939 in der Berliner Krolloper erklärte, er werde den grauen Rock nur wieder ausziehen nach dem Sieg, oder »dieses Ende nicht mehr erleben«, hatte er im Hinblick auf die letztere Eventualität ohne Zweifel einen soldatischen, das heißt, einen Tod durch die Kugel im Sinn. Hier suchte er einen Mythos zu begründen, der den Griff nach der Giftkapsel auszuschließen schien. (Mit der umgekehrten Zielsetzung, diesen Mythos zu zerstören und Hitler nachträglich einen »feigen« Tod zu attestieren, haben die Sowjets sich, wie wir schon sahen, intensiv um den Nachweis bemüht, er habe sich nur durch Gift umgebracht.)

Noch bevor er seine Erinnerungen schrieb, hat Generaloberst a. D. Heinz Guderian in einem Gespräch mit James O'Donnell eine sehr einfache Erklärung für das scheinbare Paradoxon gegeben, das in Hitlers Selbstmord durch Pistole und *Gift* gesehen werden mag. Der frühere Generalstabschef, dem der Anblick des tobenden Führers noch sehr gegenwärtig war – Hitler hatte ihn nach heftigen Auseinandersetzungen am 28. März 1945 »beurlaubt« – kam zu der gleichen Schlußfolgerung wie Professor Schenck. Guderian: »Hitler hatte manche persönlichen Qualitäten, die ich als Soldat bewunderte, während ich andere seiner Eigenschaften hassen gelernt hatte. Aber ich war nie der Meinung, daß er feige gewesen sei. In den vielen, einander widersprechenden Berichten über seinen Tod, die ich gehört und gelesen habe, gingen diejenigen, die sich darüber verbreiteten, wie er wirklich starb, in der Regel an einem simplen Faktum vorbei, das sich aus Hitlers physischer Verfassung und der ganzen Atmosphäre im Bunker ergab . . .

Ich war zum Glück nicht unter denen, die seine letzten Tage miterlebten. Als er mich am 28. März 1945 entließ, hatte ich längst die Nase voll von seinen Wutanfällen, seinem Starrsinn. Aber da war er schon das körperliche Wrack des Mannes, den ich in früheren Jahren gekannt hatte. Jetzt zitterte sein Körper, vor allem die Hände – ein Leiden, das sich allen Berichten zufolge bis zum Ende noch verschlimmert hat. Nun, jeder alte Soldat weiß, daß eine zitternde Hand, mag die Ursache krankhafter oder nervlicher Natur sein, die Chance für einen sicheren Selbstmord mit der Waffe erheblich beeinträchtigt. Sich selbst zu erschießen, ist ohnehin nicht so einfach; aber wenn der Zeigefinger kraftlos und unsicher ist, liegt die Wahrscheinlichkeit einer Selbstverstümmelung zumindest bei fünfzig Prozent . . .

Ich erinnere mich noch sehr lebhaft an das fast pathologische Interesse, mit dem Hitler acht Monate vor seinem eigenen Tod die Berichte über mißlungene Selbstmordversuche einiger, zumeist älterer Offiziere der Verschwörung vom 20. Juli 1944 verfolgte . . . Voller Verachtung und Hohn kam er immer wieder darauf zu sprechen, zum Beispiel auf Generaloberst Beck, einen meiner Vorgänger als Chef des Generalstabes, ein Soldat und Preuße durch und durch. Sie kennen sein Ende am Abend des 20. Juli . . .«

Ein anderer Augenzeuge erinnert sich an eine Diskussion im Führerhauptquartier »Wolfsschanze« bei Rastenburg: »Eines Abends verbreitete Hitler sich mit einiger Ausführlichkeit über die Frage, weshalb es selbst für einen im Umgang mit Waffen erfahrenen Mann nicht leicht sei, sich schnell und sicher durch eine Kugel zu töten. Einer der Generale, ich glaube, es war Burgdorf, empfahl, *zwei* Pistolen zu nehmen – eine für jede Schläfe . . .«

Was geht in der Seele eines besiegten Herrschers vor? Was trieb Hitler zu der ständigen Sorge, sein eigener

Selbstmord könne mißlingen, und die Russen könnten ihn fangen oder seine Leiche in ihren Gewahrsam bringen? Und warum warnte er Hewel davor, den Sowjets in die Hände zu fallen, die ihn, den engen Freund des Führers, »durch die Straßen Moskaus zerren und Sie in einem eisernen Käfig im Zirkus oder Zoo zur Schau stellen würden«? Hewels Antwort auf diese Fragen wäre vermutlich sehr aufschlußreich gewesen, denn er hat lange genug im engsten Kreis des Diktators gelebt.

In die psychologischen Probleme der Macht und ihres Verfalls ist niemand tiefer eingedrungen als William Shakespeare. In seinem Trauerspiel »Antonius und Cleopatra« finden sich im vierten und fünften Akt einige bemerkenswerte Parallelen zwischen dem besiegten römischen Aristrokaten und Triumvirn Marcus Antonius und Adolf Hitler, dem geschlagenen Despoten im Berliner Führerbunker. Wenn die Figur des Marc Anton auch eine tragische Größe, ein Seelenadel auszeichnet, den wir bei Hitler vergeblich suchen, und ein Vergleich insofern fragwürdig erscheinen mag, so ist doch beider Lage am Ende ihres Lebens ähnlich: Ihre zuvor absolute politische und militärische Macht ist zerbrochen, der dahingeschwundene Ruhm läßt sie unberechenbar und wutentbrannt reagieren, und überall wittern sie Verrat – das alles in der einmal heroisch-pathetischen, dann wieder apathisch-depressiven Atmosphäre, die eine totale Niederlage hervorzurufen pflegt. Die Geschichte bietet viele, ungemein anschauliche Beispiele dafür.

Wir lesen bei Shakespeare, wie Marc Anton voller Zorn erfährt, daß Cleopatras Flotte sich dem Feind ergeben habe (Hitlers Reaktion auf die gescheiterten Entsatzversuche der 9. und 12. Armee unter den Generalen Busse und Wenck war ähnlich):

Alles hin!
    Die schändliche Ägypterin verriet mich;
    Dem Feind ergab sich meine Flotte. Dort

Schwenken sie ihre Mützen, zechen sie,
Wie Freunde lang getrennt . . .
O Sonne! Nimmer seh ich deinen Aufgang!
Ich und Fortuna scheiden hier. Hier grade schütteln
Die Hand wir uns! Kam es dahin? Die Herzen,
Die hündisch mir gefolgt, die jeden Wunsch
Von mir verlangten,
Die schmelzen hin und tauen ihre Huld
Auf den erblühenden Caesar,
Und abgeschält nun steht die Fichte da,
Die alle überragt! Ich bin verkauft! . . .
(Cleopatra kommt)
Weg! Sonst zahl ich dir verdienten Lohn
Und schände Caesars Siegeszug. Nehm' er dich.
Hoch aufgestellt den jauchzenden Plebejern,
Folg seinem Wagen als die größte Schand'
Des Frauengeschlechts! Laß dich als Monstrum zeigen
Den schäbigsten Gesell'n und Tölpeln. Laß
Die sanfte Octavia dein Gesicht zerfurchen
Mit scharfen Nägeln.

Und nur wenige, atemlose Szenen nach diesem Ausbruch, stellt Marc Anton seinem Freund Eros eine rhetorische Frage, die Hitler ähnlich seinem Freund Hewel hätte zu bedenken geben können:

Mein Eros,
Möchtest du am Fenster stehn im großen Rom
Und deinen Feldherrn schaun, verschränkt den Arm,
Geneigt den unterjochten Hals, sein Antlitz
Durchglüht von Scham, indes der Siegerwagen
Des freud'gen Caesar auf ihn der Feigheit
Brandmal drückte?

Cleopatra schließlich quält die gleiche Vorstellung. Sie, die sich als Herrscherin nicht umsonst den Beinamen »Schlange des Nils« erwarb, sagt Proculejus, dem Gefährten Caesars, der sie eben entwaffnete:

. . . Dies ird'sche Haus zerstör ich;

Tu Caesar, was er kann. Wißt Herr, nicht frön ich
In Ketten je an Eures Feldherrn Hof,
Noch soll mich je das kalte Auge zücht'gen
Der nüchternen Octavia. Hochgehoben
Sollt' ich des schmähenden Roms jubelndem Pöbel
Zur Schau stehn? Lieber sei ein Sumpf Ägyptens
Mein freundlich Grab! Lieber in Nilus' Schlamm
Legt mich ganz nackt, laßt mich die Wasserfliege
Zum Scheusal stechen; lieber macht Ägyptens
Erhabene Pyramiden mir zum Galgen
Unf hängt mich auf in Ketten . . .

Fast 2000 Jahre liegen zwischen dem Selbstmord Marc Antons und Cleopatras* und dem gemeinsamen Ende Adolf und Eva Hitlers.

Als die Macht nach einer totalen Niederlage zerbrochen war, blieb 30 v. Chr. nur der gleiche Ausweg wie 1945 – der Tod durch eigene Hand. Und gleich blieb auch die Sprache des Siegers, dessen Macht nun absolut geworden war – Octavian am Ende des Ptolemäischen Krieges, Josef Stalin nach dem Zweiten Weltkrieg. Marschall Schukow läßt in seinen Kriegserinnerungen, die er übrigens erst 1969, sechzehn Jahre nach Stalins Tod, veröffentlichte, in einem einzigen, freilich höchst bezeichnenden Absatz erkennen, daß Hitlers Befürchtungen über sein und seiner Weggenossen Schicksal als Gefangene der Sowjets nicht völlig aus der Luft gegriffen waren. Stalin hatte durchaus entsprechende Absichten.

In der Nacht zum 1. Mai ließ Schukow sich in seinem Hauptquartier Strensberg bei Berlin mit Stalin verbinden, der sich in seiner Datscha in der Umgebung Moskaus

---

* Der historische Hintergrund: Der Machtkampf zwischen Octavian und Antonius (der sich auf das von Caesar gewonnene Ägypten stützte) wurde durch den Seesieg des Agrippa bei Actium im Jahre 31 v. Chr. zugunsten des Octavian entschieden. Die Flotte Cleopatras wurde geschlagen, 19 Legionen wurden kampflos übergeben. Am 3. August 30 v. Chr. fiel Alexandria. Antonius und Cleopatra – beide hatten 36 v. Chr. geheiratet – verübten Selbstmord. Ägypten wurde römische Provinz.

gerade schlafen gelegt hatte; die große Siegesparade auf dem Roten Platz stand bevor. Als der Diktator von Schukow erfuhr, was General Krebs wenige Stunden zuvor Generaloberst Tschuikow bei den Verhandlungen im Tempelhof mitgeteilt hatte – Hitlers Hochzeit, den Doppelselbstmord, die Nachfolge von Goebbels als Reichskanzler – unterbrach er seinen Marschall für eine kurze, prägnante Zwischenbemerkung: »Der Schuft hat also ausgespielt. *Schade, daß wir ihn nicht lebendig in die Hände bekommen haben.* Wo ist Hitlers Leiche?«*

Hitlers ständiges Grübeln über das Ende, das immer wieder um den einen Gedanken kreiste – »Wenn sie uns in die Hände bekämen, würden sie uns wie die Affen im Moskauer Zoo ausstellen« –, bezog sich natürlich in erster Linie auf die eigene Person und auf seine Gefährtin Eva Braun. Die Vorstellung, daß auch die Mitglieder seines »Hofes«, Hewel zum Beispiel, ein ähnliches Schicksal zu erwarten haben würden, bildete sich bei ihm offenbar erst kurz vor seinem Tod, vielleicht erst am letzten Tag.

Denn was Hewel anbetraf, so hatte Hitler immerhin noch neun Tage vor dem Ende für ihn eine Zukunftsperspektive gesehen, wie wolkenverhangen sie auch sein mochte. Das läßt sich aus einer ungemein aufschlußreichen Szene schließen, die der damalige Generalmajor Erich Dethleffsen, im April 1945 als Nachfolger von General Krebs Chef des Stabes im Oberkommando des Heeres, in der Nacht zum 21. April, gegen 3 Uhr, im Führerbunker miterlebte.

Nach dem Abschluß einer Lagebesprechung war der General wenige Minuten mit Hitler allein geblieben. Der Führer hatte wieder einmal wütend die Frontgenerale des völligen Versagens bezichtigt – es war die Ouvertüre

---

* Schukow, Georgij K.: Erinnerungen und Gedanken, Stuttgart 1969, S. 604 (kursive Hervorhebung durch die Verfasser).

zum nervlichen Kollaps Hitlers am 22. April gewesen. Insbesondere der Zusammenbruch im Frontbereich der in Sachsen kämpfenden 4. Panzerarmee hatte seinen Zorn erregt. (Deren Oberbefehlshaber, der General der Panzertruppen Gräser, erhielt am nächsten Tag eine der höchsten Auszeichnungen, das Eichenlaub mit Schwertern zum Ritterkreuz.) Ungläubig hatte Dethleffsen den Führer gefragt, ob er wirklich meine, daß »so viel verraten wird«. Hitler hatte diese Beschuldigung bekräftigt.

Dethleffsen war gerade im Begriff, den Raum zu verlassen, als Botschafter Hewel erschien und Hitler mit belegter Stimme und offenkundig sehr besorgt fragte: »Mein Führer, haben Sie irgendwelche Befehle für mich?« Hitler schwieg, doch Hewel fuhr beharrlich fort: »Falls wir auf politischer Ebene noch irgend etwas erreichen wollen, ist es jetzt höchste Zeit.« Mit einer nun gänzlich veränderten, ruhigen, ja fast sanften Stimme entgegnete Hitler: »Politik. Ich habe nichts mehr mit Politik zu tun. Sie widert mich nur noch an.« Dann ging er langsam, fast schleppend, in gebückter Haltung zur Tür, drehte sich noch einmal zu Hewel um und sagte in die Stille hinein: »Wenn ich tot bin, dann werden Sie sich noch genug mit Politik beschäftigen müssen.« Doch Hewel insistierte: »Ich glaube, wir sollten jetzt etwas unternehmen.« Und als Hitler den Türgriff schon in der Hand hatte, fügte Hewel mit großem Ernst hinzu: »Mein Führer, es ist fünf Sekunden vor zwölf.«

Hitler reagierte nicht mehr auf diesen Satz und verließ den Raum. Vielleicht war er in diesem Augenblick der größte Realist, der sah, daß Hewels politische Uhr nachging. Mitternacht war für die Führung des Dritten Reiches längst vorüber; und ohnehin hatte Hitler seit dem 1. September 1939 nur noch Krieg geführt und Außenpolitik nicht mehr betrieben. In Wahrheit hatte Politik ihn schon lange angewidert. Und Hewel war das nicht verborgen geblieben.

Der Dialog zwischen Hitler und Hewel in den ersten Stunden des 21. April erhellt beider psychische Verfassung wie ein Blitz die Nacht. Man kann vermuten, daß Hitler zu diesem Zeitpunkt glaubte, nicht nur Hewel, sondern auch andere seiner langjährigen Weggenossen würden ihn überleben und »sich noch genug mit Politik beschäftigen müssen«. In jener Nacht des *Warten auf Godot*-Dialogs war er zweifellos überzeugt, nur Eva Braun und »Blondi«, sein Lieblingshund, würden ihm »treu bleiben« und mit ihm in den Tod gehen – vielleicht auch die Familie Goebbels, die am nächsten Tag gegen 17.30 Uhr, von ihm dazu aufgefordert, in den Bunker zog.

Der Sanguiniker Hewel hingegen, so wissen wir aus dem Bericht des Obersten von Below, war am 21. April noch durchaus entschlossen, sein Leben nicht mit Hitler zu beschließen. Die Tatsache, daß er dennoch 48 Stunden nach dem Ende des Führers Hand an sich legte, muß vor dem Hintergrund eines anderen Faktums gesehen werden. Im Gegensatz zu Hewel begannen die prominenten Gefolgsleute Hitlers, die ihm – von seinem Charisma geblendet, durch seinen dämonischen Willen und seine Suggestion paralysiert – lange Jahre willfährig gewesen waren, »normal« oder besser: rational zu reagieren, als sein Tod für sie feststand. Göring, Bormann, Himmler, Keitel, Jodl, Ribbentrop – keiner dachte am 30. April ernsthaft daran, sich nun auch umzubringen; es sei denn, in einer Situation völliger Ausweglosigkeit. Die große Ausnahme war Goebbels. Hewel, der Hitler erst an dessen Todestag Nibelungentreue geschworen hatte, war zum Zeugen für das kümmerliche, so ganz und gar unheroische Ende des Führers geworden. Ohne Zweifel hat er die langsam verkohlenden Leichen des Ehepaares Hitler in dem Graben gesehen. Für ihn, den jüngsten der »alten Kämpfer«, mag dieser Anblick besonders entsetzlich gewesen sein.

Hans Baur hat uns geschildert, wie er den verzweifelten Mann in der Nacht zum 1. Mai überredete, in einer der Gruppen am Ausbruch teilzunehmen. Diesem Drängen wäre Hewel gewiß nicht gefolgt, wenn er nicht noch wenigstens einen Funken Hoffnung gehabt hätte, den Russen zu entkommen. Und wenn er am Abend des 2. Mai mit der Gruppe Mohnke in die Gefangenschaft gegangen wäre – was hätte ihn erwartet? Natürlich ist jede Antwort auf diese Frage spekulativ. Die Sowjets hätten Hewels Diplomatenstatus sicherlich nicht respektiert, sondern ihn nach den üblichen endlosen Verhören wie die anderen Mitglieder der Reichskanzlei-Gruppe auf die Odyssee durch die Gefängnisse und Lager geschickt; nach dem Besuch Konrad Adenauers in Moskau wäre auch er wohl in die Heimat zurückgekehrt.

Objektiv gesehen hatte Hewel jedenfalls nicht mehr, vielleicht sogar weniger zu fürchten als die SS-Offiziere um General Mohnke, die auf sowjetischem Boden gegen die Rote Armee gekämpft hatten. War es allein das Hitler noch am letzten Tag gegebene Versprechen, das ihn im Keller der Brauerei zur Pistole und zur Blausäurekapsel greifen ließ? Wir fragten Professor Schenck, der nach elf Jahren sowjetischer Gefangenschaft mehrere wissenschaftliche Arbeiten über die Auswirkungen extremer Bedingungen wie Hunger, Elend und Haft auf den physischen und psychischen Lebensablauf veröffentlicht hat. Seine Antwort:

»Der menschliche Körper vermag enorme Belastungen zu ertragen, doch wenn eine gewisse Grenze überschritten wird, beginnt ein Zustand, den der Arzt als ›nervlich dekompensiert‹ bezeichnet. Die große psychische Krise oder gar der Zusammenbruch tritt nicht selten erst dann ein, wenn das Schlimmste schon vorüber ist. Ich glaube, bei Hewel, der einfach körperlich und seelisch völlig erschöpft war, um es etwas salopp zu formulieren, eine Sicherung durchgebrannt. Sein Selbstmord war wenigstens zu einem Teil eine Kurzschlußhandlung. Und wir waren im entscheidenden Augenblick nicht schnell genug bei ihm, um ihn noch retten zu können.«

Hitlers einstiger Chefpilot General a. D. Hans Baur hatte Hewel vor allem als natürlichen Optimisten gesehen: »Als ich einige Wochen nach dem Ende des Krieges erfuhr, daß er im letzten Augenblick in dem Kellerraum Schluß gemacht hatte, war ich überrascht. Ich hatte das Drama in der Brauerei ja nicht miterlebt. Wenn ich an Walter Hewel denke, so erinnere ich mich vor allem an den Flugzeugabsturz, den wir Ende April 1944 bei Berchtesgaden zu beklagen hatten. Hewel hatte Glück im Unglück. Generaloberst Hube hatte auf dem Obersalzberg aus der Hand Hitlers die Brillanten (das Eichenlaub mit Schwertern und Brillanten zum Ritterkreuz, d. V.) entgegengenommen. Früh am nächsten Morgen wollte er vom Flugplatz Ainring aus über Breslau nach Berlin fliegen. Entgegenkommend wie er war, bot er denen in der Umgebung Hitlers, die ebenfalls nach Berlin zurückkehren wollten, Plätze in seiner Maschine an. Hewel, der ins Auswärtige Amt zu Ribbentrop wollte, und vier oder fünf andere nahmen dankend an.

Ich stand auf dem Flugfeld, als das Unglück geschah. Die Morgendämmerung war noch nicht angebrochen; es schneite. Mit dem Piloten, einem Luftwaffenoffizier, und der übrigen Besatzung waren zwölf Menschen an Bord der Maschine. Sie drehte wenige Minuten nach dem Start scharf nach links ab. Zunächst vermutete ich eher einen Fehler in den Instrumenten als einen Irrtum des Piloten. Die Berge sind gut eineinhalb Kilometer von diesem Flugplatz entfernt. Der Pilot versuchte noch, ihnen auszuweichen, doch eine Tragfläche bekam Bodenberührung, und schon war es geschehen. Botschafter Hewel, den wir fünfzehn Minuten später als einzigen lebend aus den Trümmern der Maschine zogen, hatte schwere Prellungen erlitten.«

Hewel lag monatelang im Krankenhaus. Seine Aufgaben im Führerhauptquartier übertrug Ribbentrop vertretungsweise dem Gesandten Franz von Sonnleithner, der Hitler sehr bald auf die Nerven fiel, weil er ihm auf Geheiß des Außenministers schriftliche »Empfehlungen« des Auswärtigen Amtes überreichte, bis der »Chef« sich dieses rundheraus verbat.

Dem Tod so knapp entronnen zu sein, mag Hewels Lebensmut neu beflügelt haben. In dieser Zeit der langsamen Genesung knüpfte der Junggeselle zarte Bande zu Schwester Elisabeth, die ihn pflegte – einer jungen Dame aus Berchtesgaden. Kurz nachdem Hewel, halbwegs wiederhergestellt, entlassen worden war, heiratete das Paar – zur großen, naserümpfenden Verblüffung des »Hofes«. (Hitler hatte mehrfach vergeblich versucht, Hewel in den Ehehafen zu lotsen. Eine der Damen, die er dafür in Aussicht genommen hatte, war Gretl Braun, Evas Schwester, gewesen.) Die Hochzeit fand im engsten Kreis statt. Aus der Umgebung des Führers, der sich in Rastenburg aufhielt, war niemand eingeladen. Hewel war katholisch, galt aber nicht als ausgesprochen religiös und war auch kein Kirchgänger. Die religiöse Trauungszeremonie in einer kleinen Bergkapelle ging wohl auf einen Wunsch der Braut zurück. Immerhin kann diese Eheschließung als ein weiteres Indiz dafür gelten, daß Hewel bis in die letzten Tage im Führerbunker nicht zu denen zählte, für die der Selbstmord beschlossene Sache war, wie zum Beispiel für die Generale Krebs und Burgdorf.

Hewel hatte seine junge Frau während der letzten Kriegsmonate in Bayern zurückgelassen, um sie in Sicherheit zu wissen. Er selbst wohnte, bevor er in den Bunker übersiedelte, in einem Berliner Hotel; die Wochenenden verbrachte er zumeist in einem Hausboot, das auf einem der märkischen Seen um Potsdam lag.

Speers Urteil über Walter Hewel mag dieses Porträt eines Mannes, dem der Dämon Hitler noch fünf Minuten nach der »Stunde Null« zum Verhängnis wurde, beschließen. Der einstige Rüstungsminister im Herbst 1973 zu den Autoren: »Im Rückblick und angesichts der Fragen, die Sie mir heute stellen, möchte ich doch einen Eindruck korrigieren, der durch eine von mir beschriebene Szene entstanden sein könnte – ich meine die Telefongespräche zwischen Ribbentrop und Hewel mit dem Souffleur Hitler. Obwohl der Außenminister seinen ›Ständigen Beauftragten beim Führer‹ stets in Verdacht hatte, er unterminiere seine Stellung, war Hewel dem Chef des Auswärtigen Amtes gegenüber völlig loyal, und das nicht selten noch über das dienstlich gebotene Maß hinaus. Zuweilen verteidigte er ihn sogar noch, als Hitler seinen Außenminister schon längst abgeschrieben hatte, weil er ihn nicht nur für arrogant, sondern überdies für beschränkt und einfältig hielt.

Hewels Wesen war durch die langen Jahre auf Java geprägt; eine Mischung aus westlicher Gelassenheit und der konfuzianischen Einstellung der Asiaten. Man findet das häufig bei Europäern, die einen Teil ihres Lebens im Fernen Osten verbracht haben. Hewels Beziehung zu Hitler war eher selbstlos als auf persönlichen Einfluß abzielend. Wenn er mehr Macht und einen höheren Rang als den eines Botschafters erstrebt hätte – Hitler würde ihn sicherlich mit einem Federstrich zum Staatssekretär ernannt haben. Er war nie in jene Intrigen verwickelt, die im inneren Kreis um den Führer gesponnen wurden – eine ansteckende Krankheit, gegen die Hewel immun war. Wenn ich einmal von der besonderen Rolle Eva Brauns absehe, so war er der loyalste derjenigen, die Hitler menschlich nahestanden, ohne zur Prominenz des Dritten Reiches zu zählen. Und schließlich zeichnete ihn eine unbezahlbare Eigenschaft aus, charakteristisch für denjenigen, der wirklich zum ›Hof‹ zählt: Er war nicht nur ein sehr guter Plauderer, sondern ein ebenso guter Zuhörer – der perfekte Höfling.«

Das Gastmahl

»Der Krieg gegen Rußland kann nicht in ritterlicher Weise geführt werden. Dieser Kampf ist ein Kampf der Ideologien und Rassengegensätze und muß mit beispielloser, rücksichtsloser, erbarmungsloser Härte geführt werden. Alle Offiziere müssen sich von den überkommenen und überholten Theorien freimachen . . .«

Adolf Hitler am 30. März 1941 vor den Oberbefehlshabern der für den Einsatz gegen die Sowjetunion vorgesehenen Armeen.

Die Sieger drängten zur Eile.

Etwa eine halbe Stunde, nachdem die Gruppe Mohnke sich am 2. Mai gegen 20.30 Uhr in der Brauerei an der Prinzenallee ergeben hatte, kurvten drei olivgrüne Jeeps der Roten Armee auf den dunklen Hof und hielten mit knirschendem Bremsgeräusch. Die Scheinwerfer tauchten die Deutschen in helles Licht. Der junge russische Unterleutnant, der ihnen im Keller die Pistolenmagazine abgefordert hatte, bedeutete ihnen nun mit knapper Geste, die Wagen zu besteigen. Auf die Frage nach dem

Ziel gab er die lakonische Antwort: »Zur Kommandantura.« Mohnke und seine Schicksalsgefährten glaubten ihm nicht. Sie waren erschöpft, deprimiert und rechneten eher mit dem Schlimmsten als mit einem leidlichen Los in sowjetischer Kriegsgefangenschaft. Der Unterleutnant setzte sich in den ersten Jeep; die kleine Kolonne rollte aus dem Hof.

Von den drei Begleitpersonen argwöhnisch beobachtet, versuchten die Deutschen angestrengt, den Fahrtweg zu verfolgen, und zunächst gelang es ihnen auch: Aus der Prinzenallee bogen die drei Wagen in die Badstraße ein, jagten durch die Brunnenstraße und die Chausseestraße in das verwüstete Stadtzentrum, dann über die Spree; doch auf welche Brücke, vermochten die Gefangenen schon nicht mehr auszumachen. Sie gewannen den Eindruck, daß sie sich in südlicher Richtung bewegten. Die Fahrer achteten weder auf Trümmerbrokken noch auf kleine Granattrichter; eng aneinandergedrängt, klammerten Deutsche und Russen sich an die Haltegriffe, um nicht auf das Pflaster zu stürzen.

Die Metropole des eroberten Reiches in den Abendstunden des 2. Mai – weithin glich die Stadt nun vollends einer Mondlandschaft. Ein seltsamer Schwebezustand zwischen Krieg und Waffenruhe hielt die meisten Berliner weiter in ängstlicher Spannung; sie zogen es vor, zunächst in den Kellern zu bleiben. Zwar hatte General Weidling in den Morgenstunden vor Generaloberst Tschuikow in dessen Tempelhofer Hauptquartier kapituliert, doch an einzelnen Stellen wurde noch immer geschossen. Kleine Kampfgruppen, die Weidlings letzten Befehl noch nicht erhalten hatten, leisteten weiter Widerstand, um der sowjetischen Gefangenschaft zu entgehen.

Doch es gab keinen Zweifel: Die Russen waren die Herren Berlins – zum erstenmal seit jenen Oktobertagen des Jahres 1760, als russische und österreichische Truppen während des Siebenjährigen Krieges die preußische Hauptstadt beschossen und dann besetzt hatten. Nun feierten die Rotarmisten, die sich jahrelang durch ihre verwüstete Heimat nach Westen gekämpft hatten, das Ende eines Krieges, den beide Seiten so geführt hatten, wie Hitler es wollte: nicht ritterlich, sondern erbarmungslos. Der Sieg war errungen; und seine akustische Kulisse trieb die wenigen Berliner, die sich hervorgewagt hatten, schnell wieder in die Keller zurück: übermütige Knallereien mit den Maschinenpistolen, grölender Gesang randalierender Soldaten, das Schreien der Frauen.

Die Gruppe Mohnke wurde durch menschenleere, von rauchenden Ruinen gesäumte Straßen gefahren, vorbei an Plätzen und Parks, die den Anblick eines Schlachtfeldes boten: zusammengeschossene Kanonen, Panzerwracks, ausgebrannte Fahrzeuge, Flugzeugtrümmer; dazwischen die Leichen gefallener Soldaten, Pferdekadaver, und vor den Hauswänden die verkohlten Körper von Zivilisten, die sich nicht mehr aus den brennenden Häusern hatten retten können. Ein ekliger Geruch verbrannten Fleisches stieg aus den Trümmern auf. In der Dunkelheit wirkte die eroberte Stadt doppelt gespenstisch.

Nach etwa 20 Minuten erreichte der kleine Konvoi ein Viertel, in dem die Kämpfe überraschend geringe Spuren hinterlassen hatten – eine Insel im Meer der Zerstörung. Die Jeeps stoppten vor einem vierstöckigen Mietshaus. Stabswachen deuteten darauf hin, daß dieses Gebäude ein hohes Kommando der Roten Armee beherbergte. Die Begleitposten sprangen von den Wagen; die Deutschen, die in ihren dünnen Uniformen froren, folgten und versuchten, die ungelenk gewordenen Glieder zu lockern. Aus ihren Mienen sprachen düstere Gedanken und Erwartungen. Doch es kam anders.

Wir haben den überraschenden Verlauf jenes Abends

in langen Gesprächen rekonstruiert, die wir im Frühjahr 1974, im letzten Stadium unserer Recherchen, mit Generalmajor a. D. Wilhelm Mohnke, Otto Günsche und Professor Schenck führten. (Soweit wir wissen, sind sie und Klingemeier die einzigen noch lebenden Zeugen aus dem Kreis der Gruppe Mohnke.) Den verblüffenden Ausklang des dramatischen 2. Mai schilderten sie uns freilich so unterschiedlich, daß es zunächst fast unmöglich schien, ein klares Bild zu gewinnen. Gewiß, in den Grundzügen deckten sich ihre Berichte: die Gefangennahme im Keller der Brauerei, die Fahrt durch die zerschlagene Stadt, und dann – das Abendessen, das die Sieger den Besiegten gaben. Doch wichtige Fakten hatte jeder der drei Augenzeugen anders in Erinnerung. Das ist natürlich und angesichts der fast 30 Jahre, die seither vergangen sind, auch wahrlich kein Wunder. In vielen Details wiederum ergaben sich präzise Übereinstimmungen. Wir haben mit unseren Gesprächspartnern, die uns auch für dieses Kapitel jede Unterstützung gewährten, über die Widersprüche in ihren Berichten diskutiert und die meisten klären können; einige freilich blieben bestehen. Wilhelm Mohnke: »Ich kann mich nicht entsinnen, während der Fahrt von der Brauerei im Wedding bis zu dem Gebäude, in dem man uns das unerwartete Mahl servierte, etwas von Freudenfesten der Russen bemerkt zu haben.«

Nun, wir erzählten dem früheren Kampfkommandanten der »Zitadelle« von vielen Augenzeugen, die schon am Tag zuvor, dem 1. Mai, zahlreiche feiernde Rotarmisten erlebt haben.

»Auch im eigentlichen Stadtgebiet?« meinte Mohnke zweifelnd.

»Auch dort; allerdings ist in vielen Schilderungen davon die Rede, daß sich das Feiern und Kämpfen zuweilen zeitlich und räumlich in eigentümlicher Weise vermengt habe.«

Mohnke: »Mag sein. Ich habe Derartiges weder am 1. noch am 2. Mai gesehen oder davon gehört. Während der knappen halben Stunde, in der wir am 2. Mai abends durch die Berliner Innenstadt gefahren wurden, empfand ich die Ruhe, die überall herrschte, als unheimlich. Es war einfach bedrückend still. Übermütige Knallereien, Feuerwerk mit Leuchtkugeln, singende Rotarmisten – das alles war nach meiner Erinnerung erst später, als die deutsche Wehrmacht offiziell kapitulierte. Wir waren damals in einem Lager für gefangene Generale und Stabsoffiziere in der Nähe von Starnberg untergebracht.«

»Wo endete am Abend des 2. Mai die Fahrt in den Jeeps?«

»Das kann ich nicht sagen. Es war unmöglich, sich in der dunklen Trümmerwüste zu orientieren, selbst wenn man Berlin recht gut kannte.«

Otto Günsche ergänzte die Darstellung Mohnkes: »Während wir auf den Fahrzeugen hockten, wartete ich auf eine günstige Gelegenheit, um vielleicht abspringen und irgendwo in den Ruinen untertauchen zu können. Natürlich wäre das sehr gefährlich gewesen. Doch es war nichts zu machen. Wo wir dann schließlich landeten, weiß ich nicht.«

Nur Dr. Schenck erinnert sich, daß man in Richtung Tempelhof gefahren sei; und so war es. Das Gebäude, vor dem die Wagen hielten, befand sich unweit des Flughafens. Es diente dem größten Teil des Stabes der 8. Gardearmee als Unterkunft. Der Befehlshaber, Generaloberst Tschuikow, hatte sein Hauptquartier im nahegelegenen Haus Schulenburgring Nr. 2 aufgeschlagen und im ebenfalls benachbarten vorgeschobenen Gefechtsstand am Morgen des Tages die Kapitulation des Kampfkommandanten Berlins, General Weidling, entgegengenommen. Leider haben uns auch russische Zeugen, die damals als Offiziere im Stab Tschuikows das Kriegsende in Berlin erlebten, nicht angeben können, in welcher

Straße jenes vierstöckige Mietshaus stand.

»Alle Offiziere müssen sich von den überkommenen und überholten Theorien freimachen . . .«, hatte Adolf Hitler gefordert, als er am 30. März 1941 vor seinen Armeeführern über den bevorstehenden Ostfeldzug sprach. Was erwarteten nun die Offiziere um den Generalmajor der Waffen-SS, Wilhelm Mohnke, am Abend des 2. Mai 1945 von den Siegern? Mohnke im Mai 1974 zu den Autoren: »Ich kann Ihnen diese Frage nur für meine Person beantworten. Während der Fahrt war ein Gespräch unter uns Gefangenen gar nicht zustande gekommen. Wir waren todmüde, natürlich auch niedergeschlagen und zudem wegen der russischen Begleitposten, von denen wir ja nicht wußten, ob sie eventuell Deutsch verstanden, auch vorsichtig. Ich dachte an Hitlers Kommissarbefehl*. Zwar hatten wir als Soldaten ehrenhaft gekämpft – die Russen bescheinigten uns das ja noch am selben Abend – und uns nichts vorzuwerfen; aber ich rechnete damit, daß wir nun in irgendeiner Form die Rache der Sieger zu spüren bekommen würden – mit welchen Methoden, das konnten wir uns am Ende dieses furchtbaren Krieges unschwer ausmalen.«

»Erwarteten Sie das noch für denselben Abend?«

»Zunächst, so nahm ich an, würden wir zu mehr oder weniger brutalen nächtlichen Verhören in irgendeinen Keller gebracht werden.«

»Was geschah?«

»An diesem Abend jedenfalls das genaue Gegenteil von dem, was ich vermutet hatte, in jeder Beziehung. Die Russen führten uns in das von Ihnen erwähnte Mietshaus, aber dann nicht nach unten, sondern nach oben, einige Treppen hoch. Ein sowjetischer Offizier

---

* Führererlaß vom 13. Mai 1941, der die Liquidierung in Gefangenschaft geratener Kommissare der Roten Armee anordnete. Dieser Befehl wurde der sowjetischen Führung sehr schnell bekannt und hat erheblich dazu beigetragen, daß an den Fronten im Osten die Normen des Kriegsvölkerrechts mißachtet wurden.

öffnete eine Tür, und wir traten in einen nicht allzu großen Raum, wahrscheinlich im obersten Stockwerk.«

Das Zimmer war mit zusammengesuchten Polsterstühlen und einem Sofa möbliert. Militärische Höflichkeit beherrschte die Szene. Man bat die Deutschen, Platz zu nehmen; der Tag sei ja lang und anstrengend gewesen, und eine Ruhepause werde gut tun. Wenn die Herren vielleicht ihre Revolvertaschen und Koppel ablegen möchten – auf diesem kleinen Tisch, bitte . . . Mohnke lehnte dankend ab, aus gutem Grund; auch die anderen Offiziere behielten ihre Waffe. Sie unterhielten sich in gedämpftem Ton und erhoben sich, als nach etwa einer Viertelstunde ein sowjetischer Oberst mit einem Dolmetscher erschien, der seine kurze Begrüßungsansprache fließend übersetzte: »Guten Abend, meine Herren, ich habe die Ehre, Ihnen eine Einladung des Chefs des Stabes der Armee zu überbringen. Leider ist der Befehlshaber durch dienstliche Pflichten verhindert, Sie zu empfangen. Er hat mich jedoch beauftragt, Ihnen seine außerordentliche Achtung zum Ausdruck zu bringen.« Nicht wenig überrascht, verbeugten sich die so Angesprochenen knapp. Der Oberst verließ den Raum. Wenige Minuten später kam er inmitten einer Gruppe hoher Sowjetoffiziere zurück, die von einem etwa 50jährigen, sehr straff und soldatisch wirkenden General angeführt wurde.

Es war der Chef des Stabes der 8. Gardearmee, Generalleutnant Wladimir Alexej Beljawskij. Die bisherigen Kriegsgegner standen sich wie im Kasino gegenüber. Nach einer ebenfalls knappen Verbeugung hielt auch der Gastgeber eine kurze Ansprache, die derselbe Dolmetscher übersetzte: »Meine Herren, wir beglückwünschen uns, gegen so tapfere Gegner gekämpft zu haben, und wir beglückwünschen Sie. Der Kampf war sehr hart. Wir wissen es zu schätzen, so hervorragende Kommandeure und so tapfere Einheiten gefangengenommen zu haben.

Wir sind sicher, daß diesem Krieg ein wirklicher Friede und dann auch wieder jene Freundschaft folgen wird, die das deutsche und das russische Volk lange Jahre verbunden hat.«

Die Deutschen verzichteten auf eine Erwiderung und verbeugten sich mit gemessener Höflichkeit. Verbindlich lächelnd, fügte Beljawskij hinzu: »Ich darf Sie nun bitten, zum Abendessen unsere Gäste zu sein.«

Eine Ordonnanz öffnete die Tür zum angrenzenden Raum, in dem ein langer Tisch gedeckt war: Brot, Butter, Platten mit Fleisch und Fisch. Vor jedem Teller stand eine Flasche Wodka mit einem Wasserglas. Beljawskij nahm an der Stirnseite des Tisches Platz, die Deutschen, jeweils durch einen Russen voneinander getrennt, an den beiden Längsseiten – insgesamt etwa 25 Offiziere.

Dann kamen als Serviererinnen ausstaffierte weibliche Ordonnanzen herein, schenkten Tee ein und reichten Brot. Mohnke: »Wir waren hungrig und durstig; seit dem Ausbruch aus der Reichskanzlei hatten wir nur die Eisernen Rationen gegessen, die wir dort eingesteckt hatten. Die Aufforderung, zuzulangen, ließen wir nicht unbeachtet. Nur den Wodka mieden wir.«

Im allgemeinen fassen die Russen es sehr leicht als Kränkung auf, wenn ein Gast ihren Zutrunk nicht dadurch erwidert, daß auch er sein eigenes Glas leert.

Wir fragten Mohnke, wie Beljawskij und seine Offiziere auf diese Abstinenz der Deutschen reagierten. Seine Antwort: »Natürlich forderten sie uns zunächst auf, zu trinken wie sie. Doch wir benetzten nur die Lippen, um die Selbstkontrolle zu behalten; denn die Verhöre, das war uns klar, würden irgendwann beginnen. Überdies fanden wir es natürlich unpassend, auf den Sieg der Roten Armee und damit indirekt auf den Zusammenbruch Deutschlands zu trinken.«

»Wußten Sie, daß der Befehlshaber, von dem Beljawskij gesprochen hatte, Tschuikow war und daß die Gastgeber dem Stab der 8. Gardearmee angehörten?«

»Nein. Soweit ich mich erinnere, hat der General sich auch nicht vorgestellt.«

»Nun, vielleicht war der Generaloberst Tschuikow, sein Vorgesetzter, dienstlich verhindert, weil er womöglich dem Kampfkommandanten Berlins, General Weidling, der morgens vor ihm kapituliert hatte, als Geste der soldatischen Ritterlichkeit auch ein Essen gab. Haben Sie irgendwann in der Gefangenschaft etwas Derartiges gehört?«

»Nein.«

»Herr Mohnke, wußten die Russen, mit denen Sie am Abend des 2. Mai zu Tisch saßen, wer Sie waren – SS-Brigadeführer und Generalmajor der Waffen-SS, Kommandant der ›Zitadelle‹ und der Reichskanzlei, Hitler direkt unterstellt, und so weiter?«

»Davon gehe ich aus, denn wir hatten ja am Nachmittag die Brauerei im Wedding vorübergehend verlassen, um mit einem Sowjetgeneral zu verhandeln – allerdings zunächst ergebnislos, wie Sie wissen –, und dabei hatte ich meinen Namen, meinen Rang und meine letzte Dienststellung genannt.«

Noch heute zeigt sich der Generalmajor a. D. Wilhelm Mohnke von den Gastgebern jenes Abends in Tempelhof beeindruckt: »Das waren ganz ausgezeichnete Leute – drahtig, straff und topfit, in neuen Uniformen. Von mustergültiger Höflichkeit, zeigten sie durchaus auch Takt gegenüber dem besiegten Gegner und waren sich der bitteren Gefühle bewußt, die uns erfüllten. Alle beherrschten das Deutsche wenigstens soweit, daß sie sich unterhalten konnten, wenn auch radebrechend. Ich habe nicht den geringsten Zweifel, daß sie für diese Gelegenheit besonders augewählt worden waren.«

»Hat er sich über die fast zwei Jahre des Hitler-Stalin-Paktes geäußert, und hat man Ihnen in dem Tischgespräch überhaupt militärische und politische Fragen gestellt, etwa nach dem Ende Hitlers?«

»Nein. Sie dürfen sich die Atmosphäre, die an dieser Tafel herrschte, nicht falsch vorstellen. Fragen etwa nach dem Schicksal Hitlers wären auf ein Verhör hinausgelaufen, und das war erkennbar nicht beabsichtigt – schon gar nicht in Gegenwart meiner Kameraden. Im übrigen wurde dort ja keine Konversation wie unter normalen Umständen getrieben. Die Russen vergaßen keinen Augenblick, daß wir ihre Gefangenen waren, und wir auch nicht. Wir waren sehr zurückhaltend, während unsere Gastgeber immer mehr aus sich herausgingen – der Wodka tat seine Wirkung.«

»Herr Mohnke, nun die vielleicht wichtigste Frage zum Abend des 2. Mai: Welche Motive hatten die Russen nach Ihrer Meinung, die Gruppe Mohnke einzuladen?«

Es war unserem Gesprächspartner anzumerken, daß er über diesen Punkt lange nachgedacht hatte. Er antwortete ohne Zögern und sehr präzise: »Ich glaube, es waren mehrere Gründe. Ganz gewiß wollten sie sich als ritterliche und souveräne Sieger zeigen und gerade *uns* demonstrieren, daß die Propaganda des Herrn Goebbels, der deutschen Offizieren für den Fall der Gefangennahme durch die Russen die schlimmsten Torturen prophezeit hatte, Lüge gewesen sei. Lassen Sie mich hier eine perönliche Bemerkung einflechten. Ich bin über zehn Jahre in russischer Gefangenschaft gewesen, und ich weiß, daß viele Kameraden furchtbare Dinge durchgemacht haben. Ich selbst bin zwar sieben Jahre lang verhört worden, aber niemals mit Folterungen. Ich lehne den Kommunismus als System und als Lebensform ab, aber im übrigen bin ich ohne Gefühle der Antipathie oder gar des Hasses gegenüber *den Russen*, dem Volk schlechthin, zurückgekommen. Und dann wollen wir nicht vergessen, daß so mancher deutsche Offizier, nicht nur aus der Waffen-SS, sondern auch aus der Wehrmacht, der in amerikanischer oder englischer Gefangenschaft war, ebenfalls schwer gefoltert worden ist – zusammengeschlagen, zu Scheinerhängungen geschleift. Darüber könnte man sehr viel erzählen. Aber zurück zum Abend des 2. Mai. Wie gesagt, die Russen wollten sich als ritterliche Soldaten erweisen. Aber darüber hinaus hatten unsere jeweiligen Tischnachbarn wohl auch den Auftrag, uns zu studieren und in Gespräche zu verwickeln, mit Alkohol natürlich, aus denen Aufschlüsse für die späteren Vernehmungen zu gewinnen waren. Den Gefallen haben wir ihnen allerdings nicht getan.«

»Glauben Sie, daß es damals im Offizierskorps der sowjetischen Armeen, die in Deutschland standen, Tendenzen gab, die sich auf eine spätere militärische Zusammenarbeit zwischen der Sowjetunion und dem besiegten Deutschland richteten – etwa wie zwischen der Roten Armee und der Reichswehr in der Weimarer Republik?«

»Das mag sein, aber dafür gab es keine Chance. Stalins Politruks spielten von Anfang an die erste Geige, nicht die Frontgenerale. Auch einen so bemerkenswerten Vorgang wie das Abendessen, das wir erlebten, darf man nicht überbewerten. Das taten wir auch nicht. Und damit lagen wir richtig, wie sich noch am selben Abend zeigte.«

Woina kaput, Gitler kaput (»Der Krieg ist aus, und Hitler ist tot«) – auf diesen erfreulichen Tatbestand mit ihren Gefangenen anzustoßen, wurde den sowjetischen Offizieren zu einem Bedürfnis, das sie, je später, desto lautstärker, äußerten. Doch die Deutschen wurden immer einsilbiger, und die Russen tranken allein – nun doch wegen dieser Abstinenz leicht gereizt. Die Folgen blieben nicht aus. Die Gastgeber wurden lauter, sie begannen zu lärmen, und ihre verständliche Siegesfreude steigerte sich zu einem Triumphgefühl, das die zuvor peinlich gewahrten höflichen Formen beeinträchtigte. Generalleutnant Beljawskij, der nur wenig Wodka genossen und die *contenance* nicht einen Augenblick verloren hatte, sah die Ausgelassenheit seiner Offiziere, sah die betretener werdenden Mienen der Deutschen und beschloß, Weiterungen vorzubeugen. Er hob die Tafel auf. Die Herren seien nun gewiß sehr müde, ließ er durch seinen Dolmetscher ausrichten, und brauchten endlich Schlaf. Dann stand er auf. Die deutschen Offiziere erhoben sich ebenfalls. Die Russen nahmen das zum Anlaß, Mohnke und seine Schicksalsgefährten nun nachdrücklich an ihren Status als Kriegsgefangene zu erinnern, indem sie die Tür zu einem angrenzenden Zimmer aufrissen und ihre Tischgäste kurzerhand hineinschoben – mit lauten Ermahnungen, sich zu beeilen, denen sie durch kraftvolles Schieben Nachdruck verliehen.

Die Tür fiel ins Schloß, der Schlüssel wurde umgedreht, und die so Eingesperrten hörten, wie sich ein Posten vor der Tür auf den Fußboden setzte, während die Gastgeber die Stätte der deutsch-russischen Begegnung geräuschvoll verließen. Die Episode »Gastmahl« war beendet.

Professor Schenck hat uns das Domizil und die Nacht, die die Gruppe Mohnke dort verbrachte, geschildert: »Das war ein Dienstbotenzimmer, wie man es noch heute in den typischen Bürgerwohnungen des alten Berlin findet. Ein schmales Fenster gab den Blick auf einen Hinterhof frei. Bis auf einen alten Kanonenofen war der Raum leer. Von der Decke hing ein Kabel mit einer Glühbirne bis in Kopfhöhe herunter.«

»Wie nahmen Sie und die anderen Offiziere die plötzliche Wendung der Dinge auf?«

»Zum zweitenmal an diesem Abend waren wir wirklich verblüfft. Wir wußten noch nicht, daß ein jäher Wechsel zwischen Freundlichkeit und rabiater Grobheit typisch für die russische Mentalität ist; oder besser gesagt, wir hatten das noch nicht am eigenen Leibe erfahren. Unser Mißtrauen befestigte sich.«

»Wie richten Sie sich für die Nacht ein?«

»Zunächst untersuchten wir diese Quartiere auf Fluchtchancen. Doch ein rekognoszierender Blick aus dem Fenster belehrte uns schnell darüber, daß ein Entkommen unmöglich war. Wir befanden uns im vierten Stock. An der Fassade konnte man nicht nach unten klettern. Zudem liefen auf dem Hof ständig Soldaten – die meisten waren weibliche Ordonnanzen – umher. Sie hätten uns sofort bemerkt, da der Hof durch das Licht in den überall geöffneten Fenstern recht gut ausgeleuchtet war. Aus den Zimmern dröhnte Militärmusik russischer Soldatensender und hallte nach – es war wie auf einem Jahrmarkt. Der Lärm war kaum auszuhalten. Aus dem Müll, der sich haufenweise im Hof gesammelt hatte, stieg ein fauliggäriger Gestank auf. Wir hockten uns auf den Fußboden, mit dem Rücken an die Wand gelehnt, und dösten ein, doch immer wieder schreckten wir hoch. Allmählich wurde es dann aber ruhiger, und wir nickten ein.«

Diese erste Nacht einer zehnjährigen Odyssee durch Gefängnisse und Lager endete für die Gruppe Mohnke, als gegen 5 Uhr die Morgendämmerung heraufzog. Alle wurden wach und reckten die schmerzenden Glieder. Die Gefangenen verspürten ein menschliches Bedürfnis und trommelten mit den Fäusten gegen die Tür. Ein Posten mit verschlafenem Gesicht öffnete mürrisch. Was die Deutschen von ihm wollten, verstand er erst, nachdem einer der gefangenen Offiziere ihm mit einer drastischen Handbewegung demonstriert hatte, worum es ging. Der Russe schloß wieder ab und entfernte sich, um den dringend gewünschten Behälter – der Gruppe Mohnke schwebte ein Eimer vor – zu beschaffen. Als er nach einer Viertelstunde zurückkam, hatte er das gewünschte Gefäß in der Hand.

Nun taten die Insassen des Dienstbotenzimmers, was der Mensch des Morgens tut. Der Posten nahm das Ergebnis dieses frühen Dranges an sich und verschwand damit.

Nachdem dieses Problem erledigt war, ließen die Russen sich zunächst einmal zwei Stunden Zeit. Mohnke und seine Gefährten traten unterdessen, einer nach dem anderen, an das Fenster, um frische Morgenluft zu schöpfen. Gegen 7 Uhr schloß ein Unteroffizier die Tür auf. Hinter ihm standen etwa 35 Soldaten. Sie nahmen die Deutschen – auf jeden Gefangenen kamen drei Bewacher – in Empfang und schickten sich an, sie die Treppen hinunterzuführen. Doch diejenigen Offiziere der Gruppe Mohnke, die vor dem Abendessen dem Anerbieten der Gastgeber gefolgt waren und ihre Revolver abgelegt hatten, verlangten nun unter Hinweis auf die Übergabevereinbarung, die Oberst Clausen am Vortag ausgehandelt hatte, ihre Waffe zurück. Der Unteroffizier setzte ihnen daraufhin radebrechend auseinander, sie brauchten doch keine Pistole mehr, da sie ja auch keine Magazine mehr hätten; das sei doch wohl logisch, nicht wahr? Das Gespräch über diese Meinungsverschiedenheit wurde von beiden Seiten sehr energisch geführt. Die Deutschen beharrten auf ihrer Forderung und wollten sie höheren Ortes geltend machen. Der Unteroffizier ging, um das auszurichten. Doch General Beljawskijs Stabsoffiziere waren nicht zu sprechen, und sie weigerten sich offensichtlich auch, die Aushändigung der Pistolen anzuordnen, oder sie konnten es nicht. Wir befragten Wilhelm Mohnke zu diesem Punkt: »Genaugenommen, haben Sie und Ihre Kameraden ja an jenem Abend und dem nächsten Morgen *zwei* Wechselbäder erlebt – das erste, als die Russen ihre Tischgäste von der gemeinsamen Tafel weg ziemlich ruppig in die Dienstbotenkammer schoben, und das zweite, als Sie sich am 3. Mai morgens mit ganz anderen Leuten konfrontiert sahen, die nicht daran dachten, sich an die vereinbarten Bedingungen zu halten. Wie erklären Sie sich das?«

»Einen Moment. *Ich* hatte meine Pistole noch . . .«
»Und das Magazin . . .?«

»Ja, das hatte ich versteckt. Ich behielt zunächst beides. Die Russen waren äußerst mißtrauisch. Sie wissen sicher, daß man auch General Krebs die Pistole abnehmen wollte, nachdem er in den ersten Stunden des 1. Mai auf dem Wege zu Generaloberst Tschuikow die Frontlinie passiert hatte. Er wies dieses Ansinnen jedoch mit dem Argument zurück, einem tapferen Gegner belasse man bei Verhandlungen die Waffe, und behielt sie auch. Doch wichtiger ist der zweite Punkt. Es war ganz offensichtlich, daß wir am 3. Mai morgens der Zuständigkeit der – wenn man so will – Frontgenerale entzogen und einer anderen Instanz überstellt worden waren.«

»Sie meinen die Geheimpolizei?«

»Ja, einer der russischen Stabsoffiziere hat mir das am Abend, als die Tafel aufgehoben wurde, mit deutlich bedauerndem Unterton zu verstehen gegeben. Die Bewacher, die uns morgens abholten, gehörten nicht zu einer regulären Einheit der Roten Armee.«

Die Russen führten ihre Gefangenen die Treppen hinunter und bestiegen mit ihnen einen vor dem Eingang stehenden Lastwagen. Die beiden Generale – die SS-Brigadeführer Mohnke und Rattenhuber – und Günsche wurde in einen Jeep gesetzt. Nun begann eine Fahrt, die unseren Gesprächspartnern ebenfalls unvergeßlich geblieben ist. Denn in den sonnigen Morgenstunden dieses ersten Tages nach der Kapitulation Berlins sahen sie ein Schauspiel, das ihnen das andere Gesicht der Roten Armee zeigte – sozusagen die Kehrseite jener eindrucksvollen Medaille, die sie zwölf Stunden zuvor als Tischgäste Generalleutnant Beljawskijs studiert hatten.

Der Lastwagen fuhr zunächst mit mäßigem Tempo in Richtung Stadtmitte. Von ihren Bewachern mißtrauisch gemustert, versuchten Mohnke, Günsche, Schenck und ihre Gefährten, sich in der eroberten Metropole umzusehen. Nachdem die Waffen nun endlich schwiegen, begann sich das Leben wieder zu regen – zaghaft zwar, doch unverkennbar. Die Bevölkerung, die Frauen vor allem, mied zunächst noch die Straßen, in denen lachende und lärmende Gruppen sowjetischer Soldaten umherzogen; um jeden Russen machten die Deutschen nach Möglichkeit einen großen Bogen. Doch in den Ruinen sah man schon Männer und vor allem Jugendliche, die aus den zerstörten Wohnungen Hab und Gut zu bergen suchten.

Hier und dort spielten Kinder, die den Soldaten in den fremden braunen Uniformen unbefangen begegneten, und an den Wasserpumpen standen lange Schlangen. Aus den Fenstern jener wenigen Häuserblocks, die nur leichte Schäden davongetragen hatten, hingen noch die weißen Bettlaken, mit denen die Bewohner den Eroberern signalisiert hatten, keinen Widerstand leisten zu wollen. Und an manchen Hauswänden leuchteten noch die mit weißer Farbe auf das Mauerwerk gepinselten Druchhalteparolen des nun zusammengebrochenen Regimes: »Führer befiehl, wir folgen!« und »Der Sieg wird unser sein!« – propagandistisches Beiwerk des letzten Führergeburtstages am 20. April. Die wahre Stimmung der Bevölkerung am Kriegsende charakterisierte jenes grimmige und für die Berliner so typische Witzwort, das damals in den Luftschutzkellern der Mietskasernen und in den Bunkern kursierte: »Wer jetzt noch lebt, hat selber schuld – Bomben sind genug gefallen.«

Die Wagen hatten die Innenstadt durchquert und eine der großen, nach Norden führenden Ausfallstraßen erreicht. Von Stunde zu Stunde nahm der Verkehr an diesem Vormittag des 3. Mai zu – aus allen Himmelsrichtungen rollten Militärfahrzeuge jeder Art in die riesige Trümmerwüste. Auf den Kreuzungen standen Regulierungsposten, weibliche Soldaten in prall sitzenden Uniformen, die mit roten und gelben Signalflaggen für Ordnung sorgten. Den Anblick, der sich den gefangenen deutschen Offizieren von den Fahrzeugen aus bot, hat Wilhelm Mohnke uns im Mai 1974 so plastisch geschildert, als seien seither nicht 30 Jahre, sondern nur 30 Stunden vergangen – ein Zeichen dafür, wie beeindruckt und verwundert er war:

»Uns war klar, daß wir aus Berlin hinausfuhren; doch wohin, wußten wir nicht. In unserer Richtung herrschte fast kein Verkehr. Die langen Kolonnen der nun in die Stadt einrückenden Sowjettruppen – ich weiß nicht, zur wievielten Linie sie gehört haben mögen – kamen uns also entgegen. Ich sagte eben Kolonnen und muß mich sogleich korrigieren: Das waren keine Kolonnen im Sinne einer militärischen Marschgliederung. Was wir sahen, war ein endloser Heerhaufen, der aus Asien zu kommen schien – so fremdartig war das Bild: von Panjepferden gezogene Leiterwagen; im Stroh saßen übermütig herumfuchtelnde und singende Soldaten, die sich mit den unmöglichsten zivilen Bekleidungsstücken drapiert hatten; als sie uns sahen, drohten die meisten uns mit den braunen Fäusten und schossen in die Luft; dann leichte Artillerie, ebenfalls pferdebespannt; es folgten Fraueneinheiten, die noch relativ diszipliniert wirkten. Und dann kam immer wieder der Troß, der an die Chroniken aus dem Dreißigjährigen Krieg erinnerte: vollbepackte Pferdefuhrwerke, deren Ladung aus einem wahren Sammelsurium von Beutestücken bestand – Truhen und Fässer, Regenschirme und Bettdecken, Federkissen und Hühner, Trittleitern und Fahrräder; hinter einem dieser Gefährte, deren Kutscher an der Seite herliefen, sah man eine angebundene Ziege trotten. Auf vielen Wagen saßen Frauen, deren Funktion nicht zu erkennen war. Was da des Weges kam, war das tiefste Rußland. Wir waren sprachlos.«

Der Lastwagen fuhr nach Pankow, bog dort in eine Seitenstraße ein und hielt kurz darauf an der Einfahrt zu einem weitläufigen Parkgelände. Von Kriegsschäden war hier nichts zu sehen. Am tor standen russische Soldaten in braunen Ledermänteln. Professor Schenck schilderte uns, was geschah: »Einer von uns kannte sich in dieser Gegend aus und sagte uns, das sei der Park des Schlosses Niederschönhausen. Später haben dort übrigens Pieck und Ulbricht als Staatsoberhäupter residiert. Anfang Mai 1945 diente es der NKWD als Hauptquartier; die Gestalten in den braunen Ledermänteln waren Offiziere der sowjetischen Geheimpolizei. Einige bestiegen unseren Wagen, die bisherigen Bewacher sprangen herunter, wir fuhren weiter, in den Park hinein.«

»Was erwarteten Sie?«

»Das kann ich in diesem Fall, glaube ich, wohl für uns alle sagen. Aus dem Park waren in regelmäßigen Abständen Schüsse und auch Salven zu hören. Da lag der Gedanke, daß man uns am Abend zuvor die Henkersmahlzeit serviert hatte und nun unser letztes Stündlein gekommen sei, sehr nahe. Nach kurzem Verhör, so glaubte ich, werde man uns hier kurzerhand in einer entlegenen Ecke umlegen. Zudem meinten wir in den Mienen der NKWD-Leute einen höhnischen Ausdruck zu sehen, aus dem wir ein ›Jetzt kommt ihr dran‹ herauslasen.«

»Was geschah statt dessen?«

»Na ja, es kam wieder einmal ganz anders. Wir wurden am Schloß vorbei zu einigen kleineren Gebäuden gefahren, in denen wohl früher das Personal gewohnt hatte, und dort auf einem Dachboden eingesperrt. Ich sagte Ihnen schon, wir gaben keinen Pfifferling mehr für uns, und prompt ging es wieder um das Thema Selbstmord. Wir fanden in unserem Verlies eine Wäscheleine vor. Meine Kameraden untersuchten die Haken, an denen sie befestigt war, daraufhin, ob man sich daran erhängen könne. Das Ergebnis war negativ.«

»Wann begannen die Verhöre?«

»Am Abend, im Schloß. Der Offizier, zu dem ich geführt wurde, stand unter Alkohol – er hatte eine Wodka-Flasche auf dem Tisch stehen – und erklärte mir: ›Du Oberst, du Faschist, du Verbrecher.‹ Dann kündigte er mir an: ›Du SS, du toter Mann.‹ Dabei schnitt er eine Grimasse, mit der er mir den Anblick eines Erhängten vorführen wollte. Zu einer Vernehmung im eigentlichen Sinne, wie ich sie später in der Gefangenschaft unzählige Male erlebte, kam es jedoch nicht; plötzlich wurde ich wieder abgeführt. Am nächsten Morgen transportierte man uns ab, wir wurden nach Strausberg verlegt, 20 Kilometer östlich Berlins.«

An diesem Punkt unserer Recherchen stießen wir erneut auf Widersprüche, die restlos aufzuklären offenkundig nicht mehr möglich ist. Zwar steht fest, daß die Gruppe Mohnke nach Strausberg gebracht wurde, aber offenbar getrennt; denn Wilhelm Mohnke und Otto Günsche haben uns versichert, sie seien nicht in Niederschönhausen gewesen, sondern im Jeep gleich nach Strausberg gefahren worden. Dort hatten die Russen in einem Gutshof ein besonderes Lager für kriegsgefangene Generale eingerichtet. Wo und wann die Gruppe geteilt wurde, blieb unklar. Schenck und seine Kameraden aus dem Dachboden in Niederschönhausen waren auch in Strausberg von Mohnke und Günsche isoliert.

Mohnke: »Wir konnten uns dort innerhalb des Lagergeländes frei bewegen. Ich bin in Strausberg auch nicht verhört worden.«

Doch es war uns unverständlich, weshalb Mohnke dort mit Günsche zusammenbleiben konnte, denn dieser war kein General, sondern Sturmbannführer, also Major. Wir fragten Günsche. Seine Antwort: »Sie haben recht. Doch die Erklärung ist einfach. Die Russen hatten den Generalen zugestanden, ihre Adjutanten bei sich zu haben. Ich gab mich als Adjutant Mohnkes aus und blieb bei ihm.«

»Wann und wie kamen die Russen dahinter, daß Sie Adjutant Hitlers gewesen sind?«

Günsche: »In den ersten Maitagen, noch in Strausberg. Das Datum weiß ich nicht mehr. Es war ein purer Zufall. Sowjetische Vernehmungsoffiziere verhörten dort den Berliner Kampfkommandanten, General Helmut Weidling, über das Ende Hitlers. Nun war Weidling zwar, wie Sie wissen, bis zuletzt immer wider im Bunker erschienen, um Bericht zu erstatten; aber sein Gefechtsstand befand sich in der Bendlerstraße, und das Ende Hitlers hat er nicht miterlebt und konnte darüber also auch nicht aussagen. Dementsprechend beantwortete er die Fragen auch. Wahrscheinlich ging ich während des Verhörs draußen vorbei, jedenfalls machte Weidling die Russen auf mich aufmerksam, etwa in dem Sinne: ›Fragen Sie doch den, der war dabei und muß es viel besser wissen.‹ Weidling hatte das sicherlich nicht in böser Absicht gesagt, sondern einfach nur unüberlegt. Nachdem das passiert war, verhörten die Russen natürlich mich. Ich blieb zwar in dem Generalslager, durfte aber mein Zimmer nicht verlassen. Am 9. Mai wurden wir dann nach Moskau geflogen.«

Fast hätte Mohnke diesen 9. Mai 1945, den ersten Tag nach der von Feldmarschall Keitel in Berlin-Karlshorst unterzeichneten Gesamtkapitulation aller deutschen Streitkräfte, nicht überlebt. Günsche war bei ihm, als die deutschen Generale auf einen Militärflughafen in der Nähe von Strausberg gefahren wurden. Die sowjetische Transportmaschine, die sie nach Rußland bringen sollte – eine aus den USA stammende C-47 für den Fallschirmjäger-Einsatz –, stand schon bereit. Erinnern wir uns an dieser Stelle der Äußerung Professor Schencks, der uns erläuterte, was einen von seiner Natur her optimistischen Mann wie Walter Hewel im Keller der Brauerei zum Selbstmord veranlaßt haben mag: »Der menschliche Körper vermag enorme Belastungen zu ertragen, doch wenn eine gewisse Grenze überschritten wird, beginnt ein Zustand, den der Arzt als ›nervlich dekompensiert‹ bezeichnet. Die große psychische Krise oder gar der Zusammenbruch tritt nicht selten erst dann ein, wenn das Schlimmste schon vorüber ist . . .«

Wilhelm Mohnke am 9. Mai 1974 im Gespräch mit den Autoren: »Ja, das war heute vor 29 Jahren, ein warmer Frühlingstag. Ich hatte mich definitiv entschlossen, Schluß zu machen. Mir war jede Hoffnung abhanden gekommen; ich sah nichts, was das Weiterleben noch hätte sinnvoll erscheinen lassen. Meine Pistole und das Magazin hatte ich noch . . . Günsche gegenüber deutete ich meine Absicht an. Er begann sofort, mir zuzureden: ›Wir haben das Ende im Bunker überlebt, wir sind beim Ausbruch nicht draufgegangen; was jetzt kommt, schaffen wir auch noch . . .‹ Ich überwand die Krise.«

Diese nur Stunden dauernde Begegnung zwischen deutschen und russischen Offizieren war mehr als eine Episode. Sie beleuchtet, daß in jenen Tagen durchaus Chancen eines neuen Anfangs im Verhältnis zwischen den beiden Völkern bestanden und daß es weniger die Soldaten als die Politiker waren, die diese Chancen zerstörten. Unsere Gesprächspartner waren und sind keine Schwärmer und völlig frei von jeder Sympathie für das kommunistische System. Sie hatten damals chaotische Kampftage hinter sich und überlebten mehr als zehn Jahre Gefangenschaft. Noch heute, so scheint es, empfinden sie das Erlebnis des 2. Mai 1945 als Ausdruck einer Stimmung, die mehr war als nur eine Hoffnung auf den Frieden.

Dachten die Generale und Offiziere der Gruppe Mohnke in jenen ersten Tagen der Gefangenschaft an die Reichskanzlei, an den Führerbunker zurück – an das, was dort geschehen sein mochte, nachdem die Rote Armee auch die letzte Bastion des Dritten Reiches, das »Objekt 106«, besetzt hatte? Wir haben diese Frage mit voller Absicht Professor Schenck gestellt – dem Arzt, der dort zusammen mit Professor Haase verzweifelt um Menschenleben gekämpft hatte. Seine Antwort war sehr aufrichtig, und sie war klipp und klar: »Nein, ich habe in den ersten Tagen und Wochen nach dem Ende nicht an die Reichskanzlei und auch nicht an das Lazarett gedacht, im Mai 1945 gewiß nicht. Wissen Sie, die chaotischen neun Tage und Nächte, die ich dort verbracht hatte, waren für mich mit dem Ausbruch und der Stunde, in der wir uns dann im Brauereikeller den Russen ergaben, abgeschlossen. Das war einfach eine Zäsur. Von diesem Zeitpunkt an waren wir ja Gefangene, die vorerst damit rechnen mußten, am nächsten Tag oder vielleicht auch schon in der nächsten Stunde irgendwo erschossen zu werden; daß die Russen absolut unberechenbar waren, hatten wir ja inzwischen erlebt. Die Gedanken waren immer nur auf das Gegenwärtige gerichtet, nicht auf die Zukunft – wir sahen für uns keine –, aber schon gar nicht auf die Vergangenheit. Ich glaube, das ging allen so. Dieses Desinteresse an dem, was geschehen war, wich erst langsam.«

»Wann haben Sie zum erstenmal erfahren, was aus den Verwundeten in der Reichskanzlei und aus Professor Haase wurde? Soweit wir feststellen konnten, haben die Russen sich durchaus bemüht, ihn zu retten.«

Schenck: »Das will ich gern glauben. Ich weiß, daß die Einheit, die am 2. Mai die Reichskanzlei besetzte, sich gegenüber Professor Haase, den Schwestern und den Verwundeten des Lazaretts sehr korrekt, man kann sagen tadellos, benommen hat. Das erfuhr ich im Oktober 1945, als ich in Frankfurt an der Oder wegen einer Leberentzündung im Lazarett lag. Ich traf dort einige Schwestern aus der Reichskanzlei, die mir berichteten. Übrigens – Sie erinnern sich noch an den Oberleutnant Engels, den ich am Abend des 30. April behandelt hatte? Ihn traf ich dort ebenfalls. Er verabschiedete sich von mir, um zu seinen Verwandten nach England zu fahren. Haase wurde am 2. Mai in der Reichskanzlei gefangengenommen – er war ja Offizier – und dann wie die anderen Mitglieder des ›Hofes‹, die den Russen in die Hände gefallen waren, nach Moskau gebracht, wo er als einer der früheren Begleitärzte Hitlers lange verhört wurde. Er starb 1947 in der Butyrka, dem Gefängnis. Das erzählten mir später Kameraden in den Gefangenenlagern. Die Verwundeten und Schwestern hat Haase am 2. Mai in die Obhut der zuständigen sowjetischen Militärbehörde gegeben. Sie wurden in verschiedene Lazarette außerhalb Berlins gebracht und dort behandelt.«

Wir glauben, daß nach diesem Bericht Professor Schencks festgehalten zu werden verdient, welche sowjetische Einheit am Vormittag des 2. Mai 1945 die Reichskanzlei besetzte. Es war die 301. Schützendivision, geführt von Oberst Antonow.

Finale

> Wir sind in dieser Zeit geboren und müssen tapfer den Weg zu Ende gehen, der uns bestimmt ist. Es gibt keinen andern. Auf dem verlorenen Posten ausharren ohne Hoffnung, ohne Rettung, ist Pflicht. Ausharren wie jener römische Soldat, dessen Gebeine man vor einem Tor in Pompeji gefunden hat, der starb, weil man beim Ausbruch des Vesuvs vergessen hatte, ihn abzulösen. Das ist Größe, das heißt Rasse haben. Dieses ehrliche Ende ist das einzige, das man dem Menschen nicht nehmen kann.
>
> Oswald Spengler, *Der Mensch und die Technik,* 1931

Der letzte Mann im Dienst war der Cheftechniker, der während des ganzen langen Melodramas für den reibungslosen Betrieb der Anlagen im Berliner Bunker zu sorgen hatte: Johannes Hentschel. Im ersten Kapitel wurde er schon erwähnt; er war es, der sich an einem frösteligen Februarabend im Jahr 1945 vor dem Bunker mit Albert Speer über das Auswechseln der Filter unterhielt.

Hentschel hatte eine klar umrissene Aufgabe, und er erfüllte sie weit über seine Pflicht hinaus. Die meiste Zeit saß er in seinem vollen Maschinenraum auf einem hohen Schemel und überwachte den Dieselmotor, der die Belüftungsanlage in Gang hielt. Der Diesel lieferte auch Strom für den kleineren Generator, an den die Wasserpumpe angeschlossen war. Diese einfache Pumpe, die Wasser aus einem unterirdischen Brunnen heraufholte, war das wichtigste Requisit im Schlußakt des Bunkerdramas, in den letzten, surrealistischen Stunden, die Hentschel ewig zu dauern schienen. Nach all den Knalleffekten und dem Pathos nimmt die Geschichte ein überraschendes Ende.

Bei unseren verschiedenen Gesprächen betonte Johannes Hentschel immer wieder, er sei in jener letzten Runde viel zu beschäftigt gewesen, um sich der Ironie seiner Lage bewußt zu werden. Zwar barsten die Monumente des einstigen Preußen, das Adolf Hitler und seine nationalsozialistischen Wagnerianer jetzt unwiederbringlich zerstört hatten, doch eine preußische Idee blieb am Leben, und Hentschel verkörperte sie. Preußen war in seinen besseren Zeiten mehr als ein Staatswesen. Es war auch eine Idee – das protestantische Ideal der Pflichterfüllung. Damit ist die Pflicht gegenüber anderen, der Dienst am Nächsten, der kategorische Imperativ gemeint.

Eine weitere bittere Ironie liegt in der Geschichte, wie sie uns Johannes Hentschel erzählt. Von seiner Heirat in Berlin im Jahre 1933 an hatte er sich immer einen Sohn gewünscht. Es war sein einziges heftiges Verlangen. Sein Schicksal war es aber, daß er nie einen Sohn bekam. Herr und Frau Hentschel waren kinderlos. Mit seiner stillschweigenden, tätigen Tapferkeit, für die er bis heute keine Medaille oder sonstige Auszeichnung erhielt, rettete er in jener langen, schreckerfüllten Berliner Nacht viele Menschenleben. Hentschel hielt über dreihundert verwundete junge Soldaten am Leben, Dr. Schencks

Patienten, die stöhnend und hilflos auf ihren Pritschen im Keller der nahen Reichskanzlei lagen. Zur ersten Ausbruchgruppe eingeteilt, hatte Dr. Schenck seinen Posten verlassen müssen. Er war der Arzt, der die Führungsspitze der Kampfgruppe Mohnke beim Ausbruch zu begleiten hatte.

Professor Haase, Hitlers alter Leibarzt, war zwar noch im Notlazarett, doch er war zu schwach und zu krank, um zu operieren. Sauberes Trinkwasser war eine dringliche Notwendigkeit, damit die Verwundeten in seiner Obhut am Leben blieben, bis die Russen kamen. »Wer weiß«, sagte Professor Haase zu Dr. Schenck, »es ist zwar eine aberwitzige Hoffnung, aber vielleicht sind unter den russischen Sanitätsoffizieren einige meiner einstigen Berliner Studenten.«[*]

Die genaue historische Zeit: 23.59 Uhr, eine Minute vor Mitternacht, am 1. Mai 1945. Ort: Der fast ganz verlassene Führerbunker, Adolf Hitlers fünfzehntes und letztes Führerhauptquartier. Endspiel in Berlin.

Wie Wladimir und Estragon in dem düsteren irischen Stück sind nur noch zwei Personen auf der Bühne, unter der Erde, zwei alte bekannte: Oberscharführer Misch, schlafend in der stummen Telefonzentrale, und sein Freund, Cheftechniker Johannes Hentschel, hellwach. Eine Situation wie in *Warten auf Godot*.

Zuletzt blieb nur Hentschel übrig als einziger, zuverlässiger Zeuge. Er brachte es fertig, alles bis zum verrückten Schluß mitzuerleben. Misch schlief seelenruhig, und Misch verschwand, bevor der Vorhang fiel. Der letzte Zeuge blieb Johannes (genannt Hannes) Hentschel, 38, Berliner, von Beruf Elektromeister. Ein einfacher, kauziger, humorvoller Mensch mit Haaren auf den Zähnen.

---

[*] Offenbar waren mindestens zwei dabei – mit dem Befehl, Professor Haase per Flugzeug direkt nach Moskau zu bringen.

Wie der luchsäugige Argonaut Lynkeus, in den Schlußszenen von Goethes Faust blieb er standhaft auf seinem Posten.

Nicht allein mich zu ergetzen,
Bin ich hier so hoch gestellt;
Welch ein greuliches Entsetzen
Droht mir aus der finstern Welt!
. . .
Was sich sonst dem Blick empfohlen,
Mit Jahrhunderten ist hin.

Altvertraute Verse. Lynkeus-Hentschel, der Türmer, der wachte. Gebeugt saß er auf seinem einsamen Kommandoposten und blickte ab und zu unruhig zu der großen, runden Schiffsuhr aus Messing vor sich an der hinteren Betonwand des Maschinenraums hinauf. Tick, tick, tick . . . Mitternacht.

Tick, tick, tick . . . eine Minute nach Mitternacht. Ein neuer Tag war angebrochen – in zermürbender Stille. In dieser langen Minute befürchtete der »alte Hentschel« nicht grundlos, daß etwas Entsetzliches passieren würde. Er kannte den schwarzen SS-Humor. Es geschah aber nichts. Wenn Hoffnungen trügen, können Ängste lügen. Der Cheftechniker atmete auf und griff zu einem Glas Pumpenwasser für seine ausgetrocknete, brennende Kehle.

Er war hundemüde. Mehr als vierzig Stunden hatte er nicht geschlafen. Er wußte, daß er sich kein Nickerchen leisten konnte. Nicht, ohne zuerst Misch zu wecken.

Hentschel sinnierte. Jetzt war Mittwoch, der 2. Mai 1945. Ein neuer Tag, eine neue Chance.

Er verlor sich in müßige Überlegungen, welche Fortschritte die Kampfgruppe Mohnke wohl mache. Je weiter weg, um so besser. Bleibt uns vom Hals! Wahrscheinlich jetzt über der Spree drüben, unterwegs in Richtung Norden. Machen die Russen Dauerurlaub? Im Kopfhörer vernahm er das Rumpeln eines Panzers. Er lauschte angestrengt. Stimmte, aber es war ein deutscher *Tiger*, und er entfernte sich. Der Cheftechniker verstand sich allmählich auf Panzerlärm so gut wie früher auf das Erkennen von Flugzeugen. Dank dem kleinen, leistungsfähigen, über dem Bunker unter der Haube eines Absaugkanals eingebauten Mikrophon. Hitlers Geistesblitze waren nicht alle verkehrt. Wie hielten wir doch die sämtlichen Generale zum Narren mit den versteckten Abhörgeräten im Vorzimmer zum Konferenzsaal! Sogar so einen gewieften Burschen wie Guderian.

Die Russen – was hielt die Rote Armee auf? Marschierte die Kampfgruppe Mohnke geradewegs durch ihre Linien? Oder darunter weg? Ach so: der 1. Mai. Lustgarten. General Krebs hielt tagsüber große Reden darüber. Die Sauferei des Jahres, ein Uralfest. Die Russen müssen bis zum geht nicht mehr gefeiert haben, Krieg hin oder her, Stalin hin oder her. Seit der Führer Selbstmord beging, waren unsere Superstrategen im Bunker überzeugt, die Russen würden am Morgen des 1. Mai stürmen, nur um Generalissimo Stalin eine Freude zu machen. Der große Tag der Arbeit.

Ich kann mich noch an die Maiparaden in Neukölln erinnern, vorneweg Thälmann oder so ein Bursche, der nie im Leben einen Tag gearbeitet hatte. Und die Funktionäre. Ich marschierte nie mit. Ging baden im Müggelsee. Politik? Politik verdirbt den Charakter, wie der Chef sagte, und dabei zitierte er irgendein kluges Tier. Komische Bemerkung aus seinem Mund. Womöglich meinte er es wirklich so. Benzinkanister. Früher sagte er immer, ich solle die Politik ihm überlassen. Das tat ich. Viele andere Leute auch, und zwar die Mehrheit. »Hentschel, am Schluß wird mir nur mein Hund Blondi treu bleiben.« Und dann brachte er ihn um, nur um sicherzugehen. Ich frage mich, ob dieser Ausspruch auf mich gemünzt war. Nein, wohl kaum. Der Chef traute mir. Er mußte. Chefelektriker. Befördert. Cheftechniker seit 1936. Tausend

Mark monatlich. Spesen. Freie Wohnung. Passierschein. Zugang zur Kannenbergküche, Kantine. Freifahrschein Eisenbahn, Flugzeug. Berchtesgaden, Urlaub, alle Kosten erstattet. Rechnen Sie es zum alten Bankkonto, Hentschel, sagte der Chef.

Na ja, abwarten und Tee trinken, wie wir in Rixdorf sagen. Tee – keine schlechte Idee, besser als Alkohol, Schnaps hebt die Lebensgeister nicht, das hätten die Narren wissen müssen.

Hentschel ging hinaus in die Küche und brühte Tee auf. Erst tat er Zitrone hinein, dann Sahne, so nervös war er. Danach goß er eine neue Kanne auf. Im übrigen war er eigentlich nicht aufgeregt. Er kaute auf einem Landjäger herum. Ein paar Tafeln Schokolade stopfte er sich in die Taschen.

Dann kehrte er zu seinem hohen Schemel, seiner sitzenden Beschäftigung zurück. Die anderen Bunkerinsassen nannten es eine »Isolierstation«. Mit all den Armaturenbrettern, den Schaltern, die er betätigen konnte, war er in diesem Augenblick *der* strategische Punkt. Wenn etwas passierte, konnte es sehr schnell gehen. Und Hentschel war jetzt der einzige Mensch auf der Welt, der mit all den Hebeln Bescheid wußte. Vor allem »Notbremse Eins«, der Schalter, der alles ausschaltete, den Bunker verdunkelte, die Türen und die dreifachen Schotten dicht machte. Hatte er selbst gebaut, auf Hitlers Befehl, aber bis jetzt noch nie benützt. Verdammt praktisch, für alle Fälle. Aber auch gefährlich.

Hentschel war durch und durch Handwerker und Berliner. Jetzt betrachtete er stolz die Werkbank und die kunstvollen Instrumente, die er konstruiert hatte. Auf Befehl des Chefs, aber mit den Kenntnissen des Cheftechnikers. Hitler war wild auf solche trickreichen Einrichtungen. Mit dem Gefühl, es sei vielleicht bald zum letztenmal, überprüfte Hentschel liebevoll sämtliche

Anzeigegeräte, die Öldruckmesser, die Barometer, die Hydrometer, die Hygrometer, die Thermometer, die Thermostaten, die Fliegeralarmanlage, die Feueralarmausrüstung, den Kippschalter für die Abhörmikrophone. Wir hatten wohl beide eine Vorliebe für nützliches technisches Spielzeug. Der Chef war ein Mensch mit einer wahren Leidenschaft fürs Detail. Und für die Überwachung. Und für die Geheimhaltung.

»Hentschel, installieren Sie dieses, bauen Sie jenes ein, aber erst heute nacht. Und daß Bormann oder Rattenhuber nichts davon erfahren!« Speer wußte nicht einmal, wo die neuen Luftfilter waren. Früher pflegte Hitler seine technischen Raffinessen Speer vorzuführen. Dann kühlten sich die Beziehungen ab.

»Ich mochte Speer gut leiden. Ein stattlicher Herr, ein Techniker. Ein Mitarbeiter, wie es so schön heißt. Mich hat er nie hochnäsig behandelt. Ich hoffte nur, daß er in Sicherheit sei, er und seine sechs Kinder. Er hatte gesagt, ich solle ihn mal in Heidelberg besuchen. Irgendwann einmal, klar, aber wann?«

Der Maschinenraum schräg gegenüber von Hitlers Privatgemächern war der größte Raum im Tiefbunker, drei auf sechs Meter, die anderen waren meist nur zwei auf drei Meter groß. Er war proppenvoll, Hentschel konnte sich fast nicht darin bewegen. Überall stand notwendiger oder auch unnötiger Krimskrams herum. In den letzten Tagen waren viele zu »ihrem alten Kumpel Hannes« gekommen und hatten ihn gebeten, dieses und jenes insgeheim in einer stillen, verborgenen Ecke zu verstauen. »Der Raum hatte nur vier Ecken. Zivilkleidung, Fluchtausrüstung für die ›Untertaucher‹ – Bormann, Stumpfegger, Rattenhuber, die Schlaumeier, die auf zwei Pferde setzten. Bormann zog schließlich seine Zivilsachen unter der Uniform an. Stockbesoffen, und Stumpfegger ebenfalls. Die beiden Brüder hätten Schwierigkeiten gehabt, das Brandenburger Tor am hellichten Tag zu finden.«

Die Anlagen in Hentschels Maschinenraum waren eindrucksvoll. Das Beste von Siemens und AEG. In Berlin gefertigt. Sehr wenige Menschen hatten bisher Zutritt zum Maschinenraum. Das wichtigste, größte Stück des Maschinenparks war der tonnenschwere 60-Kilowatt-Dieselgenerator. Der Treibstoff wurde aus einem großen, unterirdischen Vorratstank hineingepumpt. Am 1. Mai enthielt der Tank noch genügend Dieselöl für drei Wochen. Keine Probleme. Lebensnotwendiger war aber im Augenblick die viel kleinere Wasserpumpe, eine UTA 300, Baujahr 1943. Angetrieben wurde sie von einem Generator, der an den Diesel angeschlossen war. Wiederum kein Treibstoffproblem. Dann die drei Luftreinigungs- und Antigiftgasfilter, die jüngsten Errungenschaften, auf Befehl des Chefs. Fett saßen sie mitten im Raum wie die drei großen Trommeln der Militärkapelle. An beiden Längswänden prangten die verschiedensten Instrumentenbretter. Auf einem Wandbrett für sich allein stand ein neuer, starker Kurzwellen-Rundfunkempfänger von Siemens, der in den letzten zehn Tagen ständig auf die deutschsprachige Sendung des BBC eingestellt war. »Hier London.« Merkwürdig, wie der Pilot Baur dauernd herumstand und sich Notizen machte. Er sagte, der Chef wolle wissen, was zum Teufel eigentlich passiere. Baur behauptete, er sei startbereit, Hitler nach Mandschukuo zu fliegen. Ein Draufgänger. Bei der geringsten Möglichkeit zum Starten würde der Bayer Baur um die Welt fliegen, nur um den Sonnenaufgang zu genießen. Nicht der schlechteste von diesen Älplern, aber in den letzten Tage ein angeketteter Adler.

Hinter Hentschel an seinem Schaltpult füllte ein großes, metallenes Regal den Platz zwischen dem krummen Türrahmen und der Wand aus. Darin hatte er einen Teil der persönlichen Habseligkeiten verstaut, Koffer, Kisten, Taschen, Tornister, Pakete, Seesäcke. Und die zehn Benzinkanister, erst vor zwei Tagen. Ein echtes, völlig unnötiges Risiko. Hirnverbrannt. Kempka hatte im Tiergarten einen Vorrat von 40 000 Litern, außer Reichweite, nichts in der Reichskanzleigarage. Jemand klaute seinen Sprit, solange er seinen höchst privaten Interessen nachging. Dann packten sie die letzten zehn Kanister hier herein, in die Obhut des alten Hannes. Na ja, sie dienten wenigstens ihrem grausigen Zweck. Das Ende des Führers.

»Ich bin heilfroh, daß ich nicht hinaufging, um den Chef brennen zu sehen. Meine letzte Erinnerung an ihn ist schlimm genug. Sah aus wie 75. Er wollte sterben, Erlösung, wie er ständig murmelte. Warum hat er es nicht im Februar getan? Er sagte, am 5. Mai, Napoleons Todestag. An der Spitze des Heeres.

E. B., die kleine Eva, die tut mir irgendwie mehr leid. Nicht mein Fall. Schnatterte zuviel. Ein bißchen kaltschnäuzig, wenn sie hochnäsig aufgelegt war. Männer hielten sie für hübsch, aber Frauen durchschauten sie – ein kleines Mädchen. Nicht viel Holz vorm Haus. Schöne Beine, ein bißchen staksig. Hatte etwas von einer Klassefrau. Fünfmal am Tag ein anderes Kleid, bis zum Schluß. Maniküre, Friseur, Dusche, Parfüm jeder Duftnote, Gablonzer Modeschmuck. Nun, sie hat so gut wie alles erlebt, inklusive Hochzeit. Da war sie glücklich wie ein Kind. Wenn Speichellecker in der Art von Feldmarschall Keitel wie Espenlaub zitterten, war sie völlig gefaßt.

Arme Kleine, sie hätte sich in ihr geliebtes Bayern absetzen sollen. Oberbayern. Das hatte Hitler im Grunde gewollt. Ich glaube kaum, daß sie je seine wahren Ansichten über den Sex erfaßte.

Als ich einmal mit ihm über die Kinderlosigkeit meiner Ehe sprach, wurde er vertraulich, fast wie ein großer Bruder:

›Hentschel, jetzt will ich Ihnen mal sagen, was an dem ganzen Geschlechtsverkehr dran ist, das A und O das müssen Sie wissen. Befolgen Sie meinen Rat, und Sie gehen nie fehl. Trauen Sie keinem Mann, und trauen Sie auch keiner Frau unterhalb des Nabels. Wissen Sie warum, Hentschel? Ganz einfach‹ – mit einer weit ausholenden Geste legte er den Unterarm aufs Koppel – ›unterhalb des Nabels sind alle Männer Böcke, Böcke oder Zentauren. Stößige Böcke, solange sie jung und geil sind. Zentauren, wenn sie älter und klüger werden in der Kunst der Hurerei. Und die Frauen? Unterhalb der schlanken Taille sind alle Mädchen so läufig wie Trakehner Stuten auf der Frühlingsweide. Schlimmer als Stuten. Alle Frauen sind ständig heiß. Goebbels ist der gleichen Meinung.‹

Ob E. B. das einmal vom Chef zu hören bekam? Wahrscheinlich wäre sie fluchtartig in die Klosterschule zurückgegangen, auf die sie so stolz war. Wo sie so gebildet wurde, daß sie besser Französisch sprach als Frau Goebbels. Nonnen, Englische Fräulein, Simbach. Schickten ihr immer zu Ostern einen Rosenkranz.

Ich war nie darauf aus, den Chef öffentlich zu kritisieren, aber meine Frau und ich waren uns einig, daß er gerade damit seine Sicherheit untergrub. In solchen Sachen war er viel zu lasch. Meine Margarete – hoffentlich war sie gut in Berchtesgaden gelandet! – mußte dreifache Posten passieren, wenn sie nur unsere kleine Wohnung in der alten Reichskanzlei betreten wollte. Die Losung änderte sich täglich um Mitternacht. Ich mußte nur durch eine Kontrolle, wenn ich hinein- und hinauswollte. Feldmarschälle ebenfalls, am Eingang fürs Militär. Hitler und Rattenhuber nahmen es damit sehr genau. Losung Enzian, Maiglöckchen, Anemone, Hyazinthe. Immer eine Blume. Andererseits war er so nachsichtig in der ganzen Sache, daß er den Burschen vom FBK viel zu viel Freiheit ließ. Da ging es trotz oder gerade wegen des nahen Endes recht munter zu. Frauen, die auf sie scharf waren, gab es ja genug. Und in einem Mann wie Fegelein hatten die Männer ja das richtige Vorbild. Die einzelne rote Rose, die er so gern in die Vase auf

Fräulein Krügers Schreibtisch stellte.«

1.00 Uhr morgens. Knapp drei Stunden bis zum Morgengrauen.

Cheftechniker Hentschel überprüfte erneut die Geräte. Die wichtigste Maschine in seinem Laden war nicht mehr der große Diesel. Der dröhnte und pustete selbständig weiter, so laut, daß Hentschel Ohrenschützer tragen mußte.

Er wandte sich der kleinen Wasserpumpe zu. Wenn die versagte, war Schluß mit der Trinkwasserversorgung. Und Schluß mit dem Leben von vielen Verwundeten im Keller der neuen Reichskanzlei.

Der Cheftechniker erinnerte sich mit einem Lächeln an damals, 1943, als der Führer die Sache mit dem Geheimbrunnen aufs Tapet gebracht hatte. Er wurde heimlich gebaut. Die Pumpe sollte nur bei Luftangriffen arbeiten. Hentschel saß jetzt darauf. Der Brunnen befand sich sechs Meter unter seinem hohen Schemel, das heißt unter dem Zementfußboden des Tiefbunkers.

Es war ein einfacher artesischer Brunnen. Leicht zu bohren. im sandigen Berlin, der Mark Brandenburg, stieß man überall bald auf den Wasserspiegel. Man brauchte nur zu bohren. Bei all den Seen und Flüssen stellte Wasser im wasserreichen Berlin nie ein Problem dar. Außer jetzt.

Es war Hitlers Idee gewesen, und nur vier oder höchstens fünf Eingeweihte wußten davon, einschließlich Hannes Hentschel.

Wasser, die beste Erquickung, wenn es heiß hergeht. Flüssiges Manna. Als Hitler den Befehl gab, den Brunnen zu bauen, dachte er bestimmt nicht an diese Notlage. Nein, es war seine zunehmende Angst vor Brunnenvergiftung. Bakterienkrieg. Deshalb baute man das Spezialprüfgerät ein. Bei jeglicher Verunreinigung leuchtete es auf und verfärbte sich rot. Eine von Hentschels Pflichten war es, täglich eine Flasche Brunnenwasser ins Labor der Technischen Hochschule zu schicken. Wie eine regelmäßige Urinuntersuchung. Man kann nie wissen.

Wasser war die simple Erklärung dafür, daß Johannes Hentschel hier noch tätig war, daß er im Bunker blieb. Er sorgte dafür, daß die Pumpe arbeitete. Unermüdlich. Da sie sauberes Trinkwasser aus dem Bunker pumpte, richtiger: unter dem Bunker hervor, durch rote Gartenschläuche, durch den langen Tunnel, der vom Vorbunker zum Notlazarett im Keller der neuen Reichskanzlei hinüberführte. Eine Entfernung von ungefähr 150 Metern in der Luftlinie, es ging um mehrere Ecken und andere vertrackte Hindernisse herum.

Der Cheftechniker wußte genau, wie kritisch die Lage dort drüben wurde. Professor Haase konnte nur noch dabeisein und den Sanitätern, Schwestern und Rotkreuzhelferinnen Anweisungen geben.

Die brutale Wirklichkeit sah so aus, daß er die geringen Morphiumvorräte einteilen mußte. Er entschied, welcher Soldat eine barmherzige Dosis brauchte, damit sein Todeskampf endete, und welcher noch eine Überlebenschance hatte. Jede Stunde zählte, ein Wettlauf mit der Zeit. Als Arzt hoffte Professor Haase, daß die Russen bald kämen. Die Schwestern weniger, aus bekannten Gründen. Hentschel hatte das Notlazarett um die Mittagszeit des vorhergehenden Tages, also am Dienstag, 1. Mai, zum letztenmal besucht. Bei diesen Besuchen kam der Zivilist Hentschel zum ersten Mal in seinem Leben in die Nähe eines Schlachtfeldes und erfuhr zu seinem Entsetzen, wie es dort zugeht.

Bei seinem letzten Kurzbesuch hatte er Professor Haase feierlich versprochen, daß Hentschel die Pumpe in Betrieb halten werde, egal was komme. Johannes Hentschel, Berliner und daher Preuße von skeptischer, großstädtischer Art, hatte jetzt etwas zu tun, das wirklich sinnvoll war. Eine wohltuende Abwechslung nach dem großen, aber unechten Bunkerdrama, das er gerade mitgemacht hatte – Leute am Leben erhalten wie Bormann,

Stumpfegger und andere, die von ihm aus gern die Radieschen von unten ansehen konnten.

Er war imstande, ein paar von diesen verwundeten Soldaten zu retten, jeder der Sohn einer Mutter. Einer Mutter irgendwo in einem Bunker. Vielleicht in Berlin. Eines Tages wäre er stolz, wenn er seinen Kindern erzählte, was er beim Zusammenbruch des Dritten Reiches tat. Seinen Kindern? Eine Einbildung. Überhaupt keine Wahrscheinlichkeit, gerade jetzt. Wenn er nur diesen Tag überlebte ... Konnte nicht so lang sein wie der letzte, aber sicher war er mehr als gespickt mit Überraschungen. Lieber jung und gesund als alt und krank, wie die Berliner sagen.

Berlin, ick liebe dir. Hentschel empfand so etwas wie Zuneigung zu dem zusammengeschossenen alten Trümmerhaufen in der ganzen Weltstadt mit Bewohnern, deren Zunge so flink war wie ihr Verstand: Schnauze, Daffke, Mumm.

Du bist verrückt mein Kind,
du mußt nach Berlin,
wo die Verrückten sind ...

Freut euch des Krieges, der Friede wird unerträglich sein. Lieber einen Russen auf dem Bauch als eine englische Bombe auf der Rübe, wie das Blitzmädel im Bus sagte.

Hentschel war stolz, daß er im Bunker zu den waschechten Berlinern gehörte, mit Spreewasser getauft. Oder Havel. Oder Panke. Feldwebel Misch war auch Berliner, Wahlberliner. Seine Leute stammten aus Schlesien. Doch jetzt mußte sich der Cheftechniker eingestehen, daß er sich in diesem Betonklotz abgeschnitten vorkam. Die Großstadt, seine Geburtsstadt, war ihm fremd geworden. Er fragte sich, wie sich wohl der Durchschnittsberliner durchschlug. Sein Bruder Rudolf, seine Schwester Maria, beide draußen in Rudow, Petunienweg. Einen Monat war es her, seit er in der S-Bahn gefahren war. Oder den Kudamm gesehen hatte. Oder das Olympiastadion. Alles jetzt in der Hand von Russen.

Hentschel dachte an seine Frau. Sicher würde sie ihn, falls sie sich je dort oben wieder trafen, liebevoll am Ohr zupfen wie immer. »Ich als Nichtraucher nörgelte dauernd an ihr herum, weil sie kettenrauchte. Davon kriegt man Lungenkrebs. Das sagte wenigstens der Führer immer. Er hatte viele verschrobene Ideen. Vegetarismus. Aber mit dem Tabak hatte er sicher recht. Das war das beste am Bunker, solange er noch lebte. Rauchen verboten. Ausgenommen Linge und seine schwarzen Zigarren.«

Hentschel hätte jetzt gern gepfiffen, um sich Mut zu machen, aber sein Hals war zu ausgedörrt zum Pfeifen. Da saß er nun mit über zwei Millionen Berlinern im gleichen Boot.

Gebt mir vier Stunden . . . Warum habe ich 1933 meine Stelle am Nollendorfplatz aufgegeben. Das war an dem Tag mit der Reparatur im Reichspräsidentenpalais. Ist hier irgendwo ein Elektriker? Sagte Brückner von der Reichskanzlei. Ja, sagte ich. Und lief hin. Was will ich also? Ich habe mich vorgedrängt, und jetzt bin ich hier! In voller Lebensgröße. Leben? Tod? An so einem Ort könnte man tatsächlich überschnappen. Aber wer würde es dann erfahren?

. . . und noch etwas, Hentschel, vergessen Sie nicht, das Wasser jeden Tag untersuchen zu lassen. Brunnenvergiftung. Jawohl, mein Führer, Entschuldigung, Chef. Ich bin nur der Chefelektriker, Chef, Sie haben mich zum Cheftechniker befördert. Wissen Sie noch? Hentschel, hör auf, Selbstgespräche zu führen. Feind hört mit. Mikrophone. Abhörgeräte. Die Russen kommen. Was heißt auf russisch guten Morgen? Wo ist Marschall Schukow? Wo ist Generaloberst Tschuikow? Hentschel, es ist Zeit, daß du dich zusammenreißt und geradeaus denkst. Pflicht, das große Wort, das immer noch zählt. Zähle bis zehn. Der Hitler-Bunker ist der wirkliche Bunker.

Verrückte Träume. Johannes Hentschels Kopf wurde wieder klarer. Mußte eingedöst sein. Gefährlich! An der Pumpe schlafen! Gleich 2.30 Uhr, Zeit, die Runde zu machen. Hundemüde wie Misch. Aber gefährlich. Iß Schokolade. Trink Tee. Trink Wasser.

Wasser, das Zauberwort. Wieder dachte er an den weißhaarigen Professor Haase. Langsam verging die Benommenheit. Johann Hentschel erinnerte sich an das erste Zusammentreffen mit Haase, das der Führer vermittelt hatte. Daher stammte die Bindung. Wie alle Großstädte ist auch Berlin eine kleine Welt für sich. Damals im Jahr 1935 hatte Professor Haase Hannes' Vater operiert und ihm das Leben gerettet. Papa hatte oft Pech, aber die Jahre, die ihm der geschickte Chirurg geschenkt hatte, genoß er. Und er hatte schließlich vier Söhne in die Welt gesetzt. Haase schickte keine Rechnung. Auch dafür gab es einen Grund. Der Chef hatte das in Ordnung gebracht. In solchen Sachen war er bestimmt nicht der schlechteste Vorgesetzte. Der gute Onkel Adolf, seine Lieblingsrolle. Wenn man dem Hofstaat, dem Gefolge, dem inneren Kreis angehörte. Kurz: wenn er wußte, daß er einen ebensosehr brauchte, wie man ihn brauchte.

Unten im Bunker waren in den letzten vierzehn Tagen viele seltsame Erscheinungen aufgetaucht, Geister aus Adolf Hitlers Vergangenheit. Ritter von Greim gehörte dazu. Und Hanna Reitsch. Und auf seine Weise auch Albert Speer. Nicht der Minister Speer, sondern der Architekt Speer, das *alter ego*. Aber keine Erscheinung war so bemerkenswert – und so erwünscht – wie Haase, Hitlers erster Berliner Leibarzt 1933, als er Reichskanzler wurde. Haase mochte Hitler leiden, sagte aber dem Führer in aller Freundschaft, bei seiner robusten Gesundheit sei er besser bedient mit einem jüngeren, angenehmen Arzt. Er empfahl einen seiner besten Studenten, Dr. Karl Brandt. Haase verschwand nicht von der Bildfläche.

Er ging einfach in seine Klinik an der Ziegelstraße zurück, keine zwei Kilometer von der Reichskanzlei entfernt. Er stand sozusagen auf Abruf zur Verfügung.

»Wenn Sie mich wirklich brauchen, rufen Sie mich an«, sagte Haase. Als er am 20. April 1945 zum Gratulieren in den Bunker kam, konnte Hitler ihn wirklich brauchen. Haase übernahm die Leitung des Notlazaretts und beriet Hitler, als dieser nach sicheren Mitteln zum Selbstmord suchte.

Von den alten Getreuen waren also nur noch drei im Kartenhaus: Professor Haase, Johannes Hentschel und – nicht zu vergessen – Rochus Misch. Misch schlummerte immer noch mit dem Kopfhörer auf den Ohren an seinem verstummten Vermittlungsschrank. Hentschel überlegte, daß es wohl am besten wäre, ihn fast bis zum Morgen, also noch eine Stunde, weiterschlafen zu lassen. Misch war ein guter, treuer Kerl. Er brauchte allen Schlaf, den er irgendwie kriegen konnte, ehe er endgültig abhaute. Wie sich die Dinge bis jetzt entwickelten, wäre Eile sinnlos.

2.30 Uhr morgens, draußen noch dunkel. Dunkel und still. Wie die meisten technisch veranlagten Menschen war Hentschel methodisch. Er machte seine Kontroll- und Ableserunde im Bunker gern pünktlich, einmal in der Stunde, jeweils um halb. Den Anschluß nicht verlieren. Er trug zwei Armbanduhren. Die eine hatte Leuchtziffern, ein Geschenk von Hitler. Hitler hatte sie von Baur, und der hatte sie von der Luftwaffe. Wie Baur wußte Hentschel deshalb immer die genaue Zeit, zu der er dies oder jenes getan hatte. Das erleichterte den Verfassern ganz erheblich ihre Aufgabe, die Ereignisse dieser langen Nacht, die durchaus seine lezte hätte sein können, zu rekonstruieren.

Hentschel: »Ich hatte Angst, das dürfen Sie mir glauben, und seltsamerweise war es nicht nur das Anrücken der Roten Armee, was mir Angst einjagte, obwohl meine diesbezüglichen Gedanken ziemlich trübe waren. Deshalb schob ich sie beiseite. Um Mitternacht, das weiß ich noch, da war ich buchstäblich am Zittern, ein echter Fall von durchgehenden Nerven. Dann riß ich mich zusammen.

Aber die Atmosphäre, oder was noch von Deutschen da war, war alles andere als gemütlich. Es war offengestanden so gespenstisch wie ein Polterabend im Leichenhaus. Ich wußte, daß noch mindestens neun Leichen unbegraben herumlagen, entweder im Bunker selbst oder ganz in der Nähe. Am frühen Abend hatte ich die sechs erstarrten Goebbels-Kinder gesehen, nur einmal, ganz kurz. Dann schloß ich die Tür, mir war übel vor Entsetzen. Ich mußte mich sogar übergeben. Ich konnte einfach einen solchen Vater – oder eine solche Mutter – nicht begreifen. Unnatürlich. Wissen Sie, mir war es ergangen wie allen anderen im Bunker: Wir hatten die Kinder kennengelernt und liebgewonnen. Sie waren aber auch alle so lustig und lebhaft. Mich nannten sie Onkel Hannes. Und jetzt lagen sie leblos, immer zwei zusammen, auf drei alten Luftschutzbetten, solchen, die man an die Wand klappen kann. Todesstarre. Weiße Tücher über den Gesichtern. So sah ich nur ihre Nachthemden und ihre bloßen Füße. Ein erschütternder Anblick, sogar für den alten Hannes Hentschel, der doch schon einiges gesehen hat. Der Tod – der Mord – von Kindern ist unsagbar mitleiderregend. Wenn junge Menschen sterben, ist es sozusagen ein zweifacher Tod. Man gibt ihnen das Leben und entreißt es ihnen wieder, wenn es noch kaum angefangen hat. Aus krassestem Egoismus. Daß diese Kinder so sinnlos umgebracht wurden, hat mich mehr mitgenommen als der Tod Hitlers. Und ich bin ziemlich hart im Nehmen, das wissen Sie ja. Der Chef, Hitler, war schließlich 56, und er fing auch schon an abzubauen. Außerdem wurde er nicht ermordet. Er brauchte sogar viel zu lange, bis er Selbstmord beging.

Nein, die Leichen von General Krebs und Oberst

Schädle habe ich nicht gesehen. Aber ich vermute, daß sie schon lange vorher Schluß gemacht hatten, wie abgemacht. Es gab viele verschlossene Türen im Tiefbunker und im Vorbunker, und ich ließ sie zu. Aus technischen Gründen. Wenn die Russen den Bunker mit Panzern stürmten oder Artillerie für Direktbeschuß an den Turmeingang heranbrachten, war es ein riesiger Unterschied, ob die Türen offen waren oder zu. Man mußte den Luftdruck und die Sprengwirkung einkalkulieren. Sogar bei Handgranaten, wenn sie die Steintreppen herunterkullern wie Ananas. Ich war nicht Soldat, aber davon verstand ich mehr als die meisten Militärfritzen.

Saubere Burschen, muß ich im Rückblick sagen. Burgdorf war ein Säufer, Krebs ein eher zurückhaltender Typ, aber zu etepetete. Schädle ein ganz anständiger Kerl. Ich kannte ihn nicht gut, er war neu im FBK. Er hatte eine häßliche, brandige Wunde am Fuß.

In ihren letzten Stunden soffen sie gemeinsam, die Zechkumpane, und sangen. Am lautesten grölte Burgdorf. Der hatte einen mächtigen Brustkasten und eine Baritonstimme wie eine Drehorgel. Dauernd schmetterte er ein Shanty, *Johnny come down to Hilo, poor old man,* oder so ähnlich. Es war halb deutsch und halb englisch, und ich konnte nicht alles verstehen. Die Melodie war sehr eingängig, wenn man sowas mag.«

Wir mußten nicht wenige Ermittlungen anstellen, um herauszufinden, wie es kam, daß in diesem mit Toneffekten untermalten Szenar für das absurde Theater eine solche Landratte wie der deutsche General Burgdorf aus Fürstenwalde ein Shanty kannte, in diesem Fall ein amerikanisches:

Oh wake him,
Oh shake him,
The big buck nigger with the seaboots on.
Oh Johnny, come down to Hilo
Poor old man.

Zur Information für Liebhaber internationaler Folklore: Hilo liegt auf Hawaii, so weit von dem Berliner Bunker entfernt, wie Burgdorfs vom Alkohol beflügelte Fantasie ihn wegversetzen konnte, ohne den Planeten zu verlassen. Der alte Trinker Burgdorf sang mehrere zweideutige Strophen hintereinander, darunter auch eine in deutsch-englischem Kauderwelsch:

Ich liebe ein Mädchen,
Ich weiß nicht, warum.
Mein Mädchen kaut Tabak,
Mein Mädchen trinkt Rum.
Oh wake her, oh shake her,
Oh wake that girl with the blue dress on.
When Blackie comes down to Hilo
Poor old man.

Manche Bunkerinsassen vermuten, Burgdorf habe das Lied von einer Schallplatte gekannt, einer erbeuteten, in der Messe der Reichskanzlei. Mitgebracht habe sie einer der Korvettenkapitäne, die man von Rostock an der Ostsee herbeigeflogen hatte, zusammen mit Seekadetten, die jetzt zur Verfügung des Reichstags in die Infanterieschlacht geworfen wurden. Das war das nachträgliche Geburtstagsgeschenk des großen Admiral Dönitz für den in Berlin verschanzten Führer. Fast alle diese jungen Leute hatten noch nie einen Schießstand gesehen. Sie waren Radartechniker. Die meisten fielen.

General Krebs war rührseliger, mehr in sein eigenes Pathos verstrickt und nicht so grobschlächtig wie der lärmende Burgdorf. Hans Krebs war ein stämmiger Mann und hielt sich sehr gerade, das Monokel hatte er in sein längliches, rotes Gesicht geklemmt. Sein Schädel war glattrasiert wie bei einem buddhistischen Priester, und man sah noch weißliche Narben von Schnittwunden und Schorf. Im März, kurz ehe er General Guderians Nachfolger wurde, war er bei einem amerikanischen Luftangriff auf Zossen, die Bunkeranlage des OKW und des OKH südlich Berlins, verletzt worden. Hentschel beschreibt den General am letzten Tag seines Lebens im Bunker als gebrochenen Mann:

»Natürlich hatten wir alle ein gewisses Mitgefühl für Krebs, aber es hielt sich im Rahmen. Er war nicht mehr jung, 47, und er war schwer bedrückt von der Niederlage der deutschen Streitkräfte, ›der zweiten in meiner Offizierslaufbahn‹, wie er sagte. Krebs war völlig ausgepumpt vom Schlafmangel und von den ergebnislosen Unterhandlungen mit Generaloberst Tschuikow in dessen Hauptquartier. Er brauchte Mut für den gefährlichen Weg durch die Fronten vom Bunker nach Kreuzberg.

Der Mann war aber Berufsoffizier, und die Kriegskunst war seine Sache, nicht meine. Er war einer der großen Angeber im Bunker, dauernd prahlte er damit, daß er Stalin einst an irgendeinem 1. Mai kennengelernt hatte, bei der Parade vor dem Leninmausoleum. Er sprach Russisch, und er hätte ja seine Sprachkenntnisse verwerten können, um den Bunker zu übergeben. Statt dessen gab er auf, als es hart auf hart ging. Eines sagte er allerdings, was uns Eindruck machte: ›Es gibt keine verzweifelte Situation, es gibt nur verzweifelte Menschen.‹ Das hätte er wiederholen können.«

Hentschel zitiert Krebs wahrscheinlich richtig. In Moskau war Krebs Heeresattaché von 1939 bis 1941, in der Zeit des Molotow-Ribbentrop-Pakts. Es ist durchaus denkbar, daß er am 1. Mai 1940 oder 1941 vom Leninmausoleum aus zusammen mit Stalin den Truppenaufmarsch betrachtete. Viel vertrauter aber war aus Wochenschau und Zeitung das Archivbild eines lächelnden Stalin, der General Krebs den russischen Bruderkuß auf beide Wangen gibt. Sie hatten sich am Bjelorussischen Bahnhof in Moskau getroffen. Krebs, der im Bunker als einer der Redseligsten in Erinnerungen schwelgte, sagte dazu, die Szene sei völlig spontan erfolgt, und Stalins übertriebene Freundschaftlichkeit sei ihm sogar peinlich gewesen.

Krebs war naiv; er war einer der glühendsten Nationalsozialisten in der Generalität, und er war russenfreundlich. In einem 1968 veröffentlichten Bericht behaupten die Sowjets, Krebs habe sich im Bunker nicht erschossen, sondern Gift genommen. Da es sich um die Dokumentensammlung handelt, in der das auch von Hitler behauptet wird, darf man zu Recht annehmen, daß Krebs – wie Hitler – die bewährte »Professor-Haase-Methode« anwandte, das heißt Pistole und Giftkapsel.

Hentschel: »Für Oberst Schädle konnte ich mich nicht erwärmen. Wie Oberst Gesche, dessen Nachfolger er im Dezember 1944 oder Januar 1945 geworden war, war er ein alter Kämpfer, ein Musterexemplar von SS-Mann. Er war um die vierzig. Wenn ich seine Leiche gesehen hätte, hätte ich vielleicht versucht, ihn zu beerdigen. So stand ich zu Obersturmbannführer Schädle.«*

Johannes Hentschel wünschte, daß er sich wenigstens wie der verblichene General Krebs mit den Russen in ihrer Sprache unterhalten könnte. Wenn sie kamen. Er überlegte sich auch, wieviel ideologisches Eis die Tatsache, daß er Handwerker war, bei den uniformierten Söhnen der Weltrevolution des Proletariats zum Schmelzen bringen würde. Der blaue Anton, der Schraubenschlüssel, die Ölkanne. Ein Ansatzpunkt. Mal sehen.

Etwas realistischer entwickelte er sein eigenes kleines Kriegsspiel. Er fragte sich, auf welche Weise die Rote Armee anrücken würde. Obwohl er durch und durch Zivilist war, hatte er in der Wochenschau genügend Schlachten gesehen, um zu wissen, wie rasch Kampf-

---

* Aus den Aussagen Johannes Hentschels, die wir nachprüfen konnten, zeigte sich jeweils, daß er genau beobachtete, wer in der Hackordnung der Nazis an welcher Stelle stand. Dem Berliner Document Center zufolge hatte Standartenführer Otto Gesche in der SS die Nummer 1093 und Schädle die Nummer 2600. Damit hatten sie einen doppelten Ehrenplatz, einmal als alte Kämpfer in der NSDAP und zum anderen als Träger sehr niedriger Nummern am SS-Runentotempfahl.

truppen einen Unterstand nehmen. Über der Erde und von außen glich der Bunker tatsächlich einem mittelgroßen Unterstand, nichts weiter. Infanterie im Sturm mit Flammenwerfern? Artillerie im Direktbeschuß? Granatwerfer? Panzerangriff mit T 34ern? Handgranaten? Pioniere mit Dynamit oder Minen? Bomben aus der Luft? Vielleicht auch Giftgas, Hitlers alte Befürchtung. Oder einfach Rauchbomben und Tränengas. Die Auswahl war groß.

Außerdem rechnete er sich genau aus, ob es günstiger wäre, zur Stunde Null im Vorbunker oder im Tiefbunker zu sein. Der Tiefbunker war mit den dreifachen Schotten sprengstoffsicher. Aber auch der Vorbunker bot gewisse Vorteile. Er konnte zum Beispiel nicht direkt beschossen werden. Der Techniker Hentschel kannte das wirklich kritische Problem genau: Luftdruck. Er wußte, daß seine Lungen platzen konnten in irgendeinem biestigen Vakuum, das beim Durchschlagen von Sprengkörpern mit hoher Gescheindigkiet entstand. Der Bunker hatte allerdings einer Unzahl von englisch-amerikanischen Luftangriffen widerstanden, einschließlich Luftminen mit Fallschirmen, und das war ein Trost. Erst vor drei Tagen, am Sonntag, dem 29. April, hatte der Führerbunker einen Volltreffer bekommen.* Er verwirrte nur ein paar Drähte und verbog Röhren. Nicht einmal Hentschels kostbares kleines Mikrophon auf dem Bunker wurde herausgesprengt.

Hentschel: »Ich beruhige mich auch bei dem Gedanken, daß der Führerbunker ursprünglich als Luftschutzbunker gebaut worden war, nicht als Führerhauptquartier. Das kam später. Mein Maschinenraum war vollständig ausgerüstet, um die ganze Versorgung der Reichskanzlei zu übernehmen, sobald Alarmstufe 10 eintraf

---

* Wahrscheinlich ein russisches Schlachtflugzeug. Die rote Luftwaffe tauchte erst in der letzten Woche des Krieges über Berlin auf. Der letzte amerikanische Luftangriff bei Tag fand am 21. April 1945 statt.

(feindliche Bomber über Hannover, Braunschweig, Magdeburg, Ziel Reichshauptstadt). Das war für mich das Signal, den Diesel in Betrieb zu setzen. Das Umschalten dauerte genau sieben Sekunden.

Außerdem hatte ich einen Geheimschalter – wir nannten ihn ›Notbremse Eins‹, der nur im äußersten Notfall wie Brand, Explosion oder Attentat zu betätigen war. Er verdunkelte den Bunker, verschloß sämtliche Türen und setzte die Berieselungsanlage in Gang. Ich mußte ihn nie drücken, außer bei Probealarm. Aber es war denkbar, daß bald die Zeit für die Notbremse kam.«

Noch einen weiteren kritischen Faktor mußte Hentschel in seiner komplizierten Berechnung berücksichtigen. Er kannte sich im Bunker aus wie der Fuchs in seinem Bau; er wußte, welcher Gang wohin führte. Die Russen würden sich zweifellos vorsichtig verhalten. Er war nicht bewaffnet, aber das wußten sie nicht, und sie waren sicher klug genug, es nicht anzunehmen. Die Soldaten hatten sich aus dem Staub gemacht, schon vor vier Stunden. Aber die anrückenden Russen wußten das vielleicht nicht sicher; sie konnten auch nicht ahnen, daß *alle* abgehauen waren. Sie würden vermuten, daß der Bunker vermint war. Deshalb würden sie Pioniere vorausschicken, bewaffnet mit Minensuch- und Minenräumgeräten, oder andere Sicherheitsvorkehrungen treffen.

Als Plus buchte Hentschel für sich, daß die Russen sich entscheiden mußten, welchen Eingang sie benutzen wollten, wenn sie nicht die Superschlauen spielten und den Bunker von beiden Zugängen gleichzeitig stürmten. Dann könnte der alte Hentschel seinen Abgang wählen. Er nahm an, daß die Russen durch den Garten der Reichskanzlei kommen würden. Das war schließlich der einzige sichtbare Einlaß, das heißt der Notausgang. Weniger wahrscheinlich war, daß sie den längeren Weg durch den Keller der Reichskanzlei und den Tunnel kämen. In jedem Fall stellte sich Hentschel vor, es müsse ihm gelingen, den strategischen Rückzug anzutreten und unauffällig in entgegengesetzter Richtung zu verschwinden. »Es gibt immer zwei Möglichkeiten«, wie der Chef zu sagen pflegte.

Genaugenommen war der Cheftechniker um diese Zeit – es war 3.00 Uhr am Mittwoch, 2. Mai – ja nicht allein. Oberscharführer Misch befand sich noch auf seinem Posten, allerdings ohne etwas wahrzunehmen. Das war ein echtes Problem. Misch war bewaffnet. Er war SS-Mann. So gut Hentschel Rochus Misch persönlich leiden mochte, kam er doch jetzt zu der Einsicht, daß es vielleicht vernünftiger wäre, die Sache im Alleingang durchzustehen. Was Hentschel angesichts der ganzen Roten Armee am wenigsten brauchen konnte, war ein SS-Leibwächter. Es war höchste Zeit, Misch zu wecken und fortzuschicken.

Frage: »Hatte Misch getrunken?«

Hentschel: »Ja, selbstverständlich. Bei der Waffen-SS gab es fast keine Abstinenzler. Aber Rochus war nicht stockbesoffen wie so viele andere. Sonst hätte ich ihn nicht gehen lassen. Misch war die meiste Zeit des Bunkerdramas sehr pflichtbewußt gewesen, aber jetzt hatte er zwei Tage lang wenig oder gar nicht geschlafen. Er hatte Kognak getrunken und Aufmunterungspillen genommen, um an seinem Vermittlungsschrank wach zu bleiben. Misch war jung und kräftig, aber er war völlig erschöpft.«

Frage: »War es der Tod Hitlers, seines Chefs, was ihn so umwarf?«

Hentschel: »Keineswegs. Misch war Realist. Er sorgte sich um seine Frau dort draußen in Rudow, 15 Kilometer südlich. Sie hatte gerade ihren Vater verloren, in der Woche vorher, er hatte es nicht mehr bis zum Luftschutzkeller geschafft. Und sein einjähriges Töchterchen hatte eine Infektion mit hohem Fieber, etwas wie Scharlach. Es war eine Seuche bei den Kleinkindern, die noch in Berlin waren. Deshalb betete Rochus zu St. Rochus, seinem Schutzpatron. Das ist der Heilige, der bei Epidemien hilft, wie die Frommen sagen, und Rochus war fromm. Er war der einzige mir bekannte SS-Mann, der einen Rosenkranz bei sich trug und ihn betete.«

(An einem Sonntagmorgen erzählte uns der Ortspfarrer in Berchtesgaden, mindestens drei Personen aus Hitlers Umgebung, von den »Älplern«, seien ziemlich regelmäßig sonntags zur Messe erschienen: SS-General Sepp Dietrich, Oberscharführer Rochus Misch und – das war die echte Überraschung – Fräulein Braun.)

Hentschel hatte einen weiteren guten Grund dafür, daß er Rochus Misch bis dahin nicht aufgeweckt hatte, nämlich den sogenannten »Schwägermann-Zwischenfall« vom Abend vorher, Dienstag, gegen 21.00 Uhr. Die Sache ist bei den letzten Bunkerinsassen heute noch heiß umstritten. Zuerst Hentschels Aussage:

»General Mohnke oder sonst ein hohes Tier vom Militär schickte Obersturmführer Schwägermann in den Bunker zurück. Er schleppte den zweiten Kanister, den ich ihm gegeben hatte, um die Leichen des Ehepaares Goebbels zu verbrennen. Rach, Goebbels' Fahrer, war bei ihm. Einer von beiden, Schwägermann oder Rach, schüttete das Benzin in Hitlers Arbeitszimmer und warf dann eine Fackel oder einen brennenden Lappen hinein. Sie müssen die Stahltür in größter Eile zugemacht haben. Zum Glück hatte ich die Ventilatoren in Hitlers Räumen ausgeschaltet. Sonst wären wir alle auf der Stelle in die Luft geflogen. Oder wie Kastanien geröstet worden. Ein hirnverbrannter Unfug!«

General Mohnkes Entgegnung:

»Es trifft zwar zu, daß ich den Hauptsturmführer Schwägermann aufgefordert habe, im Arbeitszimmer Hitlers ein Feuer zu entzünden, aber nur dort; es war völlig klar, daß der in diesem Augenblick verfügbare Benzinvorrat keinesfalls einen Brand der Art erzeugen konnte, wie er hier von Herrn Hentschel beschrieben wird. Davon abgesehen, war das schon aus Sauerstoffmangel unmöglich.«

»Weshalb erteilten Sie diesen Befehl?«

Mohnke: »Weshalb – zunächst einmal war das kein Befehl im militärischen Sinne. Wir wollten verhindern, daß die Russen aus Hitlers Räumen irgendwelche Unterlagen oder Trophäen herausholen konnten. Im übrigen habe ich außer Schwägermann und einem zweiten Mann, den ich nicht kannte, niemanden mehr im Bunker gesehen. Es regte sich dort unten wirklich nichts mehr.«

Hentschel: »So sieht General Mohnke die Sache, aber es ist noch nicht alles. Ich regte mich nicht nur über Schwägermanns Dummheit auf, sondern auch über Rochus Misch. Misch war wütend, als er auf die beiden Amateurbrandstifter stieß. Schwägermann war Hauptsturmführer, an ihn traute er sich nicht ran. Aber Rach jagte er durch den Bunker und dann gab er ihm einen Tritt in den Hintern.*

Misch und ich waren froh, daß wir gerade noch dem Unheil entgangen waren, und untersuchten die Tür von Hitlers Arbeitszimmer. Sie war so heiß wie ein Bratrost. Die rote Gummidichtung am Türrahmen, die als Isolierung diente, schmolz, und es floß herunter wie Lava. Das rote Licht über der Tür brannte – Feueralarm. Dann ging es aus. Starr vor Schrecken standen wir da, mindestens fünf Minuten. Wie vor dem verbotenen Zimmer in König Drosselbarts Schloß. Wir lauschten und kamen dann zu dem Schluß, daß das Feuer langsam erstickt war, aus

---

* Für Rach war es überhaupt eine schlimme Zeit. Er hatte nichts zu tun, weil sein Chef, Goebbels, Selbstmord begangen hatte. Dann kam der Zusammenstoß mit Misch. Und die Nacht war noch nicht vorbei. Die beiden trafen sich in der frühen Dämmerung beim Stettiner Bahnhof wieder. Rach geriet unter Beschuß und soll ums Leben gekommen sein, wie Misch später erfuhr. Einer anderen Version zufolge starb Rach in russischer Gefangenschaft.

Sauerstoffmangel. Die Gummidichtung schmolz nicht mehr. Sie rauchte, ekelhafter Schwefelgestank und beißender Rauch verbreiteten sich im Bunker.

Feldwebel Misch hatte sich noch nicht beruhigt. Für gewöhnlich war er ganz vernünftig und unempfindlich, aber in den letzten paar Tagen waren alle möglichen Gerüchte, man werde den Bunker sprengen, in der SS-Kantine herumgeschwirrt. Und jetzt war er überzeugt, daß irgendwo eine Zeitbombe steckte, die auf Mitternacht eingestellt war.

Das klingt heute vielleicht übertrieben dramatisch. Wären wir ruhig und besonnen gewesen, so wären wir wahrscheinlich dahinter gekommen, daß Mohnkes Befehl, diesen Raum im Bunker auszuräuchern, nicht gerade darauf schließen ließ, daß der Bunker in die Luft gesprengt werden sollte.

So aber war ich zunächst froh, als Freund Misch von selbst vorschlug, er wolle bei mir im Bunker bleiben. Das bedeutete doch, daß Misch trotz aller wilden Kantinengerüchte und aller SS-Aufschneiderei nichts Genaues wußte. Um ganz sicher zu gehen, holte ich meinen alten Spannungs- und Stromstärkenmesser hervor und überprüfte sämtliche Leitungen im Bunker. Ich sah mich auch nach Dynamit und verdächtigen Paketen um und horchte, ob irgend etwas tickte. Aber in Hitlers Arbeitszimmer ging ich nicht. Irgendeine Scheu, ich kann es nicht erklären. Es machte mich schaudern.«

Es gab kein deutlicheres Anzeichen dafür, daß der Bunker für immer außer Dienst genommen wurde, als die Stille, die jetzt in der einst überlasteten Telefonzentrale herrschte. Als Hentschel Misch schließlich weckte, dachte dieser, er hätte nur eine Stunde geschlafen.

Hentschel: »Die ganze lange Nacht über empfand ich Mischs Anwesenheit als zweischneidig. Solange er da war, war ich nicht ganz allein, und das war ein Trost. Andererseits war er Soldat, bewaffnet, SS-Mann. Aus taktischen Gründen, so überlegte ich mir, war in meiner Lage eine SS-Leibwache wirklich das letzte. Deshalb weckte ich ihn und schickte ihn fort.«

Eine eigenartige Szene: Der Chefmechaniker, ein geborener Schwejk, jetzt ein Achilles geworden, beobachtete den Berliner Misch, einen zögernden Patroklos, der seine Rüstung anlegt. Klar zeigt sich der Berliner Realismus. Der Berliner ist nur im Notfall ein Held. Helden wider Willen – sie haben vielleicht die größte Ausdauer. Der Soldat Misch hatte zuletzt im September 1939 vor Modlin an einer Schlacht teilgenommen und war schwer verwundet worden. Er wußte, was ihm bevorstand, und machte sich doch wieder auf. Hentschel beschreibt ihn:

»Zum erstenmal seit fünf langen Jahren sah Rochus Misch wieder wie ein echter Soldat aus, nicht wie ein uniformierter Telefonist. Mit Stahlhelm und Tornister, Pistolengurt und Feldflasche, Seitengewehr, Schanzwerkzeug und Brotbeutel voller Handgranaten brach er auf in den Krieg, den er zuletzt vor Modlin erlebt hatte. Ein führerloser Misch in einem führerlosen Reich. Er sah wirklich furchterregend aus – wie eines der SS-Werbeplakate früherer Zeiten. Er trug sein Eisernes Kreuz. Den Rosenkranz hatte er in der Tasche. Und die Schulterstückkennzeichen auch.

Kurz ehe er ging, tauschten wir die Briefe aus, die wir am Abend vorher geschrieben hatten. Er bekam meinen Brief an Margarete, meine Frau, falls mir etwas zustoßen sollte, und ich steckte seinen Brief an Maria, seine Frau, ein – für den umgekehrten Fall. Meine Schwägerin wohnte in Rudow im Haus neben den Mischs.

Insgeheim hoffte ich, durch irgendein Wunder in dem ganzen Durcheinander würde es Rochus glücken, sich bis nach Hause durchzuschlagen und sich auf seinem Dachboden oder in seinem Keller zu verstecken. Es wäre immerhin denkbar gewesen.« (Keiner der beiden Briefe wurde je weitergegeben. Am gleichen Tag noch gerieten beide Männer in Kriegsgefangenschaft. Erst nach Monaten erfuhren ihre Frauen, daß sie das Kriegsende überlebt hatten).

Nach dem Abschied von Hannes Hentschel verließ Misch den Bunker durch den vertrauten Tunnel zur neuen Reichskanzlei. Er zeigte sich weder in General Mohnkes Kommandostelle, die ohnehin verlassen war, noch in Professor Haases nahem Lazarett, sondern wandte sich nach links, stieg durch einen Bombentrichter, überquerte den Ehrenhof und betrat die alte Reichskanzlei. Dort kroch er vorsichtig heraus, gerade unter dem alten Führerbalkon zum Wilhelmsplatz. Es war nur 200 Meter zum Eingang der U-Bahnstation Kaiserhof. Trotz seiner feldmarschmäßigen Ausrüstung legte Oberscharführer Misch die Strecke »fast in Olympiarekordzeit« zurück, wie er sagte.

Frage: »Sahen Sie dabei irgend etwas Besonderes, etwas, das Sie überraschte?«

Misch: »Es wurde nicht gekämpft, das war schon eine freudige Überraschung. Keine huschenden Schatten, kein Nahkampf, wie ich ihn erwartet hatte. Ich mußte über Leichen steigen – deutsche und russische Soldaten, Berliner Zivilisten. Ein Pferdekadaver. Zwei oder drei zerschossene Militärfahrzeuge, eigene, die noch brannten. Auf der Straße und den Bürgersteigen lagen große, zersplitterte Balkonstücke, auch Marmorbrocken. Berlin, die Stadt, die ich über vierzehn Tage nicht gesehen hatte, war so ruhig wie ein Friedhof. Wenigstens in dieser Gegend. In weiter Ferne hörte ich planloses Schießen. Das einzige Lebewesen war ein streunender Kater. Die Schwarzdrosseln zwitscherten laut. Sonst war es so still in der Großstadt, wie wenn Schnee fällt.«

Wir fragten Misch so genau, weil er sich schon bei früheren Gesprächen als einer der zuverlässigeren Zeugen aus dem Bunker erwisen hatte und selten Fantasie walten ließ; er hatte manche wilde Gerüchte widerlegt, die während und nach der apokalyptischen letzten Runde aufgekommen waren. Wir hatten aber einen weiteren Grund. Oberscharführer Misch war der letzte deutsche Soldat, den wir außerhalb des Bunkers in diesem Gebiet zwischen 3.30 und 4.00 Uhr orten konnten, also in der langsam grauenden Morgendämmerung. Die meisten waren schon an und über der Weidendammbrücke.

Die zeitliche Genauigkeit ist hier sehr wichtig. Misch konnte zwar zuerst den Zeitpunkt seines Aufbruchs nicht festlegen, weil er nicht glaubte, daß er so lange geschlafen hatte, kam aber schließlich zu der Überzeugung, daß es Dämmerung war, also fast 4.00 Uhr. Dies wurde von Hentschel bestätigt:

»Als Misch den Bunker verließ, war es etwa zehn Minuten vor vier Uhr. Ich weiß das, denn kaum war er fort, da überfiel mich das Gefühl vollständiger Vereinsamung. Es war, wie wenn man in einer mittelalterlichen Krypta alleingelassen wird. Ich geriet beinahe in Panik und stürzte hinauf und durch den Notausgang zum Bunker hinaus, nur um die Spannung loszuwerden und ein bißchen frische Luft zu schnappen. Die Sonne war noch nicht aufgegangen, aber der Tag brach an. Im Osten war der Himmel schon pastellfarben oder erbsensuppengrün mit gelben und orangenen Streifen.

Schwarzer Rauch stieg von brennenden Bauwerken auf. Es sah unwirklich aus, wie eine Kulisse.«

Nachdem die Zeit festgelegt war, fragten wir Misch weiter:

»Haben Sie sonst nichts gesehen?«

»Nicht daß ich wüßte. Warum, was hätte ich denn sehen sollen?«

»Wir haben von mindestens drei Zeugen gehört, daß um die Zeit als Sie losgingen, möglicherweise auch später, sogenannte fliegende Standgerichte von der SS deutsche Soldaten, angeblich Deserteure, zusammengetrieben und an den Laternenpfählen aufknüpften. Sie hätten auch erwischt werden können. Sie hatten keinen schriftlichen Befehl bei sich, und sie hatten sich von der Truppe entfernt.«

Misch: »Was für Laternenpfähle?«

»Die in der Wilhelmstraße und um die Ecke in der Voßstraße, vor der neuen Reichskanzlei. Albert Speer hat sie entworfen.«

Misch: »Ich habe auch schon oft etwas von dieser Gruselgeschichte gehört. Aber ganz ehrlich: Ich habe nichts davon gesehen, so wenig wie ich an diesem Tag auch nur ein einziges Mal erlebt habe, daß ein russischer Soldat eine Berlinerin vergewaltigt hätte. Das Entsetzlichste, was ich an meinem ersten Tag als Kriegsgefangener sah, war ein Zug betrunkener russischer Soldaten, die auf einen anderen Zug schossen. Sie erschossen ein Dutzend eigener Kameraden. An grausamen Vorkommnissen fehlte es an jenem Tag in Berlin nicht.

Ich bin ganz sicher, daß in der Wilhelmstraße niemand baumelte, nicht, als ich dort war, wenigstens nicht zwischen dem Wilhelmsplatz und der U-Bahnstation. Mit der Voßstraße bin ich nicht so sicher, denn ich überquerte sie eiligst, den Blick nur nach vorn gerichtet. Aber wenn ich auch nur den Schatten eines erhängten deutschen Soldaten gesehen hätte, würde ich mich erinnern. So etwas vergißt man nicht. Übrigens blickte ich doch wohl mindestens einmal die Voßstraße auf und ab, ehe ich in der U-Bahnstation verschwand. Kein kampfgewohnter Soldat überquert eine Straße, die im Schußfeld liegt, ohne sie genau in beiden Richtungen zu überprüfen.«

Wir legten Wert auf diese Fragen, weil wir bereits zweifelsfrei festgestellt hatten, daß die »Todeskommandos« genau in dieser Gegend an diesem letzten Tag tätig waren. Aber jetzt schlossen wir, daß es gewesen sein mußte, *nachdem* Misch so überstürzt vorbeigehastet war, also nicht in finsterer Nacht, sondern nach Tagesanbruch. Seitdem sie am 23. April plötzlich im Kampfgebiet aufgetaucht waren, hatten wir Berichte von ihrer Henkerstätigkeit vor allem in der »Zitadelle« und Stadtmitte – genau dort, wo am meisten gekämpft wurde.

Nach Oberscharführer Mischs Fortgang war der Zivilist Johannes Hentschel nun völlig allein und keineswegs frei von Furcht. Seit dem letzten Geburtstag des Führers, vor weniger als vierzehn Tagen, hatte er zwei Reichskanzler, einen Reichsführer SS, einen Reichsleiter, einen Reichsmarschall, einen Großadmiral, drei Feldmarschälle, etwa fünfzehn Minister und ein Dutzend Generale kommen und gehen sehen. Außerdem die Kampfgruppe Mohnke. Und schließlich den letzten Oberscharführer. Eine Dienstrangparade auf einer Bühne, die kleiner und enger war als eine gewöhnliche Theaterbühne. Selbstmord ja, Ausbruch ja, Kapitulation nein. Die Wagnerianer waren alle fort; den trüben letzten Akt ließen sie einen Zivilisten spielen, einen ganz normalen Handwerker.

Eine halbe Stunde später wagte sich Hentschel noch einmal vor den Bunker. Die Gegend war jetzt heller, aber nicht anmutiger.

»Es war gespenstisch, und dieser Eindruck wurde durch das neblige Dämmerlicht verstärkt. Der Garten sah aus wie ein Friedhof, auf dem die Totengräber streiken. Die Leichen lagen herum in unnatürlichen, verrenkten Stellungen, mit abgeschlagenen Köpfen und aufgeschlitzten Bäuchen, und hier und dort einzelne Arme und Beine.«

Frage: »Haben Sie eine dieser Leichen erkannt?«

Hentschel: »Zuerst nicht. Als ich aber zur Pergola hinüberging, entdeckte ich die beiden Goebbelsleichen nebeneinander. Sie waren nicht verbrannt, nur versengt. Goebbels' Gesicht war dunkelrot wie eine Mumie. Frau Goebbels' Gesicht war vom Feuer verwüstet, obgleich ihr Kleid nur angekohlt war. Obersturmbannführer Schwägermann hatte die Verbrennung nicht gerade fachgemäß durchgeführt.«

Frage: »Keine Spur von Hitler, Frau Hitler, Fegelein, Burgdorf, Schädle oder Blondi?«

Hentschel: »Nein.«

Frage: »Kein Hitler-Double?«

Hentschel: »Nein. Ich habe nie ein Hitler-Double gesehen, weder tot noch lebendig. Und ich bezweifle stark, daß Adolf Hitler jemals eines sah.«

Frage: »Was taten Sie als nächstes?«

Hentschel: »Etwas, das war ziemlich daffke. In der ätzenden Morgenluft voller Asche und Brandgeruch, der meine Augen tränen ließ, fing ich den schwachen, süßen Duft von Jasmin und Hyazinthen auf. Er kam aus Hitlers Gewächshaus, das zersplittert war. Ich ging hinüber und pflückte ein Dutzend rote und gelbe Tulpen – einen kleinen Strauß, um den Bunker unten ein bißchen zu verschönern. Wir Berliner haben eine Schwäche für Blumen, besonders Schnittblumen, und ich dachte, den Russen ginge es vielleicht ebenso. Man kann ja nie wissen. Im Gewächshaus waren Enten und Kaninchen.«

Frage: »Was war mit Günther Paul, dem Gärtner? Sollte er nicht im Notfall Ihr Helfer oder Ersatzmann sein?«

Hentschel: »Ich glaube, er hieß mit Vornamen Emil, nicht Günther. Paul war ein junger Bursche, den Hitler im Jahr 1943 angestellt hatte. Es stimmt, er wurde als mein Helfer registriert, zusammen mit einem Mann namens Rolle, der in der Reichskanzlei arbeitete. Paul fiel in jener Nacht beim Ausbruch. Von Rolle habe ich nie etwas gehört.«

Frage: »Da Sie doch gerade in Schlenderstimmung waren – warum wagten Sie sich nicht ins Lazarett hinüber, um nachzusehen, wie die dreihundert verwundeten Soldaten die Nacht überstanden hatten? War Professor Haase noch im Dienst?«

Hentschel: »Ja, Professor Haase tat die ganze Nacht

Dienst. Ich stand in telefonischem Kontakt mit ihm. Aber dort hinüberzugehen, war viel zu gefährlich. Die Morgendämmerung ist schließlich genau die Zeit, in der Soldaten gern angreifen. Ich fühlte mich sicherer, wenn ich in meinem vertrauten Betonklotz hockte.«

Frage: »Was war mit Kampfhandlungen?«

Hentschel: »Man sagt, die Russen seien unergründlich. Das gleiche sagten sie wahrscheinlich an diesem Tag über uns Deutsche.«

Frage: »Haben Sie nicht wenigstens etwas vom Krieg gehört?«

Hentschel: »Freilich, das schon, aber weit entfernt. Es krachte von Zeit zu Zeit. Gewehrfeuer, gelegentlich Granatwerfer, ab und zu eine Leuchtrakete oder der Schein einer Leuchtpistole. Aber keine schweren Geschütze. Keine Stalinorgeln (Katjuschas), keine rumpelnden Panzer. Keine Flugzeuge. Eine dichte Staubwolke hing niedrig über Berlin und schimmerte bald orangefarben, bald zitronengelb wie eine Staubwolke in der Sahara, wenn der Schirokko weht. Meine Augen begannen zu tränen, der Sand knirschte zwischen den Zähnen. Der meiste Staub kam vom Trümmerschutt. Sogar der Tau war schmutzig. Dauernd flogen Stockenten in geschlossener Formation vorüber, wie Messerschmitts. Stockenten und andere Enten, vermute ich. Im Tiergarten war Frühling.«

Frage: »Hielten Sie sich oben auf, weil Sie auf den Sonnenaufgang warteten oder weil Sie aus der Bunkeratmosphäre rauswollten?«

Hentschel: »Weder noch. Ich wußte ja, daß die Sonne erst in einer Stunde aufgehen würde, und ich war an jenem Morgen nicht gerade romantisch aufgelegt. Die Sonnenstrahlen würden Mühe haben, dachte ich, den ganzen vom Krieg aufgewühlten Dreck zu durchdringen. Außerdem klapperten mir die Zähne. Es war immer noch sehr kalt. Nach zehn Minuten ging ich gern wieder hinunter. Dort war es wärmer, und ich fühlte mich sicherer.«

Der Cheftechniker war also rechtzeitig für seine stündliche Runde um 4.30 Uhr zurück. Selbst Spannung kann, wie er jetzt merkte, zur Gewohnheit und geradezu langweilig werden, wenn man kaputt und hundemüde ist.

Eineinhalb Stunden vergingen. Um 6.00 Uhr, als die Sonne über Berlin aufgegangen war und sich bemühte, einen strahlenden Tag anzukündigen, tauchte Hentschel wieder an die Oberfläche. Wenn er so wie eine Schildkröte hinaufkroch, benutzte er den Notausgang; er kam also vom Tiefbunker unmittelbar an den Garten der Reichskanzlei.

Hentschel: »Es war jetzt viel heller und wärmer. Aber immer noch totenstill. Dann fiel plötzlich eine ganze Staffel russischer Kampfbomber von Osten her aus dem Himmel und rasierte fast die Ruinen des Außenministeriums. Wie gebannt stand ich da und starrte sie an. Plötzlich bemerkte ich, daß mindestens ein Flugzeug Leuchtgeschosse abfeuerte, und zu allem hin zielte der Hund auch noch auf mich, oder wenigstens auf den Bunker. Die Geschosse fegten durch den Garten und knapp an der offenen Bunkertür vorbei. Wie ein Maulwurf verschwand ich schleunigst in meinem Loch. Das Erlebnis ging mir an die Nieren, und ich beschloß, schön unten zu bleiben. Irgend etwas mußte ja bald passieren.«

Aber es geschah nichts. Hentschel kehrte in seinen wohlvertrauten Arbeitsraum zurück. Sorgfältig überprüfte er seine Habseligkeiten. Früher in dieser scheinbar endlosen Nacht hatte er fast eine Stunde damit zugebracht, alle möglichen Dinge zusammenzupacken, die er brauchen würde. Jetzt lud er sich den Packen auf die Schulter und stöhnte unter der Last. Es war viel zu schwer. Rücksichtslos packte er alles wieder aus, was ihm nicht unbedingt notwendig erschien. Er zählte das Geld in seiner Brieftasche: 2000 Reichsmark in Fünfzigmarkscheinen. Dann legte er ein Paar dicke Wollsocken und ein neues Paar schwere Stiefel zurecht, duschte, rasierte sich und zog einen neuen grauen Arbeitsanzug an.

Hentschel: »Eines der Dinge, die ich wirklich nicht gern fortwarf, war mein altes ledernes Tagebuch mit Fotoalbum. Da drin lagen meine gehüteten Erinnerungen an die achtmonatige Radtour, die ich mit meinem jüngeren Bruder Rudolf von September 1932 bis Mai 1933 unternahm. Wenn ich zurückdachte – und das tat ich lange Zeit in dieser Nacht –, war es sicher die glücklichste Zeit in meinem Leben. Als Wandergesellen und Gelegenheitsarbeiter, mit nur 150 Mark in der Tasche, fuhren Rudi und ich in Berlin los. Wir radelten durchs Rheinland, nach Frankreich, ganz durch Frankreich durch und nach Spanien und Portugal, wo wir etwa um Weihnachten anlangten. Dann Gibraltar, Marokko, Algerien, Tunis. Zurück über Sizilien und Italien. Wir strampelten insgesamt fast 30 000 Kilometer.

Ich hatte damals eine kleine Leica, eine neue, und machte ein paar erstklassige Aufnahmen. Was für eine knorke Zeit war doch die Weinlese in Burgund und in Bordeaux! Ich saß an meiner Werkbank, aber ich war weit weg, verloren in Erinnerungen. Gern las ich in meinem Tagebuch. Da drin waren auch alte Theaterkarten, Fahrkarten, Flaschenetiketten, all das kitschige Zeug, das junge Leute sammeln. Bilder von dem Wochenende bei den Austernfischer in Arcachon. Stierkämpfe in Burgos. Orangenhaine in Valencia. Sardinenfang bei Nacht, vor der portugiesischen Küste, sogar das hatte ich aufgenommen, sie nennen es *lamparo*. Bougainvilleen in Gibraltar, eine Innenaufnahme von einem Lokal im englischen Stil. Wir sahen die Störche in Algeciras und die Reiher in Rabat. Komische Vögel, sitzen den Rindern im Nacken. Und wie die Araber pflügen, mit einem Pferd und einem Esel! Ein Schnappschuß von Rudi und mir auf einem Kamel. Abu Ben Hentschel. Ich entsann mich, daß wir eigentlich nach Kairo und an den Nil wollten, aber es wurde ziemlich heiß, deshalb kehrten wir um, in der

Gegend von Bengasi. Wir fuhren übers Mittelmeer nach Sizilien. Das war ein Frühling! Palermo, Messina. Die Bucht von Amalfi. In Rom platzten wir sogar in eine dieser Touristenaudienzen des Papstes hinein. Pius XI. Wir umgingen die Alpen, fuhren nach Nizza und auf der Route Napoléon weiter, bis wir nach Paris kamen. Die letzten vierzehn Tage blieben wir in Paris. *Printemps.* In einer Pension an der Rue Vaugirad. Wir verkauften unsere deutschen Fahrräder für das doppelte von dem, was sie uns gekostet hatten, und flogen nach Berlin zurück. Fliegen war damals für unsereinen etwas ganz Besonderes. Eine Fokker. Es war wirklich eine herrliche Zeit. Wir sahen so richtig was von der Welt.«

Wir wollten Johannes Hentschels Erinnerungen des Jahres 1974 an seine Bunkererinnerungen von 1945 eigentlich nicht unterbrechen, aber an diesem Punkt schoben wir doch eine Frage ein:

»Sind Sie zurückgekommen oder umgekehrt, weil Adolf Hitler Reichskanzler geworden war?«

»Nein, eigentlich nicht. Wir kamen zurück aus einem Grund, der uns wichtiger zu sein schien. Wir wollten beide heiraten. Das war auch der Anlaß für diese letzte ungebundene Junggesellenreise. Man sagt ja, im Angesicht des Todes oder in einer brenzligen Lage sehe man blitzartig sein ganzes Leben an sich vorüberziehen. Bei mir waren es nur diese fabelhaften acht Monate. La douceur de vivre, so etwa.«

Frage: »Herr Hentschel, haben Sie Hitler jemals Ihr Tagebuch und Ihre Bilder gezeigt?«

Hentschel: »Ja, oft.«

Frage: »Was sagte er dazu?«

Hentschel: »Wenn ich mich recht entsinne, sagte er sinngemäß, daß manche jungen Leute eben mehr Glück hätten als andere. Er sagte, weil er in seiner Wiener Zeit so furchtbar arm gewesen sei, habe er keine Gelgenheit gehabt, Reisen zu unternehmen. Er sei nur als Soldat in

Frankreich gewesen. Es machte ihm keinen besonderen Eindruck, nahm ich an.«

Nach dieser dritten und angenehmsten Träumerei kehrte Hentschel in die düstere Berliner Wirklichkeit zurück. Es war 7.45 Uhr, Frühstückszeit. Also begab er sich zu den Vorräten der Kannenberg-Allee. Jetzt beneidete er Artur Kannenberg, Hitlers *Malvolio,* der sich schon vor drei Wochen in Richtung Süden davongemacht hatte, mit einem guten Teil der Weine aus dem Reichskanzleikeller, und der es fertiggebracht hatte, nicht wieder aufzutauchen. Kannenberg wußte stets, wo sein Vorteil lag. Bormann wollte ihn erschießen lassen, aber Hitler sagte: »Nein, den sind wir auf gute Art los.«

Ein Berliner Frühstück wenigstens. Hentschel fragte sich, ob seine Frau Margarete wohl Berchtesgaden erreicht habe. Nicht gerade das ungefährlichste Ziel, unter den gegebenen Umständen. Er machte sich Rührei aus drei Eiern mit Speck. Außerdem aß er Leberwurst und Schwarzbrot mit Marmelade und trank vier oder fünf Tassen Kaffee. Dann wusch er das Geschirr ab. Weil er immer noch schrecklich durstig war, trank er eine Flasche Fachinger. Das Bier lockte ihn, aber er widerstand der Versuchung.

Danach ging er in den Maschinenraum zurück, überprüfte die Instrumente und schaltete das Radio ein. Er hörte die Achtuhrnachrichten, wieder eine deutschsprachige Sendung aus London. Dit, dit, dit, dah. Sogar Beethoven war Engländer geworden. Die Meldungen befremdeten ihn. Admiral Dönitz hatte den Tod des Führers an der Spitze seiner Truppe bekanntgegeben. Haha. Der 1. Mai in Moskau, Truppenparade. Die Amerikaner weit über München hinaus. Mussolini und seine Geliebte. Tankstelle Mailand. Die Vereinten Nationen in San Francisco zusammengetreten. Viererlei Freiheiten und so weiter. Hentschel meinte, er habe etwas gehört, daß die Rote Fahne vom Reichstag wehe, aber er war nicht ganz sicher. Der Ton schwand. Im übrigen nicht sehr viel von Berlin. Merkwürdig.

Es wurde 9.00 Uhr. Wenige Minuten später, als der Cheftechniker gerade auf seiner Runde im Vorbunker war, glaubte er Stimmen zu hören. Jawohl, und zwar russische Stimmen. Oder wenigstens sicher keine deutschen. Und außerdem keine Männerstimmen. Rasch schaltete er die Lichter ein. Nun konnte er durch den Tunnel von der Reichskanzlei her ungefähr zwölf Russen in Uniform auf sich zukommen sehen. Zu seiner Überraschung waren es nur Frauen. Sie tuschelten, kicherten und lachten, bis sie Hentschel bemerkten, der sofort die Arme hob, um zu zeigen, daß er nicht bewaffnet war.

Die meisten dieser uniformierten Frauen hatten große Taschen oder Seesäcke bei sich. Sie gehörten dem Sanitätskorps der Roten Armee an. Es waren keine Schwestern, wie Hentschel zuerst vermutete, sondern junge Ärztinnen und Praktikantinnen. Das schloß er aus dem bekannten medizinischen Symbol, dem Stab mit der Schlange. Mindestens vier waren Ärztinnen, die jüngeren Assistentinnen.

Die älteste, etwa dreißigjährige Frau, die offensichtlich die Gruppe anführte, trat auf Hentschel zu und fragte ihn, wer er sei und welche Pflichten er habe. Hentschel bemerkte, daß sie fließend und sogar mit einem deutlichen Berliner Akzent Deutsch sprach.

Frage: »War sie Russin oder vielleicht Deutsche? Konnte sie eine deutsche Emigrantin gewesen sein?«

Hentschel: »O nein, sie war völlig russisch, da gab es keinen Zweifel. Ein bißchen dicklich, flachsblond, die hohen slawischen Backenknochen und ein offenes Gesicht. Eine sehr eindrucksvolle Frau. Sie sprach nicht laut, aber im Ton selbstverständlicher Autorität. Der echte Frau-Doktor-Typ.«

Frage: »Wie verlief das Gespräch?«

Hentschel: »Ihre erste Frage war mehr oder weniger:

›Wo ist Adolf Hitler?‹ Ich sagte, er sei tot, und beschrieb die Umstände, die Verbrennung im Hof. Sie hörte aufmerksam zu. Dann fiel eine zweite Ärztin ein, die ebenfalls Deutsch sprach, aber etwas stockender: ›Wo ist Gitlers Frau, Herr Gentschel?‹«

Es war Johannes Hentschels erste, unverhoffte russische Lektion. Das gehauchte »H« wird in der russischen Kehle zum gutturalen »G«, deshalb »Gitler« und »Gentschel«.

Frage: »Einen Augenblick, Herr Hentschel. Ist diese russische Ärztin hier nicht ihrer Zeit voraus? Wie konnte sie in diesem geschichtlichen Augenblick etwas von Frau Hitler geborene Eva Braun wissen? Dies scheint ein zeitlicher Vorgriff zu sein. Es war fast eine Woche später, am 8. Mai, daß der erste Russe öffentlich von ›E. B.‹ sprach. Bei einer Pressekonferenz in seinem Hauptquartier in Karlshorst erwähnte Marschall Schukow beiläufig ›Eva Braun, Hitlers Sekretärin‹. Wie konnte ein untergeordneter weiblicher Offizier mehr wissen als ein Marschall der Roten Armee?«

Hentschel: »Ich bin kein Historiker, ich kann nur berichten, was ich gehört habe. Vergessen Sie nicht: sie sprach ziemlich gebrochen Deutsch. Und sie sagte nicht ›Frau Hitler‹, sondern ›Hitlers Frau‹ im Sinne von seiner Begleiterin oder Geliebten. Wahrscheinlich wußte sie nichts von Eva Braun, sondern setzte eben voraus, daß ein Diktator irgendeine Bettgefährtin haben müsse. Das lag ja auch nicht aus der Welt. Vielleicht sagte sie sogar ›Hitlers Weib‹. Ich weiß es nicht mehr genau.

Frage: »Wie lange dauerte diese nicht unbedingt feindselige deutsch-russische Gegenüberstellung im Flur des Vorbunkers?«

Hentschel: »Nicht länger als zehn Minuten, vielleicht auch nur fünf. Sehr bald kam die erste Ärztin, die so gut Deutsch sprach, zum Kern der Sache. ›Herr Hentschel, wo sind die Klamotten?‹ Endlich dämmerte mir, was diese Russinnen eigentlich wollten. Der Sieger darf plündern. Nach langen, heftigen Kämpfen im Felde waren diese Kriegerinnen darauf aus, anständige Zivilkleider zu ergattern. Das war nicht schwierig. Mit einem Seufzer der Erleichterung, daß es so glimpflich abging, führte ich sie hinunter ins Ankleidezimmer von Eva Braun. Dort stand eine Kommode, die das halbe Zimmer ausfüllte, und ich nahm an, daß sie vollgestopft war mit Reizwäsche. Ihr Kleid mindestens fünfmal am Tag zu wechseln, war Eva Brauns Hauptbeschäftigung im Bunker gewesen. An Frau Goebbels' Zimmer dachte ich auch, aber sie hatte nicht viel Gepäck mitgebracht.

An diesem Punkt, einem historischen Moment, der ans Tragikomische wenn nicht sogar Lächerliche grenzt, unterbrechen wir Johannes Hentschels Augenzeugenbericht vom Ende des Bunkers, von seiner Einnahme und von den Besatzern – die russischen Mädchen hatten das Ziel vor den Männern erreicht. Leo Tolstoi beschreibt in seinem Bericht über die Napoleonischen Kriege eine ähnlich absurde Situation und bemerkt in der für ihn bezeichnenden Weise: »Die Weltgeschichte? Sie gleicht zuweilen einem Taubstummen, der laut die Fragen beantwortet, die ihm niemand gestellt hat.« So war es auch hier.

Zur Schande der sowjetischen Historiker umgibt seit dreißig Jahren ein völlig unnötiger Nebel unwahrer Geschichten den ganzen offiziellen sowjetischen Bericht von den Geschehnissen im Führerbunker an jenem letzten Tag. Die Ereignisse werden verwischt von einem unvorstellbaren russischen Nachrichtenchaos, von NKWD-Leuten, die einander übertrumpfen wollen und sich gegenseitig in die Quere kommen. Die politischen Propagandisten bemühen sich seitdem, die Lücken zu verhüllen. Die Soldaten der Roten Armee hatten einen überragenden Sieg davongetragen. Heute stellen die Schwindeleien der Politruks, und nur diese, die russischen Sieger in ein schiefes Licht.

Nicht nur hier in Hentschels chronologischer Darstellung, sondern auch in den Berichten über den Ausbruch, die wir von Mohnke, Günsche, Schenck haben, wird klar, daß die Deutschen den Eindruck hatten, in der siegreichen Armee gehe etwas Merkwürdiges vor. Dies erklärt sich zumindest teilweise daraus, daß die meisten Deutschen, vor allem die Soldaten mitten in der Schlacht, nicht wußten, was auf der eigenen Seite vorging. Die deutsche Nachrichtenübermittlung, sogar der Rundfunk war fast zusammengebrochen. In Berlin tappten die Deutschen im dunkeln – in jedem Sinn.

Wenn man die ganze Sache von der russischen Seite ansieht und die Psychologie der Sieger berücksichtigt, spielen mehrere menschliche Faktoren mit. Einer ist Vorsicht. Der zweite ist Müdigkeit – auch Sieger sind müde, und diese Sieger waren eine sehr weite Strecke, meist zu Fuß, aus ihrer verwüsteten Heimat herbeimarschiert. Kein Soldat und ganz gewiß kein siegreicher Soldat will am letzten Kampftag in einem langen Krieg bei irgendeiner kleinen Heldentat den Tod finden. Auf Nummer Sicher gehen, lautete die russische Parole von den Generalen bis hinunter zum letzten Gemeinen.

Aber zumindest für die Ereignisse der letzten zwölf Stunden liegt ein ganz besonderer, vernünftiger Grund dafür vor, daß das militärische Vorgehen der Russen stockte oder langsamer wurde. Heute wissen wir aus Generaloberst Wassilij Tschuikows Memoiren (1968) – dem lesenswertesten, soldatischsten und glaubwürdigsten Bericht in der ziemlich spärlichen sowjetischen Memoirenliteratur über Berlin 1945 –, daß der Sturm auf die Reichskanzlei – Ziel 106 – beinahe stattgefunden hätte. General Mohnke marschierte in letzter Stunde ab, gerade zur rechten Zeit. Johannes Hentschel hatte guten Grund, um Mitternacht die größten Bedenken zu hegen. Um diese Zeit war der Angriff festgesetzt.

Was die Russen innehalten ließ, buchstäblich in letzter Minute, war ein verzweifelter deutscher Funkspruch. Er wurde 0.40 deutsch und russisch in Klartext gemorst. Der Funkspruch stammte von General Weidling, dem Kommandeur des deutschen LVI. Panzerkorps und letzten Befehlshaber von Berlin. Er wurde von seiner Kommandostelle im Bunker Bendlerstraße gesendet, von der 79. Garde-Schützendivision der Roten Armee (einer der zum Angriff in Bereitschaft gehaltenen Einheiten) abgefangen und direkt an Generaloberst Tschuikow, den Befehlshaber der 8. Gardearmee, weitergeleitet. General Weidling bat um sofortige Feuereinstllung, um die Kapitulationsbedingungen auszuhandeln.

Während General Mohnke nach Norden in Richtung auf die Weidendammbrücke marschierte, begab sich General Weidlings Stabschef, Oberst Theodor von Dufving, in die entgegengesetzte Richtung, nämlich zu dem vorgeschobenen Hauptquartier der Roten Armee in der Nähe vom Flugplatz Tempelhof.

Anwesend waren außer Generaloberst Tschuiow noch General Wassilij Sokolowskij, Marschall Schukows Stabschef, und ein hochgestellter russischer Politiker vom sowjetischen Kriegsrat, Andrej Smirnow, ein Fachmann für deutsche Angelegenheiten. Die kühlen Russen spürten, daß dies das Ende war, das Ende der Schlacht um Berlin und das rasch herannahende Ende des Krieges. Generaloberst Tschuikow stand in Telefonverbindung mit Marschall Schukow, und Schukow hatte einen eigenen heißen Draht nach Moskau – trotz der späten Stunde in der russischen Hauptstadt.

Im Gegensatz zu General Krebs bei der früheren deutschen Initiative (12 Stunden vorher, im gleichen Gebäude) kam Oberst von Dufving nicht, um Waffenstillstandsverhandlungen zu führen, sondern um zu kapitulieren. Um 1.00 Uhr am Mittwoch, 2. Mai, traf er ein. Fünf Stunden später, um 5.57 Uhr Berliner Zeit – 7.57 Moskauer Zeit – unterzeichnete General Weidling die bedingungslose Kapitulation. General Weidling hatte sein General Mohnke gegebenes Versprechen gehalten, erst nach dem Ausbruch aus der Reichskanzlei zu kapitulieren.

Den ganzen Morgen an diesem Mittwoch, 2. Mai, wurde General Weidlings Meldung verbreitet von Lautsprecherwagen, die sich mühsam ihren Weg durch den Schutt in den Berliner Hauptstraßen bahnten. Der Kampf in der besiegten deutschen Hauptstadt war vorüber, ausgenommen für einige Ausdauernde, die entweder den Befehl nicht hörten oder sich weigerten, die Waffen zu strecken.

Soviel zum Militärischen. Die russischen Generale handelten vernünftig und menschlich, obwohl sie einiges versäumten, als sie einen Kerl wie Martin Bormann entwischen ließen oder ihm wenigstens den Fluchtversuch ermöglichten. Bormann war der einzige hohe Nazi auf der alliierten Liste, der noch am Leben war und von dem man wußte, daß er sich in Berlin aufhielt. Die Reichskanzleigruppe, die sich noch zum Flakturm Gesundbrunnen und zur Brauerei im Wedding durchschlug, war für das Militär unwichtig. Außerordentlich wichtig war sie allerdings für den russischen politischen Geheimdienst.

Die Geheimdienste machten sich nun daran, den größten russischen Nachrichtenfehlschlag seit 1905 – als die Russen ihre Flotte bei Tschuschima verloren – herbeizuführen. Der fünfbändigen »Geschichte des Großen Vaterländischen Krieges« zufolge war der erste russische Soldat, der den Führerbunker in Berlin betrat, Oberstleutnant Iwan I. Klimenko, der für diese Tapferkeit zum »Helden der Sowjetunion« erklärt wurde. Es gab in der letzten Schlacht um Berlin viele echte russische Helden, und warum die Moskauer offiziellen Geschichtsschreiber der Welt immer noch diese Fiktion vorsetzen, ist eines der größten Rätsel in der verwirrenden Geschichte dieses verworrenen Tages.

Wie Oberstleutnant Klimenko in seinem ersten Bericht selbst erklärt, kam er in die Gegend der Reichskanzlei nicht vor dem Nachmittag des Mittwoch, den wir in Johannes Hentschels Erzählung miterlebt haben.

Wer war Oberstleutnant Klimenko, und welche Funktion hatte er? Das erklärt vieles. Er war ein politischer Offizier, Anführer der Smersh-Abteilung des 79. Korps, die am 2. Mai vor dem Gefängnis Plötzensee, etwa sechs Kilometer nordwestlich des Bunkers, ihre Tätigkeit aufnahm. Beim Verhör waren vier Kriegsgefangene, die zugaben, sie hätten in der Reichskanzlei Dienst getan und am Ausbruch teilgenommen (ohne die Brauerei zu erreichen). Es waren Admiral Voß, Lange (einer der Köche), Schneider (der Garagenmeister). Die Identität des vierten ist nicht mehr zu klären.

In seinem offiziellen Bericht sagt Klimenko, er habe sich sofort in einem geschlossenen Jeep mit drei weiteren Smersh-Offizieren auf den Weg gemacht. Russische Militärpolizei fuhr in einem Lastwagen mit den Gefangenen der Reichskanzleigruppe voraus. Klimenko erklärt, es sei 15.00 Uhr gewesen, als er ankam, und es habe geregnet. (Die Potsdamer Wetterstation, die sich durch nichts in ihrer Arbeit beirren läßt, verzeichnete Regenfälle in Berlin »von 14.00 Uhr an«.) Diese Zeitangabe ist wahrscheinlich richtig. Allerdings könnte Klimenkos Uhr noch nach Moskauer Zeit gegangen sein – dann wäre er um 13.00 Uhr Berliner Zeit an der Reichskanzlei angelangt. Zwei weitere kleine, aber aufschlußreiche Tatsachen erhellen aus Klimenkos nachträglicher Aussage:

1. Klimenko und seine Begleiter fanden die Leichen von Goebbels und seiner Frau im Reichskanzleigarten.

2. Klimenko und seine Männer transportierten die Leichen und später die der sechs toten Goebbels-Kinder per Lastwagen ins Gefängnis Plötzensee. Dort wurden sie identifiziert.

Als wir die Sache mit Lew Besymenski besprachen, der

damals als junger Offizier bei Marschall Schukows Stab in Strausberg östlich von Berlin war und heute als sowjetischer Journalist und Schriftsteller in Bonn lebt, hielt er unerschütterlich an der offiziellen Version fest. Besymenski war es auch, der das Klimenko-Dokument erstmals im Westen herausgab (1968). Schließlich gab er zögernd zu, daß »eine Möglichkeit der Verwirrung gegeben war, da Teile von drei sowjetischen Armeen am 2. Mai 1945 in der Stadtmitte zusammentrafen«.*

Die meisten Offiziere von Marschall Schukows Heeresgruppe gestehen es nicht gern ein, aber sie fühlten sich von Stalin hintergangen, weil er auch Teile von Marschall Konjews rivalisierender 1. Ukrainischen Front in die Schlacht um Berlin dirigierte. Einige Konjew-Truppen waren mindestens einen Tag früher in Berlin als Schukow. Außerdem gibt es Beweise dafür, daß einige seiner »Suchtrupps« (d. h. Smersh, NKWD) sich an der Geheimdienstjagd in der Gegend der alten Reichskanzlei beteiligten.

Das Parkinsonsche Gesetz, wo man auch hinschaut, in der schwerfälligen sowjetischen Version. Insgesamt (nach Zählung der Verfasser) begaben sich acht bis zehn russische Greifertrupps auf eine der größeren Menschenjagden des Zweiten Weltkriegs. Jeder Trupp pirschte allein, geheim, ohne echte militärische Überwachung. Der Erfolg war, daß sich die verfügbaren deutschen Zeugen – die Reichskanzleigruppe – in der ganzen Stadt zerstreuten. Es dauerte Monate, ja sogar Jahre, bis die Fehler, die vom 2. bis 8. Mai 1945 in Berlin begangen wurden, wiedergutgemacht wurden. Der Hauptfehler war natürlcih, die wichtigsten Zeugen zu trennen, zu

---

* Besymenski meint damit die 8. Gardearmee (Generaloberst Tschuikow), die 3. Stoßarmee (Generaloberst Kusnezow) und die 5. Stoßarmee (Generaloberst Bersarin). Deutsche Quellen fügen die russische 1. und 2. Gardepanzerarmee hinzu. Alle diese Truppenteile gehörten zu Marschall Schukows 1. weißrussicher Front.

einer Zeit, als sie noch unter dem Eindruck der Ereignisse standen und ihr Gedächtnis frisch war.

Mit der »Wiederholung« von 1946, bei der einige Dutzende der Hauptzeugen in den Berliner Bunker zurückgebracht wurden (vgl. S. 11–12), gestand der sowjetische Geheimdienst stillschweigend seinen monumentalen Irrtum vom Mai 1945 ein.

Einer dieser Zeugen war Rochus Misch. Fahren wir nun fort in Johannes Hentschels Augenzeugenbericht. Es gibt keinen Grund für die Annahme, er hätte den sowjetischen Verhöroffizieren 1945 bis 1949 nicht im wesentlichen das gleiche erzählt – vielleicht ließ er allerdings hier und da diskreterweise etwas aus. Hier ist festgehalten, was er heute sagt. Hentschel hatte schließlich im Gegensatz zu manchen anderen Bunkerzeugen nichts oder wenig zu verbergen. Und er war zweifelsfrei der letzte Deutsche im Bunker.

Frage: »Herr Hentschel, was geschah dann an jenem Morgen? Sie haben uns von den Ereignissen berichtet bis etwa 9.30 oder 9.45 Uhr, als die russischen Medizinerinnen noch in Eva Brauns Ankleidezimmer stöberten. Wann kamen die ersten Männer, die ersten Soldaten?«

Hentschel: »Nicht lange danach, zwei Offiziere, beide mit gezückter Pistole. Das war gegen 10.00 Uhr. Sie kamen den gleichen Weg wie die Frauen, also durch den Tunnel, von innen. Ich war noch oben im Vorbunker. Wieder hob ich die Hände hoch. Dann passierte etwas Lustiges, Gott sei Dank, und die Spannung ließ nach. Sechs von diesen russischen Damen – etwa die Hälfte der Sanitätstruppe – eilten an uns vorbei. Ich könnte mir denken, daß sie dem ranghöheren Major nicht in die Arme laufen wollten. Ihre Säcke waren schwer von allen möglichen Souvernirs – Lampen, Helme, Fotos, Vasen, Flaschen, SS-Uniformdolche, Teppiche, Kristall, Silberbesteck mit Monogramm (AH), ein Akkordeon, ein Tischtuch, etliche Exemplare von Mein Kampf, Gasmasken, sogar ein Tischtelefon. Sie schnatterten wie Frauen, die vom Ramschverkauf nach Hause kommen. Die Damen verschwanden raschestens auf dem gleichen Weg, den sie gekommen waren.«

Frage: »Können Sie diese ersten beiden Offiziere beschreiben? Waren es Heeresoffiziere?«

Hentschel: »Zuerst dachte ich, es seien keine, denn sie trugen weiche schwarze Lederjacken. Deshalb dachte ich, es seien Kommissare. Wie ich jetzt weiß, bedeutete die Uniform, daß sie Offizire einer Elite-Panzereinheit waren. Ich glaube aber immer noch, daß es irgendwelche Stabsoffiziere waren. Einer war Major, der andere Hauptmann. Beide schätzte ich älter als mich, in den Vierzigern. Der höhere Offizier, der Major, trug eine Brille. Er war der intellektuelle Typ. Ein Jude.«

Frage: »Woher wußten Sie das?«

Hentschel: »Der hat gejiddelt.«

Frage: »Wo haben sie Jiddisch gehört? Sicher nicht im Führerbunker!«

Hentschel: »Nein, aber wie hätte ich in Neukölln aufwachsen können, ohne ein bißchen Jiddisch zu lernen? Es ist schließlich so etwas wie ein deutscher Dialekt. Der Hauptmann sprach nicht so gut wie der Major, und er war es auch, der mich quälte.«

Frage: »Wie?«

Hentschel: »Na ja, er setzte seinen Revolver an meine Schläfe und ließ den Abzug klicken. Das war seine besondere Art von russischem Roulette. Ein Spaßvogel. Dann setzte er mir sein Messer an die Kehle und fing an zu lachen. Er hatte den Mund voller Stahlzähne und schien sehr stolz darauf zu sein. Ich war einfach zu müde, um irgendwie zu reagieren. Das merkten wohl die beiden Russen. Der Hauptmann wurde später ganz umgänglich.«

Frage: »Und der Major?«

Hentschel: »Er war kühl und konzentriert. Korrekt,

möchte ich sagen, aber ziemlich schweigsam. Ich hatte den Eindruck, daß der Hauptmann sein Adjutant war und daß er ihn als eine Art Witzbold gelten ließ. Der Major war geschäftsmäßiger. Er fragte, wo Hitler sei. Ich sagte es ihm.«

Frage: »Glaubte er Ihnen?«

Hentschel: »Das bezweifle ich, vor allem, weil ich ihm die Leiche nicht zeigen konnte und auch keine Ahnung hatte, wo sie war. Er zuckte mit den Schultern. Nitschewo.«

Frage: »Glaubte er Ihnen, daß Sie der Cheftechniker im Bunker waren? Sie hätten ja auch der verkleidete preußische Generalstabschef sein können. Oder Martin Bormann.«

Hentschel: »Ich glaube, er hatte keine Zweifel. Wenigstens nicht mehr, nachdem er meine schwieligen Hände gesehen hatte. Er nickte. Dann sprach mich der Hauptmann wieder an: ›Sie, Gentschel, nix Maschinenmeister. Sie kommen nach Moskau. Stalin braucht Maschinenmeister. In Moskau haben Sie Zeit genug, um alle Lügen zu bereuen, die Sie uns jetzt auftischen.‹«

Frage: »Wo fand dieses Dreiergespräch statt?«

Hentschel: »Im Vorbunker, neben dem Raum, in dem die Goebbels-Kinder lagen. Der Major befahl mir, die Tür zu öffnen. Das tat ich. Die beiden Russen wurden blaß, traten einen Schritt zurück und warfen die Tür schnell wieder zu. Dann machten sie sich auf den Rückweg. Herablassend schlug mir der Hauptmann auf die Schulter und sagte: ›Gitler kaputt, woina kaputt! Sie bekommen neue Arbeit, viel Geld, Moskau. Deutscher Techniker, guter Mann.‹ Er rief Doswydania und winkte, als er fortging. Der Major folgte ihm.«

Wieder unterbrechen wir die fortlaufende Erzählung, denn Hentschel hat hier zweifelsfrei den ersten Angehörigen der Roten Armee genannt, der den Bunker bewaffnet betrat. Wenn diese Tat den Orden eines »Helden der

Sowjetunion« rechtfertigt – was unter den gegebenen Umständen angezweifelt werden kann –, ist es der Major (und sein Hauptmann), der diese Auszeichnung verdient, und nicht der oben erwähnte, später erschienene Oberstleutnant. Hentschel fragte den Major natürlich nicht nach seinem Namen, und der Major hätte ihn ihm auch kaum genannt, denn so vertraulich war die Unterhaltung nicht.

Wer war dieser unbekannte Major? Hentschels Geschichte ist – wie bei Artur Axmann über Bormann – die Aussage eines einzelnen Augenzeugen. So etwas wird von allen Skeptikern und von den meisten Geheimdienstlern grundsätzlich angezweifelt. Der Grundsatz ist nicht schlecht, denn es ist bekannt, daß selbst Zeugen, die sicher sind, die Wahrheit und nichts als die Wahrheit zu sagen, offfenkundigen Irrtümern unterliegen. Außerdem holte Hentschel für uns aus seiner Erinnerung etwas hervor, das sich vor fast dreißig Jahren zutrug. Allerdings ist es – ein Glücksfall! – vielleicht möglich, diesen Major zu identifizieren, wenn auch auf Umwegen. Der verstorbene Schriftsteller und Journalist Cornelius Ryan betrachtete die offizielle russische Version der Ereignisse vom 2. Mai im Führerbunker so skeptisch wie wir, und zwar aus den gleichen Gründen. Als Ryan 1963 in Berlin Nachforschungen für sein Buch *The Last Battle* anstellte, beschloß er, eine dreiwöchige Zusatzreise nach Moskau zu unternehmen, um, wenn möglich, direkt an die Quellen der Roten Armee vorzudringen. Mit Ausdauer – und Ryan bohrte hartnäckig – gelang es ihm, einen Russen aufzustöbern, der 1945 Major gewesen war und heute Oberst ist: Boris Polewoi. Ryan gegenüber gab er zu, er sei »am 2. Mai um die Mitte des Vormittags« im Führerbunker gewesen. 10.30 Uhr ist die Mitte des Vormittags, und genau diese Zeit gibt Johannes Hentschel für die Ankunft seines russischen Majors an.

Wer war Major Boris Polewoi? Seiner eigenen Aussage

zufolge führte er einen »Suchtrupp« an – er war also Geheimdienstler mit ungefähr derselben Aufgabe wie Oberstleutnant Klimenko. Polewoi gehörte jedoch der rivalisierenden Heeresgruppe von Marschall Konjew an, und hier wird die Sache interessant. Die Rivalität von Marschall Schukow und Marschall Konjew, die von Stalin gegeneinander ausgespielt wurden, ist Teil der Verwirrung im Geheimdienst. Polewoi räuberte sozusagen für Konjew in Schukows Revier.

In seinem Bericht für Ryan ist Major Polewoi auch bescheidener als Oberstleutnant Klimenko. Er sagt, er habe den Bunker durch den Tunnel erst betreten, nachdem russische Pioniere – wieder unter Konjews Kommando – die ganze Gegend der Reichskanzlei mit tragbaren Minensuchgeräten methodisch durchgekämmt hatten. Militärisch gesehen war das zweifellos vernünftig. Johannes Hentschel sah keinen dieser Pioniere am Werk, aber das war auch gar nicht möglich, denn seinen eigenen Worten zufolge war er entweder unten im Bunker oder nie weit vom Bunker entfernt. Er sah russische Pioniere so wenig wie Professor Haase. In der Reichskanzlei wären sie nicht in sein Blickfeld geraten, selbst dann nicht, als er vor dem Bunker Luft schnappte. Man vermutete, daß diese russischen Pioniere kurz nach Sonnenaufgang erschienen, also vor den Medizinerinnen. Das befreit nebenbei diese Damen vom Vorwurf des Leichtsinns. Sie drängelten nicht in die Reichskanzlei, ehe diese nach Minen und Sprengfallen abgesucht worden war. Als sie einmal drin waren, forschten sie weiter. Weibliche Neugier.

Wie gewöhnlich weisen aber die Indizien eine ärgerliche Unstimmigkeit auf. Ryan zitiert nämlich Major Polewoi weiterhin wie folgt:

»Rasch durchsuchte ich den ganzen Bunker. In einem kleinen Raum mit Klappbetten wie im Schlafwagen fand ich die Familie Goebbels. Alle. Dr. Goebbels und seine

Frau lagen ausgestreckt am Boden. Beide Leichen waren angesengt, aber Goebbels' nur zu bekanntes Gesicht war kenntlich . . .«

Russen sind menschlich, allzu menschlich, und man muß ihnen sicher mindestens die gleiche großzügige Irrtumsbreite zugestehen wie allen anderen Zeugen, auch Johannes Hentschel. Bei einem langen abendlichen Gespräch mit einem von den Verfassern im Kempinski-Hotel in Berlin, kurz nach seiner Rückkehr aus Moskau, zeigte sich Cornelius Ryan überzeugt, er habe – den ersten Russen, der den Führerbunker betrat«, geortet.

Damals – es ist schon über zehn Jahre her – wußten weder Ryan noch die Verfasser etwas von Johannes Hentschel und seiner Aussage. Alles in allem glauben wir, daß Ryans genaue Nachforschungen der Wahrheit sehr nahe kamen, daß also sein Major Polewoi der erste (männliche) russische Offizier war, der den Bunker betrat, und daß er mit dem von Hentschel beschriebenen russischen Major identisch ist. Der Name Polewoi könnte russisch-jüdisch sein.

Major Polewoi erwähnte allerdings Johannes Hentschel nicht. Dafür gab es aber auch keinen zwingenden Grund. Wahrscheinlich hatte er drüben in der Reichskanzlei schon mit mehreren deutschen Überzähligen gesprochen. Hentschel war einfach noch so ein Fritze, einer im blauen Anton. Major Polewoi sagt auch nicht ausdrücklich, daß er einen Hauptmann bei sich hatte. Das ist nicht verwunderlich. In allen Heeren ist ein Major selten allein unterwegs. Der Hauptmann war wohl sein Adjutant und als solcher »nicht erwähnenswert«.

Außerdem stimmt Major Polewois genaue Beschreibung der Klappbetten der Goebbels-Kinder und des Gesichts von Goebbels im Tode mit den bekannten Tatsachen überein. Sein Bericht erhält dadurch den Anstrich der Augenzeugen-Echtheit.

Jedoch – und das ist die Stolperfalle – irrte der russische Major (und Geheimdienstler) offenkundig hinsichtlich des Fundorts der Leichen von Goebbels und seiner Frau. Sie lagen – im Freien, in der Nähe der Pergola, etwa 30 Meter nördlich vom Notausgang des Führerbunkers«. So lautet Hentschels Aussage, die mit Erklärungen von Oberstleutnant Klimenko und anderen Zeugen übereinstimmt.

Noch einmal Hentschel: »Die Leichen von Dr. Goebbels und seiner Frau blieben bis kurz vor Mittag bei der Pergola. Dann kam ein Trupp von fünf oder sechs Russen, die sie auf einer Holztür als Bahre forttrugen.« Bei genauem Hinsehen könnten die Geschichten des Deutschen Hentschel und des Russen Klimenko einander bestätigen. Hentschels Uhr – seine zwei Uhren – ging natürlich nach Berliner Zeit, Oberstleutnant Klimenkos Uhr höchstwahrscheinlich nach Moskauer Zeit. Womöglich war das nur ein Unterschied von einer und nicht von drei Stunden; einer von beiden, Hentschel oder Klimenko, könnte sich auch leicht um eine Stunde geirrt haben. Oberstleutnant Klimenkos Trupp von vier oder fünf Mann transportierte die Leichen weg; das ist nicht umstritten. Was Zweifel an Klimenkos ganzer Geschichte – und an seiner Wahrhaftigkeit – weckt, ist seine offenbar propagandistische Behauptung, daß »sowohl die Reichskanzlei als auch der Führerbunker im Sturm genommen wurden«. Das ist barer Unsinn.

Wir fragten Hentschel: »Herr Hentschel, ist es möglich, daß jemand, solange Sie an diesem hektischen Morgen anderweitig beschäftigt waren, die Leichen des Ehepaars Goebbels in den Vorbunker trug, vielleicht zum Fotografieren – Nazifamilienbild –, und sie dann zurückschleppte an die ursprüngliche Stelle bei der Pergola?« (Das würde einen weiteren, nicht identifizierten Smersh-Trupp voraussetzen. Ein Aufmarsch von Schnüfflern.)

Hentschel: »Möglich? Allerdings. An jenem Morgen war sozusagen alles möglich. Ich konnte in der Verwirrung und allgemeinen Aufregung nicht alles beobachten, was vorging. Aber es ist sehr unwahrscheinlich. Die meiste Zeit war ich im Vorbunker, nicht im Tiefbunker, also auf gleicher Ebene mit dem Zimmer der Goebbels-Kinder. Einen Fotografen, der sich da zu schaffen machte, hätte ich sicher gesehen. Außerdem hätte man die Leichen der Eltern den ganzen Weg durch die Reichskanzlei und den Tunnel bis in den Vorbunker befördern müssen. Es gab keinen direkten Zugang vom Tiefbunker zum Vorbunker.«

Frage: »Wieso das?«

»Hentschel: »Weil der Cheftechniker Hentschel die Tür des Notausgangs verschlossen hatte. Auch so einer von meinen kleinen Schaltern.«

Hentschel setzte seine Erzählung fort: »Es war 10.30 Uhr. Ich wollte gerade wieder in den Tiefbunker hinuntergehen, auf meine übliche Runde, denn ich wollte jetzt die UTA-Pumpe auf automatischen Betrieb stellen. Plötzlich hörte ich Schreien und Grölen aus Richtung Kannenberg-Allee. Im Flur drängte sich eine ausgelassene Bande von etwa zwanzig jungen Offizieren, Hauptleuten und Leutnants der Roten Armee, alles Infanterie, echte Kampftypen.«

(Diese »Frontschweine« stammten höchstwahrscheinlich aus Oberst Antonows 301. Division, altgediente Soldaten, die auch den Reichstag gestürmt hatten.)

»Zuerst bemerkten mich diese Russen gar nicht, als ich hinüberging. Sie hatten gerade die Reste von Kannenbergs Weinvorräten in seinem alten Keller entdeckt. Bald sichtete mich aber ein hochgewachsener Hauptmann. Er schlug einer Sektflasche sauber den Hals ab und gab sie mir zum Antrinken.«

Frage: »Wie erklären Sie sich das?«

Hentschel: »Ich glaube, er wollte einfach auf seine Weise freundlich sein. Aber nach allem, was ich heil überstanden hatte, wollte ich jetzt nicht Glassplitter in meinen Gedärmen zum Opfern fallen. Ich griff also nach einem herumstehenden Steinkrug und trank den angebotenen Schampus. Er war recht anregend. Der Hauptmann schaute lachend zu, was für ein Gesicht ich machte, und schenkte mir gleich noch einmal ein. Dann fingen sie alle an, im Chor ein russisches Trinklied zu singen. Und plötzlich tanzten sie um mich herum, als sei ich der Maibaum.

Ich weiß nicht, ob es die Wirkung der zwei Krüge Sekt war oder die unerwartete russische Umgänglichkeit – jedenfalls wurde mir leicht schwummerig. Mein Kopf begann dumpf zu surren, und der Bunker drehte sich um mich. Ich setzte mich einfach auf den Boden. Da schütteten sie eine ganze Flasche Champagner über mich aus.

Etwa eine Viertelstunde blieb ich bei der Sauferei. Dann beschloß ich, mich unauffällig davonzumachen, ehe die Stimmung umschlug. Ich war nicht mehr so angespannt, aber ich fühlte mich erschöpfter denn je und hatte ein dringendes Verlangen nach frischer Luft. Als ich durch den Vorbunker schritt, hörte ich ein paar Ärztinnen immer noch in Eva Brauns altem Wohnzimmer schwatzen. Dann stieg ich keuchend die vier Treppen hoch und trat hinaus in den Sonnenschein. Es war schön warm, ein herrlicher Berliner Tag. Vom Krieg war nichts zu hören außer den Flugzeugen der Roten Luftwaffe, die über uns kreisten. Sie griffen aber nicht mehr im Tiefflug an, sondern fotografierten nur noch. Russische Gemeine fummelten an der alten Zementmischmaschine herum, die immer noch dastand.

Als ich so in der Nähe des Notausgangs stand, kamen noch einmal zwei Offiziere auf mich zu, wieder mit gezückter Pistole. Dieses Mal ein Oberst, wie ich annahm, und ein jüngerer Leutnant. Beide sahen barsch und unfreundlich aus. Der Leutnant sprach ein paar Brocken Deutsch. Er fragte mich, wo Goebbels sei. Ich zeigte es ihm. Sie untersuchten das Stützband an seinem

Bein. Dann stieß mir der Oberst recht grob die Pistole in die Rippen und gab mir zu verstehen, ich soll sie in den Tiefbunker führen. Über den Leutnant als Dolmetscher fragte er mich, wo genau Hitlers Räume lägen. Der Gedanke, die Notbremse zu ziehen, schoß mir durch den Kopf. Aber ich deutete nur stumm auf die Tür. Beide stürzten vor und schubsten mich beiseite, um rasch zu der Tür zu gelangen. Und da beging ich doch noch eine Kurzschlußhandlung, einen schlimmen psychologischen Fehler.«

Frage: »Und was war das?«

Hentschel: »Bei den Schwierigkeiten mit der Sprache hätte ich sie natürlich tun lassen sollen, was sie wollten. Aber irgendwie ging mir noch die lange Nachtwache nach und die Vorstellung, wie Misch und ich uns gescheut hatten, eben diese Tür zu öffnen. Ich bemerkte, daß sie jetzt durch den geschmolzenen und wieder hart gewordenen Gummi in den Rahmen verkeilt war. Ich drehte durch, fuchtelte mit den Armen und schrie: ›Kommissare, nix, Achtung, Minen, Minen!‹

Ich benahm mich idiotisch, es war die reine Panik. Ich hatte keine Ahnung, ob sie Kommissare waren oder nicht. Ich wußte auch nicht, ob Minen auf russisch ebenfalls Minen heißen. (Das trifft zu.)

Es war ein verhängnisvoller Mangel an Verständigung. Sie faßten meine Warnung als Drohung auf oder auch als Eingeständnis, daß ich etwas von einer Sprengfalle wußte. Ich bemühte mich, es ihnen mit Gesten zu erklären, aber es war schon zu spät. Das verschaffte mir die Fahrkarte nach Sibirien, davon bin ich heute noch überzeugt. Sie ließen die Tür zu und stießen mich die Steinstufen hinauf, die Pistole drückten sie mir in den Nakken. Das war die Gefangennahme. Sie übergaben mich einem Trupp russischer Militärpolizei. Einer war so nett und ließ mich in den Bunker zurückgehen, zum letzten Mal, um meinen Tornister zu holen. Ein Kamerad von ihm nahm ihn mir sofort weg.«

Frage: »Und Ihre Uhr?«
Hentschel: »Meine beiden Uhren auch.«

Hentschel tat keinen Dienst mehr. Die Tür des Notausgangs sprang auf. Aus den Tiefen des Bunkers tauchten die sechs russischen Ärztinnen auf, die in Eva Brauns früheren Räumen geplündert hatten. Die Amazonen erlebten jetzt den langersehnten Triumph, ganz ähnlich wie andere Frauen, wenn sie im Schlußverkauf etwas ergattern.

Hentschel: »Mit einem Freudengeheul wie die Squaws in Wildwestfilmen stürzten die russischen Mädchen heraus und schwangen mindestens ein Dutzend Büstenhalter, alle aus schwarzem Satin mit Spitzen. Sie gehörten Eva Braun und kamen direkt aus Paris. SS-Offiziere wie ihr Schwager, General Fegelein, haben sie in einem kleinen Laden bei der Place Vendôme, in der Rue Faubourg St. Honoré, gekauft und im Urlaub mitgebracht.«

Man ist versucht, die Geschichte des Bunkers mit einer Pikanterie des angenehm Absurden, also nicht mit einem Knalleffekt, sondern mit zwölf Büstenhaltern zu beenden. Irgendwann im Hochsommer 1945 oder vielleicht im folgenden Sommer konnten diese weiblichen Soldaten des Sanitätskorps in der unabsehbaren Weite ihres Heimatlandes mit Stolz die hauchfeinen, spitzenbesetzten Trophäen einer westlichen Zivilisation vorzeigen, die zwar oft als dekadent bezeichnet wird, aber auch ihre verführerischen Reize hat, nicht zuletzt für die Russen. Ex occidente luxus.

Das Ende der Geschichte des Führerbunkers war für Johannes Hentschel und die meisten Deutschen der Reichskanzleigruppe bedeutend düsterer. Kurz ehe der Cheftechniker aus dem Bunker abgeführt wurde, hatte er den Diesel und die UTA-Pumpe auf automatischen Betrieb gestellt. Ihm blieb nichts anderes übrig, als das Beste zu hoffen. Mit der Ankunft der Russen war sein Auftrag ausgeführt – weit über die Forderungen der Pflicht hinaus.

Jetzt endlich konnte sich Johannes Hentschel selbst ein wenig bemitleiden. Was sollte nun werden? Er war gefangen, wenn auch als Zivilist. Mit angezogenen Knien saß er auf dem Boden in dem vertrauten, allerdings jetzt fast nicht wiederzuerkennenden Garten der Reichskanzlei. Die Frühlingssonne wärmte ihn. Der Geist Adolf Hitlers wandelte hier zur Mittagszeit, der Chef, der Mann, den er hier so oft gesehen hatte, wie er Eichhörnchen fütterte oder »Blondi« hinausließ. Vor langer Zeit. Die russischen Wachen waren gleichgültig, nachdem sie ihn durchsucht und ihm seine Uhren weggenommen hatten. Der eine oder andere wollte sein bißchen Deutsch an den Mann bringen und Hentschel und die gefangenen deutschen Soldaten überzeugen, daß »Gitler« noch lebe. Johannes Hentschel oder Gentschel schüttelte den Kopf, müde und niedergeschlagen. Dann schlief er ein.

Schon zehn oder fünfzehn Minuten später wurde er unsanft geweckt. »Dawai!« schrien die Bewacher, vorwärts, zu einem russischen Lastwagen. Mit einer sehr gemischten Gesellschaft von deutschen Kriegsgefangenen wurde Hentschel durch das alte, immer noch eindrucksvolle Haupttor der neuen Reichskanzlei getrieben, erbaut im Jahre 1938 von Albert Speer.

Es war 12 Uhr mittags in Berlin, vielleicht etwas später, und die Sonne schien. Johannes Hentschel sah jetzt die Voßstraße und die Ruinen der Stadt außerhalb der Reichskanzlei zum ersten Mal nach fast vierzehn endlosen Tagen, die er unter der Erde zugebracht hatte. Die ungewohnte Helligkeit ließ ihn blinzeln. Plötzlich gewahrte er, und mit ihm der ganze Trupp, die letzte, entsetzlichste Szene des Dramas.

Lassen wir ihn selbst sprechen:

»Es war Friede, das redete ich mir wenigstens zum Trost ein. Ich war am Leben. Jetzt, als wir aus der Reichskanzlei in die Voßstraße geführt wurden, wo ein

Lastwagen stand, der uns an einen unbekannten Bestimmungsort befördern wollte, blickten wir auf und sahen etwas Grauenvolles. Sechs oder sieben deutsche Soldaten baumelten an mehreren Laternenpfählen. Sie waren erhängt worden. An all diesen schlaffen Leichen steckten oder hingen Schilder: *Verräter, Deserteur, Feigling.*«

Es waren die letzten Opfer der fliegenden SS-Standgerichte, der wahnsinnigen Henker. Feldwebel Misch hatte nichts davon gesehen. Die Exekutionen müssen an jenem Morgen zwischen 4 und 9 Uhr stattgefunden haben, also fast vierzig Stunden, nachdem Adolf Hitler Selbstmord begangen hatte.

Hentschel: »Sie waren alle so jung. Und so leblos. Der älteste war vielleicht zwanzig, die anderen ein paar Jahre jünger. Die Hälfte trug Volkssturm- oder Hitlerjugenduniform.

Als wir nun in den Lastwagen verladen wurden, von Bajonetten unfreundlich zur Eile gemahnt, sah ich, daß ich mit der Hand beinahe die Stiefel eines dieser erhängten Soldaten berühren konnte. Er sah aus wie höchstens sechzehn. Seine toten, vorquellenden Augen starrten uns ausdruckslos an. Ich schauderte und schaute weg. Ich schämte mich vor den russischen Soldaten, deren Schweigen vorwurfsvoll genug war. Dieser erhängte deutsche Junge war nicht viel älter als mein Sohn hätte sein können, der Sohn, den ich mir immer gewünscht hatte und den ich nie bekam.«

Für Führer, Volk und Vaterland. So lautete damals die Devise. Die Geschichte von Johannes Hentschels langer Bunkerwache endete mit einem Mißklang voller Ironie. Sie endete genau dort, wo die eingängige Geschichte von Lili Marleen begann: »Vor der Kaserne, vor dem großen Tor, stand eine Laterne . . .«

Sieben Laternenpfähle. Um die Mittagszeit am 2. Mai 1945 in Berlin.

Anhang

Zeittafel

31. Januar 1945	Panzervorhuten der 1. Weißrussischen Front überqueren die vereiste Oder zwischen Frankfurt und Küstrin, bilden nördlich und südlich von Küstrin Brückenköpfe und dringen vorübergehend bis in die Nähe von Strausberg vor. Berlin wird alarmiert.
1. Februar	Reichsverteidigungskommissar Dr. Goebbels beauftragt den Generalleutnant Ritter von Hauenschild, sofort einen Verteidigungsplan für die Reichshauptstadt auszuarbeiten. General der Infanterie von Kortzfleisch, bislang Stellvertretender Kommandierender General im Wehrkreis III und zugleich Befehlshaber des Verteidigungsbereiches Berlin, wird abgelöst und durch Generalleutnant Ritter von Hauenschild ersetzt, der auch die Befehlsbefugnisse eines Festungskommandanten erhält. Damit West Berlin faktisch zur Festung erklärt worden.
Februar/März	Ausbau der deutschen Verteidigungsstellungen an der Oderfront und im Berliner Stadtgebiet.
6. März	Generalleutnant Reymann wird zum neuen Befehlshaber des Verteidigungsbereiches Berlin ernannt.
22. März	Generaloberst Heinrici übernimmt den Oberbefehl über die Heeresgruppe Weichsel.
28. März	Generaloberst Guderian, Chef des Generalstabes des Heeres, wird von Hitler »beurlaubt«; General der Infanterie Krebs wird mit der Wahrnehmung der Geschäfte des Generalstabschefs beauftragt.
29. März	Stalin telegrafiert Eisenhower, Berlin habe »seine frühere strategische Bedeutung verloren«; die Rote Armee plane daher vorläufig keine größeren Operationen gegen die Reichshauptstadt.
31. März	Montgomery muß sich dem Entschluß Eisenhowers beugen, nicht nach Berlin vorzustoßen.
1. April	Stalin befiehlt den Marschällen Schukow und Konjew, einen Operationsplan für die beschleunigte Eroberung Berlins auszuarbeiten.
12.-15. April	Sowjetische Vorstöße zur Erweiterung des Brückenkopfes in Küstrin.
16. April	Die Rote Armee beginnt aus dem Brückenkopf Küstrin und an der Neiße den Großangriff auf Berlin.
17. April	Die Truppen der 1. Weißrussischen Front erobern die Seelower Höhen, die Verbände der 1. Ukrainischen Front erreichen den Spreekanal.
18. April	Ein Gegenangriff der 18. Panzergrenadierdivision scheitert. Zusammenbruch der deutschen Front an Oder und Neiße.

19. April	Das Oberkommando des Heeres unterstellt der Heeresgruppe Weichsel den Verteidigungsbereich Berlin. Das Heeresgruppenkommando beauftragt den SS-Obergruppenführer Steiner, mit allen zur Verfügung stehenden Verbänden eine Sicherungslinie am Hohenzollernkanal aufzubauen. Ein Antrag der Heeresgruppe, die 9. Armee rechtzeitig aus dem Raum Frankfurt/Oder–Guben nach Nordwesten zurückzunehmen, wird won Hitler abgelehnt. Sowjetische Panzereinheiten erreichen bei Spremberg die Spree.
20. April	Die Panzer der Roten Armee im Vorfeld Berlins: Südlich in Baruth, nördlich in Bernau. Drei deutsche Panzergrenadierdivisionen versuchen vergeblich, die heranstürmenden Armeen Marschall Schukows östlich von Berlin zum Stehen zu bringen. Eilig aufgestellte Volkssturm-, Hitlerjugend- und Alarmeinheiten werden in die Schutzstellungen verlegt, jedoch von den Verbänden der 1. Weißrussischen Front schnell zurückgedrängt. Das bei Müncheberg kämpfende LVI. deutsche Panzerkorps erleidet schwere Verluste. Höchste Alarmstufe für die deutschen Truppen in Berlin: »Fall Clausewitz«.
21. April	Südlich von Stettin eröffnet die 2. Weißrussische Front unter Marschall Rokossowskij eine breit angelegte Offensive. Sowjetische Feldartillerie beginnt, die Berliner Innenstadt zu beschießen. Panzereinheiten der Roten Armee erreichen Zossen, Erkner, Hoppegarten, Lichtenberg, Niederschönhausen, Frohnau.
22. April	Im Süden Berlins dringen die sowjetischen Truppen bis zum Teltowkanal bei Klein-Machnow vor, im Osten bie Weißensee und Pankow, im Westen über die Havel bis Spandau. General Reymann wird als Kampfkommandant Berlins abgelöst und vorübergehend durch Oberst Käther ersetzt. Hitler entschließt sich endgültig, in Berlin zu bleiben, teilt das noch in deutscher Hand befindliche Reichsgebiet in einen »Nordraum« (unter Großadmiral Dönitz) und einen »Südraum« (unter Feldmarschall Kesselring) auf und übernimmt persönlich die Verteidigung der Reichshauptstadt. Das LVI. Panzerkorps erhält den Befehl, nach Berlin vorzustoßen, dreht jedoch nach Süden ab. Die 9. Armee (unter General der Infanterie Busse) steht kurz vor der Einkesselung durch die Russen. SS-Obergruppenführer Steiner lehnt für die ihm unterstellte Armeegruppe einen Angriffsbefehl ab. Nervenzusammenbruch Hitlers in der Lagebesprechung am Nachmittag.
23. April	U-Bahn und S-Bahn in Berlin stellen den regulären Betrieb ein. Die sowjetischen Truppen erobern Frohnau, Pankow, Karlshorst, Köpenick, Schöneweide, Buckow. Der Kommandierende General des LVI. Panzerkorps, General der Artillerie Weidling, wird zum Befehlshaber des Verteidigungsbereiches Berlin und damit zum Kampfkommandanten der Reichshauptstadt ernannt; er führt sein

Korps nach Berlin. Die Oberkommandos der Wehrmacht und des Heeres werden zusammengefaßt und nach Rheinsberg verlegt. Feldmarschall Keitel und Generaloberst Jodl verlassen Berlin mit dem Auftrag Hitlers, Entlastungsangriffe der 12. Armee (unter General der Panzertruppen Wenck) von Westen, der 9. Armee von Süden und der Armeegruppe Steiner von Norden in die Wege zu leiten. Hitler entläßt Göring, der sich seit dem 21. April auf dem Obersalzberg bei Berchtesgaden aufhält, aus allen Ämtern und ernennt Generaloberst Ritter von Greim unter Beförderung zum Generalfeldmarschall zum Oberbefehlshaber der Luftwaffe. Greim erhält den Befehl, sich im Führerbunker zu melden.

24. April Schwere Straßenkämpfe in den Bezirken Zehlendorf, Tempelhof und Neukölln. Die Russen kesseln die 9. Armee westlich von Frankfurt/Oder ein. Die Armeegruppe Steiner wird nach geringem Geländegewinn in ihre Ausgangsstellung zurückgedrängt.

25. April Die Russen greifen nach Trommelfeuer und Luftbombardement die inneren Stadtviertel an. Schukows 47. Armee vereinigt sich westlich von Berlin bei Ketzin mit der 4. Garde-Panzerarmee Konjews. Damit ist der Ring um die Reichshauptstadt geschlossen. Russischer Durchbruch südlich von Stettin. Amerikanische und russische Truppen treffen sich an der Elbe bei Torgau.

26. April Erneuter Befehl Hitlers an die 9. und die 12. Armee, Berlin freizukämpfen. Erbitterte Gefechte auf der Linie Tegel – Siemensstadt – Charlottenburg – Steglitz – Tempelhofer Feld. Greim trifft in Begleitung von Flugkaptän Hanna Reitsch im Führerbunker ein. Der Flugplatz Gatow geht verloren.

27. April Den Verbänden Marschall Schukows gelingt der Durchbruch in die Berliner Innenstadt. Die Russen erreichen das Hallesche Tor und rücken gegen den Potsdamer und den Alexanderplatz vor. Der Kampf um die »Zitadelle« beginnt. Die Reichskanzlei liegt unter ständigem Artilleriefeuer.

28. April Härtester Häuserkampf im Stadtzentum. Die 12. Armee stößt bis in den Raum Niemegk–Ferch vor, kann den Entlastungsangriff jedoch nicht weiterführen. Die eingeschlossene Besatzung Potsdams und die Reste der aufgeriebenen 9. Armee kämpfen sich an die 12. Armee heran. Generaloberst Heinrici wird als Oberbefehlshaber der Heeresgruppe Weichsel abgelöst und durch Generaloberst Student ersetzt. Der sowjetische Generaloberst Bersarin wird zum ersten Stadtkommandanten für die von der Roten Armee besetzten Teile Berlins ernannt. Hitler erhält die Nachricht vom Waffenstillstandsangebot Himmlers gegenüber den Westmächten. Er befiehlt Greim und Hanna Reitsch, zu Dönitz nach Plön zu fliegen und Himmler verhaften zu lassen. Himmlers Vertreter im Führerhauptquartier, SS-Gruppenführer Hermann Fegelein, ein Schwager Eva

	Brauns, wird auf Befehl Hitlers wegen Fahnenflucht erschossen.
29. April	Hitler heiratet Eva Braun und verfaßt sein politisches und privates Testament. Dönitz soll Reichspräsident, Goebbels Reichskanzler werden. Himmler wird aus allen Ämtern entlassen. Den Resten der 9. Armee gelingt südlich von Beelitz der Durchbruch zur 12. Armee. Schwere Kämpfe im Grunewald, am Reichssportfeld, am Anhalter Bahnhof, am Potsdamer Platz und im Tiergarten.
30. April	Keitel teilt Hitler über Funk mit, daß die 12. Armee und die Armeegruppe Steiner Berlin nicht erreichen können und die 9. Armee eingeschlossen sei. Heftige Kämpfe im Tiergarten, in der Friedrichstraße, an der Weidendammbrücke und am Potsdamer Platz. Die Russen erobern das Reichstagsgebäude. Hitler und seine Frau begehen Selbstmord. Bormann informiert Dönitz über dessen Ernennung zum Nachfolger Hitlers. Goebbels läßt beim sowjetischen Oberkommando die Möglichkeit von Waffenstillstandsgesprächen sondieren.
1. Mai	Verhandlungen zwischen General Krebs und Generaloberst Tschuikow in dessen Kreuzberger Gefechtsstand. Tschuikow verlangt die bedingungslose Kapitulation, zu der Krebs jedoch von Goebbels nicht ermächtigt ist. Nach dem Scheitern dieser Kontakte läßt Goebbels seine Kinder vergiften und begeht wenige Stunden später mit seiner Frau Selbstmord, ebenso die Generale Krebs und Burgdorf. In den Abendstunden brechen die nicht verwundeten Insassen des Reichkanzlei-Bunkers aus und versuchen, sich durch die sowjetischen Linien zu schlagen. In den Nachtstunden wehren die Russen letzte Durchbruchsversuche an der Weidendammbrücke ab.
2. Mai	Selbstmord Bormanns. Der Kampfkommandant Berlins, General Weidling, kapituliert vor dem Oberkommando der Roten Armee.
3. Mai	In ganz Berlin schweigen die Waffen.
7. Mai	Generaloberst Jodl unterzeichnet im Hauptquartier General Eisenhowers in Reims die Kapitulation der Wehrmacht.
8. Mai	Feldmarschall Keitel wiederholt im sowjetischen Hauptquartier Berlin-Karlshorst die Gesamtkapitulation aller deutschen Streitkräfte.

Die Verteidigung Berlins im April 1945

Am Montag, dem 16. April, morgens um 4 Uhr, begann an der Oder und Neiße der Großangriff der Roten Armee auf Berlin. Er wurde geführt von den Marschällen Schukow und Konjew, den Oberbefehlshabern der 1. Weißrussischen und der 1. Ukrainischen Front. Nach Trommelfeuer aus 40 000 Geschützen überrannten die sowjetischen Divisionen an einigen Abschnitten die schwachen deutschen Verteidigungskräfte und zwangen sie in anderen zu einem verlustreichen Rückzug. Drei Tage zuvor hatte Hitler nach einer Lagebesprechung im Führerbunker der Reichskanzlei einen Tagesbefehl – es war der letzte – an die Wehrmacht diktiert. Er sollte den Soldaten der deutschen Ostfront noch in der gleichen Nacht bekanntgegeben werden, um sie auf die erwartete Offensive der Russen vorzubereiten:

»Zum letzten Male ist der jüdisch-bolschewistische Todfeind mit seinen Massen zum Angriff antetreten... Wir haben diesen Stoß vorausgesehen, und seit dem Januar dieses Jahres ist alles geschehen, um eine starke Front aufzubauen. Eine gewaltige Artillerie empfängt den Feind. Die Ausfälle unserer Infanterie sind durch zahllose neue Einheiten ergänzt. Alarmeinheiten, Neuaufstellungen und Volkssturm verstärken unsere Front. Der Bolschewist wird dieses Mal das alte Schicksal Asiens erleben, das heißt, er wird und muß vor der Hauptstadt des Deutschen Reiches verbluten...«

In Wahrheit gab es zu keinem Zeitpunkt einen einheitlichen, alle Bereiche umfassenden Plan für die Verteidigung Berlins, sondern lediglich die verbissene Entschlossenheit Hitlers, die Reichshauptstadt nicht in die Hände der Russen fallen zu lassen. Dabei weigerte er sich so lange, für Berlin den Verteidigungsfall auch nur ins Auge zu fassen, bis es für jede gründliche Planung zu spät war. Und als die sowjetischen Truppen tatsächlich vor den Toren der Stadt standen, mußte das hektisch improvisiert werden, was langer und gründlicher Vorbereitung bedurft hätte. Die Folge war ein organisatorisches Chaos, das in Verbindung mit dem verheerenden Mangel an Menschen und Material zum Zusammenbruch der Verteidigung führte. Was an Plänen existierte, war hastig entworfen und setzte ein – bis zum letzten Tag nicht erreichtes – enges Zusammenwirken zwischen Hitler als dem Obersten Befehlshaber und Oberbefehlshaber des Heeres, dem das Oberkommando des Heeres unmittelbar unterstand, dem Ersatzheer, der Heereesgruppe Weichsel und dem Reichsverteidigungskommissar für den Gau Berlin der NSDAP, Dr. Goebbels, voraus.

Erster Teil: Unterschiedliche Ziele

1. Hitlers Entscheidung, die Reichshauptstadt bis zum letzten Mann und bis zur letzten Patrone zu verteidigen, war nicht nur für die bewaffneten Kräfte,

sondern vor allem für die Zivilbevölkerung von größter Tragweite. Dabei wurden unterschiedliche Ziele verfolgt.

Hitler selbt vertrat während des Zweiten Weltkrieges grundsätzlich die Auffassung, *jede* Stadt sei so wichtig, daß sie bis zum letzten Mann gehalten werden müsse. Zur Rechtfertigung dieses Standpunktes verwies er immer wieder auf die erfolgreiche Verteidigung Leningrads und Stalingrads durch die sowjetischen Truppen und Breslaus durch die Wehrmacht.* Diesen Standpunkt hat er noch kurz vor seinem Selbstmord ausdrücklich in seinem Politischen Testament bekräftigt. (»Möge es dereinst zum Ehrbegriff des deutschen Offiziers gehören – so wie dies in unserer Marine schon der Fall ist –, daß die Übergabe einer Landschaft oder einer Stadt unmöglich ist...«) Das galt natürlich besonders für die Reichshauptstadt, deren Verteidigung bis zum äußersten für ihn eine Selbstverständlichkeit war. Humanitären Überlegungen gab er dabei keinen Raum – im Gegenteil: Hitler hat mehrfach erklärt, wenn das deutsche Volk besiegt werde, sei es nicht wert, den Krieg zu überleben.

Der Gedanke an den eigenen Untergang ist Hitler in den letzten Monaten des Krieges gewiß immer vertrauter geworden. Andererseits hat er sich offenbar fast bis zum letzten Tag an die absurde Hoffnung geklammert, ein Frontwechsel der westlichen Alliierten, insbesondere nach dem Tod Roosevelts, könne den Ausgang des Krieges noch wenden und die Russen aus Mitteleuropa fernhalten.

Am 30. Januar erließ das Oberkommando der Wehrmacht auf Hitlers Anweisung den »Festungsbefehl«, in dem der Begriff der *Festung*, des *Verteidigungsbereiches* und des *Ortsstützpunktes* definiert wurde. Wörtlich hieß es in dem von Feldmarschall Keitel unterzeichneten Dokument: »Bestimmung von Ortschaften usw. zu Festungen (galt sinngemäß auch für die Verteidigungsbereiche, d. V.) und Ernennung von Festungskommandanten hat sich der Führer vorbehalten.«

An 1. Februar erklärte Hitler die Reichshauptstadt in diesem Sinne zum Verteidigungsbereich, der laut Festungsbefehl einer Festung gleichzusetzen und durch »schärfsten Kampf bis zur Erfüllung des erteilten Auftrages oder bis zur Kampfunfähigkeit« zu verteidigen war. Damit und durch die Tatsache, daß er persönlich alle wichtigen Entscheidungen traf, übernahm Hitler auf deutscher Seite die volle Verantwortung für die Schlacht um Berlin.

Die Vorbereitungen für die Verteidigung der Stadt begannen erst Ende Januar, als die Rote Armee die Oder erreichte und auf westlicher Seite Brückenköpfe bildete. Vor diesem Zeitpunkt hatte das Wehrkreiskommando lediglich bestimmte Sicherheitsmaßnahmen getroffen, um möglichen Unruhen unter den nach Berlin und Umgebung deportierten Fremdarbeitern beggnen zu können.

Hitler befahl nun die Aufstellung, Ausrüstung und taktische Verteilung einer Sicherungsgarnison. Aber er ließ keinen grundsätzlichen Verteidigungsplan ausarbeiten, der festlegte, mit welchen Kräften die Reichshauptstadt gegen die Rote Armee gehalten werden sollte. Die in der Stadt verfügbaren Sicherungskräfte waren für eine längere Verteidigung bei weitem zu schwach. Die kampfkräftigsten Ver-

---

* Die Festung Breslau kapitulierte erst nach Hitllers Selbstmord, am 6. Mai 1945.

bände der in Berlin stationierten Truppen waren überdies aus dem Verteidigungsbereich herausgezogen und an die Oderfront verlegt worden.

So blieb nichts anderes übrig, als zu improvisieren. Zwar teilte Hitler Generalleutnant Reymann, dem Befehlshaber des Verteidigungsbereiches, mit, für den Fall einer Schlacht um die Stadt stünden auf deutscher Seite genügend Fronttruppen zur Verfügung; aber eine Verteidigungsplanung, die auf einer solchen »Zusage« basierte, enthielt naturgemäß einen großen Unsicherheitsfaktor, denn niemand konnte wissen, ob diese Truppen rechtzeitig von der Oderfront abgezogen und zur Verteidigung Berlins eingesetzt werden konnten und in welcher Verfassung sie sein würden.

Berlin wurde zunächst entlang der Oder verteidigt. Die militärische Führung versuchte, diese Front so weit wie irgend möglich zu verstärken. Anfang April stellte das Heeresgruppenkommando dem OKH die Frage, was geschehen solle, wenn die Oderfront zusammenbreche. In der Antwort hieß es, in einem solchen Fall müsse die 3. Panzerarmee die Stellungen an der unteren Oder unter allen Umständen halten, während die Heeresgruppe sich mit der 9. Armee auf eine Linie entlang der Kanäle zwischen Eberswalde und der Havelmündung zurückziehen solle. Ziel sei die Bildung eines nördlichen Kessels* zwischen der unteren Elbe und der Oder.

Man braucht die Aussichten für die Verteidigung eines so ausgedehnten Kessels hier nicht weiter zu untersuchen. Wichtig ist in diesem Zusammenhang allerdings die Tatsache, daß die Heeresgruppe keinerlei Befehl erhielt, Berlin in ihre eigene Verteidigungsplanung einzubeziehen oder Truppen zum Schutz der Reichshauptstadt abzustellen. Gleichzeitig mit dem nördlichen sollte auch ein südlicher Kessel gebildet werden. Für sich selbst und für seine engste Umgebung hatte Hitler die Möglichkeit ins Auge gefaßt, in der »Alpenfestung« Zuflucht zu suchen, um den Kampf von dort aus fortzusetzen.

Wären diese Pläne verwirklicht worden, so hätte das zweifellos nicht die kampflose Preisgabe der Stadt an die Russen bedeutet. Berlin wäre in einem solchen Fall nach dem Beispiel vieler Städte durch Einheiten verteidigt worden, deren Einsatz sich nach den jeweiligen Umständen gerichtet hätte. Die Befehlshaber der Heeresgruppe Weichsel und des Verteidigungsbereiches Berlin hätten dann allerdings größere Handlungsfreiheit gehabt.

Als sich der Zusammenbruch der Oderfront abzuzeichnen begann, versuchte Hitler durch verzweifelte Angriffsbefehle, die Einbrüche abzuriegeln und die entstandenen Lücken zu schließen. Doch auch er mußte schließlich zugeben, daß es den Verteidigern nicht gelang, die nach Westen stürmenden Stoßkeile der sowjetischen Truppen abzufangen und zurückzuschlagen. Dennoch wäre es am 19. April noch möglich gewesen, durch Aufgabe der bis dahin mit Mühe und Not gehaltenen Teile der Oderfront das Gros der 9. Armee zum Schutz Berlins nach Nordwesten zu führen. Doch Hitler lehnte die auch aus anderen Überlegungen resultierenden und jeden Tag dringlicher gestellten Anträge der Heeresgruppe Weichsel, die 9. Armee von der Oder abzuziehen, kategorisch ab. Zu diesem Zeitpunkt hatte die Rote

---

* Als Kessel ist ein vom Gegner umschlossenes Verteidigungsgebiet zu verstehen.

Armee schon an mehreren Stellen Berliner Gebiet erreicht, so daß die Verteidigungslinie an der Peripherie nicht mehr gehalten werden konnte.

Hitler war offenkundig schon vor seinem Nervenzusammenbruch in der Lagebesprechung vom 22. April bewußt, daß seine Tage gezählt waren; jedenfalls teilte er am 22. April seine Entscheidung mit, in Berlin zu bleiben. Nach den dramatischen Nachmittagsstunden dieses Tages gelang es seiner Umgebung, ihn soweit wieder aufzurichten, daß er sich entschloß, den Kampf mit allen Mitteln fortzusetzen, indem er die Verteidigung Berlins bis zum äußersten und die sofortige Einleitung von Gegenangriffen aus Norden und Westen zum Entsatz der Reichshauptstadt befahl. Dabei mag die Hoffnung auf einen unmittelbar bevorstehenden Zerfall der Kriegskoalition zwischen den Westmächten und der Sowjetunion eine große Rolle gespielt haben. Der deutsche Widerstand vor Berlin verstärkte sich deshalb seit dem 23. April. Endgültig verloren gab Hitler seine Sache erst, machdem amerikanische und sowjetische Soldaten sich an der Elbe bei Torgau die Hände gereicht hatten, statt aufeinander zu schießen, und als sich zeigte, daß die Entsatzarmeen stecken blieben oder den sinnlosen Angriffsbefehl aus dem Führerhauptquartier mißachteten.

Abgesehen davon, daß Hitlers Verhalten nicht die geringste Spur von Verantwortungsgefühl gegenüber dem deutschen Volk erkennen ließ, dessen physische Existenz auf dem Spiel stand, war sein Urteilsvermögen offenkundig entscheidend reduziert. Er schätzte die Kampfkraft der deutschen Verbände viel zu hoch, die der sowjetischen Armeen viel zu niedrig ein und ging von völlig unrealistischen Plänen aus. Andererseits war er gewiß nicht im medizinischen Sinne geistig gestört. Bis zum letzten Tag verstand er es, seine Autorität zu wahren. Der Gedanke an eine Revolte mit dem Ziel, Berlin dem Gegner kampflos zu übergeben und der Bevölkerung dadurch eine Schlacht um die Reichshauptstadt zu ersparen, kam nicht einmal seinen engsten Vertrauten, denn bis auf wenige Ausnahmen, wie Albert Speer, war ihr eigenes Schicksal mit dem Hitlers umauflöslich verbunden. Außerhalb dieses Kreises war eine Rebellion allein schon wegen der strengen, nach dem Attentat vom 20. Juli 1944 noch verschärften Sicherheitsmaßnahmen ein aussichtsloses Unterfangen, ganz abgesehen von den für ein solches Unternehmen fehlenden Machtzentren.

2. Das Oberkommando des Heeres hatte keinen eigenen Plan für die Verteidigung Berlins ausgearbeitet. Einmal bestand die Funktion des OKH nach der »Beurlaubung« des Generalstabschefs, Generaloberst Guderian, nur noch darin, die Befehle Hitlers auszuführen – eine Rolle, die das Oberkommando der Wehrmacht unter Generalfeldmarschall Keitel schon seit langem spielte. Zum anderen betrachtete Hitler Verteidigungsvorbereitungen westlich der Oder, solange die Front noch an der Weichsel verlief, ohnehin als Beweis für eine defätistische Haltung. Und schließlich wollten die verantwortlichen Militärs offensichtlich eine Schlacht um die Stadt vermeiden.

3. Die Heeresgruppe Weichsel unterstand Generaloberst Heinrici. Er hatte einen eigenen, klar durchdachten Plan entwickelt, der von der Überlegung ausging, daß

der Krieg nach dem voraussehbaren Zusammenbruch der Oderfront sehr schnell beendet sein würde, und war bestrebt, so viele deutsche Soldaten wie irgend möglich vor der sowjetischen Gefangenschaft zu bewahren. Deshalb suchte er die von ihm befehligten Verbände in das wahrscheinlich von den westlichen Alliierten besetzte Territorium zu führen. Darüber hinaus wollte er der Zivilbevölkerung die mit größeren Kampfhandlungen in dichtbesiedelten Gebieten verbundenen Opfer ersparen. Unter diesen Gesichtspunkten kam es darauf an, eine Schlacht um Berlin unter allen Umständen zu vermeiden. Die Heeresgruppe Weichsel tat, was in ihren Kräften stand, um dieses Ziel zu erreichen.

Zunächst stimmte die Heeresgruppe mit Hitler darin überein, daß alle verfügbaren Kräfte an der Oderfront eingesetzt werden müßten. Sie sah in dem Plan, einen nördlichen und einen südlichen Kessel zu bilden, eine willkommene Möglichkeit, die 9. Armee auf beiden Seiten an Berlin vorbei in das nordwestliche Gebiet zu führen. Dies wurde der 9. Armee auch nachdrücklich empfohlen und dementsprechend der Troß nach Mecklenburg verlegt.

Für die Kampftruppen der 9. Armee wäre es allerdings schwierig gewesen, diesen Plan zu verwirklichen, denn man erwartete den Angriff der Russen genau am linken Flügel, dem Angelpunkt für jeden Rückzug nach Nordwesten. Die Heeresgruppe trug diesem Gesichtspunkt schon im voraus Rechnung, indem sie ihre mobilen Reserven hinter dem linken Flügel der 9. Armee zur Verfügung hielt. Wenn die Mitte und der rechte Flügel dieser Armee rechtzeitig zurückgeführt und die Verteidigungsstellungen für einen hinhaltenden Widerstand voll genutzt worden wären, so hätte die Masse der 9. Armee wahrscheinlich gerettet und der Zusammenhalt der Heeresgruppe Weichsel gewahrt werden können.

Als die Verbände der 1. Weißrussischen Front über die Oder nach Berlin durchbrachen, wies die Heeresgruppe den Befehlshaber des Verteidigungsbereiches Berlin, Generalleutnant Reymann, an, alle für den sofortigen Einsatz noch verfügbaren Truppen aus der Stadt heraus an die östlichen Verteidigungslinien zu verlegen. Diese Verbände hätten dann in einem Endkampf um Berlin nicht eingesetzt werden können. Der zu erwartende Durchbruch der Sowjets würde zur weitgehend kampflosen Besetzung der Stadt durch die Rote Armee geführt haben, und der Bevölkerung wären die Schrecken einer Schlacht mitten in Berlin erspart geblieben. Die Heeresgruppe rechnete damit, daß die ersten sowjetischen Einheiten die Reichskanzlei am 22. April erreichen würden.

Doch der von Generaloberst Heinrici ausgearbeitete Plan wurde nur zum Teil verwirklicht. Nur etwa 30 Bataillone rückten in die östlichen Stellungen ein. General Reymann begründete dies mit dem Mangel an Transportraum und der schlechten Verfassung der Truppen. So blieb das Gros der Sicherungskräfte in Berlin. Auch die Absicht der Heeresgruppe, die 9. Armee gänzlich aus Berlin fernzuhalten, wurde durch das Führerhauptquartier vereitelt. Ohne Benachrichtigung der beiden unmittelbar betroffenen Oberkommandos der Heeresgruppe und der 9. Armee befahl Hitler die Verlegung des LVI. Panzerkorps nach Berlin. Dringende Vorstellungen der Heeresgruppe, die 9. Armee müsse unter allen Umständen vor der Einschließung an der mittleren Oder bewahrt und daher in den Raum südlich von Berlin verlegt werden, stießen auf Ablehnung. Im Gegenteil, direkt auf Hitler zurückgehende Befehle wiesen die 9. Armee in schärfster Form an, sich an der Oder festzusetzen.

Am 20. April hatte das Oberkommando der 9. Armee dem LVI. Panzerkorps befohlen, seine Verbände in den Raum Fürstenwalde-Erkner, südöstlich von Berlin, zu verlegen. Zur selben Zeit erhielt der Kommandierende General dieses Korps, General der Artillerie Weidling, den Befehl Hitlers zur Verlegung nach Berlin, der am 23. April vom Führerhauptquartier wiederholt wurde. Erst danach führte Weidling das Korps in die Reichshauptstadt.

Nachdem Berlin völlig eingeschlossen worden war, befahl Hitler der 9. Armee Entsatzangriffe aus südlicher und der 12. Armee aus westlicher Richtung, während die Heeresgruppe Weichsel aus dem Norden angreifen und dem SS-Obergruppenführer Steiner westlich von Oranienburg alle verfügbaren Kräfte für einen Vorstoß in Richtung Spandau zuführen sollte. Auch dieser Befehl löste tiefgreifende Meinungsverschiedenheiten zwischen Hitler und dem Heeresgruppenkommando aus.

Generaloberst Heinrici war überzeugt, daß der befohlene Angriff nicht die geringsten Erfolgsaussichten bot. Eine Konzentration aller verfügbaren Truppen in der Nähe von Oranienburg mußte nach seiner nüchternen Einschätzung der Lage zwangsläufig zur Vernichtung nicht nur der 3. Panzerarmee, sondern auch der Armeegruppe Steiner führen, denn starke russische Verbände hatten bereits südlich von Stettin die Front der 3. Panzerarmee durchbrochen. Unter operativen Gesichtspunkten hielt er die Bildung einer starken Kampfgruppe in der Nähe von Oranienburg für wünschenswert, aber nicht für einen Entlastungsangriff auf Berlin, sondern um die tiefe Flanke der 3. Panzerarmee zu schützen. Alle übrigen Verbände hätten nach seiner Auffassung entweder der 3. Panzerarmee zugeführt werden müssen, um ihr den Rückzug 250 Kilometer in westlicher Richtung zu ermöglichen, oder um den Flankenschutz im Raum zwischen Oranienburg und der Havelmündung zu verstärken, denn schon griff die Rote Armee auch in nordwestlicher Richtung, also im Rücken der Heeresgruppe, an.

Diese Unterschiede in der Lagebeurteilung und den Zielsetzungen führten zu einem scharfen Zusammenstoß zwischen Heinrici und Feldmarschall Keitel, der darauf bestand, die Heeresgruppe müsse ihre östliche Front unter allen Umständen halten und in der Nähe von Oranienburg angreifen, um die Einschließung Berlins aufzubrechen. Keitel löste Heinrici deshalb am 28. April als Oberbefehlshaber der Heeresgruppe Weichsel ab. Der Rückzug nach Westen war jedoch schon in vollem Gange, so daß es auch unter dem Nachfolger, Generaloberst Student, noch gelang, die Masse der Truppen zu retten, indem sie in den Machtbereich der westlichen Alliierten geführt und dort gefangengenommen wurden.

Zusammenfassend ist festzustellen, daß Hitler und das Oberkommando des Heeres sich nicht auf einen einheitlichen und konstruktiven Plan für die Verteidigung Berlins stützten, die zu jedem Zeitpunkt von der jeweils durch die Rote Armee diktierten Lage abhing. Generaloberst Heinrici konnte seine Absichten nicht verwirklichen, weil er in den entscheidenden Tagen nicht die erforderlichen Befehlsbefugnisse besaß.

Zweiter Teil: Die organisatorische Planung

Es ist allgemein bekannt, daß die Kriegführung auf deutscher Seite durch die Desorganisation auf höchster Ebene gekennzeichnet war. Sie wurde um so größer, je länger der Krieg dauerte.

Hitler griff durch seine direkten Anordnungen immer wieder störend in die Befehlsstruktur des Heeres ein, was zu ernsthaften Reibungen führte. Die Zuständigkeiten für die verschiedenen Kriegsschauplätze waren zwischen dem Oberkommando der Wehrmacht und dem Oberkommando des Heeres aufgeteilt. Selbst als die Fronten im Osten und im Westen ständig näherrückten, wurde der Krieg nicht nach einem einheitlichen, koordinierten Plan geführt. Der Generalstabschef des Heeres war über die Operationsabteilung nur für die Ostfront verantwortlich, während die anderen Generalstabsabteilungen, zum Beispiel für Organisation, Transport- und Nachrichtenwesen, Nachschub und Verwaltung, auch auf allen anderen Kriegsschauplätzen für ihren jeweiligen Bereich zuständig waren. Es gab auch kein präzis definiertes Verfahren für die Zusammenarbeit zwischen den verschiedenen Teilen der Wehrmacht. Zum Schaden der Gesamtstreitkräfte operierten die Luftwaffe und die Kriegsmarine ziemlich selbständig. Die Organisation Todt und in geringerem Ausmaß der Reichsarbeitsdienst folgten militärischen Weisungen nur in begrenztem Umfang. Der Mangel an Koordination und der tiefe Zwiespalt zwischen Wehrmacht und Partei erzeugten beträchtliche Spannungen.

Das Durcheinander in den Zuständigkeiten und Befehlsbefugnissen war vor allem auf das tief verwurzelte Mißtrauen Hitlers gegenüber seinen Generälen und dem Generalstab als Institution zurückzuführen. Hitler hielt sich an das Prinzip »Divide et impera«, um die Zügel jederzeit fest in den eigenen Händen halten zu können, was ihm dann auch bis in die letzten Tage seiner Herrschaft weitgehend gelang. Diese Umstände mußten zwangsläufig fatale Folgen für die Vorbereitungen zur Verteidigung Berlins und schließlich auch für die im Kampf um die Reichshauptstadt eingesetzten deutschen Truppen haben. Es ist ein grundlegendes militärisches Prinzip, in einer so bedrohlichen Situation, wie sie sich im April 1945 entwickelt hatte, dem für die Verteidigung verantwortlichen Befehlshaber alle Befugnisse zu übertragen. In Berlin wurde dieser Grundsatz noch in einem weit größeren Ausmaß mißachtet als in Breslau oder Königsberg.

Für die militärischen Belange in der Reichshauptstadt war bis zum 1. Februar 1945 das Stellvertretende Generalkommando III (Wehrkreiskommando III) in Berlin zuständig. Es unterstand dem Ersatzheer und damit dessen Befehlshaber, dem Reichsführer SS Heinrich Himmler. Als Hitler Berlin Anfang Februar zur Festung erklären ließ, wurde das Stellvertretende Generalkommando III zur »Dienststelle des Befehlshabers des Verteidigungsbereiches Berlin«, behielt aber daneben seine bisherigen Aufgaben. Erster Befehlshaber, also Festungskommandant, war General der Infanterie von Kortzfleisch, den der Reichsverteidigungskommissar für Berlin, Gauleiter Dr. Goebbels, noch am 1. Februar durch Generalleutnant Ritter von Hauenschild ersetzen ließ. Unter dessen Nachfolger, Generalleutnant Reymann, wurde die Dienststelle des Festungsbefehlshabers aus dem Stellvertretenden Generalkommando III wieder herausgelöst und am 19. April der Heeresgruppe Weichsel unterstellt.

Diese Regelung wurde schon am 22. April wieder umgestoßen. An diesem Tag mußte General Reymann seinen bisherigen Posten abgeben und den Befehl über die »Armeegruppe Spree« übernehmen – einen hastig zusammengestellten Verband, der nicht voll einsatzfähig war. Der Verteidigungsbereich Berlin unterstand nun unmittelbar dem Oberkommando des Heeres und damit Hitler. Festungsbefehlshaber wurde Oberst Käther, bislang Chef der NS-Führungsoffiziere. Ihm folgte schon am nächsten Tag der Kommandierende General des LVI. Panzerkorps, General Weidling, der jedoch den Befehl über sein Korps behielt. Am 23. und 24. April verließen die Oberkommandos des Heeres und der Wehrmacht Berlin; sie wurden am 25. April zusammengelegt.

Die folgende Darstellung der aufgespaltenen militärischen und zivilen Zuständigkeiten verdeutlicht das organisatorische Durcheinander in der Verteidigung der Reichshauptstadt.

1. Das Stellvertretende Generalkommando III war neben seinen bisherigen Aufgaben* für die Verteidigung des Wehrkreises III, Berlin, verantwortlich. Als die deutsche Front an der Weichsel zusammenbrach, hatte der Befehlshaber des Wehrkreises III, General der Infanterie von Kortzfleisch, östlich der Oder eine rückwärtige Verteidigungslinie errichten lassen, und als diese von der Roten Armee überrannt worden war, eine neue Abwehrstellung direkt an der Oder aufgebaut. Dieses Unternehmen war noch nicht beendet, als General von Kortzfleisch am 1. Februar abgelöst wurde – offensichtlich wegen seiner schlechten persönlichen Beziehungen zum Reichsverteidigungskommissar für Berlin, Dr. Goebbels. Der General hatte sich den selbstherrlichen Eingriffen des Gauleiters in die militärischen Zuständigkeiten und Befehle scharf widersetzt. Sein Nachfolger, General von Hauenschild, sollte sich ausschließlich um die Verteidigungsvorbereitungen in Berlin kümmern; daher wurde die Front an der Oder seiner Zuständigkeit entzogen und der Heeresgruppe Weichsel unterstellt.

Es zeigte sich jedoch sehr schnell, daß auch diese Regelung höchst problematisch war. Denn als Befehlshaber des Wehrkreises III mußte General von Hauenschild sein wichtigstes Ziel darin sehen, möglichst viele Truppen an die Oderfront zu verlegen. Als Befehlshaber des Verteidigungsbereiches Berlin mußte er dagegen darauf bedacht sein, möglichst viele Einheiten in der Stadt selbst einsetzen zu können. Als Ergebnis dieses Zwiespalts gerieten die Verteidigungsvorbereitungen in Berlin ins Hintertreffen.

Als General von Hauenschild Anfang März erkrankte, löste sein Nachfolger, General Reymann, die Dienststelle des Verteidigungsbereiches aus dem Stellvertretenden Generalkommando III heraus, das General der Pioniere Kuntze übernahm. Es wurde damit von der Befehlsführung in der Verteidigung Berlins ausge-

---

* Jeder Wehrkreis unterstand einem Generalkommando. Es rückte im Kriegsfall ins Feld aus; der Wehrkreis wurde dann durch ein Stellvertretendes Generalkommando geführt.

schlossen. Der Stab des Generalkommandos verließ die Stadt kurz vor der Einschließung.

2. Als *Befehlshaber des Verteidigungsbereiches Berlin* erhielt General Reymann einen eigenen Stab unter Oberst i. G. Refior. Die Vorbereitungen für die Verteidigung wurden nun energisch vorangetrieben, wobei allerdings alle Maßnahmen wegen der sehr beschränkten Menschen- und Materialreserven nur behelfsmäßig sein konnten.

Der Verteidigungsbereich war in acht Sektoren unterteilt, die mit den Buchstaben A bis H gekennzeichnet waren. Sie wurden nach außen durch den sogenannten »Äußeren Sperring« begrenzt, im Zentrum befand sich das Regierungsviertel, die »Zitadelle«. Zwischen dem äußersten und dem innersten Verteidigungsring verlief die »grüne Hauptkampflinie« und weiter stadteinwärts die »Hauptkampflinie S-Bahnring«. Jeder Sektor unterstand einem Stabsoffizier oder General mit den Befugnissen eines Divisionskommandeurs. Für diese Posten mußte die Führung auch auf Offiziere der Flakartillerie und anderer Waffengattungen zurückgreifen, die meist nicht genügend Gefechtserfahrung besaßen – jedenfalls nicht im Straßen- und Häuserkampf. Das galt auch für die Kommandeure in den Abschnitten der einzelnen Sektoren.

Für die Ablösung General Reymanns als Festungskommandant war wiederum Goebbels verantwortlich. Zunächst von Reymann begeistert, begann er ihn bald heftig zu kritisieren. Als Generaloberst Heinrici, dem der Verteidigungsbereich zu diesem Zeitpunkt unterstand, von der Abberufung erfuhr, wies er General Reymann an, auf seinem Posten zu bleiben. Der Oberbefehlshaber der Heeresgruppe Weichsel hielt es für wahnwitzig, den Festungskommandanten ausgerechnet in einer Zeit höchster Gefahr zu wechseln. Er konnte sich jedoch mit seinem Befehl nicht durchsetzen. General Reymann wurde gezwungen, die »Armeegruppe Spree« zu übernehmen. Mit einem Teil dieses Verbandes wurde er in Potsdam eingeschlossen und kämpfte sich schließlich zur 12. Armee des Generals Wenck durch.

Hitler suchte nun einen neuen Befehlshaber für den Verteidigungsbereich. Seine Wahl fiel zunächst auf General Kuntze, der aber aus gesundheitlichen Gründen ablehnte. Dann wurde ein Major in Aussicht genommen, jedoch für zu jung befunden. Schließlich ernannte Hitler Oberst Käther, bislang NS-Führungsoffizier im OKW. Er wurde zu diesem Zweck zunächst zum Generalmajor und unmittelbar nach der Übernahme seines Amtes zum Generalleutnant befördert – allerdings nur für die Dauer seiner Dienstzeit als Festungskommandant. Für das deutsche Heer war das ein beispielloser Vorgang. Die beiden Beförderungen waren für Käther allerdings ziemlich wertlos, weil er seinen neuen Posten schon nach zwei Tagen wieder räumen mußte.

Am Abend des 23. April befahl Hitler den Artilleriegeneral Weidling, dem er zuvor die Hinrichtung angedroht hatte, zum Rapport in den Führerbunker. In der Umgebung Hitlers wurde allgemein angenommen, Weidling solle standrechtlich erschossen werden, weil er seinen Gefechtsstand nach Döberitz, also viel zu weit nach Westen, verlegt habe – ein Irrtum, den er den Generalen Krebs und Burgdorf gegenüber leicht richtigstellen konnte. Beide gingen sogleich zu Hitler, um Weidling zu rehabiltieren. Der General macht auf Hitler einen so günstigen Eindruck, daß er unmittelbar nach dem Gespräch im Führerbunker zum neuen Befehlshaber des Verteidigungsbereiches Berlin ernannt wurde. Er behielt jedoch den Oberbefehl über sein Korps. Damit hatte Berlin in weniger als drei Monaten den fünften und innerhalb von zwei Tagen den dritten Festungskommandanten.

General Weidling standen mit dem Chef seines eigenen Stabes, Oberst i. G. von Dufving, und dem von General Reymann hinterlassenen Oberst i. G. Refior zwei ausgezeichnete Generalstabsoffiziere zur Seite. Sein Artilleriekommandeur, Oberst Wöhlermann, übernahm den Befehl über alle Artillerie- und Flakbatterien in Berlin; er wurde unterstützt von Oberstleutnant Platho. Jedem seiner vier Divisionskommandeure unterstellte der neue Festungskommandant jeweils zwei Sektoren des Verteidigungsbereiches, um eine Führung durch fronterfahrene Offiziere zu gewährleisten. Allerdings stieß er dabei sofort auf internen Widerstand. Der tapfere, aber sehr eigenwillige Oberstleutnant Bärenfänger wollte nicht dem nunmehr für den Sektor verantwortlichen Divisionskommandeur unterstellt werden. Als alter HJ-Führer erreichte er mit Hilfe des Gauleiters Dr. Goebbels seine Beförderung zum Generalmajor und damit die Wahrung seiner Selbständigkeit als Abschnittskommandeur. Schwierigkeiten dieser Art und die Notwendigkeit, die in die Stadt zurückgezogenen Einheiten des LVI. Panzerkorps sofort an den Brennpunkten einsetzen zu müssen, führten zu ständigen Improvisationen, so daß die ohnehin hastig ausgearbeiteten Pläne nur zu einem geringen Teil verwirklicht werden konnten.

Der Befehlsstand des Festungskommandanten befand sich zunächst im Gebäude des Generalkommandos am Hohenzollerndamm; als die Russen diesen Stadtteil am 25. April erreicht hatten, zogen General Weidling und sein Stab in den OKH-Bunker an der Bendlerstraße.

3. Die *Heeresgruppe Weichsel* sollte eine Front halten, die nur 70 Kilometer von Berlin entfernt war, sich von der Neißemündung bis zur Ostsee erstreckte und im großen und ganzen entlang der Oder verlief. Bei einem russischen Durchbruch sollte Berlin sofort in das Operationsgebiet der Heeresgruppe einbezogen werden, die damit automatisch für den Schutz der Reichshauptstadt zu sorgen hatte.

Unter diesem Gesichtspunkt wäre es folgerichtig gewesen, der Heeresgruppe den Verteidigungsbereich Berlin von Anfang an zu unterstellen. Nachdem dies nicht geschehen war, gingen Generaloberst Heinrici und sein Stab davon aus, daß eine derartige Regelung wenigstens im entscheidenden Moment getroffen würde, und Heinrici ersuchte darum, durch General Reymann oder seinen Chef des Stabes über alle weiteren Verteidigungsmaßnahmen informiert zu werden. Darüber hinaus bemühte sich das Heeresgruppenkommando, die im Führerbefehl vom 19. März 1945 (»Verbrannte Erde«) angeordneten Zerstörungen von Verkehrs-, Nachrichten-, Industrie- und Versorgungsanlagen zu verhindern, um der Zivilbevölkerung die schwerwiegenden Folgen zu ersparen. Für den Fall, daß der Verteidigungsbereich Berlin ihm unterstellt würde, behielt Generaloberst Heinrici sich die Entscheidung über diese von Hitler angeordneten Maßnahmen vor.

Am 19. April, nach dem Zusammenbruch der Oderfront, wurde Berlin tatsächlich der Heeresgruppe Weichsel unterstellt. Heinrici, der eine Schlacht in Berlin unter allen Umständen vermeiden wollte, versuchte nun, die in der Stadt noch verfügbaren, kampfkräftigen Truppen aus dem Verteidigungsbereich herauszubringen und in die östlichen Schutzstellungen zu verlegen. Das gelang ihm jedoch nur zu einem Teil.

Da die Heeresgruppe Weichsel sich von ihrem in der Nähe von Prenzlau gelegenen Hauptquartier aus kaum mit den zahllosen, Berlin betreffenden Problemen und Entscheidungen befassen konnte, unterstellte Heinrici den Bereich der Reichshauptstadt der 9. Armee, die südöstlich zwischen Berlin und der Oder kämpfte. Deren Befehlshaber, General Busse, lehnte diese Verantwortung jedoch mit dem stichhaltigen Argument ab, die Mitte und der rechte Flügel seiner Armee stünden noch an der Oder, und er könne sich bei den heftigen Kämpfen, in die seine Truppen verwickelt würden, nicht auch noch um Berlin kümmern. Die Heeresgruppe widerrief ihre Anweisung daraufhin und übernahm den Befehl über die Verteidigung wieder selbst.

Die Reichshauptstadt blieb der Heeresgruppe Weichsel bis zum 22. April unterstellt. An diesem Tag übernahm Hitler persönlich den Befehl über die Verteidigung Berlins. Er hatte auch vorher schon nach eigenem Gutdünken in die Befehlskette eingegriffen.

Eine besonders schwerwiegende Einmischung in seinen Befehlsbereich erlebte Generaloberst Heinrici am 23. April, als Hitler das der 9. Armee unterstehende LVI. Panzerkorps nach Berlin verlegen ließ, ohne sich zuvor mit der Heeresgruppe oder mit dem Armeebefehlshaber General Busse abzustimmen. Der Vorgang hatte sehr ernste Konsequenzen:

- In Berlin rückten nun deutsche Kampftruppen ein, die zumindest für eine begrenzte Zeit in der Lage waren, in einer Schlacht um die Stadt erbitterten Widerstand zu leisten.
- Die Russen umzingelten die 9. Armee im Norden und Süden, um sie schließlich einzukesseln.
- Die Heeresgruppe Weichsel wurde auseinandergerissen, und die Sowjets konnten nördlich von Berlin weit nach Westen vorstoßen.

Auch innerhalb des LVI. Panzerkorps kam es zu Schwierigkeiten. So zeigten sich in der dem Korps unterstellten – freilich stark dezimierten – SS-Panzergrenadierdivision »Nordland« offensichtliche Auflösungserscheinungen. Weidling forderte den Divisionskommandeur, SS-Brigadeführer Ziegler, persönlich auf, seine auseinanderstrebenden Einheiten mit größtem Nachdruck in die vorderste Linie zu schicken, und beantragte die Ablösung Zieglers, der daraufhin seines Postens enthoben wurde. Er galt übrigens als hervorragender Soldat.

4. Das Oberkommando des Heeres hat keine klare Entscheidung darüber getroffen, welcher militärische Führer letztlich für den Verteidigungsbereich Berlin verantwortlich sein sollte. Die Stadt hätte von Anfang an entweder der Heeresgruppe Weichsel oder dem OKH unterstellt sein müssen. Statt dessen erhielt der Festungs-

kommandant seine Anweisungen ausschließlich in Form von Führerbefehlen, was zur Folge hatte, daß er mit vielen Problemen »in der Luft hing«, weil er nicht wegen jeder Detailfrage Hitlers Entscheidung einholen konnte.

Auch in der Zeit, in der Berlin dann der Heeresgruppe Weichsel unterstellt war, durchbrachen Hitler und das OKH die Befehlskette immer wieder durch direkte Anordnungen. Die »Armeegruppe Spree«, die den russischen Vorstoß aus südlicher Richtung über Lübbenau abfangen sollte, war dabei weder der Heeresgruppe Weichsel noch der 9. Armee oder dem Verteidigungsbereich Berlin, sondern direkt dem Oberkommando des Heeres unterstellt. Als der Heeresgruppe die Zuständigkeit für Berlin entzogen worden war, konnte allerdings kein Zweifel mehr darüber herrschen, daß Hitler die Verteidigung Berlins unmittelbar leitete. Er war nun zwar nicht der nominelle, wohl aber der tatsächliche Kampfkommandant der Reichshauptstadt. In seinem Namen forderten Feldmarschall Keitel und Generaloberst Jodl die 12. Armee und die Heeresgruppe Weichsel am 23. April dringend zu Entlastungsangriffen auf. In den folgenden Tagen zeigte sich klar, daß Heinrici ganz andere Ziele verfolgte als Hitler, der den Generaloberst dann auch am 28. April ablösen ließ – eine Entscheidung, die das Schicksal Berlins jedoch nicht mehr beeinflußte.

5. *Die Reichsverteidigungskommissare* waren als Gauleiter der NSDAP gemeinsam mit den militärischen Kommandobehörden für die Verteidigung des Reichsgebietes verantwortlich. Ihre unmittelbare Zuständigkeit umfaßte alle Maßnahmen, von denen die Zivilbevölkerung betroffen war, ferner die Aufstellung und Ausbildung des Volkssturms, und schließlich den Bau von Befestigungen und Stellungen.

Es gab jedoch keine klare Abgrenzung der Kompetenzen zwischen den Militärbehörden und den Reichsverteidigungskommissaren, obwohl sie grundsätzlich zusammenarbeiten sollten. Die Befehlsgewalt der Wehrmachtskommandeure hörte zehn Kilometer hinter der Hauptkampflinie auf. Jenseits dieses unmittelbaren Fronthinterlandes bedurften alle nicht ausschließlich militärischen Maßnahmen – selbst der Bau von Befestigungsanlagen durch zivile Arbeitskräfte – der Zustimmung des zuständigen Reichsverteidigungskommissars. Er trug die politische Verantwortung.

Diese Zweigleisigkeit hatte schwerwiegende Folgen. In vielen Fällen, vor allem beim Bau von Stellungen, versuchte die Wehrmacht, die Dinge selbst in die Hand nehmen, während die Reichsverteidigungskommissare eifersüchtig über ihre Kompetenzen wachten. Das führte zu ständigen Reibereien, die Hitler, wenn sie ihm vorgetragen wurden, in der Regel zugunsten der Gauleiter und ihrer Beauftragten entschied.

Das Ergebnis war, daß zahlreiche rückwärtige Verteidigungsstellungen in einer militärisch dilettantischen Weise von NSDAP-Funktionären angelegt wurden, die nicht das geringste Verständnis für taktische Erfordernisse besaßen. So entstanden viele Panzersperren, die entweder völlig unwirksam oder so unsinnig angelegt worden waren, daß sie die Bewegungen der eigenen Truppen behinderten und deshalb wieder beseitigt werden mußten. Ohne Rücksicht auf die Belange der Wehrmacht requirierten die Dienststellen der NSDAP Arbeitskräfte und Material für die von den Gauleitern angeordneten Maßnahmen, Waffen und Munition, die dringend für die Ausrüstung von Alarmeinheiten und Reserveverbänden der Wehrmacht benötigt worden wären, wurden statt dessen von der Partei für den ihr unterstehenden Volkssturm – der aus älteren Männern bestand und in seiner Kampfkraft von Anfang an nicht hoch veranschlagt werden konnte – gehortet.

Die Volkssturmeinheiten erhielten ihre Befehle selbst während des Kampfes häufig von Parteifunktionären. Jede Unterstellung unter das Kommando eines Wehrmachtsbefehlshabers mußte erst vom zuständigen Reichsverteidigungskommissar genehmigt werden. Während der Schlacht um Berlin erhielt ein Volkssturmbataillon abwechselnd vom Abschnittskommandeur des Verteidigungsbereiches umd vom örtlichen Kreisleiter der NSDAP Befehle, die sich meist widersprachen. Der Bataillonskommandeur war deshalb froh, als die NSDAP-Kreisleitung bei einem Luftangriff zerstört und damit außer Gefecht gesetzt wurde.

Aber auch die Reichsverteidigungskommissare selbst zogen durchaus nicht immer am gleichen Strang. Das galt zum Beispiel für Goebbels und den Gauleiter von Brandenburg, Stürtz, der zwei Volkssturmbataillone aus seinem Gau, die in Berlin eingesetzt waren, einfach aus der Stadt zurückbeorderte, ohne Goebbels oder den betreffenden Wehrmachtskommandeur auch nur zu informieren. Am nächsten Tag war der entsprechende Verteidigungsabschnitt unbesetzt.

Goebbels betrachtete den Befehlshaber des Verteidigungsbereiches Berlin eindeutig als seinen Untergebenen; er rief ihn zu Besprechungen in sein Büro. Bis zum Eintritt der akuten Gefahr für Berlin fand an jedem Montag unter Goebbels' Leitung ein »Großer Kriegsrat« statt, bei dem alle Verteidigungsmaßnahmen erörtert wurden. An diesen Konferenzen nahmen der Festungsbefehlshaber, seine wichtigsten Kommandeure, Vertreter der Luftwaffe, des Reichsarbeitsdienstes, der Oberbürgermeister von Berlin, der Polizeipräsident, die höheren SS- und Polizeiführer, SA-Standartenführer Bock und Vertreter der Berliner Industrie teil. Goebbels erließ auch besondere Verteidigungsbefehle, in denen er bestimmte militärische Maßnahmen anordnete. Sein Einfluß auf Personalentscheidungen wurde schon am Fall Reymann gezeigt. Goebbels war es auch, der dafür sorgte, daß der tapfere, aber renitente Oberstleutnant Bärenfänger zum Generalmajor befördert wurde, weil er ihn für einen schneidigen Soldaten und überzeugten Nationalsozialisten hielt.

Die Reichsverteidigungskommissare in den Ostprovinzen zogen die Zivilbevölkerung rigoros zum Arbeitseinsatz heran, vor allem beim Stellungs- und Festungsbau. Diese Methoden haben, flankiert durch eine unentwegte Durchhalte-Propaganda und rücksichtslose polizeistaatliche Überwachung, von vornherein jeden Versuch, einen Kampf bis zum bitteren Ende zu vermeiden, im Kelm erstickt.

6. Die *Hitlerjugend* wurde von Reichsjugendführer Artur Axmann zum »Kampf für Führer, Volk und Vaterland« aufgerufen und eingesetzt. Er handelte dabei teils auf eigene Faust, zum Teil aber auch in Übereinstimmung mit dem Festungsbefehlshaber Berlins. Am 24. April tauchte zum Beispiel eine mit Panzerfäusten ausgerüstete HJ-Einheit in der Nähe von Strausberg auf, um sozusagen auf freier Wildbahn sowjetische Panzer zu jagen. Nach einem geharnischten Protest von General

Weidling versucht Axmann, die dem Knabenalter kaum entwachsenen und unerfahrenen Hitlerjungen von weiteren Einsätzen abzuhalten, konnte seinen entsprechenden Befehl jedoch nicht mehr durchsetzen.

Im Berliner Stadtgebiet kämpften HJ-Gruppen zum Teil selbständig, aber auch an der Seite von Wehrmacht- und Volkssturmeinheiten.

7. *Andere Instanzen und Organisationen:* Der Reichsführer-SS, Heinrich Himmler, und Reichsmarschall Hermann Göring vermieden jeden direkten Eingriff in die Befehlskette. Beide unterhielten aber in der Nähe Berlins hervorragend ausgerüstete Einheiten zu ihrem persönlichen Schutz, die sie nur widerstrebend und spät für den Kampfeinsatz freigaben. Diese Truppen konnten deshalb auch nicht in die Verteidigungspläne einbezogen werden. Alle Versuche Generaloberst Heinricis, seine Befehlsgewalt auf diese Verbände auszudehnen, scheiterten.

Die in Berlin stationierte 1. Flakdivision wurde dem Festungsbefehlshaber erst nach unmittelbarer Feindberührung im Gebiet der Reichshauptstadt unterstellt. Die aus dieser Regelung zwangsläufig entstehenden Schwierigkeiten wurden allerdings durch die enge Zusammenarbeit zwischen Heinrici und dem Divisionskommandeur, Generalmajor Sydow, weitgehend gemildert.

Die Kontakte zu SS-Brigadeführer Mohnke, dem Kommandeur der zum Schutz des Regierungsviertels eingesetzten Einheiten, waren dagegen nur locker. Für Mohnke galten bis zum Selbstmord Hitlers, dem er direkt unterstellt war, nur dessen Befehle.

Die Organisation Todt und bis zu einem gewissen Grade auch der Reichsarbeitsdienst umgingen die Anordnungen des Festungsbefehlshabers häufig unter Berufung auf ihre Eigenständigkeit.

Auf deutscher Seite litt die Führung unter einem schwerwiegenden Nachteil: Die Befehls- und Nachrichtenübermittlung entsprach den Anforderungen, die dieser totale Kampf um eine Millionenstadt stellte, nicht im entferntesten. Nicht nur kleinere Einheiten, sondern ganze Divisionen, das Hauptquartier des CI. Korps, die Stäbe der Heeresgruppe Weichsel, die Befehlsstände der einzelnen Berliner Verteidigungssektoren mußten in größter Eile aufgestellt werden.

Es fehlte an Nachrichtenspezialisten und -mitteln, an Kraftfahrzeugen, an Treibstoff. Der Mangel an militärischen Fernsprechleitungen konnte zwar zum Teil durch die Benutzung des zivilen Berliner Telefonnetzes ausgeglichen werden, aber die eilig zusammengestellten Stäbe konnten keinerlei Erfahrung für die nun notwendige Zusammenarbeit sammeln. Das Ergebnis war, daß die Führung über die Lage an den wichtigsten Frontabschnitten völlig unzulänglich und viel zu spät informiert wurde.

So waren die Oberkommandos der 9. Armee und der Heeresgruppe Weichsel zum Beispiel vom 18. April an nur bruchstückhaft über die Lage am Nordflügel der 9. Armee unterrichtet. Die Heeresgruppe wußte am 20. April nicht, daß russische Panzerverbände südlich von Berlin, in der Nähe von Baruth, aufgetaucht waren. Die Einheiten in den Verteidigungsstellungen entlang des Teltowkanals waren völlig überrascht, als sie am 22. April die ersten Sowjetpanzer vor sich sahen. Und die SS-

Panzergrenadierdivisionen »Nordland« und »Nederland«, die den tiefen Einbruch der Russen an der Oder abriegeln sollten, wurden viel zu spät eingesetzt.

Zusammenfassend ist festzustellen: Ein wohldurchdachter und vorbereiteter Plan zur Verteidigung Berlins hätte nur verwirklicht werden können, wennn der verantwortliche Festungskommandant einheitliche Anweisungen und die Befehlsgewalt über *alle* unteren Ebenen erhalten hätte. Statt dessen war er von Instruktionen abhängig, die er von militärischen und politischen Stellen erhielt. Deren unterschiedliche Interessen und Ziele führten zu ständigen Konflikten und Reibereien. Der folgende Vorfall macht dies deutlich: General Reymann wollte die große Ost-West-Achse Berlins als Start- und Landebahn für Versorgungsflugzeuge benutzen. Dazu mußten die Bronzekandelaber zu beiden Seiten der Straße entfernt und auch der angrenzende, von Bomben und Granaten weitgehend zerfetzte Baumbestand im Tiergarten gerodet werden. Um das anordnen zu können, benötigte Reymann Hitlers persönliche Einwilligung. Er erhielt sie aber nur für die Kandelaber, nicht für die Bäume. Als die großen Straßenlampen dann abmontiert wurden, erhob Minister Speer, der den Auftrag hatte, Pläne für den Wiederaufbau Berlins auszuarbeiten, bei Hitler Einwände und überredete ihn, seine Genehmigung zurückzuziehen. General Reymann mußte daraufhin wieder bei Hitler vorstellig werden, um die Sache endlich aufgrund einer erneuten Zustimmung Hitlers vorantreiben zu können.

Die Beziehungen zwischen dem Festungskommandanten und den übergeordneten Instanzen waren schon strapaziert genug; die Reduzierung seiner Befehlsgewalt machte dann das Chaos zwangsläufig. Uneingeschränkt unterstanden dem Befehlshaber des Verteidigungsbereiches nur die relativ wenigen, in der Stadt stationierten Wehrmachtseinheiten. Seine Befehlsgewalt über den Volkssturm – das Gros der Verteidigungskräfte –, die SS-Truppen, Flakeinheiten, die Hitlerjugend, die Organisation Todt und den Reichsarbeitsdienst war sehr begrenzt. So wurde z. B. einem Batteriechef zur Bedienung der Geschütze ein Zug Volkssturm zugeteilt. Befehle durfte er diesen Männern jedoch nur unmittelbar im Gefecht erteilen, ansonsten mußte er sich auf seine Überredungskunst verlassen.

Die Verteidigung Berlins war total desorganisiert. Kompetenzüberschneidungen, Verwirrung, widersprüchliche Anordnungen, überstürzte Änderungen in den Befehlswegen, ständiger Wechsel der Kommandeure waren Indizien für den Zerfall und das bevorstehende Ende des militärischen Apparats. Die Auswirkungen auf die Truppe waren verheerend. Die Überlebenden der Kämpfe um Berlin haben übereinstimmend von einem völligen Zusammenbruch der militärischen Führung berichtet. Viele schlossen daraus auf Sabotage – ein zwar weitverbreiteter, aber gewiß unzutreffender Eindruck. Das von Hitler verursachte Durcheinander im Befehlssystem erleichterte aber den mit einer enormen Überlegenheit an Menschen und Material angreifenden sowjetischen Truppen die Eroberung Berlins.

Dritter Teil: Die Verteidigungsstellungen

Da Berlin ursprünglich mit allen verfügbaren Kräften an der Oder verteidigt werden sollte, dachte die deutsche Führung zunächst nicht daran, die Havelseen im Westen und den breiten, von Flüssen, Kanälen und Seen durchzogenen Waldgürtel im Norden, Osten und Süden der Stadt in ihre militärischen Planungen einzubeziehen. Immerhin wurde aber das waldige Gebiet zwischen Erkner und Tiefensee doch für die Verteidigung gegen einen Angriff aus östlicher Richtung vorbereitet.

Am 9. März hatte Generalleutnant Reymann im Einvernehmen mit dem Führerhauptquartier den 33 Seiten langen »Grundsätzlichen Befehl für die Vorbereitung zur Verteidigung der Reichshauptstadt« erlassen. Er definierte den Kampfauftrag, Berlin »bis zum letzten Mann und bis zur letzten Patrone« zu verteidigen, und enthielt in 24 Punkten detaillierte Vorschriften über die Kampfweise (siehe nächste Seite).

Nach dem »Grundsätzlichen Befehl« wurde der gesamte Verteidigungsbereich Berlin in konzentrische Verteidigungsringe eingeteilt, und zwar, von innen nach außen, in

a) die *Zitadelle* (das Regierungsviertel);
b) Die *Innere Verteidigungszone*, begrenzt durch die *Hauptkampflinie S-Bahnring*;
c) die *Äußere Verteidigungszone*, begrenzt durch die *Grüne Hauptkampflinie*;
d) die *Äußere Sperrzone*, begrenzt durch den *Äußeren Sperring*.

Alle größeren Ortschaften zwischen dem Stadtrand und dem Äußeren Sperring sollten als Ortsstützpunkte nach den Vorschriften des OKW-Festungsbefehls verteidigt werden.

Anfang März konnte der Befehlshaber des Verteidigungsbereiches im Alarmfall nur etwa 95 000 Mann infanteristisch einsetzen, darunter 60 000 Angehörige des Volkssturms, von denen ein Drittel überhaupt nicht und zwei Drittel schlecht bewaffnet waren. Die Artillerie bestand aus annähernd 30 Batterien. Hinzu kamen die in Berlin stationierten Flak-Einheiten. Als General Weidling am 23. April zum Kampfkommandanten ernannt wurde, standen ihm als sogenanntes »Clausewitz«-Aufgebot (Alarmaufruf mit sechsstündiger Frist) in zusammengwwürfelten Verbänden rund 45 000 Soldaten der Wehrmacht, 40 000 Mann Volkssturm, 3500 Hitlerjungen, Angehörige des Reichsarbeitsdienstes und der Oganisation Todt zur Verfügung. Die Rote Armee war mit rund zweieinhalb Millionen Mann zum Sturm auf die Reichshauptstadt angetreten.

Da Berlin auch nach einem Verlust der Stellungen an der Peripherie bis zum letzten Haus verteidigt werden sollte, mußten im Stadtgebiet entsprechende Vorkehrungen getroffen werden. Dafür bot sich der rund 35 Kilometer lange S-Bahnring als zusammenhängende Verteidigungslinie an. Im Zentrum sollte die durch den Landwehrkanal und die Spree gebildete Insel als Verteidigungsstellung dienen. Und für den Fall, daß den Russen selbst hier der Durchbruch gelingen würde, war die fanatische Verteidigung einzelner Gebäude, zum Beispiel der Reichskanzlei, des Reichstages, des OKH in der Bendlerstraße und der Flak-Bunker, vorgesehen.

„Mit den zur unmittelbaren Verteidigung der Reichshauptstadt zur Verfügung stehenden Kräften wird der Kampf um Berlin nicht in offener Feldschlacht ausgetragen, sondern im wesentlichen als *Straßen-* und *Häuserkampf*. Er muß mit
> *Fanatismus*
> *Fantasie*
> mit allen Mitteln der *Täuschung*, der *List*
> und *Hinterlist*,
> mit vorbereiteten und aus der Not des Augenblicks geborenen
> *Aushilfen aller Art*
> *auf*
> *über* und
> *unter der Erde*

geführt werden.

Hierbei kommt es darauf an, die Vorteile des eigenen Landes und die voraussichtliche Scheu der meisten Russen vor dem ihnen fremden Häusermeer restlos auszunutzen.

Die genauen Ortskenntnisse, die Nutzbarmachung der U-Bahn und des unterirdischen Kanalisationsnetzes, die vorhandenen Nachrichtenverbindungen, die vorzüglichen Kampf- und Tarnmöglichkeiten in den Häusern, der festungsmäßige Ausbau von Häuserblocks – insbesondere von Eisenbetonhäusern – zu Stützpunkten, machen den Verteidiger auch bei zahlenmäßiger und materieller Unterlegenheit *gegenüber jedem Feinde unüberwindlich!*

Der Feind, dem keine Minute Ruhe zu gönnen ist, muß sich in dem engmaschigen Netz der Widerstandsnester, Stützpunkte und Verteidigungsblocks verzehren und verbluten. Jedes verlorene Haus oder jeder verlorengegangene Stützpunkt sind *sofort im Gegenstoß wiederzunehmen*. Hierbei sind die Stoßtrupps unter Ausnutzung der unterirdischen Gänge unbemerkt auch in den Rücken des Feindes zu führen, um ihn überraschend von rückwärts zu vernichten.

Voraussetzung für eine erfolgreiche Verteidigung Berlins ist jedoch, daß
> *jeder Häuserblock,*
> *jedes Haus,*
> *jedes Stockwerk,*
> *jede Hecke,*
> *jeder Granattrichter*
> *bis zum Äußersten verteidigt wird!*

Es kommt gar nicht darauf an, daß jeder Verteidiger der Reichshauptstadt die Technik des Waffenhandwerks bis ins einzelne gut beherrscht, sondern *vielmehr darauf*, daß
> *jeder Kämpfer*
> *vom fanatischen Willen*
> *zum KÄMPFEN-WOLLEN*

beseelt und durchdrungen ist, *daß er weiß, daß die Welt mit angehaltenem Atem diesem Kampf zusieht und daß der Kampf um Berlin die Kriegsentscheidung bringen kann**."

---

* Satzanordnung und Hervorhebungen entsprechen der Vorlage.

Die Pioniertruppen des Verteidigungsbereiches unterstanden Oberst Lohbeck. Den Abschnittskommandeuren wurden Pionieroffiziere und -trupps zugeordnet, die den Stellungsbau zu beaufsichtigen und Sprengungen vorzubereiten hatten. Da nur ein schweres Pionierbataillon vorhanden war, befahl General Reymann die Aufstellung zweier weiterer Bataillone aus Volkssturmmännern, die für diesen Zweck aber nur unzureichend ausgebildet worden waren.

Für den Stellungsbau wurden vor allem Einheiten der Organisation Todt, des Reichsarbeitsdienstes, des Volkssturms, und zivile Bautrupps eingesetzt – im Höchstfall 70 000 Mann an einem Tag. Diese Zahl erscheint zwar angesichts einer Gesamtbevölkerung von über drei Millionen Menschen gering, doch muß dabei berücksichtigt werden, daß in den Fabriken und Werkstätten Berlins noch immer Tag und Nacht gearbeitet wurde – ganz zu schweigen von den weiten Wegen für den An- und Abtransport. Die S-Bahn- und U-Bahnlinien waren ohnehin überlastet und wurden immer wieder durch die ständigen Bombenangriffe unterbrochen. Viele Festungsbaustellen waren nur mit Kraftfahrzeugen zu erreichen, die ebenso rar waren wie Treibstoff. Man versuchte deshalb, aus den jeweils in der Nähe gelegenen Fabriken und sonstigen Betrieben Arbeitskräfte für den Stellungsbau heranzuziehen.

Die technische Ausstattung war nur bei der Organisation Todt und beim Reichsarbeitsdienst befriedigend. Da die Bestände im Pionierdepot Rehagen-Klausdorf bei weitem nicht ausreichten, mußten die meisten Arbeitskräfte für den Schanzen- und Stellungsbau ihre eigenen Geräte mitbringen. Anfangs konnten Panzer- und Schützengräben noch mit Löffelbaggern ausgehoben werden, für die jedoch bald kein Kraftstoff mehr vorhanden war. An die Errichtung von Bunkern war angesichts des Zeitdrucks und wegen der fehlenden Maschinen und Baumaterialien überhaupt nicht zu denken. Ebenso rar waren Minen und Stacheldraht.

Der Festungs- und Stellungsbau blieb deshalb auf folgende Maßnahmen beschränkt: Im Verlauf der einzelnen Verteidigungsringe wurden Schützengräben ausgehoben, MG-Stellungen und splittersichere Unterstände gebaut, die Straßen durch Barrikaden gesperrt. An einigen besonders wichtigen Punkten entstanden Panzergräben. Die wenigen vorhandenen Minen wurden vor allem an den Hauptstraßen verlegt. Stacheldrahtverhaue konnten nur an den wichtigsten Stellen errichtet werden. Zwischen dem Stadtrand und dem inneren Verteidigungsring ließen örtliche Parteifunktionäre an vielen Punkten auf eigene Faust Stellungen bauen, die aber weder sachkundig angelegt waren noch auf einer koordinierten Planung basierten.

Der äußere Sperring bestand nur aus Straßensperren an taktisch günstigen Stellen – zumeist in schwach- oder unbewohnten Gegenden – und aus Schützengräben und -löchern. Jede Barrikade wurde von 30 bis 40 Volkssturmmännern bewacht, die mit Infanteriewaffen und einigen Panzerfäusten ausgerüstet waren. Den Befehl, alle größeren Ortschaften hinter diesem Sperring als Stützpunkte bis zum letzten Mann zu verteidigen, hielt General Reymann für taktisch unsinnig. Er wurde deshalb mehrfach bei Hitler vorstellig und erreichte schließlich, daß die Anordnung aufgehoben wurde.

Panzersperren entstanden an allen denkbaren und undenkbaren Stellen. In vielen Fällen behinderten sie die eigenen Truppen und mußten daher wieder abgerissen werden.

Nur wenige der vorgeschobenen Verteidigungsstellungen waren von militärischem Wert. Da den ohnehin schwachen Volkssturmeinheiten von Anfang an schwere Waffen und Aufklärungsmittel fehlten, eine koordinierte aus den geschilderten Gründen unterblieb und sogar der Kontakt von Einheit zu Einheit häufig nicht vorhanden war, konnten sie den Vormarsch der Russen nur in Ausnahmefällen und auch dann nur für ein paar Stunden aufhalten. In der Regel kam es gar nicht erst zum Abwehrkampf, da die sowjetischen Truppen die Straßensperren und Stellungen leicht umgehen konnten.

Nach den Planungen sollte der Vormarsch des Feindes zunächst am Äußeren Sperring aufgehalten und dann an der »Grünen Hauptkampflinie« endgültig durch eine Verteidigung bis zum letzten Mann zim Stehen gebracht werden. Diese Stadtrandstellung folgte im Süden zunächst dem nördlichen Ufer des Teltowkanals und führte dann von Lichterfelde nach Johannistal. Im Osten erstreckte sie sich zu beiden Seiten des Müggelsees, umschloß Mahlsdorf, verlief dann in der Nähe der Rieselfelder nach Weißensee und Niederschönhausen, zum nördlichen Stadtrand und von dort bis zum Tegeler See. Im Westen folgte die Hauptkampflinie dem Ostufer des Tegeler Sees und der Havel, führte dann über Spandau und Seeburg nach Groß-Glienicke (zum Schutz des Flughafens Gatow) und weiter bis nach Sacrow.

Die folgenden Augenzeugenberichte illustrieren, in welchem Zustand diese Stellungen waren, als die Verteidiger den ersten Feindkontakt hatten. Oberleutnant von R. führte eine Volkssturmeinheit, die am Teltowkanal in der Nähe von Klein-Machnow eingesetzt war:

»Die Vorbereitungen zur Verteidigung des Kanals bestanden im Bau von Befestigungsanlagen entlang des nördlichen Ufers und in der Aufstellung eines Sprengtrupps, der die Brücken zerstören sollte. In unterschiedlicher Entfernung vom Kanal wurden Schützengräben ausgehoben und MG-Nester gebaut. Das Terrain war zum Teil sumpfig, was die Bewegungen unserer Einheiten erheblich behinderte. Auf dem Gelände einer Asbestfabrik wurde eine mit Zementplatten abgedeckte MG-Stellung gebaut. Hinter uns stand außer zwei Flakgeschützen keinerlei Artillerie. Die einzige vollständige Einheit in diesem Verteidigungsstreifen war die Vokkssturmkompanie aus Klein-Machnow, zu der ein paar versprengte Soldaten der Wehrmacht gestoßen waren. Meine Leute hatten nur ein Maschinengewehr, ein tschechisches Fabrikat, das schon nach einem Feuerstoß streikte. Auch die meisten Karabiner waren ausländischer Herkunft. Wir hatten sogar einige italienische Balilla-Gewehre. Die Munition für diese zusammengesuchten Waffen war denkbar knapp.« Weiter heißt es in dem Bericht des Oberleutnants, am Abend nach dem ersten Gefecht sei die benachbarte Volkssturmeinheit in ihre Quartiere abgerückt und erst am nächsten Morgen wieder in der Stellung erschienen. Der Streifen konnte zwei Tage gehalten werden, weil die Russen an dieser Stelle zunächst nur zögernd vorrückten.

Hauptfeldwebel G. erlebte die letzten Tage vor den Kämpfen um Berlin östlich von Friedrichshagen am Müggelsee:

»Seit Mitte Februar war ich mit zehn Mann aus dem Ersatzbataillon für den Stellungsbau in unserem etwa drei Kilometer breiten Streifen verantwortlich. Die Arbeitskräfte wurden aus den Einwohnern des Ortes und den Belegschaften der Betrieben in der Umgegend rekrutiert – täglich etwa 500 Mann. Sie hoben Schützengräben aus und begannen unter Anleitung eines dort ansässigen Baumeisters mit der Errichtung von Unterständen, die jedoch sämtlich nicht fertig waren, als die Kämpfe begannen.

Die Stellung in unserem Streifen sollte von 250 Mann gehalten werden, darunter Leuten aus dem Ersatzbataillon und aus dem Volkssturm. Doch als die Russen vorrückten, war der größte Teil dieser zusammengewürfelten Einheit verschwunden. Nur der Bataillonskommandeur und etwa 25 Mann leisteten härtesten Widerstand. Die Verteidiger wurden überwältigt ...«

Major S. führte östlich vom Tegeler See ein Werkschutz-Bataillon: »Unser Bereich wurde links von der Nordspitze des Tegeler Sees begrenzt und folgte dem Tegeler Fließ. Der Bach führte nur wenig Wasser und war kein Hindernis, sondern eher eine Linie, an der entlang Stellungen gebaut werden konnten. Sie bestanden lediglich aus einem flachen Schützengraben ohne Stacheldrahtverhaue oder Minen. Ich hatte mich mit dem Gelände vertraut gemacht und an zwei Planspielen teilgenommen. Die Stellung wurde vom Werkschutz-Bataillon besetzt; es waren vier Kompanien ohne volle Gefechtsstärke. Wir hatten nur Karabiner, Handgranaten und ein paar Panzerfäuste.

Die meisten meiner Männer hatten schon am Ersten Weltkrieg teilgenommen und waren – auch durch den Dienst im Werkschutz – an militärische Disziplin gewöhnt. Die Russen vermieden einen Frontalangriff und versuchten statt dessen, besonders nachts in unsere Stellungen einzusickern. Das wurde ihnen durch die Beschaffenheit des Geländes, das schlecht einsehbar war, erleichtert. Besonders gefährlich waren sowjetische Scharfschützen, die uns vor und hinter unseren Linien von Dachgeschossen aus unter Feuer nahmen. Als das Bataillon nach dreitägigem Kampf fast umzingelt war, zogen wir uns zurück und verschanzten uns in einer Brotfabrik; dort wurde ich schwer verwundet.«

Der Bataillonskommandeur Major K. kämpfte am Flughafen Gatow: »Wir verteidigten einen Abschnitt am westlichen Rand des Flughafens, den wir gegen einen Angriff aus Richtung Marquardt sichern sollten. Bei einem Verlust dieser Stellung sollten unsere Einheiten sich an die Havel zurückziehen, sie in bereitliegenden Booten überqueren und eine zweite Stellung am Ostufer des Wannsees beziehen.

Die Stellung am Flughafen bestand aus einem gut befestigten Schützengraben. Mein Bataillon setzte sich aus Bau- und Volkssturmeinheiten zusammen, die keinerlei Kampferfahrung hatten. Sie waren mit erbeuteten Karabinern und ein paar Maschinengewehren bewaffnet. Die Munition war äußerst knapp. Die Infanterie wurde durch eine 8,8-cm-Flakbatterie und die Geschütze des Flakbunkers am Zoo unterstützt. Am Abend des ersten Kampftages machten sich die Volkssturmeinheiten auf und davon. Die entstandene Lücke konnte nur mit Versprengten gefüllt werden, die man hinter den Linien gesammelt hatte. Nach zweitägigen harten Gefechten waren alle

Verteidiger entweder gefallen oder von den Russen gefangengenommen worden.«

Die Stadtrandstellung war nirgends mit kampferfahrenen deutschen Truppen besetzt. Überall standen bunt zusammengewürfelte, schlecht bewaffnete Einheiten, deren Kampfgeist höchst unterschiedlich war. Unter diesen Umständen ist es erstaunlich, daß die Russen sich an vielen Stellen allein durch den hartnäckigen Widerstand weniger Soldaten und Offiziere mehrere Tage aufhalten ließen. Dort, wo die sowjetischen Truppen allerdings entschlossen angriffen, fielen die deutschen Stellungen überall schon beim ersten gegnerischen Ansturm. Die Russen setzten jedoch nicht sofort nach, sondern rückten eher langsam und methodisch vor. Nachdem sie die äußeren Linien der Stadtrandstellung überwunden hatten, stießen sie auf die erfahrenen und noch relativ gut ausgerüsteten Truppen des LVI. Panzerkorps, die nun die vorbereiteten Verteidigungsstellungen und die im Gelände liegenden Möglichkeiten ausnutzten und erbitterten Widerstand leisteten.

Der militärische Wert des S-Bahnrings lag vor allem darin, daß er als eine klare und ununterbrochene Verteidigungslinie dienen konnte. Die an dieser Hauptkampflinie gebauten Befestigungen ähnelten denen in der Stadtrandstellung. Durchgehende Schützengräben konnten wegen des harten Erdbodens und wegen der zahlreichen Versorgungsleitungen im Stadtgebiet allerdings nicht überall angelegt werden. Statt dessen waren einzelne Stellungen für jeweils drei bis vier Mann gebaut worden. Die Straßen hinter dem S-Bahnring sollten nach den ursprünglichen Plänen ebenfalls befestigt werden. Das geschah je nach den vorhandenen Mitteln und der Initiative der einzelnen Kommandeure in unterschiedlichem Ausmaß. Dazu der Bericht des Majors B., der ein Bataillon des Volkssturms führte:

»Das Bataillon war in Charlottenburg aufgestellt worden und sollte als Reserve für ein anderes Bataillon dienen, das am S-Bahnring Stellung bezogen hatte. Eine dahinter verlaufende Straße sollte ebenfalls befestigt werden. Das Reservebataillon war 800 Mann stark. Es fehlte an Waffen und Geräten, insbesondere zum Schanzen. Das Bataillon bekam seine Befehle von der örtlichen Kreisleitung der NSDAP, war aber zugleich dem militärischen Abschnittskommandeur unterstellt. Die Folge waren einander häufig widersprechende Anordnungen.

Zunächst wurden feste und bewegliche Panzerhindernisse errichtet. In den drei Hauptverkehrsstraßen unseres Abschnitts entstanden Betonsperren mit einem beweglichen Mittelteil, damit Straßenbahnen und Kraftfahrzeuge passieren konnten. Diese Durchlässe wurden nach Einbruch der Dunkelheit geschlossen und scharf bewacht. Nachts ruhte der gesamte Verkehr. Die Seitenstraßen wurden bis auf schmale Fußgängerpassagen völlig verbarrikadiert. Diese Befestigungen waren etwa drei Meter hoch und bestanden aus Balken, in das Straßenpflaster gerammten Stahlträgern und Trümmerschutt. In den oberen Stockwerken der Häuser errichteten Bautrupps MG-Nester. Durchbrüche in den Grundmauern sollten den Kampf gegen feindliche Panzer aus der Deckung ermöglichen. Die Keller wurden zu Schutzräumen und Bunkern umgebaut und durch Gänge miteinander verbunden, um die Beweglichkeit der Verteidiger zu steigern. Auch die Dächer wurden für den Kampf hergerichtet und mit Scharfschützen besetzt. Diese Maßnahmen waren allerdings so zeitraubend, daß die Ausbildung der hastig aufgestellten Volkssturmeinheiten dabei zu kurz kam. Kurz vor dem Beginn der Kämpfe erhielt unser Bataillon rund 100 Gewehre. Während der Gefechte blieben nur etwa 60 Mann in ihrer Stellung. Die meisten nutzten die erste Gelegenheit, um zu ihren Familien zurückzukehren.«

Die meisten Befestigungen an der Hauptkampflinie S-Bahnring waren in der hier beschriebenen Weise angelegt worden. In einer großen Stadt bieten derartige Stellungen durchaus die Möglichkeit zu hartnäckigem Widerstand; die Verteidiger müssen freilich entschlossen kämpfen und gut ausgerüstet sein. In Berlin wurde um viele Straßen und Häuser – vor allem im Stadtzentrum – verbissen gerungen. Andere fielen den Russen fast ohne Schußwechsel in die Hände.

Die Flaktürme am Zoo, im Humboldthain und in Friedrichshain waren ebenso wie der – unbewaffnete – Flakleitturm gebaut worden, als Berlin das ständige Ziel alliierter Luftangriffe wurde. Sie dienten einerseits als Flakstellungen (mit beträchtlichen Munitionsbeständen) und Befehlsstände für die Luftverteidigung, zugleich aber auch als riesige Luftschutzbunker für die Zivilbevölkerung. Mit ihrer eigenen Licht- und Wasserversorgung und großen Lebensmittelvorräten konnten diese klobigen Betonbauwerke außer der Besatzung jeweils rund 15 000 Menschen aufnehmen. Während der Kämpfe in Berlin waren sie mit Verwundeten, Zivilisten und Deserteuren weit über ihr normales Fassungsvermögen hinaus überfüllt.

Aus Standort und Konstruktion der Flakbunker ergibt sich, daß die Überlegung, sie könnten nicht nur in der Luftabwehr, sondern auch im Erdkampf eine Rolle spielen, bei ihrer Errichtung gewiß nicht angestellt worden ist. Denn es gab weder Schießscharten noch andere Möglichkeiten zur Verteidigung der Zugänge vom Bunkerinnern aus. Die unmittelbare Umgebung lag im toten Winkel der oben stationierten Geschütze. Dennoch griffen die Besatzungen in die erbitterten Straßen- und Häuserkämpfe ein; sie nahmen sogar Ziele in den Vororten unter Feuer und fügten den Russen schwere Verluste zu. Keiner der drei Türme wurde durch direkte Bomben- oder Artillerietreffer so beschädigt, daß er aufgegeben werden mußte. Als die Russen den Bunker am Zoo angriffen, versuchten sie, mit den Panzerkanonen in die Fenster zu feuern, die nur durch Stahlblechplatten geschützt waren. Sie trafen auch einige Fenster in den unteren Stockwerken. In mehreren Räumen kam es zu schweren Verlusten durch explodierende Munition.

Infanteristisch wurden die Bunker aus den ringsum angelegten Stellungen verteidigt. Die Besatzungen im Humboldthain und in Friedrichshain hielten sich noch mehrere Tage, nachdem sie vollständig umzingelt worden waren. Auch die Verteidiger des Zoo-Bunkers ergaben sich erst nach der Kapitulation aller deutschen Truppen in Berlin; die Flakgeschütze waren zu diesem Zeitpunkt immer noch gefechtsfähig, während die Geschütze auf dem Turm in Friedrichshain durch Bombentreffer zerstört worden waren. Die dortige Besatzung kapitulierte am 30. April, nachdem die Russen bei ihrem Angriff Zivilisten als Kugelfang vor sich her getrieben hatten.

Ein besonderes Problem bei den Verteidigungsvorbereitungen waren die zahlreichen Brücken, Straßen- und Eisenbahnüberführungen, deren Sprengung angeordnet und vorbereitet worden war. Das führte zu erbitterten Auseinandersetzungen zwischen einigen Befehlshabern, die – wie General Reymann – rein militärisch argumentierten und auf der Zerstörung bestanden, und anderen, die im Interesse der Bevölkerung die Sprengung zu vermeiden trachteten. Besonders der Reichsminister Speer tat alles, was in seinen Kräften stand, um die Zerstörungen so weit wie irgend möglich zu verhindern. Die Brücken waren für Berlin im wahrsten Sinne des Wortes lebensnotwendig, denn ihre Sprengung hätte für längere Zeit die Lebensmittellieferungen blockiert und zugleich die unter den Brücken verlaufenden Hauptrohre der Wasserversorgung und der Kanalisation unterbrochen. Es gelang Speer schließlich, Hitler zu der Anweisung zu überreden, daß eine Anzahl besonders wichtiger Brücken nicht zerstört werden durfte.

Das Ausmaß der Sprengungen während der Kämpfe war unterschiedlich. Manche Brücken wurden nur beschädigt, so daß die von Infanterie-Einheiten und später, nach provisorischer Instandsetzung, auch von Panzern und anderen Fahrzeugen überquert werden konnten. Nach den Feststellungen eines deutschen Stabsoffiziers, der das Kriegsende in Berlin an verantwortlicher Stelle erlebte, wurden von den 248 Brücken der Stadt 120 zerstört und neun beschädigt. Straßen- und Eisenbahnüberführungen wurden nur vereinzelt gesprengt – offenbar vor allem aus Mangel an Sprengstoff.

Das Netz der S-Bahn- und U-Bahn-Tunnel benutzten sowohl die Angreifer wie die Verteidiger für unterirdische Truppenbewegungen. Pioniere der Wehrmacht hatten an verschiedenen Stellen Sprengladungen angebracht, um den betreffenden Tunnelabschnitt zu blockieren. So wurde zum Beispiel der S-Bahn-Tunnel unter dem Landwehrkanal gesprengt, wobei durch eine Einbruchstelle schwallartig Wasser eindrang, das sich jedoch schnell wieder verlief. Wer den Befehl für diese Sprengung gegeben hat, läßt sich nicht mehr mit Sicherheit feststellen. Angaben, denen zufolge Hitler persönlich die Flutung der Bahntunnel angeordnet habe, sind bislang nicht bewiesen worden. Als die Ebertbrücke – östlich der Weidendammerbrücke – gesprengt wurde, entstanden auch dort Schäden am S-Bahn-Tunnel, die jedoch anscheinend nicht beabsichtigt waren. Es steht fest, daß sich in den Tunneln erhebliche Wassermengen gebildet haben, und zwar durch Sprengungen, durch Deckenrisse nach Bombentreffern und durch den Ausfall der Grundwasserpumpen.

Berichte, nach denen dabei Hunderte von Menschen ertrunken seien, entsprechen jedoch nicht den Tatsachen. Das Wasser stieg maximal bis zu einem Meter Höhe, wobei an einigen Stellen Verwundete ums Leben kamen, die sich nicht mehr bewegen konnten. Der Tunnel vom Bahnhof Zoo zum Bahnhof Ruhleben wurde von zahlreichen Soldaten und Zivilisten als Fluchtweg bei dem Versuch benutzt, nach Westen auszubrechen.

Am 19. März 1945 erließ Hitler seinen berüchtigten Befehl »Betr.: Zerstörungsmaßnahmen im Reichsgebiet«, der als Befehl »Verbrannte Erde« in die Geschichte des Zweiten Weltkriegs eingegangen ist. Seine beiden ersten Absätze lauten:

»1. Alle militärischen, Verkehrs-, Nachrichten-, Industrie- und Versorgungsanlagen sowie Sachwerte innerhalb des Reichsgebietes, die sich der Feind für die Fortsetzung seines Kampfes irgendwie sofort oder in absehbarer Zeit nutzbar machen kann, sind zu zerstören.

2. Verantwortlich für die Durchführung dieser Zerstörung sind die militärischen Kommandobehörden für alle militärischen Objekte einschließlich der Verkehrs- und Nachrichtenanlagen, die Gauleiter und Reichsverteidigungskommissare für alle Industrie- und Versorgungsanlagen sowie sonstige Sachwerte; den Gauleitern und Reichsverteidigungskommissaren ist bei der Durchführung ihrer Aufgabe durch die Truppe die notwendige Hilfe zu leisten.«

Nach den Erkenntnissen aller Fachleute wären die Existenzgundlagen der Bevölkerung durch diese Maßnahme viel nachhaltiger geschädigt worden, als dies je durch noch so systematische Luftangriffe möglich gewesen wäre. Der Inspekteur des Festungsbauwesens im Oberkommando des Heeres stellte Speer ein Exemplar des für Berlin ausgearbeiteten Zerstörungsplans zu und bat ihn, sich bei Hitler für eine Milderung einzusetzen. Dies gelang auch insoweit, als Hitler sich damit einverstanden erklärte, daß die Versorgungsanlagen in Berlin nicht gesprengt werden sollten. Zum Glück fanden sich überall im Reichsgebiet verantwortungsbewußte Wehrmachtsbefehlshaber und sogar Gauleiter – wie zum Beispiel Karl Kaufmann in Hamburg –, die es auf eigene Faust wagten, den Führerbefehl »Verbrannte Erde« offen zu mißachten oder zu umgehen. Sie fanden jederzeit die Unterstützung Speers.

In seinem bereits zitierten »Grundsätzlichen Befehl« vom 9. März 1945 hatte General Reymann unter anderem auf »die vorhandenen Nachrichtenverbindungen« hingewiesen, die zu den großen Vorteilen der Verteidiger zu rechnen seien. Wie sich jedoch während der Kämpfe zeigte, war dies vollkommene Illusion, da nur die Einheiten der Luftabwehr über eigene Fernmeldeleitungen verfügten. Von ausreichenden Fernmeldeverbindungen zwischen den militärischen Führungsstellen konnte nicht die Rede sein, weil weder die entsprechenden Nachrichteneinheiten noch das notwendige Material vorhanden waren. Den Stäben gehörten jeweils nur wenige Nachrichtenspezialisten an, die jedoch ihre Aufgaben nicht bewältigen konnten. Man war deshalb gezwungen, das zivile Telefonnetz zu benützen. Es funktionierte zwar angesichts der ständigen Bombenangriffe noch immer erstaunlich gut, war aber für die militärische Führung nur ein sehr mangelhafter Ersatz, da die schnelle Übermittlung von Meldungen durch das Netz der Post aus verschiedenen Gründen nicht möglich war.

Besonders schwer fiel der Mangel an Funkgeräten ins Gewicht. Aus allen Gefechtsberichten geht hervor, daß der Kontakt von Einheit zu Einheit und die Verbindung zu den Führungsstäben nur durch Melder aufrechterhalten werden konnte, die unter feindlichem Beschuß durch die mit Trümmern übersäten Straßen ihr Ziel erreichten.

Der Mangel an Nachrichenmitteln trug ganz erheblich zu dem Durcheinander in den Befehlswegen und den katastrophalen Nachschubschwierigkeiten während der Kämpfe bei. Nur das LVI. Panzerkorps war in dieser Hinsicht günstiger gestellt, weil es noch über eigene Nachrichteneinheiten verfügte.

Das Fazit aus allen bisher dargestellten Fakten ist klar: Sämtliche Verteidigungsmaßnahmen in Berlin waren von Anfang an duch ein empfindlichen Mangel an militärischen Spezialisten und an Material aller Art gekennzeichnet. Das gilt vor allem auch für den Bau der Stellungen, die trotz aller energischen Bemühungen General Reymanns nur in beschränktem Maße und mit bescheidenen Mitteln errichtet werden konnten. Von echtem militärischem Wert waren sie zudem nur im Stadtinneren, wo die Ruinen und Trümmerfelder ohnehin günstigere Voraussetzungen für die Verteidigung boten.

Als Hitler Berlin zur Festung, oder genauer gesagt, zum Verteidigungsbereich erklären ließ, war das eine reine Fiktion. Die technischen Vorbereitungen wurden ebenso wie alle anderen Maßnahmen hastig improvisiert. Sie richteten sich nur nach den Gegebenheiten des Geländes, ohne daß jemand danach fragte, ob im entscheidenden Augenblick auch die erforderlichen Einheiten zur Stelle sein würden. In vielen Abschnitten leisteten die schwachen Sicherungseinheiten des Volkssturms überhaupt keinen Widerstand. Doch selbst wenn sie mit äußerster Härte gekämpft hätten, wären sie nicht in der Lage gewesen, ihren Auftrag zu erfüllen. Im großen und ganzen gesehen, hatten die Verteidigungsstellungen nur einen verzögernden Effekt; ihr bloßes Vorhandensein veranlaßte die Russen allerdings, eher langsam und vorsichtig vorzurücken.

Der hartnäckige Widerstand, auf den die Rote Armee zwischen dem 23. April und dem 2. Mai 1945 in Berlin stieß, basierte nicht so sehr auf den vorbereiteten Stellungen, sondern er entsprang der verbissenen Entschlossenheit einzelner Verbände und Kampfgruppen, besonders im LVI. Panzerkorps, die zahlreichen Verteidigungsmöglichkeiten in der riesigen Trümmerwüste der Reichshauptstadt bis zum äußersten zu nutzen.

Vierter Teil: Die Verteidiger

Die bisherige Untersuchung hat gezeigt, daß die ursprünglich für die Verteidigung Berlins vorgesehenen Kräfte viel zu schwach waren und in aller Eile verstärkt werden mußten. Deshalb wurden zusätzlich zu den in Berlin stationierten Truppen und dem LVI. Panzerkorps Alarmeinheiten und Kampfgruppen gebildet. Darüber hinaus verlegten Heer, Luftwaffe, Kriegsmarine, NSDAP, SS, Polizei und Reichsarbeitsdienst noch in letzter Minute weitere Kampfverbände in die Stadt. Die meisten Enheiten dieses allerletzten Aufgebots erreichten Berlin mit Transportflugzeugen, Lastwagen, in Güterzügen oder auch zu Fuß; manche wurden vorher von den sowjetischen Truppen abgefangen oder konnten sich nur unter schweren Verlusten durchkämpfen. Ebensoviele Einheiten setzten sich, als es noch möglich war, in westlicher Richtung ab. Neben den Divisionen des LVI. Panzerkorps wurden auch die Reste anderer Truppenteile nach Berlin zurückgeführt.

1. In Berlin stationierte Truppen

Der *Stab des Befehlshabers Verteidigungsbereich Berlin* wurde Anfang Februar 1945 vom Stellvertretenden Generalkommando III im Gebäude des Wehrkreises III am Hohenzollerndamm gebildet. Er setzte sich zusammen aus:

Oberst i. G. Refior (Chef des Stabes)
Major i. G. Sprotte, Ia (Operation, Organisation, Ausbildung)
Major Weiss, Ib (Versorgung, Nachschub)
Oberstleutnant Platho (Artillerieführer)
Oberstleutnant Fricke (Nachrichtenführer)
Oberst i. G. Lohbeck (Pionierführer)

Als die Russen sich am 25. April bis in die Nähe des Hohenzollerndamms vorgekämpft hatten, wurde der Stab in den Bunker an der Bendlerstraße verlegt. Der Artilleriekommandeur hatte seinen Befehlsstand im Flakleitturm in der Nähe des Zoo aufgeschlagen.

Der *Volkssturm* stellte den größten Teil der Verteidigungskräfte in Berlin. Er umfaßte nach den Angaben Generalleutnant Reymanns 92 Bataillone, also rund 60 000 Mann. Davon wurden 30 Bataillone in den vorgeschobenen Stellungen außerhalb der Stadtgrenzen eingesetzt. Reste dieser Einheiten, die häufig schon bei der ersten Feindberührung auseinanderliefen oder von den Russen überrannt wurden, tauchten bald wieder im Stadtgebiet auf.

In seinem vom 25. September 1944 datierten »Erlaß über die Bildung des Deutschen Volkssturms« hatte Hitler erklärt: »Nach fünfjährigem schwerstem Kampf steht infolge des Versagens aller unserer europäischen Verbündeten der Feind an einigen Fronten in der Nähe oder an den deutschen Grenzen... Sein letztes Ziel ist die Ausrottung des deutschen Menschen. Wie im Herbst 1939 stehen wir nun wieder ganz allein der Front unserer Feinde gegenüber... Dem uns bekannten totalen Vernichtungswillen unserer jüdisch-internationalen Feinde setzen wir den totalen Einsatz aller deutschen Menschen entgegen. Ich befehle:

1. Es ist in den Gauen des Großdeutschen Reiches aus allen waffenfähigen Männern im Alter von 16 bis 60 Jahren der deutscher Volkssturm zu bilden. Er wird den Heimatboden mit allen Waffen und Mitteln verteidigen, soweit sie dafür geeignet erscheinen.
2. Die Aufstellung und Führung des Deutschen Volkssturmes übernehmen in ihren Gauen die Gauleiter. Sie bedienen sich dabei vor allem der fähigsten Organisatoren und Führer der bewährten Einrichtungen der Partei, SA, SS, des NSKK und der HJ.
3. ...
4. Die Angehörigen des Deutschen Volkssturmes sind während ihres Einsatzes Soldaten im Sinne des Wehrgesetzes.
5. ...
6. Der Reichsführer-SS ist als Befehlshaber des Ersatzheeres verantwortlich für die militärische Organisation, die Ausbildung, Bewaffnung und Ausrüstung des Deutschen Volkssturmes.

7. Der Kampfeinsatz des Deutschen Volkssturmes erfolgt nach meinen Weisungen durch den Reichsführer-SS als Befehlshaber des Ersatzheeres.
8. Die militärischen Ausführungsbestimmungen erläßt als Befehlshaber des Ersatzheeres Reichsführer-SS Himmler, die politischen und organisatorischen in meinem Auftrage Reichsleiter M. Bormann. . .

Der Volkssturm gehörte also organisatorisch nicht zur Wehrmacht. Er hatte die Aufgabe, das rückwärtige Gebiet gegen feindliche Infiltration, kleinere Durchbrüche und den Einsatz gegnerischer Fallschirmtruppen zu schützen. Ferner sollten die Angehörigen des Volkssturms, die laut Verordnung vom 1. Dezember 1944 für ihre Ausrüstung und Bekleidung selbst zu sorgen hatten – als Uniform trugen sie Zivil mit einer Armbinde –, rückwärtige Stellungen sichern und im Festungsbau eingesetzt werden. Direkte Kampfaufträge an der Front im Rahmen der Wehrmacht waren zunächst nicht vorgesehen.

Nachdem die Armeen Stalins im Osten und die Streitkräfte der Alliierten im Westen über die Grenzen auf das Reichsgebiet vorgedrungen waren, sah sich die deutsche Führung jedoch angesichts der verzweifelten Lage gezwungen, immer mehr Volkssturmeinheiten an die Front zu schicken, obwohl sie dafür weder genügend ausgerüstet noch ausgebildet waren. Dabei kam es sofort zu Reibereien, weil der Volkssturm grundsätzlich den Reichsverteidigungskommissaren, also den Gauleitern der NSDAP, unterstand. Er hätte zweifellos von vornherein in die Wehrmacht integriert werden müssen – ein Plan, den Generaloberst Guderian ebenso hartnäckig wie vergeblich zu verwirklichen versucht hatte.

In Berlin war der Volkssturm in die beiden Kategorien I und II unterteilt worden. Der Volkssturm I war nur dürftig, der Volkssturm II war überhaupt nicht bewaffnet und als Reserve gedacht. Beide sollten so eingesetzt werden, daß der Volkssturm I die vorderen Verteidigungslinien – zum Beispiel am Stadtrand – und der Volkssturm II wenige Kilometer dahinter rückwärtige Stellungen bezog, um die vorn zu erwartenden Ausfälle zu ersetzen. In einigen Abschnitten wurde nach diesem Schema verfahren.

Der Volkssturm setzte sich aus Männern zusammen, die zwar notfalls mit einem Gewehr umgehen konnten, jedoch allein schon körperlich für den aktiven Dienst nicht mehr tauglich waren, da die meisten zu den älteren Jahrgängen (jenseits 50) zählten. Manche hatten überhaupt noch nicht gedient, viele hatten schon im Ersten Weltkrieg gekämpft, was sich sehr häufig in einem ausgeprägten Pflichtgefühl und hoher Disziplin bemerkbar machte. Der Volkssturm war in Bataillone und Kompanien gegliedert. Die Kommandeure der Einheiten wurden durch die Partei bestimmt; deshalb waren sie zum Teil Funktionäre der NSDAP oder Reserveoffiziere. Ein besonders absurdes Beispiel: Ein Stabsoffizier, der auf Hitlers Anweisung entlassen worden war, fand sich als einfacher Volkssturmsoldat unter einem Kommandeur wieder, der noch nie einen militärischen Dienstgrad oder Rang besessen hatte.

Der Volkssturm war auf örtlicher Basis organisiert. Alle männlichen Einwohner eines Ortes oder Stadtbezirkes wurden in einem Bataillon zusammengefaßt. Solange sie nicht im Einsatz standen, gingen sie während des Tages ihrer normalen Beschäftigung nach und lebten in ihren Wohnungen. Die Stärke der Kompanien und Bataillone schwankte, da sie von der Zahl der für den Volkssturm in Frage kommenden Einwohner abhing. In Berlin umfaßte ein Bataillon zwischen 600 und 1500 Mann.

Bevor die Volkssturm-Angehörigen zum Einsatz herangezogen wurden, erhielten sie in den Abendstunden oder an den Wochnenden eine – allerdings oberflächliche – Grundausbildung. Davon ausgenommen waren nur jene Verbände, die im Stellungs- und Festungsbau eingesetzt wurden. Waren Karabiner und Maschinengewehre vorhanden, so schloß der Unterricht die Handhabung dieser Waffen ein; geschossen wurde jedoch nur in Ausnahmefällen, weil die Munition knapp war. Die Kommandeure wurden mit ihren örtlichen Verteidigungsaufgaben vertraut gemacht und erhielten ihre Einsatzbefehle. Darüber hinaus wurden in Lagern der SA dreitägige Lehrgänge veranstaltet.

Generell ist festzustellen, daß die Ausbildung des Volkssturms zwar qualitativ unterschiedlich, im allgemeinen jedoch absolut ungenügend war. Das gilt auch für die Bewaffnung. Die Einheiten des Volkssturms I erhielten Karabiner und im begrenzten Umfang auch Maschinengewehre. Es waren zum großen Teil ausländische Fabrikate – aus Belgien, Italien und der Tschechoslowakei. Nur ein paar Bataillone bekamen deutsche Gewehre. Die Munition, die ohnehin rar war, paßte sehr häufig nicht zu den überall zusammengesuchten Waffen – eine Kalamität, die die Kampfkraft der Verteidiger erheblich beeinträchtigte.

Schwere Waffen besaß der Volkssturm überhaupt nicht und Panzerfäuste nur in geringer Zahl. Abgesehen von den zuvor erwähnten 30 Bataillonen, die vor diesem armseligen Hintergrund noch als relativ gut ausgerüstet gelten konnten, war die Masse der Volkssturmmänner praktisch nicht in der Lage, sich gegen einen gut ausgerüsteten und ausgebildeten Feind zu verteidigen. Nachrichtengerät war ebenfalls nicht vorhanden. Auch die Verpflegung für dieses letzte militärische Aufgebot des Großdeutschen Reiches war mangelhaft. Die Volkssturmeinheiten hatten weder Feldküchen noch sonstige Proviantfahrzeuge, waren also außerhalb ihrer heimatlichen Umgebung praktisch ohne Truppenverpflegung und dementsprechend darauf angewiesen, zu »organisieren« Die Kampfkraft des in Berlin angesetzten Volkssturms war, verglichen mit den gut ausgerüsteten und kampferfahrenen Truppen der Roten Armee, äußerst gering. Wenn es wirklich ernst wurde und die Russen mit voller Wucht angriffen, zogen die meisten Volkssturmmänner sich zurück oder traten gar nicht erst auf dem Gefechtsfeld an. Manche einsichtigen Kommandeure schickten von sich aus Volkssturmbataillone, die praktisch unbewaffnet waren, nach Hause, um sinnloses Blutvergießen zu vermeiden. Zuweilen glaubten die Russen, statt des Volkssturms kampferfahrene Einheiten vor sich zu haben, und rückten dann nur zögernd vor oder griffen zunächst überhaupt nicht an.

Örtliche Sicherungskräfte, Schulen, Ersatz-, Alarm- und Werkschutzeinheiten:
Anfang Januar 1945 wurden in Berlin örtliche Sicherungsbataillone aus Männern aufgestellt, die zwar dienstpflichtig, aber nicht fronttauglich waren. Sie erhielten Karabiner und ein paar Maschinengewehre – zumeist Beutewaffen –, dazu geringe Mengen Munition, und bekamen den Auftrag, Brücken, Eisenbahnanlagen, militärische Objekte und Kriegsgefangenenlager zu bewachen. Anfang Februar wurden einige dieser Einheiten an die Oderfront verlegt; die anderen kämpften wenige Wochen später in Berlin. Ihr militärischer Wert entsprach dem des Volkssturms.

Das Personal der zahlreichen militärischen Schulen in Berlin und Umgebung (so

Zossen, Wuensdorf, Döberitz, Kladow), die ihren Lehrbetrieb einstellten, wurde ebenfalls zur Verteidigung herangezogen und zum Teil an der Stadtrandstellung im Süden eingesetzt.

Aus den Ersatzeinheiten des Heeres waren schon im Februar die Verbände an der Oderfront aufgefüllt worden. Anfang April wurde der Heeresgruppe Weichsel ein ziemlich großes Kontingent an Erssatztruppen der Luftwaffe zugeführt. Da sie jedoch unzureichend bewaffnet und im infanteristischen Kampf unerfahren waren, befahl Generaloberst Heinrici ihre Verlegung in rückwärtige Stellungen und an die äußeren Verteidigungslinien rings um Berlin. Ihr militärischer Wert war unbedeutend.

Die großen Berliner Industriebetriebe verfügten ebenso wie Reichspost und Reichsbahn über eigene Werkschutzkompanien, die mit Gewehren bewaffnet waren. Sie wurden zu Bataillonen zusammengefaßt und ebenfalls an die Front gebracht.

»Alarmeinheiten«, zumeist Kompanien, wurden aus dem Personal der Militärbehörden und Stäbe, ferner aus Genesenden und Versprengten gebildet, die von der Militärpolizei und besonderen Patrouillen aufgegriffen worden waren. Auch diese Soldaten waren schlecht bewaffnet und nicht gerade zum Kampf entschlossen. Besonders die Versprengten konnten nur durch rigorose Strafmaßnahmen zusammengehalten werden. Gegen Ende der Kämpfe wurden Tausende von Soldaten entdeckt, die sich in Kellern und Bunkern verborgen hatten, um nicht kämpfen zu müssen.

Die in Berlin eingesetzte *Waffen-SS* unter SS-Brigadeführer Mohnke war eine gut ausgerüstete und gut geführte Truppe von mehreren tausend Mann. Ihre Kampfkraft war hoch. Diese Einheiten verteidigten das Regierungsviertel mit äußerster Härte.

Die *Artillerie*: Als Oberstleutnant Platho am 19. März seinen Posten als Artilleriekommandeur des Verteidigungsbereiches Berlin übernahm, fand er sieben leichte und sieben schwere Batterien vor. Alle Geschütze waren ausländischer Herkunft. Für jede Batterie standen 100 bis 120 Schuß Munition zur Verfügung. Zugmaschinen fehlten zunächst völlig, später waren zwei vorhanden. Unter den Batteriechefs waren drei Zahlmeister, die zudem noch aus anderen Wehrmachtsteilen kamen. Sie hatten eine hastige artilleristische Kurzausbildung absolviert und dabei jeweils einmal ein Geschütz abgefeuert. Die Mannschaften bestanden aus Soldaten aller Waffengattungen – die wenigsten waren Artilleristen – und aus Volkssturmmännern. Es gab keinen Abteilungs- oder Regimentsstab. Flakhelferinnen bedienten die Telefonverbindungen zwischen dem Beobachtungsstand und den Batterien. Auch die Befehle wurden telefonisch auf den Leitungen der nahegelegenen Flakstellungen übermittelt. Funk- oder andere Fernmeldegeräte waren nicht vorhanden.

Das erste, von Oberslleutnant Platho befohlene Schießen mit scharfer Munition mußte abgebrochen werden, weil der Beobachtungsposten in Gefahr geriet.

In der kurzen Zeit, die ihm blieb, »organisierte« der Artilleriekommandeur acht weitere Batterien, indem er kurzerhand Übungsgeschütze einer Heeresschule für sich requirierte. Unterdessen fanden sich auch ein paar Artillerieoffiziere aus anderen Einheiten, die nun entweder den Batterien oder als Ersatz für die fehlenden Stäbe den Kommandeuren der einzelnen Verteidigungsabschnitte als Verbindungsoffiziere zugeteilt wurden. Die deutschen Geschütze wurden von früheren Scheinwerfermannschaften bedient, die von der Artillerie so gut wie nichts verstanden. Die Munitionsausstattung war ebenso kläglich wie bei den ausländischen Fabrikaten.

Außer der Artillerie waren ein paar Werferbatterien vorhanden, die an den wichtigsten Einfallstraßen aufgebaut wurden. Da aber die entsprechende Munition äußerst knapp war, blieben die psychologischen Auswirkungen auf die sowjetischen Truppen, die ein massierter Einsatz zweifellos gehabt haben würde, nur gering.

Flakartillerie: Die Befehlszentrale der in Berlin stationierten 1. Fliegerabwehrdivision unter Generalmajor Sydow befand sich im Flakkontrollturm in der Nähe des Zoo. Die Division bestand aus vier Flakregimentern mit Geschützen vom Kaliber 2 bis 12,8 Zentimeter. Einige Batterien mit älteren Typen deutscher und ausländischer Herkunft wurden für Sperrfeuer eingesetzt. Vor dem Beginn der Kämpfe wurde ein Scheinwerfer-Regiment über die Stadt verteilt. Schwerpunkte der Luftverteidigung waren die drei Flaktürme am Zoo, im Humboldthain und in Friedrichshain. Sie waren mit jeweils sechs 12,8-cm-Geschützen und zwölf 2-cm-Kanonen (auf den Terrassen) bestückt und durch unterirdische Telefonleitungen verbunden.

Die übrigen Flakbatterien sollten an die Stadtrandstellungen verlegt werden. Das war jedoch nur zum Teil möglich, weil manche Geschütze einbetoniert waren. Hinzu kam, daß den Bedienungsmannschaften die Ausbildung für den Erdkampf fehlte. Das zeigte sich zum Beispiel anläßlich eines Übungsschießens auf Ziele im Müggelsee, bei dem sogar der See verfehlt wurde. Dementsprechend war der Kampfwert der am Stadtrand eingesetzten Flakeinheiten ziemlich gering. Sie wurden in vielen Fällen schnell durch russische Artillerie zusammengeschossen und von Panzern überrollt. Zwei Flakabteilungen am Flughafen Tempelhof leisteten allerdings zwei Tage lang erbitterten Widerstand. Als die Russen links und rechts durchgebrochen waren, sprengten die Mannschaften die noch intakten Geschütze und kämpften als Infanteristen weiter.

Panzerabwehr: Als Einheit von beachtlicher Kampfkraft erwies sich ein Panzervernichtungsbataillon. Die drei Kompanien waren mit Volkswagen ausgerüstet, auf denen Abschußgestelle für sechs Panzerabwehrraketen montiert waren. Zu welchem Verband dieses Bataillon gehörte und wann es in Berlin auftauchte, ist nicht mehr festzustellen. Im übrigen wurden feindliche Panzer durch die Artillerie und mit den bekannten Nahkampfwaffen, wie Panzerfäusten, angegriffen.

Die *Hitlerjugend* hatte eigene Bataillone gebildet, die zur »Brigade Axmann« zusammengefaßt, mit Gewehren und Panzerfäusten ausgerüstet und vor allem bei der Panzerabwehr eingesetzt wurden. Darüber hinaus stellte die HJ zahlreiche Flakhelfer. Kleinere HJ-Gruppen kämpften an der Seite von Wehrmacht- und Volkssturmeinheiten. Wie viele Hitlerjungen insgesamt an der Schlacht um Berlin teilnahmen, ist nicht bekannt. In den westlichen Bezirken der Stadt kämpften einige

Bataillone unter Reichsjugendführer Axmann in der Nähe des Funkturms und bei Pichelsdorf, wo sie einen Brückenkopf hielten. Sie konnten ihre völlig ungenügende Ausbildung und den Mangel an Waffen und Munition nur zu einem sehr geringen Teil durch Fanatismus wettmachen; der Blutzoll war hoch.

2. Das LVI. Panzerkoprs

Am 23. April 1945 wurde das LVI. Panzerkorps unter General der Artillerie Weidling auf direkten Befehl Hitlers nach Berlin verlegt. Zum Korpsstab unter Oberst i. G. von Dufving gehörten Major i. G. Knabe als I a (Operation, Organisation, Ausbildung), Major i. G. Wagner als I b (Versorgung, Nachschub) und Oberst Wöhlermann als Artillerieführer.

Im Rahmen dieses Korps kämpften in der Reichshauptstadt:

- die 18. Panzergrenadierdivision (Kommandeur: Generalmajor Rauch). Im Frühjahr neu aufgestellt, war diese Division nach Stärke und Kampfkraft der Panzerdivision »Müncheberg« gleichzusetzen;
- die 20. Panzergrenadierdivision (Kommandeur: Generalleutnant Scholze). Sie hatte in der Schlacht an der Oder schwere Verluste erlitten; Stärke und Kampfkraft waren daher relativ gering;
- die Panzerdivision »Müncheberg« (Kommandeur: Generalmajor Mummert). Sie war im Frühjahr als Panzerdivision »Döberitz« neu aufgestellt, dann jedoch umbenannt worden, da sie mehrfach mit der Infanteriedivision »Döberitz« verwechselt worden war. Nach den blutigen Kämpfen westlich der Oder hatte die Division Berlin mit der Hälfte ihrer Sollstärke und nur zwanzig Panzern erreicht. Offiziere und Mannschaften waren erschöpft, aber noch fähig, weiterzukämpfen;
- die SS-Panzergrenadierdivision »Nordland« (Kommandeur: SS-Gruppenführer Ziegler). Sie setzte sich zum Teil aus skandinavischen Freiwilligen zusammen und war noch mehr dezimiert als die beiden zuvor genannten Divisionen. Jedes ihrer Regimenter bestand nur noch aus einer schwachen Kompanie;
- das 408. Volksartilleriekorps. Es bestand aus sechs Abteilungen, davon zwei schweren mit russischen 15,2-cm-Beutegeschützen, zwei Mörserabteilungen und zwei leichten Abteilungen, Munition brachte das Korps nur für rund ein Drittel der Geschütze nach Berlin;
- Reste anderer Kampfverbände, darunter die 9. Fallschirmjägerdivision und die SS-Panzergrenadierdivision »Nederland«. Die Kampfkraft dieser Truppen war ziemlich gering.

3. Fliegende Verbände

In den ersten Tagen der Kämpfe um Berlin griff die deutsche Luftwaffe, die schon seit Monaten durch den Mangel an Flugbenzin mehr und mehr gelähmt worden war, mit jeweils 40 bis 60 Maschinen an. Das wurde jedoch bald unmöglich, weil Treibstoff und Munition zur Neige gingen und die Rote Armee zudem die Flugplätze sehr schnell eroberte. Zuletzt besaß die sowjetische Luftwaffe die absolute Luftherrschaft über Berlin.

Als Zusammenfassung ergibt sich im Hinblick auf die

Kampfkraft: Das LVI. Panzerkorps war etwa zwei kriegsstarken Divisionen gleichzusetzen. Die Truppen der Waffen-SS entsprachen einer halben Division. Alle sonstigen Verteidigungskräfte waren mit zwei bis drei Divisionen zu veranschlagen. Insgesamt kann man also von rund fünf Divisionen ausgehen. In der von den sowjetischen Truppen eingeschlossenen Stadt befanden sich insgesamt etwa 60 000 deutsche Soldaten mit etwa 40 einsatzfähigen Panzern und Sturmgeschützen. Die demgegenüber von sowjetischer Seite genannten Zahlen – 80 000 Soldaten, 200 Volkssturmbataillone und über 30 000 Polizisten, gesamte Truppenstärke mehr als 300 000 Mann – sind weit übertrieben. Zum Beweis für ihre Angaben haben die Russen immer wieder auf die weit über 100 000 Mann verwiesen, die sie in Berlin gefangengenommen hätten. Dabei ist jedoch zu berücksichtigen, daß nicht alle deutschen Soldaten in Berlin auch gekämpft haben und daß die Russen zunächst in dem allgemeinen Durcheinander der letzten Tage vor und der ersten Tage nach der Kapitulation jeden aufgriffen, der eine Uniform trug – vom Eisenbahnbeamten über den Postschaffner bis zum städtischen Polizisten und Arbeitsdienstmann.

Es gibt keine exakten Zahlen darüber, wie viele Tote, Verwundete und Vermißte die Kämpfe in Berlin auf deutscher Seite gefordert haben. Sie waren jedoch mit Sicherheit hoch.

Die zuvor erwähnten »sonstigen Verteidigungskräfte« waren zum größten Teil Reste zerschlagener und zurückgegangener Truppen: Volkssturmkompanien, Alarmeinheiten, HJ-Gruppen, Trupps von Versprengten, die den Anschluß an ihren bisherigen Truppenteil nicht gefunden hatten, und Kampfgruppen der Waffen-SS. Häufig war den Soldaten die benachbarte Einheit völlig unbekannt, und ebenso häufig sahen sie keinen Sinn mehr in einer weiteren Verlängerung des ohnehin verlorenen Krieges (ein lettisches Bataillon lief zum Beispiel zu den Russen über). Das hatte zur Folge, daß die Gegner wiederholt im Rücken deutscher Einheiten auftauchten.

Die Verbindung zwischen den Gefechtsständen riß auf deutscher Seite häufig ab. Meldungen von vorn unterblieben, Befehle erreichten die untergeordneten Einheiten und Stützpunkte nicht mehr, die Führung war in zunehmendem Maße lahmgelegt. Schwere Waffen waren – abgesehen von einzelnen Sturm- und Flakgeschützen – nicht mehr vorhanden. Ob die Truppenteile Munition und Proviant besaßen, hing ausschließlich von der Findigkeit ihrer Kommandeure ab.

Kampfgeist: Die Furcht vor den Russen und die – durch den Goebbelsschen Propaganda-Apparat immer wieder gerissen genährte – Hoffnung auf Einsatz und auf einen Frontwechsel der westlichen Alliierten ließ viele Verteidiger auch in einer aussichtslos erscheinenden Lage weiterkämpfen. Andererseits führten die Strapazen und Entbehrungen, denen die deutschen Truppen ausgesetzt waren, immer mehr zur Erschöpfung und Lethargie. Die Nerven- und Kräfteanspannung überschritt die Grenze des Ertragbaren.

Das Verhalten der Zivilbevölkerung war durch die Berichte der Flüchtlinge aus den Ostgebieten und die Goebbelssche Propaganda von Angst vor den Russen und von Kriegsmüdigkeit bestimmt. Fälle in denen Zivilisten sich mit den Russen verbrüderten und sogar in ihren Reihen gegen die deutschen Verteidiger kämpften, blieben Ausnahmen. Sie ereigneten sich in Stadtteilen mit einer ausgeprägten kommunistischen Tradition.

Fünfter Teil: Nachschub und Versorgung

Munition: Als die Kämpfe in Berlin begannen, gab es im Verteidigungsbereich drei große Munitionslager: die Depots »Martha« in der Hasenheide, »Mars« am Teufelssee im Grunewald und »Monika« in der Jungfernheide. Sie waren etwa zu 80 Prozent gefüllt. Kleinere Munitionsbestände wurden im Tiergarten gelagert. Als die sowjetischen Truppen sich von Norden der Jungfernheide näherten, wurden zwei Drittel der Munition aus dem Depot »Monika« mit Pferdefuhrwerken ins Depot »Mars« transportiert. Beide Arsenale fielen am 25. April der Roten Armee in die Hände.

Der Artilleriekommandeur des Verteidigungsbereiches, Oberstleutnant Platho, hat ausdrücklich erklärt, daß er von der Existenz dieser drei Depots nichts gewußt habe. Wie das möglich war, läßt sich nicht mehr feststellen. Einerseits geht aus allen Berichten hervor, daß die Verteidiger überall mit einem chronischen Munitionsmangel zu kämpfen hatten, andererseits sind die Angaben über die Bestände in den drei Depots jedoch von mehreren Seiten bestätigt worden.

Es ist möglich, daß diese Munition nicht zu den größtenteils ausländischen Waffen paßte, mit denen der Volkssturm und die Artillerie ausgerüstet worden waren. Eine andere Erklärung wäre, daß die Depots geschlossen wurden, bis Berlin von den Russen umzingelt worden war, um einen Abtransport an andere Fronten zu verhindern, und dann kurz *nach* der Einschließung der Stadt und dem Eintreffen des LVI. Panzerkops (24. April) der Roten Armee in die Hände fielen. Der schon geschilderte Zuständigkeitswirrwarr auf deutscher Seite läßt das als nicht ausgeschlossen erscheinen. Viele kleine Munitionsdepots im Stadtinnern wären sehr viel besser gewesen als drei große in den Außenbezirken.

Treibstoff: Genaue Zahlenangaben fehlen, jedoch war der Treibstoff so knapp, daß die wenigen Panzer schließlich nicht mehr eingesetzt und Truppen nicht mehr transportiert werden konnten.

Nahrungsmittel: Außer den Lagerhäusern für den zivilen Bedarf gab es in Berlin und Umgebung wohlgefüllte Lebensmitteldepots der Wehrmacht. Pläne für eine geordnete Verteilung dieser Vorräte konnten wegen der sich überstürzenden Ereignisse nicht mehr verwirklicht werden. Ein großes militärisches Verpflegungsmagazin befand sich am südlichen Ufer des Teltowkanals von Klein-Machnow, außerhalb der Stadtrandstellung. Es wurde nichts unternommen, um die dortigen Vorräte in Sicherheit zu bringen oder schnell zu verteilen, solange noch Zeit dafür war – im

Gegenteil. Als der erste sowjetische Panzer nur noch ein paar hundert Meter entfernt war, weigerte sich der verantwortliche Heeresbeamte immer noch, Verpflegungsrationen an Volkssturmeinheiten auf dem nördlichen Kanalufer herauszugeben, weil das dafür vorgeschriebene Formular nicht ausgefüllt war. Im letzten Augenblick wurde das Magazin in Brand gesteckt. Das allerdings hatte man sorgfältig vorbereitet. Derartige bürokratische Widersinnigkeiten führten dazu, daß manche Einheiten hungerten, während andere sich aus den in der Nähe liegenden Depots selbst versorgten.

Wasser: Da die öffentliche Versorgung weitgehend zusammengebrochen war, trat an vielen Stellen der Stadt Wasserknappheit auf. Die Truppen deckten ihren Bedarf jedoch weitgehend aus Brunnen und aus öffentlichen Gewässern.

Sechster Teil: Die Versorgung der Zivilbevölkerung

Annähernd genaue Angaben über die Zahl der Zivilisten, die sich zur Zeit der Einschließung in Berlin aufhielten, sind nicht bekannt. Bei Kriegsausbruch hatte die Stadt eine Bevölkerung von 4,5 Millionen. Diese Zahl verringerte sich nach den schweren Bombenangriffen des Jahres 1943 durch die im großen Stil betriebene Evakuierung von Frauen, Kindern und alten Menschen – vornehmlich in die östlichen Provinzen – auf 2,5 Millionen. Viele dieser Evakuierten kehrten jedoch zurück, als die Russen an den deutschen Grenzen standen und auf das Reichsgebiet vordrangen. Mit ihnen kamen zahllose Flüchtlinge aus Ost- und Westpreußen, aus Pommern und Schlesien.

Eine Evakuierung der Zivilbevölkerung als Vorbereitung auf die Verteidigung und mögliche Einschließung Berlins ist zu keinem Zeitpunkt erwogen worden. Der Rundfunk, die Zeitungen und die Partei ermutigten die Bevölkerung, in der Stadt zu bleiben. Es wäre ohnehin nicht möglich gewesen, Millionen von Menschen in Sicherheit zu bringen. Andererseits wurden diejenigen, die Berlin aus eigenem Antrieb verlassen wollten, auch nicht daran gehindert »vorausgesetzt, daß sie nicht der Dienstpflicht im Volkssturm zu genügen oder »kriegswichtige Aufgaben« in Behörden oder Betrieben zu erfüllen hatten und aus diesem Grunde in der Stadt bleiben mußten. Insgesamt dürfte die Einwohnerzahl zur Zeit der Einschließung durch die Rote Armee zwischen drei und 3,5 Millionen betragen haben.

Um die Ernährung der Bevölkerung zu sichern, hatten die Behörden überall in der Stadt Lagerhäuser errichtet, die gut gefüllt waren. Selbst wenn man die Vernichtung erheblicher Bestände infolge der Kämpfe oder mit dem Ziel, sie nicht in die Hände der Roten Armee fallen zu lassen, in Rechnung stellt, müssen in Berlin zur Zeit der Kapitulation noch immer große Nahrungsmittelvorräte vorhanden gewesen sein. Trotz der zahllosen Plünderungen durch Rotarmisten und freigelassene Zwangsarbeiter befanden sich in der Stadt so viele Lebensmittel, daß sie noch monatelang für einen erheblichen Teil der Besatzungstruppen und für die Zivilbevölkerung ausreichten, wobei den Deutschen freilich nur das absolute

Existenzminimum zugewiesen wurde.

Die Angaben darüber, ob die Behörden Mitte April 1945 damit begannen, die Berliner Bevölkerung mit »Eisernen Rationen« zu versorgen, sind widersprüchlich. Offenbar geschah das in einigen Bezirken der Stadt, in anderen jedoch nicht. Als in Berlin bereits gekämpft wurde, standen vor vielen Lebensmittelgeschäften noch immer lange Käuferschlangen.

Ein besonderes Problem war die Ernährung der rund 120 000 damals in Berlin lebenden Kinder. Als General Reymann Hitler die Frage stellte, was in dieser Sache geschehen solle, erhielt er die Antwort, die Zahl sei weit übertrieben. Diese Reaktion war typisch für Hitler, der über die Situation in seiner eigenen Hauptstadt längst nicht mehr informiert war, da er den Bunker kaum noch verließ. Goebbels erklärte General Reymann auf dieselbe Frage, es sei genügend Dosenmilch vorhanden, und im Falle einer Einschließung sollten die Milchkühe aus den umliegenden Dörfern in die Stadt transportiert werden. Die Frage, womit die Tiere gefüttert werden sollten, konnte allerdings auch Goebbels nicht beantworten.

Alle Pläne für die Lebensmittelversorgung der Bevölkerung wurden schnell durch die Tatsache illusorisch, daß die meisten Nahrungsmitteldepots in den Außenbezirken lagen, die schon in den ersten Tagen der Kämpfe von den Russen besetzt wurden.

Siebter Teil: Die Kampfhandlungen

Östlich von Berlin (16. bis 22. April 1945)

Vor Beginn der letzten russischen Großoffensive bestanden die Reserven hinter der deutschen Oderfront aus einer Panzer- und vier Panzergrenadierdivisionen. Sie hatten in den erbitterten Kämpfen der vorangegangenen Monate schwere Verluste erlitten und waren noch nicht wieder aufgefüllt worden. Zwei dieser Verbände, die Panzergrenadierdivisionen »Nordland« und »Nederland«, setzten sich zum Teil aus Ausländern zusammen.

In der Zeit vom 12. bis zum 15. April versuchten die Russen, ihren Brückenkopf beiderseits von Küstrin zu erweitern, um bessere Voraussetzungen für den Angriff auf Berlin zu schaffen. Schon zu diesem Zeitpunkt mußte die deutsche Führung die Panzerdivision »Müncheberg« einsetzen und damit die Reserven schmälern.

Am 16. April eröffneten die Sowjets aus dem Brückenkopf Küstrin und an der Neiße zwischen Forst und Guben – dort gegen die 4. Panzerarmee der Heeresgruppe Schörner – ihre breit gefächerte Offensive. Am ersten Tag dieses Großangriffs konnten die Verteidiger den Zusammenhalt der deutschen Oderfront noch wahren. An einigen Abschnitten war der feindiche Druck jedoch so stark, daß eine weitere Reserve, die 25. Panzergrenadierdivision, eingesetzt werden mußte.

Am 17. und 18. April gelangen der Roten Armee tiefe Einbrüche in die deutsche Front, die nun zu wanken begann. Am 18. April griff die 18. Panzergrenadierdivision in die Kämpfe ein, am 20. April die Panzergrenadierdivision »Nordland«. Die deutschen Gegenangriffe blieben jedoch stecken. Das LVI. Panzerkorps, dem die östlich von Berlin kämpfenden Verbände unterstanden, konnte das Vordringen der Roten Armee nicht mehr aufhalten, sondern nur noch verzögern.

Der sowjetische Angriffskeil zwischen Forst und Guben stieß praktisch in unverteidigtes Gebiet vor. Die Masse der Panzer- und Schützendivisionen drang in nördlicher Richtung vor und brachte die 9. Armee General Busses in eine äußerst bedrohliche Lage; zugleich stieg die Gefahr für die Reichshauptstadt rapide. In größter Eile verlegte die deutsche Führung deshalb die Infanteriedivision »Friedrich Ludwig Jahn«, deren Aufstellung aus Einheiten des Reichsarbeitsdienstes noch nicht abgeschlossen war, in die Nähe von Baruth, um den Vorstoß der Roten Armee abzufangen. Diese Division war der Kern der »Armeegruppe Spree«.

Am 20. April durchbrachen die sowjetischen Truppen die schwache Verteidigungslinie bei Baruth, erreichten am 21. April Zossen und am nächsten Tag den südlichen Stadtrand Berlins. Teile der Division »Friedrich Ludwig Jahn« zogen sich nach Potsdam zurück.

Der südliche Flügel der 1. Weißrussischen Front stieß aus dem Brückenkopf Küstrin in südlicher Richtung auf die Linie Erkner-Frankfurt (Oder) vor. Die Mitte dieser Heeresgruppe drängte das LVI. Panzerkorps in harten Kämpfen nach Westen zurück. Der Nordflügel stieß dagegen nur auf geringen deutschen Widerstand, erreichte am 21. April Werneuchen und rückte am folgenden Tag über Bernau bis zur Linie Spandau–Oranienburg vor. Eine Vorausabteilung, die in der Nähe von Oranienburg auf erbitterten deutschen Widerstand stieß, überquerte in einem kühnen Vorstoß zwischen Spandau und Heiligensee die Havel, ohne auf nennenswerte Abwehr zu stoßen.

Um die noch immer an der unteren Oder stehende südliche Flanke der 3. Panzerarmee zu schützen, hatte die Heeresgruppe Weichsel einige Sicherungskräfte, die aus ein paar Polizeibataillonen und Luftwaffenersatzeinheiten bestanden, an den Finowkanal in der Nähe von Oranienburg verlegt. Am 19. April war in Swinemünde eine Marinedivision in Marsch gesetzt worden. Da die Bahnverbindungen jedoch durch Luftangriffe schwer in Mitleidenschaft gezogen worden waren, erreichten nur zwei Bataillone das Ziel. Sie kamen gerade noch rechtzeitig, um einen Versuch der Russen, die Havel zu überqueren, zurückzuschlagen. Die Sicherungskräfte im Raum Oranienburg–Eberswalde waren unterdessen dem SS-Obergruppenführer Steiner unterstellt worden.

Da der Heeresgruppe Weichsel keine Kräfte mehr zur Verfügung standen, um das Gebiet zwischen Oranienburg und Spandau abzuschirmen, ersuchte Generaloberst Heinrici das Oberkommando des Heeres, dorthin Truppen zu verlegen. Daraufhin rückte die »Brigade Müller«, die aus vier schwachen Bataillonen bestand, von Döberitz aus in diesen Raum ein. Trotzdem gelang es den sowjetischen Truppen, auf dem westlichen Ufer der Havel Fuß zu fassen. Das versetzte die Rote Armee in die Lage, Berlin von Westen her zu umzingeln. Am selben Tag, dem 22. April, erreichten die Russen im Nordosten Berlins, in der Nähe von Weißensee und Pankow, den Stadtrand.

Zusammenfassend ist festzustellen: Der Zusammenbruch der deutschen Oderfront war angesichts der sowjetischen Überlegenheit an Menschen und Material unausweichlich. Die deutschen Reserven waren viel zu schwach. Selbst wenn sie in einem einheitlichen, straff geführten Gegenstoß eingesetzt worden wären, hätten sie dennoch keinen Erfolg erzielen können. Zwar kämpfte die Masse der deutschen Truppen sehr tapfer, aber das völlige Versagen einzelner Einheiten ließ doch erkennen, daß der Kampfgeist auf deutscher Seite unterschiedlich geworden war. Zu berücksichtigen ist in diesem Zusammenhang nicht nur der Mangel an Material und die fehlende Unterstützung aus der Luft, sondern auch die Tatsache, daß die meisten regulären und auch die erst kurz zuvor aufgestellten neuen Einheiten zu einem erheblichen Teil aus kampfunerfahrenen Soldaten bestanden.

Hitler war überzeugt, der sowjetische Großangriff an der Neiße ziele auf Dresden und Prag. Statt dessen richtete sich der Hauptstoß gegen Berlin. Es war deshalb ein fataler Fehler Hitlers, sich bedenkenlos über die Einwände Generaloberst Heinricis hinwegzusetzen und der 9. Armee zu befehlen, unter allen Umständen die Stellungen an der mittleren Oder zu halten.

Diese Entscheidung führte zur Einkesselung der 9. Armee und zur Umzingelung Berlins aus südlicher Richtung.

Die deutschen Sicherungsmaßnahmen am Finowkanal erwiesen sich als angemessen; im Raum südlich Oranienburg reichten sie jedoch nicht aus. Damit dieses wichtige Gebiet rechtzeitig gesichert werden konnte, hätte das Oberkommando des Heeres unter allen Umständen dafür sorgen müssen, daß die Verbindungswege nach Westen offen blieben. Dies war jedoch nicht mehr möglich. Hier wie im Süden Berlins fehlten die Truppen, die infolge des strikten Führerbefehls an die 9. Armee im Raum an der mittleren Oder festgehalten wurden.

Die sowjetischen Befehlshaber zögerten nicht, die Lücken in den deutschen Verteidigungslinien auszunutzen und mit motorisierten Schützen- und mit Panzerverbänden vorzustoßen. Sie erkannten klar, daß diesen Angriffsspitzen an den Flanken keine große Gefahr drohte. So tauchten sowjetische Panzervorhuten plötzlich nördlich von Spandau auf.

Berlin selbst griffen die Russen jedoch eher vorsichtig und zögernd an. Offensichtlich überschätzten sie die Verteidigungsstellungen und die Stärke der dort eingesetzten deutschen Truppen. Generaloberst Heinrici und die Stabsoffiziere seines Oberkommandos rechneten damit, daß die ersten sowjetischen Panzer schon am 21. oder 22. April vor der Reichskanzlei auftauchen würden. Draufgängerische Generale wie Rommel oder Patton hätten die damals ganz offenkundigen Möglichkeiten der Roten Armee für Überraschungsangriffe zweifellos genutzt. Solange das LVI. Panzerkorps unter General Weidling noch östlich von Berlin kämpfte, wären die Erfolgsaussichten für einen derartigen Vorstoß der Russen aus nördlicher oder nordöstlicher Richtung sehr gut gewesen.

Trotz der Verteidigungsvorbereitungen war Berlin am 22. April gegen einen machtvollen sowjetischen Angriff im Süden, Norden oder Nordosten praktisch wehrlos. An der Stadtrandstellung und an der Hauptkampflinie S-Bahnring standen fast ausschließlich Volkssturmeinheiten und andere Truppen von ähnlich geringem Kampfwert. Anders war die Lage im Regierungsviertel, das von Elite-Einheiten der Waffen-SS besetzt war.

In Berlin und Umgebung (23. bis 30 April 1945)

Am 23. April griffen die Russen die Stadtrandstellung im Süden, Osten und Norden an, durchbrachen sie mehrfach, erreichten den inneren Verteidigungsring und stießen bis in die Nähe des Flakturms Friedrichshain vor.

Im Westen Berlins besetzten die Sowjets am 23. April Döberitz, stießen von dort aus in südlicher Richtung vor und schnitten die Reichshauptstadt kurz darauf von den Landverbindungen nach Westen ab. Am 24. April fiel Nauen, am 25. April Rathenow in russische Hand. Potsdam war eingeschlossen.

Am Abend des 23. April übernahm General Weidling seinen neuen Posten als Befehlshaber des Verteidigungsbereiches Berlin. Noch in derselben Nacht rückten die Truppen des LVI. Panzerkorps in die Stadt ein und gingen in den wichtigsten Abschnitten in Stellung. Die »Müncheberg« im Südosten, die SS-Panzergrenadierdivision »Nederland« im Osten, die 18. Panzergrenadierdivision in der Nähe des Zoo.

Diese Verbände waren sämtlich schwer deizimiert. Die hier angegebene Dislozierung kann nur ein allgemeines Bild vermitteln, denn Einsatzort und Zusammensetzung dieser Truppen änderten sich täglich, ja stündlich.

Das LVI. Panzerkorps und die SS-Einheiten unter Brigadeführer Mohnke leisteten nun einen immer härteren Widerstand gegen die ununterbrochenen Angriffe der sowjetischen Truppen, deren Schwerpunkte im Südosten, Osten und Norden lagen. Im Westen wurde die Stadt nur von vergleichsweise schwachen Kräften angegriffen, die aber den Verteidigern noch immer weit überlegen waren. Aus südlicher Richtung stießen die Verbände der 1. Ukrainischen Front Marschall Konjews vor, die jedoch zugleich die 9. Armee des Generals Busse und später die 12. Armee unter General Wenck anzugreifen hatten.

Im Verlauf der schweren Kämpfe wurden die deutschen Truppen zunächst bis zum S-Bahnring und dann weiter ins Stadtinnere zurückgedrängt. Am 29. April waren nur noch das Regierungsviertel, die unmittelbare Umgebung des Tiergartens und ein schmaler Streifen, der sich vom Zoo westlich bis zur Havel erstreckte, sowie kleinere Verteidigungsinseln in deutscher Hand. Die Russen griffen methodisch an. Jeden neuen Vorstoß leiteten sie zunächst durch schweres Artillerie- und Granatwerferfeuer ein. Dann ging die Infanterie vor, unterstützt durch Panzer und Pioniere, die mit Flammenwerfern und Sprengmitteln ausgerüstet waren. Jeder Angriff richtete sich gegen ein eng begrenztes Ziel. So eroberten die Sowjets Straße um Straße, Haus um Haus. Ihre Infanterie nutzte jede Möglichkeit, durch Hinterhöfe, Kellergänge, U-Bahn- und S-Bahn-Tunnel und die Kanalisation in das von den Deutschen verteidigte Gebiet einzudringen. Auf diese Weise gelang es den Russen, viele gegnerische Einheiten von hinten oder von unten aufzurollen.

Zunächst kämpften die Verteidiger in den vorbereiteten Stellungen, die sie jedoch schnell räumen mußten. Neue Widerstandsnester entstanden in Kellern und Dachgeschossen, in Trümmerfeldern und Ruinen. Die wenigen noch gefechtsmäßigen Panzer wurden bei Gegenstößen oder, wenn der Treibstoff ausgegangen war, artilleristisch eingesetzt. Einen wichtigen Rückhalt boten die großen Luftschutzbunker und vor allem die Flaktürme, die von Stellungen umgeben waren. Die meisten Artilleriegeschütze standen auf großen Höfen, in Parks und auf dem Gelände der Reichsbahn. In der letzten Phase der Kämpfe zog Oberst Wöhlermann, der Artilleriekommandeur des LVI. Panzerkorps, die noch einsatzbereiten Geschütze im Tiergarten zusammen.

Die erbitterten Straßen- und Häuserkämpfe führten auf beiden Seiten zur äußersten Anspannung der Kräfte und bei der Roten Armee zu einem enormen Einsatz an frisch aufgefüllten Truppen und Material, dem die Verteidiger schließlich nichts mehr entgegenzusetzen hatten. Darüber hinaus hatte es die deutsche Führung versäumt, die Stadtrandstellung rechtzeitig mit den kampferprobten Verbänden zu besetzen, die ihr noch zu Gebote standen. Das schließlich eingesetzte LVI. Panzerkorps konnte die Lage nicht mehr wenden. Nachdem Berlin eingeschlossen war und die Russen den Durchbruch ins Stadtinnere erzwungen hatten, waren sie nicht mehr aufzuhalten, auch wenn die Verteidiger noch sehr viel länger hätten Widerstand leisten können. Dennoch hat das LVI. Panzerkoprs den Sowjets schwere Verluste zugefügt und einem weit überlegenen Gegner länger als eine Woche standgehalten.

Die Entsatzversuche

Aus dem Norden: Nachdem sich ein Durchbruch der Russen über Wriezen auf Bernau abzeichnete, war das Oberkommando der Heeresgruppe Weichsel zu Recht äußerst besorgt über die südliche Flanke der 3. deutschen Panzerarmee. Die zur Sicherung der Linie Eberswalde–Oranienburg getroffenen Maßnahmen wurden schon erwähnt. Als es den Russen am 22. April gelang, die Havel zu überqueren, beschwor ein drohender Vorstoß der Roten Armee in Richtung Mecklenburg oder Hamburg eine noch größere Gefahr für die gesamte Heeresgruppe herauf. Die einzige Möglichkeit, ihr zu begegnen, war ein Angriff südlich des Finowkanals auf die tiefe Flanke des sowjetischen Stoßkeils. Noch am selben Tag, dem 22. April, befahl die Heeresgruppe Weichsel dem SS-Obergruppenführer Steiner diese Operation und unterstellte ihm dafür sieben zusammengewürfelte Bataillone. Diese Kampfgruppe war jedoch erst am Morgen des 24. April einsatzbereit. Der Vorstoß überraschte einige russische Sicherungseinheiten und brachte einen kurzfristigen Geländegewinn von etwa zehn Kilometern. Steiners Truppen erreichten Zehlendorf und Klosterfelde, wurden jedoch kurz darauf wieder über den Finowkanal in ihre Ausgangsstellungen zurückgeworfen. Das Ziel der Operation war allerdings insofern erreicht worden, als sie sowjetische Truppen band, die sonst weiter nach Westen vorgestoßen wären. Demselben Zweck diente die verbissene Verteidigung eines Brückenkopfes in der Nähe von Eberswalde, den die 2. Polnische Armee zwei Tage hindurch angriff. Hitler sah in derartigen Operationen eine der letzten Chancen, die Umklammerung Berlins durch die Russen aus nördlicher Richtung aufzubrechen, und befahl SS-Obergruppenführer Steiner, aus dem Gebiet westlich von Oranienburg mit starken Kräften in Richtung Spandau vorzustoßen. Feldmarschall Keitel erschien persönlich im Hauptquartier der Heeresgruppe, um Hitlers Befehl unter allen Umständen durchzusetzen. Für den Angriff waren Steiner Truppen aus dem Raum an der Elbe zugesagt worden, und auch die 28. Panzergrenadierdivision, die in der Nähe von Eberswalde kämpfte, sollte daran teilnehmen. Inzwischen hatte sich die Lage jedoch vollkommen geändert. Im Abschnitt Oranienburg konnte Steiner, dem nur drei schwer angeschlagene Divisionen zur Verfügung standen, dem gegnerischen Druck nur mit Mühe standhalten. In einem dramatischen Gespräch mit dem Generalstabschef des Heeres, General Krebs, über eine Dezimeterleitung lehnte Steiner den Befehl Hitlers als undurchführbar ab.

Am 25. April durchbrachen die Russen in einem großangelegten Angriff südlich von Stettin die Front der 3. Panzerarmee, die sich nach Westen zurückziehen und zugleich den Finowkanal aufgeben mußte. Die 25. Panzergrenadierdivision wurde dringend gebraucht und auch sofort eingesetzt, um diesen Rückzug zu unterstützen. Das »Korps Holste«, ebenfalls ein bunt zusammengewürfelter Verband unter General Holste, sollte in äußerster Eile herangeführt werden, um die südliche Flanke der Heeresgruppe am Rhin-Kanal zu verstärken und dadurch einen russischen Angriff in Richtung Hamburg abzublocken.

Es kam zu einem scharfen Zusammenstoß zwischen Feldmarschall Keitel und Generaloberst Heinrici. Dessen Bemühungen, wenigstens die Reste seiner Heeresgruppe vor der Vernichtung oder russischer Gefangenschaft zu bewahren, betrachtete Keitel als »Verrat am Führer«. Er sorgte dafür, daß Heinrici am 29. April abgelöst und durch Generaloberst Student ersetzt wurde; bis zu dessen Ankunft übernahm Generaloberst von Tippelskirch die Führung der Heeresgruppe. Dieser Wechsel änderte die Situation jedoch nicht, denn die noch von Heinrici erteilten Befehle wurden ausgeführt, und die Masse der 3. Panzerarmee, die Armeegruppe Steiner und die am Rhin kämpfenden Einheiten der 21. Armee kapitulierten vor den westlichen Alliierten.

Aus dem Südosten: Die 9. Armee hatte den strikten Befehl Hitlers, die Front an der unteren Oder zu halten, so lange befolgt, bis sie von den Russen eingekesselt worden war. Am 23. April erhielt General Busse dann einen Führerbefehl, in Richtung Mariendorf aus dem Kessel auszubrechen, sich mit der 12. Armee zu vereinigen und die Reichshauptstadt zu befreien. Das setzte allerdings eine Bewegungsfreiheit der 9. Armee voraus, von der keine Rede mehr sein konnte. Kurz vor dem Eingang dieses Befehls hatte General Busse sich entschlossen, einen Durchbruch in Richtung Halbe zu versuchen und dann durch die ausgedehnten Wälder weiter nach Westen vorzustoßen. Der Oberbefehlshaber weigerte sich, dem Befehl aus dem Führerbunker zu folgen, und blieb bei seiner Entscheidung. Nach härtesten Kämpfen und schweren Verlusten gelang es den Resten der 9. Armee, rund 30 000 Mann, den russischen Kessel aufzubrechen und sich in der Nacht vom 29. zum 30. April in der Nähe von Beelitz mit der 12. Armee zu vereinigen.

Aus dem Westen: Die 12. Armee sollte ursprünglich vom Raum Magdeburg aus zum Entsatz der Heeresgruppe B in westlicher Richtung vorstoßen. Nachdem dieser Auftrag jedoch illusorisch geworden war – die Streitkräfte der Alliierten hatten die Heeresgruppe B im Ruhrkessel eingeschlossen –, befahl Feldmarschall Keitel dem

General Wenck in der Nacht vom 22. zum 23. April, mit der 12. Armee sofort in Richtung Berlin anzugreifen, um »gemeinsam mit der 9. Armee den Führer herauszuhauen«, wie Keitel es wörtlich formulierte. Wenck gruppierte seine acht Divisionen – sie waren aus Resten zerschlagener Einheiten, aus Verbänden des Reichsarbeitsdienstes und aus Angehörigen von Offiziersschulen zusammengestellt worden – in kürzester Frist um und stieß mit den drei Divisionen des zur Armee gehörenden XX. Korps als Flankenschutz bis zum 28. April in den Raum Beelitz-Ferch vor. Dort gelang die Vereinigung mit den Resten der 9. Armee und mit den aus Potsdam ausgebrochenen Truppen General Reymanns. Die Fortsetzung des Angriffs in Richtung Berlin war jedoch völlig ausgeschlossen. Die 12. Armee hatte gerade noch Zeit, sich bis an die Elbe zurückzuziehen, wo sie vor den Amerikanern kapitulierte.

Die auf Befreiung Berlins abzielenden Befehle Hitlers und Keitels ließen die tatsächliche Lage an den Fronten völlig außer acht, beflügelten jedoch andererseits noch einmal die Hoffnungen und den Winderstandswillen der Verteidiger.

Die militärischen Befehlshaber außerhalb Berlins sahen sich spätestens nach dem Selbstmord Hitlers am 30. April zu klaren Entscheidungen genötigt, um ihre Soldaten zu retten. Keitels sinn- und verantwortungslose Befehle wurden nicht mehr befolgt.

Das Ende in Berlin

Die militärische Lage in der eingeschlossenen Reichshauptstadt verschlechterte sich am 29. April so sehr, daß der Kampfkommandant General Weidling Hitler bei der abendlichen Lagebesprechung erneut vorschlug, mit sämtlichen Truppen in Richtung Potsdam auszubrechen, um dort die Vereinigung mit der 12. Armee zu versuchen. Doch Hitler lehnte abermals ab. In einem schriftlichen Befehl stellte er General Weidling einen Ausbruch frei, verbot ihm jedoch, zu kapitulieren. Am 30.April gegen 15.30 Uhr vergiftete und erschoß Hitler sich in seinen Privaträumen im Führerbunker der Berliner Reichskanzlei, seine Frau Eva vergiftete sich ebenfalls. Die beiden Leichen wurden in Decken gehüllt, im Park der Reichskanzlei mit Benzin übergossen und verbrannt.

Nach dem Tod Hitlers beauftragte Goebbels als neuer Reichskanzler General Krebs, mit dem Oberkommando der Roten Armee Verbindung aufzunehmen und über einen Waffenstillstand zu verhandeln. Der Kontakt kam kurz nach Mitternacht zustande. Der Abschnittskommandeur Oberstleutnant Seifert überschritt die sowjetischen Linien und vereinbarte ein Gespräch zwichen General Krebs und Generaloberst Tschuikow, dem Oberbefehlshaber der 8. Garde-Armee. Es begann am 1. Mai, morgens um 4 Uhr, im Gefechtsstand Tschuikows am Viktoriapark in Kreuzberg. Krebs versuchte, einen Waffenstillstand unter der Bedingung auszuhandeln, daß die Sowjets eine provisorische Reichsregierung unter Dönitz und Goebbels anerkennen würden. Auf Weisung Stalins lehnte Tschuikow dieses Angebot jedoch ab und beharrte auf der bedingungslosen Kapitulation.

Kurz nach 13 Uhr verließ Krebs das sowjetische Hauptquartier, ohne irgendeine Vereinbarung erzielt zu haben, und kehrte in die Reichskanzlei zurück. Die Kämpfe wurden fortgesetzt, von den Russen jedoch an vielen Stellen stundenweise aus

Anlaß des 1. Mai unterbrochen. Goebbels und Bormann teilten Großadmiral Dönitz erst jetzt, rund 24 Stunden nach dem Selbstmord Hitlers, dessen Tod in einem Funkspruch mit. Am späten Nachmittag ließ Goebbels seine sechs Kinder vergiften und beging wenige Stunden später, gegen 20.30 Uhr, gemeinsam mit seiner Frau im Park der Reichskanzlei Selbstmord. Zuvor hatte Goebbels seinen Adjutanten, den SS-Hauptsturmführer Schwägermann, beauftragt, die beiden Leichen ebenfalls mit Benzin zu übergießen und zu verbrennen, was jedoch nur unvollkommen gelang.

In den Abendstunden vereinigten sich die Angriffsspitzen aller an den Kämpfen um Berlin beteiligten sowjetischen Armeen – der 3. Stoß-, der 8. Garde-, der 1. und der 2. Garde-Panzerarmee – im Tiergarten. Gekämpft wurde nur noch um einzelne Stützpunkte der Verteidiger im Regierungsviertel, am Funkturm, in Halensee, Spandau und Steglitz. Berlin war in russischer Hand; auf dem Reichstag wehte die rote Fahne.

In der Reichskanzlei waren unterdessen die Generale Krebs, Burgdorf und einige andere Offiziere dem Beispiel Hitlers und Goebbels' gefolgt und hatten sich erschossen, während der Kampfkommandant der »Zitadelle«, SS-Brigadeführer Mohnke, und Bormann den Ausbruch der Bunkerinsassen vorbereiteten. In mehreren Gruppen verließen sie in den späten Abendstunden die Reichskanzlei, überquerten den Wilhelmplatz und gingen durch die U-Bahn-Schächte in Richtung Friedrichstraße. Der Ausbruch scheiterte; nur einige Teilnehmer (wie der Reichsjugendführer Axmann und Staatssekretär Naumann) kamen durch die russischen Linien, die übrigen, unter ihnen Mohnke, der für Hitlers persönliche Sicherheit verantwortliche SS-General Rattenhuber und Hitlers Chefpilot General Baur, gerieten in sowjetische Gefangenschaft. Hitlers letzter Begleitarzt Dr. Stumpfegger und Bormann verübten Selbstmord, als sie ihre ausweglose Lage erkannten. Andere Teilnehmer des Ausbruchs und zahlreiche deutsche Soldaten fielen in der Nacht vom 1. zum 2. Mai in einem blutigen Gefecht an der Weidendammbrücke.

General Weidling beschloß nach einer Konferenz mit seinen Stabsoffizieren, dem Oberkommando der Roten Armee die Kapitulation aller deutschen Truppen im Verteidigungsbereich Berlin anzubieten. Er ließ am 2. Mai um 0.40 Uhr fünfmal hintereinander einen offenen Funkspruch senden: »Hier LVI. deutsches Panzerkorps! Hier LVI. deutsches Panzerkorps! Wir bitten, das Feuer einzustellen! um 12.50 Uhr Berliner Zeit entsenden wir Parlamentäre auf die Potsdamer Brücke. Erkennungszeichen weiße Flagge vor rotem Licht. Wir bitten um Antwort. Wir warten!«

Die Funkstelle der sowjetischen 79. Garde-Schützendivision fing den Spruch auf und antwortete: »Verstanden. Verstanden. Übermitteln Ihre Bitte an Chef des Stabes.« Generaloberst Tschuikow ließ sofort sein Einverständnis zurückfunken. Kurz darauf trafen Weidlings Stabschef Oberst von Dufving und zwei weitere Offiziere auf der Brücke und wenig später im Gefechtsstand Tschuikows ein, der abermals die bedingungslose Kapitulation verlangte. Sie wurde gegen 5 Uhr morgens von General Weidling vollzogen. Ein entsprechender Befehl des deutschen Festungskommandanten, die Kampfhandlungen einzustellen, wurde in den Vormittagsstunden in den Straßen Berlins durch Lautsprecherwagen der Roten Armee bekanntgegeben. Nach dem Abschluß der Kapitulationsverhandlungen gingen General Weidling und seine Stabsoffiziere in Gefangenschaft. Gleichzeitig besetzten Einheiten der sowjetischen 3. Stoßarmee die Reichskanzlei.

Trotz der Kapitulation hörten die Kämpfe jedoch noch nicht auf. Einzelne Einheiten leisteten am 2. und 3. Mai weiter Widerstand und versuchten, aus dem Kessel auszubrechen, um in das von den Westmächten besetzte Gebiet zu gelangen. Erst am 4. Mai herrschte in Berlin völlige Waffenruhe.

Die vorstehende Darstellung beruht auf einer Studie, die deutsche Offiziere für die US-Army Historical Division verfaßten.

Nachwort

Der vorliegende Bericht beruht im wesentlichen auf Ausssagen noch lebender Zeugen. Selbstverständlich sind diese Ausssagen mit schriftlichen Quellen verglichen worden. Vor allem aber wurden die Aussagen miteinander verglichen, um der historischen Wahrheit so nahe wie möglich zu kommen. Wo sich Widersprüche ergaben, ließen wir diese stehen. Es ist unvermeidlich, daß Ereignisse von einer so verwirrenden Fülle und Dramatik von verschiedenen Personen verschieden im Gedächtnis bewahrt werden. Deshalb sind trotz unserer Sorgfalt Irrtümer in unserem Buch nicht auszuschließen. Wir sind dankbar, wenn sich bei uns weitere Zeugen melden, um unsere Darstellung zu ergänzen oder zu berichtigen. Derartige Briefe bitten wir dem Verlag zu senden.

Die Verfasser

Für die Eintragung des Fluchtweges von Bormann und Mohnke auf den Seiten 598/599 wurde ein Berlin-Plan der Kartogr. Anstalt Richard Schwarz Nachf., Berlin, verwendet.

Fluchtweg der Gruppe Mohnke 1./2.5.45

Maßstab 1:22 000

———— oberirdisch
-------- unterirdisch
—·—·— durch Keller und Hinterhöfe

Fluchtweg Martin Bormanns 1./2.5.45

Maßstab 1:22 000

——— oberirdisch
╼╼╼╼ auf dem Bahnkörper
------- unterirdisch

—·—·— Der Weg Axmanns, kurz bevor er die Leiche Bormanns und Stumpfeggers sah

Erklärung der Abkürzungen und SS-Dienstgrade

FBK	Führerbegleitkommando
FHQ	Führerhauptquartier
RSD	Reichssicherheitsdienst
SD	Sicherheitsdienst (der SS)
OKH	Oberkommando des Heeres
OKW	Oberkommando der Wehrmacht
NKWD	(Narodny Kommissariat Wnutrennich Del) Volkskommissariat des Inneren in der UdSSR, dem die Geheimpolizei unterstellt ist
SMERSH	(Smersh vragam! Tod den Feinden) populäre – nicht offizielle – Abkürzung für Geheimpolizei des Heeres
NVA	Nationale Volksarmee

Ränge der Waffen-SS	Entsprechungen bei der Wehrmacht
SS-Mann	Soldat, Matrose
SS-Sturmmann	Obersoldat
SS-Rottenführer	Gefreiter
SS-Unterscharführer	Unteroffizier
SS-Scharführer	Unterfeldwebel
SS-Oberscharführer	Feldwebel
SS-Hauptscharführer	Oberfeldwebel
SS-Sturmscharführer	Stabsoberfeldwebel
SS-Untersturmführer	Leutnant
SS-Obersturmführer	Oberleutnant
SS-Hauptsturmführer	Hauptmann
SS-Sturmbannführer	Major
SS-Obersturmbannführer	Oberstleutnant
SS-Standartenführer	Oberst
SS-Oberführer	keine Entsprechung
SS-Brigadeführer	Generalmajor
SS-Gruppenführer	Generalleutnant
SS-Obergruppenführer	General
SS-Oberstgruppenführer	Generaloberst

Register

Acton, Lord John 154
Adenauer, Konrad 460
Antonow, Oberst, Kommandeur der sowjetischen 301. Schützendivision 486, 540
Arent, Benno von 414
Arndt, Oberscharführer 99, 160, 198
Arntz, Helmuth 57
Axmann, Artur 98, 137, 269, 293, 296, 316 f., 331, 352, 372, 384 f., 408, 446, 536

Baarova, Lida 126 f., 324, 335
Bärenfänger, Erich 376
Ba, Hans 30, 53, 74 ff., 159–200, 264, 283, 301, 309, 332 ff., 344, 346, 356, 372, 378, 385–407, 414, 421, 434, 459 f., 494, 502
Beck, Ludwig 49, 304, 307
Beermann, Helmut 21
Beethoven, Ludwig van 425
Beetz, SS-Standartenführer 30, 301, 393
Beljawskij, Wladimir Alexej 470 f., 474, 477 f.
Below, Nikolaus von 30, 128, 259, 441, 449, 459
Beltow, Hans 50
Berger, Gottlob 137
Bernadotte, Graf Folke 114
Bersarin, Generaloberst 532
Besuden, Dr. Chefarzt des SS-Lazaretts Steglitz 256
Besymenski, Lew 444 f, 531 f.
Beutler, Fritz 26, 201, 207, 229, 279,
Bismarck, Otto von 13 ff., 43, 80, 91, 118, 154, 397
Blomberg, Werner von 215
Bojew, Viktor 246
Boldt, Gerhard 30

Bormann, Martin 30 f., 44, 69 ff., 89, 92, 102, 108 f., 113, 123, 128, 136 f., 140, 146, 161 f., 168, 196 f., 224, 254, 259, 264 f., 273, 279, 282, 286–292, 295, 298 ff., 313–317, 319, 331 ff., 354 ff., 372, 384, 390, 392 ff., 399–409, 421, 424, 438, 459, 493 f., 498, 524, 530, 535 f.
Brandt, Anni, geb Rehborn 137 f.
Brandt, Karl 109, 137 f., 250, 428, 502
Brandt, Thomas 137 ff.
Braun, Eva 11, 28, 44, 94 ff., 122, 129 ff., 135 f., 141–153, 177 ff., 201–205, 255, 265 ff., 272, 277 ff., 286–292, 297, 302, 315, 324 f., 352, 393 f., 399, 427, 456, 459, 462 f., 495 f., 511, 519, 526, 533, 543 f.
Breker, Arno 188
Burgdorf, Wilhelm 30, 133, 161, 169, 227 f., 259, 264, 289 f., 295, 313 f., 316, 345 ff., 356 f., 399, 451 ff., 462, 504 f., 519
Busse, Theodor 94, 191, 454

Calloway, Cab 144
Caprivi, Leo von 14
Cäsar 55, 60, 64
Chaplin, Charlie 147
Charlotte, Prinzessin von Preußen 15
Christian, Gerda 30, 78, 269, 280, 332, 362 f., 378 f., 385
Chruschtschow, Nikita 391
Churchill, Winston 37, 43, 57, 185
Ciano, Galeazzo Graf 118, 289
Clausen, Oberst 379, 413, 442 f., 447, 477
Clausewitz, Karl von 186
Crinis, Max de 251
Conti, Dr. Leonardo, Reichsgesundheitsführer 241

Coulondre, Robert Botschafter 121

Dekanosow, Wladimir Botschafter 423
De Mille, Cecil B. 107
Dethleffsen, Erich 458
Dietrich, Otto 51
Dietrich, Sepp 202–207, 211 f., 511
Dolmatowskij, Eugen 321
Dönitz, Karl 30, 93, 98, 117, 124 f., 137, 162, 232, 238, 292, 298, 314–319, 333, 357 f., 386, 389, 393, 505, 524
Dorsey, Tommy 144
Dufving Theodor von 317, 529
Dulles, Allen 115

Eckart, Dietrich 450
Eisenhower, Dwight D. 128, 274
Ellington, Duke 144
Engels, Oberleutnant 307, 485
Ernst, Karl 213
Esser, Hermann 450

Fay, Sidney B. 118
Fegelein, Gretl 133, 135, 278, 287, 290, 462
Fegelein, Hermann 30, 90, 96, 133, 135, 177, 203–207, 216, 224 f., 255, 279–290, 352, 496, 519
Fellgiebel, Erich 57, 63
Finck, Werner 107
Forster, Albert 25
Freytag-Loringhoven, Bernd von 30
Frick, Helmut 282, 381
Friedrich d. Gr., König von Preußen 54 ff., 302, 395
Friedrich Barbarossa, Deutscher Kaiser 16
Friedrich Wilhelm I., König von Preußen 14
Fritsch, Werner von 187
Fritzsche, Hans 347

Galland, Adolf 195
Gauf, Horst 383

Gebhardt, Karl 96 ff., 429
Gehlen, Reinhart 110
Gesche, Bruno 507
Gladstone, William 154
Goebbels, Hedda 11, 112, 126 f., 277 f., 323–331, 334, 503, 537 ff.
Goebbels, Heide 11, 112, 126 f., 277 f., 323–331, 334, 503, 537 ff.
Goebbels, Helga 11, 112, 126 f., 277 f., 323–331, 334, 503, 537 ff.
Goebbels, Helmut 11, 112, 126 f., 277 f., 323–331, 334, 503, 537 ff.
Goebbels, Hilde 11, 112, 126 f., 277 f., 323–331, 334, 503, 537 ff.
Goebbels, Holde 11, 112, 126 f., 277 f., 323–331, 334, 503, 537 ff.
Goebbels, Joseph 11, 27 ff., 39, 50, 54, 58 f., 64 f., 85 f., 97 f., 108–115, 118 f., 126 f., 133 f., 144 f., 165, 168 f., 182 f., 184, 211, 220 f., 229, 232 f., 242, 246, 254, 258, 264, 268, 275, 277, 286 f., 292–299, 302 f., 309, 313–342, 352–363, 394, 419 f., 424, 432, 435, 457, 459, 496, 512 ff., 518 f., 532, 541
Goebbels, Katharina 325
Goebbels, Magda 11, 18, 95 f., 112, 125 f., 132, 277, 293, 323–334, 342, 352, 469, 518 f., 527, 531, 537 f.
Goethe, W. von 148, 490
Goodman, Benny 144
Göring, Emmy 132, 143, 152
Göring, Hermann 26, 41, 69 f., 74, 82, 98 f., 104, 117, 104, 117 f., 128 f., 134, 143, 173, 182, 184, 192 ff., 211, 247, 316, 421, 426 f., 436, 459
Graentz, SA-Obergruppenführer 137
Graff, Anton 53 ff., 395, 407
Gräser, General 458
Grawitz, Ernst-Robert 95 f.
Graziani, Rodolfo 118
Greim, Robert Ritter von 26, 171, 330, 501

Guderian, Heinz 35, 49, 87, 166, 279, 452, 491, 505
Gun, Nerin E. 278
Gundlfinger, Friedrich 160, 197 f.
Günsche, Otto 30, 245, 264, 268, 279 ff., 290–303, 309, 315, 320, 332, 344, 362, 385, 399, 429, 448 f., 467 f., 478, 482 f., 528

Haase, Werner 30, 44, 237 ff., 260–263, 267 ff., 294, 303 f., 334, 361, 403, 429, 438, 443, 451, 485, 489, 498, 501 f., 507, 515, 519, 537
Hagen, Stenograf 161
Halder, Franz 49, 166
Hanfstaengl, Ernst »Putzi« 143
Hanke, Karl 127, 336
Hase, Paul von 65
Hasselbach, Hans Karl von 429
Hauenschild, Bruno Ritter von 221
Hayes, Carton 118
Heinersdorf, Regierungsrat 347
Heinkel, Ernst 154
Heinrici, Gotthard 140, 191 f.
Henderson, Nevile 120 f.
Hentschel, Johannes 79, 83 ff., 199 f., 222, 332, 344, 351, 380, 487–500, 502–545
Hentschel, Margarete 199, 488, 495 f., 514, 524
Hentschel, Maria 499
Hentschel, Rudolf 499, 522
Hermann, Oberst 429
Herrgesell, Stenograf 161
Herzig, Eberhard Major 234
Heß, Rudolf 125, 145, 182, 194, 420, 436, 450 f.
Hewel, Walter 30, 113 f., 122 f., 259, 264, 292 f., 316, 332, 344, 354, 362, 378, 385, 394, 414–451, 457–464
Higgins, Marguerite 11
Hildebrandt, Friedrich 230
Himmler, Heinrich 30, 41, 70, 95 ff., 109, 114, 182, 203 f., 207, 215, 269, 274, 279–284, 287, 289, 317, 436, 459
Hindenburg, Paul von 215
Hofbeck, Hans 301
Hoffmann, Heinrich 177 f.
Hohenlohe-Langenburg, Prinz Maximilian Egon von 433
Holste, Generalleutnant 259 f.
Hube, General 461
Huppenkothen, Walter 137

Jodl, Alfred 48, 73, 99, 105, 117, 133, 161, 259, 431, 459
Johannmeier, Willi 30, 390
Johnson, Alvin 118
Jung, Chauffeur 280
Junge, Gertrud 30, 109, 181, 265, 280, 292, 313, 327, 344, 362 ff., 378 f., 385
Junius, Dolmetscher 347
Jüttner, Max 281

Kaltenbrunner, Ernst 398
Kannenberg, Artur 27, 130, 524, 540
Karnau, Hermann 300 f.
Kasakow, Wassilij Iwanowitsch 235, 249, 310
Kaschula, Sturmbannführer 283
Kaufmann, Karl 92, 140
Keitel, Wilhelm 48, 93, 99, 105, 117, 128, 133, 161, 169, 212, 259 f., 346, 441, 459, 483
Kempka, Erich 291, 296 ff., 332, 344, 372, 399 ff., 495
Kimmich, Axel 325
Kimmich, Maria 325
Kleist, Ewald von 190
Klimenko, Iwan I. 531 f., 537
Klingemeier, Oberstleutnant 283 ff., 343, 359–367, 373, 377 f.
Kluge, Günther von 190
Koller, Karl 26, 104 f.
Konjew, Iwan Stepanowitsch 35, 50, 532, 537

Kossel, Albrecht 241
Kraus, Karl 426
Krause, Kammerdiener 80
Krebs, Hans 11, 30, 94 f., 103, 133, 161, 226 ff., 259, 264, 292, 295, 313 f., 316 f., 345 ff., 353, 356 f., 399, 449, 451, 458, 462, 478, 491, 503–507, 529
Krehl, Ludolf von 241
Krüger, Else 30, 362, 344, 356, 362, 365, 378 f., 385, 497
Krukenberg, Gustav 226 ff., 234, 405
Küchler, Georg von 190
Kuhlmann, Franz 232
Kumerow, Radiotechniker 112
Kunz, Helmut 268, 329 f.
Kusnezow, W. I. Generaloberst 532

Lange, Koch 531
Langer, Wiliam 118
Lenin, W. I. 506
Ley, Robert 116, 119, 168 f.
Liehr, Harry Flugkapitän 184
Lindbergh, Charles 162
Linge, Heinz 28, 37, 46, 168, 291–301, 332, 344, 350, 381, 414
Lorenz, Heinz 50, 390
Lorenz, Konrad 106
Ludwig I., König von Bayern 145

Magnus, Georg 250
Maisel, Ernst 343
Mansfeld, Erich 298 ff.
Manstein, Erich von 166, 190 f.
Manzialy, Constanze 27, 39, 280, 292, 344, 362, 365, 378 f., 385
Marc Anton 64, 454, 456
Matthiesing, Bursche von Nikolaus von Below 441, 449
Maurice, Emil 450
Meißner, Otto 233
Mengershausen, Harry 299
Mercer, Lucy 143

Messerschmitt, Willy 194
Millis, Walter 118
Misch, Maria 514
Misch, Rochus 51 f., 129, 164, 198, 327 f., 331 f., 344 ff., 380, 391 f., 489, 502 ff., 510 ff., 514–518, 533, 542, 545
Mitford, Unity Valkyrie 247
Mohnke, Wilhelm 30, 85, 202, 206–234, 236 f., 245–248, 253 ff., 264, 272 ff., 283 ff., 288, 291, 313 ff., 320 f., 325, 332 f., 345 ff., 350, 352–381, 399–403, 429, 440, 442–449, 460, 464–484, 489 ff., 511–515, 528 ff.
Molotow, Wjatscheslaw Michailowitsch 183, 506
Moltke, Helmuth James Graf von 139
Montgomery, Bernard Law 139
Morell, Theodor 28, 42 f., 98 f., 109, 150, 162, 268, 281, 326, 426 f., 430
Müller, Heinrich 137, 224, 286, 302, 345, 395, 397
Müller, Hauptsturmführer 243, 246, 257
Müller-Hess, Prof. 428
Mummert, Hans 224
Musmanno, Michael 225
Mussolini, Benito 117 f., 123, 148, 182, 243, 258, 289, 393
Mussolini, Edda 289

Naeve, Werner 305, 445
Napoleon I. 60, 188, 305, 425, 495
Naumann, Werner 232, 321, 324, 327, 334 f., 372, 384 ff., 400, 402–407

Ochs, Günther 313
Oshima, General 121
Osterhuber, Kriminalinspektor 408

Pachur, Hauptmann 227
Pardau, Feldwebel 449
Patton, George 124
Paul, Emil (Günther) 519
Pieck, Wilhelm 481

Pius XI., Papst 523
Pohl, Oswald 243
Polewoio, Boris 536 ff.
Poser, Manfred von 88, 90, 156 f.
Proust, Marcel 141
Puttkamer, Karl Jesko von 162

Quandt, Günther 329, 335
Quandt, Harald 329

Rach, Chauffeur von Goebbels 112, 332 f., 512
Raeder, Erich 115
Rasputin, Grigorij 305, 308
Rattenhuber, Johann 30, 37, 73, 196, 264, 282 f., 285 f., 290, 296 f., 302 f., 310 f., 344, 357, 365, 400, 448, 493 f., 496
Raubal, Angela (»Geli«) 125, 147, 450
Rauch, Josef 333, 345, 381
Reichenau, Walter von 215
Reitsch, Hanna 330, 501
Remer, Otto Ernst 65
Reymann, Hellmuth 242
Ribbentrop, Anneliese von 120, 152
Ribbentrop, Joachim von 25, 41, 69, 113–129, 152, 183 f., 414, 420–423, 436, 459 ff., 506
Röhm, Ernst 117, 176 f., 213 ff., 450
Rokossowskij, K. K. 55, 139
Rolle, Gärtner in der Reischkanzlei 519
Rommel, Erwin 1, 60, 71, 346
Roosevelt, Eleanor 426
Roosevelt, Franklin Delano 54, 57, 143, 185
Rosenberg, Alfred 119
Rudel, Hans-Ulrich 193
Rundstedt, Gerd von 34, 68 f., 71
Ryan, Cornelius 536 f.

Sauckel, Fritz 119, 181
Saucken, General von 160
Sauerbruch, Ferdinand 250, 371
Saur, Karl 90

Schädle, Franz Obersturmbannführer 30, 347, 399, 504, 507, 519
Schaub, Julius 41, 91 f.
Schellenberg, Walter 396 f.
Schenck, Ernst-Günther 30, 45 f., 221, 233, 237 f., 240, 243–255, 260–269, 272, 294, 303, 311, 359 ff., 392, 397, 414 ff., 424–440, 442, 447, 450, 460, 467 f., 475, 478 f., 482 ff., 488, 528
Schirach, Baldur von 166 f.
Schirach, Henriette von 152
Schlabrendorff, Fabian von 87
Schmidt, Paul 120 f.
Scholtz-Klink, Gertrud 144
Schörner, Ferdinand 319, 390
Schreck, Julius 174 f.
Schroeder, Christa 59, 87, 99, 141, 162
Schukow, Grigori 35, 58, 211 f., 230, 258, 264, 275, 317, 321, 347, 456, 500, 526, 529, 532
Schwägermann, Günther 332 f., 344, 407 f., 511 f.
Schwerin-Krosigk, Lutz Graf 125
Seifert, Oberstleutnant 317, 333
Semler, Rudolf 330
Seyss-Inquart, Artur 319
Shakespeare, William 16, 140, 352, 412
Shuster, George N. 118
Smirnow, Andrej 529
Smoljaninow, Wladimir Michailowitsch 445
Sokolowskij, Wassilij 529
Sonnleithner, Franz von 462
Speer, Albert 10, 25, 62 ff., 76 f., 80, 86, 88–158, 166 ff., 172, 182, 188, 196, 252, 269, 277, 310, 325, 338, 342, 414, 421, 423 f., 434, 450, 462, 487, 493, 501, 517
Speer, Greta 131, 136 f.
Stalin, Josef 55, 58, 115, 183, 209 f., 264 f, 317, 319 f., 326, 391, 456, 472, 491, 506, 532

Stauffenberg, Claus Schenk Graf von 19, 62 f., 66, 111, 139, 165, 169
Stehr, Obersturmführer 440, 444 ff.
Steiner, Felix 94, 191, 260, 281, 287, 357, 375
Strasser, Gregor 118
Streicher, Julius 450
Stülpnagel, Heinrich von 304 ff.
Stumpfegger, Ludwig 28, 44, 84, 96 f., 125 f., 240, 250, 264 f., 277, 290, 299, 326 f., 329 f., 344, 383, 387, 400, 404–408, 428 f., 438, 451, 493 f., 499

Taylor, A. J. P. 105
Thälmann, Ernst 491
Thomas von Aquin 17
Todt, Fritz 102, 119
Tolstoi, Leo 322, 527
Tornow, Feldwebel 268 f.
Trevor-Roper, Hugh Redwald 251, 385, 444, 448
Truman, Harry 55
Tschuikow, Wassilij I. 201, 242, 275, 314, 317 f., 347, 353, 457, 465, 468, 472, 478, 500, 506, 528 f., 532

Udet, Ernst 388
Uhl, SS-Standartenführer 177
Ulbricht, Walter 481

Varo, Irmingard von 225
Voß, Hans-Erich 30, 259, 292, 344, 362, 385, 441, 531

Wagner, Adolf 176
Weber, Christian 450
Wecke, Polizeimajor 213
Weichelt, Karl 381
Weidling, Helmut 24, 210, 220, 259, 273, 316, 353, 356, 373 f., 430, 443, 465, 468, 472, 483, 529 f.
Weiß, Rudolf 30
Weltzin, Günter 384, 408
Wenck, Walter 94, 191, 228, 259, 454
Wisniewski, Prof. Arzt 371
Wilhelm II, Deutscher Kaiser 169
Wolf, Johanna 99, 141, 162
Wolff, Karl 115

Yorck von Wartenburg, Peter Graf 139

Zander, Albrecht 30
Zander, Wilhelm 30, 316, 390
Zeitzler, Kurt 49
Ziegler, Jürgen 373
Zimmermann, Oberstarzt 366

ZEITGESCHICHTE

Als Band mit der Bestellnummer 65 035 erschien:

Barbara Tuchman

AUGUST 1914

August 1914 – mit diesen ersten vier Wochen des damals noch »groß« genannten Krieges begann unser Jahrhundert wirklich.
Wie es zu diesem Wahnsinn kam, was in den Hirnen der Mächtigen und hinter den Kulissen vorging – all das entwirrt Barbara Tuchman minutiös in einer ebenso brillanten wie kritischen Gesamtdarstellung dessen, was wirklich geschah.

»Nirgendwo sonst ist das Zerbrechen einer scheinbar fest gefügten Welt mit solch umfassender Detailkenntnis beschrieben worden.« DIE ZEIT

Die Bücher der amerikanischen Historikerin Barbara Tuchman sind Welterfolge. Neben *August 1914* erschienen in deutscher Übersetzung u. a. *Die Zimmermann-Depesche* und *Der ferne Spiegel*.

ZEITGESCHICHTE

In dieser Taschenbuchreihe erschien unter den Bestellnummern 65021 und 65022:

Liddell Hart

GESCHICHTE DES ZWEITEN WELTKRIEGS

Scharfsinnig, anregend und mit einer unkonventionellen Betrachtungsweise schildert Sir Basil Liddell Hart, einer der bedeutendsten Militärschriftsteller des 20. Jahrhunderts, die Geschichte des Zweiten Weltkriegs.
Band I: Wie der Krieg heraufbeschworen wurde · Der Polenfeldzug · Die Besetzung von Norwegen · Die Luftschlacht um England · Der Krieg auf dem Balkan · Der deutsche Vormarsch auf Moskau · Rommels Eingreifen in Afrika · Japans Eroberungen · Wettlauf nach Tunis · Die Schlacht im Atlantik.
Band II: Afrika · Sizilien – das Eingangstor nach Europa · Die Invasion Italiens · Deutsche Rückschläge in Rußland · Der alliierte Vormarsch · Die Befreiung Rußlands und Frankreichs · Hitlers Ardennen-Offensive · Von der Weichsel bis zur Oder · Deutschland kapituliert · Der Zusammenbruch Japans.
Vorwort von Prof. Dr. Hans-Adolf Jacobsen. Mit 34 Karten und Personenregister.